Mehrfachbeschäftigung in Deutschland - Ein Phänomen relativer Armut?

Sozialökonomische Schriften

Herausgegeben von
Bert Rürup und Werner Sesselmeier

Band 54

Zu Qualitätssicherung und Peer Review der vorliegenden Publikation

Die Qualität der in dieser Reihe erscheinenden Arbeiten wird vor der Publikation durch einen Herausgeber der Reihe geprüft.

Notes on the quality assurance and peer review of this publication

Prior to publication, the quality of the work published in this series is reviewed by one of the editors of the series.

Marco Weber

Mehrfachbeschäftigung in Deutschland - Ein Phänomen relativer Armut?

Eine empirische Untersuchung der Determinanten zur Aufnahme einer Zweitbeschäftigung

PETER LANG

Bibliografische Information der Deutschen Nationalbibliothek
Die Deutsche Nationalbibliothek verzeichnet diese Publikation in der Deutschen Nationalbibliografie; detaillierte bibliografische Daten sind im Internet über http://dnb.d-nb.de abrufbar.

Zugl.: Koblenz, Landau, Univ., Abt. Koblenz, Diss., 2019

Kob 7
ISSN 0172-1747
ISBN 978-3-631-79477-7 (Print)
E-ISBN 978-3-631-79826-3 (E-PDF)
E-ISBN 978-3-631-79827-0 (EPUB)
E-ISBN 978-3-631-79828-7 (MOBI)
DOI 10.3726/b15999

Peter Lang – Berlin · Bern · Bruxelles · New York · Oxford · Warszawa · Wien

Diese Publikation wurde begutachtet.

www.peterlang.com

Inhaltsverzeichnis

Abbildungsverzeichnis

Tabellenverzeichnis

Abkürzungsverzeichnis

ATB	Atypisch Beschäftigung
ARB	Armuts- und Reichtumsbericht der Bundesregierung
BA	Bundesagentur für Arbeit
BMAS	Bundesministerium für Arbeit und Soziales
BMFSFJ	Bundesministerium für Familie, Senioren, Frauen und Jugend
BMJV	Bundesministerium der Justiz und für Verbraucherschutz
BMWI	Bundesministerium für Wirtschaft und Energie
EFB	Einfachbeschäftigung / Einfachbeschäftigte
EVS	Einkommens- und Verbrauchsstichprobe
DIW Berlin	Deutsches Institut für Wirtschaftsforschung, Berlin
gB	geringfügige Beschäftigung / geringfügig Beschäftigte
geB	geringfügig entlohnte Beschäftigung / Beschäftigte
IAB	Institut für Arbeitsmarkt- und Berufsforschung
IAW	Institut für Angewandte Wirtschaftsforschung e.V.
iNgB	im Nebenjob geringfügige Beschäftigung / geringfügig Beschäftigte
iNgeB	im Nebenjob geringfügig entlohnte Beschäftigung / Beschäftigte
iNkfb	im Nebenjob kurzfristige Beschäftigung / kurzfristig Beschäftigte
kfB	kurzfristige Beschäftigung / kurzfristig Beschäftigte
LFS	Labour Force Survey
MFB	Mehrfachbeschäftigung / Mehrfachbeschäftigte
SOEP	Sozio-oekonomisches Panel
SvB	Sozialversicherungspflichtige Beschäftigung / sozialversicherungspflichtig Beschäftigte
SVR Wirtschaft	Sachverständigenrat zur Begutachtung der gesamtwirtschaftlichen Entwicklung
Wstd	Wochenstunden

1. Einleitung

In der modernen Leistungsgesellschaft kommt nur wenigen Bereichen ein vergleichbarer Stellenwert zu wie der Erwerbstätigkeit. Über die reine Versorgung mit materiellen Gütern und Sicherung des persönlichen Wohlstands hinaus, bestimmt die Erwerbstätigkeit in erheblichem Maße die Stellung in der Gesellschaft und ist gerade im deutschen Sozialstaat der zentrale Bezugspunkt für die Einbindung in die sozialen Sicherungssysteme.[1] Es kann daher kaum überraschen, dass gerade Entwicklungen auf dem Arbeitsmarkt in besonderem Maße dem kritischen Auge der Öffentlichkeit unterliegen. Neben der Höhe der Arbeitslosigkeit ist hier auch die Qualität der bestehenden Arbeitsplätze ein ausschlaggebender Faktor. In diesem Sinne wird der mit Beginn der 1990er Jahre zunehmend sichtbare Wandel der Arbeitsformen[2] – in Form des vermeintlichen Rückgangs des Normalarbeitsverhältnisses zu Gunsten einer gestiegenen Anzahl sogenannter „atypischer" Beschäftigungsformen – in der breiten Bevölkerung mit Sorge beurteilt. Insbesondere die im Zuge der Hartz-Reformen eingeleitete Deregulierung auf dem Arbeitsmarkt wird hierbei als Zäsur empfunden, die zu einer wahrgenommenen Verschlechterung der Einkommens- und Arbeitsbedingungen geführt hat. Die auf den Empfehlungen der Kommission „Moderne Dienstleistungen am Arbeitsmarkt" beruhenden Reformen, sahen die „Bekämpfung der Arbeitslosigkeit als vorrangige Aufgabe der Gesellschaft",[3] deren hohes Ausmaß aufgrund des im internationalen Vergleich als rigide angesehenen deutschen Arbeitsmarktes gesehen wurde.[4] Um die bestehende konjunkturunabhängige Sockelarbeitslosigkeit zu bekämpfen, wurde zu einer umfassenden Reform der Lohnersatzleistungen, der Sozialhilfe sowie einer Flexibilisierung des institutionellen Rahmenwerkes auf dem Arbeitsmarkt geraten.[5] Der in den Folgejahren zu verzeichnende Rückgang der Arbeitslosigkeit wurde kritischen Stimmen zufolge jedoch unter Inkaufnahme zunehmender Prekaritätsrisiken und einer weitreichenden Segmentierung der Beschäftigungsverhältnisse durchgeführt. Demnach zeichnen sich die neugeschaffenen, überwiegend

---

1 Vgl. Bosch et al. (2001:19f).

2 Vgl, Hoffmann/Walwei (2002:1ff).

3 Kommission „Moderne Dienstleistungen am Arbeitsmarkt" (2002:37).

4 Vgl. u.a. Zimmermann/Pierenkemper 2009; OECD (Hrsg.) (1999); Soltwedel (1994); Donges (1992).

5 Vgl. SVR Wirtschaft (2002:10).

atypischen Beschäftigungsverhältnisse durch höhere Beschäftigungsunsicherheit und Niedriglohnbeschäftigung aus und stehen damit im Gegensatz zu dem bisher als „Normalfall" wahrgenommenen Modell der Wohlstandssicherung aus einem einzigen Beschäftigungsverhältnis. Die Gleichsetzung des Normalarbeitsverhältnisses als „quasi-Standard" der Beschäftigung hält einer historischen Betrachtung jedoch nicht stand, da dieses vielmehr eine geschichtlich einmalige Erscheinungsform der wirtschaftlichen Boom- und Wachstumsjahre, denn den historischen Normalfall darstellt.[6] Ein weiter reichender Blick auf die Entwicklung der Erwerbsarbeit zeigt eher die Normalität den Lebensunterhalt aus verschiedenen Einkommensquellen zu bestreiten, wie zum Beispiel in Form der nebenberuflichen Landwirtschaft.[7] Diese „*income mixes*"[8] verschoben sich erst im Zuge der stärker werdenden Industrialisierung und Abwendung von der Landwirtschaft hin zu einer einzigen (Lohn-)Einkommensquelle. Das Normalarbeitsverhältnis, mittels dessen die gesamten Ausgaben des Haushaltes zu decken waren, steht insofern scheinbar in starkem Kontrast zur Notwendigkeit einer zusätzlichen Nebenerwerbstätigkeit. Angesichts der laut Bundesagentur für Arbeit im Jahr 2016 annähernd 3,1 Millionen Mehrfachbeschäftigten[9] kann damit argumentiert werden, dass die Normalität des Erwerbslebens für einen nicht unwesentlichen Teil der Erwerbsbevölkerung von diesem Ideal abweicht. Aufgrund des bisherigen Schattendaseins in der Arbeitsmarktforschung ergibt sich jedoch bislang keine eindeutige Bewertung der Rolle des Nebenerwerbs im Gesamteinkommensgefüge, so dass unklar bleibt, „ob Mehrfachbeschäftigte freiwillig nach flexiblen Erwerbsformen suchen oder ob sie schlicht der Not gehorchen"[10]. Die Diskussionslinien verlaufen hierbei ähnlich wie bei atypischen Beschäftigungsformen im allgemeinen eher schemenhaft in der als „*good jobs*" betrachteten Normalarbeit und den als „*bad jobs*" klassifizierten, davon abweichenden Tätigkeiten.[11] Die Nebenerwerbstätigkeit wird in der öffentlichen Wahrnehmung ebenfalls im Zusammenhang mit prekären Beschäftigungsverhältnissen gesehen oder implizit mit der Annahme gleichgesetzt, dass ein Job allein nicht ausreicht, einen auskömmlichen Lebensunterhalt zu gewährleisten. Unterstützung erhält diese Ansicht durch die Befunde der Arbeitsmarktforschung, welche die atypischen Beschäftigungsverhältnisse im Zusammenhang

---

6 Vgl. Zimmermann/Pierenkemper (2009:232f); Bosch et al. (2001:28).
7 Vgl. Vobruba (2001:27ff.).
8 Vobruba (2001:21).
9 Vgl. Bundesagentur für Arbeit, Statistik (2017a).
10 Vgl. Hirschenauer/Wießner (2006:1).
11 Vgl. Kalleberg (2011).

mit Niedriglohnbeschäftigung und dem bis dato im deutschen Wohlfahrtsstaat wenig beachteten Phänomen der Einkommensarmut[12] diskutieren.[13] Inwieweit auch die Mehrfachbeschäftigung in diesem Kontext zu sehen ist, bleibt bislang allerdings unklar und ist Gegenstand dieser Dissertation. Insbesondere ist dabei die Frage zu beantworten, ob die Aufnahme einer zusätzlichen Erwerbstätigkeit als Anpassungsreaktion genutzt wird, um die mit atypischen Erwerbsformen einhergehenden Charakteristiken Unterbeschäftigung, Beschäftigungsunsicherheit und ein niedriges Einkommensniveau zu kompensieren.[14] Damit wird die bislang eher statische Betrachtung der Erwerbsform und deren Auswirkungen auf die Beschäftigungsstabilität und das Wohlstandsniveau um ein dynamischeres Moment ergänzt. Gerade den sich durch reduzierte Wochenarbeitszeit auszeichnenden atypischen Erwerbsformen Teilzeitarbeit und geringfügige Beschäftigung kann aus zeitökonomischer Betrachtung die Möglichkeit einer Zweitbeschäftigung unterstellt werden. Eben diese Formen zeichnen sich jedoch vor allem für den Anstieg der atypischen Beschäftigung verantwortlich. So stieg die Zahl der Teilzeitbeschäftigten zwischen den Jahren 1991 und 2016 von ca. 4,3 Millionen auf annähernd 8,4 Millionen an, während sich die geringfügig entlohnte Beschäftigung (geB) im gleichen Zeitraum von 654.000 auf über 2,2 Millionen fast vervierfachte.[15] Diese Entwicklung koinzidiert mit dem gleichfalls feststellbaren Anstieg nebenberuflicher Tätigkeiten. Allein die nebenberufliche geringfügige Beschäftigung wuchs nach Angaben der Bundesagentur für Arbeit seit ihrer erstmaligen Ausweisung im Juni des Jahres 2003 kontinuierlich von circa 1 Millionen auf mittlerweile circa 2,7 Millionen Personen im März 2018.[16] Da die auf Meldungen der Sozialversicherung beruhenden Daten Beschäftigungsgruppen wie Beamte und Selbstständige jedoch nicht beinhalten, geben diese Zahlen nur einen Teilausschnitt der Mehrfachbeschäftigung wieder. Um das tatsächliche Ausmaß der Mehrfachbeschäftigung für den deutschen Arbeitsmarkt quantifizieren zu können, werden in dieser Arbeit potenziell geeignete Datenbasen identifiziert und hinsichtlich der Vollständigkeit der Erfassung von Mehrfachbeschäftigungsverhältnissen überprüft. Damit soll auch nachgezeichnet werden, inwieweit deren Anzahl durch die regulatorischen Veränderungen

12 Die Begriffe Einkommensarmut, Armutsgefährdung, „*working poor*" werden in dieser Arbeit zur sprachlichen Vereinfachung als Synonyme zum eigentlichen Begriff der Einkommensarmutsgefährdung von Erwerbstätigen verwendet.

13 Vgl. z.B. Kalina/Weinkopf (2015); Hellmuth/Urban (2010); Lohmann (2007).

14 Vgl. Böheim/Taylor (2004).

15 Vgl. Destatis (o.D.g). Teilzeitbeschäftigte gesamt bis unter 35 Wochenstunden.

16 Vgl. Bundesagentur für Arbeit, Statistik (Hrsg.) (2016a).

der nebenberuflichen Erwerbstätigkeit in Form der Abschaffung der Sozialversicherungsfreiheit im Jahr 1999 und deren spätere erneute Wiedereinführung im Zuge der Hartz-Reformen im Jahr 2003 beeinflusst wurde.

Ungeachtet des tatsächlichen Umfangs kann bereits anhand der Daten der Bundesagentur für Arbeit der Mehrfachbeschäftigung ein nicht unwesentlicher Anteil an der Erwerbstätigkeit in Deutschland unterstellt werden. Die Motive und die Rolle des Nebenerwerbes sind bislang jedoch nur unzureichend mit empirischen Daten belegt. Zwar belegen gleichsam international, wie nationale Studien die Existenz sowohl finanzieller als auch nicht-monetärer Motive, die Frage, ob Mehrfachbeschäftigung im Zusammenhang mit der finanziellen Notwendigkeit zur Lebensunterhaltssicherung zu verorten ist, bleibt bislang jedoch ungeklärt.[17] Die sich speziell auf den deutschen Arbeitsmarkt beziehende Literatur zu den Motiven für Mehrfachbeschäftigung ist entweder nicht mehr als aktuell anzusehen[18], bezieht sich nur auf Teilgruppen[19] oder vernachlässigt mögliche wichtige Determinanten wie die Einkommenshöhe[20] oder eine Differenzierung nach bestimmten Einkommensgruppen.[21] Insbesondere die im Zusammenhang mit atypischer Beschäftigung stehenden Bereiche Niedriglohnbeschäftigung[22] und Erwerbsarmut[23] könnten dabei als auslösendes Element für die Notwendigkeit einer zusätzlichen Einkommensquelle stehen. Das Phänomen (Einkommens-)Armut wurde im Kontext des deutschen Hochlohnlandes lange Zeit als Randproblem wahrgenommen[24] und eher als Folge von Arbeitslosigkeit verortet, welche gefolgt von der Gruppe der Alleinerziehenden auch weiterhin dem größten Armuts-Gefährdungspotenzial unterliegt.[25] Allerdings mehren sich schon länger die Hinweise, dass Erwerbstätigkeit alleine für bestimmte Personengruppen keinen ausreichenden Schutz vor Armutsgefährdung bietet. So galten nach der Berichterstattung des fünften Armuts- und Reichtumsberichts der Bundesregierung, in Abhängigkeit von der zu Grunde liegenden Datenquelle, im Jahr 2015 zwischen 9,5% (EU-SILC) bis 10,3% (SOEP) der Erwerbstätigen

17 Vgl. Bundesagentur für Arbeit, Statistik (Hrsg.) (2016b:5).
18 Vgl z.B. Schwarze (1991), Merz/Wolff (1986).
19 Vgl. Schmidt/Voss (2014); Bögenhold/Fachinger (2012); Haak (2007).
20 Vgl. Brenke (2009).
21 Vgl. Schmidt/Voss (2014); Heineck (2009).
22 Vgl. Thomsen et al. (2016); Kalina/Weinkopf (2015); Kalina/Weinkopf (2008); Lohmann (2007).
23 Vgl. Hellmuth/Urban (2010).
24 Vgl. Rhein (2009:1).
25 Vgl. BMAS (Hrsg.) (2017: VI).

als armutsgefährdet.[26] Während in den USA die Phänomene Erwerbsarmut („*working poor*" bzw. „*in-work-poverty*") und Mehrfachbeschäftigung seit langem in engem Zusammenhang diskutiert werden, liegen für den deutschen Arbeitsmarkt hingegen bislang keine ausreichenden Befunde vor. Das Ziel dieser Arbeit ist es daher, diese Forschungslücke zu schließen und zu untersuchen, ob einkommensschwache Gruppen in höherem Maße einer Nebenbeschäftigung nachgehen. Über die Feststellung einer möglichen Korrelation hinaus ist die Zielsetzung dieser Arbeit die kausale Beziehung zwischen Mehrfachbeschäftigung und Armut unter Erwerbstätigen zu analysieren. Armut, als Indikator für eine finanzielle Unterversorgung, kann dabei als ein möglicher Auslöser für die Aufnahme einer zusätzlichen Beschäftigung gesehen werden. Dabei ist auch zu überprüfen, inwieweit sich durch das Zusatzeinkommen die Einkommenssituation der Betroffenen verbessert und welche Auswirkungen sich dadurch auf die Armutsgefährdungsquote ergeben. Umgekehrt kann Armut aber auch das Resultat einer mangels besserer Alternativen gewählten Kombination von mehreren schlecht entlohnten Erwerbstätigkeiten sein. Hierbei ist nach den ausgeübten Erwerbsformen im Haupt- und Nebenerwerb zu differenzieren und deren Überschneidung, insbesondere mit atypischen und niedrigentlohnten Beschäftigungsverhältnissen. Damit kann diese Arbeit einen Beitrag zur Klärung der Frage leisten, ob Mehrfachbeschäftigung ein Mittel zur Armutsvermeidung darstellt oder die bestehende Armutsstruktur weiter zementiert. Neben der offenen Frage, ob Mehrfachbeschäftigung als Resultat finanzieller Not zu sehen ist, wird mit dieser Arbeit der Nachweis weiterer, in der Literatur bislang unberücksichtigt gebliebener Motive für die Aufnahme einer Zweitbeschäftigung angestrebt. So beruht der Nachweis finanzieller Motive bisher ausschließlich auf Einkommensdaten, wohingegen die Rolle von Vermögen und Schulden unberücksichtigt geblieben ist. Dies liegt vermutlich unter anderem an der schlechten Datenlage über die Vermögenslage der Bevölkerung, die zur Folge hat, dass auch in dieser Arbeit der Einfluss von finanziellen Rücklagen nicht beantwortet werden kann. Für den umgekehrten Fall der Existenz von Schulden können mittels der dieser Dissertation zu Grunde liegenden Datenbasis hingegen, Untersuchungen durchgeführt werden. Damit kann analysiert werden, ob mit der Notwendigkeit der Kreditaufnahme die Wahrscheinlichkeit ansteigt, eine weitere Einkommensquelle zu gewinnen, um die Kreditschulden besser tilgen zu können. Anderweitige theoretische Motive für die Aufnahme einer Mehrfachbeschäftigung entziehen sich hingegen einer klaren Zuteilung in die beiden

26 Vgl. BMAS (Hrsg.) (o.D.b).

Kategorien finanzielle oder nicht-monetäre Beweggründe. Zu diesen zählt etwa die Rolle von Nebenbeschäftigungen hinsichtlich angestrebten berufliche Veränderungen, wie beispielsweise in Form eines Berufs- oder Arbeitsplatzwechsels oder dem Übergang in die Selbstständigkeit. Um die Unsicherheit, die mit einer jeden beruflichen Veränderung einhergeht, zu vermeiden, könnte die nebenberufliche Betätigung in einem angestrebten neuen Arbeitsfeld genutzt werden, erste Erfahrungen zu sammeln und einen späteren tatsächlichen Wechsel zu erleichtern. Für die Rolle von nebenberuflicher Erwerbstätigkeit als *„stepping stone"* in die Selbstständigkeit liegen für den Arbeitsmarkt in Großbritannien, Schweden und den USA bereits positive Erkenntnisse vor,[27] weshalb mit dieser Arbeit analysiert werden soll, ob die Nebenbeschäftigung auch für deutsche Existenzgründer von nachweislicher Bedeutung ist.

Die vorliegende Dissertation zeichnet sich durch eine schwerpunktmäßig empirische Vorgehensweise zur Beantwortung der angeführten Forschungsfragen aus. In Kapitel 2.1 wird zunächst eine Definition des Begriffs Mehrfachbeschäftigung auf Basis der in der empirischen Arbeitsmarktforschung vorherrschenden Konzepte von Erwerbstätigkeit gewonnen, auf deren Basis Mehrfachbeschäftigungsverhältnisse von wesensähnlichen Erwerbsformen abgegrenzt werden können. Im nachfolgenden Kapitel 2.2 wird anhand einer überblicksartigen Darstellung zu möglichen Kombinationsformen von Erwerbstätigkeiten der Versuch unternommen die Heterogenität des Arbeitsmarktphänomens Mehrfachbeschäftigung zu veranschaulichen. Ein in der Arbeitsmarktforschung etabliertes Analysekonstrukt zur Einteilung von Beschäftigungsformen findet sich in Gestalt des Normalarbeitsverhältnisses und der von diesem abweichend definierten atypischen Beschäftigung.[28] Über die reine Beschäftigungsform hinaus gibt diese Einteilung zusätzlich Auskunft über den Beschäftigungsumfang, die Stabilität der Beschäftigungsverhältnisse sowie die finanzielle Absicherung über die Einbindung in die Sozialsicherungssysteme. Während das Normalarbeitsverhältnis als weitgehend stabil und einkommenssichernd angesehen werden kann, könnten die mit atypischer Beschäftigung einhergehenden, davon abweichenden Beschäftigungsmerkmale zur Notwendigkeit einer Kompensation dieser mittels der Aufnahme einer Nebentätigkeit führen. Nach einer Definition und

27 Vgl. Panos et al. (2009); Dickey et al. (2009) für Großbritannien; Folta et al. (2010) für Schweden; Shisko/Rostker (1976) für die USA.

28 Vgl. u.a. Statistisches Bundesamt (Hrsg.) (2018); BMAS (Hrsg.). (2017): Zimmermann/Pierenkemper (2009:232f); SVR Wirtschaft (2008); Keller/Seifert (2007); Sesselmeier (2007); Giesecke (2006:57); Hoffmann/Walwei (2002); Bosch et al (2001); Mückenberger (1985).

Abgrenzung der Konzepte Normalarbeitsverhältnis und atypische Beschäftigung wird in Kapitel 2.3 die vermutete Übereinstimmung mit Mehrfachbeschäftigung zunächst auf theoretischer Basis analysiert. Die aus diesen Überlegungen abgeleitete Annahme einer hohen Übereinstimmung von Mehrfachbeschäftigung mit insbesondere den atypischen Beschäftigungsformen Teilzeitarbeit und geringfügige Beschäftigung wird in einem späteren Kapitel anhand der empirischen Daten auf Gültigkeit überprüft (siehe Kapitel 7.2).

In Kapitel 3 werden die Erkenntnisse der theoretischen Erklärung für die Ausübung von Mehrfachbeschäftigung und die, in der nationalen und internationalen Forschung vorliegenden, Einzelbefunde zusammengetragen, um daraus die Forschungslücke und vorläufige Arbeitshypothesen abzuleiten, welche im Verlauf dieser Arbeit mit Bezug auf die verfügbare Datenlage präzisiert werden. Durch die empirische Vorgehensweise dieser Arbeit kommt den Fragen nach der Operationalisierung und der zu Grunde gelegten Datenbasis eine entscheidende Bedeutung zu, welche daher in Kapitel 4 detailliert ausgeführt werden. In Kapitel 4.1 wird hierzu die gewählte Datengrundlage, das Sozio-oekonomische Panel (SOEP) mit seinen wesentlichen Eckpunkten vorgestellt und deren Angemessenheit für die Beantwortung der Forschungsfragen dargelegt. In den folgenden Unterabschnitten des Kapitels 4.2 werden die möglichen Operationalisierungsweisen von Mehrfachbeschäftigung erläutert und deren Auswirkungen auf die Erfassung und Anzahl der Mehrfachbeschäftigungsverhältnisse analysiert. Der Datenumfang und die Erhebungsstruktur des SOEP erlauben hierbei mittels dreier unterschiedlicher Vorgehensweisen eine deutlich über die bisherigen, in der Forschungsliteratur angewendeten, Wege hinausgehende, differenziertere Betrachtung des Phänomens Mehrfachbeschäftigung. Die drei identifizierten Operationalisierungskonzepte werden hinsichtlich ihrer Messgenauigkeit, sowie möglicher Vor- und Nachteile für die Fragestellung dieser Arbeit gegeneinander abgewogen. Darauf aufbauend wird die Entwicklung der Mehrfachbeschäftigtenzahl in Deutschland, insbesondere hinsichtlich der Auswirkungen, der über den Zeitverlauf veränderten gesetzlichen Rahmenbedingungen in Kapitel 4.3 verdeutlicht. Nach einem Vergleich der empirischen Befunde zur Zahl der Mehrfachbeschäftigten auf Basis des SOEP in Kapitel 4.4, werden diese Ergebnisse in Kapitel 4.5 mit anderen verfügbaren Datenquellen auf Ihre Validität und Repräsentativität überprüft.

Ein entscheidender Faktor für die Beantwortung der Forschungsfrage, ob Mehrfachbeschäftigung im Zusammenhang mit finanzieller Not zu sehen ist, ist die adäquate Operationalisierung des stellvertretend verwendeten Indikators für Armut. Dieser ist insofern problematisch, als der Begriff der Armut stark von individuellen Ansprüchen und Bedürfnissen, aber auch gesellschaftlichen

Gerechtigkeitsvorstellungen geprägt ist und daher nicht losgelöst von dem Wohlstandsniveau der Gesamtgesellschaft betrachtet werden kann. In Kapitel 5 wird daher die Messung von Armut anhand bestehender Konzepte vorgestellt und kritisch diskutiert. Dabei zeigt sich, dass kein allgemein anerkanntes und unumstrittenes Konzept vorherrscht. Sowohl vermeintlich objektive Kriterien, als auch auf subjektiven (Selbst-)Einschätzungen beruhende Konzeptionen sehen sich der Kritik ausgesetzt. Ebenfalls findet sich die Argumentation, dass Armut eine multidimensionale Betrachtungsweise voraussetzt, die über das Einkommen hinaus auch kulturelle und soziale Facetten zu berücksichtigen hat.[29] Die hierfür notwendige Verwendung einer Vielzahl von Indikatoren bringt jedoch neben einer sehr unübersichtlichen Zahl möglicher relevanter Faktoren keine wirkliche Lösung für das Problem einer allgemein anerkannten Armutsdefinition. Da es nicht der Anspruch dieser Arbeit ist, für diese anhaltende Diskussion eine Lösung zu erarbeiten, wird im Folgenden die Armut aus eher empirisch-pragmatischen Gründen ausschließlich im Hinblick auf die Einkommenssituation beurteilt. Ein speziell in der Sozialberichterstattung zur Einkommensverteilung und Armutsforschung etabliertes Hilfskonstrukt hierfür, das anhand objektiv messbarer Kriterien gebildet wird, stellt die relative Einkommensarmut dar. Für deren Verwendung spricht vor allem ihre weite Verbreitung in der nationalen und internationalen Armutsforschung, wenngleich zu Recht argumentiert werden kann, dass diese hauptsächlich ein Maß für die Beurteilung der Einkommensungleichheit bereitstellt. Entsprechend der bereits für die Erfassung der Mehrfachbeschäftigung getroffenen Operationalisierung kann diese sowohl anhand der Befragungsdaten zum monatlichen Einkommensbezug, als auch Einkommensangaben des Vorjahres gebildet werden. In Abschnitt 5.5 wird die praktische Umsetzung der relativen Einkommensarmutsmessung daher für beide Konzepte anhand der verwendeten Datenbasis SOEP praktisch erläutert.

Nachdem damit die Fragen der Operationalisierung ausführlich thematisiert wurden, werden in Kapitel 6 anhand ausgewählter deskriptiver sozioökonomischer Merkmale bestehende individuelle und haushaltsbezogene Unterschiede zwischen Einfach- und Mehrfachbeschäftigten und deren Entwicklung im Untersuchungszeitraum beschrieben. Mittels einer Verbleibsanalyse in Kapitel 6.4 zur Dauer von Mehrfachbeschäftigungsverhältnissen wird darüber hinaus untersucht, inwieweit diese Beschäftigungsformen längerfristig ausgeübt werden und Rückschlüsse zu deren Stabilität abgeleitet. Im nachfolgenden Kapitel 7 wird die in der Forschungsfrage formulierte erwartete hohe Übereinstimmung

29 Vgl. BMAS (Hrsg.) (2013:330f.)

zwischen Mehrfachbeschäftigung und Einkommensarmut zunächst anhand einer bivariaten Untersuchung in Abgrenzung zu Einfachbeschäftigten durchgeführt. Auf Basis der Erkenntnisse in Kapitel 7.1 lässt sich ableiten, ob eine Mehrfachbeschäftigung generell im Zusammenhang mit Einkommensarmut zu sehen ist, und inwieweit sich das Armutsrisiko bei diesen Beschäftigungstypen in dem Beobachtungszeitraum 1992 bis 2015 entwickelt hat. Insbesondere von Interesse ist dabei die Frage, inwieweit die gesetzlichen Veränderungen zur Nebenbeschäftigung Einfluss auf die Verbreitung von Einkommensarmut bei Mehrfachbeschäftigten hatten. Aus den theoretischen Überlegungen zu den Formen von Mehrfachbeschäftigung in Kapitel 2 kann entnommen werden, dass es sich um eine heterogene Erscheinungsform handelt. Dabei ist zu vermuten, dass das individuelle Armutsrisiko in hohem Maße von der Kombination der Beschäftigungsformen beeinflusst wird. Um ein differenzierteres Bild des Zusammenhangs von Armut und Mehrfachbeschäftigung gewinnen zu können, wird daher im folgenden Kapitel 7.2 auf die, in der Arbeitsmarktforschung im Zusammenhang mit Prekariät und Armutsrisiken häufig verwendeten, Analyse-Konstrukte „Normalarbeitsverhältnis" und „atypische Beschäftigungsformen" zurückgegriffen. Hierfür wird zunächst die generelle empirische Verbreitung dieser Beschäftigungsformen bei Mehrfachbeschäftigten nach Haupt- und Nebenerwerb differenziert analysiert, womit gleichzeitig eine Überprüfung der bereits in den theoretischen Vorüberlegungen vermuteten hohen Übereinstimmung zwischen Mehrfachbeschäftigung und atypischen Erwerbsformen erfolgt. Aufbauend auf die gewonnen Erkenntnisse wird in Kapitel 7.3 das Armutsrisiko nach bestimmten Formen von atypischer Mehrfachbeschäftigung differenziert analysiert, wobei um Verzerrungen durch Stichprobenfehler zu vermeiden, nur auf die empirisch häufigsten Konstellationen eingegangen wird. Aus diesen Untersuchungen lässt sich ableiten, für welche Erwerbskombinationen Armutsgefährdung als Folge von Mehrfachbeschäftigung aufgefasst werden kann.

In Kapitel 8 wird mittels multivariater ökonometrischer Untersuchungen der mögliche kausale Zusammenhang zwischen Einkommensarmut und Mehrfachbeschäftigung analysiert. In Kapitel 8.1 werden die zur Feststellung von kausalen Zusammenhängen verfügbaren empirischen Methoden diskutiert und das für die gewählte Datenbasis adäquate Regressionsmodell ausgewählt und spezifiziert. Auf Basis des hierbei identifizierten Fixed-Effects-Logit-Regressionsverfahrens wird in Kapitel 8.2 untersucht, inwieweit ein Wechsel in Mehrfachbeschäftigung mit atypischer Hauptbeschäftigung die Wahrscheinlichkeit eines erhöhten Einkommensarmutsrisikos bedingt. Nach einer Formulierung der erwarteten Zusammenhänge für die jeweiligen Formen atypischer Beschäftigung in Hypothesen in Kapitel 8.2.1 werden die Resultate der FE-Regressionsanalyse in Kapitel 8.2.2

beschrieben. Im darauffolgenden Kapitel 8.3 wird der umgekehrten Fragestellung nachgegangen und ökonometrisch die mögliche Rolle von Einkommensarmut als Ursache für die Aufnahme einer zusätzlichen Erwerbstätigkeit analysiert. In Kapitel 8.3.1 werden hierzu die Hypothesen für die regressionsanalytische Untersuchung dieser Forschungsfrage formuliert. Neben der Hauptfragestellung der Dissertation zur Kausalität von Einkommensarmut und Mehrfachbeschäftigung wird zusätzlich angestrebt, die Existenz der bisherigen in der Forschungsliteratur etablierten Motive zu validieren und um weitere mögliche Determinanten zu ergänzen. Bei diesen handelt es sich neben der bislang weitgehend ausgeblendeten Rolle von Verschuldung auch um die Frage, welche Rolle Nebenerwerbstätigkeit bei einem angestrebten Arbeitsplatz- oder Berufswechsel sowie für den Übergang in die Selbstständigkeit zukommt. Ebenfalls wird in diesem Abschnitt auf mögliche Probleme beim Nachweis der aufgestellten Forschungshypothesen anhand der verfügbaren Befragungsdaten sowie auf mögliche inverse Kausalbeziehungen zwischen den Untersuchungsvariablen, eingegangen. So lässt sich insbesondere nicht bestimmen, inwieweit ein gegenläufiger Zusammenhang in Form einer Armutsvermeidung durch den Bezug eines Nebeneinkommens, den möglichen Zusammenhang für die eigentliche Forschungsfrage, ob Einkommensarmut die Aufnahme einer Nebentätigkeit begünstigt, überlagert. Um diesen unerwünschten Einfluss auszublenden, wird daher die Möglichkeit des Einsatzes von zeitversetzten Prädikatoren sowie der rechnerischen Isolation über die Verwendung eines, um den Nebenerwerb bereinigten, Haushaltsnettoeinkommens diskutiert. Diese werden als alternative Forschungshypothesen formuliert und gehen in jeweils eigenständigen Regressionsmodellen in die Untersuchung ein. Die Gültigkeit der aufgestellten Forschungshypothesen werden in Kapitel 8.3.2 überprüft und die Resultate auf Basis der verschiedenen Spezifikationen des Fixed-Effects-Regressionsmodells beschrieben und bewertet. Hierbei wird nach Ansicht des Autors die Überlegenheit der Verwendung einer rechnerischen Modifikation zur Vermeidung der mit FE-Modellen potenziell einhergehenden Endogenitäts-Problematik – in Form invers wirkender Kausalität, gegenüber des Einsatzes zeitversetzter Prädikatoren – ersichtlich. Zur Validierung der Resultate dieser auf Annahmen bezüglich des Nettowertes des Nebeneinkommens gestützten rechnerischen Isolation des Effekts der „Einkommensarmut als Auslöser für MFB" wird in Kapitel 8.3.3 eine Sensitivitätsanalyse durchgeführt. Im abschließenden Kapitel 9 werden die Erkenntnisse dieser Dissertation zusammenfassend dargestellt und eine Einordnung in den bisherigen Forschungsstand vorgenommen. Aufbauend auf den Resultaten dieser Dissertation werden ein Ausblick auf den weiteren nötigen Forschungsbedarf gegeben und Empfehlungen für den wirtschaftspolitischen Handlungsbedarf zur Mehrfachbeschäftigung entwickelt.

2. Mehrfachbeschäftigung in der Theorie

Schon in der Forschungsliteratur über die „Mehrfachbeschäftigung“ zu Beginn der 1990er Jahre findet sich der Hinweis, dass weder eine einheitliche Definition dieses Begriffes existiert noch diese hinlänglich von verwandten Begrifflichkeiten, wie der Nebenerwerbstätigkeit abgegrenzt wurde.[30] Das Ziel dieses Kapitels ist es daher, zunächst eine Mehrfachbeschäftigung mittels der in der Arbeitsmarktforschung etablierten Erwerbspersonen- und Unterhaltskonzepte zu definieren. Die hierbei gewonnene allgemeine Definition wird darauffolgend um einen Überblick bezüglich möglicher Kombinationen von Mehrfachbeschäftigung auf Basis sozialversicherungspflichtiger, geringfügiger und nicht-sozialversicherungspflichtiger Haupt- und Nebenbeschäftigung erweitert. Um über die Erwerbsform hinaus Erkenntnisse zur finanziellen Absicherung, Beschäftigungsstabilität sowie Einbindung in die Sozialversicherungssysteme der Mehrfachbeschäftigten gewinnen zu können, wird abschließend in diesem Kapitel der mögliche Zusammenhang mit atypischen Arbeitsformen diskutiert. Neben theoretischen Überlegungen zur Verbreitung bestimmter atypischer Erwerbsformen auf Haupt- und Nebenbeschäftigung dient dies der Annäherung an eine der Fragestellungen dieser Arbeit, inwieweit Mehrfachbeschäftigung als Reaktion auf atypische Beschäftigung gesehen werden kann, um möglichen damit einhergehenden Risiken hinsichtlich Beschäftigungsstabilität und Armutsgefährdung zu begegnen. In den späteren Kapiteln werden diese zunächst theoretischen Überlegungen einer empirischen Überprüfung unterzogen.[31]

2.1. Definition und Abgrenzung von Mehrfachbeschäftigung

Im alltäglichen Sprachgebrauch wird kaum zwischen den Begriffen Nebenerwerb, Zweitjob und der im engen zusammenhang stehenden Mehrfachbeschäftigung differenziert. Beispielsweise findet sich in populärwissenschaftlichen Definitionen zum Begriff der Nebentätigkeit, dass darunter eine „Berufstätigkeit zu verstehen ist, „die von Erwerbspersonen neben ihrem Hauptberuf ausgeübt wird“[32]. Konträr zu diesem Verständnis werden in wissenschaftlich etablierten Sozialerhebungen, wie dem Mikrozensus des Statistischen Bundesamtes, auch nicht

30 Vgl. Schwarze (1990:20).

31 Siehe Kapitel 7.2 und Kapitel 8.

32 Gabler Wirtschaftslexikon (o.D.).

berufstätige Personengruppen über die Ausübung einer Nebenerwerbstätigkeit befragt. Diesem Nebentätigkeitsbegriff liegt damit eine weiter gefasste Definition zu Grunde. Nach diesem Begriffsverständnis gilt jede Form als Nebenerwerbstätigkeit, die zusätzlich zur überwiegend ausgeübten Tätigkeit ausgeübt wird.[33] Neben Erwerbs- oder Berufstätigen sind damit in dieser Definition auch Gruppen eingeschlossen, die klassisch nicht als erwerbstätig bezeichnet werden. Zu diesen zählen etwa Personen der Stillen Reserve (z.B. Hausfrauen/-männer), Nicht-Erwerbspersonen (Rentner, Schüler und Studenten, Wehr- und Bundesfreiwilligendienstleistende) sowie Erwerbslose (vgl. Abbildung 1). Nebentätigkeiten ohne entgeltliche Bezahlung, wie z.B. die Nachbarschaftshilfe, ehrenamtliches Engagement oder die Eigenarbeit entfallen in dieser Definition aufgrund des fehlenden Erwerbszweckes, welcher eine Erwerbstätigkeit begründet. Dagegen erfüllen Nebentätigkeiten in der Schwarzarbeit prinzipiell das Erwerbs-Kriterium. In der empirischen Praxis ist es jedoch problematisch, diese Nebentätigkeiten adäquat zu erfassen und von legalen Beschäftigungsverhältnissen eindeutig abzugrenzen.[34]

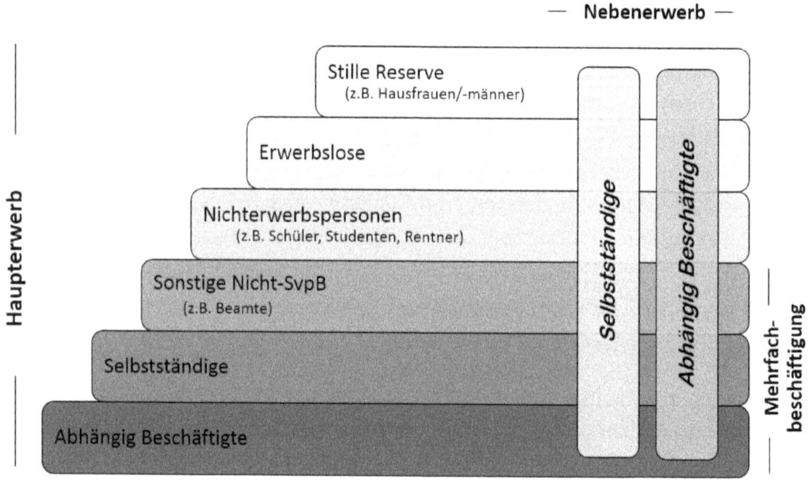

Abbildung 1: Unterscheidung Nebenerwerbstätigkeit und Mehrfachbeschäftigung

Quelle: Eigene Darstellung.

33 Vgl. Schwarze (1990:14).

34 Vgl. IAW/RWI (2010:9).

Neben der Identifikation des Personenkreises gestaltet sich insbesondere die – durch den Begriff „überwiegend ausgeübte Tätigkeit" – notwendige Abgrenzung von Haupt- und Nebentätigkeit problematisch. Um die Reichweite dieser Problematik aufzuzeigen, bietet sich die Unterscheidung nach dem Erwerbspersonen- und Unterhaltskonzept an. So zählen nach dem Erwerbspersonenkonzept, das beispielsweise der Mikrozensus anwendet, Personen mit einer Erwerbstätigkeit, unabhängig von zeitlichem Ausmaß und Lohnhöhe, zu den Erwerbstätigen.[35] Ein Schüler mit einer zusätzlichen geringfügigen Beschäftigung gilt demnach als erwerbstätig und würde erst bei Aufnahme einer zweiten Erwerbstätigkeit als nebenerwerbstätig klassifiziert werden. Nach dem Unterhaltskonzept wird die erwerbsfähige Bevölkerung hingegen nach ihrem überwiegenden Lebensunterhalt eingeteilt.[36] Dieser kann außer durch eine Erwerbstätigkeit auch durch Arbeitslosengeld, Sozialhilfe, Rente sowie durch Angehörige oder andere Einkommensquellen bestritten werden. Nach diesem Konzept ist der beschriebene Schüler mit geringfügiger Beschäftigung als nebenerwerbstätig einzustufen, sofern der überwiegende Teil seiner Lebenshaltungskosten von den Eltern bezahlt wird.

Die Definition von Nebenerwerbstätigkeit ist damit in hohem Maße abhängig von dem gewählten Definitionskonzept und muss damit uneindeutig bleiben. Für Mehrfachbeschäftigungsverhältnisse liegen hingegen gebräuchliche Konventionen in der Literatur vor.[37] So wird als Mehrfachbeschäftigung allgemein die Kombination mehrerer Beschäftigungsverhältnisse oder auch verschiedener Erwerbsformen bezeichnet.[38] Dieses entspricht auch der in der internationalen Literatur vorherrschenden Bezeichnung „*multiple-job-holding*" oder „*second-jobholding*". Eine Mehrfachbeschäftigung setzt damit mindestens zwei gleichzeitige Erwerbstätigkeiten voraus. Bei Anwendung des Erwerbspersonenkonzepts lässt sich daraus folgern, dass eine Nebenerwerbstätigkeit zwangsläufig auch eine Mehrfachbeschäftigung konstituiert. Hingegen führt das Unterhaltskonzept nicht zwangsläufig zu dieser Gleichsetzung. Stattdessen lässt sich bei diesem weiter gefassten Nebentätigkeitsbegriff die Mehrfachbeschäftigung als Unterkategorie des Nebenerwerbstätigkeitsbegriffs einstufen. Dies entspricht auch der in der Literatur[39] vorgeschlagenen Konvention, Mehrfachbeschäftigte

35 Vgl. Statistisches Bundesamt (Hrsg.) (2011a:5).

36 Vgl. Statistisches Bundesamt (Hrsg.) (2011b:10).

37 Vgl. Schwarze (1990:20).

38 Vgl. Bundesagentur für Arbeit, Statistik (Hrsg.) (2016b:6); Hirschenauer/Wießner(2006:1).

39 Vgl. Schwarze (1990:27).

auch als „Nebenerwerbstätige im engeren Sinn“ zu bezeichnen. Der Anspruch dieser Arbeit besteht allerdings nicht darin, das Phänomen Nebenerwerbstätigkeit in seiner gesamten Breite zu beleuchten, sondern konzentriert sich explizit auf Mehrfachbeschäftigte, womit diese Bezeichnung eher unpraktisch und erschwerend erscheint. Zur trennschärferen Unterscheidung wird daher im weiteren Verlauf dieser Arbeit einer eigenen Einteilung, entsprechend der in Tabelle 1 dargestellten Unterscheidungsmatrix, gefolgt. Demnach wird in den nachfolgenden Untersuchungen Mehrfachbeschäftigung als die Kombination von mindestens zwei Erwerbstätigkeiten definiert, die beide auf einen wirtschaftlichen Erwerbszweck gerichtet sind, unabhängig vom Umfang dieser Tätigkeiten. Liegt hingegen nur eine Erwerbstätigkeit vor, dann muss unterschieden werden, ob diese die Haupt- oder Nebentätigkeit darstellt. Hier soll der Definition des Unterhaltskonzeptes gefolgt werden, so dass bei Haupterwerbstätigen in der einzig vorhandenen Erwerbstätigkeit der überwiegenden Lebensunterhalt erzielt wird, wohingegen bei Nebenerwerbstätigkeit die Erwerbstätigkeit nur eine untergeordnete Rolle spielt.

		Nebentätigkeit / Zweitjob: Ja	Nebentätigkeit / Zweitjob: Nein
Haupttätigkeit / Erstjob	Ja	Mehrfachbeschäftigt	Haupterwerbstätig
	Nein	Nebenerwerbstätig	Nicht Erwerbstätig

Tabelle 1: Unterscheidung Nebenerwerb und Haupterwerb
Quelle: Eigene Darstellung in Anlehnung an Schwarze (1990:27).

Die für eine empirische Untersuchung notwendige praktische Abgrenzung ist hingegen abhängig von den in den Befragungsdaten enthaltenen Angaben. In den empirischen Teilen dieser Arbeit wird daher detaillierter auf die praktischen Möglichkeiten die Mehrfachbeschäftigung mittels verfügbarer Datenquellen zu operationalisieren, eingegangen. Die Entscheidung für das Unterhaltskonzept erschließt sich aus der Fragestellung dieser Arbeit, in der schwerpunktmäßig untersucht werden soll, inwieweit Mehrfachbeschäftigte sich von Personen mit nur einer Erwerbstätigkeit unterscheiden. In dem vergleichsweise weit gefassten Begriff von Erwerbstätigkeit im Sinne des Erwerbspersonenkonzepts wird eine Vielzahl heterogener Gruppen eingeschlossen, die sich deutlich von dem klassischen Bild des in Vollzeit tätigen Haupterwerbstätigen unterscheiden, jedoch aber alle nur einer Erwerbstätigkeit nachgehen. Für die Frage, ob eine Person ein Interesse daran hat, ihre Haupteinnahmequelle durch eine weitere Nebentätigkeit zu erweitern, hat es jedoch Konsequenzen, ob diese aus einer Erwerbstätigkeit oder anderen Einkommensquellen stammt. Für bestimmte Personengruppen, wie Erwerbslose oder Studenten kann angenommen werden, dass deren Erwerbstätigkeit in einem Nebenjob eher einen Zuverdienst für den derzeitigen Lebensabschnitt darstellt. Bei Abschluss dieser Episode sind beide Gruppen jedoch wahrscheinlich an der Aufnahme einer einzigen Haupterwerbstätigkeit interessiert, statt der zusätzlichen Aufnahme einer weiteren Nebentätigkeit. Der Vergleich dieser Gruppen mit Mehrfachbeschäftigten erscheint somit nicht angebracht, da andere Faktoren die Erwerbstätigkeit dieser Gruppen beeinflussen, woraus sich eher Rückschlüsse auf andere Fragestellungen ergeben, wie zum Beispiel auf ein zu niedriges Rentenniveau, fehlende Stipendiaten-Programme oder eingeschränkte (Zu-)Verdienstgrenzen von Erwerbslosen. Die Beantwortung der angestrebten Hauptfragestellungen nach einem Zusammenhang von Erwerbsarmut und der finanziellen Notwendigkeit einer weiteren Beschäftigung wird damit jedoch verfehlt. Der Ausschluss dieser Personengruppen aus dem Untersuchungsgegenstand ermöglicht es, trotz der gerade festgelegten Abgrenzungen, zugunsten eines angenehmeren Leseflusses die Begriffe „Nebenerwerbstätigkeit" und „Nebenbeschäftigte" als Synonym für Mehrfachbeschäftigung zu verwenden. Sofern hingegen explizit auf Personen verwiesen werden soll, deren Nebenerwerbstätigkeit im Sinne des Unterhaltskonzepts eher eine untergeordnete Rolle einnimmt, wird dies mit entsprechendem Zusatz, wie beispielsweise „Nebenerwerbstätige im engeren Sinne", verdeutlicht. Demgegenüber werden Personen, bei denen ein mit der einzigen Erwerbstätigkeit erkennbarer Erwerbszweck einhergeht, entweder als Haupterwerbstätige oder zur besseren Abgrenzung von Mehrfachbeschäftigung alternativ als Einfachbeschäftigte deklariert.

2.2. Formen von Mehrfachbeschäftigung

In der bisherigen Betrachtungsweise wurde eine Mehrfachbeschäftigung allein anhand der Anzahl der Erwerbstätigkeiten definiert. In der praktischen Ausgestaltung können sich Mehrfachbeschäftigungsverhältnisse allerdings durch die Möglichkeit, verschiedene Erwerbsformen zu kombinieren, erheblich voneinander unterscheiden. In Abbildung 2 ist die Heterogenität des Mehrfachbeschäftigungsbegriffs anhand der theoretisch möglichen Erwerbsformen und Kombinationen dargestellt.

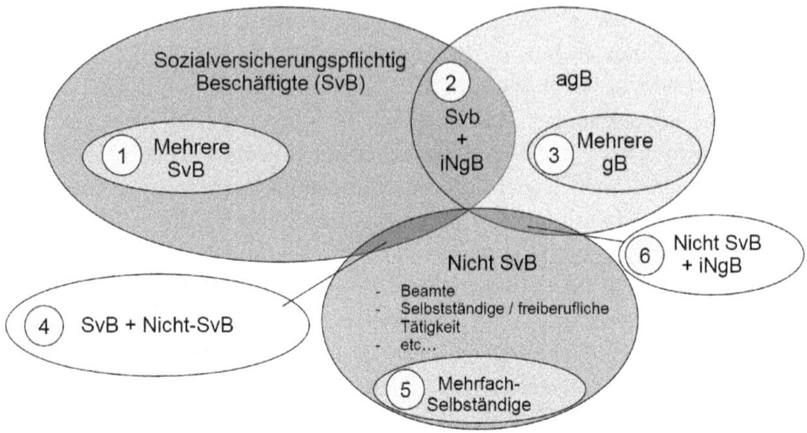

Abbildung 2: Formen von Mehrfachbeschäftigung

Quelle: Eigene Darstellung.

Erläuterung: SvB = sozialversicherungspflichtig Beschäftigte; agB = ausschließlich geringfügig Beschäftigte; gB = geringfügig Beschäftigte; iNgB = im Nebenjob geringfügig Beschäftigte.

Nicht entlohnte Tätigkeiten sowie Tätigkeiten in Schwarzarbeit bleiben, wie bereits bei Nebentätigkeiten im Allgemeinen aufgeführt, hierbei wiederrum unberücksichtigt. In der Abbildung zeigt sich, dass sich eine Mehrfachbeschäftigung aus verschiedenen Kombinationsmöglichkeiten von sozialversicherungspflichtiger (SvB), nicht-sozialversicherungspflichtiger und geringfügiger Beschäftigung (gB) zusammensetzen kann. Dabei sind neben einer mehrfachen Ausübung gleichartiger Tätigkeiten, wie etwa mehrerer sozialversicherungspflichtiger Beschäftigungsverhältnisse, auch Kombinationen mit abweichenden Erwerbsformen, z.B. einer Selbstständigkeit mit geringfügiger Nebenbeschäftigung möglich. Prinzipiell ist darüber hinaus der Anzahl der Beschäftigungsverhältnisse keine fixe Grenze gesetzt, so dass auch dreifach- und vierfach-Mehrfachbeschäftigungen möglich sind. Um die Übersichtlichkeit der Abbildung zu wahren, wurde von der Darstellung dieser Fälle jedoch abgesehen. Ebenfalls zur Vereinfachung der Darstellung wird zunächst auf eine Begründung zur Aufteilung in Haupt- und Nebenbeschäftigung verzichtet. Stattdessen wird in Anlehnung an die in der Berichterstattung der Bundesagentur für Arbeit übliche Konvention die Annahme getroffen, dass eine SvB grundsätzlich die Hauptbeschäftigung darstellt, und die gB eher im Nebenerwerb verordnet ist.[40]

40 Vgl. z.B. Bundesagentur für Arbeit, Statistik (Hrsg.) (2017b).

Für Nicht-Sozialversicherungspflichtige Beschäftigungen wird vorläufig ein Rang zwischen SvB und gB angenommen. Eine Abschätzung der quantitativen Bedeutung der in der Abbildung dargestellten Erwerbskombinationen kann mittels der Veröffentlichungen der Bundesagentur für Arbeit und des Mikrozensus getroffen werden. Nach aktuelleren Befunden der Bundesagentur für Arbeit im Zuge einer Aktualisierung des Datenaufbereitungsverfahrens im Jahr 2014 stellt die Kombination aus sozialversicherungspflichtiger Hauptbeschäftigung und nebenberuflicher geringfügiger Beschäftigung die empirisch häufigste Form dar.[41] Auf diese Erwerbskombination entfallen von den zum Stichtag 30. Juni festgestellten fast 2,95 Millionen Mehrfachbeschäftigten über 80% (2,46 Millionen), während nur etwa 10% (292.519) gleichzeitige mehreren geringfügigen Beschäftigungen nachgehen und annähernd 8% (233.333) mehrere sozialversicherungspflichtige Tätigkeiten gleichzeitig ausüben.[42] Zur Vollständigkeit muss erwähnt werden, dass die geringfügige Beschäftigung in Form von zwei Beschäftigungstypen existiert. Diese sind zum einen die geringfügig entlohnte Beschäftigung (geB), gebräuchlich auch als „Minijob" bezeichnet, zum anderen die kurzfristige Beschäftigung (kfB). Sie unterscheiden sich vor allem in der zulässigen Beschäftigungsdauer und den Zuverdienstgrenzen. Aufgrund der deutlich häufigeren Verbreitung von iNgeB (2014: 2,42 Millionen) gegenüber der iNkfB (2014: ca. 37.500) ist diese Differenzierung nicht Bestandteil der standardmäßigen Veröffentlichung der Bundesagentur für Arbeit.[43] Nachfolgend werden daher die Begriffe „geringfügig entlohnte Beschäftigung" und „Minijob" als Synonyme zur eigentlichen Oberkategorie „geringfügige Beschäftigung" verwendet. Die Statistik der Bundesagentur für Arbeit spiegelt jedoch nur einen Teil der Gesamtmehrfachbeschäftigung wider, da keine Daten zu Nebentätigkeiten in Verbindung mit Selbstständigkeit enthalten sind. Nach den Erkenntnissen auf Basis des Mikrozensus wird fast die Hälfte der Zweitjobs in Form einer selbstständigen Tätigkeit (einschließlich mithelfender Familienangehöriger) ausgeübt.[44] Allerdings weisen gerade der Mikrozensus und die BA-Beschäftigungsdaten deutliche Differenzen bezüglich der Anzahl von Mehrfachbeschäftigungen auf, worauf in Kapitel 4.5 zur Suche einer geeigneten Datengrundlage detaillierter eingegangen wird.

---

41 Vgl. Bundesagentur für Arbeit, Statistik (Hrsg.) (2016b:5).

42 Vgl. Bundesagentur für Arbeit, Statistik (Hrsg.) (2016b:6ff.). Die Kategorien SvB+gB und SvB+SvB überschneiden sich dabei um 38.736 Personen, was für die Differenz der Gesamtzahl der Mehrfachbeschäftigten zu der Summe der Einzelwerte verantwortlich ist.

43 Vgl. Bundesagentur für Arbeit, Statistik (Hrsg.) (2016b:6ff).

44 Vgl. Brenke (2009:605).

Neben der Beschäftigungsform können sich die kombinierten Beschäftigungsverhältnisse zusätzlich in ihrem Stundenumfang in Voll- und Teilzeittätigkeiten unterscheiden, woran sich auch die Frage einer Einteilung in Haupt- und Nebentätigkeit anschließt. Die Haupttätigkeit kann dabei prinzipiell als abhängige, selbstständige oder sonstige nicht-sozialversicherungspflichtige Beschäftigung ausgeübt werden. Bei der zusätzlichen Nebentätigkeit kann es sich dagegen nur um eine abhängige oder selbstständige Tätigkeit handeln, da eine Anstellung im öffentlichen Dienst laut Bundesnebentätigkeitsverordnung (BNV) grundsätzlich als Hauptamt einzuordnen ist.[45] Allerdings findet sich darüber hinaus keine eindeutige gesetzliche Regelung, obgleich die Einordnung der Tätigkeiten als Haupt- und Nebenerwerb für Betroffene insbesondere bei Kombinationen abhängiger und selbstständiger Erwerbsformen eine gewichtige Bedeutung hat, etwa in der Frage der Versicherungspflicht und Beitragshöhe in der gesetzlichen Krankenversicherung. Die Informationsmaterialien des Bundesministeriums für Wirtschaft und Energie (BMWi) sowie der Industrie- und Handelskammern (IHK) stellen hierzu einige Anhaltspunkte bereit. Laut BMWi gilt eine selbstständige Tätigkeit als hauptberuflich, sofern sie „von der wirtschaftlichen Bedeutung (Höhe des Einkommens) und dem zeitlichen Aufwand her die übrigen Erwerbstätigkeiten zusammen deutlich übersteigt und den Mittelpunkt der Erwerbstätigkeit darstellt.[46] Auf Fälle, in denen zeitlicher Aufwand und Höhe des Einkommens auseinanderfallen, kann diese Einteilung aber nicht angewendet werden. In einer Informationsschrift der IHK Kassel findet sich eine Konkretisierung des zeitlichen Aufwands, wonach die Arbeitszeit der Nebenselbstständigkeit nicht mehr als ein Drittel der Arbeitszeit eines vergleichbaren Vollerwerbs in Anspruch nehmen darf, um als Nebentätigkeit eingestuft zu werden.[47] Daneben findet sich als weiteres Abgrenzungsmerkmal die Anzahl der im eigenen Unternehmen beschäftigten Mitarbeiter.[48] Diese Kriterien sind aber eher als Anhaltspunkte denn als fixierte Abgrenzungsmerkmale zu verstehen, insofern als in der beruflichen Praxis die jeweilige Krankenkasse im Zweifelsfall über den Status einer nebenberuflichen Selbstständigkeit entscheidet.[49]

---

45 BMJV (o.D).

46 Vgl. BMWi (o.D.).

47 Vgl. IHK Kassel (Hrsg.) (2012).

48 Vgl. IHK Kassel (Hrsg.) (2012:2). So zählt die Selbstständigkeit als hauptberuflich, sofern mindestens ein Arbeitnehmer mehr als geringfügig beschäftigt wird oder die Arbeitsentgelte sämtlicher geringfügig Beschäftigter zusammen die Geringfügigkeitsgrenze übersteigt.

49 Vgl. BMWi (o.D.) Existenzgründungsportal.

Losgelöst von Kombinationen mit Selbstständigkeiten kann eine Einteilung in Haupt- und Nebenerwerb damit sowohl anhand der Einkommenshöhe, der Arbeitszeit als auch einer bislang nicht betrachteten individuellen Selbsteinstufung erfolgen. Letzterem liegt dabei die Annahme zu Grunde, dass der Befragungsteilnehmer besser in der Lage ist seine individuelle Erwerbssituation einzuschätzen, unabhängig von der juristisch korrekten Entscheidungspraxis. Die beiden weitreichendsten Bevölkerungserhebungen, der Mikrozensus des Statistischen Bundesamtes sowie das Sozio-oekonomischen Panels (SOEP) des Deutschen Instituts für Wirtschaftsforschung (DIW Berlin), nehmen die Einteilung in Haupt- und Nebenerwerb auf Basis der Selbsteinschätzung der Befragten vor. Während im Fragebogen des SOEP die Einstufung den Befragten vollständig selbst überlassen ist, findet sich im Mikrozensus als ergänzende Hilfestellung der Hinweis, dass die Tätigkeit mit der längsten Arbeitszeit im Zweifel als Haupttätigkeit einzustufen ist.[50] Auf Basis welchen Entscheidungskriteriums die Teilnehmer vorgehen, bleibt damit bei beiden Befragungen nicht vollständig ersichtlich. Im weiteren Verlauf dieser Arbeit wird diesem Vorgehen gefolgt und vorrangig auf Basis der Selbsteinstufung die Gewichtung in Haupt- und Nebenerwerb bestimmt. Sofern diese aus der gewählten Datenbasis nicht unmittelbar abgeleitet werden kann, sind als weitere Kriterien Arbeitszeit und Einkommenshöhe heranzuziehen. Sehr wahrscheinlich wird zwar eine Einteilung nach der Einkommenshöhe oder den Arbeitsstunden für den überwiegenden Teil der Beschäftigten in einem engen Zusammenhang stehen und damit zu gleichen Ergebnissen führen. Gerade bei Kombinationen aus Vollzeit- und Teilzeitbeschäftigungen dürfte neben der Arbeitszeit auch das Einkommen der Vollzeittätigkeit überwiegen. Bei Kombinationen mehrerer Teilzeitbeschäftigungen von ähnlichem Stunden- und/oder Einkommensumfang kann es dagegen zu divergierenden Einstufungen je nach gewähltem Kriterium kommen.[51] Für diese Fallkonstellationen müssen vor einer empirischen Auswertung daher klare Einteilungskriterien festgelegt werden. Der Fokus dieser Dissertation auf entlohnte Beschäftigungen legt eine Einteilung nach Höhe der jeweils erzielten Einkommen gegenüber den geleisteten Arbeitsstunden als zielführender nahe. Damit wird auch der Entscheidung für das Unterhaltskonzept bei der Definition einer Einfachbeschäftigung, gegenüber einer wirtschaftlich untergeordneten Nebenerwerbstätigkeit (im engeren Sinne), Rechnung getragen, da das größere Einkommen mehr zum Unterhalt beiträgt und somit eher dem Mittelpunkt

50 Vgl. Statistische Ämter des Bundes und der Länder (Hrsg.) (2011:8).
51 Vgl. Schwarze (1990:26).

der Erwerbstätigkeit entspricht. Für die Einteilung der Rangfolge bei mehreren Beschäftigungsverhältnissen wird ohne erkennbare Selbsteinstufung der Befragten daher die Höhe der erzielten Einkommen als Sekundärkriterium herangezogen.

Eine weitere, in der Arbeitsmarktforschung geläufige und mit den angesprochenen Abgrenzungskriterien der Sozialversicherungspflicht und dem Arbeitszeitumfang in Verbindung stehende, Einteilung der Beschäftigungsformen stellt die sogenannte atypische Beschäftigung dar. Zu dieser werden unter anderem die geringfügige Beschäftigung sowie größtenteils auch die Teilzeitbeschäftigung gezählt, wobei die tatsächlich darunter zu fassenden Beschäftigungsformen in der Forschungsliteratur jedoch nicht unumstritten sind. Aufgrund der vermutlich hohen Überschneidung mit den in Mehrfachbeschäftigungsverhältnissen kombinierten Beschäftigungsformen wird im folgenden Kapitel zunächst ein Überblick über die Diskussion um die atypische Beschäftigung gegeben, um darauf aufbauend die theoretische Übereinstimmung mit der Mehrfachbeschäftigung zu diskutieren.

2.3. Der theoretische Zusammenhang von Mehrfachbeschäftigung und Atypischer Arbeit

2.3.1. Unterscheidung von Normalarbeit und Atypischer Arbeit

Obwohl die Bezeichnung „atypische Erwerbsform“ mittlerweile eine feste Größe in der Arbeitsmarktforschung darstellt, ist sie dennoch weder eindeutig definiert noch in ihrer Verwendung unumstritten. Dies liegt neben der oftmals als Wertung verstandenen Bezeichnung als „atypisch“ im Sinne von „a-normal“ zusätzlich an der Unklarheit über die zugrundeliegenden Abgrenzungskriterien.[52] So wird eine atypische Arbeitsform nicht anhand eigenständiger Merkmale definiert, sondern aufgrund der Abweichung von dem sogenannten Normalarbeitsverhältnis.[53] Der Begriff des Normalarbeitsverhältnisses kann insbesondere auf Mückenberger (1985) zurückgeführt werden, der damit eine auf Dauer und

52 Einige Autoren drücken diesen Umstand damit aus den Begriff bewusst in Anführungszeichen zusetzen („atypisch“). Die hier gewählten Anführungszeichen sollen hingegen eher deutlich machen, dass es sich um einen Begriff handelt. Im weiteren Verlauf wird hingegen bewusst auf diese verzichtet werden (siehe auch Erklärung im weiteren Textverlauf).

53 Vgl. Keller/Seifert (2007:12).

Kontinuität angelegte abhängige Beschäftigung bezeichnet, die in Vollzeit ausgeübt wird und in das System arbeits- und sozialrechtlicher Schutzbestimmungen eingebettet ist.[54] Generell beschränkt sich das Normalarbeitsverhältnis damit auf abhängige Beschäftigungsformen,[55] womit zumeist jede Form von Beschäftigung in Selbstständigkeit aus der Diskussion um das Normalarbeitsverhältnis und die atypische Arbeit ausgeschlossen wird. Zu vermuten wäre hierfür, dass mit der Selbstständigkeit ein gewisses Maß an Selbstbestimmung und unternehmerischer Freiheit einhergeht, gepaart mit der selbstgewählten erhöhten Beschäftigungsunsicherheit und finanziellem Risiko, was damit deutlich im Kontrast zu dem weitgehend auf Stabilität angelegten Normalarbeitsverhältnis steht. An der Verwendung des Begriffes Normalarbeitsverhältnis lassen sich insbesondere zwei Bedeutungsvarianten ablesen.[56] Zum einen kann "normal" als die empirisch am häufigsten auftretende und damit "typische" Arbeitsform verstanden werden. Andererseits beinhaltet der Ausdruck auch eine normative Komponente im Sinne eines allgemeinen Leitbildes, „das der arbeitsrechtlichen Ausgestaltung von Arbeitsverhältnissen, dem Beitrags-/Leistungsgefüge der Sozialversicherung, aber auch den familienrechtlichen Ausgleichmechanismen wie den steuer- und subventionspolitischen Umverteilungsprozessen ein Bezugspunkt war“[57] und noch immer ist.[58] In der Literatur zur Arbeitsmarktforschung finden sich reichlich Diskussionsbeiträge über die Angemessenheit dieses Begriffes – sei es zur Stellung des Normalarbeitsverhältnisses als historische Einmaligkeit anstatt als faktische Normalität[59] oder zu dem einer Normalarbeit zu Grunde liegenden Kriterienkatalog, anhand dessen eine Einteilung in atypisch und normal vorgenommen werden kann.[60] So interessant die Auseinandersetzung mit dieser Definitionsproblematik auch sein mag, verstellt sie dennoch die Sicht auf den eigentlichen Sinn der Verwendung des Begriffskonstrukts „Normalarbeitsverhältnis“ (wie auch der damit verbundenen atypischen Beschäftigung) als nicht normative Wertung, sondern zur ausschließlich analytischen Verwendung.[61] Da sich die Begriffe besonders in der deutschsprachigen wissenschaftlichen

54 Mückenberger (1985).
55 Vgl. Keller/Seifert (2007:12).
56 Vgl. Giesecke(2006:57).
57 Mückenberger (1989:211).
58 Vgl. Giesecke (2006:57); Struck (2006:31).
59 Vgl. u.a. Zimmermann/Pierenkemper (2009:232f); Bosch et al (2001:28).
60 Vgl. z.B. SVR Wirtschaft (2008); Schäfer/Seyda (2008); Statistisches Bundesamt (Hrsg.) (2008); Keller/Seifert (2007); Hoffmann/Walwei (2002); Bosch et al (2001).
61 Keller/Seifert (2007:12).

Diskussion durchgesetzt haben[62] und in Ermangelung anderer gebräuchlicher Alternativen,[63] werden diese im weiteren Verlauf dieser Arbeit als Abgrenzungskategorien verwendet, allerdings ohne damit eine Stellungnahme über deren Wertigkeit abgeben zu wollen.

Der angeführten Uneinigkeit über die Definition des Normalarbeitsverhältnisses zum Trotz, lassen sich die folgenden Elemente als konstituierende Merkmale eines Normalarbeitsverhältnisses festhalten, die in der Arbeitsmarktforschung als allgemein akzeptierter Konsens zu bezeichnen sind:[64]

- Tätigkeit in Vollzeit
- Sozialversicherungspflichtiges Beschäftigungsverhältnis
- Unbefristeter Arbeitsvertrag
- Keine Leiharbeit bzw. Identität von Arbeits- und Beschäftigungsverhältnis

Wie erläutert, ordnet bereits eine Abweichung von einem dieser Kriterien ein Beschäftigungsverhältnis der atypischen Arbeit zu. Gemäß dieser negativen Abgrenzung zum Normalarbeitsverhältnis werden zumeist die Beschäftigungsformen Teilzeitarbeit, geringfügige Beschäftigung, befristete Beschäftigung sowie die Leih- bzw. Zeitarbeit als atypische Erwerbsformen deklariert. Die Arbeitsformen sind dabei keineswegs überschneidungsfrei. So sind beispielsweise speziell Kombinationen von Teilzeitarbeit und Befristungen mit weiteren atypischen Erwerbsformen anzutreffen.[65] Daneben beinhaltet auch der zunächst so eindeutig dargelegte Kriterienkatalog für ein Normalarbeitsverhältnis definitorische Ungereimtheiten. Speziell für die Leiharbeit wird oftmals von deren Befürwortern argumentiert, dass sie eigentlich die an ein Normalarbeitsverhältnis gestellten Kriterien eines unbefristeten, sozialversicherungspflichtigen Vollzeiterwerbsverhältnisses erfüllt,[66] und zudem der überwiegende Teil der Beschäftigungsverhältnisse einer tariflichen Bindung unterliegt.[67] Kritiker führen dies jedoch vorrangig auf die Möglichkeit zurück, durch tarifvertragliche

62 Vgl. u. a. Wingerter (2009); Zimmermann/Pierenkemper (2009); SVR Wirtschaft (2008); Statistisches Bundesamt (2008); Keller/Seifert (2007).

63 Z.B. bezeichnet Schwarze (1990:13) diese als „nicht-konventionelle" Arbeitsformen, was allerdings zu derselben normativen Wertungsproblematik führt wie bei der Bezeichnung als „atypisch".

64 Vgl. u.a. SVR Wirtschaft (2008); Statistisches Bundesamt (Hrsg.) (2008); Keller/Seifert (2007).

65 Vgl. Wingerter (2009); Brehmer/Seifert (2008); SVR Wirtschaft (2008).

66 Vgl. Schäfer (2009:18f).

67 Vgl. SVR Wirtschaft (2008:421).

Vereinbarungen von Vertragsbedingungen abweichen zu können, die für regulär beschäftigte Arbeitnehmer im Entleihbetrieb gelten.[68] Da Leiharbeiter meist den günstigeren Tarifverträgen der Verleihbetriebe unterliegen, kommen sie beispielsweise nicht in den Genuss betrieblicher Zusatzleistungen, wie Urlaubs- und Weihnachtsgeld oder einer betrieblichen Altersvorsorge.[69] Des Weiteren fehlt zudem eine eindeutige Einteilung der Beschäftigungsverhältnisse in Vollzeit- und Teilzeiterwerbstätigkeit, was in der empirischen Praxis dazu führt, dass je nach verwendeter Quelle eine andere Definition gewählt wird. Nach den gesetzlichen Vorgaben liegt eine Teilzeitarbeit dann vor, wenn die regelmäßige Wochenarbeitszeit kürzer ist als die eines vergleichbaren vollzeitbeschäftigten Arbeitnehmers.[70] Die genannte „vergleichbare Arbeitszeit" entzieht sich damit einer festen Größe und muss eigentlich für jeden Beschäftigten je nach Betriebsebene und Arbeitsplatz individuell bestimmt werden. Auf Basis von Befragungsdaten kann dies letztlich jedoch nicht geleistet werden, stattdessen muss eine fixe Abgrenzung gewählt werden. In einem Gutachten des Sachverständigenrats zur Begutachtung der gesamtwirtschaftlichen Entwicklung (SVR Wirtschaft) sowie dem vom Bundesministerium für Familie, Senioren, Frauen und Jugend (BMFSFJ) herausgegebenen Gender-Datenreport findet sich hierzu beispielsweise als Abgrenzung zur Vollzeittätigkeit eine normalerweise geleistete Wochenarbeitszeit von bis zu 31 Stunden.[71] Brehmer/Seifert (2008) wählen hingegen die Abgrenzung von 35 Wochenstunden, wodurch sämtliche Beschäftigungsverhältnisse unterhalb dieser Grenze der Teilzeitarbeit zugeordnet werden. Einer Veröffentlichung des Instituts für Arbeitsmarkt- und Berufsforschung (IAB) nach beträgt die übliche tariflich vereinbarte Arbeitszeit in Deutschland jedoch zwischen 38 und 40 Wochenstunden.[72] In den Auswertungen des Statistischen Bundesamts wird die Teilzeitarbeit – neben der Abgrenzung zur Vollzeit mit über 31 Wochenstunden – darüber hinaus noch in die atypische Teilzeitarbeit mit einem Wochenstundenumfang von maximal 20 Stunden unterteilt. Neben der Frage nach der Begründung dieser scheinbar willkürlich gewählten Zahl wirft dies erneut die Wertungs-Problematik auf, da nun neben der scheinbar "normalen" Teilzeit eine "atypische" Teilzeit begründet wird. Im Sinne einer Verwendung des Begriffs „atypisch" als analytische Bezeichnung erscheint daher

68 Vgl. Promberger (2006:46).
69 Vgl. Bellmann et al. (2009:380).
70 Vgl. TzBfG §2.
71 Vgl. SVR Wirtschaft (2008:434); BMFSFJ (Hrsg.) (2005:121).
72 Vgl. Vogel (2007:12).

die Abgrenzung von Brehmer/Seifert (2008) konsequenter. So stellt etwa der SVR Wirtschaft (2008) fest, dass „gerade bei den unbefristeten Teilzeitbeschäftigungsverhältnissen eine klare Beurteilung, ob es sich um Normalarbeitsverhältnisse oder atypische Beschäftigungsverhältnisse handelt, schwerfällt und durchaus arbiträr ist".[73] Infolgedessen unterscheidet der SVR Wirtschaft (2008) zwischen dem Normalarbeitsverhältnis im engeren und im weiteren Sinne. In der weiter gefassten Definition wird die Teilzeitarbeit allgemein dem Normalarbeitsverhältnis zugeordnet. Ohne eine Abgrenzung nach Wochenstundenumfang liegt ein atypisches Arbeitsverhältnis nur dann vor, wenn die Teilzeitarbeit noch in einem weiteren Punkt von der genannten Definition des Normalarbeitsverhältnisses abweicht, etwa bei zusätzlicher Befristung oder einem Leiharbeitsverhältnis. Bei Verwendung dieser Abgrenzung ist allerdings zu beachten, dass der Anteil der atypischen Teilzeitarbeit deutlich an Umfang einbüßt und auf weniger als 2% aller Erwerbstätigen zutrifft.[74] Nach den gesetzlichen Vorgaben des TzBfG handelt es sich allerdings auch bei der geringfügigen Beschäftigung um Teilzeitarbeit.[75] Da jedoch viele empirische Befunde nahelegen, dass zwischen geringfügiger Teilzeitbeschäftigung und sozialversicherungspflichtiger Teilzeitarbeit deutliche Unterschiede, etwa in Lohnhöhe, Arbeitsbedingungen[76] sowie Armutsrisiko bestehen,[77] soll im weiteren zwischen diesen beiden Erwerbsformen differenziert werden. Dies entspricht auch der in der Forschungsliteratur zur atypischen Beschäftigung üblichen Vorgehensweise. Darüber hinaus haben die Ausführungen zur sozialversicherungspflichtigen Teilzeitarbeit verdeutlicht, dass jede gewählte Abgrenzung der Erwerbsformen anhand des Erwerbumfangs letztendlich willkürlich ist. Insbesondere hinsichtlich einer zunehmenden Flexibilisierung der Vollzeitarbeitszeit, z. B. durch Arbeitszeitkonten oder Gleitzeit, wird die Unterscheidung zwischen Voll- und Teilzeitarbeit zunehmend schwieriger. Für den weiteren Verlauf dieser Arbeit ist allerdings weniger entscheidend, ab welchem Stundenumfang Teilzeitarbeit tatsächlich von dem Normalarbeitsverhältnis ausreichend abweicht, um als atypisch deklariert werden zu können. Um dennoch dem Umstand Rechnung zu tragen, dass das Ausmaß der Mehrfachbeschäftigung vom Erwerbsumfang in der Hauptbeschäftigung abhängig sein dürfte, wird eine einfache Aufteilung der Erwerbstätigkeiten in

---

73 Vgl. SVR Wirtschaft (2008:422).
74 Vgl. SVR Wirtschaft (2008:433ff.).
75 Vgl. TzBfG §2 Abs. 2.
76 Vgl. Brehmer/Seifert (2008).
77 Vgl. Hellmuth/Urban (2010).

drei Kategorien vorgeschlagen. Diese können als Kompromiss zwischen den Konzepten des Statistischen Bundesamtes und der vermeintlich klassischen Definition der Vollzeitarbeit, wie etwa nach Brehmer/Seifert (2008), interpretiert werden. Demnach gilt eine sozialversicherungspflichtige Tätigkeit bis 20 Wochenstunden als atypische Teilzeitarbeit, und ab einschließlich 35 Wochenstunden kann von einer Vollzeittätigkeit gesprochen werden. Um die dadurch entstehende Lücke zwischen den beiden Konzepten nicht zu vernachlässigen, wird ein Arbeitsumfang von 21 bis maximal 34 Stunden pro Woche als „reguläre Teilzeitbeschäftigung“ bezeichnet. Wie mit der generellen Verwendung des Begriffs „atypische Arbeit“ soll damit keine normative Wertung vollzogen, sondern ausschließlich eine abgrenzende Bezeichnung gewählt werden, um einen einfachen Überblick über die verschieden Formen von Mehrfachbeschäftigung zu gewinnen. Für eine weitergehende Analyse, wie zum Beispiel einem Vergleich des Beschäftigungsumfangs von Einfach- und Mehrfachbeschäftigten, wird hingegen eine detaillierte kategoriale Aufteilung die tatsächliche Arbeitszeit verwendet.

2.3.2. Mehrfachbeschäftigung und Atypische Arbeit

Im strengen Sinne handelt es sich bei dem Normalarbeitsverhältnis per Definition um nur ein einziges Arbeitsverhältnis. Eine Mehrfachbeschäftigung entspricht damit zwangsläufig einer Abweichung vom Konstrukt des Normalarbeitsverhältnisses und müsste folglich als atypisch definiert werden. Wie bereits angesprochen, wird das Konstrukt des Normalarbeitsverhältnisses als quasi Standard-Arbeitsform, an dem sich alle übrigen “atypischen” Erwerbsformen zu messen haben, oftmals kritisch betrachtet. Hierbei wird etwa argumentiert, dass es sich bei diesem vielmehr um eine historisch einmalige Erscheinungsform der wirtschaftlichen Boom- und Wachstumsjahre handelt, als um einen zeitunabhängigen Normalfall.[78] Speziell die Mehrfachbeschäftigung betreffend, entsprach es im historischen Kontext tatsächlich eher der Normalität, den Lebensunterhalt aus verschiedenen Einkommensquellen zu bestreiten, z.B. der nebenberuflichen Landwirtschaft.[79] Diese „*income mixes*“[80] verschoben sich erst im Zuge der zunehmenden Industrialisierung und Abwendung von der Landwirtschaft hin zu einer einzigen Lohn-bzw. Einkommensquelle. Das dieser Arbeit zu Grunde liegende moderne Verständnis von Mehrfachbeschäftigung

78 Vgl. Zimmermann/Pierenkemper (2009: 232f); Bosch et al. (2001:28).
79 Vgl. Vobruba (2001:27ff).
80 Vobruba (2001:21).

bezieht sich allerdings ausschließlich auf die Ausübung von zwei oder mehreren Erwerbsarbeiten mit dem Ziel, ein zusätzliches Geldeinkommen zu erzielen. Dies schließt die Nebenbeschäftigung mit dem Zweck der Eigenversorgung, die sogenannte Eigenarbeit, aufgrund der fehlenden Gewinnabsicht aus. Auch nicht weiter verfolgt werden sollen illegale Beschäftigungsverhältnisse, d.h. die Schwarzarbeit, da diese nur schätzungsweise statistisch zu quantifizieren ist. Während es sich damit strenggenommen bei Mehrfachbeschäftigung stets auch um atypische Arbeit handelt, lassen sich ebenso gute Gründe dafür finden, warum darüber hinaus jede individuelle Erwerbstätigkeit einer Mehrfachbeschäftigung einer der aufgeführten atypischen Beschäftigungen zuzuordnen sein könnte. In realistischer Betrachtungsweise dürfte alleine aus zeitökonomischen Gründen mindestens ein Arbeitsverhältnis in Teilzeit stattfinden. Eine Kombination von mehreren Normalarbeitsverhältnissen in Vollzeit ist theoretisch zwar möglich, praktisch aber wohl von nur geringer Relevanz. Bei einer als Vollzeittätigkeit definierten 35-Stunden-Woche hätten zwei gleichwertige Vollzeittätigkeiten eine Gesamtarbeitszeit von 70 Wochenstunden zur Folge. Bezogen auf eine 5-Tageswoche entspricht dies 14 Stunden pro Arbeitstag bzw. beinahe 12 Stunden bei einer 6-Tageswoche. Neben der gesundheitlichen Belastungsfähigkeit der Arbeitnehmer legen auch die arbeitsschutzrechtlichen Bestimmungen nahe, dass es sich hierbei eher um Ausnahmefälle handelt. Weitere Einschränkungen dürften sich durch mit mehreren Beschäftigungen verbundene erhöhte Koordinationsanforderungen und die Anforderung weitgehender Flexibilität bezüglich der Arbeitszeiten in beiden Beschäftigungsverhältnisse ergeben. Realistischer scheint hingegen die Kombination aus Vollzeittätigkeit und einer zusätzlichen Nebeneinkunftsquelle mit deutlich reduziertem Wochenstundenumfang, etwa in Form einer geringfügigen Beschäftigung am Wochenende. Von ebenfalls praktischer Bedeutung könnte die gleichzeitige Ausübung von zwei sozialversicherungspflichtigen Teilzeitbeschäftigungen sein, um damit insgesamt eine wöchentliche Gesamtarbeitszeit vergleichbar der klassischen Vollzeittätigkeit von 35 bis 40 Wochenstunden zu erreichen. Bei diesen Konstellationen kann auch die Frage gestellt werden, inwieweit es sich hierbei noch um eine atypische Beschäftigung handelt, da das eigentlich dafür konstituierende Merkmal in Form der reduzierten Wochenarbeitszeit verschwindet. Zu gleichem Ergebnis führt auch die Ausübung von mehreren geringfügigen Beschäftigungsverhältnissen, deren Sozialversicherungsfreiheit bei Überschreitung der Zuverdienstgrenze entfällt und somit bei entsprechendem Tätigkeitsumfang auf Vollzeitniveau die Kriterien des Normalarbeitsverhältnisses erfüllen würde.

Der Zusammenhang zwischen anderen Formen der atypischen Beschäftigung und Mehrfachbeschäftigung ist hingegen theoretisch weniger naheliegend, insofern sich diese nicht durch die Arbeitszeit, sondern durch die Merkmale des Arbeitsvertragsverhältnisses von Normalarbeitsverhältnissen unterscheiden. Eine mögliche Erklärung, warum Beschäftigte in Leiharbeit, befristeten Arbeitsverhältnissen oder Solo-Selbstständige häufiger einer weiteren Tätigkeit nachgehen, kann die höhere Beschäftigungsunsicherheit oder ein oftmals niedrigeres Einkommen sein.[81] So wird möglicherweise das zweite Arbeitsverhältnis aufgenommen, um sich gegen ein (tatsächliches oder nur empfundenes) Arbeitsverlustrisiko abzusichern. Umgekehrt kann angenommen werden, dass gerade temporär Beschäftigte, d.h. Zeitarbeiter oder befristet Tätige, vorrangig an der Umwandlung ihres Arbeitsvertrages in eine Festanstellung interessiert sind. Die Ausübung eines Zweitjobs könnte deren Übernahmechancen jedoch gefährden, sofern die Nebenbeschäftigung vom Hauptarbeitgeber missbilligt wird, da dieser eine höhere zeitliche Inflexibilität oder Ermüdungserscheinungen, insbesondere bei Arbeitszeiten außerhalb der üblichen Bürozeiten, befürchtet. Speziell bei Selbstständigen kann vermutlich mit der Aufnahme einer Nebenbeschäftigung das Ziel einhergehen, sich durch eine weitere abhängige Beschäftigung ein zweites Standbein zur finanziellen Absicherung oder einen Zugang zu den Leistungen der gesetzlichen Sozialversicherungssysteme zu schaffen. Mit diesen Überlegungen entfernt sich die Untersuchung jedoch von einer Überschneidung von Mehrfachbeschäftigung und atypischer Arbeit alleine anhand definitorischer Merkmale. Stattdessen gilt es nach den mit der Aufnahme einer Zweitbeschäftigung verbundenen Motivation zu fragen und diese in einem weiteren Schritt auf ihre empirische Existenz zu überprüfen. Dazu wird zunächst im folgenden Kapitel die bereits bestehende Literatur analysiert und deren Erkenntnisse im späteren empirischen Teil dieser Arbeit auf den Zusammenhang zwischen Mehrfachbeschäftigung, atypischer Beschäftigung und Einkommensarmut übertragen.

2.3.3. Zwischen-Fazit: Mehrfachbeschäftigung und Atypische Arbeit

Im vorherigen Kapitel wurde eine Mehrfachbeschäftigung in Anlehnung an Schwarze (1990:27) als die Ausübung von mindestens zwei Erwerbstätigkeiten definiert, die beide auf einen wirtschaftlichen Erwerbszweck gerichtet sind, unabhängig vom Umfang dieser Tätigkeiten. Sofern die empirische Basis es

---

81 Vgl. z.B. Schäfer (2010); Statistische Bundesamt (Hrsg.) (2009a); Brehmer/Seifert (2008); Kalina/Weinkopf (2008); McGinnity/McManus (2007); Bäcker (2007); Boockmann/Hagen (2006); Jahn (2005); Kvasnicka/Werwatz (2003); Wolf (2002).

ermöglicht, wird eine Erwerbstätigkeit entsprechend dem Unterhaltskonzept konstituiert, insofern als mit dem alternativen Erwerbspersonenkonzept eine Vielzahl von Gruppen berücksichtigt wird, die nicht dem Fokus dieser Dissertation entsprechen. Zu diesen zählen Personengruppen, die nicht klassisch als erwerbstätig einzustufen sind, wie beispielsweise nebenerwerbstätige Rentner, Schüler und Studierende sowie Auszubildende. In der praktischen Umsetzung ist eine Mehrfachbeschäftigung als alle Kombinationen aus sozialversicherungspflichtiger, geringfügiger und nicht sozialversicherungspflichtiger Beschäftigung möglich. Eine Einteilung in Haupt- und Nebenerwerbstätigkeit ist unter anderem an dem zeitlichen Umfang der Tätigkeiten, der Einkommenshöhe oder einer Selbstbewertung der Befragten möglich. In Ermangelung einer in der Literatur vorherrschenden Definition erfolgt diese in Kapitel 4 dieser Dissertation auf empirischer Ebene.

Die theoretischen Überlegungen dieses Kapitels legten zudem nahe, dass Mehrfachbeschäftigung in hohem Maße mit atypischer Beschäftigung koinzidieren könnte. Das zusätzliche Einkommen aus einer zweiten Beschäftigung ist demnach als Mittel anzusehen, die mit atypischer Beschäftigung einhergehenden negativen Beschäftigungsmerkmale in Form von niedriger Wochenarbeitszeit oder Lohnabschlägen im Vergleich zum Normalarbeitsverhältnis[82] zu kompensieren. Inwieweit diese theoretische Überschneidung von Mehrfachbeschäftigung und atypischer Beschäftigung sich empirisch nachweisen lässt, ist Gegenstand des Kapitels 7.2. Entsprechend der in der Arbeitsmarktforschung vorherrschenden Konvention wird die atypische Beschäftigung in dieser Dissertation in Abgrenzung zum Konstrukt des Normalarbeitsverhältnisses analysiert. Diese schließt damit die Formen geringfügige Beschäftigung, Teilzeitarbeit, befristetes Arbeitsverhältnis sowie die Leiharbeit ein.[83] Um der Uneinigkeit bezüglich der Abgrenzung der Vollzeitarbeit gegenüber der Teilzeitarbeit zu begegnen, werden Teilzeitbeschäftigungen außerhalb geringfügiger Beschäftigung in zwei Kategorien aufgeteilt. Demnach werden, der Definition des Statistischen Bundesamtes folgend, Tätigkeiten bis zu 20 Wochenstunden als atypische Teilzeitarbeit kategorisiert. Eine Beschäftigung mit darüber hinausgehender wöchentlicher Arbeitszeit bis zur angenommenen Vollzeitgrenze von 35 Wochenstunden wird demgegenüber als „reguläre" Teilzeitarbeit

82 Vgl. Goebel/Krause (2016); Goebel et al. (2015); Hellmuth/Urban (2010:27); Wingerter (2009:1087f); Brehmer/Seifert (2008:512f.); Kalina/Weinkopf (2008:463f).

83 Vgl. u.a. SVR Wirtschaft (2008); Statistisches Bundesamt (Hrsg.) (2008); Keller/Seifert (2007).

bezeichnet. Entsprechend der Verwendung des Begriffs der „atypischen“ Arbeit wird hierbei keine normative Bewertung vollzogen, sondern die Kategorien ausschließlich zur einfachen Abgrenzung der Beschäftigungsformen gewählt, um einen Überblick über die verschieden Formen von Mehrfachbeschäftigung zu ermöglichen.

3. Theoretischer und Empirischer Forschungsstand zu den Motiven für Mehrfachbeschäftigung

Eine der zentralen Fragen bei der Annäherung an die Motive, die zur Aufnahme eines Mehrfachbeschäftigungsverhältnisses führen, ist, warum dem Wunsch nach Mehrarbeit nicht im Hauptarbeitsverhältnis nachgegangen wird. Bei streng ökonomischer Betrachtung erscheint es nicht rational, die mit einem weiteren Arbeitsverhältnis einhergehenden Transaktionskosten in Kauf zu nehmen, etwa in Form von Zeit- und Mobilitätsaufwand durch zusätzliche Arbeitswege. Die ökonomische Literatur bietet hierfür im Wesentlichen zwei getrennte Erklärungsansätze, die sich prinzipiell in Motivationen mit finanziellem und nicht-monetärem Hintergrund einteilen lassen. Die empirische Forschungslage zu diesen stützt sich bisher ausschließlich auf indirekte Kenntnisse anhand stellvertretender Variablen, da keine der großen mikrofundierten Datenerhebungen in Deutschland explizit Variablen zur Motivation des Nebenerwerbs enthalten. Die einzige verwertbare Datengrundlage hierzu ist eine einmalige Sondererhebung aus dem Jahr 1986 zu Haupt-, Nebenerwerbstätigkeit und Eigenarbeit.[84] In dieser gab die Mehrheit der Nebenbeschäftigten (46%) den Spaß an der Tätigkeit als Motivation für deren Ausübung an, gefolgt von der Notwendigkeit zur Bestreitung des Lebensunterhalts (33%) und der Möglichkeit Ersparnisse zu bilden (28%).[85] Aufgrund der deutlich zurückliegenden Datierung des Datenbestands und der geringen Stichprobe von nur 145 Interviewteilnehmern ist die Repräsentativität und Aktualität dieser Erkenntnisse für den Arbeitsmarkt nach 1990 jedoch als beschränkt einzustufen. Etwas aktuellere Untersuchungen im nordamerikanischen Raum stellen hingegen die Dominanz von finanziellen Motiven fest.[86] In einem Sonderfragebogenteils des Current Population Survey (CPS), einer US-amerikanischen Bevölkerungsbefragung, vergleichbar mit dem deutschen Mikrozensus, wurde explizit nach dem Grund der Mehrfachbeschäftigung gefragt.[87] Nach

84 Vgl. Merz/Wolf (1986).
85 Vgl. Merz/Wolff (1986:51).
86 Vgl. Averett (2001); Sussmann (1998)
87 Vgl. Averett (2001:1394).

Geschlechtern unterschieden gaben 29% der Männer und 37% der Frauen an, auf die Einnahmen des Nebenerwerbs für ihre regelmäßigen Haushaltsausgaben angewiesen zu sein, wohingegen der Spaß am Nebenerwerb nur mit 17% (Männer) bzw. 10% (Frauen) als Grund für den Nebenerwerb genannt wurde.[88] Neben Unterschieden zwischen den beiden Erhebungen, wie Stichprobe, Zeitraum und arbeitsmarktinstitutionellen Regelungen zwischen den USA und Deutschland, kann zur Erklärung der Diskrepanzen die Art der Antwortmöglichkeit angesehen werden. Während es sich in der Sonderbefragung des CPS um den Hauptgrund für die Ausübung des Nebenerwerbs handelte, waren in der deutschen Befragung Mehrfachnennungen möglich. Daran wird auch deutlich, dass in der beruflichen Praxis eine überschneidungsfreie Trennung von finanziellen und nicht-monetären Motiven kaum vorherrschen dürfte. So ist es nicht auszuschließen, dass eine Arbeit mit dem vorrangigen Ziel Geld zu verdienen auch Spaß macht und berufliche Erfüllung bringt. Ebenso scheint es unbestritten, dass bei entgeltlicher Erwerbsarbeit stets auch die monetäre Entlohnung eine Motivation darstellt. Die Trennung in monetäre und nicht-monetäre Motive ist daher weniger absolut und ausschließend zu sehen, sondern kann höchstens im Sinne der überwiegenden Motivation verstanden werden. Eine Übersicht über die in monetäre und nicht-monetäre Ursachen begründete Motivation für Mehrfachbeschäftigung ist in Abbildung 3 aufgelistet, die jedoch keinen Anspruch auf Vollständigkeit erhebt. Neben den in der Forschungsliteratur vorhandenen Motiven ist diese um eigene Überlegungen ergänzt. In den folgenden Abschnitten werden diese Motive und deren theoretische Fundierung näher erläutert, sowie die in der Literatur vorhandenen empirischen Belege für deren Existenz dargelegt.

88 Vgl. Averett (2001:1401).

Finanzielle Motive	Nicht-Monetäre Motive
• Hours-Constraints • Target-Income • Negative Financial Shock • Schulden • Vorsorge / Sparen für Sonderanschaffungen • Höherer Nettolohn im Nebenerwerb	• Heterogeneous Jobs (z.B. Spaß, berufliche Erfüllung, Flexibilität, Unternehmertum...) • Hedging / Job-Portfolio-Theory (Absicherung gegen Arbeitsplatzunsicherheit) • Übergang Selbstständigkeit / Erfahrung sammeln / Berufswechsel • Familienbetrieb / Freundschaftsdienst / bezahltes Ehrenamt

Abbildung 3: Monetäre und Nicht-Monetäre Motive für Mehrfachbeschäftigung
Quelle: Eigene Darstellung.

Generell lässt sich feststellen, dass der überwiegende Teil der Forschungsliteratur zur Mehrfachbeschäftigung im anglo-amerikanischen Raum verankert ist. Die Forschungsliteratur für den deutschen Arbeitsmarkt stützt sich hingegen vorrangig auf deskriptive Befunde zur Verbreitung und Ausmaß von Mehrfachbeschäftigung[89] oder konzentriert sich auf Teilgruppen, wie Künstler[90] oder Journalisten[91], haupterwerbstätige Männer mit Nebenerwerb,[92] Arbeiter und Angestellte[93] oder geringfügig Beschäftigte im Nebenerwerb[94]. Auch aufgrund der geringen Anzahl an Literaturquellen sind für den deutschen Arbeitsraum noch nicht alle der dargestellten Motive hinreichend untersucht. Um diesen Mangel zu kompensieren ist es daher ratsam auch die Erkenntnisse aus anderen Arbeitsmarktregimen in die Sichtung der Forschungsliteratur einfließen zu lassen, wenngleich diese etwa aufgrund anderer Arbeitsmarktinstitutionen nicht ohne weitere Überprüfung auf den deutschen Arbeitsmarkt übertragen werden können. In den folgenden Abschnitten werden daher die internationalen Erkenntnisse über die finanziellen

89 Vgl. Brenke (2009); Hirschenauer/Wießner (2006).
90 Vgl. Haak (2007).
91 Vgl. Bögenhold/Fachinger (2012).
92 Vgl. Schwarze (1990).
93 Vgl. Heineck (2009).
94 Vgl. Schmidt/Voss (2014).

und nicht-monetären Motive für Mehrfachbeschäftigung zusammengestellt um einen Überblick über die theoretische und empirische Validierung der einzelnen Motive zu erhalten. Aus diesen Erkenntnissen werden im Abschluss dieses Kapitels bestehende Forschungslücken aufgezeigt und erste vorläufige Arbeitshypothesen zur Untersuchung in dieser Dissertation entwickelt. Diese werden im weiterführenden Verlauf dieser Arbeit entlang der gewählten empirischen Datenbasis möglichen Operationalisierung weiterentwickelt und in den jeweiligen Kapiteln explizit als Forschungshypothesen ausformuliert.

3.1. Finanzielle Motive für Mehrfachbeschäftigung

Insbesondere in der älteren Literatur wurden ausschließlich finanzielle Motive für Nebenerwerbstätigkeiten untersucht.[95] Neuere Forschungsbefunde beziehen dagegen weitere Motive mit ein, stützen sich jedoch schwerpunktmäßig weiterhin auf monetäre Anreize. Eine Mehrfachbeschäftigung dient demnach ausschließlich (oder zumindest vorrangig) der Erzielung eines weiteren Einkommens. Zur theoretischen Modellierung der Entscheidungsfindung für eine Mehrfachbeschäftigung wird hierbei auf das neoklassische Arbeitsmarktmodell zurückgegriffen.[96] Als Ursache, die Mehrarbeit außerhalb des Hauptarbeitsverhältnisses auszuüben, wird eine Verletzung der Annahmen des vollkommenen Marktes gesehen. Statt der postulierten vollkommenen Flexibilität von Arbeitnehmern hinsichtlich der gewünschten angebotenen Arbeitszeit, die von der Unternehmensseite auch in vollem Umfang nachgefragt wird, unterliegen Arbeitszeiten etwa institutionellen oder nachfragebedingten Restriktionen. Zu denken wäre hier an bestehende Arbeitsmarktrichtlinien, wie die tarifliche Normalarbeitszeit oder gesetzliche Arbeitshöchstgrenzen wie das Arbeitszeitschutzgesetz (ArbZGes). Daneben kann auch von Unternehmensseite keine Nachfrage nach einem zusätzlichen Arbeitseinsatz bestehen, insofern als die Tätigkeiten nur in einem bestimmten zeitlichen Umfang ökonomisch sinnvoll sind. Ein Arbeitnehmer, der über die Nachfrage des Arbeitgebers hinaus seine Arbeitskraft anbieten will, ist dadurch eingeschränkt und muss zur Erreichung eines angestrebten Nutzenniveaus, in Form eines bestimmten Einkommens, eine zusätzliche Beschäftigung aufnehmen.[97] Eine Mehrfachbeschäftigung ist damit das Resultat des „*underemployed worker*“,[98]

95 Vgl. Shisko/Rostker (1976); Perlmann (1966), Moses (1966).

96 Eine Darstellung des Neoklassischen Arbeitsmarktmodells findet sich z.B. bei Sesselmeier et al. (2010) oder Felderer/Homburg (2005).

97 Vgl. Shishko/Rostker (1976:299); Perlman (1966:241f).

98 Vgl. Perlmann (1966:241).

dem als Alternative zwar auch der Arbeitsplatzwechsel bleibt, was jedoch aufgrund der Transaktionskosten, die mit einem Wechsel verbunden sind, zumindest in der kurzen Sicht keine Option darstellt. Dieses quasi als Standard zu betrachtende Motiv wird in der Literatur zumeist als *„hours-constraints“* Motiv bezeichnet.[99] Grafisch lässt sich dieser Zusammenhang, wie in Abbildung 4 dargestellt, als Funktion von Einkommen und der Abwägung von Freizeit und Arbeitszeit aufzeigen. Die maximal von Unternehmensseite nachgefragte Arbeitszeit wird hierbei mit Punkt A auf der Abszisse erreicht, wodurch das Nutzenniveau I_0 verwirklicht wird. Wäre die angebotene Arbeitszeit frei wählbar, würde der Arbeitnehmer jedoch Arbeit im Umfang von Punk E anbieten und damit das höhere Nutzenniveau I_3 erreichen. Aufgrund der zeitlichen Restriktionen im Hauptarbeitsverhältnis gelingt ihm dies jedoch nur unter Aufnahme einer weiteren Beschäftigung.

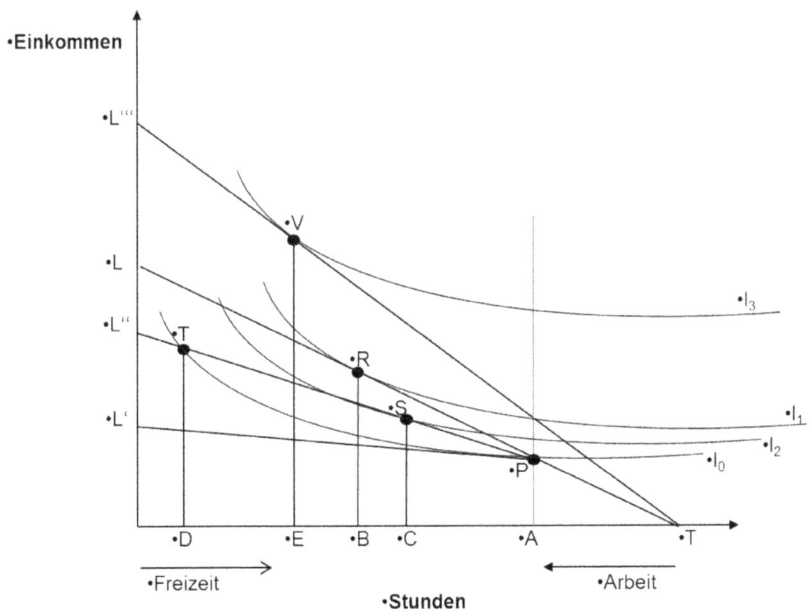

ABBILDUNG 4: MEHRFACHBESCHÄFTIGUNG – NEOKLASSISCHES ARBEITSMARKTMODELL
Quelle: Eigene Darstellung in Anlehnung an Perlmann (1966:241).

99 Vgl. Robinson/Wadsworth (2006:3); Böheim/Taylor (2004:1); Smith-Conway/Kimmel (1998:136); Paxson/Sicherman (1996:379); Perlman (1966:241f). Aufgrund der Dominanz der englischsprachigen Forschung in diesem Gebiet, wird auf die Verwendung einer deutschen Übersetzung, wie „rationierte Arbeitsstunden“ (Heineck (2009:107)) verzichtet.

In erster Linie kann demnach die Arbeitszeitbeschränkung als Ursache einer weiteren Beschäftigung angesehen werden. Als Hinweis für die Gültigkeit dieser These kann der empirisch nachgewiesene Zusammenhang zwischen Teilzeitbeschäftigung und höheren Anteilen von Mehrfachbeschäftigung gesehen werden.[100] Die Aussagekraft der Teilzeitarbeit ist allerdings nicht eindeutig, da diese nur bei unfreiwilliger Ausübung, d.h. aus Mangel an alternativen Vollzeitarbeitsstellen, eine Arbeitsmarktrestriktion darstellt. Die freiwillige Beschränkung der angebotenen Arbeitszeit dagegen ist Ausdruck der individuellen Arbeitszeitpräferenzen.[101] In Abwesenheit direkter Kenntnis über die Freiwilligkeit der Teilzeitarbeit wird diese in einigen Studien mittels eines Vergleichs der tatsächlichen mit der gewünschten Arbeitszeit operationalisiert. Länderübergreifend zeigt sich in einem Großteil der internationalen Studien ein positiver Zusammenhang zwischen dem Wunsch nach längerer Arbeitszeit und der Wahrscheinlichkeit einen Nebenberuf auszuüben.[102] Einzelne Untersuchungen des britischen Arbeitsmarktes sehen die „*hours-constraints*“-These zumindest für das Vereinigte Königreich widerlegt und stellen abweichend davon bei Beschäftigten, die mit der Arbeitszeit im Haupterwerb zufriedenen sind, eine höhere Nebentätigkeitswahrscheinlichkeit fest.[103] Speziell die ökonometrischen Studien neueren Datums für deutsche Beschäftigte stützen dagegen die Mehrheit der internationalen Befunde.[104] Inwieweit generelle Arbeitszeitbeschränkungen durch arbeitsmarkt-institutionelle Regelungen Einfluss auf die Nebenerwerbstätigkeit haben, zeigt Renna (2006) auf Basis des Luxembourg Employment Surveys (LES). Für die, in dem Datensatz enthaltenen, neun OECD Länder[105] kommt die Studie zu dem Ergebnis, dass eine Reduzierung der institutionell festgelegten Standardarbeitszeit von 39 auf 35 Wochenstunden Nebenerwerbstätigkeiten begünstigen würde. Die Untersuchung stützt sich dabei unter anderem auf die Annahme, dass die fixierte Standardarbeitszeit nicht durch abweichende individuelle Vereinbarungen umgangen werden kann und schließt damit die Möglichkeit von

---

100 Vgl. für Deutschland: Klinger/Weber (2017); Schmidt/Voss (2014); Heineck (2009); Brenke (2009).

101 Vgl. Heineck (2009:111).

102 Vgl. Panos et al. (2009); Böheim/Taylor (2004) für Großbritannien; Krishnan (1990); Smith-Conway/Kimmel (1998) für die USA; Renna (2006) für 9 verschiedene OECD Länder.

103 Vgl. Wu et al. (2009).

104 Vgl. Schmidt/Voss (2014:47f.); Heineck (2009:114f.).

105 Diese sind Kanada, Finnland, Frankreich, Luxemburg, Spanien, Schweden, Schweiz, Großbritannien und die USA.

Überstunden aus. In einer weniger annahmegestützten Betrachtung des Arbeitsmarktes stellen aber gerade Überstunden und Arbeitszeitkonten ein häufig eingesetztes Mittel bereit, fixe Wochenarbeitszeitregelungen zu umgehen und die Arbeitswelt zu flexibilisieren. In der theoretischen Betrachtung bleibt die Rolle von Überstunden in Bezug auf das Angebotsverhalten von Nebentätigkeiten ambivalent, insofern als dieses stark von der innerbetrieblichen Ausgestaltung abhängt. Monetär entlohnte Überstunden können als direktes Substitut für eine Nebentätigkeit gesehen werden, während mit Freizeit abgegoltene Mehrarbeit wahrscheinlich Freiräume schafft, die wiederrum für einen Arbeitseinsatz außerhalb der Hauptbeschäftigung aufgewendet werden könnten. Dabei dürfte zudem entscheidend sein, wie planbar Überstunden im Betrieb eingefordert oder bis zu welchem Umfang angehäuft werden können und ob die Arbeitszeit im Nebenerwerb sich entsprechend flexibel gestalten lässt. In den wenigen vorhandenen empirischen Studien für Deutschland zu dieser Thematik finden sich Belege für eine differenzierte Betrachtung von Überstunden. Prinzipiell belegt beispielsweise Heineck (2009:114ff.) eine generelle positive Korrelation zwischen Überstunden und Nebenerwerbstätigkeit, die sich jedoch nicht bei finanziell abgegoltenen Überstunden im speziellen nachweisen lässt. Nach Einschätzung von Heineck (2009:114) lässt dies im Ausschlussverfahren darauf schließen, dass die festgestellte allgemein gültige Korrelation mit Überstundenarbeit auf dem Zusammenhang von mit Freizeit ausgeglichener Mehrarbeit beruht. Die hierfür notwendige Beweisführung legt der Autor in seiner Veröffentlichung jedoch nicht dar, da der Fokus seiner Studie auf einem Ländervergleich mit Großbritannien liegt, deren Datengrundlage BHPS jedoch keine vergleichbare Differenzierung der Überstunden ermöglicht. Eine etwas ältere Untersuchung von Schwarze (1991) kann jedoch als Beleg für die Richtigkeit des unterschiedlichen Zusammenhangs bei monetär entlohnten oder durch Freizeit abzufeiernden Überstunden für den deutschen Erwerbsraum gesehen werden.

Die im Haupterwerb verrichtete Arbeitszeit stellt jedoch nur eine eindimensionale Betrachtungsweise der Verdienstsituation dar, die weitere Einflussgrößen wie die Höhe des Stundenlohns oder den Einkommensbezug aus Quellen außerhalb der Erwerbsarbeit vernachlässigt. In vielen Fällen wird in der Forschungsliteratur daher die Rolle des Nebenerwerbs in Abhängigkeit von der absoluten Höhe anderer individueller oder haushaltsbezogener Einkommensquellen untersucht, unter der Annahme, dass mit zunehmender finanzieller Absicherung die Notwendigkeit eines Nebenerwerbs schwinden sollte. Eine Reihe von Studien im anglo-amerikanischen Raum bestätigt diesen Zusammenhang zwischen Einkommenshöhe und negativer Wahrscheinlichkeit auf einen Nebenerwerb sowohl mittels des individuellen Einkommens als auch anhand weiterer Haushalts-Einkommensvariablen.[106] Eine auf Basis des Mikrozens durchgeführte deskriptive Untersuchung von Brenke (2009:598) kommt zu dem Schluss, dass Nebenbeschäftigung nicht überwiegend zur Aufbesserung eines geringen Einkommens genutzt wird, sondern überwiegend im Milieu der Mittelschicht anzutreffen ist. Allerdings stützt sich die Argumentation des Autors ausschließlich auf das Qualifikationsniveau und die Arbeitszeiten der Nebenbeschäftigten, ohne dabei auf Einkommensdaten zurückzugreifen. Auf Einkommensdaten basierende Untersuchungen bestätigen hingegen einen allgemeinen Zusammenhang zwischen individueller Finanzsituation und niedrigerer Wahrscheinlichkeit, nebenberuflich tätig zu werden.[107] Klinger/Weber (2017) finden auf Basis der Beschäftigtenhistorik der Bundesagentur für Arbeit für das Jahr 2014 einen negativen Zusammenhang zwischen der Höhe des Arbeitsentgelts und geringfügig entlohnter Nebenbeschäftigung.[108] Ihrer Untersuchung zufolge sind insbesondere Hauptbeschäftigte im untersten Entgeltbereich im höchsten Maße in einer zusätzlichen Erwerbstätigkeit angestellt. Die auf Verwaltungsdaten der Sozialversicherung beruhende Datenbasis beschränkt sich allerdings auf die sozialversicherungspflichtige und geringfügige Beschäftigung, schließt also Selbstständige und Beamte nicht mit ein.[109] Die jeweils nach Geschlechtern getrennt durchgeführten Regressionsanalysen von Heineck (2009) und Schmidt/Voss (2014) auf Basis des Sozio-oekonomischen Panels[110] beschränken sich ebenfalls auf abhängig Beschäftigte. Die Analyse von Heineck (2009) stellt geschlechtsübergreifend im Untersuchungszeitraum 1995 bis 2006[111] eine Reduktion der Nebentätigkeits-Wahrscheinlichkeit bei Zunahme des Brutto-Stundenlohns fest.[112] Schmidt/Voss (2014) erfassen die individuelle und haushaltsbezogene finanzielle Situation der Jahre 2004 bis 2011 mittels der Aufteilung der Erwerbstätigen nach fünf Nettoeinkommens-Quintilen. Die durchgeführten

106 Vgl. Choe et al. (2017); Panos et al. (2009); Wu et al (2009); Robinson/Wadsworth (2006); Böheim/Taylor (2004) für Großbritannien; Partridge (2002); Kimmel/Smith-Conway (2001); Abdukadir (1992); Krishnan (1990); Shisko/Rostker (1976) für die USA.

107 Vgl. Klinger/Weber (2017); Schmidt/Voss (2014); Heineck (2009).

108 Vgl. Klinger/Weber (2017).

109 Vgl. Klinger/Weber (2017:2).

110 Vgl. Schmidt/Voss (2014); Heineck (2009).

111 Aufgrund von Dateneinschränkungen wurde das Jahr 1996 aus der Analyse ausgeschlossen (vgl. Heineck (2009:111).

112 Vgl. Heineck (2009:115ff.). Der Stundenlohn ergibt sich durch Division des Brutto-Monatseinkommens durch die im Durchschnitt tatsächlich geleistete Arbeitszeit (vgl. Heineck 2009:111).

hybriden Regressionsmodelle[113] zeigen für weibliche Beschäftigte eine negative Korrelation mit Verbesserung der individuellen Einkommensposition eine geringfügige Nebenbeschäftigung aufzunehmen. Das Regressionsmodell für männliche Erwerbstätige ergibt hingegen keine statistisch signifikanten Befunde.[114] Die Einengung der Analyse auf nebenberufliche Minijobs mit maximalem monatlichem Zuverdienst von 400€ schränkt die Allgemeingültigkeit der Befunde für alle Mehrfachbeschäftigten möglicherweise ein, da gerade Beschäftigte in hochbezahlten Haupttätigkeiten überdurchschnittlich oft höher entlohnten Nebentätigkeiten nachgehen könnten.

Wie Erkenntnisse aus der Armuts- und Einkommensungleichheitsforschung zeigen, vernachlässigt die ausschließliche Beurteilung des individuellen Wohlstandsniveaus anhand des Individual-Verdienstes den moderierende Einfluss weiterer Einkommen im Haushalt, beispielsweise in Form von Kapitaleinkünften oder zuverdienenden Haushaltsmitgliedern.[115] Mit Ausnahme vereinzelter deskriptiver Untersuchungen auf Basis des Mikrozensus[116] liegen neuere ökonometrische Erkenntnisse zu deren Bedeutung im Zusammenhang mit Mehrfachbeschäftigung für den deutschen Arbeitsmarkt bislang nur auf Basis des Sozio-oekonomischen Panels vor.[117] Höhere Einkünfte außerhalb der Erwerbsarbeit („*non-labour-income*")[118] gehen dabei erwartungsgemäß mit einer sinkenden Bereitschaft für eine zweite Erwerbstätigkeit einher.[119] Gegenläufig zu den Erkenntnissen mittels des individuellen Haupteinkommens stellen Schmidt/Voss (2014) geschlechtsübergreifend eine zunehmende Wahrscheinlichkeit auf einen Zweitjob bei Verbesserung der relativen Einkommensposition des

113 Vgl. hierfür z.B. Andreß et al. (2013); Giesselmann/Windzio (2012).

114 Zwar stellen Schmidt/Voss (2014:50) mittels des im Hybrid-Modell zusätzlich enthaltenen „*between*"-Schätzers eine höhere Wahrscheinlichkeit von Männern im dritten Einkommensquintil gegenüber Männern im untersten Quintil fest. Dieses Ergebnis ist allerdings bei Hybrid-Regressionsmodellen eher kritisch zu bewerten, da between-Schätzer potenziell verzerrt sind und im Hybrid-Modell normalerweise eher der statistischen Kontrolle denn für eine inhaltliche Interpretation genutzt werden (vgl. Andreß et al. (2013:167); Brüderl (2010:977)).

115 Vgl. z.B. OECD (Hrsg.) (2013); Berthold/Brunner (2011); Förster/Mira d'Ercole (2009); Canberra Group (2001); Atkinson (1998).

116 Vgl. Bögenhold/Fachinger (2007).

117 Vgl. Schmidt/Voss (2014); Heineck (2009).

118 Berechnet als Residualgröße vom Nettohaushaltseinkommen abzüglich der Erwerbseinkommen aus Haupt- und Nebenbeschäftigung des Betroffenen und dessen Partner (vgl. Heineck (2009:111)).

119 Vgl. Heineck (2009:115ff.).

Gesamthaushaltes fest – gemessen in Quintilen des Haushaltsnettoäquivalenzeinkommens. Dieses kontra-intuitive Ergebnis deuten die Autoren als Hinweis auf die Existenz nicht-monetäre Motive, wie beispielsweise ehrenamtliche geringfügig entlohnte Tätigkeiten.[120] Demnach gehen gerade Personen in Haushalten mit besserer finanzieller Ausstattung wahrscheinlicher einer ehrenamtlichen Zweitbeschäftigung nach. Wu et al. (2009) argumentieren hierzu, dass die Anzahl der Einkommensquellen für Beschäftigte eher zweitrangig ist, sondern dass sich diese an einem angestrebten Einkommensniveau orientieren, welches sie als „*target-income*" bezeichnen. Mit diesem wird zum einen verdeutlicht, dass eine auf einzelnen Einkommenswerten beruhende Analyse gegenüber der Betrachtung der finanziellen Gesamtsituation zu kurz greift. Zum anderen ist die Höhe des angestrebten Einkommensniveaus als solche nicht fixiert, sondern unterliegt einer individuellen Bewertung und zeigt damit die subjektive Dimension der Bewertung des eigenen Finanzbedarfs auf. Eine Möglichkeit dies in einer empirischen Untersuchung zu modellieren besteht anhand der subjektiven Einschätzung zur Zufriedenheit mit dem Haushaltseinkommen. Die Untersuchungen für den britischen Arbeitsmarkt ergeben hierbei einen geschlechtsunabhängigen negativen Einfluss auf die Wahrscheinlichkeit nebenerwerbstätig zu sein,[121] während sich dieses Ergebnis bei deutschen Arbeitnehmern nur für die männliche Bevölkerung statistisch signifikant nachweisen lässt.[122]

Neben der Einkommenssituation kann auch die Ausgabenseite als Maßstab für die Höhe der allgemeinen Lebenshaltungskosten und das notwendige zu erzielende Einkommensniveau betrachtet werden. Dabei wird angenommen, dass mit steigender Haushaltsgröße, Kinderzahl oder bei Nicht-Berufstätigkeit des Partners der ökonomische Druck der Versorgung auf dem „Ernährer" lastet und diesen zu einem zusätzlichen Einkommen veranlasst. Die internationale empirische Literatur zeigt für diese eher indirekte Beweisführung uneinheitliche Ergebnisse, so dass zwar einige Studien einen Zusammenhang bestätigten,[123] andere allerdings zu eher gemischten Ergebnissen kommen.[124] In der speziell Deutschland betreffenden Literatur findet Schwarze (1990) für hauptberufliche Männer vor der deutschen Wiedervereinigung einen positiv signifikanten Einfluss mit steigender Haushaltsgröße eine geringfügige Nebenerwerbstätigkeit

120 Vgl. Schmidt/Voss (2014:53f.).
121 Vgl. Heineck (2009); Wu et al. (2009).
122 Vgl Heineck (2009).
123 Vgl. Panos et al. (2009); Wu et al. (2009); Renna (2006); Krishnan (1990); Shisko/Rostker (1976).
124 Vgl. Böheim/Taylor (2004); Kimmel/Smith-Conway (2001); Abdukadir (1992).

auszuüben, während der Familienstand keinen signifikanten Einfluss ausübt. Die Untersuchung von Schmidt/Voss (2014) kommt hingegen für den Zeitraum nach den Arbeitsmarktreformen im Jahr 2003 zu der Erkenntnis, dass eine Scheidung oder Trennung mit Auszug aus dem gemeinsamen Haushalt die Aufnahme eines nebenberuflichen Minijobs begünstigt. Hierfür lassen sich mitunter der Einfluss der gemeinsamen steuerlichen Veranlagung sowie die höheren individuellen Lebenshaltungskosten bei getrennter Haushaltsführung als Erklärung anführen.

Als weiterer finanzieller Auslöser für die Aufnahme einer Nebenbeschäftigung findet sich in der Literatur das „*financial-shock*“ Motiv.[125] Das „*hours-constraints*“ Motiv wird in diesem um einen dynamischen Aspekt erweitert, insofern als angenommen wird, dass das Einkommen der Hauptbeschäftigung nicht generell unzureichend für einen angestrebten Lebensstandard ist, sondern eher kurzfristig und vorrübergehend ein finanzieller Mehrbedarf auftritt.[126] Unter Vernachlässigung der zeitlichen Dimension kann damit als eigentliches Hindernis weiterhin die unflexible Anpassungsmöglichkeit des Haupterwerbs an den temporär veränderten finanziellen Mehrbedarf gesehen werden. Mit der „*financial-shock*“ These verschiebt sich jedoch der Fokus der Fragestellung weg von der Frage, warum nicht im Haupterwerb mehr erwirtschaftet werden kann, hin zu der Suche nach den Ursachen für den finanziellen Mehrbedarf. Als explizit eigenständiges Motiv findet sich dieses in der empirischen Forschungsliteratur bislang nur in einer Untersuchung der britischen Mehrfachbeschäftigung der 1990er Jahre.[127] Die Autoren messen einen Schock anhand eines Vergleichs der subjektiven Einschätzung der Befragten zu der Entwicklung ihrer finanziellen Situation im vergangenen Jahr mit ihren Erwartungen bezüglich dieser im Vorjahr. Anhand der daraus generierten binären Variablen zeigt sich bei einer schlechter als erwarteten Entwicklung der Finanzsituation („*negative-financial-shock*“), eine erhöhte Wahrscheinlichkeit nebenerwerbstätig zu sein. Während die Autoren dies als Hinweis für die Gültigkeit des „*financial-shock*“-Motivs sehen, erschließt sich ihnen keine plausible Erklärung für den ebenfalls gefundenen positiven Zusammenhang im umgekehrten Fall, das heißt bei einer besser als erwarteten, finanziellen Entwicklung („*positive-financial-shock*“).[128] Darüber hinaus sehen sie allerdings in der weitgehenden Stabilität der

125 Vgl. Böheim/Taylor (2004).
126 Vgl. Böheim/Taylor (2004:1).
127 Vgl. Böheim/Taylor (2004).
128 Vgl. Böheim/Taylor (2004:12).

Mehrfachbeschäftigungsverhältnisse ein indirektes Argument gegen einen allgemeingültigen Befund, dass der Nebenerwerb eine vorübergehende Anpassung der Arbeitsnachfrage auch aufgrund finanzieller Schocks darstellt. So gehen auch nach zwei Jahren mehr als die Hälfte der britischen Mehrfachbeschäftigten weiterhin zwei Erwerbstätigkeiten nach, was die Autoren so interpretieren, dass die Zweitbeschäftigung zumindest überwiegend keine temporäre Maßnahme darstellt, um auf die Fluktuation der Arbeitsnachfrage zu reagieren.[129] Erweitert man die Perspektive um einen Planungshorizont, können für zukünftig absehbare Mehrausgaben auch bereits vor tatsächlichen Veränderungen der Ausgabensituation finanzielle Rücklagen durch eine zusätzliche Einkommensquelle aufgebaut werden. Darunter können sowohl kurz- bis mittelfristige Ziele, wie größere Anschaffungen und Investitionen, bis hin zu allgemeinen oder langfristigen Zielen, wie der Altersvorsorge oder Rücklagen für schlechte Zeiten, verstanden werden. Die Rolle der Nebentätigkeit in Verbindung mit Spartätigkeit und Vermögensaufbau ist in der empirischen Literatur bislang jedoch weitgehend ungeklärt. Einen Einzelbefund stellt hierbei eine Regional-Studie auf Basis eines Lokaldatensatz für den US-Bundesstaat Florida dar, in der sich empirische Evidenzen finden, dass der Nebenerwerb genutzt wird um Ersparnisse für die geplante Anschaffung eines Autos oder Hauses zu generieren.[130] Einen Hinweis auf die Relevanz auch für den deutschen Arbeitsmarkt kann hingegen nur aus der Nebenerwerbstätigkeitsumfrage des Jahres 1986 abgeleitet werden, demnach für 28% der 145 Befragten Sparen mit eines der wesentlichen Motive für einen Zweiterwerb darstellt.[131] In derselben Umfrage gaben weniger als 6% der Studienteilnehmer an, mit ihrem Nebenerwerb Schulden abtragen zu wollen, welche sowohl als Resultat dauerhafter Abweichungen von Einkommen und Ausgaben als auch als Folge von Investitionen interpretiert werden können. Für den Zusammenhang verschiedener Arten von kurz- oder langfristigen Kreditschulden und dem Bedarf an Nebenerwerbstätigkeit liegen jedoch bislang ebenfalls keine weiteren Erkenntnisse vor.

Während die bisher aufgeführten Motive eher mit dem Bild des finanziell angespannten Nebenbeschäftigten verknüpft sind, könnten bestimmte Arbeitsmarktgruppen das Nebeneinkommen als reines Zusatzeinkommen sehen, mit dem sich etwa Vermögen aufbauen oder zusätzlichen (Luxus-)Konsum ermöglichen lässt. Besonders bei höherqualifizierten Arbeitsmarktteilnehmern kann

129 Vgl. Böheim/Taylor (2004:13).
130 Vgl. Abdukadir (1992).
131 Vgl. Merz/Wolff (1986:51).

vermutet werden, dass sie über weitere Erwerbstätigkeiten versuchen könnten, ihr oftmals unter hohem Investitionsaufwand erworbenes Humankapital optimal, d.h. gewinnbringend einzusetzen. Beispielhaft hierfür wäre etwa, wenn ein Wirtschaftsprüfer neben seiner Haupttätigkeit auch noch nebenberuflich selbstständig als Finanz- und Steuerberater tätig ist, oder ein Professor der Wirtschaftswissenschaften nebenbei noch eine Unternehmensberatung unterhält. Der generelle Zusammenhang zwischen höherer Bildung und Nebenjobwahrscheinlichkeit wird in Studien zu den USA und Großbritannien,[132] sowie speziell auf die Gruppe der Künstler beschränkt, in Deutschland[133] ökonometrisch belegt. Daneben lässt sich für den anglo-amerikanischen Arbeitsraum zeigen, dass Nebenbeschäftigte, die ihr spezifisches Humankapital des Hauptberufes auch im Nebenberuf einbringen können, also ähnlichen Tätigkeiten nachgehen bzw. im gleichen Berufsfeld tätig sind, ein höheres Einkommensniveau erzielen als bei verschiedenartigen Tätigkeiten.[134] Eine deskriptive Auswertung für Deutschland stellt hierzu fest, dass gerade mittel- und hochqualifizierte Beschäftigte (nach ISCED-Klassifizierung) sowie Personen, die in ihrem Hauptberuf einer anspruchsvollen Tätigkeit nachgehen, überproportional einen Zweitjob aufweisen, bei dem es sich auch in der Mehrzahl um qualifizierte Tätigkeiten handelt.[135] Inwieweit eine qualifizierte Arbeit zwangsläufig auch die Einkommenshöhe bestimmt ist, bleibt mittels dieser Argumentation allerdings offen. Auf Deutschland bezogen zeigen Schmidt/Voss (2014), dass der höchste Anteil an Mehrfachbeschäftigungen mit übereinstimmendem Beruf in Haupterwerb und Neben-Minijob in den Branchen „Gesundheits- und Sozialwesen“ und „Erziehung und Unterricht“ verrichtet wird.[136] In Branchenvergleichen weisen diese jedoch im Entgeltniveau einen unteren bis mittleren Platz auf. Die Einschränkung auf Neben-Minijobs könnte jedoch auch hierbei dazu führen, dass gerade die gut bezahlten, hochqualifizierten nebenberuflich Tätigen nicht erfasst werden. Andererseits handelt es sich bei gerade diesen kleinen (Neben-)Beschäftigungsverhältnissen um einen deutschen Spezialfall, der besonders die geringfügige Nebentätigkeit hinsichtlich der Abgabenbelastung vergleichsweise privilegiert. Seit dem Jahr 2003 gilt für Beschäftigte, dass Brutto- und Nettoeinkommen aus diesen Nebenerwerbstätigkeiten bis zur Zuverdienstgrenze weitgehend identisch sind (siehe detailliert in Abschnitt 4.3).

---

132 Vgl. Shisko/Rostker (1976); Böheim/Taylor (2004).
133 Vgl. Haak (2007).
134 Vgl. Panos et al. (2009); Shisko/Rostker (1976).
135 Vgl. Brenke (2009).
136 Vgl. Schmidt/Voss (2014:52).

Klinger/Weber (2017:10) sehen gerade in diesem Privileg einen Hauptgrund für den Anstieg der Mehrfachbeschäftigung in Deutschland seit dem Jahr 2003. Insbesondere für Beschäftigte im Niedriglohnsektor kann hierdurch die Situation auftreten, dass der Nettostundenlohn im Nebenerwerb den der Haupttätigkeit übersteigt. Als Beleg hierfür kann die von Klinger/Weber (2017:4ff.) festgestellte höhere Konzentration von Mehrfachbeschäftigung auf Erwerbstätige in den unteren Entgeltgruppen gesehen werden. Schäfer (2018) argumentiert darüber hinaus, dass generell aufgrund der höheren Abgabenbelastung bei Mehrarbeit im Haupterwerb ein Zuverdienst im Nebenerwerb bis zur Geringfügigkeitsgrenze finanziell attraktiver ist. Losgelöst von diesem Spezialfall kann eine lukrativere Entlohnung im Nebenerwerb allgemein als Motivation für die Ausweitung der Arbeitszeit in diesem angesehen werden, auch gänzlich ohne zeitliche Beschränkung in der Hauptbeschäftigung. In der Analyse von Heineck (2009) zeigt sich darüber hinaus auch für den Wunsch einer Arbeitszeitreduktion ein positiver Einfluss auf die Nebentätigkeit,[137] was der Autor auf ein höheres Lohnniveau gegenüber der Haupttätigkeit zurückführt.[138] Insofern als der Rückgang im Haupteinkommen zumindest kompensiert und das Nutzenniveau konstant gehalten wird, kann dies im Einklang mit den Annahmen zum Arbeitsangebotsverhalten gemäß des neoklassischen Arbeitsmarktmodells angesehen werden.[139] Der Autor schränkt jedoch ein, dass das Ergebnis auch auf eine Ungenauigkeit der Fragestellung zurückgeführt werden kann, da diese möglicherweise nicht explizit die Wunscharbeitszeit im Haupterwerb, sondern die Gesamtarbeitszeit (d.h. inklusive der Nebentätigkeit) misst.[140] Die Aufnahme einer Nebentätigkeit führt demnach zu einem Anstieg der Wochenarbeitszeit mit der wiederrum der Wunsch nach einer Reduktion der Gesamtarbeitsbelastung einhergeht. Inwieweit dies zutrifft, lässt sich nicht abschließend bewerten. Heineck (2009:110) sieht die Positionierung der Fragestellung in einem Fragekomplex mit ausschließlichem Haupterwerbstätigkeitsbezug, allerdings als Hinweis auf die Validität, der mit der Variablen gemessenen Wunscharbeitszeit im Haupterwerb. Die Studie von Schmidt/Voss (2014) kann den positiven Einfluss der gewünschten Arbeitszeitreduktion auf die Nebentätigkeitsaufnahme jedoch nicht reproduzieren. Trotz weitgehender Übereinstimmung hinsichtlich der Methodik und Datenbasis, könnte hierfür allerdings die Einschränkung der Untersuchungseinheiten von Schmidt/

137 Vgl. Heineck (2009).
138 Vgl. Heineck (2009:114ff.).
139 Vgl. Heineck (2009:109).
140 Vgl. Heineck (2009:114).

Voss (2014) auf ausschließlich nebenberufliche Minijobber verantwortlich sein. Die Einkommen aus diesen Beschäftigungsverhältnissen sind in Folge der gesetzlichen Zuverdienstgrenze begrenzt und können daher, unabhängig von der tatsächlichen Höhe des Stundenlohns, den Einkommensverlust durch die Reduktion der Arbeitszeit im Hauptberuf nicht im notwendigen Maße ausgleichen.

3.2. Nicht-Monetäre Motive für Mehrfachbeschäftigung

Die zuvor behandelten Motive für Mehrfachbeschäftigung haben ihre überwiegende theoretische Fundierung im neoklassischen Arbeitsmarktmodell. In diesem hängt die Bereitschaft Arbeitskraft anzubieten einzig von der Lohnhöhe bzw. der Grenzrate der Substitution zwischen Arbeitseinkommen und Freizeit ab. Die empirische Praxis belegt hingegen Fälle, in denen der im Nebenerwerb generierte Stundenlohn den der Hauptbeschäftigung übersteigt.[141] Unter Beibehaltung der Annahme eines nutzenmaximierenden homo oeconomicus wäre in diesem Fall die Ausweitung der besser vergüteten Nebentätigung zu Lasten der Haupttätigkeit zu erwarten, um durch die Einkommenssteigerung mehr Konsummöglichkeiten zu erlangen bzw. alternativ mehr Freizeit bei weniger nötige Arbeitszeit und konstantem Einkommen. In der Literatur wird diesem Einwand unter Zuhilfenahme weiterer Abweichungen von den modelltypischen Annahmen des vollkommenen Marktes mit flexiblem Arbeitsangebot und flexibler Arbeitsnachfrage entgegnet. Demnach kann einerseits auch die Nebentätigkeit möglichen Nachfragerestriktionen unterliegen und daher nur bis zu einem bestimmten Stundenumfang nachgefragt werden, welcher jedoch unterhalb des Optimums des Arbeitnehmers liegt.[142] Andererseits können Fälle existieren, in denen die Ausübung des Haupterwerbs das Angebot zusätzlicher Nebenerwerbstätigkeit erst ermöglichen,[143] da dieser beispielsweise bestimmte Kontakte, Prestige oder berufsspezifisches Wissen mit sich bringt. Ein in der Literatur gern zitiertes Beispiel hierfür ist der Universitätsprofessor, der seine Anstellung und deren Reputation nutzt, um im finanziell weit attraktiveren Consulting-Bereich tätig sein zu können.[144] Kritik kommt hierzu etwa von Schwarze (1991:149), der diese als ad-hoc Argumente bezeichnet, mit denen das zu Grunde liegende neoklassische Theoriemodell gegenüber einer empirischen Überprüfung vollständig

141 Vgl. Heineck (2009:113).
142 Vgl. Shisko/Rostker (1976:299).
143 Vgl. Shishko/Rostker (1976:299).
144 Vgl. Heineck (2009:110).

immunisiert wird und plädiert stattdessen dafür, weitere Determinanten außerhalb finanzieller Anreize in den Modellen zu berücksichtigen. Der Autor führt dazu weiter aus, dass „Nebenerwerbstätigkeit nicht ausschließlich eine Alternative der Arbeitszeitanpassung unter Restriktionen, sondern auch Ausdruck eines sich wandelnden Arbeitsbegriffs bzw. von Unzufriedenheit mit der herkömmlichen Art von abhängiger Beschäftigung sein kann“[145]. Dieses setzt ein weiter gefasstes Verständnis von Nutzen voraus, der sich schwer in monetären Einheiten quantifizieren lässt und dessen Integration eine Modifikation des neoklassischen Arbeitsmarktmodells voraussetzt. Neben dem Nutzen von mehr Konsummöglichkeiten durch die Lohnhöhe, muss der Nutzen anderweitiger Faktoren berücksichtigt werden, wie z.B. der Qualität der Arbeit hinsichtlich ihrer Beschäftigungsstabilität, sozialer Absicherung sowie psychischer und physischer Arbeitsbedingungen.[146] In jüngster Forschungstradition kann hierbei exemplarisch auf die Erkenntnisse der sogenannten Glücksforschung verwiesen werden, nach der etwa eine Selbstständigkeit das Glücksempfinden mehr steigert als eine Anstellung, unabhängig von der Höhe des Einkommens.[147] Der Glücksforschung liegt jedoch bislang keine einheitliche Theoriemodellierung zu Grunde, stattdessen stützt sie sich vorrangig auf empirische Einzelbefunde zu bestimmten Teilaspekten der Erwerbstätigkeit, wie Fragen zu Gesundheit, sozialen Beziehungen oder dem Arbeitsmarkt und deren Einfluss auf die individuelle Zufriedenheit. Statt einer Ablösung der bisherigen, überwiegend auf der Neoklassik beruhenden Arbeitsmarktforschung kann diese damit vielmehr als eine Erweiterung des zugrundeliegenden Strebens nach Nutzenmaximierung abseits des Einkommensbezugs im Sinne von Schwarze (1991:149) verstanden werden. In der bestehenden Forschungsliteratur zur Mehrfachbeschäftigung findet sich dieser Gedanke in dem als *„heterogeneous-jobs“* bezeichneten Motiv wieder, in dem allerdings eine Fülle unterschiedlicher Ideen subsummiert werden. Deren wesentliche Gemeinsamkeit kann, neben dem nicht-monetären Antrieb,[148] vorrangig darin gesehen werden, dem Nebenberuf eine ergänzende Rolle zum Haupterwerb zuzuteilen. Statt der im monetären Denken verankerten Substituierbarkeit von Haupt- und Nebenerwerb stiftet der Nebenerwerb einen eigenständigen, möglicherweise auch komplementären Nutzen.[149] Während der

145 Schwarze (1991:149).
146 Vgl. Schwarze (1991:90).
147 Vgl. Frey/Frey (2010:107).
148 Vgl. Smith-Conway/Kimmel (1998:136).
149 Vgl. Heineck (2009:108).

Hauptberuf das finanzielle Auskommen sichert, ermöglicht die Nebenbeschäftigung beispielsweise die eigene unternehmerische Tätigkeit, schafft einen körperlichen oder mentalen Ausgleich, bietet berufliche Erfüllung, gesellschaftliches Renommee oder bereitet einfach Freude. Obwohl diesem Motiv in neueren Studien mehr Beachtung geschenkt wird, liegen bislang vor allem nur Hinweise für dessen Existenz vor.[150] Dies kann unter anderem auf die Schwierigkeit die Komplementarität zwischen Erst- und Zweitbeschäftigung empirisch zu operationalisieren zurückgeführt werden,[151] als auch darauf, dass die zwei Hauptmotive „*hours-constraints*" und „*heterogeneous-jobs*" sich nicht zwangsläufig ausschließen müssen.[152] Schließlich kann der gewählt Nebenjob, obwohl zur finanziellen Absicherung notwendig, auch Spaß machen oder der Selbstverwirklichung dienen. Dies lässt sich am Beispiel der möglichen doppelten Rolle der Teilzeitarbeit gut illustrieren, welche in großem Maße mit Mehrfachbeschäftigung koinzidiert.[153] Eine unfreiwillige Teilzeitarbeit kann demnach als Beleg der „*hours-constraints*"-Theorie gesehen werden, während eine freiwillig gewählte Teilzeitarbeit es ermöglicht, mehr Zeit in einem erfüllenderen Nebenerwerb zu verbringen und damit als Indiz für das „*heterogeneous-jobs*"-Motiv gesehen werden kann.[154] Zur abschließenden Bewertung der Rolle der Teilzeitarbeit sind daher genauere Kenntnisse über die Gründe für den reduzierten Stundenumfang und die Zufriedenheit mit den darin vorherrschenden Arbeitsbedingungen notwendig. Eine Erwerbsform, die trotz möglicher finanzieller Aufwandsentschädigung überwiegend mit nicht finanziellem Interesse in Verbindung gebracht wird, stellt das Ehrenamt dar. Beispielsweise interpretieren Schmidt/Voss (2014:52) die in ihrer Untersuchung gefundene positive Korrelation bei Ausübung eines Ehrenamtes mit der Wahrscheinlichkeit einer Nebenbeschäftigung als Nachweis für ein nicht (vorwiegend) materiell begründetes Motiv für eine Zweitbeschäftigung. Dabei ist allerdings zu beachten, dass in der verwendeten Datenbasis SOEP die Befragung nach ehrenamtlichen Tätigkeiten und Nebenbeschäftigungen separat erfolgt und damit keine Identität bestehen muss. Diese Trennung macht eine Verwendung des Ehrenamtes als erklärende Variable jedoch problematisch. Entspricht die Nebentätigkeit gleichzeitig dem Ehrenamt, ist der festgestellte Zusammenhang tautologisch, während umgekehrt bei

150 Z.B. Heineck (2009); Smith-Conway/Kimmel (1998).
151 Vgl. Böheim/Taylor (2014:13).
152 Vgl. Kimmel/Smith-Conway (2001:108).
153 Vgl. Brenke (2009:605).
154 Vgl. Heineck (2009).

Nicht-Identität sich daraus kein Hinweis auf das Motiv des Nebenerwerbs ableiten lässt. Stattdessen kann angenommen werden, dass die Nebenbeschäftigung aus finanziellen Interessen getätigt wird, während das Ehrenamt anderweitigen nicht-monetären Nutzen stiftet. In der Untersuchung von Schmidt/Voss (2014) bleibt zudem unklar, inwieweit die Roh-Daten des SOEP für die, auf jährlichen Angaben beruhende Regressionsanalyse, modifiziert oder imputiert werden mussten, da die Erfassung ehrenamtlicher Tätigkeit im SOEP-Fragebogen nicht auf jährlicher Wiederholungsbasis erfolgt.[155]

In der wahrscheinlich ausführlichsten Untersuchung der nicht-monetären Motive einer Mehrfachbeschäftigung in Deutschland verwendet Schwarze (1990) als Indikator für das *„heterogeneous-jobs"*-Motiv die allgemeine Zufriedenheit mit dem Hauptarbeitsplatz sowie eine aus dem Summenscore von 13 Einzelfaktoren gebildete Variable zur Bewertung der Arbeitsbedingungen im Haupterwerb.[156] Dabei stellte sich heraus, dass mit zunehmendem Maß an ungünstigen Arbeitsbedingungen der Anreiz nebenerwerbstätig zu sein abnimmt. Dies entspricht den theoretischen Erwartungen, wonach höhere Belastung durch ungünstige Arbeitsbedingungen den Wert der Freizeit zur Regeneration ansteigen lässt. Eine zunehmende allgemeine Arbeitsplatzzufriedenheit verringert gleichermaßen die Notwendigkeit eines Nebenerwerbs, wenngleich die Korrelation nur auf dem 10%-Niveau signifikant ist.[157] Umgekehrt lassen die Ergebnisse einer späteren Untersuchung für den Zeitraum zwischen 1996 und dem Jahr 2006 keinen Zusammenhang zwischen der Unzufriedenheit und einem möglichen Ausweichverhalten auf Nebenerwerbstätigkeit erkennen.[158] Die divergierenden Befunde können, neben unterschiedlicher Operationalisierung der Arbeitsplatzzufriedenheit, einerseits das Resultat der unterschiedlichen betrachteten Untersuchungszeiträume sein, in denen sich möglicherweise die Einstellung zur Nebenerwerbstätigkeit grundlegend verändert hat. Andererseits kann hierbei die theoretisch ambivalente Wirkung von Unzufriedenheit über den Arbeitsplatz zum Ausdruck kommen, die sowohl die Suche eines Ausgleichs im Nebenerwerb begünstigt, als auch den Wert der Freizeit steigen lassen könnte.

Die nicht gegebene eindeutige Definition des *„heterogeneous-jobs"*-Motiv hat auch zur Folge, dass in der Forschungsliteratur je nach Auffassung bestimmte Teilaspekte der Arbeitsplatzbedingungen als eigenständige Motive für

155 Vgl. SOEP Group (2014b:26f.).

156 In diesem sind u.a. Angaben zum Abwechslungsreichtum, Autonomie und Belastung des Arbeitsplatzes enthalten (Vgl. Schwarze (1990:227)).

157 Vgl. Schwarze (1991:107).

158 Vgl. Heineck (2009).

Mehrfachbeschäftigung aufgefasst werden. Zu diesen zählt etwa das „*hedging*"-Motiv[159], welches auch unter den alternativen Bezeichnungen „*job-portfolio-theory*"[160] oder eher im allgemeinen Zusammenhang mit Arbeitsplatzunsicherheit[161] zu finden ist. Mit diesen Begrifflichkeiten wird die Annahme verbunden, dass eine Nebenbeschäftigung mit dem Ziel aufgenommen wird, sich gegen Unsicherheit oder drohende Arbeitslosigkeit in der Hauptbeschäftigung abzusichern. Die auf Makrodaten zur Arbeitslosenrate als Indikator für das Risiko eines Arbeitsplatzverlustes beruhenden Untersuchungen stellen hierbei uneinheitliche Ergebnisse fest.[162] In diesen kann sich allerdings die unklare theoretische Kausalbeziehung zwischen Arbeitslosigkeit und Arbeitsangebotsverhalten sowie Beschäftigungsnachfrage wiederspiegeln. So erscheint es plausibel, dass in Zeiten hoher Arbeitslosigkeit ebenfalls eine große Bereitschaft besteht zusätzliche Arbeitskraft anzubieten, sei es zur Absicherung des Haupterwerbs oder zum Ausgleich rezessionsbedingter Einnahmerückgänge. In umgekehrter Weise ist ebenso plausibel anzunehmen, dass in wirtschaftlich schlechten Zeiten von Unternehmensseite aus weniger Nachfrage nach zusätzlichen Arbeitskräften besteht und diese sich eher zu einem Stellenabbau gezwungen sieht, beziehungsweise. dem Erhalt der bereits bestehenden Personalbasis. Einen Nachweis für einen prozyklischen Zusammenhang der Mehrfachbeschäftigung findet sich bei Amuedo/Kimmel (2005) für den US-Arbeitsmarkt, demzufolge in konjunkturellen Hochphasen ein Anstieg der unternehmensseitigen Arbeitsnachfrage besteht. Anderweitige Untersuchungen, die zur Beweisführung des „*hedging*"-Motivs auf Mikrodaten zu Beschäftigungsinstabilität oder Arbeitsplatzrisiko im Haupterwerb zurückgreifen, führen überwiegend zur Ablehnung dessen Existenz.[163] Einzig eine Untersuchung des Arbeitsangebotsverhaltens britischer Ölplattformarbeiter fördert einen positiven Befund für Nebentätigkeiten in Verbindung mit höherem Arbeitsplatzverlustrisiko zu Tage.[164] Die Arbeitszeiten von Ölplattformarbeitern mit mehrwöchigen Einsatzphasen auf der Bohrinsel gefolgt von Ruhephasen auf dem Festland, in denen eine Nebentätigkeit ausgeübt werden kann, sind jedoch als wenig repräsentativ für die allgemeine Erwerbsbevölkerung anzusehen. Die Studien über den

159 Vgl. Bell et al. (1997).
160 Vgl. Oaxaca/Renna (2006).
161 Vgl. Böheim/Taylor (2004).
162 Vgl. Heineck (2009); Panos et al. (2009); Renna (2006); Amuedo/Kimmel (2005); Partridge (2002); Kimmel/Smith-Conway (2001).
163 Vgl. Heineck (2009); Wu et al. (2009); Böheim/Taylor (2004); Bell et al. (1997); Schwarze (1991).
164 Vgl. Dickey et al. (2009).

deutschen Arbeitsmarkt belegen hingegen einen negativen Zusammenhang von Beschäftigungsunsicherheit und Nebenerwerbstätigkeit.[165] Dieser Befund kann in Verbindung mit einem möglichen prozyklischen Zusammenhang von Mehrfachbeschäftigung gedeutet werden, wonach die Beschäftigungsunsicherheit als Folge einer tatsächlichen oder wahrgenommenen schlechten Arbeitsmarktlage zu sehen ist, die sowohl auf die Angebotsbereitschaft als auch die Unternehmensnachfrage beschränkend wirkt. Wird hingegen die Art des Arbeitsvertrages als Stellvertretervariable für die Beschäftigungsunsicherheit herangeführt, zeigt sich, dass ein temporäres Arbeitsverhältnis wahrscheinlicher zum Angebot von Nebenbeschäftigung führt.[166] Einzelne empirische Forschungsergebnisse verdeutlichen jedoch auch die Möglichkeit des umgekehrten Effekts, wonach die Absicherung im Haupterwerb durch eine Festanstellung die Aufnahme eines Nebenerwerbs erst ermöglichen kann.[167] Die Autoren dieser Studie führen dies darauf zurück, dass z.B. temporäre Arbeitskräfte ihre Einstellungschancen bzw. Übernahmechancen nicht gefährden wollen, die durch mögliche Belastungen durch den Nebenjob entstehen können. Statt den Hauptberuf über ein zusätzliches Beschäftigungsverhältnis abzusichern, spiegelt sich hierbei eher der Gedanke wider, dass die Haupttätigkeit der eigentliche Sicherungsanker ist. Die Absicherung durch den Hauptberuf dürfte insbesondere eine starke Bedeutung haben, wenn der Zweiterwerb dazu dient (Berufs-)Erfahrung zu sammeln und damit einen ersten Schritt bei einem Berufs- oder Karrierewechsel darstellt, dem sogar der vollständige Übergang in die Selbstständigkeit folgen kann.[168] Speziell wenn ein Arbeitnehmer eine Selbstständigkeit begründen will, kann die (vorläufige) Beibehaltung einer abhängigen Hauptbeschäftigung der Risikodiversifizierung dienen. Die finanzielle Absicherung über die Haupttätigkeit ermöglicht eine nebenberufliche Testphase zur Entwicklung des Geschäftsmodells oder dient als Versicherung gegen eine Stigmatisierung des möglichen unternehmerischen Scheiterns.[169] Diverse internationale empirische Befunde bestätigen die Rolle der Nebenbeschäftigung zur Sammlung von beruflichen Erfahrungen mit dem Ziel, darauf aufbauend eine Selbstständigkeit zu begründen.[170] Inwiefern dies auch in Deutschland von Bedeutung ist, wurde in quantitativen Untersuchungen bislang nicht erfasst.

---

165 Vgl. Heineck (2009:114); Schwarze (1991:107).

166 Vgl. Dickey et al. (2009); Heineck (2009); Böheim/Taylor (2004).

167 Vgl. Wu et al. (2009).

168 Vgl. Delmar et al. (2008:4ff).

169 Vgl. Delmar et al. (2008:7).

170 Vgl. Panos et al. (2009); Dickey et al. (2009) für Großbritannien; Folta et al. (2010) für Schweden; Shisko/Rostker (1976) für die USA.

3.3. Forschungslücke und Entwicklung der Arbeitshypothesen

Die vorangegangenen Kapitel haben aufgezeigt, dass sich sowohl finanzielle als auch nicht-monetäre Motivationen für die Aufnahme einer Mehrfachbeschäftigung empirisch nachweisen lassen. In Folge fehlenden Datenmaterials und Überschneidungen zwischen den Motiven lässt sich jedoch nicht feststellen, welche Motive überwiegen. Zumindest in der öffentlichen Wahrnehmung wird Mehrfachbeschäftigung häufig mit der finanziellen Notwendigkeit einer Nebenbeschäftigung gleichgesetzt. Eine Erwerbsform allein scheint nicht auszureichen, um einen angestrebten Lebensstandard zu erwirtschaften. Die Frage, ob ein Mehrfachbeschäftigter auf seinen Nebenerwerb finanziell angewiesen ist, bleibt bislang ungeklärt. Eine adäquate Untersuchung dieser Fragestellung setzt die Operationalisierung des Begriffs der „finanziellen Notwendigkeit" voraus, welcher stark von individuellen Ansprüchen und Bedürfnissen geprägt ist. Eine Analyse, die auf einer Bewertung der subjektiven Einkommenssituation beruht, kann daher mit dem Problem mangelnder Objektivität konfrontiert werden. Ein Forschungsprojekt zur Wahrnehmung von Reichtum und Armut im Auftrag des Bundesministeriums für Arbeit und Soziales zeigt etwa, dass keine allgemeingültigen Definitionen dieser Begriffe in der Bevölkerung vorherrschen, und die Verortung der eigenen Finanzsituation stark von den individuellen Erfahrungen und persönlichen Kontakten abhängt.[171] Eine Operationalisierung mittels objektiver Kriterien ist demgegenüber gegen den Einwand von Subjektivität geschützt, umgekehrt jedoch abhängig von den gewählten Kriterien für den Beginn einer finanziellen Not, welche in hohem Maße von dem individuellen Anspruchsniveau geprägt sind. Ein in der Sozialberichterstattung zur Einkommensverteilung etabliertes Hilfskonstrukt stellt hierzu die relative Einkommensarmut dar. Inwieweit dieses Konstrukt als Messinstrument für finanzielle Not oder Armut geeignet ist, wird in einem eigenen Kapitel dieser Arbeit kritisch untersucht und daher an dieser Stelle nicht weiter ausgeführt.[172] Unter der vorläufigen Annahme, dass Einkommensarmut einen geeigneten Indikator für eine relativ schlechte finanzielle Lage darstellt, kann diese auf einen möglichen Zusammenhang mit Mehrfachbeschäftigung untersucht werden. Übertragen auf die Motivation zur Aufnahme einer Mehrfachbeschäftigung, wird bei vorliegender Einkommensarmut eine Nebenbeschäftigung wahrscheinlich in erster Linie aus

171 Vgl. BMAS (Hrsg.) (2011).
172 Siehe Kapitel 5.

finanziellen Gründen aufgenommen. Dahinter steckt implizit die Annahme der Maslowschen Bedürfnispyramide,[173] der zufolge zunächst die basalen Bedürfnisse hinreichend befriedigt sein müssen, wie Nahrung oder sicherer Wohnraum, bevor immaterielle Bedürfnisse an Bedeutung gewinnen.[174] Während in den USA die Arbeitsmarktphänomene Erwerbsarmut („*working poor*") und Mehrfachbeschäftigung bereits seit langem in engem Zusammenhang diskutiert werden,[175] liegen für den deutschen Arbeitsmarkt hingegen bislang keine direkten Befunde vor. Ziel dieser Dissertation ist es daher, diese Forschungslücke zu schließen und anhand der Prävalenz von Einkommensarmut den Erkenntnisstand zu den Motiven für Mehrfachbeschäftigung in Deutschland zu erweitern. Die Frage über einen möglichen Zusammenhang von Einkommensarmut und Mehrfachbeschäftigung ist dabei zunächst offen zu formulieren, da das Ergebnis dem Einfluss des Nebeneinkommens auf die finanzielle Situation unterliegt und sich damit auf die die Betroffenheit von Einkommensarmut auswirkt. An diese Ambiguität schließt sich auch die Frage nach der kausalen Beziehung zwischen Mehrfachbeschäftigung und Einkommensarmut an, welche die Hauptfragestellung dieser Dissertation darstellt. So kann theoretisch sowohl der Einkommensarmut als auch der Mehrfachbeschäftigung gleichermaßen die Rolle des Verursachers als auch des Resultats zugeschrieben werden. Einerseits kann Einkommensarmut als Konsequenz von Mehrfachbeschäftigung aufgefasst werden, wenn man unterstellt, dass in Ermangelung besserer Alternativen mehrere Beschäftigungsformen mit niedrigem Einkommen kombiniert werden, die nicht zum Überschreiten der Armutsschwelle führen. Im Ergebnis wäre hierbei ein höherer Anteil von Armutsgefährdeten bei Personen mit mehr als einem Beschäftigungsverhältnis festzustellen.

Arbeitshypothese 1: Mehrfachbeschäftigte sind in höherem Maße von Einkommensarmut betroffen als Einfachbeschäftigte.

Die bisherige Forschungsliteratur zu Einkommensarmut trotz Erwerbstätigkeit identifiziert als Hauptdeterminanten neben einem Einkommen im Niedriglohnsektor[176] eine oftmals mit schlechter Entlohnung und geringerem Arbeitsumfang

---

173 Vgl. Maslow (1943).

174 Insbesondere der hierarchische Aufbau dieses Modells ist jedoch aufgrund der fehlenden theoretischen Fundierung und empirischen Nachweisen umstritten (vgl. Hewel/Neubäumer (2001:4f)).

175 Vgl. z.B. John J. Heldrich Center for Workforce Development at Rugers (1999).

176 Vgl. Hellmuth/Urban (2010:28); Lohmann (2007:198f).

korrespondierende atypische Beschäftigungsform[177] sowie den Haushaltskontext in Form des Familienstandes oder der Abwesenheit eines weiteren Einkommensbeziehers.[178] Für diese lässt sich eine hohe Übereinstimmung mit dem im vorherigen Kapitel zusammengefassten Forschungsstand zu finanziellen Determinanten für eine Mehrfachbeschäftigung feststellen. Demgegenüber liegen zur Rolle der atypischen Arbeit für den möglichen Zusammenhang zwischen Mehrfachbeschäftigung und Einkommensarmut derzeit keine Erkenntnisse vor. Die bestehende Forschungsliteratur zur Mehrfachbeschäftigung bestätigt zwar, dass in der Haupttätigkeit atypisch Beschäftigte wahrscheinlicher eine zusätzliche Erwerbstätigkeit aufnehmen, unklar bleibt dabei allerdings, ob damit die mit ihrer Haupttätigkeit verstärkt einhergehenden negativen Beschäftigungsmerkmale wie Lohnabschläge und geringe Wochenarbeitszeiten vollständig kompensiert werden. Inwieweit eine Mehrfachbeschäftigung Auswirkungen auf die Verbreitung von Einkommensarmut bei atypisch-Hauptbeschäftigten ausübt, bleibt damit bislang unklar. Der, in den theoretischen Überlegungen in Kapitel 2.3.2, vermutete hohe Grad von Nebenerwerbstätigkeit in Form von atypischer Teilzeitbeschäftigung und insbesondere geringfügiger Beschäftigung legt beschränkte Zuverdienstmöglichkeiten nahe. Infolgedessen könnte, trotz Zweitbeschäftigung, mit atypischer Hauptbeschäftigung dennoch ein höheres Ausmaß an Einkommensarmutsgefährdung einhergehen als in der definitionsgemäßen Referenzkategorie Normalarbeitsverhältnis, welches im geringsten Maße von Einkommensarmut betroffen ist.[179]

Arbeitshypothese 2: Mehrfachbeschäftigte mit atypischer Hauptbeschäftigung unterliegen trotz Zweiteinkommen einem höheren Armutsgefährdungsrisiko als Einfachbeschäftigte in einem Normalarbeitsverhältnis.

Die tatsächliche Prävalenz von Einkommensarmut unter atypisch Hauptbeschäftigten trotz Nebentätigkeit ist abhängig vom individuellen Abstand zur Armutsschwelle, welcher sich wahrscheinlich bei den unter dem Sammelbegriff atypische Beschäftigung subsummierten Beschäftigungsformen deutlich unterscheidet. Insbesondere für die Beschäftigungsformen Teilzeit und geringfügige Beschäftigung ist aufgrund der reduzierten Arbeitszeit ein höheres Armutsrisiko

177 Vgl. Thomsen et al. (2016); Goebel/Krause (2016); Goebel et al. (2015); Kalina/Weinkopf (2015); Hellmuth/Urban (2010:27); Wingerter (2009:1087f); Brehmer/Seifert (2008:512f.); Kalina/Weinkopf (2008:463f).

178 Vgl. Hellmuth/Urban (2010:23); Wingerter (2009:1095).

179 Vgl. BMAS (Hrsg.) (2017); Thomsen et al. (2016); Hellmuth/Urban (2010); Wingerter (2009).

trotz Nebenerwerbstätigkeit anzunehmen. Für die weiteren klassisch der atypischen Beschäftigung zugeordneten Tätigkeiten in einem befristeten Arbeitsverhältnis oder in Leiharbeit, die oftmals in Vollzeit ausgeübt werden, ist der Zusammenhang mit Einkommensarmut trotz Zweiteinkommen hingegen weniger eindeutig. Ebenso ist offen, inwieweit sich diese Überlegungen auch auf die teilweise ebenfalls den atypisch Beschäftigten, wenn auch im weiteren Sinne, zugeordneten Selbstständigen übertragen werden können. Zu diesen ist bereits die Erkenntnislage zum Armutsgefährdungsrisiko ohne Nebentätigkeit in der Forschungsliteratur nicht eindeutig. Während einige Befunde ihnen, insbesondere sofern es sich um Solo-Selbstständige handelt, einen erhöhten Anteil Armutsgefährdeter attestieren,[180] finden andere Untersuchungen je nach Betrachtungsperiode gemischte Befunde[181] oder sogar vollständig gegenläufige Erkenntnisse.[182] Zu vermuten wäre, dass hierbei eine Unterscheidung nach Art der Selbstständigkeit, d.h. nach Anzahl der Angestellten und Umfang der Wochenarbeitszeit zu differenzierten Ergebnissen führt.

Arbeitshypothese 2a: Mehrfachbeschäftigte mit Hauptbeschäftigung in geringfügiger Beschäftigung oder atypischer Teilzeitarbeit unterliegen dem höchsten Armutsgefährdungsrisiko im Vergleich zu Mehrfachbeschäftigten mit Hauptbeschäftigung in anderweitigen Formen von atypischer Arbeit.

Neben der Feststellung von Gruppenunterschieden in einer Querschnittsbetrachtung zwischen Mehrfach- und Einfachbeschäftigten ist es Ziel dieser Dissertation mögliche Kausalbeziehungen aufzuzeigen. Hierzu werden Längsschnitts-Regressionsmodelle angewendet, welche im Verlauf dieser Arbeit detailliert spezifiziert werden.[183] Für die Formulierung der notwendigen Arbeitshypothese ist zu berücksichtigen, dass mit Aufnahme einer zusätzlichen Nebenerwerbstätigkeit, unter der Annahme der Konstanz anderer Faktoren, wie der Haupttätigkeit, zwingend logisch keine erhöhte Armutsgefährdung einhergehen kann. Stattdessen wird untersucht, inwieweit ein Wechsel in eine bestimmte Form der Mehrfachbeschäftigung die Armutswahrscheinlichkeit beeinflusst. Dabei wird angenommen, dass das zusätzliche Einkommen aus dem Nebenerwerb nicht ausreicht, die Einkommensnachteile einer atypischen Hauptbeschäftigung zu kompensieren. Um das mit den ausgeübten Mehrfachbeschäftigungsformen einhergehende niedrige kombinierte Individualeinkommen als Ursache zu

180 Vgl. Niehues/Pimpertz (2012); Wingerter (2007).
181 Vgl. Goebel et al. (2016).
182 Vgl. Hellmuth/Urban (2010).
183 Siehe Kapitel 8.1.

isolieren, muss der Zusammenhang mittels geeigneter Kontrollvariablen entsprechend der Einflussfaktoren für Armutsgefährdung in das Regressionsmodell integriert werden.

Arbeitshypothese 2b: Der Wechsel in eine Mehrfachbeschäftigung erhöht die Wahrscheinlichkeit von Einkommensarmut betroffen zu sein, da das individuelle Gesamteinkommen aus beiden Beschäftigungsverhältnissen geringer ist als bei Ausübung nur einer Beschäftigung mit gleichem Wochenstundenumfang.

Wie bereits angemerkt ist die kausale Wirkungskette zwischen Mehrfachbeschäftigung und Einkommensarmut in der theoretischen Überlegung ambivalent. Neben der bisher dargelegten Annahme von Einkommensarmut als Resultat von Mehrfachbeschäftigung kann umgekehrt die Aufnahme einer Zweitbeschäftigung auch als Reaktion auf eine Einkommensarmutsgefährdung bei Einfachbeschäftigung folgen. Von Einkommensarmut betroffene Personen könnten eine weitere Verdienstquelle nutzen, um ihre finanzielle Situation zu verbessern, woraus ein positiver Zusammenhang zwischen den Arbeitsmarkterscheinungen zu erwarten wäre.

Arbeitshypothese 3: Von Einkommensarmut gefährdete Einfachbeschäftigte sind bestrebt ihre finanzielle Situation durch die Aufnahme einer zusätzlichen Nebentätigkeit zu verbessern und daher wahrscheinlicher bereit eine Nebentätigkeit aufzunehmen.

Zur Überprüfung dieser Hypothese ist zu beachten, dass die Aufnahme einer Nebentätigkeit sich unmittelbar in der finanziellen Lage der Haushalte widerspiegelt. Es ist daher möglich, dass die Prävalenz von Einkommensarmut unter Mehrfachbeschäftigten sich nicht im erwarteten Maße von der unter Einfachbeschäftigten unterscheidet, insofern als das Nebeneinkommen bei einem Großteil der Mehrfachbeschäftigten zum Überschreiten der Armutsschwelle führt. Die gegenläufigen Effekte „Armut als Auslöser" und „Armutsvermeidung durch den Nebenerwerb" müssen daher durch die Verwendung geeigneter statistischer Verfahren isoliert werden. Inwieweit dies mittels der gewählten Datenbasis bewerkstelligt werden kann, ist Gegenstand des empirischen Teils dieser Arbeit.[184]

Zu einem unmittelbaren Zusammenhang von Einkommensarmutsgefährdung und deren Rolle als Auslöser für die Aufnahme einer Nebenbeschäftigung liegen bislang für den deutschen Arbeitsmarkt keine Erkenntnisse vor. Die wenigen vorliegenden Untersuchungen mit Berücksichtigung der finanziellen Situation des Haushaltes zeigen hingegen widersprüchliche Ergebnisse. Nach Heineck (2009) geht sowohl mit Anstieg der Zufriedenheit mit dem

184 Siehe Kapitel 8.

Haushaltseinkommen als auch mit Zunahme des Nicht-Erwerbseinkommens des Haushaltes („*non-labour-income*") eine Reduktion der Nebentätigkeitswahrscheinlichkeit einher. Die Untersuchung von Schmidt/Voss (2014) findet hingegen bei Verbesserung der Finanzsituation des Haushaltes, gemessen in Form des äquivalenzgewichteten Haushaltseinkommens, eine höhere Wahrscheinlichkeit eine geringfügig entlohnte Nebentätigkeit aufzunehmen. Die Autoren erklären dieses, konträr zu den in Arbeitshypothese 3 dieser Dissertation stehende, Ergebnis durch die höhere Verbreitung von ehrenamtlichen Tätigkeiten bei gesicherter Finanzsituation.[185] Aufgrund der expliziten Verwendung des der Feststellung von Einkommensarmut zu Grunde liegenden bedarfsgewichteten Haushaltseinkommens weist die Untersuchung von Schmidt/Voss (2014) die größte Übereinstimmung mit der Hauptfragestellung dieser Arbeit auf. Die Studie berücksichtigt allerdings nicht den vermuteten potenziell verzerrenden Einfluss der Verbesserung der Einkommenssituation durch das Nebeneinkommen und beschränkt sich auf Nebentätigkeiten von abhängig Beschäftigten mit Nebenverdiensten bis maximal 400€ zwischen den Jahren 2004 bis 2011.[186] Damit wird zwar die größte Gruppe der Mehrfachbeschäftigten abgebildet, jedoch wird der mögliche Einfluss anderer Teilgruppen auf das Einkommensgefüge ausgeblendet, beispielsweise in Form von haupt- und nebenberuflicher Selbstständigkeit sowie besser entlohnter Nebentätigkeiten. Darüber hinaus schließt sich die Frage nach den Auswirkungen, der durch die Hartz-Gesetzgebung im Jahr 2003 veränderten gesetzlichen Rahmenbedingungen zu geringfügigen Beschäftigung auf die finanzielle Situation von Mehrfachbeschäftigten an. Zu dieser Fragestellung liegen bislang in der Forschungsliteratur zu Mehrfachbeschäftigung keine Erkenntnisse vor. So beschränkt sich die Untersuchung von Schmidt/Voss (2014) auf die Analyse der Mehrfachbeschäftigung ab dem Jahr 2004 und damit auf den Zeitraum nach Umsetzung der Hartz-Reformen. Die Arbeit von Heineck (2009) weist hingegen mit Analyse der Mehrfachbeschäftigung zwischen den Jahren 1995

185 Vgl. Schmidt/Voss (2014:53f.)

186 Darüber hinaus ist offen, inwieweit die in der Studie verwendete gleichzeitige Integration des wahrscheinlich hoch korrelierten Individual- und Haushaltseinkommens, die für Regressionsanalysen notwendige Annahme der Unabhängigkeit der Prädikatoren verletzt und sich auf die Ergebnisse auswirkt. Ebenso bleibt in der Studie unklar, warum die Integration der nicht durchgängig im SOEP erhobenen Variable zur Ausübung eines Ehrenamtes nicht im erheblichen Maße zur Reduktion der Stichprobe der Regressionsanalyse führt (siehe Ausführungen Kapitel 3.2).

bis 2007[187] einen weit größeren Untersuchungszeitraum auf, geht auf die Auswirkungen der veränderten gesetzlichen Rahmenbedingungen für die Mehrfachbeschäftigung jedoch nicht explizit ein.

Die Erkenntnisse über einen möglichen Zusammenhang zwischen Einkommensarmut und Mehrfachbeschäftigung stellen einen Beitrag zur weiterhin offenen Frage dar, „ob Mehrfachbeschäftigte freiwillig nach flexiblen Erwerbsformen suchen oder ob sie schlicht der Not gehorchen“[188]. Unter der Annahme, dass Einkommensarmut als geeigneter Messwert für die Feststellung einer finanziellen Notlage dient, lässt sich aus einer Einkommensarmutsgefährdungslage schließen, dass die Motivation für Nebenerwerbstätigkeit für diese Gruppen überwiegend finanzieller Natur ist, wohingegen nicht-monetäre Motive eine eher untergeordnete Rolle einnehmen. Sofern der Zusammenhang mit Mehrfachbeschäftigung über die Feststellung von reinen Querschnittszusammenhängen hinausgeht und dynamische, d.h. kausale Effekte deutlich werden, lassen sich aus den Befunden zu Einkommensarmut und Mehrfachbeschäftigung auch Erkenntnisse über die Gültigkeit des bislang in der Forschungsliteratur wenig betrachteten „*financial-shock*“-Motivs ableiten.[189] Eine Verschlechterung der Einkommenssituation unter die definierte Armutsgrenze kann hierbei als Spezialfall, der in diesem Motiv ausgedrückten negativen Entwicklung der finanziellen Lage, interpretiert werden.

Wie die Auswertung der Forschungsliteratur darüber hinaus gezeigt hat, analysieren die bislang vorliegenden Untersuchungen zu den Determinanten für Mehrfachbeschäftigung überwiegend die finanziellen Motivationen. Diese werden jedoch ausschließlich anhand der Einkommensströme beurteilt, wohingegen eine Betrachtung der Vermögenssituation vernachlässigt wird. Damit bleibt unklar, welche Rolle etwaige Schulden oder Vermögen in Bezug auf Nebenerwerbstätigkeit einnehmen. Sowohl eine positive als auch eine negative Vermögenssituation könnten die Bereitschaft für einen zusätzlichen Nebenerwerb unmittelbar beeinflussen und zumindest indirekt Hinweise auf eine finanzielle Motivation geben. Dabei kann angenommen werden, dass die Existenz von

---

187 In der anfänglichen deskriptiven Auswertung über den Anteil der Mehrfachbeschäftigten an den Erwerbstätigen analysiert Heineck (2009:112) sogar den Untersuchungszeitraum ab dem Jahr 1985. In der weiteren ökonometrischen (multivariaten) Untersuchungen muss dieser aber auf den Zeitraum ab dem Jahr 1995 eingeschränkt werden, aufgrund der Datenverfügbarkeit bestimmter Variablen, wie beispielsweise dem Einkommen im Nebenerwerb (vgl. Heineck (2009:111)).

188 Vgl. Hirschenauer/Wießner (2006:1).

189 Vgl. Böheim/Taylor (2004).

finanziellen Rücklagen auch bei geringem Einkommen die Notwendigkeit eines Nebenerwerbs aus finanziellen Gründen reduziert, während umgekehrt dieser für einen verschuldeten Haushalt ein Mittel zur finanziellen Verbesserung bereitstellt. Wie die späteren Ausführungen verdeutlichen,[190] kann mittels der verwendeten Datenbasis jedoch nur die Rolle der Schulden, jedoch aufgrund fehlender Daten nicht die Rolle von Vermögen untersucht werden.

Arbeitshypothese 4: Die Aufnahme von Kreditschulden erhöht die Wahrscheinlichkeit eines zusätzlichen Nebenverdienstes zur Tilgung des Kredites.

Von den finanziellen Motiven für Nebenerwerbstätigkeit abgesehen, besteht in der theoretischen Forschung Einigkeit über die Existenz weiterer nicht monetärer Motive. Für diese liegen allerdings bislang nur indirekte Hinweise vor, was insbesondere der schwierigen Operationalisierung und ungenügenden Datenlage zugeschrieben wird. Eine dieser nicht vorrangig finanziellen Motive ist die Frage, ob Mehrfachbeschäftigung eine Brücke in einen anderen Beruf oder die Selbstständigkeit darstellt. So kann die Aufnahme eines Nebenerwerbs als kurzfristiges Mittel aufgefasst werden, im Hauptberuf vernachlässigte Bedürfnisse zu befriedigen. Für die längerfristige Betrachtung ist dabei entscheidend, ob hierdurch das optimale angestrebte Nutzenniveau erreicht wird, oder die Mehrfachbeschäftigung nur einen Zwischenschritt für eine weitgreifende berufliche Veränderung darstellt. Personen, die sich beruflich verändern wollen, könnten daher wahrscheinlicher nebenerwerbstätig sein.

Arbeitshypothese 5: Nebenerwerbstätigkeit stellt einen Schritt zu einer weitergehenden zukünftig geplanten Veränderung dar, wie einen Wechsel des Berufes oder den Übergang in eine Selbstständigkeit. Ein Beschäftigter, der eine berufliche Veränderung anstrebt, ist daher wahrscheinlicher zusätzlich nebenerwerbstätig.

Die Nebentätigkeit stellt hierbei eine mit geringerem Risiko behaftete „Testphase" für eine angestrebte berufliche Veränderung bereit. Die bereits für einige Länder aufgezeigten Hinweise für dieses Motiv einer Mehrfachbeschäftigung sollen daher auch für den deutschen Arbeitsmarkt untersucht werden und damit die Forschungsliteratur zu der Rolle von Nebentätigkeit für berufliche Veränderungen erweitert werden.

190 Vgl. Kapitel 8.3.1.

4. Empirische Erfassung der Mehrfachbeschäftigung im Sozio-oekonomischen Panel und Abgleich mit anderen Datenbasen

Das Ziel dieses Kapitels ist es, erste deskriptive Erkenntnisse über Anzahl und Entwicklung der Mehrfachbeschäftigung in Deutschland bereitzustellen. Hierzu wurde für die nachfolgenden empirischen Untersuchungen zu Mehrfachbeschäftigung und Einkommensarmut das Sozio-oekonomische Panel (SOEP) als Datengrundlage ausgewählt. Ausschlaggebend für dessen Auswahl war neben der Zuverlässigkeit und Repräsentativität der Daten insbesondere die Bereitstellung differenzierter Einkommens- und Beschäftigungsdaten im Personen- und Haushaltskontext. Darüber hinaus verfügt das SOEP durch sein Panel-Design gegenüber anderen Datenerhebungen über eine in Deutschland einzigartige Konstruktion, mittels derer dynamische und über mehrere Jahrzehnte reichende Längsschnittuntersuchungen durchgeführt werden können. Im Nachfolgenden wird daher der Aufbau und Inhalt der gewählten Datenbasis genauer beschrieben und praktische Aspekte der Operationalisierung von Mehrfachbeschäftigung erläutert. Die sich daraus ergebenden drei Möglichkeiten, die Zahl der Mehrfachbeschäftigung empirisch zu erfassen, werden einander gegenübergestellt und deren Entwicklung im Zeitverlauf mit den Veränderungen der regulatorischen Rahmenbedingungen für den Nebenerwerb in Verbindung gebracht. In einem weiteren Schritt werden die darauf durchgeführten Auswertungen mit anderen potenziellen Datenquellen verglichen, und es wird auf deren mögliche Vor- und Nachteile gegenüber dem SOEP eingegangen. Damit sollen einerseits die Auswertungsergebnisse anhand der SOEP-Daten validiert und andererseits das SOEP als die am besten für die Fragestellung dieser Arbeit geeignete Datengrundlage bestätigt werden. Diese rein quantitative Validierung der Ergebnisse kann, durch den besonderen Aufbau des SOEP als Paneluntersuchung, weiter auf die individuelle Personenebene heruntergebrochen werden. Damit lässt sich analysieren, ob die verschiedenen Operationalisierungswege der Mehrfachbeschäftigung neben der Anzahl auch dieselben Individuen erfassen. Der Abgleich auf dieser Ebene kann insbesondere für die späteren detaillierteren Auswertungen nach bestimmten Merkmalen von enormer Bedeutung sein und eventuell divergierenden Ergebnisse erklären. Die relevanten Faktoren für die unterschiedliche Erfassung von Personengruppen als mehrfachbeschäftigt werden aufgezeigt und diskutiert. Basierend auf diesen Überlegungen wird herausgearbeitet, ob ein Operationalisierungsweg den anderen vorzuziehen ist.

4.1. Beschreibung des Sozio-oekonomischen Panels

Das Sozio-oekonomische Panel (SOEP) ist eine repräsentative Wiederholungsbefragung, die von TNS Infratest Sozialforschung im Auftrag des Deutschen Instituts für Wirtschaftsforschung (DIW Berlin) durchgeführt wird. Die Erhebung umfasste zu ihrem Beginn im Jahr 1984 zunächst nur Haushalte aus Westdeutschland und wurde ab dem Jahr 1990 um ostdeutsche Haushalte erweitert. Nach anfänglicher nach Ost und West getrennt durchgeführter Datenerhebung wurde ab dem Jahr 1994 ein bundeseinheitlicher Fragebogen für Gesamtdeutschland verwendet. Dabei werden jährlich über 20.000 Personen aus ca. 11.000 Haushalten befragt.[191] Durch eine (Wieder-)Aufstockung des Stichprobenumfangs wird der Panel-Mortalität in Folge von Befragungsausfällen entgegengewirkt. Mittels vom DIW Berlin bereitgestellter Hochrechnungsfaktoren lassen sich anhand dieser Teilstichproben repräsentative Rückschlüsse auf die Gesamtbevölkerung ziehen. Die Hochrechnung der Stichprobe des SOEP auf die Grundgesamtheit erfolgt dabei unter Berücksichtigung von Randverteilungen auf Basis des Mikrozensus, wie etwa der bundesweiten Verteilung der Merkmale in den Haushalten nach Region, Alter, Geschlecht, Haushaltsgröße und Nationalität.[192] Daneben wird durch eine personenspezifische Gewichtung die Beobachtungswahrscheinlichkeit, bestehend aus Ziehungs- und Ausfallwahrscheinlichkeit, von Personengruppen konstruiert,[193] um die Auswirkungen von Ausfällen oder Veränderungen in der Haushaltszusammensetzung durch z.B. Wegzug oder Scheidung bei Längsschnittsuntersuchungen zu berücksichtigen.[194] Das SOEP ist als Panel-Befragung konzipiert, so dass Befragungsdaten derselben Haushalte und Personen über mehrere Jahre vorliegen, wodurch sowohl Querschnitts- als auch Längsschnittfragestellungen beantwortet werden können.[195] Der Fragenkatalog des SOEP setzt sich aus einem Personen- und einem Haushaltsfragebogen zusammen. Jede Erhebungswelle startet im Januar eines Jahres und umfasst bis zu Monat April ca. 80% abgeschlossene Interview-Befragungen.[196] Der Haushaltsfragebogen

191 Vgl. Goebel/Pauer (2014); Wagner et al. (2007); DIW (o.D.).
192 Vgl. Pischner (2007).
193 Vgl. Goebel et al. (2008:90f).
194 Vgl. Goebel et al. (2008:86f).
195 Vgl. Wagner et al. (2007:139ff) sowie DIW (o.D.).
196 Vgl. Goebel et al. (2008:83).

wird stellvertretend von einer Person des Haushaltes, meist dem Haushaltsvorstand, ausgefüllt. In den Personenfragebögen werden alle Haushaltsmitglieder über 16 Jahren direkt befragt, d.h. es finden keine Proxyinterviews statt. Bei Erstbefragungen wird ausschließlich auf persönliche („*face-to-face*") Befragungen zurückgriffen, die von geschulten Interviewern entweder anhand der klassischen papier-gestützten Befragung (PAPI) oder im Laufe der Zeit zunehmend unter Zuhilfenahme von Computerunterstützung (CAPI) durchgeführt werden. Erst ab der zweiten Befragungswelle ist auch eine Selbstausfüllung mit telefonischer Betreuung möglich. In etwa 20% der Personen der im Jahr 1984 gestarteten Teilstichprobe A, nehmen diese Möglichkeit in Anspruch.[197] Unter den Teilnehmern des Subsamples F (Beginn 2000) waren es nach fünf Befragungswellen circa 6% der Befragten.[198] Die Durchführung der Befragungen erfolgt meist zwischen den Monaten Januar und Oktober eines Jahres. Der Großteil wird allerdings bereits im ersten Quartal eines Jahres durchgeführt (siehe Abbildung 5).

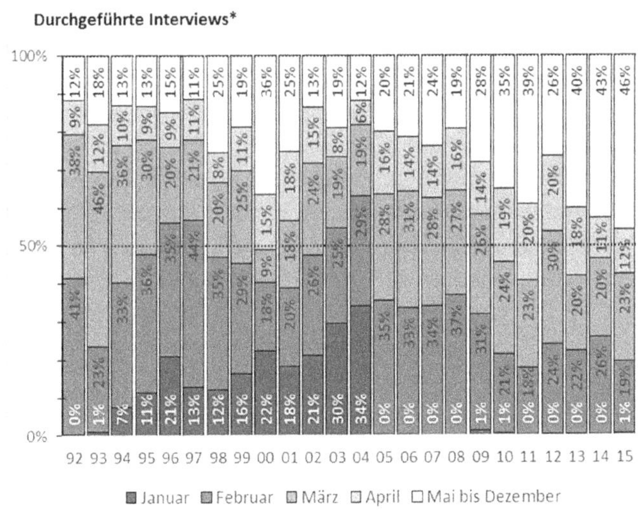

ABBILDUNG 5: ZEITLICHER VERLAUF DER DURCHGEFÜHRTEN BEFRAGUNGEN ZUM SOEP 1992 BIS 2015

Quelle: eigene Berechnungen, SOEP v32.1, ungewichtet

*bezogen auf alle Interviews mit vollständigen Angaben zum Vorjahreseinkommen

197 Vgl. Goebel et al. (2008:87f).

198 Vgl. Goebel et al. (2008:87f).

Im Durchschnitt wurde die Datenerhebung für 63% der Teilnehmer bis zum Endes des Monats März abgeschlossen. Auf die zweite Jahreshälfte entfallen durchschnittlich hingegen nur circa 16% der Gesamtstichproben.[199] „Die Standardbefragungsbereiche [Anm. des SOEP] sind Demographie und Bevölkerung, Arbeitsmarkt und Erwerbstätigkeit, Einkommen, Steuern, Soziale Sicherung, Wohnen, Gesundheit, (Weiter-)Bildung und Qualifikation, Partizipation, Grundorientierung und Integration".[200] In diesen Bereichen werden jährlich zentrale Indikatoren erfragt und zusätzlich in jedem Jahr um spezifische Befragungsschwerpunkte ergänzt.[201] Neben den Originalbefragungsdaten stellt das DIW Berlin auch eine Vielzahl von generierten Variablen zur Verfügung, die auf ihre Plausibilität überprüft wurden und mit denen, soweit möglich, fehlende Angaben („*partial unit non-response*") durch aufwendige Imputations-Verfahren, auch rückwirkend bis ins Jahr 1984, ergänzt werden können.[202] Damit wird insbesondere möglichen Verzerrungen in befragungssensiblen Bereichen wie Einkommensdaten entgegengewirkt, was jährlich auf circa 5% der Zielpersonen zutrifft. Für Gesamtdeutschland beinhaltet das SOEP seit 1992 auch Angaben über die Ausübung einer Nebentätigkeit in Gesamtdeutschland.[203] In der ungewichteten Stichprobe liegen im Durchschnitt jährlich ca. 700 Beobachtungen von Mehrfachbeschäftigung vor, die mittels personenspezifischer Hochrechnungsfaktoren Rückschlüsse auf die Ausbreitung der Mehrfachbeschäftigung in der Gesamtbevölkerung zulassen. Dabei ist zu beachten, dass es sich bei dem SOEP um eine nicht-amtliche Befragung handelt, so dass etwa nicht ausgeschlossen werden kann, dass auch Beschäftigungsverhältnisse in Schwarzarbeit erfasst werden. Die anhand des SOEP ermittelten Zahlen könnten also deutlich

199 Als Gesamtstichprobe wird hierfür die Anzahl der Personen verwendet, zu denen vollständige Daten des Vorjahreseinkommens vorliegen, da anhand dieser Variable eine Beurteilung des Erwerbsumfangs erfolgt (siehe Abschnitt 4.2.3). Anderweitige Untersuchungen anhand der Gesamthaushaltsstichprobe kommen jedoch zu vergleichbaren Ergebnissen. Vgl. z.B. Gerstorf/Schupp (Hrsg.) (2016).

200 Vgl. Frick/Krell (2009).

201 Vgl. Goebel et al. (2008:80f).

202 Vgl. Goebel et al. (2008).

203 Das Einkommen aus Nebentätigkeiten auch für die Befragungen ab 1984 verfügbar, jedoch nur für Westdeutschland (vgl. SOEP (o.D.a).

von amtlichen Erhebungen, wie dem Mikrozensus, abweichen,[204] allerdings damit auch ein umfassenderes Bild von nebenberuflichen Tätigkeiten und deren Verbreitung in Deutschland wiedergeben. Das Sozio-oekonomische Panel bietet darüber hinaus mehrere Möglichkeiten Mehrfachbeschäftigungsverhältnisse zu identifizieren, was in der bisherigen Forschungsliteratur jedoch keine Beachtung gefunden hat. Neben der überwiegend verwendeten „Selbsteinstufung der Befragten" (Abschnitt 4.2.1), kann die Zahl der Mehrfachbeschäftigten auch aus den „Einkommensbezügen aus mehreren Quellen im aktuellen Jahr" (Abschnitt 4.2.2) oder alternativ den „Einkommensbezügen aus mehreren Quellen im Vorjahr" (Abschnitt 4.2.3) abgeleitet werden. Nachfolgend sollen diese Erhebungskonzepte anhand des Fragenkatalogs des SOEP aufgezeigt werden, um zu analysieren, inwieweit die unterschiedlichen Operationalisierungen Einfluss auf die Größe der Stichprobe und damit die festgestellte Anzahl von Mehrfachbeschäftigungen haben.

4.2. Operationalisierung von Mehrfachbeschäftigung im SOEP

4.2.1. Mehrfachbeschäftigung nach Selbsteinstufung

Jeder Teilnehmer am Sozio-oekonomischen Panel wird jährlich in dem Personenfragebogen um Angaben zur aktuellen Beschäftigungssituation gebeten. In einer ersten Frage wird nach der derzeitigen Ausübung einer Erwerbstätigkeit gefragt, für die zusätzliche Antwortvorgaben zur Unterscheidung nach Erwerbsumfang und Beschäftigungsform vorgegeben werden. Beispielhaft hierfür ist im oberen Teil der Abbildung 6 für das Jahr 2007 die Originalfragestellung wiedergegeben. Die Antwortvorgaben weisen über die Erhebungsjahre des SOEP leichte Variationen auf, um den Entwicklungen auf dem Arbeitsmarkt zu entsprechen und neuen Beschäftigungsformen gerecht zu werden. Eine Zuordnung zu einer bestimmten Kategorie ist den Studienteilnehmern selbst überlassen und es finden sich keine ergänzenden Hinweise zu Mindestkriterien für eine Erwerbstätigkeit, mit Ausnahme für Rentner mit Arbeitsvertrag, die als berufstätig eingestuft werden sollen.

204 Vgl. auch Brenke (2009:600).

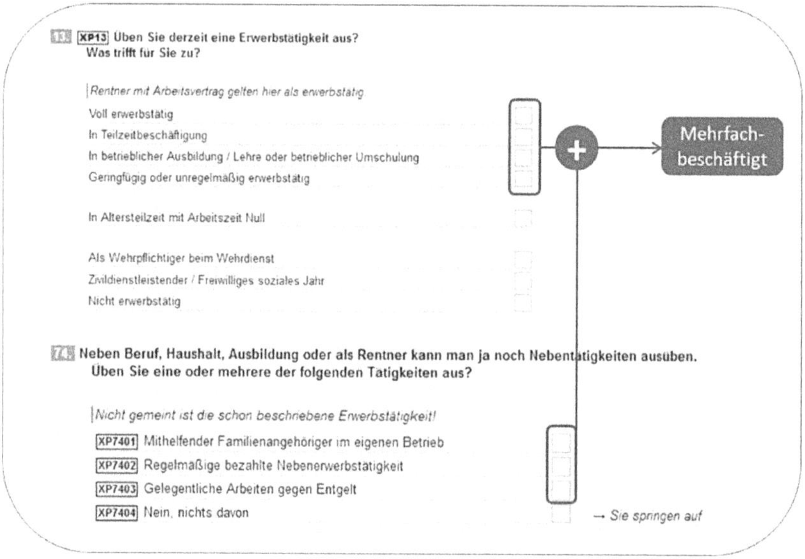

Abbildung 6: SOEP Personenfragebogen mit Kodierungsbeispiel Mehrfachbeschäftigung

Quelle: TNS Infratest Sozialforschung (2012).

Wie im allgemeinen Abschnitt zum SOEP beschrieben wurde, findet zumindest die Erstbefragung eines Studienteilnehmers im persönlichen Interview statt. Inwieweit bei diesem eine Hilfestellung für die Beantwortung des Fragebogens gegeben wird, sowie daraus abgeleitete mögliche Lerneffekte für die späteren, meist schriftliche Befragungen, lässt sich nicht beurteilen. Ebenfalls wird den Befragten selbst überlassen, wie im Fall mehrerer gleichzeitiger Beschäftigungsverhältnisse zu verfahren ist. Die Einstufung in Haupt- und Nebenbeschäftigung beruht demnach ausschließlich auf subjektiven Kriterien. Aufgrund der Positionierung im oberen Teil des Fragebogens ist jedoch anzunehmen, dass mit dieser Frage die Haupterwerbstätigkeit erfasst wird. Der Bezugsrahmen der Fragestellung ist weitgehend offen gehalten, beschränkt sich also nicht auf einen bestimmten Referenzzeitraum, wie beispielsweise die letzte Woche oder den letzten Monat. Es ist daher davon auszugehen, dass auch unregelmäßig ausgeübte Tätigkeiten erfasst werden, insofern diese mit der Selbstwahrnehmung als Erwerbstätigkeit korrespondieren. Nach der Erfassung einiger relevanter Beschäftigungsmerkmale dieser im Folgenden als Haupterwerb bezeichneten Tätigkeit erfolgt eine Befragung zu weiteren, neben Beruf, Haushalt, Ausbildung oder Rente ausgeübten Nebentätigkeiten. Der im unteren Teil der Abbildung 6 dargestellten, dem SOEP-Fragebogen des Jahres 2007 entnommenen Originalfragestellung ist zu entnehmen, dass keinerlei zeitlicher Bezug für die Ausübung dieser Nebentätigkeit vorgegeben ist, was als positiv für die Erfassung saisonaler Nebentätigkeit zu beurteilen ist. Die Nebentätigkeit wird dabei unterschieden nach Familienangehörigen, die im eigenen Betrieb mithelfen, sowie nach gelegentlich oder regelmäßig ausgeübter Beschäftigung gegen Entgelt. Bei Beschäftigten im familieneigenen Betrieb wird nicht differenziert, ob diese entgeltlich getätigt werden, wohingegen die übrigen Kategorien ausschließlich bezahlte Tätigkeiten, und nicht etwa das unentgeltliche Ehrenamt oder die Nachbarschaftshilfe erfassen.

Der weitgefasste Personenkreis, der in der Formulierung der Fragestellung zum Nebenerwerb direkt angesprochen wird, macht erneut die Unterscheidung zwischen Mehrfachbeschäftigung und Nebenerwerbstätigkeit (im engeren Sinne) deutlich.[205] Die individuellen Angaben zu Haupt- und Nebenbeschäftigung sind daher darauf zu überprüfen, ob diese den geforderten Kriterien von Mehrfachbeschäftigung, als der gleichzeitigen Ausübung von zwei oder mehreren Beschäftigungsverhältnissen mit Erwerbszweck, entsprechen. Das Ergebnis dieser Überlegungen kann der Kodierungsmatrix in Tabelle 2 entnommen werden. Ein erstes Entscheidungskriterium stellt die Beurteilung, der in der Frage zur Hauptbeschäftigung angeführten Kategorien hinsichtlich ihres Erwerbszweck und der daraus resultierenden Einstufung als Erwerbstätigkeit dar. Basierend auf den Antwortmöglichkeiten der SOEP-Befragung im Jahr 2007 kann einer Beschäftigung in Vollzeit, Teilzeit sowie in geringfügiger bzw. unregelmäßiger Beschäftigung ein Erwerbszweck unterstellt werden und diese demnach zur Gruppe der Erwerbstätigkeiten zugeordnet werden. Gleichermaßen kann der regelmäßigen und gelegentlichen Nebenerwerbstätigkeit aufgrund der Bezahlung ein Erwerbszweck bescheinigt werden, womit diese ebenfalls eine Erwerbstätigkeit darstellen. Die möglichen Kombinationen aus Vollzeit, Teilzeit- und geringfügiger Beschäftigung mit einer zusätzlichen regelmäßigen bzw. gelegentlichen Nebentätigkeit können demnach als Mehrfachbeschäftigung im engeren Sinne bezeichnet werden (siehe dunkelgrüne Markierung, Tabelle 2).

205 Siehe Abschnitt 2.1.

<table>
<tr><th></th><th colspan="4">„Ausübung einer Nebentätigkeit?“</th></tr>
<tr><th>Hauptbeschäftigung „derzeitige Erwerbstätigkeit?“</th><th>Mithelfender Familienangehöriger</th><th>Regelmäßig bezahlte Nebentätigkeit</th><th>Gelegentliches Arbeiten gegen Entgelt</th><th>Kein Nebenerwerb</th></tr>
<tr><td>Vollerwerbstätig</td><td rowspan="4">Mehrfachbeschäftigt (im weiteren Sinne)</td><td colspan="2" rowspan="2">Mehrfachbeschäftigt (im engeren Sinne)</td><td rowspan="4">Einfach-beschäftigt / Haupterwerbs-tätig</td></tr>
<tr><td>Teilzeitbeschäftigt</td></tr>
<tr><td>In betrieblicher Ausbildung / Lehre / Umschulung</td><td colspan="2">Mehrfachbeschäftigt (im weiteren Sinne)</td></tr>
<tr><td>Geringfügig entlohnte oder unregelmäßige Erwerbstätigkeit</td><td colspan="2">Mehrfachbeschäftigt (im engeren Sinne)</td></tr>
<tr><td>In Altersteilzeit (Ruhephase)</td><td colspan="3" rowspan="3">Nebenerwerbstätig</td><td rowspan="3">Erwerbslos</td></tr>
<tr><td>Wehrpflicht / Zivildienst / Freiwilliges soziales Jahr</td></tr>
<tr><td>Nicht Erwerbstätig</td></tr>
</table>

Tabelle 2: Kodierung Mehrfachbeschäftigung im SOEP anhand subjektiven Beschäftigungsumfangs. Um den Anforderungen der jeweiligen Zeit gerecht zu werden, variieren die Antwortmöglichkeiten bezüglich der derzeitigen Erwerbstätigkeit im SOEP über die Erhebungsjahre hinweg

Quelle: Eigene Darstellung, in Anlehnung an TNS Infratest Sozialforschung (2012).

Das Beschäftigungsverhältnis einer Person in Lehre, betrieblicher Ausbildung oder Umschulung ist klar der Erzielung eines Einkommens bzw. dem beruflichen Einstieg verortet. Allerdings weichen diese Personen in einigen wesentlichen Merkmalen, wie Einkommenshöhe und Kündigungsschutz weitreichend von ausgelernten Fachkräften ab. Für die Einordnung zur Erwerbstätigkeit ist dies zwar weniger ausschlaggebend, kann jedoch die späteren Analysen zur Einkommenssituation der Mehrfachbeschäftigten beeinflussen, sofern deren Nebenbeschäftigungswahrscheinlichkeit signifikant von anderen Beschäftigungstypen abweicht. Ein ähnliches Problem stellt sich bei Nebentätigkeiten im familiären Betrieb, da nicht eindeutig zu bestimmen ist, ob hierbei tatsächlich der Erwerbszweck im Vordergrund steht, oder nicht vielmehr familiäres Pflichtbewusstsein ausschlaggebend ist. Bei diesen Betätigungen kann ebenfalls vermutet werden, dass die Löhne deutlich von denen vergleichbarer nicht-familiärer Angestellter abweichen. Um diesen möglichen Verzerrungen für spätere Analysen vorzubeugen und die Ergebnisse dieser Gruppen speziell bei Einkommensdaten gesondert ausweisen zu können, werden diese daher als Mehrfachbeschäftigung im weiteren Sinne deklariert (siehe hellgrüne Markierung, Tabelle 2).

Die weiteren in der Fragestellung vorgegeben Kategorien treffen nur auf einen kleinen Teil der Studienteilnehmer zu, weshalb deren tatsächliche Zuordnung nur eine geringe Auswirkung auf die Zahl der Mehrfachbeschäftigten und weitere Analyse hat. Der Vollständigkeit wegen, wird deren Einordnung dennoch nachfolgend wiedergegeben. Zu diesen gehören etwa die Arbeitnehmer, welche die zeitweise gültigen gesetzlichen Regelungen zur Altersteilzeit für den Übergang in den Ruhestand nutzen und sich in der sogenannten Freistellungsphase befinden. In dieser Phase nehmen diese jedoch nicht mehr aktiv am Erwerbsleben teil und können daher mit Rentnern bzw. Pensionäre gleichgesetzt werden. Ihre Zuordnung zu den Erwerbstätigen erscheint insbesondere bei Kalkulationen anhand der Arbeitszeit problembehaftet. Auch die inzwischen abgeschaffte Wehrpflicht und der Zivildienst beinhalten keinen klassischen Erwerbszweck und bei Tätigkeiten in diesen handelte es sich nicht um freiwillige Tätigkeiten, sondern vielmehr um staatlich verordnete Beschäftigung im Niedriglohnsektor. Weder waren diese Beschäftigungsverhältnisse auf Dauer angelegt noch können sie als Einstieg in das Berufsleben angesehen werden und werden folglich in der weiteren Analyse der Nicht-Erwerbstätigkeit zugeordnet. Darüber hinaus werden die in einzelnen Wellen erhobenen Antwortkategorien „Mutterschutz/Erziehungsurlaub" (bis 1998 erhoben) und „Werkstatt für Behinderte" (ab 1998 bis 2012 erhoben) den Nicht-Erwerbstätigen zugeordnet, da auch hierbei die Stundenzahl und die Bezahlung zu Verzerrungen führen könnte. Bei den bis ins Jahr 1995 erhobenen Kategorien „Derzeit in Kurzarbeit" und „Teilzeit, Kurzarbeit" handelt es sich dagegen um eine Erwerbstätigkeit, wenngleich deren Umfang durch externe Faktoren eingeschränkt wurde. Die bisherigen Ausführungen könnten analog auf Mehrfachbeschäftigungen mit mehr als einer Nebenerwerbstätigkeit übertragen werden, welche durch die Mehrfachnennung in der Frage zu Nebentätigkeiten prinzipiell erfassbar sind. Zwischen den Jahren 1992 und 1999 traf dies jedoch auf maximal 3% der Mehrfachbeschäftigten zu, und nach dem Jahr 2000 sind diese Erwerbskombinationen im SOEP überhaupt nicht länger zu beobachten bzw. nur im niedrigen Nachkomma-Bereich festzustellen. Über deren tatsächliche Verbreitung lassen sich daraus allerdings nur eingeschränkte Rückschlüsse gewinnen, insofern als das Fragebogen-Design diese nicht optimal erfassen könnte. Die anhand der Fragen zur nebenberuflichen Tätigkeit abdeckbaren Kombinationen sind auf die drei angegebenen Antwortmöglichkeiten begrenzt, lassen aber keine Doppelungen einer Beschäftigungsform zu, beispielsweise zwei gelegentlich ausgeübte Nebentätigkeiten. In der weiteren Untersuchung werden diese daher zwar als Mehrfachbeschäftigte erfasst, allerdings nicht gesondert ausgewiesen.

4.2.2. Mehrfachbeschäftigung im SOEP anhand Aktuellem Einkommen

Die im vorherigen Abschnitt vorgestellte Bestimmung der Mehrfachbeschäftigung beruht im Wesentlichen auf der Selbsteinschätzung der Befragten zur eigenen Erwerbssituation. Anhand der angegebenen Erwerbsformen wurde ein Erwerbszweck abgeleitet, ob allerdings tatsächlich ein Einkommen in beiden Beschäftigungen erzielt wird, blieb dabei offen. Das Vorliegen eines Einkommens ist allerdings unabdingbar, da sonst die Einstufung als mehrfachbeschäftigt aufgrund mehrerer Erwerbstätigkeiten mit Erwerbszweck nicht mehr gegeben ist.[206] Das Sozio-oekonomische Panel enthält allerdings jährlich sowohl zur Haupt- als auch Nebenerwerbstätigkeit Angaben über deren Einkommensbezug. In der konkreten Fragestellung werden sämtliche Studienteilnehmer des SOEP nach ihrem Arbeitsverdienst, sowohl als Brutto- als auch Nettoangabe, im letzten Monat gefragt (siehe Abbildung 7, oben).

102. Wie hoch war Ihr Arbeitsverdienst im letzten Monat?

☞ *Wenn Sie im letzten Monat Sonderzahlungen hatten, z.B. Urlaubsgeld oder Nachzahlungen, rechnen Sie diese bitte **nicht** mit. Entgelt für Überstunden rechnen Sie dagegen mit.*

☞ *Falls Sie selbständig sind: Bitte schätzen Sie Ihren monatlichen Gewinn vor und nach Steuern.*

Bitte geben Sie nach Möglichkeit beides an:

- den Bruttoverdienst, das heißt Lohn oder Gehalt vor Abzug der Steuern und Sozialversicherung
- und den Nettoverdienst, das heißt den Betrag nach Abzug von Steuern und Beiträgen zur Renten-, Arbeitslosen- und Krankenversicherung.

Der Arbeitsverdienst betrug: brutto ______ EURO

netto ______ EURO

113. Wie hoch war Ihr Bruttoverdienst aus dieser Tätigkeit im letzten Monat?

______ EURO

Abbildung 7: Auszug SOEP-Personenfragebogen 2015 –Arbeitsverdienst Haupt- und Nebeneinkommen im letzten Monat

Quelle: TNS Infratest Sozialforschung (2015a:21 und 23).

Ein expliziter Hinweis, dass hierbei auf die Haupterwerbstätigkeit abgezielt wird, fehlt in der Fragestellung zwar, die Positionierung der Frage lässt jedoch

206 Siehe Abschnitt 2.1.

einen Rückschluss auf diese zu. Zum einen folgt diese dem Fragekomplex zu weiteren Merkmalen der, wie bereits im vorherigen Abschnitt dargelegt, wahrscheinlich als Haupterwerb anzusehenden Erwerbstätigkeit. Zum anderen wird im unmittelbar folgenden Abschnitt um Angaben zur Ausübung einer Nebenberuflichen Tätigkeit gebeten, zu der nur wenige Fragen später ebenfalls Angaben über das hierbei erzielte Einkommen gemacht werden sollen. Die Höhe des Nebenerwerbs wird nur als Bruttowert erfasst und nur von Personen erfragt, die zuvor angegeben hatten einer Nebentätigkeit nachzugehen (siehe Abbildung 7, unten). Des Weiteren wird im nachfolgenden Abschnitt des Fragebogens auch die zeitliche Verteilung der Nebentätigkeit auf durchschnittliche Tage im Monat, Stunden pro Tag und Monate im Jahr erfasst, womit eine Unterscheidung nach der tatsächlichen objektiven Regelmäßigkeit möglich wäre. Eine Definition ausschließlich anhand des doppelten Einkommensbezugs und ohne eine Berücksichtigung dessen Höhe oder Regelmäßigkeit kann im Vergleich zur vorherigen Selbsteinstufung sowohl als restriktiver als auch weitläufiger angesehen werden. Die vorherigen Personengruppen mit unterstelltem fehlendem Erwerbszweck, wie Zivildienstleistende oder Personen in Altersteilzeit, werden bei entsprechenden Einkommensbezügen zusätzlich als Mehrfachbeschäftigte definiert. Ebenso entfällt zunächst eine Unterteilung nach der vorgenommenen weiten und engen Definition, die jedoch mittels einer Verknüpfung der Konzeptionen gewährleistet werden kann, um etwa bestimmte Beschäftigungsformen trotz Einkommensbezugs aus der Analyse auszuschließen bzw. um die Auswirkungen, die durch einen Einbezug von bestimmten Gruppen entstehen, aufzeigen zu können. Umgekehrt entfallen Beschäftigungskombinationen, für die in mindestens einer der beiden Arbeitsverhältnisse keine Einkommensangaben getätigt wurden. Im Gegensatz zur breit formulierten Erfassung der Nebenerwerbstätigkeit nach Selbstauskunft beinhaltet die Fragestellung zum Einkommen des Nebenberufes mit der Angabe „im letzten Monat" einen fixen Referenzzeitpunkt, der bei unregelmäßig anfallenden Nebeneinkünften restriktiv auf die Zahl der Mehrfachbeschäftigten wirken könnte. Um zumindest die Auswirkung von fehlenden Einkommensangaben zu minimieren, werden für die konkrete Operationalisierung nicht die Rohergebnisse der Befragung verwendet, sondern die vom SOEP-Team des DIW Berlin auf Basis der Originaldaten generierten Einkommensdaten.[207] Die beiden hierzu verwendeten Variablen beruhen auf den in Abbildung 7 dargestellten Originalfragen des SOEP, wurden jedoch für

207 Vgl. SOEP Group (2013).

eine kontinuierliche Zeitreihen-Betrachtung in Euro aufbereitet und um fehlende Angaben imputiert.[208] Dieses Imputationsverfahren wird dabei in einem Zwei-Schritte-Verfahren durchgeführt. In diesem werden zum einen die „*row-and-column*"-Methode unter Zuhilfenahme individueller Längsschnittsangaben als auch Zeitreihenangaben aus der Querschnittsbefragung angewendet.[209] Eine Verwendung dieser aufbereiteten Variablen wirkt daher der besonders bei sensiblen Einkommensdaten zu beobachtenden Ausfallwahrscheinlichkeit von Fragebogenangaben entgegen. Eine Mehrfachbeschäftigung wird demnach dadurch definiert, dass sowohl das generierte Brutto-Monatseinkommen im Haupterwerb als auch das Brutto-Monatseinkommen im Nebenerwerb einen Wert größer als Null annimmt.

4.2.3. Mehrfachbeschäftigung im SOEP anhand Vorjahres-Einkommen

Der Großteil, der für das Sozio-oekonomische Panel durchgeführten Interviewbefragungen wird im ersten Quartal eines Jahres durchgeführt.[210] Mit diesem Schwerpunkt im Erhebungsdesign geht die Gefahr einher, dass die beiden zuvor erläuterten Operationalisierungskonzepte unregelmäßige oder erst im späteren Verlauf eines Jahres aufgenommene Mehrfachbeschäftigungen nicht vollständig erfassen könnten. Dies kann insbesondere für bestimmte Wirtschaftsbereiche mit saisonalen Beschäftigungsschwankungen wie dem Gastgewerbe, der Tourismusbranche oder der Landwirtschaft zu fehlerhaften Ergebnissen führen. Im umgekehrten Fall von einer zum Befragungszeitpunkt geplanten, aber im Verlaufe des Jahres doch nicht tatsächlich realisierten Nebenbeschäftigung können die Messwerte von der tatsächlichen Zahl der Mehrfachbeschäftigungsverhältnisse ebenfalls abweichen. Das SOEP verfügt allerdings mit den Angaben zu Einkommensbezügen des Vorjahres über eine dritte Alternative zur Erfassung von Mehrfachbeschäftigung, mit der diese Problematik umgangen werden könnte. In der bisherigen Forschungsliteratur zu diesem Themengebiet fand diese Möglichkeit bislang keine Anwendung, stattdessen beruhen die Untersuchungen vorrangig auf der Operationalisierung anhand der Selbsteinstufung.[211]

---

208 Vgl. SOEP Group (2013:58) zum Brutto-Haupteinkommen sowie SOEP Group (2013:62) zur Variable Bruttoeinkommen aus dem Nebenerwerb.

209 Vgl. Frick/Grabka (2005).

210 (siehe Abbildung 9 in Abschnitt 4.1).

211 Vgl. Schmidt/Voss (2014); Heineck (2009); Schwarze (1991).

85. Wir haben bereits nach Ihrem derzeitigen Einkommen gefragt.
Bitte geben Sie noch ergänzend an, welche Einkommensarten Sie im vergangenen Kalenderjahr 2013 bezogen haben, sei es durchgehend das ganze Jahr oder nur in einzelnen Monaten.
Sehen Sie dazu bitte die Liste der Einkünfte durch und kreuzen Sie alle zutreffenden an.

Für alle zutreffenden Einkommensarten geben Sie dann bitte an, wie viele Monate im Jahr 2013 Sie dieses Einkommen bezogen haben und wie hoch im Durchschnitt der monatliche Betrag war.

(Gemeint ist der Bruttobetrag, also vor Abzug eventueller Steuern und Sozialversicherungsbeiträge)

☞ *Bitte beantworten Sie zuerst alle Fragen auf dieser Seite und, falls zutreffend, erst danach die Zusatzfragen.*

Einkünfte	Bezogen in 2013	Monate in 2013	Bruttobetrag pro Monat in Euro	
Lohn / Gehalt als Arbeitnehmer (*einschl. Ausbildungsvergütung, Altersteilzeitbezüge, Lohnfortzahlung*)	☐			➡ *Zusatzfragen 86 - 87*
Einkommen aus selbständiger / freiberuflicher Tätigkeit	☐			
Einkommen aus Nebenerwerbstätigkeit, Nebenverdienst	☐			

ABBILDUNG 8: AUSZUG SOEP-PERSONENFRAGEBOGEN 2014 – VORJAHRES-EINKOMMEN IM JAHR 2013

Quelle: TNS Infratest Sozialforschung (2015a:24).

Die darüber hinaus in den Regressionsanalysen einbezogenen Variablen Haupt- und Nebenerwerbseinkommen führen zu einem Ausschluss von Personen mit fehlenden Einkommensdaten und einer Angleichung an die Definition von Mehrfachbeschäftigung nach dem Vormonats-Einkommenskonzept. Die Überlegungen zum Einkommensbezug aus zwei Erwerbstätigkeiten auf monatlicher Basis lassen sich auf die ebenfalls in jeder SOEP Befragungswelle enthaltenen Angaben zu den Einkünften des Vorjahres übertragen. In diesem Fragekomplex wird eine Liste möglicher Einkommens-Bezugsquellen vorgegeben, die neben Einkünften aus Erwerbstätigkeit auch weitere Einkommensarten berücksichtigt, wie Renten, Arbeitslosengeld, Stipendien oder Unterhaltszahlungen. Die Einkommensarten aus Erwerbstätigkeit sind unterteilt in die drei Kategorien: Bezug von „Lohn/Gehalt", „Einkommen aus selbständiger/freiberuflicher Tätigkeit" und „Einkommen aus Nebenerwerbtätigkeit/Nebenverdienste" (vgl. Abbildung 8). Zusätzlich wird der durchschnittliche Bruttobetrag und die Anzahl der Monate mit Einkommensbezug aus dieser Tätigkeit erhoben. Der Definition von Mehrfachbeschäftigung als Einkommen aus mindestens zwei Erwerbstätigkeiten folgend, lässt sich anhand dieser Angaben eine weitere Kodierungsmatrix bilden (vgl. Tabelle 3), der zufolge bei vier möglichen Kombinationen die Klassifikation als „mehrfachbeschäftigt" erfolgt. Bei Bezug von nur einer Einkommensart wird die Person als „einfachbeschäftigt" klassifiziert, mit Ausnahme von ausschließlichem Einkommen aus einem Nebenerwerb, der aufgrund der Formulierung im Sinne der in Abschnitt 2.1 getroffenen Definition zur Einstufung als „nebenerwerbstätig" (im engeren Sinne) führt. Die Abwesenheit jeglicher Einkommensbezüge aus Erwerbsarbeit wird des Weiteren als „Erwerbslosigkeit" definiert.

	Einkommensarten (✓= Zutreffend, ✗ = Nicht zutreffend)			***Klassifizierung***
	Lohn/ Gehalt als Arbeitnehmer	***Selbstständigkeit / freiberufliche Tätigkeit***	***Nebenerwerb / Nebentätigkeit***	
Im Vorjahr bezogen?	✓	✗	✗	***Einfachbeschäftigt / Haupterwerbstätig***
	✗	✓	✗	
	✓	✓	✗	***Mehrfachbeschäftigt***
	✗	✓	✓	
	✓	✗	✓	
	✓	✓	✓	
	✗	✗	✓	***Nebenerwerbstätig***
	✗	✗	✗	***Erwerbslos***

Tabelle 3: Alternative Kodierung Mehrfachbeschäftigung im SOEP anhand Vorjahreseinkommensarten.
Quelle: Eigene Darstellung in Anlehnung an TNS Infratest Sozialforschung (2015a).

Wie bereits bei der Operationalisierung von Mehrfachbeschäftigung anhand des Vormonatseinkommens dargestellt, stellt das DIW Berlin für das Vorjahreseinkommen ebenfalls aufbereitete Einkommensdaten bereit, die anstelle der Rohdaten verwendet werden können. Diese stellen den deutschen Beitrag der für internationale Vergleichswecke von Einkommensdaten aufbereiteten Cross-National-Equivalent-File (CNEF) dar. Die ursprünglichen Rohdaten des SOEP werden hierfür unter anderem auf Plausibilität überprüft, die Einkommensangaben für eine kontinuierliche Zeitreihenbetrachtung auf EURO harmonisiert und fehlende Angaben durch ein aufwendiges Imputationsverfahren aufbereitet. Die dabei überwiegend verwendete Imputationstechnik basiert auch hier auf der „*row and column imputation procedure*", bei fehlenden Längsschnittdaten werden jedoch ausschließlich Querschnitts-Imputationsverfahren angewendet.[212]. Beispielsweise werden bei fehlende Angaben zu der Anzahl der Monate, in denen

212 Vgl. Grabka (2013:141f).

ein Einkommen erwirtschaftet wurde, als Imputationsschritt das arithmetische Mittel der Stichprobe als Wert unterstellt, um eine Berechnung als Jahreseinkommen durchführen zu können.[213] Diese Verfahren zur Bearbeitung des Originaldatenmaterials sind insofern notwendig, als gerade die Verwendung von Einkommensangaben dem Problem unterliegt, dass aufgrund deren Sensibilität bestimmte Personengruppen eine höhere Anzahl fehlender Werte aufweisen. Im Weiteren werden nur Mehrfachbeschäftigungsverhältnisse ausgewiesen, für die Vorjahreswerte zum Einkommensbezug mit einem Wert größer als Null Euro vorliegen, während das zeitliche Ausmaß und die Einkommenshöhe darüber hinaus zunächst nicht berücksichtigt werden. Die differenzierte Erfassung weiterer Einkommensarten neben der Erwerbstätigkeit führt dazu, dass bestimmte Gruppen nicht als mehrfachbeschäftigt deklariert werden, wie zum Beispiel Rentner/Pensionäre, Erziehungsgeld-/Mutterschaftsgeldbezieher oder Zivil- / Wehrdienstleistende.[214] Das Einkommen von Auszubildenden und Personen mit Altersteilzeitsbezügen wird hingegen als Einkommen aus Lohn oder Gehalt erfasst und führt bei entsprechendem weiteren Erwerbseinkommen zur Klassifikation als mehrfachbeschäftigt. Das Panel-Design des SOEP erlaubt prinzipiell durch die Kombination mit weiteren Erhebungsmerkmalen diese und andere Personengruppen auszufiltern, allerdings mit der Gefahr einer Reduktion der Stichprobe bei Panel-Ausfällen bzw. Inkonsistenzen aufgrund des Vorjahrsbezuges. Diese Thematik wird im späteren Verlauf dieser Arbeit noch ausführlicher beschrieben und daher an dieser Stelle nicht weiter vertieft. Für die weiter folgenden Analysen wird zur Anzahl von Mehrfachbeschäftigten nach der Vorjahreseinkommens-Definition hingegen keine weitere Filterung vorgenommen.

4.3. Die gesetzlichen Rahmenbedingungen der nebenberuflichen geringfügigen Beschäftigung

Die Entwicklung der Mehrfachbeschäftigung in Deutschland anhand der Auswertungen des Sozio-oekonomischen Panels lassen sich am besten mit Hilfe der im Zeitverlauf veränderten gesetzlichen Rahmenbedingungen nachzeichnen. Insbesondere von Bedeutung ist hierbei der Einfluss der Steuer- und Sozialversicherungspflicht der nebenberuflichen geringfügigen Beschäftigung, welche den Großteil der Mehrfachbeschäftigung darstellt. Diese unterlag im gewählten

213 Vgl. Grabka (2013:96f).

214 Vorausgesetzt diese beziehen neben ihrer Haupteinkunft (z.B. Rente) nicht noch zusätzlich Einkünfte aus zwei Arten der Erwerbstätigkeit. In diesem Fall werden diese richtigerweise als Mehrfachbeschäftigte erfasst.

Untersuchungszeitraum jeweils im April der Jahre 1999 und 2003 entscheidenden Änderungen, woraus sich eine Aufteilung der gesetzlichen Rahmenbedingungen in die drei Phasen ableiten lässt. Die erste Phase erstreckt sich demnach bis März 1999, gefolgt von der zweiten Phase von April des Jahres 1999 bis März 2003 und der dritten Phase beginnend im April 2003 bis zum vorläufigen Ende des betrachteten Zeitraums im Jahr 2015.

In Phase I des Untersuchungszeitraums waren Einkommen aus der geringfügigen Nebenbeschäftigung unter bestimmten Umständen sozialversicherungsfrei,[215] vorausgesetzt, dass die Tätigkeit weniger als 15 Stunden pro Woche ausgeübt wurde und der Verdienst aus der gB die festgelegte Zuverdienstgrenze nicht überschritt. Die Einkünfte aus der Nebentätigkeit waren weitgehend unabhängig von der beruflichen Stellung im Haupterwerb,[216] zu einer Zusammenrechnung der Einkommen kam es nur, wenn mehrere gB parallel ausgeübt wurden. Die Zuverdienstgrenze wurde jährlich angepasst in Abhängigkeit der Entwicklung des Durchschnittsentgelts der gesetzlichen Rentenversicherung[217] und für Ost- und Westdeutschland getrennt ermittelt. Damit ergaben sich die in Tabelle 4 dargestellten maximalen Zuverdienst-Möglichkeiten, die aufgrund des unterschiedlichen allgemeinen Lohnniveaus in Westdeutschland generell höher ausfielen als im Osten. Im Jahr 1998 konnten beispielsweise 620 DM (317 Euro) im Westen abgabenfrei hinzuverdient werden, gegenüber nur 520 DM (266 Euro) im Osten Deutschlands. Von diesen fixen Grenzen konnte durch die weitere Regelung, dass der Verdienst der geringfügigen Nebenbeschäftigung bis zu ein Sechstel des Gesamteinkommens betragen durfte, nach oben abgewichen werden.[218] Im Speziellen für Personen mit weiteren Beschäftigungsverhältnissen nahm hierdurch „die sozialversicherungsfreie Nebenverdienstmöglichkeit mit steigendem Einkommen in der Haupterwerbstätigkeit zu“.[219] Während ein Großteil der gB daher frei von Sozialabgaben gewesen sein dürfte, unterlagen diese Nebentätigkeiten hingegen der Einkommenssteuer, die entweder in Form einer 20-prozentigen Pauschalsteuer (zzgl. Solidaritätszuschlag) vom Arbeitgebers direkt abgeführt wurde, oder separat durch Nutzung einer Lohnsteuerkarte.[220]

---

215 Vgl. Schmidt/Voss (2014:38).

216 Vgl. Schwarze/Heineck (1997:408f).

217 Genauer errechnete sich der maximale Zuverdienst als ein Siebtel der jährlich angepassten Bezugsgröße. Diese Bezugsgröße war das Durchschnittsentgelt der gesetzlichen Rentenversicherung im vorvergangenen Kalenderjahr, aufgerundet auf den nächsthöheren, durch achthundertvierzig teilbaren Betrag (vgl. Rudolph (1998:3f)).

218 Vgl. Rudolph (1998:4); Schwarze (1997:409).

219 Schwarze (1999:663).

220 Vgl. Schwarze (1999:661).

Ersteres dürfte insbesondere für geringfügige Nebentätigkeiten vorteilhafter gewesen sein,[221] und kam nach Auskünften von Finanzbehörden in den meisten Fällen auch zur Anwendung.[222]

Jahr (Gültig ab jeweils 1. Januar)	Westdeutschland	Ostdeutschland
1992	500 DM / 256 €	300 DM / 153 €
1993	530 DM / 271 €	390 DM / 199 €
1994	560 DM / 286 €	440 DM / 225 €
1995	580 DM / 297 €	470 DM / 240 €
1996	590 DM / 302 €	500 DM / 256 €
1997	610 DM / 312 €	520 DM / 266 €
1998	620 DM / 317 €	520 DM / 266 €

1 € = 1,95583 DM. Vgl. Deutsche Bundesbank (o.D.).

Tabelle 4: Monatliche Geringfügigkeitsgrenzen in der Sozialversicherung in den Jahren 1992 bis 1998
Quelle: Rudolph (1998:5).

Nach einer Untersuchung von Schwarze (1999) wurde diese eigentlich vom Unternehmen zu tragende Pauschalbesteuerung allerdings überwiegend über ein niedrigeres Lohnniveau auf die geringfügig Beschäftigten abgewälzt.[223] Ab April des Jahres 1999 wurde diese Gesetzgebung mit dem Ziel geändert, die Finanzierung der sozialen Sicherungssysteme durch die Einbeziehung von bezahlten Nebentätigkeiten auf eine breitere Basis zu stellen.[224] Fortan wurde bei hauptberuflich sozialversicherungspflichtig Beschäftigten das Zusatzeinkommen der geringfügigen Nebenbeschäftigung vollumfänglich in die Beitragspflicht zur Sozialversicherung einbezogen. Lediglich die Regelungen zur Lohnsteuer wurden beibehalten.[225] Der Umfang der maximalen Arbeitszeit in einer geringfügigen Nebentätigkeit wurde bei unter 15 Wochenstunden belassen. Die jährliche Anpassung der Zuverdienstgrenze sowie deren Differenzierung nach Ost und West wurde aufgegeben zugunsten einer fixen bundeseinheitlichen Grenze von 630 DM (ab Dezember des Jahres 2001: 325 Euro).[226] Diese striktere Handhabung

221 Vgl. Rudolph (1998:5f).
222 Vgl. Schwarze (1998:215).
223 Vgl. Schwarze (1998:224).
224 Vgl. Schwarze (1997:406).
225 Vgl. Schwarze (1999:662).
226 Vgl. Schupp/Birkner (2004:488).

geringfügiger Nebenbeschäftigung führte zu einem deutlichen Rückgang der Nebentätigkeit.[227]

Im April des Jahres 2003 kam es im Zuge der Hartz-Reformen zu einer erneuten Überarbeitung der Regulierung und deutlichen Vereinfachung der geringfügigen Beschäftigung. Hervorzuheben ist hierbei neben der Aufhebung der maximalen Wochenarbeitszeit und der Wiedereinführung der Sozialversicherungsfreiheit für die erste zusätzliche Nebenerwerbstätigkeit, insbesondere auch die Ausweitung der Zuverdienstgrenze. Die umgangssprachlich auch als „Minijob" bezeichnete geringfügige Beschäftigung kann nunmehr in den zwei, in ihren Anforderungskriterien sich deutlich unterscheidenden, Formen geringfügig entlohnte (geB) oder kurzfristige Beschäftigung (kfB) ausgeübt werden kann.[228] Eine geringfügig entlohnte Beschäftigung wird entsprechend den Bestimmungen des SGB IV definiert, d.h. wenn das Arbeitsentgelt aus dieser Beschäftigung regelmäßig im Monat die Geringfügigkeitsgrenze nicht überschreitet.[229] Diese wurde von der bis dahin gültigen Begrenzung auf 325 Euro bis Ende des Jahres 2012 zunächst auf 400 Euro ausgeweitet[230] und mit der Begründung des Inflationsausgleichs und zur Erhöhung der Rentenanwartschaften in einem weiteren Schritt ab 2013 auf 450 Euro[231] erhöht. Die optionale Befreiungsoption von der dabei miteingeführten Beitragspflicht des Arbeitnehmers in die Rentenversicherung (in Höhe der Differenz des Arbeitgeberanteils zum vollen Rentenbeitragssatz)[232] für neuaufgenommene Minijobs bzw. bei bestehenden Beschäftigungen, begrenzt auf den Zuverdienst über 400 Euro, wird aber von der Mehrheit der Beschäftigten wahrgenommen.[233] Die Verdienstgrenze stellt allerdings keinen unumstößlichen Maximalwert dar, sondern kann sofern „gelegentlich" und „nicht vorhersehbar" überschritten werden, ohne die Kriterien für eine Mehrfachbeschäftigung zu gefährden.[234] Darüber hinaus werden steuerfreie zusätzliche Einnahmen, wie Sonn-, Feiertags- und Nachtarbeitszuschläge im Gegensatz zu Sonderzahlungen, wie Urlaubs- oder Weihnachtsgeld nicht dem

227 Vgl. Rudolph (2003:3).
228 Vgl. Bundesagentur für Arbeit, Statistik (Hrsg.) (2017c:7).
229 Vgl. § 8 (1) SGB IV.
230 Vgl. Rudolph (2003:2).
231 Vgl. Klinger/Weber (2017:10).
232 Vgl. Minijob-Zentrale (2018).
233 Vgl. Klinger/Weber (2017:10).
234 Vgl. Minijob-Zentrale (2016.). Laut dieser ist als „gelegentlich" ein Zeitraum von bis zu drei Monaten innerhalb eines Zeitjahres anzusehen (bis 31. Dezember 2014, sowie ab 1. Januar 2019: zwei Monate).

regelmäßigen Verdienst hinzugezählt, führen also nicht zur Überschreitung der Geringfügigkeitsgrenze.[235] Die Versicherungsfreiheit der kurzfristigen Beschäftigung (kfB) unterliegt hingegen prinzipiell keiner Einkommensgrenze,[236] ist jedoch zeitlich begrenzt auf entweder maximal zwei Monate oder bis zu 50 Arbeitstage im Kalenderjahr und darf nicht berufsmäßig ausgeübt werden, um die Zuverdienstgrenze nicht zu übersteigen.[237] Die zeitliche Begrenzung muss dabei entweder aufgrund der Eigenart der Tätigkeit gegeben sein oder im Voraus vertraglich festgeschrieben sein.[238] Im Jahr 2015 wurde diese Richtlinie zeitlich befristet bis Ende des Jahres 2018 auf drei Monate bzw. 70 Tage ausgeweitet.[239] Die Arbeitstage können dabei auch auf mehrere kurzfristige Minijobs in einem Kalenderjahr verteilt werden.[240]

Der Hinzuverdienst in einer geringfügigen Nebenbeschäftigung neben dem Haupterwerb gewann durch die Reform im Jahr 2003 sowohl für sozialversicherungspflichtig Beschäftigte als auch Selbstständige deutlich an Attraktivität, da im Normalfall der Bruttoverdienst der Nebentätigkeit dem Nettoverdienst gleichgesetzt werden kann.[241] Abweichungen hiervon ergeben sich bei der Ausübung von mehr als einer geringfügig entlohnten Beschäftigung. Ohne versicherungspflichtige Hauptbeschäftigung können mehrere geB ausgeübt werden, sofern das kumulierte Gesamteinkommen die Geringfügigkeitsgrenze nicht übersteigt.[242] Bei Überschreitung der Zuverdienstgrenze besteht für alle Tätigkeiten Sozialversicherungspflicht. Handelt es sich bei dem Hauptberuf bereits um eine sozialversicherungspflichtige Beschäftigung kann maximal eine geB unterhalb

235 Vgl. Minijob-Zentrale (2017c).

236 Vgl. Bundesagentur für Arbeit et. al (Hrsg.) (2014:2).

237 Vgl. § 8 (2) SGB IV. Berufsmäßig wird eine Beschäftigung dann ausgeübt, wenn sie nicht von untergeordneter wirtschaftlicher Bedeutung ist, also nicht allein den Lebensunterhalt sichert. (Vgl. Finanzamt Bayern (o.D.)).

238 Vgl. Bundesagentur für Arbeit et al. (Hrsg.) (2014:7); § 8 (2) SGB IV.

239 Vgl. Bundesagentur für Arbeit et al. (Hrsg.) (2014:1).

240 Vgl. Minijob-Zentrale (2017b). Sofern die Arbeitseinsätze dabei keinen vollen Kalendermonat andauern, dürfen sie zusammen nicht mehr als 90 Kalendertage betragen.

241 Vgl. u.a. Hirschenauer/Wießner (2006:2); Rudolph (2003:3). Abweichungen zwischen Netto- und Bruttoeinkommen können entstehen, sofern die 2% Pauschalbesteuerung arbeitsvertraglich dem Arbeitnehmer angelastet wird bzw. bei alternativer Besteuerung auf Basis der individuellen Lohnsteuerkarte (Vgl. § 40a EStG). Seit dem Jahr 2013 besteht zudem für Arbeitnehmer im Minijob Rentenversicherungspflicht, von der sich diese allerdings auf Antrag befreien lassen können. (Vgl. Bundesagentur für Arbeit et al. (Hrsg.) (2014:2)).

242 Vgl. Minijob-Zentrale (2017a).

der Geringfügigkeitsgrenze abgabenfrei ausgeübt werden. Bei Aufnahme einer weiteren geB wird unabhängig vom Überschreiten der Zuverdienstgrenze, der Lohn der höher entlohnten Nebentätigkeit zum Hauptverdienst addiert und als Gesamteinkommen in entsprechender Höhe belastet.[243] Davon unberührt, d.h. zum Beispiel auch bei vorhandener SvB und nebenberuflicher geB, besteht die Möglichkeit, einmal im Kalenderjahr zusätzlich einer abgabenbefreiten kurzfristigen Beschäftigung nachzugehen.

Für den Arbeitgeber bedeutete die pauschale Abgabenbelastung von 25% (12% gesetzliche Rentenversicherung, 11% gesetzliche Krankenversicherung und, sofern nicht vom Arbeitnehmer getragen, eine 2% Pauschal-Steuer)[244] eine eigentlich höhere Belastung.[245] Der vom Arbeitgeber abzuführende Pauschalbetrag an Sozialabgaben und Steuern an die Minijob-Zentrale wurde seit Einführung des Minijobs mehrfach angepasst[246] und beträgt aktuell circa 31% des Bruttoeinkommens.[247] Demgegenüber steht allerdings die Kostenentlastung durch ein vereinfachtes Meldeverfahren mit der Knappschaft-Bahn-See als einzige und zentrale Stelle für die Annahme der Meldungen sowie für den Einzug der Beiträge zur Sozialversicherung und der einheitlichen Pauschalsteuer.[248] Darüber hinaus legen einige empirische Studien nahe, dass der Minijob von Arbeitgeberseite für weitere Einsparpotenziale durch die Zahlung niedrigerer Löhne und Lohnzusatzleistungen genutzt wird.[249] Beispielsweise wird Minijobbern, trotz arbeitsrechtlicher Gleichstellung, in geringerem Maße als sozialversicherungspflichtig Beschäftigten bezahlter Urlaub oder Lohnfortzahlungen im

243 Vgl. Minijob-Zentrale (2017a).

244 Vgl. Bundesagentur für Arbeit, Statistik (Hrsg.) (2007:6).

245 Auf die explizite Darstellung der Abweichungen für Minijobs im Privathaushalt wird hier verzichtet, da hierbei nur für Privat-Arbeitgeber abweichenden Regulierungen existieren. Zu diesen zählen insbesondere der reduziert Arbeitgeberbeitrag bei den Lohnnebenkosten und die steuerlichen Absetzbarkeit (vgl. Deutsche Rentenversicherung Knappschaft-Bahn-See (Hrsg.) (2018)). Daneben ist die Zahl der iNgB im Privathaushalt quantitativ eher unbedeutend. Diese belief sich im Juni 2003 auf lediglich 89.400 Personen und damit nur 3% der iNgB insgesamt (Vgl. Bundesagentur für Arbeit, Statistik (Hrsg.) (2018a: iNGB-Tabelle I)).

246 Vgl. Klinger/Weber (2017:10).

247 Vgl. Minijob-Zentrale (2018), Stand Januar 2018, inkl. Umlage zum Ausgleich für Arbeitgeberaufwendung bei Krankheit (U1) und Schwanger-/Mutterschaft (U2) und Insolvenzgeldumlage, exklusive Beitrag zur gesetzlichen Unfallversicherung.

248 Vgl. Fertig/Kluve (2006:100).

249 Vgl. etwa Wagner (2010); Wingerter (2009); Brehmer/Seifert (2008); Kalina/Weinkopf (2008); McGinnity/McManus (2007).

Krankheitsfall gewährt.[250] Unabhängig von der Bewertung kann mit Umsetzung der Minijob-Reform im Jahr 2003 neben einem generellen Anstieg der geringfügig entlohnten Beschäftigungsverhältnisse insbesondere bei der geringfügigen Nebenbeschäftigung ein deutlicher Zuwachs festgestellt werden.[251] Inwieweit sich diese Entwicklungen und insbesondere die beschriebenen gesetzlichen Änderungen zur geringfügigen Nebenbeschäftigung in den empirischen Daten widerspiegeln, ist Gegenstand der in den nachfolgenden Kapiteln auf Basis des SOEP sowie geeigneter Vergleichsdatenquellen durchgeführten empirischen Auswertungen.

4.4. Entwicklung der Mehrfachbeschäftigten auf Basis des SOEP

Diese schematische Aufteilung der Entwicklung der Mehrfachbeschäftigung entlang der veränderten gesetzlichen Rahmenbedingungen kann mit dem SOEP als zu Grunde liegender Datenbasis jedoch nur bedingt nachgebildet werden. So handelt es sich bei dem SOEP um eine jährliche Befragung, anhand derer unterjährige Untersuchungen nur begrenzt möglich sind. Die Auswirkung der wechselnden Arbeitsmarktgesetzgebung können damit nur auf Jahresbasis nachgezeichnet werden. Für eine Zuteilung der Jahre 1999 und 2003 zu einer bestimmten Phase der Entwicklung von Mehrfachbeschäftigung müssen somit Annahmen getroffen werden. In Folge des mit bereits im ersten Jahresquartal frühen Inkrafttretens der Arbeitsmarktreformen wäre die Annahme vertretbar, die Befragungsdaten dieser Jahre der nachfolgenden Phase zuzuweisen, d.h. im konkreten Beispiel die Zahl der Mehrfachbeschäftigten des Jahres 1999 der späteren Phase II bzw. die Zahl des Jahres 2003 der Phase III. Diese Vorgehensweise erscheint jedoch nur für die erst im Folgejahr erhobenen Daten mit Vorjahreseinkommensbezug in vertretbarem Maße gerechtfertigt. In dem hierbei erhobenen durchschnittlichen Monatseinkommen des Vorjahres[252] wird in den beiden betroffenen Jahren eine höhere Anzahl von Monaten nach Inkrafttreten der Gesetzesänderung erfasst. Dies gilt jedoch nicht für die Operationalisierung der Mehrfachbeschäftigung auf Basis der Vormonatsdaten, deren Bezugsmonat – und damit auch die Zuordnung zu einer Phase – abhängig vom Zeitpunkt der Interview-Durchführung ist. Um dies zu verdeutlichen, sind in Abbildung 9

---

250 Vgl. Stegmeier et al. (2015:1).

251 Vgl. Bundesagentur für Arbeit, Statistik (Hrsg.) (2007:16f).

252 Siehe Kapitel 4.2.3.

die Verteilung der durchgeführten Interview-Befragungen für das SOEP in den betreffenden Jahren 1999 und 2003 dargestellt, in denen sich die gesetzlichen Rahmenbedingungen der nebenberuflichen Mehrfachbeschäftigung geändert haben. In beiden Jahren wurde bereits vor der im April in Kraft tretenden Änderung der Gesetzeslage der Großteil der Befragungen durchgeführt. Im Jahr 1999 waren dies in den ersten drei Kalendermonaten circa 70% und im Jahr 2003 circa 73% aller Personen mit vollständigen Angaben zu Einkommen aus Haupt- und Nebenerwerb im Vormonat.[253] Daraus ergibt sich für die weitere Analyse auf Basis der Vormonatsdaten eine Zuteilung der Jahre bis einschließlich des Jahres 1999 zu Phase I, ab dem Jahr 2000 bis 2003 zu Phase II und beginnend mit dem Jahr 2004 bis 2015 zu Phase III. Abweichend davon muss aufgrund der höheren Anzahl von Kalendermonaten nach Inkrafttreten der Reformen bei Verwendung der Vorjahresdaten eine alternative Einteilung vorgenommen werden. Dieser zufolge besteht die Phase I aus den Werten der Bezugsjahre bis einschließlich des Jahres 1998, während die Jahre 1999 bis 2002 der Phase II und die Jahre ab 2003 bis 2014 der Phase III zugeordnet werden.

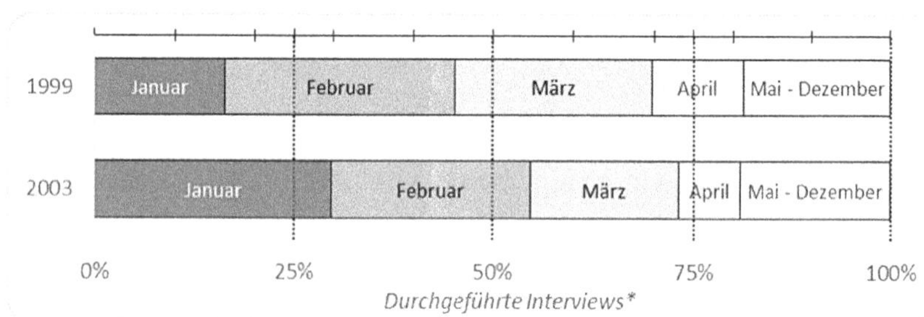

Abbildung 9: Durchgeführte Interview-Befragungen des SOEP in den Jahren 1999 und 2003

Quelle: Eigene Berechnungen, SOEP v32.1

*Grundgesamtheit: Personen mit vollständigen Angaben zu Vormonatseinkommen in Haupt- und Nebenerwerb

253 Bei unvollständigen Einkommensangaben kann gemäß dem dieser Arbeit zu Grunde liegenden Fokus auf bezahlte Erwerbstätigkeiten keine Zuteilung entsprechend der vier Gruppen erfolgen (vgl. Tabelle 3). Der Einbezug von Personen-Interviews mit unvollständigen Daten führt jedoch nicht zu einem abweichenden Bild hinsichtlich durchgeführter Befragungen im SOEP. Auch bei Betrachtung sämtlicher durchgeführter Interviews lässt sich eine Konzentration auf das erste Quartal eines Jahres feststellen (vgl. Gerstorf/Schupp (Hrsg.) (2016:34)).

Eine identische Einteilung der Phasen für beide Operationalisierungswege wäre zwar wünschenswert, kann jedoch nicht überzeugend durchgeführt werden. Für die nachfolgende jährliche Betrachtung der Anzahl der Mehrfachbeschäftigten hat dieses Vorgehen keine Auswirkungen. Die im späteren Verlauf dieser Arbeit anhand der Phasen gebildeten Durchschnittswerte zu Merkmalen von Einfach- und Mehrfachbeschäftigen, wie zum Beispiel der Armutsgefährdungsquote, sind hingegen von der Phaseneinteilung betroffen. Insofern als die Phasen I und III – im Vergleich zur alternativen Einteilung entsprechend der Vormonatsdaten – nur in jeweils entweder End- oder Anfangsjahr betroffen sind, wird nur ein begrenzter Effekt angenommen. Bei der sowohl in Anfangs- als auch Endjahr abweichenden Phase II sind hingegen Abweichungen im höheren Maße möglich. Aufgrund der dargelegten Gründe spiegelt nach Ansicht des Autors dieser Dissertation die gewählte Phaseneinteilung adäquater die gesetzlichen Rahmenbedingungen der gB wider, weshalb auf eine alternative Ausweisung der Ergebnisse – d.h. entsprechend der Phasen nach Vormonatsdaten – verzichtet wird. Stattdessen wird einer möglichen Verzerrung der Ergebnisse begegnet indem, neben den Durchschnittswerten der Phasen, zusätzlich der durchschnittliche Wert für den Gesamtuntersuchungszeitraum ausgewiesen wird.

In Verbindung mit den in den vorherigen Abschnitten beschriebenen drei Möglichkeiten Mehrfachbeschäftigungsverhältnisse im SOEP Datensatz zu identifizieren kann deren Entwicklung anhand dieser drei Phasen nachgezeichnet werden (siehe Abbildung 10). Der gewählte Untersuchungszeitraum erstreckt sich hierbei auf die Jahre 1992 bis 2015. Eine Operationalisierung anhand des Vormonatseinkommens (VM) kann jedoch erst ab dem Jahr 1995 geleistet werden, da die vorherigen Befragungswellen keine Angaben zum monatlichen Einkommensbezug im Nebenerwerb enthalten.[254] Zur besseren Vergleichbarkeit werden zudem die Berechnungswerte basierend auf den Vorjahreseinkommensbezügen (VJ) um ein Jahr versetzt abgetragen. In Folge der verwendeten Version v.32.1 des SOEP mit letzter enthaltener Erhebungswelle des Jahres 2015 ist damit nur bis ins Bezugsjahr 2014 ein Vorjahreseinkommen ausweisbar. Die dargestellten Werte beziehen sich für alle drei Konzeptionen auf die am breitesten gefasste Definition, d.h. der weiten Definition bei Selbsteinstufung sowie ohne Ausschluss bestimmter Gruppen bei Einkommensdaten. Anhand der gewählten Phaseneinteilung lässt sich in Abbildung 10 über den Zeitverlauf und unabhängig von der Bildungsweise der Variablen ein weitgehend ähnlicher Verlauf der Zahl der mehrfachbeschäftigten Erwerbstätigen erkennen.

254 Vgl. SOEP Group (2013:62).

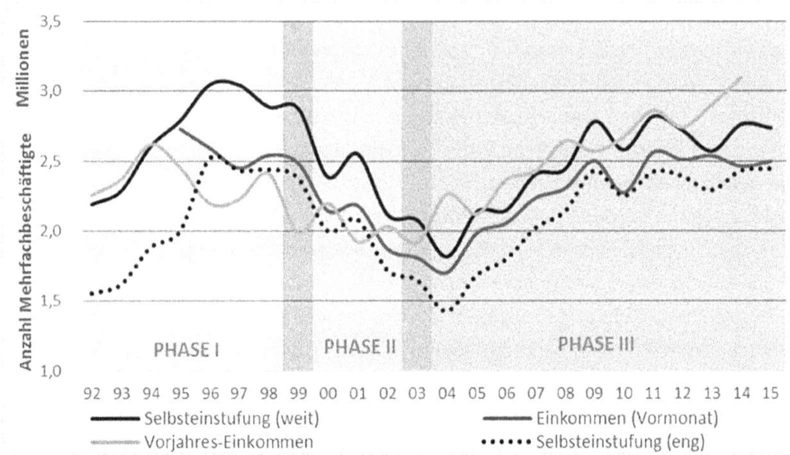

Abbildung 10: Mehrfachbeschäftigung im SOEP – 1992 bis 2015
Quelle: Eigene Berechnungen, SOEP v32.1, gewichtet

Aufgrund der abweichenden Phaseneinteilung nach Vormonats- und Vorjahresdaten sind die betreffenden Jahre 1999 und 2003 farblich hervorgehoben. Davon ungeachtet illustriert die Abbildung die Auswirkungen der veränderten Gesetzgebung zur Steuer- und Sozialabgabenfreiheit für nebenberuflich geringfügig Beschäftigte in den Jahren 1999 und 2003. Die Gleichstellung der bis dato vergleichsweise privilegierten Einkommen aus Nebenbeschäftigungsverhältnisse mit dem Haupteinkommen führte zu dem in Phase II zu verzeichnenden Rückgang der gesamten Mehrfachbeschäftigung. Folgerichtig gewannen Neben-Beschäftigungsformen durch die Wieder-Einführung der Steuer- und Sozialversicherungsabgabenfreiheit dieser Beschäftigungsformen im Jahr 2003 erneut an Attraktivität und resultierten in einer steigenden Zahl von Mehrfachbeschäftigungsverhältnissen insgesamt. In Phase III lässt sich ein weitgehend kontinuierlicher Anstieg nebenberuflicher Tätigkeit ausmachen, die losgelöst scheint von konjunkturellen Einflüssen oder externen Faktoren wie etwa der in den Jahren 2007 beginnenden Finanzkrise und der daraus folgenden Eurokrise ab 2009.

Die Interpretation insbesondere dieser Entwicklung wird etwa von Arbeitgeber- und Sozialverbänden unterschiedlich beurteilt und ist Gegenstand dieser Dissertation. So geht der Anstieg seit dem Jahr 2003 nach Schäfer (2017) vom eher arbeitgebernahen Institut der deutschen Wirtschaft (IW) auf den boomenden Arbeitsmarkt und die steuerliche Begünstigung von Nebenjobs zurück.

Der Deutsche Gewerkschaftsbund (2013) kritisiert den Zuwachs nebenberufliche Minijobber hingegen, da diese für Arbeitgeber äußerst flexible und billige Arbeitskräfte darstellen, denen oftmals Lohnfortzahlungen im Krankheitsfall oder Urlaub vorenthalten werden und insbesondere von weiblichen Teilzeitkräften aus Mangel an Vollzeitstellen ausgeübt werden. Als weitere, die Zunahme von Nebentätigkeiten begünstigende, Faktoren findet sich in der Literatur die generell hohe Aufnahmefähigkeit des Arbeitsmarktes aufgrund der wirtschaftlichen Entwicklung, das schwache Lohnwachstum gerade in den unteren Einkommensgruppen, die gestiegene Teilzeitquote sowie ein sektoraler Wandel zur Dienstleistungsgesellschaft, in der die Profilanforderungen und die Teilbarkeit der Tätigkeiten für Nebentätigkeiten eher gegeben sind als im Industriesektor.[255] Inwieweit sich diese Einflussfaktoren auch in den strukturellen und sozioökonomischen Unterschieden von Einfach- und Mehrfachbeschäftigten widerspiegeln wird detailliert in den deskriptiven Auswertungen dieser Arbeit dieser Arbeit untersucht (siehe Kapitel 6). Die in Abbildung 10 dem Rückgang nach Vormonatsdaten (im Vergleich zur Mehrfachbeschäftigtenzahl auf Vorjahresbasis) um ein Jahr zeitlich vorausgehende Reduktion kann als Hinweis für die Angemessenheit der divergierend gewählten Phaseneinteilung anhand der Operationalisierungskonzepte gesehen werden. Dabei ist allerdings zu beachten, dass die Arbeitsnachfrage neben dem Einfluss der gesetzlichen Rahmenbedingungen weiteren Faktoren, wie beispielsweise konjunkturellen als auch zufälligen Schwankungen, unterliegt. Nach derselben Logik führt der erst im Folgejahr der Reform des Jahres 2003 nach Vorjahresdaten zu beobachtende Anstieg der Anzahl der Mehrfachbeschäftigten nicht zur Ablehnung der Phaseneinteilung, sondern kann unter anderem auf eine mögliche zeitlich verzögerte Reaktion des Arbeitsmarktes zurückgeführt werden. Unabhängig von der Angemessenheit der konkreten Phaseneinteilung zeigt die tendenzielle Entwicklung der Mehrfachbeschäftigungsverhältnisse den Einfluss der veränderten gesetzlichen Rahmenbedingungen in nachvollziehbarem Maße auf.

Bei detaillierterer Betrachtung anhand der mittels des SOEP möglichen verschiedenen Operationalisierungskonzepte zeigen sich unterschiedliche Ergebnisse für die Zahl der Mehrfachbeschäftigungsverhältnisse. Insbesondere in Phase I wird eine deutliche Abweichung der Werte mittels des weit gefassten Konzepts von Mehrfachbeschäftigung nach Selbsteinstufung der Befragten (rote Linie) von den übrigen Erhebungsvarianten deutlich. Die größte Differenz zu den übrigen Auswertungen ergibt sich hierbei im Jahre 1995, in dem über 3

255 Vgl. Klinger/Weber (2017:9ff.).

Millionen Personen gleichzeitig mehr als einer Erwerbsarbeit nachgingen. Die restriktivere Definition von Mehrfachbeschäftigung nach Selbstauskunft im engeren Sinne (vgl. Tabelle 2) führt erwartungsgemäß zu einer Reduktion der erfassten Mehrfachbeschäftigungsverhältnisse. Dieser Rückgang geht zurück auf die nicht der Mehrfachbeschäftigung zugeordneten Erwerbskombinationen mit hauptberuflicher Tätigkeit als Auszubildender oder Lehrling sowie auf nebenberufliche Beschäftigungen im familiären Betrieb. Der Verlauf des Graphen entspricht dem der weitgefassten Konzeption auf niedrigerem Niveau. Über die Phasen reduziert sich der Abstand zwischen den Graphen nach weiterer und engerer Definition von Mehrfachbeschäftigung anhand der Selbsteinstufung der Befragten SOEP-Teilnehmer. Im Jahresdurchschnitt beläuft sich der Abstand auf circa 610.000 Personen in Phase I, gegenüber noch etwa 420.000 Personen in Phase II und nur 350.000 Personen in Phase III. Dies ist sowohl einem Rückgang an nebenberuflicher Tätigkeit im Familienbetrieb als auch der sinkenden Zahl Auszubildender mit Nebenerwerb geschuldet. Insgesamt entsprechen die Resultate für Mehrfachbeschäftigung im engeren Sinne weitgehend den Auswertungen nach Vormonatswerten, wenn auch gerade in Phase III leicht negativen Abweichungen innerhalb einiger Jahre. Die Zahl der Mehrfachbeschäftigten nach Vormonatsdaten erreichte – gleichfalls zur Auswertung auf Basis der Selbsteinstufung (weit) – im Jahr 1995 ihren Höhepunkt mit circa 2,7 Millionen Personen mit mehr als einer Erwerbstätigkeit. Die zeitlich versetzt dargestellten Werte für Mehrfachbeschäftigte anhand des Vorjahreseinkommens weisen bis ins Jahr 2001 durchschnittlich um circa 260.000 Personen niedrigere Werte aus als die Berechnungen nach Vormonatseinkommensbezug. Ab dem Jahr 2002 entsprechen die Vorjahresergebnisse dagegen eher den Berechnungen nach persönlicher Selbsteinstufung der Befragten und übertreffen die Werte nach Vormonatskonzept um durchschnittlich circa 290.000 Personen pro Jahr. Im letzten, mit der verwendeten Datenbasis SOEP Version v.32.1 für alle Konzeptionen darstellbaren, Jahr 2014 übten demnach annähernd 3,1 Millionen Personen nach Vorjahresdaten mehr als eine entlohnte Erwerbstätigkeit aus gegenüber circa 2,8 Millionen nach Selbstauskunft (weit) und circa 2,4 Millionen Personen nach Vormonatseinkommen. Im Jahr 2015 verharrten die Werte für die verfügbaren Konzepte, Vormonat und Selbstauskunft (weit), weitgehend auf ihren jeweiligen Vorjahreswerten. Aufgrund des Vorjahresbezugs enthält die für die Auswertungen verwendete und im Jahr 2015 erhobene Version des SOEP keine Angaben zur Anzahl der Mehrfachbeschäftigten nach Vorjahreseinkommen des Jahres 2015.

Die in einigen Jahren festgestellten abweichenden Befunde zur Anzahl und Entwicklung der Mehrfachbeschäftigung werfen die Frage auf, welches der verwendeten Konzepte den tatsächlichen Werten am ehesten entspricht. Um dies zu gewährleisten, wird im folgenden Abschnitt auf die bestehenden Unterschiede zwischen den Konzepten detailliert eingegangen. Dabei wird herausgearbeitet, inwieweit die festgestellten Abweichungen eine Folge von unterschiedlichen Definitionen von Mehrfachbeschäftigung sind, die möglicherweise zur Erfassung unterschiedlicher Personengruppen führt. Darüber hinaus wird ebenso auf mögliche generelle Messfehler durch das im SOEP verwendete konkrete Erhebungsdesign eingegangen. Das Ziel ist hierbei eine Diskussion über die Vor- und Nachteile der jeweiligen Operationalisierungsmethode und deren Auswirkung auf die festgestellte Zahl der Mehrfachbeschäftigten. Nach dieser auf die Erkenntnisse anhand des SOEP beschränkten Überprüfung der eigenen Auswertungen, wird in einem weiteren Schritt anhand eines Vergleichs mit anderweitigen Datenquellen die Repräsentativität der eigenen Befunde überprüft.

4.4.1. Validierung der verwendeten Operationalisierungskonzepte für Mehrfachbeschäftigung auf Individual-Ebene

Ein wesentliches Unterscheidungsmerkmal zwischen den drei Operationalisierungsweisen von Mehrfachbeschäftigung anhand der SOEP-Daten ist die Frage, ob mit der Beschäftigung ein Einkommen erzielt wird. Die Konzepte nach Vormonats- und Vorjahreseinkommensdaten beruhen definitionsgemäß nur auf Personen mit vorhandenem Einkommen. Beschäftigungen ohne Bezahlung, wie etwa in vielen Ehrenämtern, werden bei diesen nicht als Erwerbstätigkeit klassifiziert. Gleiches gilt bei fehlenden oder verweigerten Angaben zum Einkommen, wodurch sehr wahrscheinlich insbesondere Tätigkeiten in Schwarzarbeit nicht erfasst werden. Die Einstufung auf Basis der Selbstauskunft der Befragten erfolgt hingegen unabhängig davon, ob die Tätigkeit entlohnt wird. Der Aufbau des SOEP als Panelerhebung ermöglicht es die verschiedenen Konzepte auf Personenebene und über mehrere Erhebungswellen hinweg zu vergleichen, um zu analysieren, in welchem Maße die gleichen Personen als Mehrfachbeschäftigte deklariert werden. Hierfür ist ein Vergleich der Mehrfachbeschäftigten auf Personenebene anhand der drei Konzepte in Abbildung 11 dargestellt.

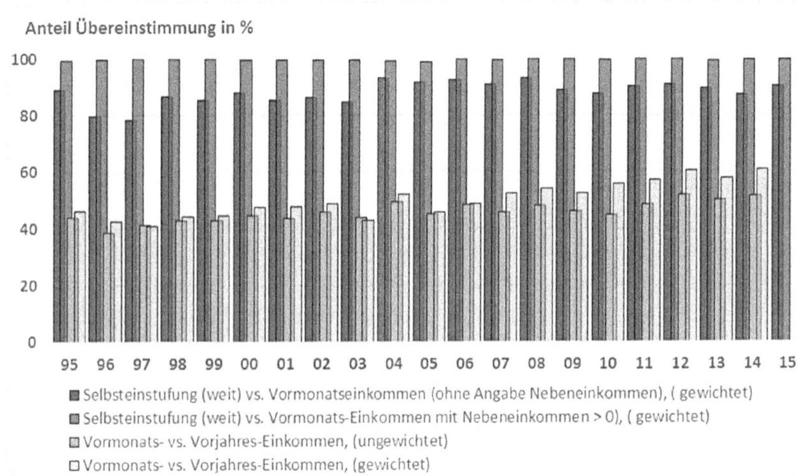

ABBILDUNG 11: VERGLEICH ÜBEREINSTIMMUNG MEHRFACHBESCHÄFTIGUNG AUF PERSONENEBENE NACH OPERATIONALISIERUNGSKONZEPTEN

Quelle: Eigene Berechnungen, SOEP v32.1, teilweise gewichtet.

In dieser zeigt sich, dass mit den Konzepten „Vormonatseinkommen" und „Selbsteinstufung" überwiegend dieselben Personen erfasst werden (dunkelblaue Balken). Die mittlere Übereinstimmung zwischen den beiden Konzepten beträgt ca. 88% und lediglich in den Jahren 1995 und 1996 sind mit einer Fehlerquote von über 20% deutliche Differenzen zu erkennen. Die verbleibende Varianz zwischen den Konzepten ist überwiegend das Resultat von Nebenbeschäftigungen ohne Einkommensdaten, entweder aufgrund fehlender Angaben oder tatsächlich unentgeltlicher Tätigkeit. Sofern die Mehrfachbeschäftigung nach Selbsteinstufung um Fälle ohne Nebeneinkommensangabe bereinigt wird, stimmen die Konzepte zu über 99% überein (hellblaue Balken).[256] Die verbleibenden geringfügigen Abweichungen resultieren aus Fällen, in denen für den Haupterwerb keine Einkommensdaten verfügbar sind beziehungsweise dieser unentgeltlich ausgeübt wird. Zwischen den als mehrfachbeschäftigt klassifizierten Personen nach „Vormonats-Einkommen" und „Vorjahres-Einkommen" können hingegen

256 Auf eine Korrektur mittels des auch für die Jahre vor 1995 vorliegenden Einkommensbezugs des Vorjahres wird aufgrund der problematischen Übertragung mit den Vormonats-Konzepten verzichtet.

Abweichungen in erheblichem Ausmaß festgestellt werden. Die über den Zeitraum 1995 bis 2014 mittlere Übereinstimmung der ungewichteten Stichprobe beträgt hier lediglich 46% (dunkelrote Balken), so dass über die Hälfte der Personen bei Verwendung des anderen Operationalisierungskonzepts nicht als Mehrfachbeschäftigte eingestuft werden würden. Eine Ursache hierfür kann den unterschiedlichen Erhebungszeitpunkten zukommen, da die Vorjahreswerte erst in der Folgeperiode rückwirkend erfasst werden. Eine Person, die nur in einer der beiden der zum Vergleich notwendigen Befragungswellen teilnimmt, verursacht zwangsläufig abweichende Ergebnisse. Eine Möglichkeit diesem entgegenzuwirken besteht in der statistischen (Längsschnitts-)Gewichtung, in der neben dem Hochrechnungsfaktor auch die Bleibewahrscheinlichkeit, d.h. die Wahrscheinlichkeit auch in der Folgeperiode an der Befragung teilzunehmen, berücksichtigt wird. Wie die Hochrechnungsfaktoren werden auch die Bleibewahrscheinlichkeiten von der SOEP-Group berechnet und mit den SOEP-Daten den Forschenden zur Verfügung gestellt.[257] Die Anwendung dieser statistischen Hilfsmittel führt jedoch nur zu einer geringfügigen Verbesserung der Übereinstimmungsquote auf durchschnittlich 50% der Personen (dunkelrote und hellrote Balken). Um die Ursache für diesen Befund bestimmen zu können, muss eine differenziertere Betrachtung des Befragungs- und Erwerbsstatus der jeweiligen Person anhand der beiden Operationalisierungswege durchgeführt werden. Hierzu wird der Befragungsstatus einer Person nach der Vormonatskonzeption dem Wert der Folgeperiode (Vorjahreskonzept) gegenübergestellt. Die Ergebnisse dieses Vorgehens sind in Abbildung 12 dargestellt. Um den Einfluss der Personen zu verdeutlichen, die nicht an beiden Befragungsjahren teilnahmen wurde hierzu die ungewichtete Stichprobe verwendet.[258] Diese Fälle können unterschieden werden in Personen, die erst in der Folgeperiode des SOEP teilgenommen haben („Neu-Befragung“) und solchen, die nach der Teilnahme im aktuellen Jahr in der Folgebefragung nicht erneut teilnahmen und aus dem Datensatz ausgeschieden sind („Panel-Attrition“). Ebenfalls diesem Personenkreis zugezählt werden Fälle, in denen unvollständige Angaben zum Einkommen in Haupt- und Nebenerwerb in einem Jahr getätigt wurden. Mittels dieser Fallkonstellationen lässt sich jedoch überwiegend nur ein geringer Teil der Differenzen erklären (vgl. hellgraue Flächen

---

257 Zu Hochrechnung und Bleibewahrscheinlichkeit mit Daten des SOEP vgl. etwa Kroh (2010 und 2009); Pischner (2007); Haisken-DeNew/Frick (2005).

258 Sinn und Zweck der statistischen Gewichtung ist es fehlende Personenjahre („*missings*“) möglichst zu eliminieren. Eine auf die Gesamtpopulation Deutschlands hochgerechnete Stichprobe führt damit dazu, dass die Auswirkungen der Panel-Attrition nicht mehr dargelegt werden können.

in Abbildung 12). Der Einfluss von Neubefragungen auf die Übereinstimmung der Konzepte ist lediglich in vereinzelten Jahren in größerer Zahl zu beobachten. In den Jahren 1999 und 2009 beläuft sich die Zahl auf 302 bzw. 263 Fälle. Über den gesamten Beobachtungszeitraum kommt es hierbei durchschnittlich nur zu einer Abweichung um 88 Personen pro Jahr. Der Verlust durch Panel-Attrition nimmt erst ab dem Jahr 2009 eine relevante Einflussgröße an, durch welche die Stichprobe pro Jahr durchschnittlich um circa 149 Fälle reduziert wird. Über den Gesamtzeitraum betrachtet ist der Verlust von durchschnittlich 79 Fällen pro Jahr durch dieses Phänomen jedoch vergleichsweise begrenzt.

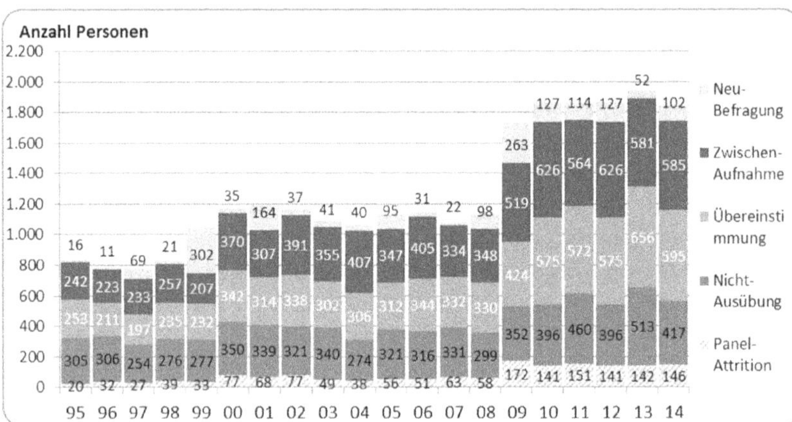

Abbildung 12: Vergleich der Übereinstimmung der ungewichteten Stichprobe des SOEP – Mehrfachbeschäftigung auf Personenebene nach Vormonats- und Vorjahres-Einkommen

Quelle: Eigene Berechnungen, SOEP v32.1, ungewichtet.

Einen weitaus größeren Anteil von Abweichungen tragen hingegen Personen bei, für die zwar in beiden Befragungsjahren (t und t+1) vollständige Einkommensangaben vorliegen, die jedoch zu divergierenden Einstufungen des Beschäftigungsstatus führen. Dabei besteht zum einen die Möglichkeit, dass keine Angaben zu mehr als einer Beschäftigung gemacht wurden, da die Aufnahme der Nebentätigkeit im Befragungsjahr t noch nicht geplant war und erst zwischen den Befragungsterminen erfolgte („Zwischen-Aufnahme"-dunkelblaue Balken in Abbildung 12). Zum anderen könnte auch die Ausübung einer zum Befragungszeitpunkt geplanten, aber erst im weiteren Verlauf des Jahres auszuübenden Nebentätigkeit im Verlaufe des Jahres doch nicht realisiert worden sein („Nicht-Ausübung"-hellblaue Balken in Abbildung 12). In beiden Fällen könnten die Differenzen auch durch die bewusste Unterlassung von Einkommensangaben in einem der beiden Befragungsjahre entstanden sein. Über die tatsächlichen Gründe kann an dieser Stelle jedoch nur gemutmaßt werden, so dass im Folgenden der für den Forscher eher positive Fall von menschlichen Fehlern angenommen wird als eine bewusste Informationsverweigerung seitens der Befragten. Unter den Teilnehmern beider Erhebungswellen, d.h. ohne den Einfluss von Panel-Attrition und Neubefragungen, entfällt durchschnittlich jeweils annähernd ein Drittel auf die Gruppe „Aufnahme zwischen den Befragungen" und „Nicht-Ausübung". Lediglich für das verbleibende Drittel kann eine Übereinstimmung des Beschäftigungsstatus als mehrfachbeschäftigt sowohl anhand der Angaben der Vormonatseinkommensbezüge als auch anhand der rückwirkenden Einkommen des Vorjahres getroffen werden („Übereinstimmung"-roter Balken in Abbildung 12). Insgesamt lässt sich damit eine deutliche Divergenz zwischen den Operationalisierungen aufzeigen. Entsprechend der Abweichungen zwischen den Befunden nach Selbsteinstufung und Vormonatseinkommen ist zu vermuten, dass dies eher der Erfassung des Nebeneinkommens als des Haupteinkommens geschuldet ist. Um dies zu bestätigen enthält die nachfolgende Tabelle 5 eine Übereinstimmungsmatrix für sämtliche mittels der kombinierten Einkommensbezüge des Vormonats -und Vorjahres möglichen Erwerbsformen beispielhaft für das Bezugsjahr 2014.[259] Die Einstufung der Erwerbsform erfolgt hierbei entsprechend der jeweiligen Einkommensangaben (siehe Kapitel 4.2.2 und 4.2.3).

Vormonats-einkommen (2014)	Vorjahreseinkommen (2015)					
	Einfach-beschäftigt	Mehrfach-beschäftigt	Nebener-werbstätig	Erwerbslos	*n (2014)*	*missing (2014)*
Einfachbeschäftigt	**12.622**	**519**	**288**	**372**	13.801	*1.945*
Mehrfachbeschäftigt	**387**	595	**6**	**24**	1.012	*146*
Nebenerwerbstätig	**113**	**17**	**145**	**162**	437	*52*
Erwerbslos	**1.141**	**49**	**275**	**7.917**	9.382	*1.255*
n (2015)	14.263	1.180	714	8.475		
missing (2015)	*2.025*	*102*	*58*	*14.756*		

Tabelle 5: Übereinstimmungsmatrix der Mehrfachbeschäftigung nach Vorjahreseinkommen 2015 und Vormonatseinkommen 2014

Quelle: Eigene Berechnungen, SOEP v32.1, ungewichtet.

259 Dieses wurde, da es sich um das aktuellste handelt stellvertretend ausgewählt. Die Verwendung anderer Jahre zwischen 1995 und 2013 führt jedoch zu vergleichbaren Ergebnissen.

Bei den Beschäftigungsformen „Einfachbeschäftigt" und „Erwerbslos" kann eine hohe Übereistimmung zwischen den Klassifizierungen nach Vormonatseinkommen des Jahres 2014 und dem Vorjahreseinkommen in der Folgeperiode 2015 festgestellt werden. Diese betragen, je nachdem welche Randverteilung als Basis zu Grunde gelegt wird und ohne Berücksichtigung von fehlenden Angaben („*missings*"), 88% (= 12.622/14.263) bzw. 91% (= 12.622/13.801) für Einfachbeschäftigte, 93% (= 7.917/8.475) bzw. 84% (= 7.917/9.382) für nicht Erwerbstätige. Dagegen ergeben sich für die Beschäftigungsformen „Mehrfachbeschäftigt" mit 50% (= 595/1.180) bzw. 59% (= 595/1.012) und Nebenerwerbstätigkeit mit 20% (= 145/714) bzw. 33% (= 145/437) deutlich geringere Übereinstimmungen. Anhand dieser Matrix lassen sich ebenfalls Rückschlüsse auf die Ursachen dafür ablesen. Von den 1.012 Personen, die im Jahr 2014 im Vormonat ein Einkommen aus sowohl Haupt- als auch Nebentätigkeit darlegten, gaben in der Folgebefragung 38% (387) der Personen an, im Vorjahr kein Nebeneinkommen bezogen zu haben. Nur bei 1% (6) der Fälle findet sich keine Einkommensangabe des Haupterwerbs bzw. bei 2% (24 Personen) überhaupt keine Einkommensangaben. Die spiegelbildliche Betrachtungsweise führt entsprechend zu ähnlichen Erkenntnisse. Von den 1.180 Personen, die laut der Befragungsdaten im Jahr 2015 im Vorjahr einer Mehrfachbeschäftigung nachgingen, gaben 44% (519) in dem Fragebogen des Jahres 2014 keine vormonatliches Nebeneinkünfte an. Lediglich 1% (17) der Mehrfachbeschäftigten nach Vorjahresdaten 2015 galten aufgrund fehlender Einkünfte aus dem Haupterwerb im Jahre 2014 abweichend als nebenerwerbstätig und 4% (49) sogar als gänzlich erwerbslos. Diese Befunde bestätigen die Vermutung, dass gerade die Erfassung des Nebeneinkommens mit Problemen behaftet ist, wohingegen der Feststellung, ob überhaupt eine Erwerbstätigkeit vorliegt, ein hohes Maß an Übereinstimmungssicherheit zu Grunde liegt. Ungeklärt muss allerdings bleiben, worin die Unsicherheit bei den Nebeneinkommen ihre Ursache hat. Möglicherweise unterliegt die tatsächliche Ausübung eines Nebenerwerbs einem hohen Unsicherheitsfaktor oder die Befragten geben ungern Auskunft darüber, da es sich beispielsweise um ein Schwarzarbeitsverhältnis handelt.

4.4.2. Zwischenfazit: Operationalisierung von Mehrfachbeschäftigung im SOEP

In den vorangegangen Abschnitten wurde bereits deutlich, dass die Angabe der Zahl von Mehrfachbeschäftigten bei den drei möglichen Operationalisierungskonzepten nur in geringem Maße variiert. Dies traf auch größtenteils für einen detaillierteren Vergleich auf Personenebene der Daten nach Vormonatswerten und der subjektiven Selbsteinstufung zu. Mit der subjektiven Selbsteinstufung wird jedoch auch unentgeltliche Nebentätigkeit miterfasst, was gerade hinsichtlich einer späteren Gegenüberstellung mit Armutsgefährdung und finanzieller Not nicht der eigentlichen Fragestellung dieser Dissertation entspricht. Für die weiteren Auswertungen erscheinen daher die beiden auf Einkommensbezügen basierenden Konzeptionen zielführender. Bei diesen hat sich jedoch gezeigt, dass auf Personenebene, je nach Einstufung anhand der Vormonatsdaten oder der zeitlich versetzten Vorjahresangaben, deutlich unterschiedliche Personen als mehrfachbeschäftigt deklariert werden. Gerade für die weitere Analyse, wie beispielsweise nach den Einkommensverhältnissen, könnte dies vermutlich zu abweichenden Befunden führen, weshalb sich die Frage stellt, welcher Konzeption der Vorrang einzuräumen ist. Für die Verwendung der Vormonats-Konzeption spricht, dass sich mittels dieser weitere Angaben, beispielsweise zu Beruf, Bildung, Branche und Arbeitszeit problemlos und periodengerecht verknüpfen lassen. Durch den zeitlichen Versatz der Vorjahresdaten können hingegen widersprüchlichen Angaben auftreten, etwa wenn eine Person eine Arbeitszeit im Nebenerwerb von Null Stunden im Jahr 2011 angegeben hat, während sie anhand der Vorjahresdaten im Jahr 2012 ein Einkommen im Nebenerwerb erzielt hatte. Ein weiteres grundlegendes Problem bei den Vorjahreswerten ist, dass damit zwar festgestellt werden kann, ob im vergangenen Jahr Einkommen aus zwei verschiedenen Beschäftigungsarten bezogen wurde, allerdings ohne dass diese zwangsläufig auch gleichzeitig ausgeführt wurden. Wenn etwa ein unterjähriger Berufswechsel stattfand (z.B. von abhängiger in selbstständige Beschäftigung), wird dies fälschlicherweise als Mehrfachbeschäftigung erfasst, ohne dass tatsächlich parallel zwei Erwerbstätigkeiten ausgeübt wurden. Inwieweit sich dies quantitativ bedeutsam auf die Zahl der Nebentätigkeiten auswirkt, muss jedoch offen bleiben, da nicht für sämtliche der drei möglichen Einkommensquellen die Zuordnung zu einem Kalendermonat möglich ist. Ein ähnliches Problem ergibt sich auch bei Verwendung der Vormonatswerte, weil sich die Fragestellung, sowohl bezüglich des Haupt- als auch des Nebenerwerbs auf den Einkommenserhalt im „letzten Monat"[260] bezieht. Sofern der Vormonat allerdings erheblich von der Erwerbssituation in den übrigen Monaten eines Jahres abweicht, könnte gerade eine kurzzeitige Nebentätigkeit untererfasst werden. Die in Abbildung 10 aufgezeigte, ab dem Jahr 2002 gegenüber den anderen Konzepten nach unten abweichende Anzahl Mehrfachbeschäftigter nach Vormonats-Operationalisierung kann als Hinweis für die Existenz dieses Phänomens

260 Vgl. TNS Infratest Sozialforschung (2015a).

gedeutet werden. Ebenso könnte ein von der generellen Erwerbssituation erheblich abweichender Vormonat zu einer Verzerrung der festgestellten Höhe des erzielten Haupt- und Nebeneinkommens führen. Die Auswertung der Einkommenswerte auf Vorjahresangaben unterliegt damit durch ihren Vergangenheitsbezug vermutlich einer höheren Genauigkeit. Speziell für eine Differenzierung nach der Armutsgefährdung könnte diese damit besser als eine Beschränkung auf den vorherigen Monat geeignet sein auch schwankende Einkommensbezüge zu erfassen. Eine pauschale Beurteilung, welche Operationalisierung der anderen generell überlegen ist, kann damit nicht getroffen werden. Wie sich im späteren Verlauf dieser Arbeit noch zeigen wird, kann auch die Betroffenheit von Einkommensarmut sowohl anhand monatlicher als auch jährlicher Einkünfte operationalisiert werden.[261] Für die weitere empirische Auswertung wird daher auf eine abschließende Festlegung verzichtet und (sofern) zielführend auf beide vorgestellten einkommensbasierten Konzepte zurückgegriffen. Die daraus folgenden Ergebnisse werden einander gegenübergestellt und der Versuch unternommen, mögliche abweichende Erkenntnisse zu erklären und einzuordnen.

4.5. Verifikation der Ergebnisse anhand anderweitiger Datenbasen

Im vorherigen Kapitel wurde deutlich, dass sich insgesamt eine zahlenmäßig weitgehende Übereinstimmung über die verschiedenen Operationalisierungsmöglichkeiten von Mehrfachbeschäftigung hinweg feststellen lässt. Um die Zuverlässigkeit des mittels des Sozio-oekonomischen Panels berechneten Ausmaßes von Mehrfachbeschäftigung zu validieren, sollten die Ergebnisse mit anderen potenziellen Datenquellen verglichen werden. Als Datengrundlage mit hierfür geeigneter Datenqualität kann auf die amtlichen Daten des Statistischen Bundesamtes in Form des Mikrozensus und der Volkswirtschaftlicher Gesamtrechnung (VGR) sowie die Beschäftigungsstatistik der Bundesagentur für Arbeit zurückgegriffen werden. Anderweitige in den Wirtschaftswissenschaften häufig verwendete Datenquellen sind für die Thematik Mehrfachbeschäftigung dagegen ungeeignet, da diese beispielsweise keine auf Individualangaben basierenden Mikrodaten enthalten (z.B. IAB-Betriebspanel)[262] oder nicht im jährlichen Intervall erhoben werden (z.B. Einkommens- und Verbrauchsstichprobe)[263]. Nachfolgend werden die ausgewählten Vergleichsdatenquellen zunächst allgemein

261 Siehe Abschnitt 5.5.
262 Siehe hierzu IAB (o.D.).
263 Siehe hierzu Destatis (o.D.h).

beschrieben und festgestellt, inwieweit diese im Allgemeinen in der Lage sind Mehrfachbeschäftigungen statistisch zu erfassen. Anschließend werden die sich daraus ergebenden Werte zum Ausmaß der Mehrfachbeschäftigung den vorherigen eigenen SOEP-Auswertungen gegenübergestellt und mögliche Ursachen für eventuelle Differenzen aufgezeigt. Darüber hinaus soll in diesem Kapitel analysiert werden, inwieweit andere Datenquellen, die für diese Arbeit notwendigen Kriterien aufweisen. Zu diesen zählt insbesondere die Möglichkeit nach Einkommens- und Beschäftigungsmerkmalen differenzierte Analysen durchführen zu können sowie ein zur Anwendung von statistischen Modellen zur Kausalanalyse notwendiges Längsschnittdesign der Daten. In diesem Zuge wird nachträglich die zu Beginn dieses Kapitels pauschal getroffene Bewertung des SOEP als potenziell beste Datengrundlage für die Fragestellung von Einkommensarmut und Mehrfachbeschäftigung hinreichend und nachvollziehbar dargelegt werden.

4.5.1. Mehrfachbeschäftigung im Mikrozensus / Labour Force Survey

Der Mikrozensus ist eine jährlich von den Statistischen Ämtern der Länder und des Bundes durchgeführte einstufig geschichtete Klumpenstichprobe (Flächenstichprobe).[264] Er umfasst eine 1%-ige Stichprobe der deutschen Bevölkerung, wodurch jedes Jahr ca. 830.000 Personen in etwa 370.000 privaten Haushalten befragt werden.[265] Die Befragungen werden überwiegend in persönlichen oder telefonischen Interviews von Mitarbeitern der Statistischen Bundes- und Landesämter durchgeführt. Daneben besteht auch die Möglichkeit den Erhebungsbogen schriftlich selbst auszufüllen, wovon etwa Im Mikrozensus 2005 circa ein Viertel der Befragten Gebrauch machte.[266] Wie auch das SOEP umfasst der Fragebogen des Mikrozensus eine Vielzahl an Individual- und Haushaltsmerkmalen, unter anderem zu den Themengebieten Individualmerkmale, Haushaltszusammensetzung, Erwerbstätigkeit, Aus- und Weiterbildung, Lebensunterhalt und Einkommen.[267] Neben der allgemeinen Erfassung von Erwerbstätigkeiten neben der Hauptbeschäftigung liegen speziell zur Nebentätigkeit im Mikrozensus noch Angaben vor zu deren Häufigkeit (regelmäßig/gelegentlich/saisonal begrenzt), eine Selbsteinstufung der Tätigkeitsform (u.a. in Selbstständiger, Angestellter, Beamter), die Berufsbezeichnung und der Wirtschaftszweig sowie Angaben

264 Vgl. FDZ der Statistischen Landesämter (Hrsg.) (2008, Folie 11).
265 Vgl. Destatis (o.D.a).
266 Vgl. FDZ der Statistischen Landesämter (Hrsg.) (2008, Folie 20).
267 Vgl. Destatis (o.D.c).

über die durchschnittliche und tatsächliche Arbeitszeit im Nebenerwerb.[268] Für den Mikrozensus spricht zweifelsohne, dass es sich um die größte, im jährlichen Wiederholungsintervall durchgeführte Stichprobe in Deutschland handelt, die aufgrund der gesetzlichen Auskunftspflicht wenig durch die Teilnahmebereitschaft der Befragungsteilnehmer eingeschränkt ist.[269] Die für repräsentative Aussagen notwendigen Hochrechnungsfaktoren für die deutlich kleinere Stichprobe des SOEP werden daher auf Grundlage der Randverteilungen ausgewählter Hauptmerkmalen des Mikrozensus berechnet.[270] In einer Analyse der Mehrfachbeschäftigung anhand der Daten des Mikrozensus gibt Brenke (2009:600) an, dass die Mikrozensus Befragung des Jahres 2006 Angaben zu ca. 11.000 Mehrfachbeschäftigten enthielt, was u.a. eine Differenzierung nach Tätigkeit und ausgeübten Berufen in Haupt- und Nebenerwerb erlaubt. Der Mikrozensus beinhaltet zwar eine Vielzahl an Einkommensdaten aus Erwerbstätigkeit und anderen Quellen,[271] jedoch werden z.B. die Höhe des persönlichen Einkommens und des Haushaltseinkommen im letzten Monat anhand von vorgegebenen Einkommensklassen ermittelt (vgl. Abbildung 13). Die Einkommensklassen weisen mit steigendem Einkommen zunehmende Klassenbreiten auf, wodurch etwa die Einkommensklasse „500 bis 700€“ einen niedrigeren Größenabstand aufweist als die Einkommensklasse „6.000 bis 7.500€“. Für die Berechnung von Armutsschwellwerten hat dies etwa zur Folge, dass nicht das tatsächliche Einkommen verwendet werden kann, sondern zurückgegriffen wird auf die Klassenunter- und -obergrenze sowie weitere Annahmen über die tatsächliche Einkommensverteilung.[272]

---

268 Vgl. Statistische Ämter des Bundes und der Länder (Hrsg.) (2012:21ff).

269 Vgl. Destatis (o.D.f).

270 Vgl. Goebel et al. (2008:90f).

271 Vgl. Statistische Ämter des Bundes und der Länder (Hrsg.) (2012:15) zum Haupterwerb, Statistische Ämter des Bundes und der Länder (Hrsg.) (2012:21) zum Nebenerwerb.

272 Vgl. Gerhardt et al. (2009); Stauder/Hüning (2004).

Liste

Einkommensklassen

	unter	150 Euro	01	3 600	bis unter	4 000 Euro	16
150	bis unter	300 Euro	02	4 000	bis unter	4 500 Euro	17
300	bis unter	500 Euro	03	4 500	bis unter	5 000 Euro	18
500	bis unter	700 Euro	04	5 000	bis unter	5 500 Euro	19
700	bis unter	900 Euro	05	5 500	bis unter	6 000Euro	20
900	bis unter	1 100 Euro	06	6 000	bis unter	7 500 Euro	21
1 100	bis unter	1 300 Euro	07	7 500	bis unter	10 000 Euro	22
1 300	bis unter	1 500 Euro	08	10 000	bis unter	18 000 Euro	23
1 500	bis unter	1 700 Euro	09	18 000	Euro und mehr		24
1 700	bis unter	2 000 Euro	10				
2 000	bis unter	2 300 Euro	11	Landwirt/in (selbstständig in der Haupttätigkeit)			50
2 300	bis unter	2 600 Euro	12				
2 600	bis unter	2 900 Euro	13				
2 900	bis unter	3 200 Euro	14	Kein Einkommen (ist nur beim persönlichen Einkommen möglich)			90
3 200	bis unter	3 600 Euro	15				

Abbildung 13: Erhebung Einkommensklassen im Mikrozensus
Quelle: Statistische Ämter des Bundes und der Länder (Hrsg.) (2012:41).

Der Bezug auf das Einkommen im letzten Monat könnte zusätzlich zu Verzerrungen führen, wenn im Befragungsmonat außergewöhnlich hohe oder niedrige Einkommen erzielt wurden. Die Höhe der Einkünfte aus dem Nebenerwerb wird leider nicht getrennt erfasst. Diese fließen lediglich in die Angaben zur Höhe des Haushaltsnettoeinkommens ein. Ohne diesen Wert kann allerdings nicht differenziert werden welchen Stellenwert die Nebentätigkeit in der gesamten finanziellen Situation der Befragten darstellt. Dadurch können auch keine Abschätzungen getroffen werden, inwieweit es sich bei dem Nebeneinkommen um einen Zuverdienst oder einen wesentlichen Einkommensbestandteil handelt. Darüber hinaus ist der Mikrozensus vorrangig als Querschnittserhebung konzipiert, wodurch für jeden Befragten prinzipiell nur Daten eines Jahres vorliegen und Längsschnittanalysen nicht möglich sind. Im konkreten Befragungsdesign werden allerdings jedes Jahr nur ein Viertel der Auswahlbezirke ausgetauscht, so dass für ein Viertel der Haushalte die Befragungsdaten über vier fortlaufende Jahre vorliegen.[273] Diese, Mikrozensus-Rotationspanel, genannte Datenquelle muss jedoch für die weitere Verwendung zunächst vom Statistischen Bundesamt aufbereitet werden und liegt derzeit nur für die Befragungsjahre 1996 bis 1999 und 2000 bis 2004 für die wissenschaftliche Verwendung („*scientific-use file*")

273 Vgl. Lüttinger/Riede(1997:24f).

vor.[274] Zu Vergleichszwecken sind in Abbildung 14 die Zahl der Mehrfachbeschäftigten nach eigenen Berechnungen auf Grundlage des SOEP und die publizierten Daten des Mikrozensus eingetragen.

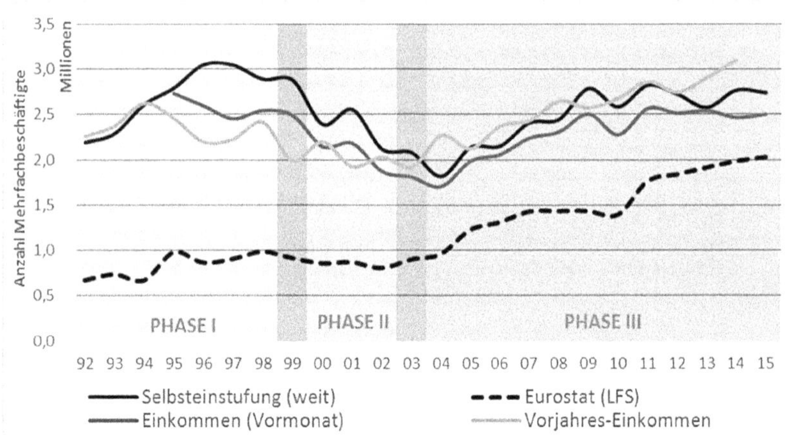

Abbildung 14: Mehrfachbeschäftigung im Vergleich: EUROSTAT/LFS und SOEP – 1992 bis 2015

Quelle EC/EUROSTAT (o.D.a), Eigene Berechnungen, SOEP v32.1, gewichtet

Aufgrund hoher Datenschutzanforderungen unterliegt der Zugang zu den Originaldaten des Mikrozensus weitreichenden Einschränkungen. Das für das an dieser Stelle zum einfachen Zahlenvergleich notwendige Datenmaterial zur generellen Zahl der Mehrfachbeschäftigung ist jedoch Bestandteil der öffentlich zugänglichen Daten der europäischen Statistikbehörde EUROSTAT. Diese basieren auf dem im Mikrozensus integrierten Frageteil, welcher den deutschen Beitrag zur Arbeitskräftestichprobe der Europäischen Union (Labour Force Survey – LFS) darstellt.[275] Der von EUROSTAT verwendete Erwerbstätigkeitsbegriff folgt den wenig restriktiven Vorgaben der International Labour Organization (ILO) von wenigstens einer Stunde pro Woche entgeltlicher Arbeit,[276] so dass die Ergebnisse nicht in hohem Maße aufgrund von Definitionsunterschieden abweichen sollten. Der Vergleich zeigt, dass sämtliche

---

274 Vgl. FDZ Statistische Ämter des Bundes und der Länder (o.D.).
275 Vgl. Statistisches Bundesamt (Hrsg.) (2009b: 528).
276 Vgl. Destatis (o.D.i); Eurostat (o.D.c).

Berechnungsergebnisse des SOEP die Werte des LFS deutlich übersteigen. Nach den eigenen SOEP-Auswertungen anhand der Einkommensdaten des Vorjahres und der Selbsteinschätzung gingen beispielsweise im Jahr 2011 über eine Millionen Beschäftigte mehr als laut EUROSTAT/LFS einer weiteren Tätigkeit nach. Auch die Berechnungen der Mehrfachbeschäftigung anhand der Einkommensdaten des vergangenen Monats übertreffen die Werte der amtlichen Statistik um über 800.000 Personen. Nach eigenen Angaben des Statistischen Bundesamtes weist die Arbeitskräfteerhebung „im Vergleich zu anderen Statistiken (insbesondere der Beschäftigungsstatistik der Bundesagentur für Arbeit) einen deutlich geringeren Anteil von Erwerbstätigen mit mehreren Tätigkeiten nach. Hintergrund ist, dass die Arbeitskräfteerhebung auf die Auskunft der Befragten zurückgreift, während die Beschäftigungen auf den gesetzlich vorgeschriebenen Meldungen zur Sozialversicherung basieren."[277] Damit kann jedoch nicht der Unterschied zu den SOEP-Werten erklärt werden, da zumindest einer der drei Operationalisierungswege ebenfalls auf einer Selbsteinschätzung der Befragten beruht. Eine Erklärung hierfür kann stattdessen im unterschiedlichen Wortlaut der Fragestellung zur Nebenerwerbstätigkeit gesehen werden. Dieser ist im SOEP-Fragebogen zur nebenberuflichen Selbsteinstufung weit allgemeiner und ohne zeitlichen Bezug (vgl. Kapitel 4.2.1) gehalten als im Mikrozensus, dessen konkrete Fragestellung sich zudem im Laufe der Zeit verändert hat. Da „einer Nebentätigkeit häufig nur gelegentlich nachgegangen wird, spielen Unterschiede bei der Fragestellung eine große Rolle"[278] Bis einschließlich des Jahres 2010 wurde erhoben, ob in der vergangenen Woche mehrere bezahlte Tätigkeiten (einschl. unbezahlter Tätigkeiten als Familienangehörige) ausgeübt wurden.[279] Die explizite Fragestellung nach dem Zeitraum „vergangene Woche" könnte dabei dazu führen, dass gelegentliche Tätigkeiten oder Tätigkeiten die nach dem Befragungszeitraum aufgenommen wurden, unberücksichtigt bleiben. Insbesondere Nebenbeschäftigungen in Branchen, die stark von saisonaler Tätigkeit bestimmt sind, wie Gastronomie, Landwirtschaft und Tourismus, könnten damit vernachlässigt werden. Seit dem Jahr 2005 wird diesem und ähnlichen Problemen mit der Umstellung von einer festen Erhebungswoche auf eine gleitende Berichtswoche entgegengewirkt (vgl. Abbildung 15). Das komplette Befragungsvolumen wird nunmehr statt vollständig konzentriert auf die Monate April und Mai eines Jahres zu gleichen

---

277 Destatis (o.D.b).

278 Brenke (2009:600).

279 Vgl. Statistische Ämter des Bundes und der Länder (Hrsg.) (2011:12) und (2011:21).

Teilen über das gesamte Kalenderjahr gestreckt. Die Formulierung der Fragestellung zur Nebenerwerbstätigkeit wurde jedoch unverändert beibehalten, so dass die Problematik unregelmäßige Beschäftigungen korrekt zu erfassen durch die gleitende Berichtswoche wahrscheinlich abgemildert wurde, aufgrund des weiterhin konkreten Zeitbezugs auf die vergangene Woche aber weiterhin besteht. Brenke (2009:600) sieht in seiner Untersuchung zur Entwicklung der geringfügigen Nebenbeschäftigung anhand der Zahlen des Mikrozensus keine Hinweise, dass das veränderte Erhebungskonzept sich in nennenswerten Umfang auf die Ergebnisse zur geringfügigen Beschäftigung ausgewirkt hätte.

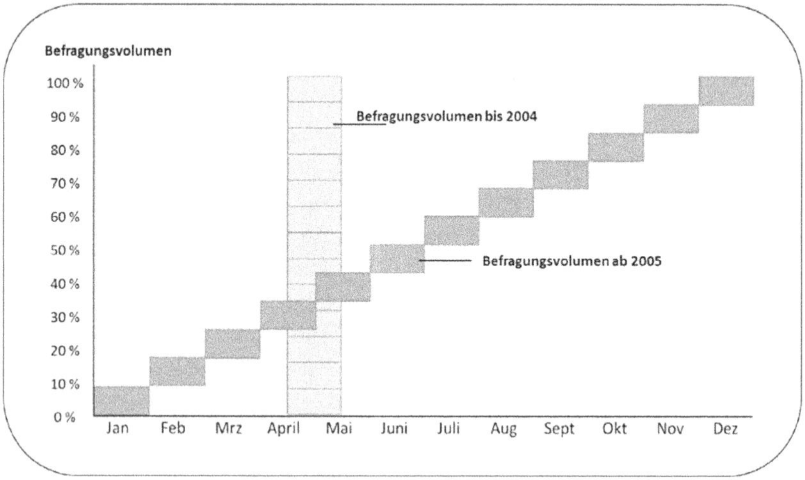

Abbildung 15: Zeitliche Verteilung des Befragungsvolumens Mikrozensus – Umstellung von Fester auf Gleitender Berichtswoche

Quelle: FDZ der Statistischen Landesämter (Hrsg.) (2008: Folie 22).

Im Fragebogen 2011 kam es zu einer Anpassung der Fragestellung mit dem folgenden Wortlaut: „Haben Sie derzeit noch eine weitere Erwerbsarbeit?".[280] Tatsächlich stieg die Anzahl der Mehrfachbeschäftigten von ca. 1,4 Millionen (2010) auf fast 1,8 Millionen (2011) an.[281] Aufgrund des auch anhand anderer

280 Vgl. Statistische Ämter des Bundes und der Länder (Hrsg.) (2012:18). (Anm.: Unterstreichung durch Autor).

281 Vgl. Datenbank zum Labour Force Survey in *Eurostat (o.D.)*.

Datenquellen in diesem Zeitraum verzeichneten Anstiegs der Mehrfachbeschäftigung ist jedoch fraglich, inwieweit dies tatsächlich der Umstellung der Erhebungsfrage zugeschrieben werden kann. Die Beschäftigungsstatistik weist für den gleichen Zeitraum allein für die sozialversicherungspflichtige und geringfügige Beschäftigung einen Anstieg um ca. 102.000 Personen aus, und die eigenen Auswertungen des SOEP ergeben einen Zuwachs um ca. 238.000 Mehrfachbeschäftigte (nach Selbsteinstufung, weit).[282] Die Zunahme im Mikrozensus spiegelt insofern wahrscheinlich nur die tatsächliche Veränderung der Arbeitsmarktsituation wider und ist nicht der Umstellung der Fragestellung zuzuschreiben. Selbst die modifizierte Fragestellung könnte jedoch (weiterhin) erst nach der Befragung geplante oder sich erst danach ergebende Nebentätigkeiten vernachlässigen. Eine Person, die aufgrund der gleitenden Berichtswoche bereits im Mai nach ihrer „derzeitigen Beschäftigungssituation" befragt wurde, wird demnach keine Angaben zu Tätigkeiten machen, die erst im Juli aufgenommen werden, wovon besonders saisonale Nebentätigkeiten betroffen sein könnten. Ein Hinweis, dass gerade die Erfassung von unregelmäßigen Nebenbeschäftigungen die Unterschiede zwischen Mikrozensus und SOEP erklären könnte, bietet eine Differenzierung der SOEP-Auswertungen nach deren Regelmäßigkeit. Diese wird mittels der Selbstauskunft der Befragten im SOEP-Fragebogen statistisch erfasst.[283] Berücksichtig man nur die Mehrfachbeschäftigten, die Auskunft gaben regelmäßig einer Nebenerwerbstätigkeit nachzugehen, reduziert sich die anfänglich festgestellte jährliche Differenz zwischen den Werten des LFS und dem SOEP (Selbstauskunft weit) von durchschnittlich circa 1,3 Millionen Personen auf lediglich 151.000 Personen (siehe Abbildung 14).[284]

282 Vgl. Kapitel 4.5.2.

283 Vgl. Abbildung 6.

284 Berechnung basierend auf dem jährlichen Abweichungsbetrag, d.h. unter Vernachlässigung des Vorzeichens der Abweichung.

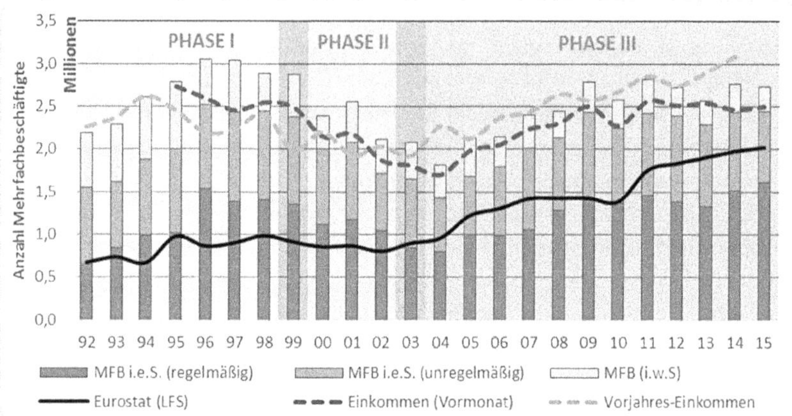

Abbildung 16: Mehrfachbeschäftigung im Vergleich: EUROSTAT und SOEP nach Regelmässigkeit – 1992 bis 2015

Quelle EC/EUROSTAT (o.D.a), Eigene Berechnungen, SOEP v32.1, gewichtet

Inwieweit sich hierbei die Umstellung auf die gleitende Berichtswoche oder die angepasste Fragestellung ablesen lassen, kann nicht beantwortet werden. Interessant ist jedoch, dass der Wechsel von negativer zu positiver Abweichung im Jahr 2003 mit der Etablierung der geringfügigen Nebenbeschäftigung als „Minijob" koinzidiert. Im Zeitraum 1993 bis ins Jahr 2002 übersteigen die SOEP-Berechnungen die LFS-Daten um durchschnittlich 330.000 Personen pro Jahr, wohingegen diese umgekehrt ab dem Jahr 2003 bis 2015 um jährlich 269.000 Mehrfacherwerbstätige nach unten abweichen. Zu vermuten wäre, dass dies auf die ebenfalls verbesserte Erfassung dieser Beschäftigungsform von Seiten der Bundesagentur für Arbeit zurückzuführen ist, deren Datenbestände auch vom Statistischen Bundesamt zur Evaluierung der eigenen, für den Mikrozensus notwendigen Gewichtung der Stichprobe mitherangezogen wird.[285] Brenke (2009:600) vom DIW Berlin argumentiert, dass die unterschiedlichen Zahlen zur Mehrfachbeschäftigung zwischen SOEP und Mikrozensus, neben der unbedeutenderen Fragestellung, in besonderem Maße durch die (Mit-)Erfassung von Nebentätigkeiten in Schwarzarbeit verursacht werden. Vermutlich wird zu Erwerbstätigkeiten in der Schattenwirtschaft bei den amtlichen Befragungen der staatlichen Statistik-Behörden eher ungern Auskunft gegeben, allen

285 Vgl. z.B. Statistisches Bundesamt (Hrsg.) (2009b:528ff.).

Versicherungen von Anonymität der Befragung und der gesetzlichen Auskunftspflicht zum Trotz. Das SOEP ist dagegen eine nicht-amtliche Erhebung mit hohem Anteil von jährlich erfolgreich durchgeführten Wiederholungs-Befragungen, wodurch die Auskunftsbereitschaft hinsichtlich nicht angemeldeter Erwerbstätigkeiten höher sein könnte. Eine Differenzierung in legale und illegale Nebentätigkeit ist mittels der SOEP Daten jedoch nicht möglich und für die Fragestellung dieser Dissertation zudem zweitrangig. Die Ausblendung dieser Tätigkeiten würde vielmehr dazu führen, dass womöglich ein nicht unerheblicher Teil des Phänomens „Mehrfachbeschäftigung" und deren Einkommenssituation unberücksichtigt blieben. Speziell bezüglich der Motive für Nebenerwerbstätigkeit ist es zudem weitgehend unerheblich, ob die Nebentätigkeit rechtlich legaler Natur ist, da auch Tätigkeiten in Schwarzarbeit mit monetären Absichten ausgeübt werden und damit einen Zuverdienst zum Haushaltseinkommen darstellen. Insbesondere für die weiteren Berechnungen mit Verwendung der Nebeneinkommensdaten muss jedoch berücksichtigt werden, dass es sich bei den erhobenen Bruttowerten im Falle nebenberuflicher Schwarzarbeit definitionsgemäß um Nettopositionen handelt. Wie die späteren Auswertungen noch zeigen werden, wird der Großteil der Nebentätigkeiten in Form geringfügiger Beschäftigungsverhältnisse ausgeübt, in denen überwiegend Brutto- und Nettoeinkommen identisch sind. Daher sind im Vergleich zum tatsächlichen Einkommen aus Schwarzarbeit nur geringe Verzerrungen zu erwarten.

4.5.2. Mehrfachbeschäftigung in der BA-Beschäftigungsstatistik

Eine andere Vergleichsdatenquelle mit hohem Gütemaß und daher geeignet zur Validierung der berechneten Werte des SOEP stellt die Beschäftigungsstatistik der Bundesagentur für Arbeit (BA) dar. Die BA-Beschäftigungsstatistik basiert auf dem obligatorischen Meldeverfahren der Betriebe zur Sozialversicherung, in das alle sozialversicherungspflichtig und geringfügig Beschäftigte einbezogen sind.[286] Diese stellt eine Vollerhebung dieser Beschäftigungsformen auf Beschäftigtenebene dar, womit unter Berücksichtigung möglicher Einschränkungen aufgrund des Datenschutzes prinzipiell eine Längsschnittuntersuchung bis ins Jahr 2003 möglich wäre. Neben den reinen Bestandszahlen werden in der Beschäftigungsstatistik noch weitere soziodemographische Merkmale erfasst (Alter, Geschlecht, Nationalität) sowie Merkmale des Arbeitgebers (Betriebsgröße,

286 Vgl. Bundesagentur für Arbeit, Statistik (Hrsg.) (2017c:5).

Wirtschaftszweig) und des Arbeitsverhältnisses (Entgelt, Ausbildungsabschluss, Voll-/Teilzeit, ausgeübter Beruf, Arbeitsort).[287] Die der Öffentlichkeit in regelmäßigen Abständen zur Verfügung gestellten Datenauswertungen beschränken sich aus Datenschutzgründen allerdings auf wenige Merkmalsausprägungen. Einen Zugang zu tiefergegliederten und schwach anonymisierten Daten können Forscher ausschließlich über einen Gastaufenthalt am Forschungsdatenzentrum des Instituts für Arbeitsmarktforschung (IAB) der Bundesagentur für Arbeit erhalten.[288] Der Datenbestand der Beschäftigungsstatistik beschränkt sich jedoch auf Individualmerkmale des Beschäftigten und verfügt somit nicht über Angaben zur Vermögens- und Einkommenssituation auf Haushaltsebene, die für die Beantwortung der Fragestellung dieser Arbeit notwendig ist. Als Vergleichsquelle für die Anzahl der Mehrfachbeschäftigten ist die Beschäftigungsstatistik jedoch geeignet. Seit 1999 bzw. Anfang 2000 werden in dieser sämtliche sozialversicherungspflichtig Beschäftigten sowie ausschließlich geringfügig Beschäftigte erfasst.[289] Um verspätete An- und Abmeldungen zu berücksichtigten werden diese nach einer 6-monatigen Wartezeit in Form von Eckwerten auf monatlicher Basis und nach differenzierten Auswertungen (z.B. nach Geschlecht) vierteljährlich (stichtagsbezogen) veröffentlicht.[290] Die geringfügig entlohnte Beschäftigung im Nebenjob wurde erst im April 2003 als Sonderform von geringfügig entlohnter Beschäftigung statistisch erfasst, weshalb zu dieser Beschäftigungsform erstmals ab Juni 2003 Datenmaterial zur Verfügung gestellt werden kann.[291] Für Zahlen vor der Gesetzesänderung liegen hingegen nur Schätzungen vor, welche die geringfügige Nebentätigkeit auf circa 700.000 Personen beziffern.[292]Die regelmäßigen Veröffentlichungen der Bundesagentur für Arbeit zur Mehrfachbeschäftigung bezogen sich bis zur Datenrevision der Beschäftigungsstatistik im Jahr 2014 ausschließlich auf neben einer sozialversicherungspflichtigen Beschäftigung ausgeübte nebenberufliche geringfügige Beschäftigungsverhältnisse. Die Umstellung des Datenerhebungsverfahrens machte eine Auswertung von weiteren Kombinationsformen möglich, wie mehrere sozialversicherungspflichtige Tätigkeiten oder mehrere geringfügige Beschäftigungsverhältnisse. Die Datenrevision der Beschäftigungsstatistik hatte insbesondere auf die ausgewiesene Zahl der nebenberuflich geringfügigen Beschäftigungsverhältnisse

287 Vgl. Bundesagentur für Arbeit, Statistik (Hrsg.) (2017c:13ff.).
288 Vgl. FDZ.IAB.de (o.D.).
289 Vgl. Bundesagentur für Arbeit, Statistik (Hrsg.) (2017c:14).
290 Vgl. Bundesagentur für Arbeit, Statistik (Hrsg.) (2007:7).
291 Vgl. Bundesagentur für Arbeit, Statistik (Hrsg.) (2007:17).
292 Vgl. Bundesagentur für Arbeit, Statistik (Hrsg.) (2007:17).

Einfluss. Unter anderem werden seitdem die Arbeitgebermeldungen zu sozialversicherungspflichtigen und geringfügigen Beschäftigung nicht länger getrennt erfasst, sondern um Doppelungen zu vermeiden, sämtliche Meldungen an die Sozialversicherung (An-/Ab-/Jahres-/Unterbrechungsmeldung) betrachtet und zu einem oder mehreren Beschäftigungsverhältnissen pro Versichertem konsolidiert.[293] Die Mehrfachbeschäftigung über die geringfügige Nebenbeschäftigung hinaus ist jedoch weiterhin nicht Bestandteil der regelmäßigen Veröffentlichungen der BA, sondern findet sich nur in einzelnen Sonderveröffentlichungen für den Zeitraum nach der Datenrevision im Jahr 2014.[294] Um dennoch auch rückwirkend die eigenen Auswertungen anhand der Daten der BA evaluieren zu können, wurde für diese Dissertation eine kostenpflichtige Sonderauswertung bei der Statistik der Bundesagentur für Arbeit beauftragt. Damit können rückwirkend bis ins Jahr 2003 Ergebnisse über Erwerbskombinationen aus sozialversicherungspflichtiger und geringfügiger Beschäftigung gewonnen werden.[295] Die Statistik weist dabei nur Mehrfachbeschäftigungen aus zwei Tätigkeiten aus. Bei darüberhinausgehenden Beschäftigungen fließt nur die nebenberufliche Tätigkeit mit dem aktuelleren Meldezeitpunkt in die Beschäftigungsstatistik ein.[296] Die kurzfristige Beschäftigung im Nebenjob ist aufgrund niedriger Fallzahl nicht Bestandteil der Berichterstattung über Mehrfachbeschäftigung.[297] Es finden sich jedoch Zahlen zu dieser in anderweitigen Publikationen der Bundesagentur für Arbeit. Seit der ersten verfügbaren Messung im Juni 2003 belief sich deren Zahl in jedem Quartal auf mindestens 26.682 und maximal 53.333 im Nebenerwerb kurzfristig Beschäftigte. Bezogen auf die durchschnittliche Zahl der geringfügig Beschäftigten im Nebenerwerb entspricht dies etwa 2%.[298] Neben der quantitativ geringen Bedeutung kann gegen die gesonderte statistische Analyse der kfB die von der geB abweichenden Meldepflicht angeführt werden. Wie bei der SvB müssen bei geringfügig entlohnten Tätigkeiten vom Arbeitgeber An- und Abmeldungen sowie Jahres- und Unterbrechungsmeldungen (wenn kein Entgelt erwirtschaftet wurde) bei den Versicherungsträgern abgegeben werden,

293 Vgl. Bundesagentur für Arbeit, Statistik (Hrsg.) (2015:7ff.).
294 Vgl. Bundesagentur für Arbeit, Statistik (Hrsg.) (2016b).
295 Vgl. Bundesagentur für Arbeit, Statistik (Hsg.) (2015:45).
296 Vgl. Bundesagentur für Arbeit (Hrsg.) (2013:8).
297 Vgl. Bundesagentur für Arbeit (Hrsg.) (2016b:7).
298 Dieser Wert ergibt sich aus dem Quotienten des jeweiligen, arithmetischen Mittels der Quartalswerte der iNkfB im Verhältnis zur Gesamtzahl der iNgB, d.h. sowohl iNkfB als auch iNgeB.

während kfB von diesen Pflichten entbunden sind.[299] „Dies führt in Verbindung mit unterbliebenen Abmeldungen der Arbeitgeber zu Unsicherheiten, ob Personen nach längerer Zeit noch beschäftigt sind. Eine statistische Auswertung ist deshalb auch aus methodischen Gründen für kurzfristig Beschäftigte nicht sinnvoll."[300] Aufgrund des zugrundeliegenden obligatorischen Meldeverfahrens der Betriebe zur Sozialversicherung stellt die Beschäftigungsstatistik eine Vollerhebung der sozialversicherungspflichtig Beschäftigten und der geringfügigen Beschäftigung dar. Sämtliche Erwerbstätigkeiten ohne Sozialversicherungspflicht bleiben damit jedoch unberücksichtigt, zu denen etwa Selbstständigkeiten in Haupt- oder Nebenerwerb, Beamte, mithelfende Familienangehörige, Berufs- und Zeitsoldaten sowie Wehr-/ und Zivildienstleistende zählen.[301] Beschäftigungsverhältnisse mit einer oder mehreren nicht-sozialversicherungspflichtigen Tätigkeiten können anhand der Beschäftigungsstatistik folglich nicht abgebildet werden. Einer Auswertung auf Basis des Mikrozensus zu Folge wird beinahe die Hälfte der Nebentätigkeiten in Form einer selbstständigen Beschäftigung (einschließlich mithelfender Familienangehöriger) ausgeübt,[302] so dass deren Nicht-Berücksichtigung potenziell einen erheblichen Teil der Mehrfachbeschäftigung vernachlässigt. Um die eigenen Auswertungen anhand des SOEP mit den Daten der Beschäftigungsstatistik vergleichen zu können, bedarf es demnach einiger Modifikationen.

Die notwendige gesonderte Ausweisung von Selbstständigen und Beamten aus den eigenen Auswertungen ist allerdings mit dem SOEP nur eingeschränkt möglich und unterscheidet sich für die jeweiligen Operationalisierungskonzepte. Mittels der Vormonatsdaten können nur Selbstständigkeiten und Beamtenverhältnisse identifiziert werden, sofern es sich bei diesen um das Hauptarbeitsverhältnis handelt. Die Identifikation von geringfügigen Hauptbeschäftigungen ist ab der SOEP-Befragung des Jahres 2003 eindeutig möglich. Für die Nebenbeschäftigung liegen leider keine vergleichbaren Differenzierungsmöglichkeiten vor. Um dennoch annäherungsweise ihre Zahl bestimmen zu können, muss auf Annahmen basierend auf der Einkommenshöhe zurückgegriffen werden. Dies setzt zwingend die Kenntnis des monatlichen Einkommens voraus, weshalb ein Vergleich mit den Auswertungen nach Selbsteinschätzung entfallen muss. Als generelle Annahme wird unterstellt, dass bis zu der Zuverdienstgrenze für

299 Vgl. Bundesagentur für Arbeit, Statistik (Hrsg.) (2007:7).
300 Bundesagentur für Arbeit, Statistik (Hrsg.) (2007:7).
301 Vgl. Bundesagentur für Arbeit, Statistik (Hrsg.) (2017c:7).
302 Vgl. Brenke (2009:605).

hauptberuflich abhängig Beschäftigte die geringfügige Beschäftigung aufgrund der Identität von Brutto- und Nettolohn die attraktivste und daher am häufigsten gewählte Nebenerwerbsform sein dürfte. Die Ausnahme ist hierbei, wenn die Haupttätigkeit bereits ein Minijob ist. In diesem Fall ist der nebenberufliche Minijob nur vorzuziehen sofern der Lohn beider Tätigkeiten insgesamt die Zuverdienstgrenze nicht übersteigt, da ansonsten die Sozialversicherungsbefreiung für beide Tätigkeiten entfällt.[303] Diese Überlegung kann jedoch nicht im gleichen Maße auf Fälle übertragen werden, in denen die Geringfügigkeitsgrenze im Nebenerwerb überschritten wird, da unklar ist, welche der Beschäftigungsformen „nebenberufliche SvB" oder „Neben-Selbstständigkeit" allgemein finanziell vorteilhafter ist. Für den Fall einer hauptberuflichen agB wird jedoch angenommen, dass eine Nebenselbstständigkeit wahrscheinlicher als eine nebenberufliche SvB ist. Dahinter steckt die Überlegung, dass eine SvB aufgrund des höheren Einkommens und der Einbindung in die Sozialversicherungssystem gegenüber einer gB eher als Haupterwerb angesehen werden dürfte. Eine agB als Haupttätigkeit lässt sich demnach als Abwesenheit von sozialversicherungspflichtiger Beschäftigung interpretieren.[304] In diesem Fall wird eine nicht den Kriterien für Geringfügigkeit entsprechende Nebentätigkeit als Nebenselbstständigkeit eingestuft. Bei hauptberuflicher SvB und nicht geringfügiger Nebenbeschäftigung im SOEP wird hingegen eine nebenberufliche SvB angenommen. Dies geschieht aus der praktischen Überlegung, die in der BA-Statistik enthaltene Kategorie von zwei gleichzeitigen SvB anhand des SOEP ebenfalls abbilden zu können. Dies hat allerdings zur Folge, dass die Erwerbskombination „SvB" und nebenberufliche Selbstständigkeit anhand der Vormonatsdaten vernachlässigt wird. Bei Interpretation dieser Auswertungen, insbesondere in der Form „2-fach SvB" ist diese Unsicherheit zu berücksichtigen und diese eher als möglicher Maximalwert der Beschäftigungsform, denn als tatsächlich empirisch nachweisbarer Wert anzusehen. Darüber hinaus werden als mehrfachbeschäftigt eingestufte Personen, die auch anhand dieser weitgefassten Annahmen nicht einer bestimmten Erwerbskombination zugeordnet werden können, separat gekennzeichnet und ihr Einfluss auf die Ergebnisse der übrigen Kategorien analysiert.

Die Identifikation von Mehrfachbeschäftigung mittels der Vorjahresbezüge ergibt sich aus der Kombination von Einkommen aus abhängiger Beschäftigung,

303 Vgl. § 8 SGB IV.

304 In den Publikationen der BA zur Mehrfachbeschäftigung findet sich kein expliziter Hinweis zur Einstufung der SvB als Hauptberuf. Bei den Aufzählungen von Mehrfachbeschäftigungsformen wird die SvB jedoch grundsätzlich vor eine weitere gB gestellt, woraus sich eine Einstufung als Haupterwerb ableiten lässt.

selbstständiger/freiberuflicher Tätigkeit und Nebenerwerb. Eine Ausweisung von Selbstständigkeiten, sowohl in Haupt- als auch Nebenerwerb, ist demnach mittels Vorjahresdaten möglich. Zur Bestimmung der Beschäftigungsformen „SvB" und „gB" wird, äquivalent zu den Annahmen bei Vormonatsdatenoperationalisierung, bei Einkommen aus abhängiger Beschäftigung oder Nebenbeschäftigung anhand der Einkommensgrößen und Geringfügigkeitsgrenze eine Einteilung vorgenommen. Die weiteren nicht in der Beschäftigungsstatistik der BA erfassten Formen nicht sozialversicherungspflichtiger Tätigkeit, wie Beamte, mithelfenden Familienangehörige, Berufs- und Zeitsoldaten sowie Wehr- und Zivildienstleistende, können hingegen nicht identifiziert werden. Zwar wäre aufgrund des Panel-Designs des SOEP eine Verknüpfung mit weiteren, auf Monatsbasis für das jeweilige Befragungs- oder Bezugsjahr vorliegenden Daten möglich. Dabei kommt es jedoch aufgrund der aufgezeigten Unstimmigkeiten zwischen der Erhebung von Mehrfachbeschäftigung mittels Daten auf Vormonats- und Vorjahresbasis sowie allgemeinen Panel-Ausfällen zu einer Reduktion der Stichprobe.[305] Um dennoch gerade die quantitativ größere Gruppe der Beamten isolieren zu können, wird angenommen, dass deren Anteil dem jeweiligen Jahresanteil an Mehrfachbeschäftigten nach Vormonatsdaten entspricht. Um diesen fiktiven Beamtenanteil wird die Anzahl hauptberuflich sozialversicherungspflichtiger Beschäftigter, d.h. die Formen „SvB + gB" und „2-fach SvB", korrigiert und stattdessen als Beamte mit Nebenerwerb deklariert. Die Zahl hauptberuflich geringfügig Beschäftigter wird hingegen nicht verändert, da angenommen werden kann, dass ein Beamtenverhältnis nicht in Form eines Minijobs ausgeübt werden kann.[306] In Abbildung 17 werden die Ergebnisse dieser Überlegungen ersichtlich. In dieser ist ein Vergleich der Anzahl der Mehrfachbeschäftigten insgesamt nach Angaben der BA mit den eigenen Auswertungen auf SOEP-Basis dargestellt.[307] Diese sind in die einzelnen Kombinationsformen aus SvB und gB unterteilt und um Selbstständige und Beamte bereinigt. Diese Einzeldarstellung ist notwendig, um die Auswirkungen der getroffenen Annahmen auf die Anzahl der hierbei identifizierten Mehrfachbeschäftigten zu verdeutlichen.

---

305 Siehe Kapitel 4.4.1.

306 Wäre dies der Fall, dann würde die Beschäftigungsstatistik der BA Angaben zu Beamten enthalten und die vorgenommene Korrektur der eigenen Auswertungen um Beamte wäre hinfällig.

307 Bei einem Vergleich mit späteren Publikationen der BA zur Mehrfachbeschäftigung ist zu beachten, dass die hier verwendeten Daten noch vor der Anfang 2018 geplanten Datenrevision angefordert wurden. Speziell die Daten des Jahres 2015 könnte durch die rückwirkende Revision von den hier dargestellten abweichen. (Vgl. Bundesagentur für Arbeit, Statistik (Hrsg. (2017b)).

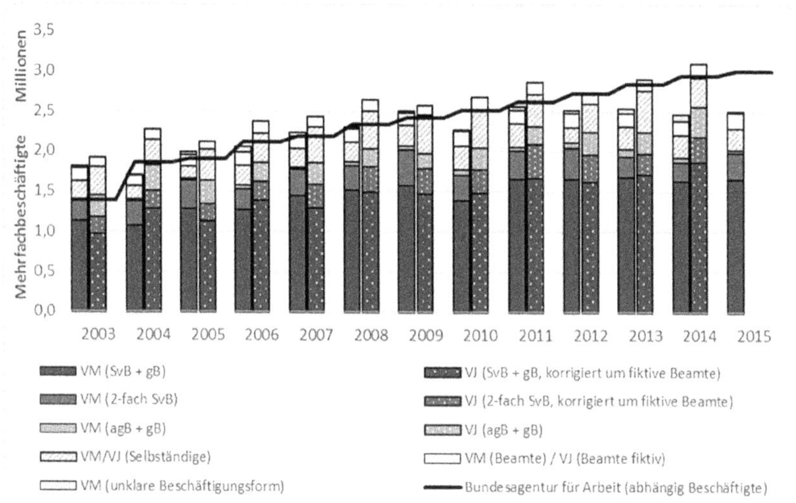

Abbildung 17: Mehrfachbeschäftigung im Vergleich: Bundesagentur für Arbeit und SOEP – 2003 bis 2015

Quelle BA Statistik (Hrsg.) (2017a), Eigene Berechnungen, SOEP v32.1, gewichtet

Anmerkung: Zahlen Bundesagentur für Arbeit: jeweils Stand Juni, Werte nach Vorjahreseinkommen (SOEP) um ein Jahr versetzt dargestellt.

Die Auswertung zeigt, dass die Zahl der Mehrfachbeschäftigten in abhängiger Beschäftigung nach Daten der BA die eigenen Berechnungen auf SOEP-Basis über den Analysezeitraum mehrheitlich überstieg. Lediglich im Jahr 2003 wies die Anzahl abhängig Beschäftigter nach Vorjahresdaten einen um circa 66.000 Personen höheren Wert auf, während auf Basis der Vormonatsdaten nur durch Einbezug von Fällen mit unbestimmter Beschäftigungsform („VM (unklare Beschäftigungsform)") ein um circa 28.000 Personen höher Wert gegenüber den BA-Daten verzeichnet werden kann. Selbst bei großzügiger Deklaration dieser Fälle sowie der ebenfalls mit Unsicherheit bei der Operationalisierung behafteten Kategorie „VM (2-fach SvB)" als abhängig Beschäftigte, übertrafen die BA-Daten zwischen den Jahren 2004 und 2015 die Vormonats-SOEP-Werte um durchschnittlich circa 560.000 Personen pro Jahr. Die Berechnungen der abhängig Beschäftigten nach Vorjahresdaten wichen in diesem Zeitraum mit durchschnittlich circa 350.000 Personen pro Jahr etwas weniger negativ von den Daten der Bundesagentur ab. Die tatsächlichen Abweichungen sind jedoch davon abhängig, inwieweit der fiktiv bestimmte Anteil von Beamten die tatsächliche Zahl nebenberuflich tätiger Beamter widerspiegelt.

Mittels einer weiteren Differenzierung der BA-Daten nach Beschäftigungsformen lässt sich detaillierter analyisieren, welche Erwerbskombinationen im Besonderen ursächlich für die festgestellten Abweichungen sind. Die in einer Sonderauswertung von der Bundesagentur für Arbeit bezogenen Daten lassen sich nach drei Kombinationen aus sozialversicherungs-pflichtiger und geringfügiger Beschäftigung differenzieren.[308] Diese sind:

- Sozialversicherungspflichtig Beschäftigte mit nebenberuflicher gB (SvB + iNgB)
- Mehrfach sozialversicherungspflichtig Beschäftigte (2-fach SvB)
- Mehrfach geringfügig Beschäftigte (agB + iNgB)

Bei den Auswertungen der Bundesagentur für Arbeit ergeben sich bei den beiden letztgenannten Formen Überschneidungen, wenn beispielsweise neben zwei SvB eine weitere iNgB ausgeübt werden.[309] Über den Zeitraum 2003 bis 2015 ergibt sich hierdurch eine durchschnittliche Überschneidung von ca. 35.000 Personen mit drei parallelen Tätigkeiten, (d.h. 2-fach SvB + iNgB). Die vorher verwendete Gesamtzahl der Mehrfachbeschäftigten ist hiervon jedoch nicht betroffen. Für einen Vergleich der jeweiligen Kobminationsformen mit den SOEP-Werten ist dies jedoch zu berücksichtigen, da mit den verwendeten Konzepten (VM und VJ) keine dritte nicht-selbstständige Erwerbstätigkeit erfasst werden kann. Zusammen mit den aufgrund von fehlenden Angaben im SOEP nicht eindeutig einer Mehrfachbeschäftigungsform zuzuordnenden Personen bilden diese den maximal anhand der Daten erklärbaren potenziellen Anteil für eine Abweichung zwischen den eigenen SOEP-Berechnungen und den BA-Daten. Sowohl nach den eigenen Auswertungen auf SOEP-Basis als auch den von der BA bereitgestellten Daten war zwischen den Jahren 2003 und 2015 die häufigste Form der Mehrfachbeschäftigung die (hauptberufliche) SvB in Kombination mit iNgB (siehe Abbildung 18). Gerade bei dieser quantitativ am bedeutendsten Form lassen sich jedoch die größten Differenzen zwischen der Zahl der abhängig beschäftigten Mehrfachbeschäftigten nach dem SOEP und der Bundesagentur für Arbeit erkennen. Unabhängig von der gewählten Operationalisierung von MFB wiesen die SOEP-Werte einzig für das Jahr 2003 höhere Werte aus, während über den restlichen Zeitraum in tendenziell zunehmendem Maße die Anzahl der SvB und iNgB nach BA-Daten überwiegte. Zwischen den Jahren 2004 und 2015 (VM) bzw. 2014 (VJ) gingen demnach laut Bundesagentur für Arbeit im Mittel pro

308 Vgl. Bundesagentur für Arbeit, Statistik (Hrsg.) (2017a).

309 Vgl. Bundesagentur für Arbeit, Statistik (Hrsg.) (2016b:7).

Jahr über 520.000 (VM) bzw. 350.000 (VJ) mehr Personen gleichzeitig einer SvB und iNgB nach als nach SOEP-Werten. Selbst bei Annahme der größtmöglichen Fehlertoleranz, d.h. Addition von unklaren Beschäftigungsformen im SOEP zur Zahl der SvB mit iNgB (nur VM) und Bereinigung um mögliche Überschneidungen in den BA-Daten, reduziert sich die mittlere Abweichung nur auf circa 493.000 Personen (VM) bzw. 321.000 (VJ) pro Jahr, ohne jedoch den generellen Befund zu verändern.

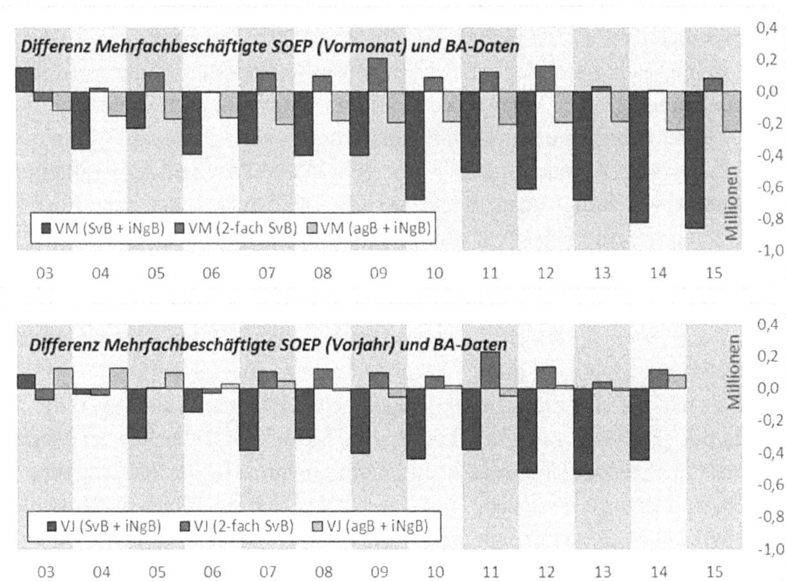

Abbildung 18: Einzelformen von abhängiger Mehrfachbeschäftigung im Vergleich: Bundesagentur für Arbeit und SOEP – 2003 bis 2015

Quelle BA Statistik (Hrsg.) (2017a), Eigene Berechnungen, SOEP v32.1, gewichtet

Anmerkung: Zahlen Bundesagentur für Arbeit: jeweils Stand Juni, Werte nach Vorjahreseinkommen (SOEP) um ein Jahr versetzt dargestellt.

Bei Erwerbstätigen, die neben einer hauptberuflichen SvB eine weitere SvB ausüben („2-fach SvB"), zeigte sich hingegen überwiegend das umgekehrte Bild. Mit Ausnahme der Jahre 2003 und 2006 war diese Form der Mehrfachbeschäftigung häufiger mittels der SOEP-Werte nach Vormonatsdaten zu finden. Im Jahr 2009 überstieg deren Zahl die von der BA ausgewiesenen Werte um circa 210.000 Personen, über den gesamten Zeitraum 2003 bis 2015 betrachtet um immerhin etwa 75.000 Personen im Jahresdurchschnitt. Die alternative Berechnung auf Basis der Vorjahresdaten führt im Kern zu denselben Ergebnissen. Während hierbei am Beginn der Beobachtungsperiode die Werte der BA die SOEP Werte meist überstiegen, waren mit dem Jahr 2007 diese Erwerbskombinationen mittels der SOEP-Daten in höherem Maße anzutreffen. Die durchschnittliche Abweichung über den Gesamtzeitraum 2003 bis 2015 betrug daher nur durchschnittlich 65.000 Personen pro Jahr. Bei Korrektur der Daten um mögliche Überschneidungen und potenzielle Untererfassung dieser Erwerbsformen aufgrund der Dateneinschränkungen erhöhen sich die durchschnittlichen Abweichungen auf circa 145.000 (VM) bzw. 99.000 (VJ) Personen pro Jahr. Für die ausschließlich geringfügig Beschäftigten mit mindestens einer zusätzlichen iNgB entsprechen die Vorjahreswerte ebenfalls in höherem Maße den Daten der BA. Über den gesamten verfügbaren Zeitraum beträgt die durchschnittliche jährliche positive Abweichung hier nur etwa 36.000 Personen, gegenüber einer negativen Abweichung von circa 190.000 bzw. 145.000 Personen nach Korrektur auf Basis der Vormonatsdaten. Ein Vergleich des Anteils der agB mit iNgB an der abhängigen Mehrfachbeschäftigung insgesamt deutet darauf hin, dass diese Form mittels der Vormonatsdaten deutlich untererfasst wird. So betrug deren Anteil nach Daten der BA circa 10% und nach Vorjahresdaten 14%, wohingegen nach Vormonatsdaten auf diese nur ein Anteil von circa 2% entfiel.[310]

Daran schließt sich die generelle Frage nach möglichen Erklärungen der festgestellten Diskrepanzen an. Diese könnten auf Seite des SOEP neben der Möglichkeit eines Stichprobenfehlers auch durch eine unzureichende Modellierung der nebenberuflichen gB verursacht sein. Gerade bei der quantitativ bedeutendsten Form SvB mit iNgB zeigen sich die zahlenmäßig größten Differenzen. Zu einem gewissen Anteil lassen sich diese Differenzen einer möglicherweise falschen Zuordnung zu einer bestimmten Erwerbsform zuschreiben. So könnten diese beispielsweise fälschlicherweise der Gruppe der nebenberuflichen SvB oder der Selbstständigen zugeordnet worden sein. Das aber selbst bei Vernachlässigung der Beschäftigungsform niedrigere Gesamtausmaß der Mehrfachbeschäftigung nach SOEP-Daten deutet vielmehr auf eine mögliche nicht repräsentative Stichprobengewichtung. Das Statistische Bundesamt empfiehlt daher bei Betrachtung von kleineren Arbeitsmarktgruppen mögliche Entwicklungen von stichprobenbasierten Untersuchungen statt auf Basis von Einzeljahreswerten nur anhand eines längeren Zeitraums zu beurteilen.[311] Bei den Zahlen der Bundesagentur handelt

310 Jeweils durchschnittlicher Anteil pro Jahr an sozialversicherungs- und geringfügig Beschäftigten Mehrfachbeschäftigten, d.h. ohne Beamte und Selbstständige.

311 Vgl. Destatis (o.D.e).

es sich dagegen um eine Vollerhebung dieser Erwerbskombinationen. Da diese zudem die Datengrundlage für die Sozialversicherungsträger darstellen ist eine hohe Datenqualität anzunehmen.[312] Die mit Blick auf die Sozialabgaben privilegierten Minijobs sehen Kritiker jedoch als anfällig für den Missbrauch durch die Meldung von Scheinarbeitsverhältnissen, die zu einer Überschätzung der Mehrfachbeschäftigung führen könnten.[313] So besteht etwa ein ökonomischer Anreiz für bereits im Unternehmen beschäftigte sich, aufgrund der unterschiedlichen Höhe der fälligen Sozialversicherungsbeiträge in einem weiteren „Schein-Minijob" anstellen zu lassen. Im Allgemeinen sind mehrere Arbeitsverhältnisse beim gleichen Arbeitgeber in der Sozialversicherung grundsätzlich als eine zusammengehörige Beschäftigung anzusehen.[314] Während mehrere gleichartige Tätigkeiten bei einem Arbeitgeber – beispielsweise zwei SvB – in den Arbeitgebermeldungen zu Sozialversicherung zusammengefasst werden, können diese im Fall einer SvB mit iNgB unbemerkt bleiben.[315] Nach gesonderten Auswertungen der BA üben von den in der Statistik als mehrfachbeschäftigt gewerteten Personen etwa 1,5% der sozialversicherungspflichtig Beschäftigten mit zusätzlicher geringfügiger Nebentätigkeit beide Arbeitsverhältnisse bei demselben Arbeitgeber aus.[316] Inwieweit hierbei Abweichungen zur den Zahlen nach dem SOEP entstehen könnten, ist davon abhängig, ob die jeweiligen Beschäftigten diese als getrennte Tätigkeiten wahrnehmen und im Fragebogen angeben. Eine wesentlich größere Quelle für unterschiedliche Ergebnisse stellen Tätigkeiten der Schwarzarbeit dar, die definitionsgemäß nicht in den Daten an die Sozialversicherungsträger enthalten sind, deren Miterfassung im SOEP jedoch nicht ausgeschlossen werden kann.[317] Die in den obigen Auswertungen festgestellte niedrigere Zahl von Mehrfachbeschäftigung nach SOEP-Daten lässt allerdings nicht auf die Erfassung von Schwarzarbeit im größeren Umfang schließen. Dies kann einerseits mit der wahrscheinlich generell niedrigen Auskunftsbereitschaft von Schwarzarbeitern begründet werden. Zum anderen liegt es aber möglicherweise auch daran, dass Schwarzarbeit weniger die Gruppe der hauptberuflich Erwerbstätigen betrifft und sich stattdessen eher auf Nicht-Erwerbstätige oder Nebenerwerbstätige (i.e.S.)[318] konzentriert.

---

312 Vgl. Bundesagentur für Arbeit, Statistik (Hrsg.) (2017c:23ff.).

313 Brenke (2009:600); Brenke (2007).

314 Vgl. Deutsche Rentenversicherung (o.D.): Gemeinsame Rechtliche Anweisungen SGB IV Erster Abschnitt §7 Beschäftigung R2.5.1.

315 Vgl. Bundesagentur für Arbeit, Statistik (Hrsg.) (2016b:11f.).

316 Vgl. Bundesagentur für Arbeit, Statistik (Hrsg.) (2016b:12).

317 Vgl. Brenke (2009:600).

318 Vgl. Definition in Kapitel 2.1.

4.5.3. Mehrfachbeschäftigung in der Volkswirtschaftlichen Gesamtrechnung (VGR)

Eine weitere, für einen zahlenmäßigen Abgleich potentiell geeignete Datenquelle, sind die für die Volkswirtschaftliche Gesamtrechnung (VGR) ermittelten Werte zum Ausmaß der Personen mit mehreren Beschäftigungsverhältnissen und deren Arbeitsvolumina.[319] Diese werden vom Institut für Arbeitsmarktforschung der Bundesagentur für Arbeit (IAB) in Zusammenarbeit mit dem Statistischen Bundesamt erhoben und aufbereitet. Die Datenbasis enthält vorrangig Merkmale, die im direkten Zusammenhang mit der Arbeitsvolumenberechnung stehen und somit keine Einkommens- und Haushaltsdaten, weshalb sie als allgemeine Datengrundlage für diese Untersuchung nicht geeignet ist. Für einen rein quantitativen Abgleich der Zahl der Mehrfachbeschäftigten kann diese Datenbasis jedoch hinzugezogen werden, da sie u.a. die Erkenntnisse der zuvor dargestellten Zahlenwerte der BA und des Mikrozensus vereint. Die Berechnungen beruhen auf dem Inlandskonzept (Arbeitsortkonzept) und „beinhalten neben den Geschäftsstatistiken der Bundesagentur für Arbeit, Statistiken des Statistischen Bundesamtes wie beispielsweise die Ergebnisse des Mikrozensus oder des Tarifindex, das Tarifarchiv des Wirtschafts- und Sozialwissenschaftlichen Instituts (WSI), die Krankenstandstatistik des Bundesministeriums für Gesundheit (BMG) und eigene Erhebungen des Instituts für Arbeitsmarkt- und Berufsforschung (IAB)".[320] Ein Vergleich dieser Daten mit den im vorherigen Abschnitt vorgestellten Datenquellen in Abbildung 19 zeigt, dass die Werte nach IAB-Arbeitszeitrechnung die offiziellen Daten von EUROSTAT(LFS, Mikrozensus) durchgängig übersteigen. Verglichen mit den eigenen Berechnungen anhand der SOEP-Daten fallen diese bis ins Jahr 2003 zunächst weit niedriger aus. Ab dem Jahr 2004 kann eine weitgehende Übereinstimmung mit den eigenen Berechnungsergebnissen festgestellt werden. Als Ursache hierfür kann wiederum die bis ins Jahr 2003 nicht mögliche Erfassung der nebenberuflichen geringfügig Beschäftigung in der, den Berechnungen mit zu Grunde liegenden Geschäftsstatistik der Bundesagentur für Arbeit, gesehen werden. Damit lässt sich einerseits die bis ins Jahr 2003 bestehende Diskrepanz der Zahlenwerte erklären wie auch der steile Anstieg der Mehrfachbeschäftigten nach IAB-Arbeitszeitrechnung von 1,3 Millionen Mehrfachbeschäftigten im Jahre 2002 auf über 1,9 Millionen im Jahr 2004. In den Auswertungen des IAB spiegelt sich wieder, dass in den bisherigen Datenbeständen der Bundesagentur für Arbeit Mehrfachbeschäftigung

319 Vgl. IAB (Hrsg.) (2017).

320 Vgl. Destatis (o.D.d).

überwiegend in Form der nebenberuflichen gB erfasst wurde. Andere Formen wie die parallele Ausübung zweier SvB oder gB sind dagegen nicht enthalten. Der Graph der IAB-Arbeitszeitrechnung verläuft daher zwar parallel zu den Daten der Sonderauswertung für Mehrfachbeschäftigung der BA, jedoch aufgrund der Vernachlässigung dieser Formen von Mehrfachbeschäftigung auf durchgehend leicht niedrigerem Niveau. Darüber hinaus enthalten die Berechnungen des IAB nur Werte zu abhängig beschäftigten Arbeitnehmern mit mehreren Beschäftigungsverhältnissen, d.h. Selbstständige und mithelfende Familienangehörige sind nicht enthalten.[321]

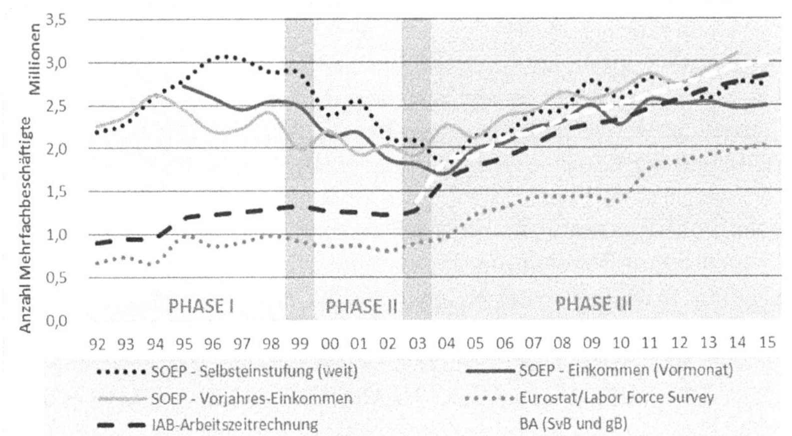

Abbildung 19: Mehrfachbeschäftigung im Vergleich: IAB-Arbeitszeitrechnung, EUROSTAT-Arbeitskräfteerhebung(LFS), BA-Beschäftigungsstatistik, und SOEP – 1992 bis 2015

Quelle IAB (Hrsg.) (2017), Bundesagentur für Arbeit, Statistik (Hrsg.) (2017a), EC/EUROSTAT (o.D.a), Eigene Berechnungen, SOEP v32.1, gewichtet

Den Auswertungen des SOEP liegt hingegen ein breiteres Bild der Mehrfachbeschäftigung zu Grunde, in dem diese Erwerbstypen berücksichtigt sind und daher eine höhere Zahl zu erwarten wäre. Bis ins Jahr 2012 (Selbsteinstufung, weit) bzw. 2009 (Vormonat) erfüllen die SOEP-Werte diese Erwartung. In den nachfolgenden Jahren übersteigt die Zahl der Abhängig-Mehrfachbeschäftigten nach IAB Berechnung die Zahl sämtlicher Personen mit Zweittätigkeit

321 Vgl. IAB (Hrsg.) (2017).

nach SOEP Daten (VM und Selbstauskunft, weit). Die Gesamtzahl der Mehrfachbeschäftigten nach Vorjahreseinkommensdaten entspricht zunächst den Erwartungen und übersteigt die IAB-Daten. Bei Korrektur um Personen mit selbstständiger Haupt- oder Nebenbeschäftigung lassen sich die eigenen Berechnungen auf Basis des SOEP-Vorjahreseinkommens aber nicht länger mit den Daten der IAB-Arbeitszeitrechnung in Einklang bringen. Dies legt erneut die Vermutung einer wahrscheinlichen Unterschätzung der Zahl der Mehrfachbeschäftigten mittels des Sozio-oekonomischen Panels nahe.

4.5.4. Zwischenfazit: Datenabgleich und Datenquellen

Zur Auswahl einer potentiell geeigneten Datenbasis für diese Dissertation wurde anfangs dieses Kapitels das Kriterium einer möglichst vollständigen und repräsentativen Erfassung der Mehrfachbeschäftigung formuliert. Zur Erfüllung dieses Kriteriums wurden in den vorangegangenen Kapiteln die Auswertungen auf Basis des gewählten Sozio-oekonomischen Panels mit anderweitigen Datenquellen auf mögliche Abweichungen verglichen. Dabei wurde ersichtlich, dass die eigenen SOEP-Auswertungen, gemessen an den Werten des Mikrozensus/LFS die Zahl der Mehrfachbeschäftigten eher überschätzt, wohingegen die Berechnungen der IAB-Arbeitszeitrechnung und Bundesagentur für Arbeit vielmehr eine Untererfassung nahelegen. Der Vergleich der Datenquellen hat jedoch aufgezeigt, dass jeder potentiellen Datenquelle gewisse Einschränkungen zu Grunde liegen und die wahre Zahl der Mehrfachbeschäftigungen eine unbekannte Größe ist. Mit Hinblick auf den mit der Forschungsfrage verbundenen Anspruch, Erkenntnisse über das Gesamtphänomen Mehrfachbeschäftigung in Deutschland zu gewinnen, sind die amtlichen Daten der Bundesagentur für Arbeit als Datengrundlage allerdings nicht geeignet. So ist mit diesen Daten ausschließlich die Betrachtung abhängiger Beschäftigungen möglich unter Vernachlässigung von Selbstständigkeiten in Haupt- und Nebenerwerb, was somit nur einen Teilaspekt der Mehrfachbeschäftigung abbildet. Für den Teilbereich der sozialversicherungspflichtigen und geringfügigen Mehrfachbeschäftigung stellen die Daten der BA jedoch eine Vollerhebung dar. Diese wurden durch die Revision der Beschäftigungsstatistik und die Ergänzung um die Formen „2-fach SvB“ und „agB mit iNgB“ weitreichend um mögliche Fehlerquellen bereinigt. Wegen ihrer Entstehung auf Basis der Meldungen zur Sozialversicherung lässt sich diesen Daten ein hohes Maß an Datenqualität zuschreiben, wenngleich mögliche Fehlerquellen nicht ausgeschlossen werden können. Zu diesen zählen beispielsweise mögliche Schwierigkeiten bei der Führung der Register bei An- und Abmeldungen sowie die Meldung von Scheinarbeitsverhältnissen zur

Vermeidung von Sozialabgaben.[322] Insofern ist es kritisch zu betrachten, dass der Mikrozensus (genauer der LFS, gemäß EUROSTAT) trotz eines breiter gefassten Begriffs von Mehrfachbeschäftigung und der im Vergleich zum SOEP weit größeren Stichprobe, in erheblichem Maße den Umfang dieser Beschäftigungsformen unterschätzt. Obgleich auch dem SOEP eine wahrscheinliche Unterschätzung der Zweittätigkeit unterstellt werden kann, erscheinen die Auswertungen auf dessen Basis aufgrund der höheren Übereinstimmung mit den offiziellen Daten der Bundesagentur für Arbeit plausibler.

Einen weiteren Gesichtspunkt für die Auswahl der Datenquelle ist die Verfügbarkeit von differenzierten Einkommens-, Beschäftigungs- und Haushaltsdaten. Die Beschäftigungsstatistik der Bundesagentur bietet hierzu nur eine begrenzte Anzahl an individuellen Differenzierungsmerkmalen sowie keinerlei Haushaltsmerkmale, während sowohl der Mikrozensus als auch das SOEP über eine exzellente Auswahl verfügen. Gegenüber dem Mikrozensus ermöglicht es die Konzeption des SOEP als Panel-Design allerdings, neben Querschnittsbetrachtungen ebenso Veränderungen in den Merkmalen auch über einen langen Zeitverlauf zu analysieren. Durch die Wiederbefragung desselben Personenkreises können zudem weitaus anspruchsvollere Kausalanalyseverfahren angewendet werden als es Querschnittsdaten erlauben. Der Mikrozensus als überwiegende Querschnittsbetrachtung kann dies hingegen nicht leisten, mit Ausnahme des auf einen Zeitraum von lediglich vier Jahren begrenzten Rotations-Panels. Trotz aller in Ausführlichkeit dargestellten Einschränkungen, die mit der Verwendung des Sozio-oekonomischen Panels einhergehen könnten, stellt dieses daher nach Ansicht des Autors dieser Dissertation die bestmögliche Datengrundlage dar zur Untersuchung der Beziehung zwischen Armutsgefährdung und Mehrfachbeschäftigung.

322 Vgl. Brenke (2009:600).

5. Armutsdefinition und Armutsmessung

Das Ziel dieser Dissertation ist es zu ergründen, inwieweit sich die finanzielle Situation auf die Ausübung von Mehrfachbeschäftigung auswirkt. Nachdem mit den vorherigen Ausführungen die Auswahl der Datenbasis und Definition beziehungsweise die praktische Operationalisierung von Mehrfachbeschäftigung abgeschlossen ist, verfolgen die folgenden Abschnitte das Ziel ein geeignetes Maß für finanzielle Not zu finden. Im Allgemeinen Sprachgebrauch wird synonym oft der Begriff Armut verwendet, während in der Armuts- und Ungleichheitsforschung die finanzielle Not eher als ein Teilaspekt eines komplexeren multidimensionalen Armutsbegriffes dargestellt wird. Im Weiteren wird daher die Diskussion um ein geeignetes Bestimmungsmaß für finanzielle Not anhand der bestehenden Literatur zur Armuts- und Ungleichheitsforschung aufgezeigt, um darauf aufbauend eine mit den Daten des SOEP zu vereinbarende Operationalisierungsmöglichkeit für finanzielle Not zu bestimmen.

5.1. Allgemeine Definition von Armut

Armut ist ein Begriff, der sich wieder zunehmend in der politischen und gesellschaftlichen Diskussion in Deutschland wiederfindet. Während die Wahrnehmung von Armut angesichts von Hungerkatastrophen in Dritte-Welt-Ländern Afrikas als offensichtlich bezeichnet werden kann, ist die Greifbarkeit des Armutsbegriffs in industrialisierten Wohlfahrtsstaaten weit weniger eindeutig und im höchsten Maße politisch umstritten. Die Armut im sozialen Wohlfahrtsstaat Deutschland ist dagegen nur in den seltensten Fällen direkt augenscheinlich, wie etwa im Zusammenhang mit Obdachlosigkeit, und somit fällt es schwer eine Grenze zu ziehen, ab der Armut beginnt. Im Gegensatz zu natürlichen Phänomenen (wie dem Licht beispielsweise) ist Armut ein gesellschaftliches Phänomen und damit untrennbar mit Werturteilen verbunden.[323] Die Diskussion um die Frage, ab welchem Punkt Armut beginnt, ist insofern neben theoretischen Überlegungen auch von empirischen Messbarkeitsproblemen überlagert. Laut Schlussbericht des Forschungsprojekts zur Operationalisierung von Armuts- und Reichtumsmessung für den Armuts- und Reichtumsbericht der Bundesregierung verlaufen die Diskussionslinien zu einem allgemein anerkannten Armutskonzept anhand der drei folgenden Hauptfragestellungen:[324]

323 Vgl. Piachaud (1992:65f).

324 Vgl. IAW (Hrsg.) (2003:27ff).

(1) Direkte oder indirekte Messung
(2) Absolute oder relative Armutsmessgröße
(3) Objektive oder subjektive Bewertung der Armut

Dieser Einteilung folgend wird im Weiteren ein kurzer Überblick der aktuellen wissenschaftlichen Debatte anhand dieser drei Diskussionslinien aufgezeigt. Dabei werden die gängigen Armutsmessungsmaße vorgestellt und im Anschluss eine Auswahl getroffen, welches Konzept im Hinblick auf die Beantwortung der Fragestellung dieser Dissertation am geeignetsten ist.

5.2. Armutsmessung anhand des Einkommens oder des Konsums (Direkte versus Indirekte Armutsmessung)

Der Ausgangspunkt eines Großteils der wirtschaftswissenschaftlichen Theorie besteht in allgemeinen Überlegungen zum individuellen Nutzen beziehungsweise der gesamtgesellschaftlichen Wohlfahrt. Armut kann in dieser Gedankenwelt als Abweichung vom individuellen Optimum von einem bestimmten Wohlstands- oder Nutzenniveau angesehen werden. Der abstrakte Begriff des Nutzens ist jedoch stark individuell geprägt und somit empirisch schwer zu modellieren, weshalb in der volkswirtschaftlichen Empirie auf alternative Messgrößen zurückgegriffen wird. In der Armutsforschung lassen sich die hierbei verwendeten Indikatoren in direkte und indirekte Maße einteilen.[325] Der prägnanteste Unterschied der beiden ist, dass bei indirekten Armutsindikatoren die mangelnde Ressourcenausstattung gemessen wird, während bei direkten Indikatoren eine Unterversorgung bzw. mangelnde Bedarfsdeckung entscheidend ist.[326] In der empirischen Praxis werden als häufigste Messgrößen direkter Maße der Konsum bzw. die Konsumausgaben verwendet, wohingegen das Einkommen klassisch als indirekte Messgröße Anwendung findet.[327] Die Frage, welche Messgröße am besten geeignet ist Armut zu messen, ist sowohl theoretisch als auch empirisch nicht eindeutig zu beantworten. Diverse Expertisen sehen den Konsum gegenüber dem Einkommen als besseren Indikator zur Messung von Lebensstandard und Wohlfahrt.[328] Das Hauptargument hierfür ist, dass der Konsum der angestrebten Betrachtung von Nutzen- und Wohlfahrtsniveau

325 Vgl. IAW (Hrsg.) (2003:36) und ausführlich Andreß (1999:73ff).
326 Vgl. IAW (2003:36).
327 Vgl. Berthold/Brunner (2011:4).
328 Vgl. etwa Noll/Weick (2007); Slesnick (2001); Zaidi/de Vos (2001); Atkinson (1998).

theoretisch näher steht, während dem Einkommen nur eine intermediäre Rolle zukommt. So dient die Erwirtschaftung eines Einkommens dem Zweck, den Konsum von Waren und Dienstleistungen zu ermöglichen, um auf diesem Wege zur Steigerung des Nutzens beizutragen. Das Einkommen als Indikator für den materiellen Lebensstandard bedeutet somit eine Messung der Konsum-Kapazität eines Individuums oder Haushaltes statt des tatsächlichen Konsums.[329] Für eine Wohlstandsmessung basierend auf Konsumdaten spricht darüber hinaus, dass es bei der Messung der Einkommenssituation durch temporäre Einkommensausfälle, etwa bei kurzzeitigen Arbeitslosigkeitsepisoden, zu erheblichen Schwankungen im Einkommensbezug kommen kann. Die Ausgabensituation ist hingegen als stabiler anzusehen,[330] da ein angestrebtes Konsumniveau auch ohne entsprechendes Einkommen erreicht werden kann, etwa durch die Bereitstellung von Gütern durch Eigen-Produktion oder „Entsparen" beziehungsweise Verschuldung.[331] Eine alleinige Betrachtung des Einkommensbezugs kann insbesondere bei Haushalten, die hauptsächlich von Vermögenswerten leben, zum Beispiel durch eine Erbschaft, aber nur noch geringe Einkommen beziehen, den tatsächlichen Lebensstandard nicht korrekt widerspiegeln. Daneben lässt sich argumentieren, dass etwa bei Marktversagen auch ein bestimmtes Einkommen nicht ausreichen kann, um ein gewünschtes Minimum an Konsummöglichkeiten zu erreichen. Ein Beispiel für ein solches Marktversagen stellt etwa der Fall dar, dass bestimmten Gruppen wie Zuwanderern trotz ausreichendem Einkommen kein Zugang zum Wohnungsmarkt bestimmter Regionen angeboten wird.[332]

Allerdings ist auch unter Befürwortern von direkten Armutsindikatoren umstritten, ob die Konzentration auf Konsum allein als Maßstab für die Messung des Lebensstandards und Armut ausreicht. Die vorhandenen Definitionen lassen sich hierbei prinzipiell in enge und weitgefasste Konzepte von direkter Armutsmessung unterscheiden.[333] Während im engen Definitionsbegriff allein auf den Konsum, d.h. die Einkommensverwendung abgestellt wird, umfasst die weiter gefasste Definition eine potenzielle Vielzahl von weiteren Variablen. Das Ziel der darauf aufbauenden Armutsindikatoren ist es dabei, den Armutsbegriff multidimensional zu interpretieren, um ein ganzheitliches Bild der Lebenslagen der Betroffenen aufzuzeigen. Hier sind insbesondere deprivationsbasierte

329 Vgl. OECD (Hrsg.) (2013:5).
330 Vgl. EUROSTAT (Hrsg.) (1990).
331 Vgl. OECD (Hrsg.) (2013:5).
332 Vgl. Förster/Mira d'Ercole (2009:5).
333 Vgl. z.B. IAW (Hrsg.) (2003:41f); Andreß (1999:78).

Armutsmaße von Bedeutung, die untersuchen, ob bestimmte Bevölkerungsgruppen von Teilen eines allgemein akzeptierten Lebensstandards ausgeschlossen sind. Die wissenschaftliche Auseinandersetzung, welche Definition (eng oder weit) dabei der anderen vorzuziehen ist, bleibt allerdings theoretisch unklar. Insbesondere die potenzielle Multidimensionalität des Ansatzes ist dabei ein Kritikpunkt. Demnach lässt sich bei einer engen Definition nur schwer begründen, warum weitere Dimensionen wie etwa öffentliche Ressourcen (z.B. kommunale Infrastruktur) oder nicht-monetäre Ressourcen (z.B. soziale Netzwerke) keine wichtigen Komponenten des Lebensstandards sein sollen.[334] Die weite Definition von Lebensstandard sieht sich hingegen umgekehrt mit der Frage konfrontiert, ob alle Deprivationserscheinungen notwendigerweise relevant und mit Armut verbunden sind.

Trotz der allgemein anerkannten theoretischen Dominanz direkter Armutsmessung stützt sich ein Großteil der empirischen Armutsforschung auf Einkommensdaten.[335] Der Bezug auf Konsumausgaben findet sich hingegen nur in vereinzelten Studien beziehungsweise wird ergänzend zu Vergleichszwecken herangezogen.[336] Nach Einschätzung von Andreß (1999:78) liegt dies vermutlich vor allem an der gängigen Praxis der Sozialpolitik zur Armutsvermeidung, die in der Regel an der Einkommensposition der Betroffenen ansetzt. Als weiterer möglicher Grund sind die Unterschiede bei der empirischen Erfassbarkeit mittels Fragebögen anzusehen, die das gängigsten Befragungsinstruments der empirischen Sozialforschung darstellen. Zum einen können Befragte meist leichter Auskunft über ihre jetzige oder vergangene Einkommenssituation geben als über ihren vergangenen Konsum.[337] Zum anderen sind Einkommensdaten anhand nur weniger Dokumente, wie Lohnabrechnung oder Rentenbescheiden, leicht nachzuvollziehen. Zum Großteil werden diese in steuerlichen oder administrativen Prozessen generiert und sind daher von hoher Reliabilität und nur mit geringem Aufwand für die Befragungspersonen verbunden. Für eine adäquate Nachverfolgung von Ausgabepositionen ist hingegen ein höherer Aufwand notwendig. Eine genaue Erfassung setzt hier eine tägliche Aufzeichnung des Ausgabeverhaltens voraus. In den Befragungen der Statistischen Ämter des Bundes und der Länder wird dies etwa durch die Verwendung von Haushaltsbüchern bewerkstelligt, in

334 Vgl. Andreß (1999:78).

335 Vgl. u.a. Berthold/Brunner (2011:4); Förster/Mira d'Ercole (2009:5); Noll/Weick (2007:5); IAW (Hrsg.)(2003:40f); Slesnick (2001); Zaidi/de Vos (2001); Atkinson (1998).

336 Vgl. z.B. Noll/Weick (2007).

337 Vgl. Berthold/Brunner (2011:4).

denen tägliche und monatliche Kostenpositionen zu erfassen sind.[338] Hier sind insbesondere die Einkommens- und Verbrauchsstichprobe sowie die Erhebung der laufenden Wirtschaftsrechnungen (LWR) von Bedeutung.[339] Einen Hinweis über den Aufwand dieses Verfahrens gibt der Qualitätsbericht des Statistischen Bundesamtes zur Erhebung der laufenden Wirtschaftsrechnungen 2012,[340] demzufolge die Aufzeichnungsphase der Haushalte seit dem Jahr 1999 von einem Jahr auf vier Monate verkürzt wurde, um die Haushalte hinsichtlich des Beantwortungsaufwandes zu entlasten. In anderen Datenquellen wie dem Mikrozensus, der europäischen Vergleichsstudie EU-SILC (Leben in Europa)[341] und dem Sozio-oekonomischen Panel finden sich zwar detaillierte Angaben über die Einkommenssituation, auf der Ausgabenseite werden dagegen nur bestimmte laufende Posten erfasst, wie die Mietzahlungen und Nebenkosten. Angaben über den täglichen Verbrauch sind hingegen nicht enthalten.[342] Ein Versuch, Deprivationserscheinungen anhand des Konsums empirisch operationalisierbar zu machen, besteht zudem in der Frage nach der Ausstattung eines Haushaltes mit bestimmten Gütergruppen. Dies bringt neben der damit verbundenen Notwendigkeit, bestimmte Güter als für einen bestimmten Lebensstandard unumgänglich einzustufen, weitere methodische Probleme mit sich, wenn z.B. ein Haushalt aus ideologischen Gründen („*life-style-choice*") wegen beschränkter Konsummöglichkeiten auf bestimmte Güter verzichten. Des Weiteren reicht es nicht aus, dass das geforderte Gut vorhanden ist, sondern es muss auch tatsächlich zum Einsatz bereit, d.h. nicht etwa defekt sein. Inwieweit Qualitätsunterschiede zwischen den jeweiligen Produkten berücksichtigt werden sollten und können, ist darüber hinaus eine weitere Frage. Die Sozialberichterstattung der vergangenen Jahrzehnte spiegelt diese Uneinigkeit über die „richtige" Messgröße wieder. Beispielsweise wendete die EU-Armutsmessung sich von dem bis Mitte der

338 Vgl. z.B. Statistisches Bundesamt (Hrsg.) (2013:6).

339 Für weitere Information zur EVS siehe Destatis (Hrsg.) (o.D.h), zur LWR siehe z.B. Statistisches Bundesamt (Hrsg.) (2013).

340 Vgl. Statistisches Bundesamt (Hrsg.) (2013:7).

341 Die Erhebung „Leben in Europa" stellt den deutschen Beitrag zur Europäischen Vergleichsstudie der Einkommens- und Lebensbedingungen (EU-SILC) dar, weitere Informationen siehe Statistische Ämter des Bundes und der Länder (o.D.).

342 Eine Ausnahme hierzu stellt das mit dem Fragebogen 2010 durchgeführte Sonder-Modul zu Konsum dar, in dem die Ausgaben zu 16 Güterkategorien und 18 Gebrauchsgütern erfasst wurden (vgl. SOEP-Info(o.D.)). Aufgrund der Einmaligkeit der Erhebung kann dieses jedoch nicht als Grundlage für langfristige Konsumanalysen verwendet werden.

1990er Jahre verwendeten Konzept der Ausgaben-Armut (im Sinne von 50% der Durchschnittsäquivalenz-Ausgaben) ab und nahm, wie die OECD, vorrangig auf Einkommensindikatoren Bezug.[343] Die Verwendung von Einkommensdaten ist auch weiterhin in der aktuellen Armutsberichterstattung der vorrangige Bezugspunkt, allerdings ist in der internationalen (und nationalen) Berichterstattung eine zunehmende Ergänzung von einkommensbasierten Armutsmaßen mit direkten Armutsindikatoren zu erkennen. Die angesprochene Uneinigkeit über die Relevanz einzelner Indikatoren, die sich durch die Multidimensionalität der Deprivations- und Lebensstandardansätze ergibt, zeigt sich allerdings auch hierbei. Hierfür kann beispielhaft die Sozialberichterstattung der Europäischen Union und der deutschen Bundesregierung angeführt werden. In dem von der EU zur Bekämpfung der Armut gefasstem Strategieplan „Europa 2020“ wird als Leitindikator die *„at-risk-of-poverty-or-social exclusion rate“* (*„AROPE“*-Indikator) ausgegeben, die sich auf drei Indikatoren stützt.[344] Neben der relativen Einkommensarmut wird hierbei auch das Vorhandensein materieller Deprivation berücksichtigt, d.h. die Unterausstattung mit bestimmten als gesellschaftlicher Standard angesehen Gütern,[345] wie Waschmaschine und Kühlschrank sowie einer geringen Einbindung in den Arbeitsmarkt im Sinne von geringen Arbeitszeiten.[346] Als von Armut oder sozialer Ausgrenzung bedroht gilt eine Person dann, wenn sie die Kriterien für mindestens eine der drei Indikatoren erfüllt.[347] Darüber hinaus misst die Europäische Union das Ausmaß der Armut und sozialen Exklusion zu länderübergreifenden Vergleichszwecken anhand von weiteren Indikatoren. Die Liste der EU-Sozialindikatoren wird dabei fortlaufend erweitert und angepasst[348] und umfasste nach vorläufig letztmaligem Update im Jahr 2015 neben dem AROPE-Indikator weitere 10 Hauptindikatoren, die von 14 sekundären Indikatoren und 15 Indikatoren für Kontext-Informationen ergänzt werden.[349] Eine Übersicht über die Hauptindikatoren kann Tabelle 6 (rechts) entnommen werden.

343 Vgl. Förster/Mira d'Ercole (2009).
344 Vgl. EUROSTAT (Hrsg.) (2017:130).
345 Vgl. EUROSTAT (Hrsg.) (2013:56).
346 Vgl. EUROSTAT (Hrsg.) (2017:130).
347 Vgl. EUROSTAT (Hrsg.) (o.D.a).
348 Vgl. EAPN (2014:21); EC (o.D.).
349 Vgl. EU/SPC Indicators Sub-group (2015:18ff.).

Armutsindikatoren (4. ARB)		Armutsindikatoren (5. ARB)		Social inclusion - Primary Indicators (SPC 2015)	
A1	Einkommensarmutsrisiko	A1	Armutsrisiko	SI-P1	At-risk-of poverty rate
A2	Überschuldung	A2	Wirkung von Sozialtransfers	SI-P2	Persistent at-risk of poverty rate
A3	Gesundheitliche Beeinträchtigung nach Einkommensposition	A3	In Work Poverty	SI-P3	Relative median poverty risk gap
A4	Grad der Behinderung nach Einkommensposition	A4	Langzeitarbeitslose und Langzeiterwerbslose	SI-P4	Long term unemployment rate
A5	Ohne Schulabschluss des Sekundarbereichs II	A5	Mindestsicherung	SI-P5	Population living in (quasi-)jobless households
A6	Ohne Berufsausbildung	A6	Vorgelagerte Leistungen	SI-P6	Early school leavers
A7	Kein Interesse an Politik	A7	Überschuldung	SI-P7	Employment gap of immigrants
A8	Wenig soziale Kontakte	A8	Wohnungslosigkeit	SI-P8	Material deprivation rate
A9	In Work Poverty (Einkommensarmut von Erwerbstätigen nach Beschäftigungsform Voll-/Teilzeit)	A9	Materielle Deprivation	SI-P9	Housing
A10	Langzeitarbeitslosigkeit (Anzahl)	A10	Ohne Schulabschluss Sekundarstufe II	SI-P10	Self-reported unmet need for medical care (examination) / Care utilisation
A11	Langzeitsarbeitslosenquote	A11	Ohne Berufsausbildung	SI-P11	Child well-being
A12	Schlechte Wohnsituation			SI-P12	Impact of social transfers
A13	Wohnungslosigkeit			SI-P13	In-work at-risk-of-poverty rate
A14	Abhängigkeit von Mindessicherungsleistungen (z.B. ALGII, Grundsicherung im Alter, Asylbewerber)				
A15	Beeinträchtigung durch Lärm und/oder Luftverschmutzung				
A16	Materielle Deprivation				
A17	Den Mindestsicherungssystemen vorgelagerte einkommensabhängige Leistungen				

Tabelle 6: Vergleich der Kernindikatoren der Armutsmessung des 4. und 5.Armuts- und Reichtumsbericht der Bundesregierung sowie Indikatoren zu Armut und sozialer Exklusion der Europäischen Kommission

Quelle: BMAS (Hrsg.) (2017:498); BMAS (Hrsg.) (2013:461ff), EU/SPC Indicators Sub-group (2015:18ff.).

Die nationale Berichterstattung der Bundesregierung unterlag ebenfalls einem Wandel. Der vierte Armuts- und Reichtumsbericht (ARB) identifizierte neben der relativen Einkommensarmut weitere 16 Kernindikatoren zur Beurteilung des Phänomens Armut, u.a. die Arbeitsmarktbeteiligung, Gesundheit, Wohnungslosigkeit, materielle Deprivation, gesellschaftliches Engagement und soziale Kontakte (vgl. Tabelle 6, links).[350] Im nachfolgenden fünften ARB wurden die Indikatoren neu auf die Bereiche „Armut", „Reichtum" und „Gesellschaft" verteilt, wobei die „Indikatoren, die nur vermittelt einen Bezug zu ‚Armut' oder zu ‚Reichtum' aufweisen, wie solche zur gesamten Einkommensverteilung, zur Wohnsituation, zur Sozialen Teilhabe oder zur Gesundheit, […] als Hintergrundinformationen dem Bereich ‚Gesellschaft' zugeordnet"[351] wurden. Die bisherige

350 Vgl. BMAS (Hrsg.) (2013:461ff.).
351 BMAS (Hrsg.) (2017:497).

List der Armuts-Indikatoren reduzierte sich infolgedessen auf elf Indikatoren (siehe vgl. Tabelle 6, Mitte).[352] Den Veröffentlichungen der EU und des BMAS ist der Versuch gemein ein multidimensionales Bild der Armut zu erfassen, in der die Einkommensarmut nur eine Dimension darstellt. Die breite Betrachtung von Armutsindikatoren, lässt sich jedoch aufgrund fehlender Gewichtungsfaktoren nicht zu einem Summenscore vereinigen, anhand dessen ein einfacher Vergleich verschiedener Länder oder Arbeitsmarktgruppen gewährleistet werden kann. Unabhängig von der Validität der einzelnen Indikatoren verdeutlicht der Vergleich der nationalen und europaweiten Berichterstattung jedoch die prinzipielle Uneinigkeit über die Anzahl der relevanten Faktoren. Die Messung von Armut sowohl anhand der relativen Einkommensarmut als auch der materiellen Deprivation stellt jedoch ein wiederkehrendes Element dar.

5.3. Armutsmessung – subjektive versus objektive Armut und absolute versus relative Armutsmessung

Zur Feststellung, ob eine Person von Armut betroffen ist, bedarf es eines bestimmten Schwellwertes, der sogenannten Armutsschwelle. Prinzipiell lassen sich drei Konzepte[353] von Armutsschwellen unterscheiden: (1) Absolute Armutsgrenzen, die auf einem fixen Betrag beruhen, (2) relative Armut in Bezug zur Einkommensverteilung in der Gesamtbevölkerung sowie (3) die selbstwahrgenommene, d.h. „gefühlte Armut". Nach dem absoluten Armutsbegriff ist eine Person arm, wenn weniger als ein objektiv definiertes absolutes (Einkommens-)Minimum vorhanden ist. Objektiv bedeutet hierbei, dass die Bildung des geforderten Betrags nachvollziehbar ist. Dennoch handelt es sich um eine arbiträr gewählte Grenze, da dieser angemessene Mindeststandard von der gewählten Definition abhängt.[354] Im internationalen Kontext wird damit zumeist ein Zustand beschrieben „in dem die Versorgung mit Gütern, die zur Aufrechterhaltung der physischen Existenz notwendig sind, nicht erreicht wird"[355]. Diese auch als physisches Existenzminimum bezeichnete Grenze definiert zum Beispiel die Weltbank bei einer Verfügbarkeit von weniger als 1,25 US-Dollar pro Tag und Person.[356] In industrialisierten Gesellschaften mit weit höherem Lebensstandard kann diese

352 BMAS (Hrsg.) (2017:498).
353 Vgl. Hagenaars/De Vos (1988).
354 Vgl. Berthold/Brunner (2011:4).
355 Vgl. Bruckmeier et al. (2008:6).
356 Vgl. BMWZ (o.D.a).

absolute Armutsschwelle für den überwältigenden Teil der Bevölkerung als erfüllt angesehen werden, weshalb der Armutsbegriff um eine soziokulturelle Komponente erweitert wird. Die sozialstaatlich definierte Armut besteht demnach in einer Unterausstattung mit finanziellen Mitteln um ein soziokulturelles Existenzminimum zu erreichen.[357] In Deutschland existiert diese in Form der Grundsicherung, die nach der Sozialgesetzgebung an Personen ohne Einkommen zur Bedarfsdeckung gezahlt wird.[358] Die Festlegung dieses Betrages stützt sich dabei unter anderem auf die Ermittlung des sogenannten Regelbedarfes. Zu dessen Berechnung werden in zwölf Kategorien nach Gütergruppen Verbrauchsausgaben anhand der Einkommens- und Verbrauchsstichprobe (EVS) des Statistischen Bundesamtes und der Länder ermittelt,[359] unter Ausschluss von Gütern und Dienstleistungen, die nicht als regelleistungsrelevant angesehen werden.[360] Trotz der objektiven, d.h. nachvollziehbaren Berechnungsweise des Regelbedarfs liegt den als relevant angesehen Gütern ein normativer Bewertungsmaßstab zu Grunde. Dieser ist zudem den Veränderung des gesellschaftlichen Konsens und der Rechtsprechung unterworfen, wie etwa bei der nicht länger in den Grundbedarf einbezogenen Gütergruppe „Alkohol und Tabakwaren" ersichtlich wurde.[361] Die Regelbedarfe wurden zuletzt auf Basis der EVS 2013 im Januar 2017 neu festgesetzt[362] und werden in regelmäßigen Abständen unter der Berücksichtigung der Preis- und Lohnentwicklung fortgeschrieben.[363] Neben dem Regelbedarf werden Mehrbedarfsleistungen für konkrete Bedarfslagen gewährt, wie beispielsweise für werdende Mütter, Alleinerziehende oder die zentrale Warmwasserversorgung, sowie die tatsächlichen Kosten für Unterkunft und Heizung.[364] Zusätzlich haben Kinder, Jugendliche und junge Erwachsene Anspruch auf Leistungen zur Bildung und Teilhabe.[365] Einer Beispielrechnung des BMAS zufolge ergibt sich daraus im

357 Vgl. Rhein (2009:4); Bruckmeier et al. (2008:6).
358 Vgl. BMAS (Hrsg.) (2017:350).
359 Vgl. Gesetz zur Ermittlung der Regelbedarfe nach §28 des Zwölften Buches Sozialgesetzbuch.
360 Vgl. Becker (2011:36ff) für eine Auflistung dieser Güter und einer kritischen Auseinandersetzung derer Regelbedarfsrelevanz sowie den Gesetzentwurf der Bundesregierung (Bundestags-Drucksache 17/3404) in dem die Regelbedarfsrelevanz der einzelnen Güter begründet und die Berechnung dargestellt wird.
361 Vgl. Bundestags-Drucksache 17/3404:54.
362 Vgl. BMAS (Hrsg.) (2017:258).
363 Vgl. BMAS (Hrsg.) (2017:350).
364 Vgl. BMAS (Hrsg.) (2017:258).
365 Vgl. BMAS (Hrsg.) (2017:258).

Jahr 2018 für Alleinstehende ein ALG-II-Haushaltseinkommen/Sozialgeld von 737 Euro und für ein Ehe-Paar mit zwei Kindern (zwischen 4 und 12 Jahren) ein Leistungsanspruch in Höhe von 1.928 Euro.[366]

Im starken Gegensatz dazu steht der subjektive Armutsbegriff, demzufolge eine Person arm ist, wenn sie selbst glaubt, über nicht genügend Mittel für ein auskömmliches Leben zu verfügen. Die Bestimmung der Armutsschwelle ist somit rein subjektiv, da nicht nachvollziehbar ist, wie hoch der hierbei individuell unterstellte Betrag ist und unklar bleibt, ob die befragte Person einen absoluten Betrag vor Augen hat oder sich im relativen Vergleich zu ihrer Bezugsgruppe misst. Eine Armutsmessung nach subjektiver Betrachtungsweise, stellt damit eine generell für die Gesamtgesellschaft, ob relativ oder absolut, festgelegte Armutsschwelle in Frage. Wissenschaftliche Ansätze die Armut aus subjektiver Sicht zu erfassen, sind bislang eher selten.[367] Ein Beispiel ist die im Auftrag des BMAS vom Befragungsinstitut „aproxima – Gesellschaft für Markt- und Sozialforschung Weimar GmbH" durchgeführte Befragung „ARB-Survey". In dieser wurden 2.040 Teilnehmer die Frage gestellt, ab welchem persönlichen Nettoeinkommen die Befragten sich selbst als arm einstufen würden. Dabei zeigte sich, dass jüngere Personen eine niedrigere Armutsgrenze ansetzten als der Durchschnitt, woraus der Armuts- und Reichtumsbericht schlussfolgert, „dass die eigenen Ansprüche als Maßstab der Schätzungen dienen"[368].

Am weitesten in der vergleichenden Armutsforschung in Industrieländern verbreitet ist der relative Armutsbegriff,[369] demzufolge jemand anhand der relativen Einkommensposition im Vergleich zu der Gesamtbevölkerung als arm klassifiziert wird. Die Bildung der Armutsschwelle ist hierbei objektiv nachvollziehbar, allerdings unterscheiden sich die hierzu vorliegenden Konventionen deutlich. Die Bildung dieser Schwelle hängt zudem von „zahlreichen Annahmen ab, die aus normativen und methodischen Gesichtspunkten zu treffen sind"[370].

---

366 Vgl. BMAS (2018). Das ALG-II Haushaltseinkommen/Sozialgeld setzt sich dabei für Alleinerziehende aus 416 Euro (Regelbedarf) und 321 Euro (Kosten der Unterkunft) zusammen und die des Ehe-Paares aus 1.284 Euro (Regelbedarf, inklusive Bildungs- und Teilhabeleistungen für Kinder) und 644 Euro (Kosten der Unterkunft).

367 Vgl. BMAS (Hrsg.) (2013:197).

368 Vgl. BMAS (Hrsg.) (2013:196).

369 Dieser wird u.a. in der internationalen vergleichenden Sozialberichterstattung der OECD und Europäischen Union, sowie im nationalen Armuts- und Reichtumsbericht der Bundesregierung Deutschlands verwendet.

370 Vgl. BMAS (Hrsg.) (2013:330).

Die Bildung der relativen Armutsschwelle wird durch die folgenden fünf Kriterien beeinflusst:[371]

- die Wahl des Einkommensbegriffs
- die Zuordnungsproblematik
- die gewählte (Äquivalenz-)Skalierung
- das Mittelwertkonzept
- der gewählte Abstand zum Mittelwert.

Durch deren konkrete Ausgestaltung werden jedoch starke Werturteile gegeben, die oftmals nicht offengelegt und diskutiert werden.[372] Um dies zu verdeutlichen, wird nachfolgend auf die Berechnung der relativen Armutsgrenze anhand dieser Kriterien detailliert eingegangen, um unterschiedliche Konzepte und Kritikpunkte zu diskutieren sowie deren Auswirkungen auf das Ergebnis zu analysieren.

5.3.1. Bestimmung des relativen Armutsbegriffs – Wahl des Einkommensbegriffs

In der ökonomischen Literatur steht eine Reihe an unterschiedlichen Einkommenskonzepten zur Verfügung. Der Anspruch eines der Armutsforschung zugrunde liegenden Einkommensbegriffs ist es, die tatsächlich, dem Individuum maximal zur Verfügung stehenden Geldmittel abzubilden, welche für den Konsum für Güter und Dienstleistungen aufgewandt werden können, ohne die Ersparnisse anzugreifen oder Schulden aufzubauen.[373] In Tabelle 7 ist hierfür beispielhaft die Bildung des verfügbaren Einkommens („*cash disposable income*") nach den Bestimmungen der OECD dargestellt. In diesem Einkommenskonzept werden neben dem Einkommen aus Arbeitstätigkeit noch weitere Einkommensarten einbezogen, wie Kapital-, Transfer und Renteneinkommen. Das sich hierbei ergebende Einkommen vor Abgaben und Steuern („*pre-government-income*" *oder* „*market income*") wird um die öffentlichen und privaten Umverteilungsmechanismen korrigiert, um das tatsächlich dem Konsum zur Verfügung stehende Einkommen zu ermitteln. Zu diesen zählt etwa die Addition von öffentlichen Transfereinkommen, wie z.B. Arbeitslosen- oder Wohngeld, Einnahmen aus den Sozialversicherungssystemen (z.B. staatliche Rente) und der Abzug von Steuern und Sozialversicherungsabgaben. Das sich hierbei ergebende verfügbare

371 In Anlehnung an Berthold/Brunner (2011) und Bruckmeier et al. (2010:7ff)-
372 Vgl. Berthold/Brunner (2011:15).
373 Vgl. OECD (o.D.).

Nettoeinkommen wird in neueren Einkommenserhebungen noch ergänzt um den Einbezug eines (fiktiven) Einkommens aus Miet-Ersparnis durch selbstgenutztes Wohneigentum oder verbilligt zur Verfügung gestellten Wohnraums („*imputed rent*"). Dem verfügbaren Einkommen wird hierfür ein kalkulatorischer Mietwert zugeschlagen (bzw. imputiert).[374] Die theoretische Fundierung stellt hierfür der Opportunitätskostenansatz dar, demzufolge eine Wohnung, die nicht eigengenutzt wird, stattdessen Mieteinnahmen generieren würde.[375] Diese (fiktiven) Mieteinnahmen werden bei der Generierung des verfügbaren Einkommens jedoch nicht berücksichtigt. Eine von staatlicher oder privater Seite verbilligt, d.h. unter dem marktüblichen Wert zur Verfügung gestellte Wohnung kann gleichfalls als Erhöhung des verfügbaren Einkommens angesehen werden.

+	Gross wages and salaries from dependent employment
+	Self-employment income
+	Capital and property income
=	**Factor Income**
+	Occupational and private pensions
=	**Market Income**
+	Social security cash benefits (universal, income-related, contributory)
+	Private transfers
+	Other cash income
=	**Gross Income**
-	Income tax (and employee social security contributions)
=	**Cash disposable income**

Tabelle 7: Bestandteile des verfügbaren Einkommens nach dem OECD-Rahmenwerk
Quelle: Förster/Mira d'Ercole (2009:6).

Das von der OECD verwendete Konzept macht keine direkten Angaben über die Verwendung von Miet-Imputationen.[376] Es basiert aber auf den Empfehlungen einer Expertengruppe zu Haushaltseinkommensauswertungen,[377] die eine

374 Vgl. Grabka/Goebel (2013:14); Berthold/Brunner (2011:4); Statistisches Bundesamt (2008:12). Für eine ausführlichere Darstellung dieses Verfahrens anhand des SOEP vgl. Grabka (2013:47).

375 Vgl. Grabka/Goebel (2013:14); Berthold/Brunner (2011:4f).

376 Vgl. Förster/Mira d'Ecole (2009).

377 Vgl. Canberra Group (2001).

Aufnahme des Mietwertes befürworten, sofern die empirischen Daten dies zulassen.[378] In der Praxis kann dessen Einbezug bei internationalen Vergleichsstudien problematisch sein aufgrund von unterschiedlichen nationalen Konventionen zu dessen Berechnung,[379] so dass der Konsistenz Vorrang vor dem Anspruch der Perfektion geben werden sollte.[380] Für den in dieser Arbeit vorliegenden Kontext einer rein nationalen Untersuchung ist dies jedoch nicht gegeben. Da die Kosten für Wohnen einen oftmals beträchtlichen Teil des Einkommens ausmachen, ist es daher „grundsätzlich sinnvoll, die Eigennutzung dem Einkommen hinzuzurechnen, auch wenn kalkulatorische Mieten nicht fehlerfrei berechnet werden können"[381].

5.3.2. Bestimmung des relativen Armutsbegriffs – Zuordnungsproblematik und Skalenerträge

Während die ökonomische Theorie vorwiegend vom Individuum aus gedacht ist, existieren in der realen Welt soziale Verbünde, in denen ein nicht unerhebliches Maß an Ressourcenverteilung stattfindet.[382] Dem sich hierbei ergebenden Zuordnungsproblem[383] wird in vielen Verteilungs- und sozialpolitischen Untersuchungen mit der Annahme begegnet, dass alle Mitglieder eines Haushaltes von den Einkommenswerten der anderen Haushaltsmitglieder mitprofitieren. Der theoretischen Vorstellung einer Gleichverteilung des Wohlstands zufolge fließen die gesamten Einnahmen eines Haushaltes in einen gemeinsamen Pool und die daraus getätigten Ausgaben stehen jedem Mitglied in gleichem Maße zur Verfügung.[384] Als konkretes Beispiel wäre hierbei etwa die Anschaffung von Haushaltsgegenständen wie Kühlschrank und Waschmaschine zu nennen. Der Umstand, dass auch von Geldmitteln von Nicht-Haushaltsmitgliedern profitiert werden kann, wird mit der Einbeziehung von privaten Transfereinkommen, wie beispielsweise Unterhalts- oder Unterstützungszahlungen, in die Berechnung des verfügbaren Einkommens berücksichtigt. Darüber hinausgehende unerwartete oder unregelmäßige Einmalzahlungen, wie Geldgeschenke zu Festtagen, könnten mit vorhandenen Datenbasen, wie dem SOEP, zwar prinzipiell abgebildet werden,

378 Vgl. Canberra Group (2001:8).
379 Vgl. Smedding et al. (1990:8).
380 Vgl. Smeeding et al. (1990:8).
381 Vgl. Berthold/Brunner (2011:4f).
382 Vgl. Berthold/Brunner (2011:5).
383 Vgl. Atkinson (1998).
384 Vgl. Bruckmeier et al. (2010:205).

in der sozialpolitischen Forschungsliteratur spielen diese jedoch meist keine Rolle. Insbesondere für die Frage, ob jemand aus finanziellen Gründen einem Nebenerwerb nachgeht, sollten einmalige/unregelmäßige und daher nicht vorhersehbare Zahlungen sich eher nicht auf die Motive der Betroffenen auswirken.

Der Haushaltskontext kommt darüber hinaus noch in der Frage der Äquivalenz- bzw. Bedarfsgewichtung des Haushaltseinkommens zum Tragen, da gleiche Haushaltseinkommen bei unterschiedlichen Haushaltsgrößen zu unterschiedlichen Lebensstandards führen.[385] Hierbei wird angenommen, dass mit steigender Haushaltsgröße bestimmte Kostenersparnisse („*economies of scale*") entstehen. Diverse fixe Kosten bestehen etwa unabhängig von der Anzahl der Haushaltsmitglieder, wie zum Beispiel die Anschaffung einer Küche, wohingegen bestimmte abnehmende variable Stück-Kosten existieren, wie beispielsweise beim Einkauf von Lebensmitteln in Großpackungen. Ein Mittel zur Anpassung an diesen Umstand ist die Berechnung des Pro-Kopf-Haushaltseinkommens, d.h. die Division des Haushaltseinkommens durch die Anzahl der Haushaltsmitglieder. In einigen Veröffentlichungen der OECD wird als Erweiterung dieses Konzepts als Quotient die Wurzel der Anzahl der Haushaltsmitglieder verwendet, wohinter die Überlegung steht, dass der Bedarf des Haushaltes nicht im proportionalen Verhältnis mit dessen Größe zunimmt.[386] In aufwendigeren Bedarfsgewichtungen wird zudem unterstellt, dass neben der Anzahl der Personen auch die Altersstruktur zu unterschiedlichen Bedürfnissen und damit Kosten führt. In diesen wird eine Kostendegression für jedes weitere erwachsene Haushaltmitglied und für Kinder im Haushalt ein generell geringerer Kosten- und Konsumaufwand unterstellt. Der gedankliche Hintergrund hierbei ist, dass eine weitere (erwachsene) Person im Haushalt nicht, wie beim einfachen Pro-Kopf-Einkommen implizit angenommen, zu einer Verdopplung der Kosten führt. Für Kinder werden darüber hinaus geringere Kosten impliziert als für Erwachsene, bedingt etwa durch geringeren Kalorienbedarf, kleinere Zimmergrößen und geringeren Mobilitätsbedarf. Das IAW stellte hierzu im Jahr 2003 im Abschlussbericht zur Operationalisierung von Armut für das Bundesministerium für Gesundheit und Soziale Sicherung fest: „So unstrittig die Konzeption der Äquivalenzziffern auch ist, so vielfältig ist andererseits die Liste der teils mehr, teils weniger theoretisch untermauerten Äquivalenzskalen, die in der empirischen Armutsforschung verwendet worden sind."[387] In der empirischen Sozialforschung sind die gebräuchlichsten Äquivalenzskalen

---

385 Vgl. Becker/Hauser (2003:58).

386 Z.B. OECD (Hrsg.) (2008:41f).

387 IAW (Hrsg.) (2003: 154) mit Verweis auf Buhmann et al. (1988) und Lohmann (2001).

zur Bedarfsgewichtung die alte OECD-Skala und die neue bzw. modifizierte OECD-Skala,[388] wobei Veröffentlichungen neueren Datums vorwiegend die modifizierte OECD-Skala verwenden. Diese unterscheiden sich sowohl in der Gewichtung der weiteren Erwachsenen als auch der Kinder im Haushalt, wobei die modifizierte Skala eine deutlich höhere Kostenersparnis in Mehrpersonenhaushalten unterstellt.[389] Nach der modifizierten OECD Skala wird der ersten Person eines Haushaltes ein Gewichtungsfaktor von 1,0 Einheiten, jedem weiteren Haushaltsmitglied über 14 Jahren eine Gewichtung von 0,5 (alte OECD-Skala 0,7) Einheiten und jedem Kind bis 14 Jahren eine Gewichtung von 0,3 (alte OECD-Skala 0,5) Einheiten zugeschrieben. Das verfügbare Haushaltseinkommen wird durch die Summe dieser Gewichtungsfaktoren geteilt, um das äquivalenzgewichtete Haushaltseinkommen zu erhalten. In älteren nationalen Untersuchungen des deutschen Arbeitsmarktes wurde darüber hinaus auch eine Gewichtung entsprechend der Regelsatzproportionen des damaligen Bundessozialhilfegesetzes verwendet (BSHG-Skala).[390] Die Bedarfsgewichtung entsprechend der BSHG-Skala nahm eine feingliedrigere Berücksichtigung der Haushaltszusammensetzung und Altersstruktur vor als die OECD-Skalen. In dieser werden den weiteren Haushaltsmitgliedern neben der ersten volljährigen Person entsprechend der Zugehörigkeit zu vier Alterskategorien ein eigenständiger Gewichtungsfaktor zugeteilt (vgl. Tabelle 8, oben).

		weitere Haushaltsangehörige				
BSHG	*1. Erwachsener*	*weitere Personen über 18 Jahre*		*14 bis 17 Jahre*	*7 bis 13 Jahre*	*bis 6 Jahre*
Personengewicht (BSHG-Skala)	1,0	0,80		0,90	0,65	0,50
		weitere Haushaltsangehörige				
	1. Erwachsener	*Volljähriger Partner*	*ab 18 Jahre*	*14 bis 17 Jahre*	*6 bis 13 Jahre*	*bis 5 Jahre*
		Regelbedarfsstufe				
SGB XII	1	2	3	4	5	6
in €uro	416	374	332	316	296	240
in Anteil an Regelbedarfsstufe 1	1,0	0,90	0,80	0,76	0,71	0,58

Tabelle 8: BSHG-Skala und Bedarfsgewichtung der Regelbedarfssätze nach Sozialgesetzbuch Zwölftes Buch

Quelle: BSHG-Skala nach Klocke (2000:315); Anteil an Regelbedarfsstufe 1 auf Basis eigener Berechnungen nach SGB XII Anlage zu Regelbedarfsstufen nach § 28, (Januar 2018),. auf zwei Nachkommastellen gerundet. Vgl. Lohmann (2001); Klocke (2000); Semrau Stubig (1999).

388 Vgl. OECD (Hrsg.) (2013:174).

389 Vgl. Bruckmeier et al. (2010:205).

390 Vgl. Lohmann (2001); Klocke (2000); Semrau Stubig (1999).

Das Bundessozialhilfegesetz wurde im Jahr 2005 außer Kraft gesetzt und von den Bestimmungen des Zwölften Buch Sozialgesetzbuch (SGB XII) abgelöst.[391] Auf Basis der im SGB XII (Artikel 1 §28, Anlage) aufgeführten Leistungsansprüchen zur Sozialhilfe nach Regelbedarfsstufen lässt sich eine aktualisierte Fassung der BSHG-Skala generieren. Zur Bildung dieses alternativen Gewichtungsfaktors werden die im SGB XII ausgewiesenen Beträge zur Sozialhilfe der Regelbedarfsstufen 2 bis 6 in Anteilen des Bedarfssatzes eines Alleinstehenden (Regelbedarfsstufe 1) gewichtet (vgl. Tabelle 8, unten). Die Bedarfsgewichtung unterscheidet, ob es sich bei dem ersten weiteren erwachsenen Haushaltsmitglied um den (Ehe-)Partner handelt und nimmt eine weitere Abstufung in vier Alterskategorien vor. In Tabelle 9 ist eine vergleichende Übersicht der beschriebenen Äquivalenzskalen für eine Auswahl an Haushaltskontexten dargestellt, wobei ein niedrigerer Gewichtungsfaktor mit einem höheren Grad von Kostenersparnissen gleichzusetzen ist.

	Gewichtungsskala					
Haushalts-Größe	Pro-Kopf-Einkommen	„alte" OECD Skala	Modifizerte OECD Skala	Quadrat-Wurzel Skala	Regelbedarf SGB XII	BSHG-Skala
1 Erwachsener	1,00	1,00	1,00	1,00	1,00	1,00
1 Erwachsener, 1 Kind (4 Jahre)	2,00	1,50	1,30	1,40	1,58	1,50
1 Erwachsener, 1 Kind (15 Jahre)	2,00	1,70	1,50	1,40	1,76	1,90
2 Erwachsene	2,00	1,70	1,50	1,40	1,90	1,80
2 Erwachsene, 1 Kind (4 Jahre)	3,00	2,20	1,80	1,70	2,61	2,30
2 Erwachsene, 1 Kind (15 Jahre)	3,00	2,40	2,00	1,70	2,66	2,70
2 Erwachsene, 2 Kinder (4 Jahre)	4,00	2,70	2,10	2,00	3,32	2,80
2 Erwachsene, 2 Kinder (15 Jahre)	4,00	3,10	2,50	2,00	3,42	3,60
2 Erwachsene, 2 Kinder (4 u. 15 J.)	4,00	2,90	2,30	2,00	3,24	3,20
5 Erwachsene	5,00	3,80	3,00	2,24	4,29	4,60

Tabelle 9: Vergleich Äquivalenzskalen

Quelle: Eigene Berechnungen in Anlehnung an OECD (2013:177). BSHG-Skala nach Klocke (2000:315); Anteil an Regelbedarfsstufe 1 auf Basis eigener Berechnungen nach SGB XII Anlage zu Regelbedarfsstufen nach § 28, (Januar 2018), auf zwei Nachkommastellen gerundet. Aus Vereinfachungsgründen wird bei der Skala nach SGB XII unterstellt, dass es sich bei dem zweiten erwachsenen Haushaltsmitglied um den Partner handelt.

391 Vgl. bpb (o.D.).

Mit zunehmender Haushaltsgröße kommt der mit der Äquivalenzskala unterstellten Kostenersparnis ein höheres Gewicht zu. Bei den Skalen, die darüber hinaus noch die Zusammensetzung des Haushaltes nach Alter berücksichtigen, führt ein steigender Anteil von Kindern im Haushalt zu zusätzlichen Synergieeffekten. Aufgrund fehlender Annahmen zu Kostenersparnissen durch den Haushaltskontext weist eine „Pro-Kopf-Gewichtung" durchgängig die höchsten Gewichtungsfaktoren auf. Die überwiegend höchsten Annahmen zur Kostenersparnis werden hingegen bei Verwendung einer Bedarfsgewichtung mittels der Quadratwurzel der Haushaltsgrößen unterstellt, gefolgt von einer Gewichtung nach modifizierter OECD-Skala und alter OECD-Skala. Die Gewichtungsfaktoren auf Basis der Quadrat-Wurzel-Skalierung und der modifizierten OECD-Skala weichen erst bei zunehmender Haushaltsgröße in größerem Maße voneinander ab. Aufgrund der niedrigeren Bedarfsgewichtung von sowohl Kindern bis 14 Jahren als auch Personen ab 15 Jahren unterstellt die modifizierte OECD-Skala im Vergleich zu der alten OECD-Skala erwartungsgemäß ein höheres Maß an Kostenersparnis. Nach der „Pro-Kopf"-Skalierung berechnen sich die höchsten Gewichtungsfaktoren anhand der BSHG-Skala und auf Basis der SGB XII-Regelbedarfsstufen. Dies ist auf die im Vergleich zu den OECD-Skalen höheren Annahmen zum Mehrbedarf durch zusätzliche Haushaltsmitglieder zurückzuführen. Die Wahl der Äquivalenzskala hat also einen großen Einfluss auf die Ergebnisse, was sich an einem konkreten Beispiel zeigen lässt. Bei Verwendung des nach der Einkommens- und Verbrauchsstichprobe des Jahres 2013 festgestellten durchschnittliche Haushaltsnettoeinkommens eines Alleinlebenden von 1.889 Euro[392] ergibt sich je nach Bedarfsgewichtung ein individuelles Äquivalenz-Einkommen zwischen 630 Euro („Pro-Kopf") und 1.111 Euro („Quadrat-Wurzel") (vgl. Tabelle 10).

392 Vgl. Statistisches Bundesamt (Hrsg.) (2015:124), Zeile 40 zzgl. Einnahmen aus Verkauf von Waren und sonstige Einnahmen (Zeile 41+42). Die zugrundeliegende EVS wird im Fünf-Jahres-Rhythmus durchgeführt, weshalb bei Anfertigung dieser Arbeit die Erhebung des Jahres 2013 den aktuellsten Wert darstellt.

Haushalts-Größe	Durchschnittl. Haushaltsnetto-einkommen	Äquivalenzgewichtetes Haushaltsnettoeinkommen je Gewichtungsskala					
		Pro-Kopf-Einkommen	„alte" OECD Skala	Modifizerte OECD Skala	Quadrat-Wurzel Skala	Regelbedarf SGB XII	BSHG-Skala
1 Erwachsener	1.889 €	630 €	859 €	1.049 €	1.111 €	724 €	821 €
2 Erwachsene, 2 Kinder (4 Jahre)	4.918 €	1.230 €	1.821 €	2.342 €	2.459 €	1.480 €	1.756 €
2 Erwachsene, 2 Kinder (15 Jahre)	4.918 €	1.230 €	1.586 €	1.967 €	2.459 €	1.439 €	1.366 €
2 Erwachsene, 2 Kinder (4 u. 15 J.)	4.918 €	1.230 €	1.696 €	2.138 €	2.459 €	1.520 €	1.537 €

Tabelle 10: Äquivalenzgewichtetes Haushaltsnettoeinkommen auf Basis ausgewählter Äquivalenzskalen

Quelle: Eigene Berechnungen in Anlehnung an OECD (Hrsg.) (2013:177). BSHG-Skala nach Klocke (2000:315); Anteil an Regelbedarfsstufe 1 auf Basis eigener Berechnungen nach SGB XII Anlage zu Regelbedarfsstufen nach § 28, (Januar 2018), auf zwei Nachkommastellen gerundet. Durchschnittliches Haushaltsnettoeinkommen nach Statistisches Bundesamt (Hrsg.) (2015). Aus Vereinfachungsgründen wird bei der Skala nach SGB XII unterstellt, dass es sich bei dem zweiten erwachsenen Haushaltsmitglied um den Partner handelt. Um die Auswirkungen der Äquivalenzskala zu verdeutlichen wird hier das durchschnittliche Haushaltsnettoeinkommen eines Ehepaares mit zwei Kindern verwendet, d.h. keine Unterscheidung nach Altersklassen der Kinder vorgenommen.

Ein ähnliches Bild ergibt sich für das Haushaltsnettoeinkommen eines Paar-Haushaltes mit zwei Kindern von 4.918 Euro,[393] welches äquivalenzgewichtet einen Wert zwischen 1.230 Euro („Pro-Kopf") und 2.459 Euro („Quadratwurzel") aufweist. Die Werte anhand der übrigen Skalierungen sind abhängig vom Alter der Kinder, allerdings wiederrum niedriger nach der BSHG- und SGB-XII-Skala gegenüber den OECD-Skalen. Beispielsweise verfügt jedes Mitglied einer Familie mit zwei Erwachsenen und zwei Kindern (im Alter von 4 und 15 Jahren) nach modifizierter OECD-Skala über ein äquivalenzgewichtetes Haushaltseinkommen von 2.138 Euro gegenüber nur 1.696 Euro nach alter OECD-Skala und sogar nur circa 1.500 Euro nach Skalierung auf Basis der nationalen Sozialhilfegesetzgebung (BSHG und SGB XII).

Die sich je nach Wahl der Äquivalenzskala ergebenden Befunde werfen die Frage auf, welche Skalierung am geeignetsten ist, die wahren Einkommensverhältnisse abzubilden. Eine Studie der OECD stellt hierzu fest, dass sich trotz zunehmender Forschungstätigkeiten von Statistikämtern und anderen Einrichtungen bislang kein Standard durchgesetzt hat.[394] Als großer Vorteil von einfachen Skalen wird etwa die bessere Transparenz und Nachvollziehbarkeit der

393 Vgl. Statistisches Bundesamt (Hrsg.) (2015:146), Zeile 40 zzgl. Einnahmen aus Verkauf von Waren und sonstige Einnahmen (Zeile 41+42).

394 Vgl. OECD (Hrsg.) (2013:173).

Auswirkungen der Skalierung auf das Endergebnis benannt.[395] Dies dürfte generell etwa für die Pro-Kopf-Skalierung sprechen und gegen die Quadrat-Wurzel-Skalierung. Gegen die Verwendung der Quadrat-Wurzel-Skalierung spricht daneben, dass die theoretische Fundierung allein der Vermeidung einer Proportionalität zwischen Haushaltsgröße und Bedarf geschuldet ist, das Maß ansonsten aber eher willkürlich gewählt ist.[396] Umgekehrt kann für umfassendere Maße angeführt werden, dass sie besser in der Lage sind der vollen Komplexität der Haushaltszusammensetzung und den damit verbundenen Kostenersparnissen gerecht zu werden. So spricht vieles theoretisch dafür, die in größeren Haushalten bestehenden Synergieeffekte zu berücksichtigen und eine Unterscheidung zwischen Kosten für Kinder und Erwachsene zu erlauben. Die Frage nach der tatsächlichen Gewichtung der einzelnen Personen und eine Abgrenzung der Altersstufen bleiben allerdings in hohem Maße von Willkür bestimmt. Inwiefern etwa einem 14-Jährigen nur ein Gewichtungsfaktor von 0,3 zugeschrieben wird, einem 15-Jährigen hingegen bereits ein Faktor von 0,5, bleibt weitgehend unbegründet. Eine feinere Abstufung nach Altersgruppen, wie es etwa das SGB XII oder BHSG vorsieht, löst jedoch nur augenscheinlich die Problematik, da mit der steigenden Komplexität in gleichem Maße die Nachvollziehbarkeit bei der Berechnung abnimmt. Die der selbsterstellten Skala zu Grunde liegende Bedarfsermittlung von Konsumgütern aus verschieden Konsumgruppen unterliegt einem aufwendigen Berechnungsprozess, bleibt jedoch im Endeffekt ebenfalls von Annahmen abhängig und ist daher weder unumstritten noch zwangsläufig besser geeignet. Wie darüber hinaus der Vergleich der Skala auf Basis der alten Sozialhilfegesetzgebung (BSHG) mit der Skalierung anhand der Regelbedarfsstufen des SGB XII gezeigt hat sind die, der Sozialhilfe zu Grunde liegenden, Gewichtungsannahmen keineswegs konstant sondern unterliegen zeitlichen Veränderungen. In der nationalen und europäischen Sozialforschungsliteratur ist eine überwiegende Verwendung der modifizierten OECD-Skala festzustellen. Prominente nationale Beispiele sind etwa der Armuts- und Reichtumsbericht der Bundesregierung sowie der Armutsatlas des Paritätischen Gesamtverbands und in der neueren Berichterstattung der OECD und der europäischen Union stellt diese den Quasi-Standard dar. Ein Expertengremium der europäischen Statistikbehörde EUROSTAT sprach bereits im Jahr 19998 aus Kontinuitäts- und Vergleichbarkeitsgründen die Empfehlung aus, die relative Armutsgrenze von 60% des Median-Einkommens anhand der modifizierten OECD-Skala zu

395 Vgl. OECD (Hrsg.) (2013:174).
396 Vgl. OECD (Hrsg.) (2008:41f).

berechnen und in der europäischen Sozialberichterstattung zu verwenden.[397] Aufgrund des mangelnden Konsenses über eine unumstrittene Skala und zur Beurteilung der Robustheit der Ergebnisse wurde darüber hinaus empfohlen, Berechnungen anhand eines weiteren Skalenniveaus durchzuführen. Ebenso spricht sich die OECD in ihrem im Jahr 2013 publizierten „*framework for statistics on the distribution of household income, consumption and wealth*" gegen die Empfehlung eines alleinigen Skalenniveaus aus,[398] sieht jedoch gleichzeitig die alte und modifizierte OECD Skala sowie die Quadrat-Wurzel-Skala als die gebräuchlichsten in den OECD-Ländern an.[399]

5.3.3. Bestimmung des relativen Armutsbegriffs – Mittelwertkonzept und Abstand vom mittleren Einkommen

Zur Bestimmung des durchschnittlichen Einkommens werden überwiegend das arithmetische Mittel oder der Median herangezogen. „Die auf den Median bezogenen Armutsgrenzen sind weniger anfällig für Extremwerte am oberen und unteren Rand der Verteilung und liefern somit robustere Ergebnisse als die aus dem arithmetischen Mittel abgeleiteten Schwellenwerte".[400] Um diesen Vorteil zu nutzen werden in der Einkommens- und Armutsforschung überwiegend auf dem Median basierende Armutskonzepte verwendet. Die eigentliche Armutsschwelle ergibt sich durch den gewählten Abstand zum mittleren Einkommen, ausgedrückt in Prozent des Median-Einkommens. Hiermit wird festgelegt, wie weit ein Einkommen vom mittleren Einkommen abweichen muss, damit eine Person als armutsgefährdet definiert werden kann. Die Festlegung dieses Abstandswertes ist weitgehend willkürlich[401] und wirkt sich unmittelbar auf die Zahl der erfassten Einkommensgruppen aus. Der gewählte Abstand sollte daher nicht zu weit vom mittleren Einkommen entfernt liegen, da die Analyse sich sonst auf die Bezieher von sehr geringen Einkommen beschränkt.[402] Um dies zu vermeiden, findet sich in der ökonomischen Literatur überwiegend die Empfehlung einen Abstand zwischen 40% und 70% des Median-äquivalenzgewichteten Einkommens für die Bestimmung der Armutsschwelle zu verwenden.[403]

---

397 Vgl. Eurostat (Hrsg.) (1998).
398 Vgl. OECD (Hrsg.) (2013:175).
399 Vgl. OECD (Hrsg.) (2013:174).
400 Vgl. Angele et al. (2008: 167).
401 Vgl. OECD (Hrsg.) (2013:9).
402 Vgl. OECD (Hrsg.) (2013:9).
403 Vgl. z.B. EC (Hrsg.) (2010:6) und OECD (Hrsg.) (2008:126).

Die beiden am häufigsten verwendeten Schwellenwerte sind allerdings die Werte 50% und 60% des mittleren Äquivalenzeinkommens,[404] ohne dass sich hierfür eine nachvollziehbare theoretische Begründung finden lässt. Ähnlich wie bei der modifizierten OECD-Äquivalenzskala kann für die Festlegung auf einen Abstandswert statt theoretischer Überlegungen nur auf die Häufigkeit seiner Verwendung in der Forschungsliteratur verwiesen werden. Für die Verwendung der 60%-Schwelle spricht daher, dass diese im Rahmen der innerhalb der EU abgestimmten Armutsberichterstattung verwendet wird und zudem dem nationalen Armuts- und Reichtumsbericht der Bundesregierung zu Grunde liegt.[405] Die OECD (2013:9) spricht sich aus Gründen der besseren internationalen Vergleichbarkeit und Kontinuität mit der bereits vorhandenen Berichterstattung der Europäischen Union für die Verwendung der 60%-Schwelle aus und argumentiert darüber hinaus, dass die beiden Abstandswerte ohnehin zu weitgehend ähnlichen Ergebnissen führen.[406] Zur zusätzlichen Absicherung empfehlen sowohl die Veröffentlichungen der Europäische Union als auch der OECD den Einsatz einer Sensitivitätsanalyse mit unterschiedliche Abstandwerten zwischen 40% – 70% des Medianeinkommens.[407]

5.4. Zwischenfazit: Armutsmessung und Armutskonzepte

Die vorangegangenen Ausführungen haben gezeigt, dass jeder Versuch, Armut anhand empirischer Daten zu operationalisieren, theoretischen und empirischen Einschränkungen unterliegt. Neben der Frage nach der geeigneten Messgrößen für Armut, wie Konsum, Einkommen oder Deprivationserscheinungen, besteht zudem Uneinigkeit über die Berechnung eines bestimmten Schwellwertes. Jede Festlegung auf eine bestimmte Art die Armutsgefährdung zu messen, sieht sich daher zwangsläufig der Kritik von Befürwortern anderer Konzeptionen ausgesetzt. Eine weitere Erschwernis geht damit einher, dass der Forschungsgegenstand Armut oftmals im Licht normativer Wertvorstellungen und der damit verbundenen Vorstellung von Gerechtigkeit und Gleichheit betrachtet wird. Die Frage nach der einen uneingeschränkt richtigen Armutsdefinition ist damit nicht zu beantworten. Für die Bearbeitung der Forschungsfrage dieser Arbeit hinsichtlich finanzieller Not und Mehrfachbeschäftigung ist jedoch die Auswahl

---

404 Vgl. Rhein (2009:3).

405 Vgl. BMAS (Hrsg.) (2017:498); BMAS (Hrsg.) (2013:120); Bruckmeier et al (2010:8).

406 Vgl. OECD (Hrsg.) (2013:9).

407 Vgl. z.B. OECD (Hrsg.) (2008:126).

einer Armutsdefinition unumgänglich. Im Bewusstsein der eingeschränkten Gültigkeit der hierfür ausgewählten Konzeption wird im weiteren Verlauf daher ausschließlich mit dem Konzept der Einkommensarmut gearbeitet. Das Einkommen wird daher nachfolgend als „elementare Teilhaberessource“[408] aufgefasst, die als Indikator für den Lebensstandard, statt des tatsächlichen Konsums, die Kapazität eines Individuums misst, am Wohlstand der Gesellschaft teilzuhaben.[409] Armut bedeutet daher zu wenig (Einkommen-)Kapazität für ein gewünschtes Konsum- bzw. Nutzenniveau. Hierfür spricht als praktische Begründung vor allem die bessere Verfügbarkeit empirischer Daten über einen längerfristigen Zeitraum. Aber auch für die theoretische Betrachtung erscheint zur Beantwortung der Fragestellung dieser Arbeit ein Einkommensbezug sinnvoller, insofern als gerade die finanzielle Motivation der Aufnahme von Nebenerwerbstätigkeiten ergründet werden soll. Darüber hinausgehende (direkte) Armuts-Indikatoren wie zur sozialen Inklusion, z.B. einer fehlende Beteiligung am Arbeitsmarkt oder unzureichender Integration in der Gesellschaft, können für bereits Erwerbstätige bei der Entscheidung zur Aufnahmen einer weiteren Arbeitstätigkeit eher vernachlässigt werden. Inwiefern anderweitige und nicht materielle Deprivationserscheinungen bei der Aufnahme einer Mehrfachbeschäftigung von Bedeutung sind, kann im Laufe der Arbeit nicht untersucht werden und bedarf weiterer Forschungen.

Eine weitgehend identische Problemstellung ergibt sich bei der Frage, ab welchem Einkommenswert eine Person als arm bezeichnet werden kann. Eine subjektive Erfassung des Armutsbegriffs berücksichtigt zwar die individuelle Betroffenheit der Befragten, ist jedoch definitionsgemäß nicht auf andere Personen anwendbar und somit weder einheitlich für eine Gesellschaft interpretierbar noch in ihrer Bildung nachvollziehbar. Darüber hinaus bieten nur wenige Datenquellen direkte Befragungsergebnisse zur individuell gefühlten Armut, so dass auf Hilfskonstruktionen ausgewichen werden muss. Die gewählte Datenbasis SOEP enthält keine Befragungsdaten zu subjektiver Armut, allenfalls kann eine Annäherung an dieses Konzept mittels der in einzelnen Erhebungswellen enthaltenen Sondererhebungsbereiche angestellt werden. Zu diesen zählt etwa die in den Jahren 1992, 1997 und 2007 integrierte Benennung von Einkommenswerten, die aus subjektiver Sicht ein sehr gutes bis ein sehr schlechtes Einkommen darstellen sowie die Angabe zu einem notwendigen Haushaltsmindestnettoeinkommen in den Jahren 2002, 2007 und 2012. Diese sind damit weder für den

408 BMAS (Hrsg.) (2013:323).
409 Vgl. Förster/Mira d’Ercole (2009:5).

gesamten Betrachtungszeitraum dieser Dissertation vorhanden, noch stimmen sie zwangsläufig mit der individuell wahrgenommenen Armut überein, weshalb auf die objektiven Armutsschwellenkonzepte in Form von absoluten oder relativen Armutsgrenze zurückgegriffen werden muss.

Beide Konzepte lassen sich mittels der im SOEP zur Verfügung stehenden Daten zwar problemlos umsetzen, die Beurteilung, welche der Konzeptionen der anderen vorzuziehen ist, bereitet jedoch weitere Probleme. Eine relative Armutsgrenze hängt von zahlreichen zu treffenden normativen und methodischen Faktoren ab. Relative Maße reagieren zudem nur auf relative Veränderungen, wodurch allgemeine Wohlfahrtsgewinne nicht beachtet werden. Daher ist weniger die Höhe der Quote von Bedeutung als die Trends, die sich im Zeitverlauf zeigen und die Unterschiede zwischen sozioökonomischen Gruppen aufzeigen.[410] Absolute Armutsgrenzen sehen sich dagegen mit dem Vorwurf der Willkür konfrontiert, da ihnen stets auch die normative Vorstellung zu Grunde liegt, welcher Lebensstandard (in Geldeinheiten) zur Vermeidung von Armut notwendig ist. Generell bieten darüber hinaus einheitliche Armutsschwellen (unabhängig ob absolut oder relativ) ein einfaches Instrument, bestimmte Länder und Gruppen miteinander zu vergleichen, bergen aber den Nachteil, dass sie aufgrund unterschiedlicher Preisniveaus nicht für alle Regionen die gleiche Aussagekraft hinsichtlich der Konsummöglichkeiten haben. So bestehen etwa zwischen dem ländlichen Raum im Brandenburgischen Ostprignitz-Ruppin und Großstädten in Westdeutschland wie München enorme Preisunterschiede.[411] In vielen Studien wird die relative Armutskonzeption verwendet, oftmals ohne eine explizite Diskussion über deren Vorteilhaftigkeit. Allenfalls findet sich der Hinweis, dass es sich hierbei um das am meisten etablierte Instrument für Armutsmessung in Wohlfahrtsgesellschaften handle. Ein Grund für ihre Verbreitung im internationalen Kontext ist insbesondere die bessere Vergleichbarkeit von verschiedenen Ländern mit unterschiedlichem Wohlstandsniveau, unabhängig von deren nationalen Definitionen vom Mindestlebensstandard.[412] Ein weiterer Vorteil eines relativen Einkommensmaßes besteht darin, dass dieses den in ökonomischen und psychologischen Studien gefundenen Umstand berücksichtigen, dass Personen ihr eigenes Wohlbefinden in Relation zu anderen herstellen und diese (wahrgenommenen) Einkommensungleichheiten auf das Wohlbefinden der Person rückwirken.[413] Davon lässt sich ableiten, dass Informationen über das

---

410 Vgl. BMAS (Hrsg.) (2013: VIII).
411 Vgl. Berthold/Brunner (2011:8).
412 Vgl. Förster/Mira d'Ercole (2009:9).
413 Vgl. Förster/Mira d'Ercole (2009:9).

relative Einkommen Auswirkungen auf die Bewertungen des Lebensstandards der Menschen haben, und zwar unabhängig von der Frage, ob diese als fair in der Gesellschaft angesehen werden.[414] Die europäische Berichterstattung verweist zudem darauf, dass mit dem Indikator „relative Einkommensarmutsgefährdung“ weder Reichtum noch Armut gemessen wird, sondern ein niedriges Einkommen im Vergleich zur Gesamtbevölkerung des Landes, was nicht unbedingt mit einem niedrigen Lebensstandard einhergehen muss.[415] Auch nach Einschätzung der Autoren des fünften Armuts- und Reichtumsberichts der Bundesregierung ist die Betroffenheit von Einkommensarmut „in erster Linie ein Maß der Einkommensungleichheit“ und „gibt keine Auskunft über mögliche individuelle Bedürftigkeit“.[416] Für die folgende Untersuchung ist jedoch weniger die tatsächliche Höhe von Armut von Bedeutung, sondern vielmehr die Rolle der finanzielle Einkommenssituation auf die Wahrscheinlichkeit eine weitere Erwerbstätigkeit aufzunehmen. Dies setzt jedoch ein Messkonzept für finanzielle Not voraus, welches auf einem möglichst umfassenden Bild der Einkommenssituation einer Person beruht. Aus Mangel an unumstrittenen Alternativen wird nachfolgend daher auf die in der Einkommens- und Armutsforschung am häufigsten gebrauchte Definition der relativen Einkommensarmutsgefährdung zurückgegriffen, ohne damit eine abschließende Beurteilung zu treffen, ob diese tatsächlich mit Armut gleichzusetzen ist. Zur Berechnung der für die Betroffenheit von Armutsgefährdung notwendigen Armutsschwelle wird das verfügbare Haushaltseinkommen aller Haushalte eines Jahres mittels der modifizierten OECD Skala bedarfsgewichtet und zu dem daraus resultierenden Äquivalenzeinkommen der Median-Wert errechnet. Eine Person, deren individuelles Äquivalenzeinkommen weniger als 60 Prozent dieses Median beträgt, wird armutsgefährdet bezeichnet, wobei im Weiteren synonym verkürzt auch nur von Armut gesprochen wird.[417] Die konkrete Umsetzung der relativen Armutsschwelle anhand des SOEP wird im folgenden Kapitel anhand der darin enthaltenen Variablen detailliert beschrieben. Im weiteren Verlauf dieser Arbeit wird, um den Lesefluss zu erleichtern, auf den expliziten Verweis, dass der Untersuchung ausschließlich der relativen Einkommensarmutsbegriff nach der beschriebenen Definition zu Grunde liegt, verzichtet und beispielsweise die Begriffe Armut oder Einkommensarmut synonym zu diesem verwendet.

---

414 Vgl. Förster/Mira d’Ercole (2009:9).
415 Vgl. Eurostat (Hrsg.) (o.D.b).
416 Vgl. BMAS (Hrsg.) (2017: VI).
417 Vgl. u.a. Rhein (2009:2).

5.5. Operationalisierung von Armutsgefährdung mit SOEP Daten

Den Ausgangspunkt für die Bildung der Armutsschwelle stellt das verfügbare Haushaltseinkommen dar, welches möglichst den in Tabelle 7 (vgl. Kapitel 5.3.1) dargelegten Vorgaben der OECD entsprechen sollte, um ein umfassendes Bild der Haushaltsfinanzsituation zu gewährleisten. Wie bereits in den Ausführungen zur Bildung der Variable „Mehrfachbeschäftigung" erläutert, enthält das SOEP sowohl Einkommensangaben auf aktueller monatlicher Basis als auch mit Bezug auf das Vorjahr. Das aktuelle Haushaltseinkommen auf Monatsbasis wird dabei anhand einer direkten Befragung im Haushaltsfragebogen des Sozio-oekonomischen Panels erhoben. Diese Angabe wird stellvertretend für den Gesamthaushalt von einer Person, zumeist dem Haushaltsvorstand, beantwortet. In der Fragestellung wird ausgeführt, dass sämtliche Einkünfte aller Haushaltsmitglieder zu berücksichtigen sind, nach Abzug von Steuern, Sozialabgaben und Addition sonstiger Transferleistungen (siehe Abbildung 20).

49. **Wenn man mal alle Einkünfte zusammennimmt:**
Wie hoch ist das monatliche Haushaltseinkommen aller Haushaltsmitglieder heute?

☞ *Bitte geben Sie den monatlichen Netto-Betrag an, also nach Abzug von Steuern und Sozialabgaben.*

☞ *Regelmäßige Zahlungen wie Renten, Wohngeld, Kindergeld, BAföG, Unterhaltszahlungen usw. rechnen Sie bitte dazu!*

☞ *Falls nicht genau bekannt:*
Bitte schätzen Sie den monatlichen Betrag. .... [ ] Euro im Monat

Abbildung 20: Ausschnitt SOEP-Haushaltsfragebogen 2015
Quelle TNS Infratest Sozialforschung (2015b:12).

Sofern der genaue Betrag dem Befragten nicht bekannt ist, kann dieser auch geschätzt werden. Um einer Verzerrung der Ergebnisse in Folge von Auskunftsverweigerung („item-non-response") in sensiblen Befragungsbereichen, wie dem Einkommen, zu entgegnen, werden fehlende Werte mittels multipler Imputationsmethoden ersetzt.[418]

418 Vgl. SOEP Group (Hrsg.) (2014:3). Zur genaueren Methodik des Imputationsverfahrens vgl. Projektgruppe SOEP (Hrsg.) (o.D.:37). Die SOEP-Group stellt für jede Stufe des Fünf-Stufigen Imputationsverfahren die Einzelwerte bereit. In der Berichterstattung der SOEP-Group zu Einkommen und Armut werden jedoch überwiegend die Ergebnisse der ersten Imputationsstufe verwendet, weshalb im Weiteren ebenfalls auf dieses zurückgegriffen wird.

Eine weitere Möglichkeit das verfügbare Haushaltseinkommen zu ermitteln, bieten die Angaben zur Einkommenssituation des Vorjahres. Im Gegensatz zum aktuellen Monatshaushaltseinkommen können hierbei eine Vielzahl an Einzelvariablen aus den Individualfragebögen der einzelnen Haushaltsmitglieder zusammengeführt werden, um die in Kapitel 5.3.1 dargestellten erarbeiteten Anforderungen der OECD[419] an die Bildung des verfügbaren Einkommens zu erfüllen. Das SOEP-Team des DIW-Berlin stellt dabei neben den Einzelvariablen auch die bereits für internationale Vergleichszwecke im Forschungsverbund CNEF („*Cross-National-Equivalent File*“)[420] harmonisierten aggregierten Variablen des Haushaltseinkommens vor Steuern, Abgaben und Transfers („*pre-government-income*“) sowie nach deren Berücksichtigung („*post-government-income*“) bereit. In die Berechnung des „*pre-government-Income*“ fließt neben dem Einkommen sämtlicher Haushaltsangehöriger aus abhängiger und selbstständiger Beschäftigung auch deren Kapitaleinkünfte sowie private Transfer- und Renteneinkommen ein (vgl. Abbildung 21).

Post-Government-Income (inkl. Imputed Rent)	Pre-Government-Income	+	Arbeitseinkommen
		+	Kapitaleinkommen
		+	Private Transfereinkommen
		+	Privates Renteneinkommen
	+		Öffentliches Transfereinkommen
	+		Sozialversicherungsunterstüzung
	-		Steuern / Sozialabgaben
	+		fiktives Einkommen aus selbstgenutztem Wohneigentum / verbilligt überlassenem Wohraum

Abbildung 21: Schematische Darstellung Bildung „pre-/post-government income“ im SOEP

Quelle Eigene Darstellung nach Grabka (2013).

419 Vgl. Canberra Group (Hrsg.) (2001:100).

420 Weitere Informationen zum CNEF siehe Frick et al (2007).

Die daraus resultierenden Bruttoeinkünfte werden für die Bildung des *„post-government-income"* um öffentliche Transferleistungen und Sozialversicherungsbezüge ergänzt sowie um Steuern und Sozialabgaben bereinigt. Zur Berechnung der Abgaben wird ein von Schwarze (1995) speziell für das SOEP entwickeltes Mikrosimulationsmodell verwendet. Aufgrund der Komplexität des deutschen Steuerrechts können nicht alle steuerlichen Sonderregelungen mit Hilfe dieses Modells simuliert werden, so dass speziell bei höheren Einkommensgruppen, die vermutliche eher in der Lage sind steuerliche Gestaltungsspielräume zu nutzen, von Abweichungen auszugehen ist.[421] Aus den zusätzlich im Haushaltsfragebogen enthaltenen Angaben zur Wohnsituation der Befragten wird in einem weiteren Schritt das fiktive Mieteinkommen aus Miet-Ersparnis durch selbstgenutztes Wohneigentum oder verbilligt zur Verfügung gestellten Wohnraum berücksichtigt.[422] Das verfügbare Haushaltseinkommen kann nun entsprechend der modifizierten OECD-Skala anhand der Zusammensetzung des Haushaltes äquivalenzgewichtet werden. Die hierfür notwendigen Angaben zur Anzahl der Haushaltsmitglieder und Anzahl der Personen bis und über 14 Jahre sind ebenfalls Bestandteil der jährlichen SOEP-Befragung.[423] Sowohl anhand des auf Selbstauskunft der Befragten beruhenden monatlichen Haushaltseinkommens als auch des aus Einkommensangaben des Vorjahres generierten Einkommens nach Steuern, Abgaben und Transfers (*„post-government income"*) kann eine separate jährliche Armutsschwelle bestimmt werden. Zur Validierung der eigenen Berechnungsergebnisse stellt die SOEP-Group mit dem SOEP-Monitor einen Katalog mit ausgewählten Bevölkerungsmerkmalen auf Basis des SOEP bereit.[424] In diesem wird sowohl eine Armutsschwelle auf Basis des monatlichen Haushaltseinkommens als auch des Vorjahres-„post-government-income" ausgewiesen.[425] Zum Zeitpunkt der Erstellung dieser Dissertation stellt die aktuellste Publikation die Armutsschwellen bis ins Jahr 2013 dar und damit den Endpunkt der Vergleichbarkeit mit den eigenen Berechnungen. Ein Abgleich der eigenhändig auf SOEP-Basis generierten Armutsschwellen offenbart eine weitgehende Übereinstimmung mit den Vergleichswerten. Durchschnittlich ergibt sich für den Gesamtvergleichszeitraum 1992 bis 2013 (VM) bzw. 2012 (VJ) eine jährliche

421 Vgl. Goebel et al. (2015:574).

422 Eine ausführlichere Darstellung des „imputed-rent"-Verfahrens anhand des SOEP findet sich bei Grabka (2013:45).

423 Vgl. Grabka (2013:37).

424 Vgl. SOEP Group (Hrsg.) (2015).

425 Vgl. SOEP Group (Hrsg.) (2015:75ff.).

Abweichung von -0,5% (VM) bzw. -0,9% (VJ), mit einer maximalen Abweichung von -2,3% (VM) bzw. -1,8% (VJ).[426] Die monatliche Armutsschwelle weicht in absoluten Werten damit um durchschnittlich circa 3,74 Euro nach Vormonatsdaten bzw. 7,41 Euro nach Vorjahresdaten, von den Werten des SOEP-Monitors ab. Die bestehenden Abweichungen sind sehr wahrscheinlich den unterschiedlichen verwendeten Versionen des SOEP-Datensatzes geschuldet. Dem zum Zeitpunkt der Erstellung dieser Dissertation aktuellsten zur Verfügung stehenden SOEP-Monitor 2013 liegt die Version SOEP v30 zu Grunde, den eigenen Berechnungen jedoch die bis ins Jahr 2015 reichende Version v.32.1. Die fortlaufende Weiterentwicklung und Qualitätssicherung des SOEP hat zur Folge, dass die Auswertungen sich bei unterschiedlichen Erhebungswellen unterscheiden können, beispielsweise aufgrund von Stichprobenerhöhungen oder Modifikation von Variablen und Gewichtungsfaktoren. Eine möglicherweise bedeutende Abweichung ist auf die in der Version v31 durchgeführte Integration der Zusatz-Stichprobe „Familien in Deutschland“ zurückzuführen, die rückwirkende bis ins Jahr 2010 zu einer Erhöhung der Stichprobe führte.[427]

Die im SOEP-Monitor veröffentlichten zwei unterschiedlichen Armutsschwellen können allerdings nur eingeschränkt miteinander verglichen werden. Neben der unterschiedlichen Erhebungsweise des verfügbaren Haushaltseinkommens – Selbstauskunft gegenüber Generierung – unterscheiden sich die Konzepte insbesondere durch die Einbeziehung des sogenannten fiktiven Mietvorteils („*imputed rent*“). Dieses fiktive Mieteinkommen aus Mietersparnis durch selbstgenutztes Wohneigentum oder verbilligt zur Verfügung gestellten Wohnraum,[428] geht nur in die Berechnung der Armutsschwelle anhand des vorjährigen „*post-government-income*“ ein. Eine Anpassung der Selbstauskunftsangaben zum monatlich verfügbaren Haushaltseinkommen wird von den Autoren des SOEP-Monitors hingegen nicht vorgenommen. Zudem findet sich in der Veröffentlichung der SOEP-Group auch keine Angabe zu möglichen Gründen für diese unterschiedlichen Vorgehensweisen. Dies stellt jedoch nicht nur eine theoretische Inkonsistenz dar, sondern vernachlässigt explizit die Empfehlungen von Expertengruppen zur Armuts- und Ungleichheitsforschung.[429] Infolgedessen

426 Ergibt sich aus dem arithmetischen Mittel der Subtraktion der, um die Preisindizierung bereinigten SOEP-Werte von den eigenhändig berechneten Werten bzw. dem Anteil dieser Differenz an den SOEP-Vergleichswerten (siehe Anhang).

427 Vgl. DIW (Hrsg.) (o.D.b).

428 Eine ausführlichere Darstellung des Imputed-Rent Verfahrens anhand des SOEP findet sich bei Grabka (2013:47).

429 Vgl. Canberra Group (Hrsg.) (2001:8ff.).

wird für den nachfolgenden Vergleich der jeweiligen Armutsschwellen die, auf Basis der Selbstauskunft über das monatlich verfügbare Haushaltseinkommen gebildete, monatliche Armutsschwelle um das fiktive Mieteinkommen korrigiert.[430] Um die Auswirkungen dieser Vorgehensweise auf die Höhe der Armutsschwelle zu verdeutlichen, wird diese jeweils mit und ohne Berücksichtigung des fiktiven Mietvorteils ausgewiesen. Die hierbei resultierenden Armutsschwellen anhand des äquivalenzgewichteten Haushaltseinkommens des Vormonats und des Vorjahres sind in Abbildung 22 graphisch dargestellt.

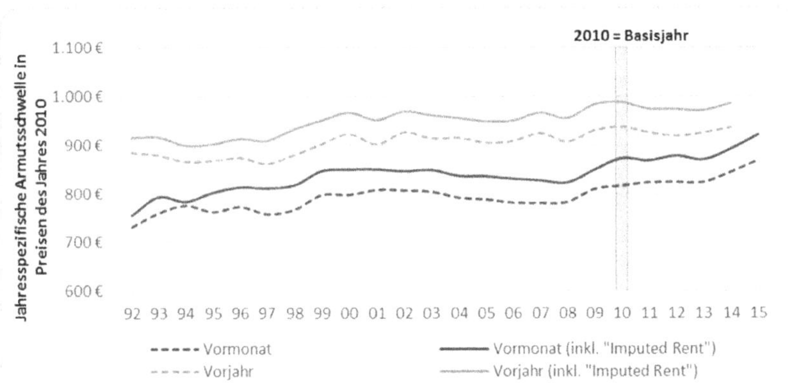

Abbildung 22: Armutsgefährdungsschwelle pro Monat 1992 bis 2015 (SOEP) – nach aktuellem und Vorjahreseinkommen – in Preisen von 2010

Quelle Eigene Berechnung, SOEP v32.1.

*die Vorjahreswerte sind um ein Jahr zeitversetzt und durch die Anzahl der Kalendermonate geteilt

Um eine bessere Vergleichbarkeit über den zeitlichen Verlauf zu ermöglichen, sind die Werte, um den Einfluss der Inflation bereinigt, auf das Basisjahr 2010 indexiert.[431] Ferner wird für einen periodengerechten Vergleich das

430 Da dieses nur Jahresbasis vorliegt, wird der Wert entsprechend für die Anwendung auf das monatliche Haushaltseinkommen durch die Anzahl der Kalendermonate dividiert. Entsprechend der Vorgehensweise bei Berechnung der Armutsschwelle nach Vorjahresdaten, wird dieses fiktive monatliche Mieteinkommen vor der Bedarfsgewichtung zu dem monatlich laut Selbstauskunft verfügbarem Haushaltseinkommen addiert.

431 Eine Tabelle der nicht-indexierten, d.h. nominalen Werte der berechneten jahresspezifischen Armutsschwelle nach Vormonats- und Vorjahresdaten kann Anhang entnommen werden.

Vorjahreseinkommen um ein Jahr versetzt und auf Monatsbasis abgebildet. Die in dieser Arbeit verwendete Datenversion des SOEP (v32.1) liefert somit keine Vorjahresdaten mit Bezug auf das Jahr 2015, so dass nur die Jahre der Periode 1992 bis 2014 miteinander verglichen werden können. In der Abbildung werden deutliche Abweichungen zwischen den Konzepten ersichtlich. Eine Berechnung der Armutsschwelle nach Vorjahresdaten führt dabei durchgehend zu höheren Werten. Die monatliche Armutsgefährdungsschwelle auf Basis der Selbstauskunft zum Haushaltseinkommen schwankt in Preisen von 2010 zwischen circa 755 Euro und 922 Euro, bei Berechnung nach Vorjahresdaten dagegen zwischen 900 Euro und 988 Euro. Auf die Periode 1992 bis 2014 bezogen, ergibt sich hierdurch eine mittlere Abweichung von circa 115 Euro pro Jahr. Erwartungsgemäß hat die Addition des fiktiven Einkommens aus selbstgenutztem Wohneigentum bzw. verbilligt überlassener Miete („*imputed rent*") eine Erhöhung des Median-Einkommens und damit der Armutsschwelle zur Folge. Allerdings erhöht sich hierdurch die jährliche Armutsschwelle lediglich um durchschnittlich 44 Euro und führt zu keiner wesentlichen Verschiebung der Ergebnisse.

Diese in Anbetracht des absoluten Betrages deutlichen Abweichungen werfen die Frage auf, welche der beiden Vorgehensweisen zur Bestimmung der Armutsschwelle ein genaueres Bild der Einkommenssituation vermittelt. Wie dargelegt, besteht ein wesentlicher Unterschied zwischen den Einkommenskonzepten darin, dass der Monatswert auf der Angabe einer einzelnen, stellvertretend für alle Haushaltsmitglieder Auskunft gebenden, Befragungsperson (Haushaltsvorstand) beruht, wohingegen der Vorjahreswert sämtliche Angaben aller Haushaltsmitglieder ab 16 Jahren aggregiert. Mit den Vormonatswerten geht daher die Unsicherheit einher, inwieweit der Haushaltsvorstand tatsächlich genaue Kenntnis über die Einkommenssituation sämtlicher Haushaltsmitglieder hat. Die potenzielle Unsicherheit ist bereits in der Fragestellung ersichtlich, die bei Unkenntnis auch die Angabe eine Schätzung zulässt. Fraglich ist daher auch, ob weitere Einkommensbestandteile außerhalb der Erwerbsarbeit und Sozialleistungen berücksichtigt werden, da zum Beispiel die Höhe der Kapitaleinkünfte und Zinseinnahmen deutlich weniger bekannt sein dürften. In der verwendeten Fragestellung ist mit dem Bezug auf das Einkommen des Vormonats zudem nicht ersichtlich, ob ein durchschnittlicher Betrag oder der monatsaktuelle Betrag angegeben wird. Im letzteren Fall könnte die Angabe von Erwerbsgruppen, die statt eines fixen Gehaltes einen vom Arbeitseinsatz abhängigen Monatslohn beziehen oder sonstigen Einkommensschwankungen unterliegen, Abweichungen aufweisen. Das Einkommen auf Basis des Vorjahres könnte insofern gerade durch seine bessere Möglichkeit Sondereinkünfte wie Bonusse, Weihnachtsgeld oder Steuerrückerstattungen zu berücksichtigen, höher ausfallen. Die Erfassung von Sonderzahlungen, wie Urlaubsgeld oder Nachzahlungen, wird in den der Fragestellung zum Vormonatseinkommen beigefügten Hinweisen zur Beantwortung hingegen explizit ausgeschlossen.[432] Prinzipiell kann damit argumentiert werden, dass die Vorjahresdaten die ökonomische Situation rückblickend besser erfassen. Umgekehrt kann die Einkommensangabe zum derzeitigen verfügbaren Haushaltseinkommen als die zum Interviewmonat aktuell verfügbaren ökonomischen Ressourcen für alle im Haushalt lebenden Personen betrachtet werden.[433] An diesem Wert dürften sich die Befragten möglicherweise stärker orientieren als am Einkommen des Vorjahres, was direkte Auswirkungen etwa auf die Motivation für einen Nebenerwerb haben könnte. Eine Verwendung der Vorjahresdaten bringt zudem eine panelspezifische Einschränkung mit sich, da die meisten Daten im SOEP, wie zum Beispiel soziodemographische Merkmale, nicht mit Vorjahresbezug, sondern in Bezug auf die aktuelle Situation erhoben werden. Für eine periodengerechte Angleichung von beispielsweise Beruf und Vorjahreseinkommen muss eine Person daher an mindestens zwei Erhebungswellen teilgenommen haben. Ist dies nicht der Fall, muss auf statistische Hilfsmittel wie Bleibewahrscheinlichkeiten oder theoretische Annahmen zur Konstanz bestimmter Merkmalsausprägungen ausgewichen werden.

Ein entscheidender Punkt, beide Konzepte von Armutsgefährdung zu verwenden, ist die ebenfalls sowohl auf Vormonats- als auch Vorjahresangaben beruhende Untersuchungsvariable zur Mehrfachbeschäftigung. Zum einen kann damit ein periodengerechter Bezug mit dem jeweilig passenden Konzept hergestellt und somit einer Reduktion der Stichprobe durch fehlende Werte entgegnet werden. Zum anderen kann auch argumentiert werden, dass mit beiden Konzepten ein unterschiedlicher Entscheidungszeitraum verbunden ist. Eine über das gesamte Jahr andauernde Armutsgefährdung könnte sich demnach anders als ein eventuell nur für den Bezugsmonat gültiger finanzieller Engpass in stärkerem Maße auf die Motivation nebenberuflich tätig zu werden auswirken. Umgekehrt könnten gerade Personen, die monatlich mit finanziellen Sorgen konfrontiert werden motivierter sein, ihre Einkommenssituation über Nebentätigkeiten aufzubessern. In der internationalen Berichterstattung wird vorrangig auf Armutsindikatoren mit Vorjahreseinkommensdaten abgestellt.[434] Die Vorgehensweise, mit beiden Konzepten von Armutsgefährdung zu arbeiten, ist allerdings auch in anderen Berichterstattungen zur sozialen Lage, wie beispielsweise

432 Vgl. Abbildung 7.

433 Vgl. Goebel et al (2008:163).

434 Siehe Abschnitt 4.4.2.

dem vom Statistischen Bundesamt und dem Wissenschaftszentrum Berlin für Sozialforschung (WZB) herausgegebenen Datenreport üblich.[435] Abweichend von diesem oder dem „SOEP-Monitor Person" wird allerdings im Folgenden der (fiktive) Einkommensvorteil aus Wohnen im Eigentum bzw. zu reduzierter Miete berücksichtigt, da es nicht plausible erscheint, diesen nur bei Vorjahresdaten als wichtigen Einkommensbestandteil anzusehen. Auf hieraus möglicherweise resultierende Verschiebungen, z.B. des Armutsgefährdungsanteils wird in den jeweiligen Kapiteln eingegangen.

435 Vgl. z.B. Goebel/Kraus (2016:178ff.).

6. Deskriptive Beschreibung Einfach- und Mehrfachbeschäftigte

Im folgenden Kapitel werden anhand ausgewählter deskriptiver individueller und haushaltsbezogener Merkmale mögliche Unterschiede zwischen Einfach- und Mehrfachbeschäftigten aufgezeigt. Einfach- und Mehrfachbeschäftigte werden entsprechend des in Kapitel 4.2.2 bzw. Kapitel 4.2.3 beschriebenen Einkommenskriterium aus zwei Erwerbstätigkeiten nach Vormonats- und Vorjahresdaten definiert. Die nachfolgenden Untersuchungen beschränken sich dabei auf Einfach- und Mehrfachbeschäftigte im Alter von 18 bis 65 Jahren, die einer Erwerbstätigkeit als Angestellter, Arbeiter, Selbstständiger oder Beamter nachgehen. Diese Eingrenzung führt zum Ausschluss von Personen in Ausbildung (Schüler, Studenten, Auszubildende), Zivil- und Wehrdienstleistenden, Volontären und Praktikanten, Arbeits- und Erwerbslosen sowie Rentnern und Pensionären.[436] Diese werden in den nachfolgenden Untersuchungen nicht berücksichtigt, da sie entweder nicht erwerbstätig sind oder sehr wahrscheinlich von den durchschnittlichen Erwerbstätigen in Vergütung oder Arbeitszeit erheblich abweichen und damit die Ergebnisse verzerren würden. In Folge des Ausschluss dieser Gruppen reduziert sich die (ungewichtete) Stichprobe der Einfach- und Mehrfachbeschäftigten nach Vormonatsdaten um circa 6% im Vergleich zur der den Auswertungen in Kapitel 4.4 zugrundeliegenden Stichprobe. Bedingt durch die Notwendigkeit die Angaben zum Vorjahreseinkommen periodengerecht mit den Angaben des Berufsstatus über zwei Befragungswellen zu verknüpfen, ergibt sich nach Vorjahresdaten mit circa 12% der Stichprobe in Kapitel 4.4 eine höhere Reduktion. Dieser Stichprobenreduktion wird teilweise durch die Längsschnittsgewichtung bei Auswertungen über mehrere Befragungswellen entgegengewirkt, führen jedoch dazu, dass die Resultate auf Vorjahresdatenbasis einer potenziell höheren Fehleranfälligkeit unterliegen. Zur übersichtlicheren Darstellung und um stichprobenbedingte Verzerrungen einzelner Erhebungsjahre auszugleichen, werden die Ergebnisse hierbei phasenweise entsprechend der gesetzlichen Regelung zur geringfügigen Beschäftigung über mehrere Jahre zusammengefasst (vgl. Kapitel 4.3). Neben

436 Die Einschränkung erfolgt mittels der im SOEP-Datensatz bereitgestellten Angaben über die berufliche Stellung (vgl. SOEP Group (Hrsg.) (2013:15.)), das Alter (vgl. Grabka (2013:15)) und den höchstem erreichtem Bildungsabschluss (vgl. SOEP Group (Hrsg.) (2013:52f.)).

einem Vergleich zwischen Mehrfach- und Einfachbeschäftigten lassen sich aus den Auswertungen zusätzlich Veränderungen innerhalb der Erwerbsgruppen über den Beobachtungszeitraum 1995 bis 2014 ableiten.[437] Um repräsentative Aussagen zu Einfach- und Mehrfachbeschäftigten in Gesamtdeutschland zu erhalten, werden die Berechnungen mittels der im SOEP Datensatz bereitgestellten Hochrechnungsfaktoren auf die Gesamtzahl der Erwerbstätigen im jeweiligen Jahr gewichtet.[438] Die Auswertungen auf Basis des Vormonats-Operationalisierungskonzepts führen überwiegend zu übereinstimmenden Befunden wie bei Verwendung der Vorjahresdaten. Die periodengerechte Verknüpfung von Vorjahresdaten mit Daten der jeweils aktuellen Befragungswelle geht jedoch aufgrund Panel-Attrition, trotz Längsschnittsgewichtung, mit einer Reduktion der Stichprobe einher. Im Falle starker Abweichungen der Ergebnisse ist daher für die Berechnung nach Vormonatsdaten eine niedrigere Fehleranfälligkeit anzunehmen. Kleinere Abweichungen können hingegen als das Intervall interpretiert werden, welches vermutlich den tatsächlichen, jedoch unbekannten Wert des Merkmals enthält. Das Kapitel schließt mit einer Verbleibs-Analyse von Mehrfachbeschäftigungsverhältnissen, um aus der Dauer dieser Beschäftigungsverhältnisse Rückschlüsse auf deren Stabilität gewinnen zu können.

---

437 Dieser Zeitraum stellt den mit der verwendeten Datenbasis maximalen Zeitraum dar, in dem sowohl Angaben nach Vormonats- als auch auf Vorjahresdatenbasis vorliegen (vgl. Kapitel 4.2).

438 Berechnungen auf Basis der Vormonatsdaten werden mittels der Querschnittsfaktoren gewichtet, wohingegen aufgrund des unterschiedlichen Bezugsjahres von Vorjahresdaten zu Daten der jeweilig aktuellen Erhebung eine Längsschnittsgewichtung der Vorjahresdaten voraussetzt. Bei stark abweichenden Befunden von Vormonats- und Vorjahresberechnungen ist für die Berechnung nach VM-Daten ein höheres Maß an Validität zu vermuten. Für eine detaillierte Beschreibung des Gewichtungsverfahrens anhand mit Daten des SOEP (vgl. etwa Kroh (2010 und 2009); Pischner (2007); Haisken-DeNew/Frick (2005)).

6.1. Individuelle Merkmale

In Tabelle 11 werden die Unterschiede zwischen Einfach- und Mehrfachbeschäftigten hinsichtlich der sozioökonomischen Merkmale Geschlecht, Alter, Arbeits- und Wohnsitz in Ostdeutschland sowie des höchsten erreichten Bildungsabschlusses gegenübergestellt. Anhand dieser Auswertungen wird ein allgemeiner Anstieg der weiblichen Erwerbstätigkeit ersichtlich, der unter Mehrfachbeschäftigten stärker zu beobachten ist. Der durchschnittliche Frauenanteil stieg bei Einfachbeschäftigten zwischen Phase I und Phase III um circa drei (VJ) bis vier (VM) Prozentpunkte, bei Mehrfachbeschäftigten dagegen um circa elf (VM) bis zwölf (VJ) Prozentpunkte. In Phase III hatte dies bei Mehrfachbeschäftigten mit durchschnittlich circa 48% (VJ) bzw. 49% (VM) ein weitgehend ausgeglichenes Geschlechterverhältnis zur Folge, während bei Einfachbeschäftigten mit circa 54% (VM) bzw. 55% (VJ) weiterhin ein erhöhter Anteil an männlichen Erwerbstätigen verzeichnet werden konnte. Die Durchschnittswerte verdecken dabei, dass ab dem Jahr 2009 (VJ) bzw. 2010 (VM) die Zahl weiblicher Erwerbstätiger unter Mehrfachbeschäftigten in dem Großteil der Jahre überwog. Im Jahr 2014 waren beispielsweise sowohl auf Vormonats- als auch Vorjahresdatenbasis 53% der Mehrfachbeschäftigten weiblich, was die Befunde anderweitiger neuerer deskriptiver Befunden bestätigt.[439] Der Anstieg der weiblichen Erwerbsbeteiligung, insbesondere bei Mehrfachbeschäftigten, koinzidierte dabei mit dem Anstieg von hauptberuflicher atypischer Beschäftigung, insbesondere in Form von Teilzeit- und geringfügiger Beschäftigung (vgl. Kapitel 7.2). Die Gruppe der Mehrfachbeschäftigten wies im Untersuchungszeitraum höhere Anteilswerte an jüngeren Erwerbstätigen auf, während unter Einfachbeschäftigten ältere Erwerbsgruppen in höherem Maße vertreten waren. Die größten Unterschiede waren bei den Gruppen der 26 bis 35-jährigen und der 56 bis 65-jährigen zu finden. In Summe waren über den Gesamtzeitraum 1995 bis 2014 durchschnittlich zwischen 32% (VM) und 36% (VJ) der Mehrfachbeschäftigten höchstens 35 Jahre alt, gegenüber nur circa 30% (VM) bzw. 29% (VJ) der Einfachbeschäftigten. Umgekehrt waren Einfachbeschäftigte mit 40% (VM/VJ) häufiger älter als 45 Jahre, gegenüber 34% (VJ) bis 35% (VM) der Mehrfachbeschäftigten. Die phasenweise Betrachtung der Entwicklung zeigt jedoch eine dynamischere Zuwachsrate der Mehrfachbeschäftigten zwischen 46 und 55 Jahren auf. Die relative Zahl der Beschäftigten in

439 Vgl. z.B. Klinger/Weber (2017).

diesem Alterssegment verzeichnete insbesondere in der Zeit nach den Hartz-Reformen (Phase III) einen Anstieg um circa acht (VJ) bis zehn (VM) Prozentpunkte bei Mehrfachbeschäftigten im Vergleich zu Phase I, wodurch es zu einer nahezu vollständigen Annäherung an die Anteilswerte der Einfachbeschäftigten kam. Der Anteil der über 55-jährigen Beschäftigten verzeichnete hingegen in beiden Erwerbsgruppen trotz Anstieg eine geringere Dynamik und war – mit Ausnahme von Phase II – bei Mehrfachbeschäftigten von geringerer relativer Bedeutung.

Die Auswertung zur regionalen Verteilung in Deutschland im Sinne der Grenzen der ehemals in Ost-[440] und Westdeutschland geteilten Bundesrepublik führen anhand des Wohn- und Arbeitsortes (der Hauptbeschäftigung) zu weitgehend identischen Ergebnissen, was die Schlussfolgerung nahelegt, dass die Wohnung und Arbeitsstätte oftmals in derselben Region verortet sind. Aufgrund des hohen Grades an Übereinstimmung wird stellvertretend nur die Auswertung auf Basis des Arbeitsortes beschrieben. Der Anteil, der in Ostdeutschland ihrer Haupttätigkeit nachgehenden Erwerbspersonen, war unter Mehrfachbeschäftigten im Vergleich zu Personen mit einer einzelnen Erwerbstätigkeit unterrepräsentiert. Während im Durchschnitt zwischen den Jahren 1995 und 2014 circa 17% der Einfachbeschäftigten in Ostdeutschland arbeiteten, galt dies nur für 13% (VM) bis 14% (VJ) der Mehrfachbeschäftigten. Das Ergebnis bestätigt damit die Befunde anderer Untersuchungen,[441] welche die höhere Konzentration von Mehrfachbeschäftigungen auf Westdeutschland als Spiegelbild der regionalen Arbeitsmarktlage und der damit auch Jahrzehnte nach der Wiedervereinigung verbundenen höheren Beschäftigungsnachfrage sehen.[442]

440 Ost-Deutschland inklusive Ost-Berlin.

441 Vgl. Klinger/Weber (2017); Bundesagentur für Arbeit (Hrsg.) (2016b); Brenke (2009); Hirschenauer/Wießner (2006).

442 Vgl. Hirschenauer/Wießner (2006:1ff.).

			Phase I VM Ø 1995/99	Phase I VJ Ø 1995/98	Phase II VM Ø 2000/03	Phase II VJ Ø 1999/02	Phase III VM Ø 2004/14	Phase III VJ Ø 2003/14	Gesamt VM Ø 1995-2014	Gesamt VJ Ø 1995-2014
Geschlecht	Anteil Frauen	EFB	42%	42%	44%	43%	46%	45%	44%	44%
		MFB	38%	36%	38%	37%	49%	48%	44%	44%
Alter	18 bis 25 Jahre	EFB	8%	8%	7%	7%	7%	6%	7%	6%
		MFB	8%	9%	6%	7%	5%	7%	6%	8%
	26 bis 35 Jahre	EFB	27%	28%	24%	24%	21%	21%	23%	23%
		MFB	34%	36%	25%	29%	24%	25%	26%	28%
	36 bis 45 Jahre	EFB	29%	29%	32%	32%	29%	30%	30%	30%
		MFB	30%	29%	34%	33%	31%	30%	32%	30%
	46 bis 55 Jahre	EFB	24%	24%	25%	25%	29%	29%	27%	27%
		MFB	19%	19%	23%	19%	29%	27%	25%	24%
	56 bis 65 Jahre	EFB	12%	11%	12%	12%	15%	14%	13%	13%
		MFB	8%	7%	11%	12%	11%	10%	10%	10%
Arbeitsort	Ostdeutschland	EFB	18%	19%	16%	16%	17%	17%	17%	17%
		MFB	14%	14%	13%	13%	12%	14%	13%	14%
Wohnort	Ostdeutschland	EFB	18%	19%	17%	18%	18%	18%	18%	18%
		MFB	14%	14%	13%	15%	11%	13%	12%	13%
Höchster Bildungsabschluss (ISCED)	(1) Ohne Abschluss	EFB	2%	2%	1%	2%	1%	1%	2%	2%
		MFB	1%	1%	1%	1%	1%	1%	1%	1%
	(2) Haupt-/Realschul-Abschluss	EFB	10%	10%	9%	9%	8%	7%	8%	8%
		MFB	7%	7%	6%	6%	6%	6%	6%	6%
	(3) Lehre, Berufsfachschule, (Fach)Abitur	EFB	54%	55%	54%	54%	52%	52%	53%	53%
		MFB	46%	44%	47%	45%	47%	44%	47%	44%
	(4) Berufsabschluss nach allgemeinbildendem Schulabschluss	EFB	5%	5%	7%	6%	8%	8%	7%	7%
		MFB	9%	8%	6%	5%	10%	10%	9%	9%
	(5) Höherer beruflicher Abschluss	EFB	9%	9%	9%	9%	8%	9%	9%	9%
		MFB	12%	13%	11%	12%	8%	8%	10%	10%
	(6) FH / Universität / Promotion	EFB	19%	19%	20%	20%	23%	23%	21%	22%
		MFB	24%	27%	30%	32%	28%	32%	27%	31%

Tabelle 11: Soziodemografie von Einfach- und Mehrfachbeschäftigten– 1995 bis 2014

Quelle: Eigene Berechnung, SOEP Welle v32.1, gewichtet. Differenzen zu 100% rundungsbedingt.

Grundgesamtheit: Einfach- und mehrfachbeschäftigte Arbeiter, Angestellte, Selbstständige und Beamte zwischen 18 und 65 Jahren.

Die Auswertungen über den höchsten erreichten Bildungsabschluss anhand der ISCED-Klassifikation zeigen, dass Mehrfachbeschäftigte im Untersuchungszeitraum zu einem höheren Anteil über höhere Bildungsabschlüsse (ISCED-5 und ISCED-6) verfügten als Personen mit einer einzigen Erwerbstätigkeit. Dies ist im Einklang mit den Befunden anderweitiger Untersuchungen.[443] Während die

443 Vgl. z.B. Brenke (2009), Haak (2007).

Anteile bei höheren beruflichen Abschlüssen (ISCED-5), wie beispielsweise dem Meister, nur um wenige Prozentpunkte divergierten ist dies auf die höhere Zahl von Hochqualifizierten (ISCED-6) unter Mehrfachbeschäftigten zurückzuführen. Durchschnittlich circa jeder dritte (27% VM, 31% VJ) Mehrfachbeschäftigte hatte zwischen den Jahren 1995 und 2014 einen Fachhochschul-, Universitäts- oder Promotionsabschluss gegenüber nur etwa jedem fünften (21% VM, 22% VJ) Einfachbeschäftigten. Die Gruppe der Einfachbeschäftigten wies hingegen in diesem Zeitraum einen höheren Anteil von niedrigen (ISCED-1 und 2) und mittleren Bildungsabschlüssen (ISCED-3 und 4) auf. Die höhere Verbreitung von niedrigen Bildungsabschlüssen kam durch die leicht höheren Anteilswerte von Einfachbeschäftigten mit abgeschlossenem Haupt- oder Realschulabschluss (ISCED-2) zustande. Im Gesamtanalysezeitraum waren diesem im Mittel circa 8% der Einfachbeschäftigten zugehörig, gegenüber nur 6% der Mehrfachbeschäftigten. Der Anteil der Personen ohne abgeschlossenen Berufs- oder Schulabschluss unterschied sich unter den beiden Erwerbsgruppen hingegen nur geringfügig und kann wegen seiner geringen quantitativen Bedeutung von maximal 2% der jeweiligen Erwerbspersonen eher vernachlässigt werden. Über die Hälfte aller Mehrfach- und Einfachbeschäftigen verfügte im Zeitraum 1995 bis 2014 über einen mittleren Bildungsabschluss, d.h. eine abgeschlossene Lehre, einen Berufsfachschulabschluss oder ein (Fach)Abitur (ISCED-3) oder absolvierte vor dem beruflichen Abschluss eine allgemeinbildende Schule (ISCED-4). Insbesondere in der ISCED-3-Kategorie kann eine größere Konzentration von Einfachbeschäftigten beobachtet werden. Mit durchschnittlich circa 53% (VM/VJ) aller Personen waren Einfachbeschäftigte mit einem um circa sechs (VM) bis neun (VJ) Prozentpunkte höheren Anteilswert in diesem Bildungssegment vertreten. Im anschließenden höheren ISCED-4-Bildungssegment zeigten sich für Einfachbeschäftigte ausschließlich in Phase II geringfügig höhere Anteilswerte, während in Phase I und III die Anteilswerte von Mehrfachbeschäftigten ein leicht höheres Ausmaß annahmen.

Die Beschäftigungsform der Haupttätigkeit kann mit dem SOEP-Datensatz auf zwei unterschiedlichen Wegen differenziert werden. Einerseits mittels der Selbsteinstufung der Befragten, die durch die Verknüpfung mit den Befragungsdaten der Folgewelle zum Einkommensbezug, sowohl Auswertungen für Einfach- und Mehrfachbeschäftigte auf Vormonats- als auch Vorjahresbasis ermöglicht. Andererseits kann mittels der Angaben über das Vorjahreseinkommen aus abhängiger Beschäftigung, Selbstständigkeit und Nebenberuf eine Differenzierung der Beschäftigung im Vorjahr vorgenommen werden. Entsprechend der Einkommenshöhe wird eine Einstufung als Hauptbeschäftigung vorgenommen. Mit zusätzlicher annahmengestützter Kategorisierung entsprechend der gesetzlichen Rahmenbedingungen der gB können die Angaben zu Einkommen aus abhängiger Beschäftigung und Nebentätigkeit zusätzlich in sozialversicherungspflichtige und geringfügige Beschäftigung differenziert werden. Die Gleichsetzung der Nebentätigkeit mit abhängiger Beschäftigung geht jedoch mit der Gefahr einher, dass potenzielle nebenberufliche Selbstständigkeiten unterschätzt werden, insofern als diese im Fall hauptberuflicher Selbstständigkeit nicht erfasst werden können. Allerdings stellt die Bildung der Erwerbsform anhand der Vorjahreseinkommensangaben die einzige Möglichkeit im SOEP bereit die nebenberufliche Selbstständigkeit überhaupt zu quantifizieren, da auf Monatsdatenbasis zwar weitaus mehr Differenzierungsmöglichkeiten vorliegen – etwa zur Arbeitszeit sowie Beruf und Branche im Nebenerwerb – jedoch nicht erfasst wird, ob es sich dabei um Tätigkeiten in Selbstständigkeit handelt. Inwieweit auf Basis dieser Daten dennoch eine Differenzierung der Nebenerwerbsform auf Basis der Vormonatsdaten möglich ist, ist Gegenstand des Kapitels 7.2 dieser Arbeit und wird um Dopplungen zu vermeiden an dieser Stelle daher nicht ausgeführt.

Auf Basis der Selbsteinstufung der Befragten in Tabelle 12 wird deutlich, dass Mehrfachbeschäftigte durchschnittlich häufiger als Einfachbeschäftigte hauptberuflich in einem Angestellten- oder Beamtenverhältnis tätig waren und umgekehrt seltener der Beschäftigungsgruppe „Arbeiter“ zugeordnet werden konnten. Für die Anteilswerte der Selbstständigen ergaben sich unterschiedliche Befunde nach Vormonats- und Vorjahresdaten. So waren Mehrfachbeschäftigte bei Identifikation auf Vormonatsbasis durchschnittlich mit einem Anteil von 7% in höherem Maße Selbstständig mit Mitarbeitern und wie Einfachbeschäftigte mit weiteren 3% in einer selbstständigen Beschäftigung ohne Mitarbeiter tätig. Bei alternativer Einstufung auf Basis des Vorjahreseinkommens ergaben sich zwischen den beiden Gruppen in Selbstständigkeit bei Einfach- und Mehrfachbeschäftigten keine bzw. nur geringfügige Unterschiede. Der weiteren Differenzierung auf Basis der annahmengestützten Kategorisierung des Vorjahreseinkommens zur Folge war über den Gesamtanalysezeitraum die Haupttätigkeit beider Beschäftigungsgruppen im überwiegenden Maße in Form einer SvB, wobei diese nur bei Operationalisierung der Mehrfachbeschäftigung mittels des Vormonatseinkommens bei Zweitbeschäftigten einen um circa vier Prozentpunkte höheren Anteilswert aufwies. Die Auswertungen der hauptberuflich geringfügig Beschäftigten (agB) führte zwischen den Operationalisierungskonzepten zu divergierenden Befunden. Da die Berechnungsergebnisse beider Operationalisierungskonzepte einer Längsschnittsgewichtung unterliegen, kann deren Einfluss als Ursache weitgehen ausgeschlossen werden, so dass hier vermutlich eher tatsächlich systematischen Abweichungen zwischen der Gruppe der

Einfach- und Mehrfachbeschäftigten auf Vormonats- und Vorjahresbasis erfasst werden. Bei Aggregation der Auswertungen in die Kategorien abhängige und selbstständige Beschäftigung lässt sich ein hohes Maß an Übereinstimmung zwischen der Selbstauskunft im Vormonat und den eigenen Berechnungen anhand des Vorjahreseinkommens feststellen. So weichen die phasenweise aggregierten Prozentwerte der Arbeiter, Angestellten und Beamten (nach Selbstauskunft) bei Einfachbeschäftigten nur um maximal einen negativen Prozentpunkt von der Summe der SvB und agB (Vorjahr) ab und bei der wesentlich kleineren Gruppe der Mehrfachbeschäftigten um höchstens +/- zwei Prozentpunkte ab.

Beschäftigungsform Haupterwerb			Phase I VM Ø 1995/99	Phase I VJ Ø 1995/98	Phase II VM Ø 2000/03	Phase II VJ Ø 1999/02	Phase III VM Ø 2004/14	Phase III VJ Ø 2003/14	Gesamt VM Ø 1995-2014	Gesamt VJ Ø 1995-2014
Vor-Monat	Angestellte	EFB	49%	49%	50%	50%	50%	54%	50%	52%
		MFB	54%	55%	57%	57%	57%	60%	56%	58%
	Arbeiter	EFB	34%	34%	33%	33%	33%	30%	34%	31%
		MFB	29%	25%	27%	22%	27%	22%	27%	22%
	Selbstständig mit Mitarbeitern	EFB	6%	6%	7%	7%	7%	6%	7%	6%
		MFB	3%	5%	4%	6%	4%	6%	4%	6%
	Selbstständig ohne Mitarbeiter	EFB	4%	4%	3%	3%	3%	4%	3%	4%
		MFB	4%	5%	2%	4%	2%	5%	3%	5%
	Beamter	EFB	7%	8%	6%	7%	6%	7%	7%	7%
		MFB	10%	10%	10%	10%	10%	8%	10%	9%
Vorjahr	SvB	EFB	86%	88%	83%	86%	82%	84%	83%	85%
		MFB	90%	86%	89%	88%	86%	82%	87%	84%
	Selbstständig	EFB	9%	8%	9%	10%	9%	9%	9%	9%
		MFB	6%	10%	6%	8%	8%	10%	7%	9%
	agB	EFB	5%	4%	8%	5%	9%	6%	8%	5%
		MFB	4%	5%	5%	4%	6%	8%	5%	7%

Kombination Haupt- und Nebenerwerb		VJ - Phase I 1995/98 [% MFB]	VJ - Phase I 1995/98 [% NT]	VJ - Phase II Ø1999/02 [% MFB]	VJ - Phase II Ø1999/02 [% NT]	VJ - Phase III Ø 2003/14 [% MFB]	VJ - Phase III Ø 2003/14 [% NT]	VJ - Gesamt Ø 1995-2014 [% MFB]	VJ - Gesamt Ø 1995-2014 [% NT]
Vorjahr	SvB + iNgB	71%	*iNgB*	61%	*iNgB*	65%	*iNgB*	65%	*iNgB*
	Selbst. + iNgB	5%	80%	4%	*70%*	6%	*77%*	5%	*76%*
	agB + iNgB	4%		4%		7%		5%	
	SvB + SvB (iN)	10%	*SvB (iN)*	19%	*SvB (iN)*	13%	*SvB (iN)*	13%	*SvB (iN)*
	Selbst. + SvB (iN)	3%	13%	3%	*23%*	4%	*16%*	4%	*17%*
	SvB + Selbst. (iN)	7%	*Selbst. (iN)*	7%	*Selbst. (iN)*	5%	*Selbst. (iN)*	6%	*Selbst. (iN)*
	agB + Selbst. (iN)	1%	7%	1%	*7%*	1%	*7%*	1%	*7%*

Tabelle 12: Beschäftigungsform Haupt- und Nebenerwerb von Einfach- und Mehrfachbeschäftigten im Vergleich – 1995 bis 2014

Quelle: Eigene Berechnung, SOEP Welle v32.1, gewichtet. Differenzen zu 100% rundungsbedingt.

Grundgesamtheit: Einfach- und mehrfachbeschäftigte Arbeiter, Angestellte, Selbstständige und Beamte zwischen 18 und 65 Jahren.

Die empirisch häufigste Beschäftigungskombination stellte die Sozialversicherungspflichtige Hauptbeschäftigung in Verbindung mit nebenberuflicher geringfügiger Beschäftigung dar. Durchschnittlich entfielen circa 2/3 (65%) der

Mehrfachbeschäftigungsverhältnisse zwischen den Jahren 1995 bis 2014 auf diese Erwerbskombination. Daneben wurde einer geringfügige Nebenbeschäftigung von jeweils circa 5% der hauptberuflich Selbstständigen und der hauptberuflich geringfügig Beschäftigten (agB) nachgegangen. Infolgedessen kann die geringfügige Nebenbeschäftigung mit einem Anteil von durchschnittlich 76% zwischen den Jahren 1995 bis 2014 als der Normalfall nebenberuflicher Erwerbsformen angesehen werden. In der Entwicklung deren Anteils wird erneut der Einfluss der gesetzlichen Rahmenbedingungen zur iNgB deutlich, demnach dieser in Folge der Wiedereinführung der Sozialversicherungspflicht in Phase II um circa zehn Prozentpunkte abfiel und durch die erneute Einführung der Abgabenfreiheit wieder auf annähernd das vorherige Ausmaß anstieg. Sowohl Rückgang als auch Anstieg der iNgB konzentrierte sich auf die hauptberufliche SvB, deren finanzielle Vorteilhaftigkeit am weitesten von den Veränderungen der Arbeitsmarktgesetze beeinflusst wurde. Die Auswirkungen der Arbeitsmarktreformen kann mit umgekehrtem Vorzeichen am Anteil der nebenberuflichen SvB festgestellt werden. In Folge der Reform im Jahr 1999 stieg deren Anteil an der Mehrfachbeschäftigung um circa zehn Prozentpunkte auf 23%, was einerseits der Umwandlung vormaliger iNgB in sozialversicherungspflichtige Nebenbeschäftigungen zugeschrieben werden kann, als auch der allgemein geringen Zahl von Nebenbeschäftigungen aufgrund von Substitutionseffekten der iNgB durch einfachbeschäftigte agB, die von den Auswirkungen der Reform weitgehend unberührt blieben.[444] Die Re-Regulierung der Arbeitsmarktgesetze führte zu einem Rückgang deren absoluter Zahl, was zum Teil auf die Substitution von bestehenden Arbeitsverhältnissen durch Minijobs zurückgeführt werden kann.[445] Aufgrund der Dominanz der SvB mit iNgB waren anderweitige Kombinationsformen von Mehrfachbeschäftigung vergleichsweise von geringem Umfang. Lediglich 13% der Mehrfachbeschäftigten übte zwei parallele sozialversicherungspflichtige Beschäftigungen aus und nur etwa 6% eine SvB mit nebenberuflicher Selbstständigkeit. Etwa weitere 6% der Zweitbeschäftigten waren in einer der beiden Erwerbstätigkeiten entweder selbstständig oder geringfügig beschäftigt. Entsprechend der Klassifizierung der Hauptbeschäftigung anhand der Einkommenshöhe handelte es sich bei diesen überwiegend hauptberuflich Selbstständige mit iNgB, während die Kombination aus hauptberuflicher agB und Nebenselbstständigkeit eher einen Ausnahmefall darstellte. Die Zahl der nebenberuflichen Selbstständigkeiten weicht mit einem durchschnittlichen

444 Vgl. Heineck/Schwarze (2001).
445 Vgl. Schupp/Birkner (2004).

Anteil von 7% aller Mehrfachbeschäftigten deutlich von Erhebungen auf Basis des Mikrozensus ab, deren zu folge etwa jede zweite Nebenbeschäftigung in Selbstständigkeit verrichtet wird.[446] Aufgrund der mittels des Mikrozensus wahrscheinlichen Untererfassung von Nebentätigkeiten[447] ist der Anteil selbständiger Zweitbeschäftigung an dieser vermutlich überschätzt. Dennoch muss erneut festgehalten werden, dass durch die in diesen Auswertungen getroffenen pauschale Zuteilung des Vorjahreseinkommens aus Nebentätigkeit zur abhängigen Beschäftigung tatsächlich vermutlich zu einer nicht unerheblichen Unterschätzung von Nebenselbstständigkeiten führt. Umgekehrt wären damit die Anteile nebenberuflicher SvB und gB überschätzt. Hier ist zu vermuten, dass gerade eine SvB im Nebenerwerb aufgrund der vergleichsweise hohen Abgabenbelastung unattraktiv ist und es sich daher insbesondere bei diesen Erwerbskombinationen um einen nicht unerheblichen Anteil tatsächlich um Nebenselbstständigkeiten handelt. Hierfür ist auch der Anteil der mehrfach-SvB im Zeitraum 2003 bis 2014 nach Angaben der Bundesagentur für Arbeit von circa 11% der abhängig-mehrfachbeschäftigten anzuführen,[448] der sich bei zusätzlich nötiger Addition der in den BA-Daten nicht erfassten Mehrfachbeschäftigungen in Selbstständigkeit weiter reduziert, womit die eigenen Auswertungen dieser Beschäftigungskombination eine Überschätzung nahelegen.

Eine Übersicht über die im Untersuchungszeitraum 1995 bis 2014 in Haupt- und Nebenbeschäftigung verrichtete wöchentliche Arbeitszeit kann Tabelle 13 entnommen werden. Für einen Vergleich der Auswertung zur wöchentlichen Arbeitszeit mit den Ergebnissen anderweitiger Datenquellen ist zu berücksichtigen, dass die verwendeten Zahlen auf der Selbstauskunft der Betroffenen zur tatsächlichen Arbeitszeit beruhen, die somit regelmäßig geleistete Überstunden einschließen und in den meisten Fällen daher von der vertraglich vereinbarten Arbeitszeit nach oben abweichen. Die Auswertungen zeigen, dass für die wöchentliche Arbeitszeit im Haupterwerb nur in geringem Maße Unterschiede zwischen Einfach- und Mehrfachbeschäftigten festgestellt werden können. Mit circa 40% ging der Großteil der Beschäftigten demzufolge einer Erwerbstätigkeit im Umfang der klassischen Vollzeittätigkeit (40 bis 49 Wstd) nach, gefolgt von circa 20% vollzeitnaher Tätigkeiten im Bereich von 30 bis 39 Wochenstunden. Beschäftigungen unter 10 Wochenstunden und über 60 Wochenstunden kam

446 Vgl. Brenke (2009).

447 Vgl. Kapitel 4.5.1.

448 Eigene Berechnungen auf Basis Bundesagentur für Arbeit, Statistik (Hrsg.) (2017a). Siehe hierzu auch Kapitel 4.5.2 dieser Arbeit.

hingegen nur eine quantitativ geringbedeutende Rolle zu. Der Anteil von Mehrfachbeschäftigten in wöchentlicher Teilzeitarbeit (20 bis 29 Wstd) war jedoch über den gesamten Beobachtungszeitraum um durchschnittlich vier Prozentpunkte höher als bei Einfachbeschäftigten. Über den Zeitverlauf kann für beide Erwerbsgruppen eine generelle moderate Zunahme des Anteils der Teilzeitbeschäftigung (bis 29 Wstd) festgestellt werden. So stieg die Zahl der Teilzeitbeschäftigten (bis 29 Wstd) zwischen Phase I und III von circa 14% auf 17% (VJ) bzw. 16% auf 19% (VM) bei Einfachbeschäftigten und bei Mehrfachbeschäftigten von 19% auf 24% (VM) bzw. 21% auf 26% (VJ).

Wochenarbeitszeit		Phase I VM	Phase I VJ	Phase II VM	Phase II VJ	Phase III VM	Phase III VJ	Gesamt VM	Gesamt VJ
		Ø 1995/99	Ø 1995/98	Ø 2000/03	Ø 1999/02	Ø 2004/14	Ø 2003/14	Ø 1995-2014	
unter 10 Wstd	EFB	2%	2%	3%	2%	3%	2%	3%	2%
	MFB (HT)	2%	2%	3%	4%	3%	3%	3%	3%
	inkl. NJ	4%	1%	0%	1%	1%	0%	2%	1%
10 bis 19 Wstd	EFB	5%	4%	7%	5%	7%	6%	6%	5%
	MFB (HT)	5%	7%	5%	6%	8%	9%	7%	8%
	inkl. NJ	2%	2%	3%	2%	3%	3%	3%	3%
20 bis 29 Wstd	EFB	8%	8%	9%	8%	9%	9%	9%	9%
	MFB (HT)	11%	13%	12%	12%	14%	14%	13%	13%
	inkl. NJ	7%	12%	7%	8%	9%	10%	8%	10%
30 bis 39 Wstd	EFB	25%	25%	23%	23%	19%	19%	21%	21%
	MFB (HT)	23%	20%	22%	18%	21%	20%	22%	20%
	inkl. NJ	9%	10%	11%	11%	11%	16%	11%	14%
40 bis 49 Wstd	EFB	42%	43%	41%	43%	45%	46%	43%	45%
	MFB (HT)	44%	40%	42%	42%	41%	38%	42%	39%
	inkl. NJ	53%	43%	44%	48%	47%	41%	48%	43%
50 bis 59 Wstd	EFB	11%	11%	11%	12%	12%	12%	11%	12%
	MFB (HT)	9%	11%	11%	11%	9%	10%	10%	10%
	inkl. NJ	19%	23%	22%	21%	20%	20%	20%	21%
60 bis 69 Wstd	EFB	5%	5%	5%	5%	4%	4%	5%	5%
	MFB (HT)	3%	4%	4%	5%	4%	4%	4%	5%
	inkl. NJ	4%	7%	9%	6%	7%	7%	7%	7%
70 bis 80 Wstd	EFB	2%	2%	2%	2%	1%	1%	2%	2%
	MFB (HT)	2%	3%	2%	2%	1%	1%	1%	2%
	inkl. NJ	2%	2%	3%	3%	1%	2%	2%	2%

Tabelle 13: Wochenarbeitszeiten von Einfach- und Mehrfachbeschäftigten im Vergleich – 1995 bis 2014

Quelle: Eigene Berechnung, SOEP Welle v32.1, gewichtet. Differenzen zu 100% rundungsbedingt.

Grundgesamtheit: Einfach- und mehrfachbeschäftigte Arbeiter, Angestellte, Selbstständige und Beamte zwischen 18 und 65 Jahren. Arbeitszeiten inklusive Nebenjob: nur Fälle in denen Gesamtwochenarbeitszeit höchstens 80 Wochenstunden.

Anm.: HT = Haupterwerb, NJ = Nebenjob. Die Auswertungen zu wöchentliche Gesamtarbeitszeit (VJ) beruhen nur auf ca. 54% der Fälle der Auswertungen zur Hauptarbeitszeit (VJ) und sind daher möglicherweise verzerrt und daher farblich weiß markiert (siehe Text).

Umgekehrt reduzierte sich der Anteil der vollzeitnahen Beschäftigungen (30 bis 39 Wstd) bei Einfachbeschäftigten in diesem Zeitraum um durchschnittlich sechs Prozentpunkte, bei Mehrfachbeschäftigten nur um bis zu zwei Prozentpunkte (VM). Im Bereich der klassischen Vollzeittätigkeiten (40 bis 49 Wstd) konnte eine divergierende Entwicklung zwischen den untersuchten Beschäftigungsgruppen festgestellt werden. Der Anteilswert unter Einfachbeschäftigten verzeichnete einen Anstieg von 42% auf 45% (VM) bzw. 43% auf 46% (VJ), wohingegen unter Mehrfachbeschäftigten sich die Zahl der Erwerbspersonen in diesem Wochenstundensegment von 44% auf 41% (VM) bzw. 40% auf 38% (VJ) reduzierte. In Folge dieser Entwicklungen waren Einfachbeschäftige zwischen den Jahren 2004 und 2014 (Phase III) insgesamt in höherem Maße in Tätigkeiten über 40 Wochenstunden beschäftigt, während Mehrfachbeschäftige häufiger einer hauptberuflichen Teilzeitbeschäftigung (bis 39 Wstd) nachgingen. Die Berücksichtigung der Arbeitszeit im Nebenerwerb führte erwartungsgemäß zu einem Anstieg der durchschnittlichen Arbeitszeit von Mehrfachbeschäftigten und einem Rückgang der Anteile von Teilzeitbeschäftigungen bis 29 Wochenstunden sowie insbesondere von vollzeitnahen Tätigkeiten (30 bis 39 Wstd).

Die Arbeitszeit im Haupterwerb ist für Mehrfachbeschäftige (im Gegensatz zu Einfachbeschäftigten) nicht mit der Gesamtwochenarbeitszeit identisch, da zusätzlich die Arbeitszeit im Nebenerwerb berücksichtigt werden muss. Bei dieser handelt es sich jedoch um ein Merkmal zu dem nur Angaben vorliegen sofern die Mehrfachbeschäftigung auf Vormonatsbasis operationalisiert wurde. Die Verknüpfung der Nebenarbeitszeit mit Personen die nach Vorjahresdaten als mehrfachbeschäftigt klassifiziert wurden führt hierbei zu einer deutlichen Reduktion der Stichprobe um ca. 46% (1995 bis 2014), da nur Fälle eingehen die sowohl auf Vorjahres- als auch Vormonatsbasis mehrfachbeschäftigt waren.[449] Die Auswertungen nach Vorjahresdaten zur Gesamtarbeitszeit sind daher mit hoher wahrscheinlich nicht repräsentativ und werden im Folgenden daher nicht interpretiert. Aus Gründen der Vollständigkeit sind diese zwar in Tabelle 13 aufgeführt, wurden allerdings um deren potenziell verzerrte Aussagekraft farblich zu verdeutlichen grau eingefärbt. Die Erkenntnisse zur wöchentlichen Gesamtarbeitszeit von Mehrfachbeschäftigten beruhen damit ausschließlich auf den Resultaten auf Vormonatsbasis. Die Addition der Arbeitszeit im Nebenerwerb hat zur Folge, dass Mehrfachbeschäftigte über alle Phasen hinweg durchgängig niedrigere Werte bei Tätigkeiten bis 39 Wochenstunden aufwiesen. Die Zahl der Mehrfachbeschäftigten mit wöchentlicher Gesamtarbeitszeit von 40 bis 49

449 Vgl. hierzu Kapitel 4.4.1.

Stunden erhöhte sich in allen Phasen durch die Addition der Nebentätigkeitszeiten. Mehrfachbeschäftigte waren bei Berücksichtigung der Gesamtarbeitszeit damit häufiger im klassischen Sinne vollzeitbeschäftigt als Einfachbeschäftigte. Die Entwicklung innerhalb der Beschäftigungsgruppen zeigte jedoch einen unterschiedlichen Trend auf. So lässt sich aus dem Anstieg des Anteils der Einfachbeschäftigten in Vollzeitbeschäftigung (40 bis 49 Wstd) um circa drei Prozentpunkte auf circa 45% (VM) in Phase III eine zunehmende Konzentration auf Vollzeittätigkeiten ableiten. Unter Mehrfachbeschäftigten verlor die klassische 40-Stundenwoche hingegen an Bedeutung und reduzierte sich sowohl bei isolierter Betrachtung der Arbeitszeit im Haupterwerb als auch bei zusätzlicher Berücksichtigung des Nebenerwerbs. Der Nebenerwerb trug damit weiterhin dazu bei den Gesamtbeschäftigungsumfang des Großteils der Mehrfachbeschäftigten auf das Niveau der klassischen Vollzeitbeschäftigung zu erhöhen – leistete dies über den gesamten Untersuchungszeitraum betrachtet jedoch in einem rückläufigen Maße. Stattdessen führte die Inklusion der Nebentätigkeit zu einem Anstieg der Anteilswerte von Mehrfachbeschäftigungen mit wöchentlicher Gesamtarbeitszeit zwischen 50 und 59 Wochenstunden. Zwischen den Jahren 1995 und 2014 war demnach circa jeder fünfte Mehrfachbeschäftigte (20%) in diesem Arbeitszeitumfang beschäftigt und damit durchschnittlich circa neun Prozentpunkte mehr als in der Gruppe der Einfachbeschäftigten. Gleichermaßen führte der Anstieg der Gesamtarbeitszeit dazu, dass unter Mehrfachbeschäftigte die Beschäftigungsgruppe mit sehr hohen Wochenarbeitszeiten (60 bis 80 Wstd) im höheren Maße vertreten war. Annähernd jeder zehnte (9%) Mehrfachbeschäftigte war durchschnittlich zwischen den Jahren 1995 und 2014 in dieser Wochenarbeitszeitkategorie verortet, gegenüber nur etwa 6% der Einfachbeschäftigten.

Die im Zeitraum 1995 bis 2014 durchschnittlich ausgeübte Arbeitszeit im Haupterwerb ist in Abbildung 23 der von Befragten des SOEP geäußerten Wunscharbeitszeit gegenübergestellt. Da die Resultate bei Operationalisierung von Mehrfachbeschäftigung auf Basis der Vorjahresdaten nur im geringen Maße von den Ergebnissen nach Vormonatsdaten abweichen, wurde auf deren Darstellung verzichtet. In der Fragestellung des SOEP zur Erhebung der Wunscharbeitszeit wird explizit darauf hingewiesen die damit verbundene Veränderung auf das derzeitige Einkommen zu berücksichtigen.[450] Obwohl in der Originalfragestellung über die tatsächliche Wunscharbeitszeit ein expliziter Hinweis auf die Beschränkung auf die Haupttätigkeit fehlt, wird dies in der empirischen

450 Vgl. TNS Infratest Sozialforschung (Hrsg.) (2015a: 19).

Literatur,[451] aufgrund deren Positionierung im SOEP im Fragekomplex zur Hauptbeschäftigung und vor der Frage nach eventuell weiteren Nebentätigkeiten, angenommen. Für eine weitere Validierung dieser Annahme wurde in einer zusätzlichen Untersuchung der Arbeitszeitwunsch im Jahr vor der Aufnahme einer zweiten Erwerbstätigkeit analysiert. Diese Analyse geht mit einer etwas geringeren Stichprobe einher, da nur Fälle betrachtet werden können, die in zwei konsekutiven Befragungen des SOEP teilnahmen und von einer Einfachbeschäftigung im Folgejahr in eine Mehrfachbeschäftigung wechseln. Auf Basis dieser Untersuchung konnten die nachfolgenden Resultate weitgehend übereinstimmend reproduziert werden. Neben einem Hinweis auf eine weitgehend robuste Stabilität der Arbeitszeitpräferenzen, kann dieser Befund als weitere Bestätigung dafür angeführt werden, dass die Fragestellung vorrangig die Arbeitszeit im Haupterwerb misst.

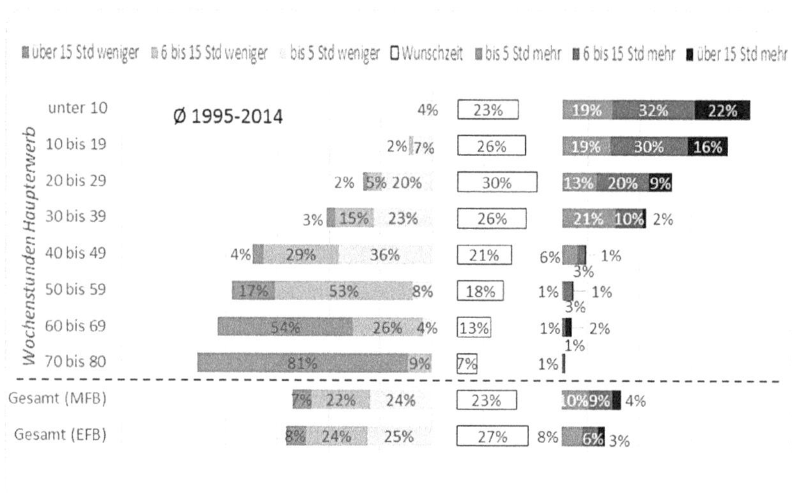

ABBILDUNG 23: ABWEICHUNG WUNSCHARBEITSZEIT UND TATSÄCHLICHE WOCHENARBEITSZEIT IM HAUPTERWERB VON EINFACH- UND MEHRFACHBESCHÄFTIGTEN IM VERGLEICH – Ø 1995 BIS 2014

Quelle: Eigene Berechnung, SOEP Welle v32.1, gewichtet. Differenzen zu 100% rundungsbedingt. Grundgesamtheit: einfach- und mehrfachbeschäftigte Arbeiter, Angestellte, Selbstständige und Beamte zwischen 18 und 65 Jahren.

451 Vgl. z.B. Schmidt/Voss (2014); Heineck (2009).

Der (periodengerechte) Vergleich des tatsächlichen mit dem gewünschten Arbeitsumfang zeigt, dass durchschnittlich nur circa 23% der Mehrfachbeschäftigten sich eine Ausweitung ihrer derzeitigen Hauptbeschäftigung wünschten, während mehr als jeder Zweite (53%) vielmehr den Wunsch einer Reduktion des Erwerbsumfangs angaben. Nur etwa jeder vierte (23%) Mehrfachbeschäftigte war mit dem Stundenumfang seine Haupttätigkeit zufrieden, d.h. die Angabe über den Arbeitszeitwunsch wich weniger als eine Stunde von Arbeitszeit inklusiver eventueller Überstunden ab. Im direkten Vergleich mit Einfachbeschäftigten waren Mehrfachbeschäftigte durchschnittlich weniger zufrieden mit ihrer Wochenarbeitszeit und äußerten im höheren Maße den Wunsch nach Ausweitung der Arbeitszeit. Neben dem Durchschnittswert für alle Mehrfachbeschäftigten sind in Abbildung 23 zusätzlich die Ergebnisse nach Kategorien der Haupterwerbstätigkeit differenziert dargestellt.[452] Die Darstellung verdeutlicht, dass Mehrfachbeschäftigte mit niedrigerer Wochenarbeitszeit in der Haupttätigkeit in höherem Maße mit ihrem Stundenumfang zufrieden waren. Bis zu einem Wochenstundenumfang von 20 bis 29 Wochenstunden ist eine Zunahme der Zufriedenheit zu erkennen, wohingegen danach mit steigender Arbeitszeit ein Rückgang der Zufriedenheit einherging. Durchschnittlich stimmte für 25% und 30% der Mehrfachbeschäftigten mit einer Hauptbeschäftigung bis maximal 39 Wochenstunden die tatsächliche Arbeitszeit mit der Wunscharbeitszeit überein. Hingegen zeigte sich nur etwa jeder fünfte (17% bis 21%) Mehrfachbeschäftigte in einer Vollzeittätigkeit zwischen 40 bis 59 Wochenstunden mit seiner tatsächlichen Arbeitszeit zufrieden und nur etwa jeder Zehnte (7% bis 13%) der Personen mit noch höherem Beschäftigungsumfang. Trotz höheren Zufriedenheit mit der Wochenarbeitszeit drückten Mehrfachbeschäftigte mit geringer Hauptarbeitszeit ebenfalls öfter den Wunsch nach Mehrarbeit aus. Mit einem Anteil von 64% bis 70% der Personen, dominierte speziell bei Beschäftigten bis 19 Wochenstunden der Wunsch nach Ausweitung der Arbeitszeit. In

452 Aus Übersichtlichkeitsgründen wurde auf die Differenzierung der Ergebnisse der Einfachbeschäftigten verzichtet, da diese nicht bedeutend von den Resultaten der Mehrfachbeschäftigten abweichen. Die Abweichungen von über fünf Prozentpunkten lassen sich wie folgt zusammenfassen: Einfachbeschäftigte waren zwischen 10 und 39 Wstd um 6 bis 10 Pp zufriedener mit ihrer Arbeitszeit und zwischen 50 und 59 Wstd um fünf Pp unzufriedener. Bis 19 Wochenstunden äußerten EFB im geringeren Maße (7 bis 8 Pp) den Wunsch nach Mehrarbeit zwischen 6 und 15 Stunden. Die Präferenz einer Arbeitszeitreduktion überwog bei EFB mit 50 bis 59 Wstd in der Kategorie „6 bis 15 Std" (7 Pp), sowie um bei Tätigkeiten zwischen 60 und 69 Wstd in der Kategorie „über 15 Std. weniger" (8 Pp).

dieser Kategorie wünschte sich fast jeder Fünfte (19%) Mehrarbeit im Umfang bis fünf Stunden, circa 28% bis 30% zwischen sechs und 15 Zusatzstunden und weitere 17% bis 21% der Personen sogar über 15 Wochenstunden. Der Wunsch nach Arbeitszeitreduktion war umgekehrt bei Tätigkeiten mit niedrigem Arbeitsumfang mit Werten zwischen 4% und 9% erwartungsgemäß von vernachlässigender Bedeutung. Unter Teilzeitbeschäftigten (20 bis 29 Wstd) dominierte ebenfalls der Wunsch nach Mehrarbeit. Circa 43% der Personen dieser Kategorie wünschten sich eine Arbeitsausweitung, davon etwa jeder Zweite im Umfang von sechs bis 15 Zusatzstunden. Umgekehrt würden nur etwa 27% der Teilzeitbeschäftigten zwischen 20 bis 29 Wochenstunden ihre Arbeitszeit gerne reduzieren und wenn dann zum überwiegendem Teil um maximal fünf Wochenstunden. Mit zunehmender Arbeitszeit im Haupterwerb nimmt der Bedarf von Mehrarbeit – insbesondere mit höherer Stundenzahl – unter Mehrfachbeschäftigten ab und wird ersetzt durch den Wunsch nach Arbeitszeitreduktion. In der Gruppe der Mehrfachbeschäftigten in vollzeitnahen Beschäftigungen (30 bis 39 Wstd) führt dies zu eher gemischten Befunden. So würden einerseits circa 34% der Mehrfachbeschäftigten in dieser Arbeitszeitkategorie gerne zusätzliche Arbeit anbieten gegenüber etwa 41% mit dem Wunsch nach Arbeitsreduktion trotz damit verbundenem Einkommensausfall. Dies kann möglicherweise als Ausdruck des Bedarfs an generell flexibleren Arbeitszeiten verstanden werden, insofern als überwiegend eine Veränderung der Arbeitszeit um höchstens fünf Wochenstunden angestrebt wurde. Ab einer Wochenarbeitszeit von 40 und mehr Stunden dominiert der Wunsch nach Arbeitszeitverkürzung deutlich, während nur noch maximal 10% der Personen gerne mehr arbeiten würden. Jeweils ein Drittel (33% bis 36%) gab in diesem Arbeitszeitsegment an entweder bis zu fünf Stunden oder sogar mehr als sechs Stunden weniger arbeiten zu wollen. Mit zunehmender Wochenarbeitszeit erhöhte sich der Anteil von Personen, die ihre Arbeitszeit gerne in höherem Umfang als fünf Wochenstunden reduzieren würden. Unter Mehrfachbeschäftigten in Tätigkeiten zwischen 50 und 59 Wochenstunden zeigte sich eine überwiegende Präferenz die Arbeitszeit um sechs bis 15 Stunden pro Woche zu reduzieren, wohingegen ab 60 Wochenstunden vorrangig mehr als 15 Stunden Arbeitszeitreduktion präferiert wurde. In Abbildung 24 sind die Differenzen zwischen Arbeitszeitwunsch und tatsächlicher Arbeitszeit der Hauptbeschäftigung zusätzlich entlang der Phasen der Arbeitsmarktgesetzgebung zu geringfügiger Nebenbeschäftigung (iNgB) dargestellt. Hierbei wird deutlich, dass die wöchentliche Arbeitszeit im Haupterwerb zwischen den Jahren 1995 bis 1999 für nur 18% der Mehrfachbeschäftigten ihrer Präferenz entsprach, gegenüber 24% bis 26% der Beschäftigten in den übrigen Phasen.

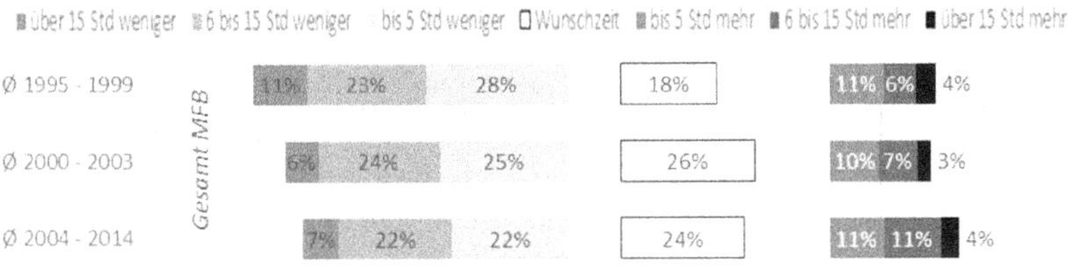

ABBILDUNG 24: ABWEICHUNG WUNSCHARBEITSZEIT UND TATSÄCHLICHE WOCHENARBEITSZEIT IM HAUPTERWERB –MEHRFACHBESCHÄFTIGTE NACH PHASEN

Quelle: Eigene Berechnung, SOEP Welle v32.1, gewichtet. Differenzen zu 100% rundungsbedingt. Grundgesamtheit: einfach- und mehrfachbeschäftigte Arbeiter, Angestellte, Selbstständige und Beamte zwischen 18 und 65 Jahren.

Der Wunsch die Arbeitszeit auszuweiten stieg moderat über die Phasen von circa 21% bzw. 20% (Phase I) auf 26% der Mehrfachbeschäftigten, was insbesondere auf die Zunahme des Wunsches zurückzuführen war Mehrarbeit zwischen 6 und 15 Stunden verrichten zu können. Im Gegenzug reduzierte sich der Bedarf nach Arbeitszeitverkürzung stetig von vormals 52% der Mehrfachbeschäftigten in Phase I auf circa 45% in Phase III. Der Rückgang betraf gleichermaßen die Kategorien „Reduktion um bis zu 5 Std" und „Reduktion um mehr als 15 Std", wohingegen weitgehend konstant etwa jeder vierte (22 bis 24%) Mehrfachbeschäftigte die Arbeitszeit im Haupterwerb gerne um 6 bis 15 Stunden gekürzt hätte.

Die in Tabelle 14 dargestellte Verteilung des monatlichen Real-Nettoeinkommens aus der Haupttätigkeit, d.h. ohne Berücksichtigung des Nebeneinkommens, weist nach Vormonatsdaten große Übereinstimmungen zwischen Einfach- und Mehrfachbeschäftigten auf. Auf Basis der Vorjahresdaten werden hingegen in den Einkommenssegmenten bis 2.000 Euro größere Differenzen ersichtlich. Die Abweichung der Einkommensverteilung auf Vorjahresbasis von den Vormonatswerten kann einerseits darauf zurückgeführt werden, dass das Nettoarbeitseinkommen des Vorjahres – im Gegensatz zum Wert nach Vormonatsdaten – nicht direkter Bestandteil der SOEP-Befragung ist und stattdessen durch Rückgriff auf die verfügbaren Bruttoangaben und unter Annahmen zur Abgabenbelastung generiert wurde.[453] Die alternative Verwendung des für

453 Details zur Berechnung des fiktiven Nettoeinkommens auf Vorjahresbasis können dem Anhang entnommen werden.

beide Konzepte im SOEP vorliegenden Bruttoeinkommens führt allerdings zu einer gleichermaßen divergierenden Einkommensverteilung, insbesondere in den unteren Einkommensgruppen. Eine daraufhin durchgeführte detaillierte Überprüfung der Einkommensangaben auf Vorjahresbasis ergab, dass die durchschnittliche Bezugsdauer von Mehrfach- und Einfachbeschäftigten deutliche Unterschiede aufwies.[454] Während im Gesamtanalysezeitraum 1995 bis 2014 durchschnittlich 91% der Einfachbeschäftigten in jedem Kalendermonat ein Einkommen erzielten, galt dies nur für 78% der Mehrfachbeschäftigten, die umgekehrt zu höheren Anteilen (10%) einen Einkommensbezug in nur elf Kalendermonaten in der Befragung angaben. Entsprechend der Kategorisierung der Beschäftigungsform zeigten weitere Auswertungen dass dies sich über alle drei Hauptbeschäftigungstypen erstreckte, insbesondere jedoch bei hauptberuflich Selbstständigen und agB deutlichen Abweichungen unterlag.[455] Die unterschiedlichen Befunde zwischen den Konzepten (VM und VJ) sind daher höchstwahrscheinlich auf die Bezugsdauer des Einkommens zurückzuführen, was deren Interpretation zu berücksichtigen ist.

So war nach Vormonatsdaten war im Jahresdurchschnitt des Zeitraums 1995 bis 2014 annähernd jeder vierte (26%) Mehrfach- und Einfachbeschäftigte (25%) im untersten Einkommenssegment bis maximal 1.000 Euro verortet. Auf Basis der Vorjahresdaten waren Mehrfachbeschäftigten mit einem durchschnittlichen Anteilswert von 30% hingegen in deutlich höherem Maße in diesem Einkommenssegment vertreten als Einfachbeschäftigte (22%). Unabhängig vom Operationalisierungskonzept ist eine Ausweitung des Niedriglohnsektors nach den Hartz-Arbeitsmarktreformen in Phase III festzustellen, die bei Mehrfachbeschäftigten zu einem höheren Anstieg der Anteilswerte des Einkommenssegments bis 1.000 Euro führte, während deren relative Zahl in den vorherigen Phasen ein weitgehend konstantes Niveau aufwies. Der Großteil der Beschäftigten erzielte hingegen ein monatliches Nettoeinkommen im

454 Im Gegensatz dazu liegt das verwendete imputierte Einkommen im Vormonat nicht auf jährlicher, sondern auf monatlicher Basis vor, wodurch der Einfluss unterschiedlicher Einkommensbezüge ausgeschlossen ist. Das jährliche Vorjahreseinkommen muss für einen Vergleich mit den Vormonatswerten hingegen durch die zwölf Kalendermonate dividiert werden.

455 Nach der Hauptform differenziert betrug der Anteil der Mehrfachbeschäftigten (gegenüber Einfachbeschäftigten) mit Einkommensbezug in zwölf Monaten zwischen 1995 und 2014 circa 85% bei SvB (EFB 93%), 63% bei Selbstständigen (EFB 92%) und 27% bei agB (EFB 71%).

Haupterwerb zwischen 1.001 und 2.000 Euro. Das über die Gesamtperiode 1995 bis 2014 durchschnittliche (Median) monatliche Real-Einkommen von circa 1.400 Euro[456] ist Teil dieses Einkommenssegments, weshalb die Beschäftigten in diesem als Bezieher von mittleren Einkommen bezeichnet werden können. Die Auswertung auf Vorjahresdatenbasis zeigt wie bereits bei Geringverdienern für das mittlere Einkommenssegment höhere Anteilswerte für Einfachfachbeschäftigte (46%) gegenüber Mehrfachbeschäftigte (40%), während nach Vormonatsdaten die durchschnittlichen Anteilswerte über den Gesamtzeitraum von Einfachbeschäftigten (47%) und Mehrfachbeschäftigten (46%) weitgehend identisch waren. Die Entwicklung der Anteilswerte verlief über die Phasen entgegengesetzt zu der von Geringverdienern. Im Vergleich zu Phase I reduzierte sich der Anteil mittlerer Einkommensbezieher bis in Phase III bei Einfachbeschäftigten zwischen fünf (VM) und acht (VJ) Prozentpunkten und bei Mehrfachbeschäftigten zwischen vier (VM) und fünf (VJ) Prozentpunkten. In Verbindung mit dem parallelen Anstieg von Einkommen bis 1.000 Euro lässt sich hieran ein Rückgang des durchschnittlichen Real-Einkommens im unteren und mittleren Einkommenssegment bestätigen. Die Anteilswerte der höheren Einkommensgruppen wiesen über die Phasen hingegen eine weitgehende Stabilität auf, so dass diese vermutlich keine vergleichbare Veränderung des Realeinkommens verzeichnen mussten. Zwischen 18% bis 22% der Beschäftigten verfügten zwischen den Jahren 1995 und 2014 monatlich über ein preisbereinigtes Nettoeinkommen von 2.001 bis 3.000 Euro und etwa 9% bis 11% über einen noch höheren Nettoverdienst. Bei Erwerbstätigen mit monatlichem Real-Nettoeinkommen über 2.000 Euro wichen darüber hinaus die Berechnungsergebnisse der verschiedenen Operationalisierungskonzepte deutlich weniger voneinander ab. woraus sich folgern lässt, dass die jährliche Beschäftigungsdauer (ausgedrückt in Monaten mit Einkommensbezug) zwischen Einfach- und Mehrfachbeschäftigten nur bei geringen und mittleren Arbeitseinkommen entscheidend divergierte

456 Nach Vormonatsdaten circa 1.441 Euro, nach Vorjahresdaten circa 1.396 Euro (eigene Berechnungen auf Basis SOEP v32.1, gewichtet, in Preisen von 2010).

*Monatliches Arbeitseinkommen (netto, in Preisen von 2010)**		VM Phase I Ø 1995/99	VJ Phase I Ø 1995/98	VM Phase II Ø 2000/03	VJ Phase II Ø 1999/02	VM Phase III Ø 2004/14	VJ Phase III Ø 2003/14	VM Gesamt Ø 1995-2014	VJ Gesamt Ø 1995-2014
bis 1.000€	EFB	22%	20%	25%	20%	27%	23%	25%	22%
	MFB (HT)	22%	26%	23%	26%	29%	33%	26%	30%
	inkl. NJ	15%	19%	19%	20%	20%	24%	18%	22%
über 1.000€ bis 2.000€	EFB	51%	51%	47%	47%	46%	43%	47%	46%
	MFB (HT)	49%	43%	45%	40%	45%	39%	46%	40%
	inkl. NJ	45%	40%	40%	36%	43%	38%	43%	38%
über 2.000€ bis 3.000€	EFB	17%	21%	19%	23%	18%	23%	18%	22%
	MFB (HT)	19%	19%	20%	20%	17%	18%	18%	19%
	inkl. NJ	26%	25%	26%	26%	24%	23%	25%	24%
über 3.000€ bis 4.000€	EFB	6%	5%	5%	6%	6%	7%	6%	6%
	MFB (HT)	7%	9%	7%	9%	5%	6%	6%	7%
	inkl. NJ	9%	11%	9%	11%	8%	9%	9%	10%
über 4.000€ bis 5.000€	EFB	2%	2%	2%	2%	2%	2%	2%	2%
	MFB (HT)	2%	1%	3%	3%	3%	2%	2%	2%
	inkl. NJ	3%	3%	3%	4%	3%	3%	3%	3%
über 5.000€	EFB	1%	1%	1%	2%	1%	2%	1%	2%
	MFB (HT)	1%	1%	2%	2%	1%	2%	1%	2%
	inkl. NJ	2%	2%	3%	4%	3%	3%	3%	3%

Tabelle 14: Individuelles Arbeitseinkommen (netto, preisbereinigt) von Einfach- und Mehrfachbeschäftigten im Vergleich – 1995 bis 2014

Quelle: Eigene Berechnung, SOEP Welle v32.1, gewichtet, preisbereinigt (Basisjahr 2010). Differenzen zu 100% rundungsbedingt. *Nettonebeneinkommen und Nettohaupteinkommen (VJ) auf Basis der Bruttoangaben und geschätzter Abgabenbelastung generiert (siehe Anhang).

Grundgesamtheit: Einfach- und mehrfachbeschäftigte Arbeiter, Angestellte, Selbstständige und Beamte zwischen 18 und 65 Jahren.

Die Berücksichtigung des Nebeneinkommens führt bei Mehrfachbeschäftigten zu einer Verschiebung der Anteilswerte zu Gunsten höherer Einkommenssegmente, bei gleichbleibend höheren Anteilswerten nach Vorjahresdaten bei Einkommen bis 2.000 Euro. Auf Basis des monatlichen Gesamteinkommens waren Mehrfachbeschäftigte demnach über den Gesamtzeitraum 1995 bis 2014 um durchschnittlich sieben Prozentpunkte weniger im untersten Einkommenssegment verortet. Auf Basis der Vorjahresdaten führte Einbezug des Nettonebeneinkommens zu einer Angleichung des individuellen Gesamtarbeitseinkommens zwischen den Beschäftigungsgruppen. Der zusätzliche Nebenverdienst führte demnach dazu die niedrigere Anzahl von Monaten mit Einkommensbezug zu kompensieren, um den Einkommensnachteil gegenüber Einfachbeschäftigten auszugleichen. Im mittleren Einkommenssegment (1.001 bis 2.000 Euro) führt die zusätzliche Addition des Nettonebeneinkommens in allen Phasen zu einer Reduktion der Anteilswerte von Zweitbeschäftigten, wodurch diese im Gesamtzeitraum zwischen vier (VM) und acht (VJ) Prozentpunkte, niedrigere Anteile aufwiesen als Einfachbeschäftigte. Die Betrachtung des Durchschnittswertes der

Gesamtperiode verdeckt jedoch, dass sich die Differenzen der Anteilswerte in diesem Einkommenssegment über die Phasen hinweg reduzierten. Während in Phase I der Abstand zwischen Einfach- und Mehrfachbeschäftigten sechs (VM) bzw. elf (VJ) Prozentpunkte betrug, reduzierte sich dieser in Phase III auf lediglich drei (VM) bzw. fünf (VJ) Prozentpunkte. Spiegelbildlich führt die Verschiebung der Anteilswerte durch das Nebeneinkommen zu höheren Anteilen für Mehrfachbeschäftigte in den Einkommensgruppen mit höherem monatlichem Nettoeinkommen. Insbesondere im Einkommenssegment von 2.001 bis 3.000 Euro kam es hierbei zu einem Anstieg zwischen den Jahren 1995 bis 2014 der Anteilswerte von durchschnittlich 18% auf 25% nach Vormonatsdaten bzw. von 19% auf 24% nach Vorjahresdaten. Verglichen mit Einfachbeschäftigten führt dies im Mittel zu um zwei (VJ) bis sieben (VM) Prozentpunkte höhere Anteilswerte in diesem Einkommenssegment. Der Anteil von Mehrfachbeschäftigten mit monatlichem Nettoverdienst über 3.000 bis 4.000 Euro erhöht sich ebenfalls durch das zusätzliche Einkommen des Nebenverdienstes. Im Jahresmittel des Zeitraums 1995 bis 2014 erhöhte sich hierdurch deren Anteilswert um circa drei Prozentpunkte, wodurch etwa jeder zehnte Mehrfachbeschäftigte (9% VM, 10% VJ) dieser Einkommensgruppe angehörte, gegenüber nur 6% der Einfachbeschäftigten. In den Einkommensgruppen mit mehr als 4.000 Euro monatlichem Nettoverdienst konnte ebenfalls überwiegend ein höherer Prozentsatz für Mehrfachbeschäftigte beobachtet werden. Die durchschnittlichen Differenzen beliefen sich jedoch auf maximale Werte von einem Prozentpunkt. Zusammenfassend lässt sich aus den Verschiebungen der Einkommenssegmente ein nicht zu vernachlässigender Einfluss des Nebeneinkommens auf die individuelle Verdienstsituation ableiten. Dieser hatte in den unteren Einkommensgruppen einen stärkeren Einfluss zur Folge, was wahrscheinlich auf dessen mit zunehmenden Haupteinkommen abnehmenden prozentualen Anteil zurückgeführt werden kann.

Um dies zu bestätigen ist hierzu in Tabelle 15 die Entwicklung der Durchschnittswerte des realen Nettonebeneinkommens von Mehrfachbeschäftigten dargestellt. Über den Gesamtzeitraum der Jahre 1995 und 2014 betrug das reale mittlere (Median) Nettonebeneinkommen abhängig von der zugrunde liegenden Datenbasis zwischen 230 Euro (VJ) und 241 Euro (VM) pro Monat. Der Median stellt den mittleren Wert der Stichprobe dar, berücksichtigt jedoch damit nicht besonders hohe Nebeneinkünfte, welche gerade bei bereits im Hauptverdienst hochentlohnten Berufsgruppen zu vermuten sind. Bei alternativer Verwendung des arithmetischen Mittels – welches im Gegensatz zum Median auch die Extremwerte der Einkommensverteilung berücksichtigt – steigt das Durchschnittsnebeneinkommen auf einen Wert von 313 Euro (VJ) bzw. 317 Euro (VM) an. Der Einfluss der Gesetzesreformen zur geringfügigen Nebenbeschäftigung kann in den in Phase II durchschnittlich geringeren Höhe der Nettonebeneinkünfte nur bedingt abgelesen werden, da diese erst um die im Nebenerwerb ausgeübten Arbeitsstunden bereinigt werden muss. In Verbindung mit den Angaben zur wöchentlichen Arbeitszeit können die Real-Stundenlöhne für Einfach- und Mehrfachbeschäftigte in Haupt- und Nebenerwerb berechnet werden.

Nebeneinkommen		Phase I VM	Phase I VJ	Phase II VM	Phase II VJ	Phase III VM	Phase III VJ	Gesamt VM	Gesamt VJ
		Ø 1995/99	Ø 1995/98	Ø 2000/03	Ø 1999/02	Ø 2004/14	Ø 2003/14	Ø 1995-2014	
MFB (netto, real)	Median	241 €	226 €	159 €	213 €	271 €	237 €	241 €	230 €
	Mean	327 €	319 €	253 €	302 €	335 €	314 €	317 €	313 €
Stundenlohn**		Ø 1995/99	Ø 1995/98	Ø 2000/03	Ø 1999/02	Ø 2004/14	Ø 2003/14	Ø 1995-2014	
Median (netto, real)	EFB	8,70 €	9,20 €	9,00 €	9,80 €	8,90 €	9,60 €	8,90 €	9,60 €
	MFB (HT)	9,20 €	9,60 €	9,50 €	10,10 €	9,00 €	9,30 €	9,20 €	9,50 €
	MFB (NJ)	11,00 €	11,50 €	8,30 €	9,90 €	11,40 €	11,20 €	10,70 €	11,00 €

Tabelle 15: Nebeneinkommen und Stundenlohn (netto, preisbereinigt) von Einfach- und Mehrfachbeschäftigten im Vergleich – 1995 bis 2014

Quelle: Eigene Berechnung, SOEP Welle v32.1, gewichtet, preisbereinigt (Basisjahr 2010). Differenzen zu 100% rundungsbedingt. *Nettonebeneinkommen auf Basis der Bruttoangaben und geschätzter Abgabenbelastung generiert (siehe Anhang). **auf Basis der Angabe über die tatsächliche Arbeitszeit (d.h. inklusive Überstunden) und generiertem Nettonebeneinkommen (siehe Anhang).

Grundgesamtheit: Einfach- und mehrfachbeschäftigte Arbeiter, Angestellte, Selbstständige und Beamte zwischen 18 und 65 Jahren.

Den Berechnungen zufolge waren die Real-Nettostundenlöhne der Hauptbeschäftigung in Phasen I und II für Mehrfachbeschäftigte um circa 30 Cent (VJ) bis 50 Cent (VM) höher als für Einfachbeschäftigte. In Phase III waren die durchschnittlichen Stundenlöhne hingegen nach Vormonatsdaten nahezu ausgeglichen bzw. nach Vorjahresdaten um etwa 30 Cent höher für Einfachbeschäftigte. Ein Vergleich der Stundenlöhne unter den Beschäftigungsverhältnissen der Mehrfachbeschäftigten legt einen Zusammenhang mit den gesetzlichen Rahmenbedingungen der nebenberuflichen geringfügigen Beschäftigung nahe. In den Phasen (weitgehend) abgabenfreier nebenberuflicher gB überstieg der Median-Stundenlohn des Nebenerwerbs den des Haupterwerbs um circa zwei Euro pro Arbeitsstunde. Diese relative Vorteilhaftigkeit kann als mögliche Ursache für die in den Phasen 1995–98/99 und 2003/04–2014 korrespondierende höhere Zahl von Mehrfachbeschäftigten angeführt werden. Demgegenüber führte der Wegfall der Sozialabgabenfreiheit zwischen den Jahren 1999 und 2003 zu einer niedrigeren mittleren Nettostundenvergütung in der Nebenbeschäftigung unter das Durchschnittsniveau der Hauptbeschäftigung und senkte den finanziellen Anreiz zur Ausübung einer Nebentätigkeit.

Verfügbares Äquivalenz-Haushaltseinkommen (in Preisen von 2010)		VM Phase I Ø 1995/99	VJ Phase I Ø 1995/98	VM Phase II Ø 2000/03	VJ Phase II Ø 1999/02	VM Phase III Ø 2004/14	VJ Phase III Ø 2003/14	VM Gesamt Ø 1995-2014	VJ Gesamt Ø 1995-2014
bis 1.000€	EFB	13%	6%	12%	5%	13%	6%	13%	6%
	MFB	11%	5%	10%	5%	12%	7%	11%	6%
	*ohne NJ**	20%	10%	17%	8%	21%	12%	20%	11%
über 1.000€ bis 2.000€	EFB	62%	56%	61%	52%	56%	49%	58%	51%
	MFB	59%	49%	57%	45%	56%	44%	56%	45%
	*ohne NJ**	55%	52%	55%	51%	54%	47%	55%	49%
über 2.000€ bis 3.000€	EFB	20%	28%	20%	31%	22%	30%	21%	30%
	MFB	22%	31%	25%	31%	23%	32%	23%	32%
	*ohne NJ**	18%	26%	21%	27%	18%	28%	19%	27%
über 3.000€ bis 4.000€	EFB	4%	7%	5%	8%	6%	9%	5%	8%
	MFB	5%	8%	7%	11%	7%	10%	6%	10%
	*ohne NJ**	6%	8%	6%	9%	5%	8%	5%	8%
über 4.000€ bis 5.000€	EFB	1%	2%	1%	2%	2%	3%	1%	3%
	MFB	2%	4%	1%	5%	2%	4%	2%	4%
	*ohne NJ**	1%	3%	1%	4%	1%	2%	1%	3%
über 5.000€	EFB	1%	1%	1%	2%	1%	2%	1%	2%
	MFB	2%	2%	1%	3%	1%	3%	1%	3%
	*ohne NJ**	1%	1%	1%	2%	1%	2%	1%	2%

Tabelle 16: Verfügbares äquivalenzgewichtetes Haushaltseinkommen (preisbereinigt) von Einfach- und Mehrfachbeschäftigten im Vergleich – 1995 bis 2014

Quelle: Eigene Berechnung, SOEP Welle v32.1, gewichtet, preisbereinigt (Basisjahr 2010), Monatswerte. Differenzen zu 100% rundungsbedingt.).*Berechnung Nettonebeneinkommen siehe Anhang.

Grundgesamtheit: Einfach- und mehrfachbeschäftigte Arbeiter, Angestellte, Selbstständige und Beamte zwischen 18 und 65 Jahren.

6.2. Haushaltsbezogene Merkmale

Wie bereits in vorherigen Kapiteln diskutiert wurde, ist zur Beurteilung der finanziellen Situation von Einfach- und Mehrfachbeschäftigten der Blick auf das individuelle Erwerbseinkommen nicht ausreichend, sondern bedarf einer Ausweitung auf den Haushaltskontext. Um neben der Haushaltsgröße und der Anzahl der Einkommensbezieher, auch mögliche Skaleneffekte zu berücksichtigen, wird hierzu das in der internationalen Sozialberichterstattung etablierte (mit modifizierter OECD-Skala) äquivalenzgewichtete verfügbare Haushaltseinkommen herangezogen.[457] Hierbei ist zu beachten, dass dieses mit Vormonats- und Vorjahresdaten in unterschiedlicher Weise gebildet wird und daher divergierende Erkenntnisse möglich sind.[458] Die Entwicklung der Haushaltseinkommenssituation von Einfach- und Mehrfachbeschäftigten zwischen den Jahren 1995 und 2014 kann Tabelle 16 auf Basis einer gewählten Einteilung in sechs um die Preisentwicklung bereinigte Einkommensklassen entnommen werden.

457 Vgl. Kapitel 5.3.
458 Vgl. Kapitel 5.5.

Die Einkommensverteilung anhand des äquivalenzgewichteten Haushaltseinkommens von Einfach- und Mehrfachbeschäftigten unterschied sich zwischen den Operationalisierungskonzepten deutlich, insbesondere im unteren und mittleren Einkommensbereich. So überstieg das durchschnittliche reale (äquivalenzgewichtete) Median-Haushaltseinkommen zwischen 1995 und 2014 mit circa 1.593 Euro nach Vorjahresdaten den Vergleichswert von circa 1.405 Euro nach Vormonatsdaten um circa 13%, was approximativ dem Verhältnis anderweitiger Untersuchungen auf Basis des SOEP entspricht.[459] Die Unterschiede sind möglicherweise einer adäquateren Berücksichtigung von Kapital- und Transfereinkommen mittels der Vorjahreswerten geschuldet, können umgekehrt aber auch das Resultat der in der Berechnung des verfügbaren Vorjahreseinkommens zu Grunde liegenden Simulation der Steuer- und Abgabenlast sein.[460] Ein abschließender Befund über die Vorteilhaftigkeit eines der beiden Einkommenskonzepte kann nicht geleistet werden, weshalb nachfolgend nur ein Vergleich der Werte innerhalb der Operationalisierungskonzepte durchgeführt wird. Hierbei wird deutlich, dass Einfachbeschäftigte nach Vormonatsdaten in geringfügig höherem Maße in Haushalten mit einem maximalen Real-Äquivalenzeinkommen bis 1.000 Euro lebten. Zwischen den Jahren 1995 und 2014 zählten durchschnittlich circa 13% der Einfachbeschäftigten und circa 11% der Mehrfachbeschäftigten zu dieser Einkommensgruppe. Die alternative Verwendung der Vorjahresdaten führt bei beiden Erwerbsgruppen zu einem bedeutend niedrigeren Anteilswert von jeweils lediglich 6%. Unabhängig von der verwendeten Datenbasis betrugen die Differenzen der Anteile von Einfach- und Mehrfachbeschäftigten in diesem Einkommenssegment auch bei phasenweiser Betrachtung maximal zwei Prozentpunkte und sind daher als eher geringfügig anzusehen. Demgegenüber führt die Ausblendung des (generierten) Nettonebeneinkommens zu einem Anstieg der Anteilswerte von Mehrfachbeschäftigten in diesem Segment. Demnach hätten ohne das Nebeneinkommen durchschnittlich zwischen 11% (VJ) und 20% (VM) der Mehrfachbeschäftigten in einem eher finanziell schlecht ausgestatteten Haushalt gelebt, was die hohe finanzielle Bedeutung von

---

459 Vgl. z.B. Goebel/Kraus (2016:179). Aus den in dort dargestellten Auswertungen der Jahre 1995, 2000, 2005, 2010 und 2014 übersteigt das (monatliche) Vorjahreseinkommens das Einkommen auf Vormonatsbasis um durchschnittlich circa 15%. Dabei ist allerdings zu berücksichtigen, das die eigenen Berechnungen von diesen insofern abweichen als das fiktive Einkommen aus verbilligter Miete oder Wohneigentum („*imputed rent*“) in beiden Operationalisierungskonzepten berücksichtigt wird (vgl. Kapitel 5.3.1 und 5.5).

460 Eine detaillierte Diskussion der Vormonats- und Vorjahreseinkommensdaten findet sich in Kapitel 5.5.

Nebentätigkeiten für die Einkommenssituation eines nicht unerheblichen Anteils der Mehrfachbeschäftigten bekräftigt. Der überwiegende Teil der Einfach- und Mehrfachbeschäftigten lebte hingegen in Haushalten mit monatlich verfügbarem Äquivalenzeinkommen von 1.001 bis 2.000 Euro, welches als mittleres Einkommenssegment bezeichnet werden kann, da es den Median-Wert der Einkommensverteilung enthält.[461] Durchschnittlich gehörten im Untersuchungszeitraum 1995 bis 2014 circa 58% der Einfachbeschäftigten und 56% der Mehrfachbeschäftigten nach Vormonatsdaten diesem Einkommenssegment an. Bei Berechnung auf Basis der Vorjahresdaten zeigten sich hingegen mit einem Anteilswert von 51% der Einfachbeschäftigten im Vergleich zu lediglich 45% der Mehrfachbeschäftigten größere Unterschiede zwischen den Beschäftigungsgruppen. Entsprechend der Feststellung von Brenke (2009:598) waren Mehrfachbeschäftigungen damit zum Großteil ein Phänomen der Mittelschicht. Die Durchschnittswerte des Gesamtuntersuchungszeitraums verstellen jedoch den Blick auf den über die Phasen – unabhängig von Operationalisierungskonzept und Beschäftigungsgruppe – zu beobachtenden Trend einer tendenziellen Abnahme der Anteilswerte im mittleren Einkommenssegment (1.001 bis 2.000 Euro). Nach Vormonatsdaten reduzierten sich infolge dieses Rückgangs die Unterschiede zwischen Einfach- und Mehrfachbeschäftigten, so dass in Phase III jeweils 56% der Personen in beiden Beschäftigungsgruppen dem mittleren Einkommenssegment zugeordnet werden konnten. Anhand der Vorjahresauswertungen nahm trotz tendenzieller Reduktion der Anteilsdifferenzen von ursprünglich sieben Prozentpunkten in Phase I auf fünf Prozentpunkte in Phase III, das Real-Äquivalenzeinkommen in Haushalten von Einfachbeschäftigten durchgängig häufiger einen Wert zwischen 1.001 und 2.000 Euro an.

Die rechnerische Exklusion des Nebeneinkommens führte nach Vormonatsdaten im mittleren Einkommenssegment nur zu einer vergleichsweise moderaten Reduktion der Anteilswerte von Mehrfachbeschäftigten um maximal drei Prozentpunkte in Phase I. Abweichend davon ging auf Basis der Vorjahresdaten mit dieser sogar ein Anstieg der Anteilswerte einher, der vermutlich auf Zugänge aus den höheren Einkommenssegmenten zurückgeführt werden kann. Im anschließenden Einkommenssegment von 2.001 bis 3.000 Euro überwiegte überwiegend, wenn auch im geringen Maße, der Anteil bei Mehrfachbeschäftigten. Im Durchschnitt gehörten zwischen 23% (VM) und 32% (VJ) der Mehrfachbeschäftigten im Zeitraum 1995 bis 2014 einem Haushalt mit dieser

461 Der Median des realen äquivalenzgewichteten Haushaltsnettoeinkommens betrug zwischen 1995 und 2014 durchschnittlich 1.593 Euro nach Vorjahresdaten circa 1.405 Euro nach Vormonatsdaten (eigene Auswertungen auf Basis des SOEP v.32.1, gewichtet, in Preisen des Jahres 2010).

Finanzausstattung an, gegenüber circa 21% (VM) bis 30% (VJ) der Einfachbeschäftigten. Ohne das zusätzliche Nebeneinkommen wäre die Gruppe der Mehrfachbeschäftigten in diesem Einkommenssegment hingegen um durchschnittlich circa zwei (VM) bis drei (VJ) Prozentpunkte unterrepräsentiert. Auf die Einkommenserhöhung durch den Nebenerwerb ist ebenfalls zurückzuführen, dass Mehrfachbeschäftigte durchschnittlich relativ häufiger einem Haushalten mit einem monatlichen Real-Einkommen über 3.000 Euro angehörten, während die Beschäftigungsgruppen ohne den Nebenerwerb nahezu identische Anteilswerte aufweisen würden. Der Einfluss des Nebeneinkommens war jedoch vergleichsweise begrenzt und führte bei höheren Einkommensgruppen maximal zu durchschnittlichen Differenzen in Höhe von wenigen Prozentpunkten. Wie bereits die Ergebnisse des individuellen Arbeitseinkommens gezeigt hatten, kann damit auch für das hier verwendete Äquivalenz-Haushaltseinkommen in den unteren Einkommenssegmenten ein höherer Einfluss des Nebeneinkommens auf die Einkommensverteilung festgestellt werden. Der auf diese Einkommensgruppen begrenzte Effekt ist wahrscheinlich der Höhe des Nebeneinkommens geschuldet, welches mit einem durchschnittlichen Wert von 313 bis 317 Euro[462] bei zunehmender Einkommenshöhe einen abnehmenden relativen Anteil am Haushaltseinkommen darstellte.

Hinsichtlich der durchschnittlichen Haushaltszusammensetzung und des Familienstandes lasen sich für Mehrfach- und Einfachbeschäftigte nur ein geringer Grad an Unterschieden aufzeigen (vgl. Tabelle 17). Die durchschnittliche Haushaltsgröße ist bei beiden Erwerbsgruppen über die Phasen leicht rückläufig von circa 2,8 bis 2,9 Personen auf 2,5 bzw. 2,6 Personen pro Haushalt. Bei differenzierter Betrachtung der Haushaltszusammensetzung kann bei Mehrfachbeschäftigten ein überwiegend erhöhter Anteil von Ein-Personen-Haushalten und Paaren mit Kindern im schulpflichtigen Alter (bis 16 Jahre) festgestellt werden. Umgekehrt war sowohl der Anteil an Ehe-Paaren ohne Kinder als auch mit ausgewachsenen Kindern (über 16 Jahre) sowie an Mehrgenerationen-Haushalten in der Gruppe der Einfachbeschäftigten etwas häufiger zu beobachten. Der Anteil an Alleinerziehenden wies mit circa 6% bis 7% unter beiden Erwerbsgruppen nahezu einen gleichen Umfang auf und ist über den Zeitverlauf weitgehend konstant. Der Blick auf die familiäre Situation der beiden Arbeitsmarktgruppen ergibt einen etwas erhöhten Anteil an verheirateten Paaren bei Einfachbeschäftigten, der zu einer mittleren Differenz von drei bis vier Prozentpunkten über

462 Arithmetisches Mittel im Zeitraum 1995 bis 2014, netto, preisbereinigt. (Siehe Tabelle 15).

den Gesamtanalysezeitraum führt. Demgegenüber waren ledige Personen in der Gruppe der Mehrfachbeschäftigten mit durchschnittlich 29% (VM) bis 30% (VJ) gegenüber der Vergleichsgruppe geringfügig überrepräsentiert. Ein gleicher Befund zeigt sich für den Anteil der Geschiedenen, der jedoch ausschließlich auf die in Phase III festzustellenden um circa drei Prozentpunkte höheren Anteilswerte bei Mehrfachbeschäftigten zurückgeführt werden kann.

Haushaltszusammensetzung		Phase I VM	Phase I VJ	Phase II VM	Phase II VJ	Phase III VM	Phase III VJ	Gesamt VM	Gesamt VJ
		Ø 1995/99	Ø 1995/98	Ø 2000/03	Ø 1999/02	Ø 2004/14	Ø 2003/14	Ø 1995-2014	
Haushaltsgröße	EFB	2,8	2,8	2,7	2,7	2,6	2,6	2,7	2,7
Anzahl Personen	MFB	2,8	2,9	2,6	2,7	2,6	2,5	2,7	2,6
1-Personen-	EFB	15%	16%	18%	18%	20%	20%	18%	19%
Haushalt	MFB	16%	14%	23%	21%	23%	24%	21%	22%
Ehe-Paar	EFB	26%	26%	26%	26%	29%	29%	28%	28%
ohne Kinder	MFB	26%	26%	23%	24%	26%	26%	26%	26%
Alleinerziehende	EFB	6%	5%	6%	6%	6%	6%	6%	6%
	MFB	5%	7%	6%	7%	7%	7%	7%	7%
Paar mit Kind/ern	EFB	28%	27%	28%	28%	22%	23%	25%	25%
unter 16 Jahre	MFB	30%	29%	30%	32%	24%	24%	27%	27%
Paar mit Kind/ern	EFB	15%	14%	14%	14%	16%	15%	15%	15%
über 16 Jahre	MFB	11%	11%	10%	10%	13%	11%	12%	11%
Paar mit Kindern	EFB	6%	7%	7%	6%	6%	6%	6%	6%
u16 und ü16 Jahre	MFB	7%	7%	6%	5%	6%	6%	6%	6%
Mehr-Generationen Haushalt	EFB	2%	2%	1%	1%	1%	1%	1%	1%
	MFB	2%	2%	1%	1%	1%	1%	1%	1%
Sonstige	EFB	2%	2%	1%	1%	1%	1%	1%	1%
Kombinationen	MFB	3%	4%	1%	1%	0%	1%	1%	1%

Familienstand		Phase I		Phase II		Phase III		Gesamt	
		Ø 1995/99	Ø 1995/98	Ø 2000/03	Ø 1999/02	Ø 2004/14	Ø 2003/14	Ø 1995-2014	
Verheiratet	EFB	63%	63%	61%	61%	56%	56%	59%	58%
	MFB	62%	62%	59%	59%	51%	51%	55%	55%
Ledig	EFB	24%	24%	26%	26%	30%	30%	28%	28%
	MFB	26%	26%	28%	28%	31%	31%	29%	30%
Verwitwet	EFB	2%	2%	2%	2%	1%	1%	2%	2%
	MFB	1%	1%	1%	1%	1%	1%	1%	1%
Geschieden	EFB	9%	9%	9%	9%	10%	10%	10%	10%
	MFB	9%	9%	9%	9%	13%	13%	11%	11%
Getrennt	EFB	2%	2%	2%	2%	3%	3%	3%	3%
	MFB	3%	3%	3%	3%	3%	3%	3%	3%

Tabelle 17: Haushaltszusammensetzung und Familienstand von Einfach- und Mehrfachbeschäftigten im Vergleich – 1995 bis 2014

Quelle: Eigene Berechnung, SOEP Welle v32.1, gewichtet. Differenzen zu 100% rundungsbedingt.

Grundgesamtheit: einfach- und mehrfachbeschäftigte Arbeiter, Angestellte, Selbstständige und Beamte zwischen 18 und 65 Jahren.

Ein Teil der Unterschiede sowohl bezüglich der Haushaltszusammensetzung als auch der Familienstruktur können wahrscheinlich auf die in Tabelle 11 festgestellte unterschiedliche Altersstruktur zurückgeführt werden. Die im höheren

Maße jüngere Gruppe der Mehrfachbeschäftigten lebte demnach wahrscheinlich noch häufiger in Ein-Personen-Haushalten oder in Haushalten mit jungen Kindern und war in niedrigerem Maße verheiratet oder bereits geschieden.

6.3. Berufs- und Branchenzugehörigkeit

Die Auswertungen zur Berufs- und Branchenzugehörigkeit der Hauptbeschäftigung führen nach Vormonats- und Vorjahresdaten zu überwiegend übereinstimmenden Befunden, weshalb aus Platz- und Darstellungsgründen diese nur exemplarisch auf Basis der Vormonatsdaten erläutert wird. Den Auswertungen auf Vormonatsbasis wird darüber hinaus der Vorzug gegeben, da eine auf diesen aufbauende Differenzierung der Berufs- und Branchenzugehörigkeit des Nebenerwerbs nur als Vormonats-Merkmal im SOEP enthalten ist. Durch Verknüpfung der Befragungsdaten über mehrere Wellen ist zwar auch eine Auswertung für Einfach- und Mehrfachbeschäftigte nach Vorjahreseinkommenskonzept möglich, jedoch nicht sinnvoll, da dies dazu führt, dass nur Fälle untersucht werden, die sowohl auf Vorjahres- als auch Vormonatsbasis mehrfachbeschäftigt waren.[463] Die hierbei resultierende Stichprobenreduktion um ca. 46% hat jedoch zur Folge, dass die Auswertungen mit hoher wahrscheinlich nicht repräsentativ für die Gesamtzahl der Mehrfachbeschäftigten sind, weshalb auf diese im Folgenden verzichtet wird.

In Bezug auf die Verteilung der Branche des Haupterwerbs wiesen Einfach- und Mehrfachbeschäftigte weitgehende Übereinstimmungen auf (vgl. Tabelle 20).[464] Der Großteil beider Erwerbsgruppen war im Untersuchungszeitraum 1995 bis 2014 im Dienstleistungsbereich tätig, gefolgt von den quantitativ deutlich weniger bedeutenden Branchen Handwerk, Baugewerbe und Handel. Die Branchenverteilung der Einfachbeschäftigten war jedoch deutlich differenzierter und überstieg anteilsmäßig die der Mehrfachbeschäftigten in Handwerk, Baugewerbe und Handel.[465] Die Mehrfachbeschäftigten konzentrierten sich hingegen in weit höheren Maße auf den Dienstleistungssektor, in dem mehr als jeder Zweite in seiner Hauptanstellung tätig war. Aufgrund dessen quantitativ

---

463 Vgl. hierzu Kapitel 4.4.1.

464 Die Zugehörigkeit zu einer Branche unter Rückgriff auf die Einteilung der SOEP-Gruppe vorgenommen (vgl. Grabka (2013:30). Dieser liegt zwar die international gebräuchliche Zuordnung entsprechend der NACE-Konvention zu Grunde, zur besseren Übersichtlichkeit werden die 21 NACE-Klassen-Abschnitte in 9 breiter gefasste Kategorien zusammengefasst. Ebenso werden 88 Unterabschnitte (NACE – Abteilungen) auf 34 reduziert.

465 Sowohl die Branchen- als auch die Berufseinteilung sind anhand der Vorjahreskonzepten für Mehrfachbeschäftigte aufgrund der Abweichungen zwischen

bedeutender Stellung ist diese Branche in der nachfolgenden Tabelle differenziert nach Untergruppen dargestellt. Die im Dienstleistungsbereich tätigen Mehrfachbeschäftigten konzentrierten sich nach diesen Auswertungen überwiegend auf die Bereiche „Öffentliche Verwaltung", „Gesundheits- Veterinär und Sozialwesen" und „Bildung, Kultur, Sport und Unterhaltung", sowie in etwas geringerem Maße auf die Branche „Forschung und Entwicklung / unternehmensnahe Dienstleistungen" und „Sonstige Dienstleistungen". Die durchschnittliche Verteilung entsprach über den Gesamtanalysezeitraum 1995 bis 2014 dabei, mit Ausnahme von wenigen geringfügigen Abweichungen, weitgehend der Verteilung der Einfachbeschäftigten in der (detaillierten) Dienstleistungsbranche.

Branche	*Einfachbeschäftigte*				*Mehrfachbeschäftigte*			
	Phase I Ø 1995/99	*Phase II* Ø 2000/03	*Phase III* Ø 2004/14	*Gesamt* Ø 1995-2014	*Phase I* Ø 1995/99	*Phase II* Ø 2000/03	*Phase III* Ø 2004/14	*Gesamt* Ø 1995-2014
Landwirtschaft	2%	1%	1%	1%	2%	1%	2%	2%
Energieversorgung	1%	1%	1%	1%	1%	1%	1%	1%
Bergbau	0%	0%	0%	0%	0%	0%	0%	0%
Handwerk	22%	19%	18%	19%	15%	14%	13%	14%
Baugewerbe	14%	14%	13%	14%	12%	11%	8%	9%
Handel	16%	16%	16%	16%	12%	12%	12%	12%
Verkehr und Transport	5%	5%	5%	5%	6%	4%	4%	4%
Banken, Versicherung	4%	4%	4%	4%	5%	4%	3%	4%
Dienstleistungen	35%	38%	41%	39%	46%	52%	58%	54%
Summe	*100%*	*100%*	*100%*	*100%*	*100%*	*100%*	*100%*	*100%*

Dienstleistung - Detail	*Einfachbeschäftigte*				*Mehrfachbeschäftigte*			
	Phase I Ø 1995/99	*Phase II* Ø 2000/03	*Phase III* Ø 2004/14	*Gesamt* Ø 1995-2014	*Phase I* Ø 1995/99	*Phase II* Ø 2000/03	*Phase III* Ø 2004/14	*Gesamt* Ø 1995-2014
F&E, unternehmensnahe	10%	15%	17%	15%	15%	13%	15%	15%
Dienstleistungen				0%				0%
Abfallbeseitigung / Recycling	1%	1%	1%	1%	1%	1%	1%	1%
Bildung, Kultur, Sport und Unterhaltung	19%	19%	21%	20%	22%	26%	22%	22%
Gesundheits-, Veterinär- und Sozialwesen	28%	27%	30%	29%	24%	24%	33%	29%
Sonstige Dienstleistungen	11%	11%	10%	11%	10%	8%	9%	9%
Organisationen ohne Erwerbszweck	4%	3%	2%	3%	4%	4%	3%	3%
Privathaushalte	1%	1%	1%	1%	1%	2%	1%	1%
Öffentliche Verwaltung	25%	21%	18%	21%	25%	23%	17%	20%
Summe	*100%*	*100%*	*100%*	*100%*	*100%*	*100%*	*100%*	*100%*

Tabelle 18: Branchenverteilung des Haupterwerbs von Einfach- und Mehrfachbeschäftigten im Vergleich – 1995 bis 2014

Quelle: Eigene Berechnung, SOEP Welle v32.1, gewichtet. Differenzen zu 100% rundungsbedingt. Vormonatsdaten.

Grundgesamtheit: Einfach- und mehrfachbeschäftigte Arbeiter, Angestellte, Selbstständige und Beamte zwischen 18 und 65 Jahren.

Die phasenweise Analyse zeigt sowohl bei Einfach- als auch Mehrfachbeschäftigten eine Reduktion des Anteils der Beschäftigten in der öffentlichen Verwaltung von circa 25% in Phase I auf 18% (EFB) bzw. 17% (MFB) in Phase III. Die damit einhergehende Verschiebung der Anteilswerte führte zwischen den Beschäftigungsgruppen jedoch zu unterschiedlichen Entwicklungen. So verzeichnete die Gruppe der Einfachbeschäftigten insbesondere einen relativen Anstieg der Beschäftigten im Dienstleistungssektor „F&E, unternehmensnahe Dienstleistungen" von 10% auf 17% in Phase III. Für Mehrfachbeschäftigte ging mit dem Rückgang der Anteilswerte in der öffentlichen Verwaltung hingegen ein Anstieg im „Gesundheits-, Veterinär und Sozialwesen" von durchschnittlich 24% zwischen den Jahren 1995 bis 1998 auf circa 33% in den Jahren 2004 bis 2014 einher. Für die übrigen Dienstleistungsbranchen zeigt die Detailanalyse hingegen nur wenige Veränderungen der Anteilswerte auf.

Erkenntnisse über die Branchenzugehörigkeit des Nebenerwerbs waren nur für die Jahre 1998 bis 2007 Bestandteil der Befragung des SOEP.[466] Anders als bei der Haupttätigkeit beruhen diese auf der Selbstauskunft der Befragten anhand vier vorgegebener Sektoren: Land-/Forstwirtschaft, Bau, Industrie/Handwerk sowie Dienstleistungen.[467] Entsprechend dem bisherigen Vorgehen kann eine Darstellung entsprechend der Phasen zur gesetzlichen Lage der gB damit zwar prinzipiell durchgeführt werden (vgl. Tabelle 19), diese beruht jedoch aufgrund des eingeschränkten Erhebungszeitraums auf einer deutlich reduzierten Fallzahl. Die anhand dieser Auswertung über die Phasen zu beobachtende leichte Zunahme der nebenberuflichen Tätigkeit in Land- und Forstwirtschaft gegenüber der nebenberuflichen Tätigkeit im Baugewerbe ist daher aufgrund der eingeschränkten Repräsentativität der Befunde mit Vorsicht zu behandeln. Die weiteren Auswertungen zur Branchenzugehörigkeit des Nebenerwerbs beziehen sich daher auf den Durchschnitt des gesamten Untersuchungszeitraums 1998 bis 2007. Für diesen lässt sich mit über 80% aller Nebentätigkeiten eine deutliche Dominanz von Zweitbeschäftigungen im Dienstleistungssektor feststellen. Neben dem generellen Trend eines Wandels zur Dienstleistungsgesellschaft kann dies als Anzeichen gesehen werden, dass

466 Vgl. SOEP-Info (o.D.).
467 Vgl. SOEP-Info (o.D.).

die Profilanforderungen und die Teilbarkeit der Tätigkeiten für Nebentätigkeiten im Dienstleistungsbereich in höherem Maße bestehen, als etwa im Bereich Industrie und Handwerk.[468] Bei Kombination der Angaben zu Branche bzw. Sektor der Haupt- und Nebenbeschäftigung zeigt sich die Konzentration auf Nebenerwerbstätigkeiten im Dienstleistungssektor über alle Branchen der Haupttätigkeit hinweg. Inwieweit Haupt- und Nebenerwerbstätigkeit in derselben Branche verrichtet wurden ist abhängig von der gewählten Zuteilung der vier Sektoren des Nebenerwerbs auf die neun Branchen des Haupterwerbs. Ein pragmatischer Vergleich anhand der Bezeichnungen lässt für den nebenberuflichen Dienstleistungssektor eine beinahe identische Übereinstimmung mit der hauptberuflichen Dienstleistungsbranche erkennen. Gleiches lässt sich für die sehr wahrscheinlich zu einem hohen Grad dem Dienstleistungssektor zugehörigen Branchen „Banken und Versicherungen", „Handel" und „Verkehr und Transport" feststellen. In der Land- und Fortwirtschaftsbranche wurde annähernd die Hälfte der Nebentätigkeiten ebenfalls in dieser Branche verrichtet, während im Baugewerbe dies nur für etwa jeden fünften (17%) Mehrfachbeschäftigten zutraf. Bei Zuteilung der Branchen „Energieversorgung", „Bergbau" und „Handwerk" zu dem Sektor „Industrie und Handwerk" waren zwischen 17 und 25% der in diesen Branchen Mehrfachbeschäftigten in identischen Wirtschaftszweigen tätig.

Die Auswertungen zur Identität der Branchen des Haupt- und Nebenerwerbs sind jedoch in Relation zu der absoluten Zahl von Mehrfachbeschäftigten in diesen Wirtschaftszweigen zu sehen, um ein Bild über deren Relevanz auf dem Arbeitsmarkt zu gewinnen. Mit Hinblick auf die durchschnittliche Gesamtzahl der Mehrfachbeschäftigten zwischen 1998 und 2007 waren zwischen 48% und 65% (bei Inklusion der Branchen „Banken/Versicherung", „Handel" und „Verkehr/Transport") aller Mehrfachbeschäftigten in beiden Beschäftigungsverhältnissen in der Dienstleistungsbranche tätig. Die übrigen Wirtschaftssektoren wiesen demgegenüber nur einen quantitativ geringen Anteil von Mehrfachbeschäftigten in derselben Branche auf.

468 Vgl. Klinger/Weber (2017:9f.).

Branche Nebenerwerb	*Mehrfachbeschäftigte* ø 1998-1999	ø 2000-2003	ø 2004-2007	ø 1998-2007
Land- und Forstwirtschaft	3%	7%	7%	6%
Bau	4%	4%	3%	3%
Industrie und Handwerk	11%	10%	9%	10%
Dienstleistungen	82%	79%	81%	81%
Summe	*100%*	*100%*	*100%*	*100%*

Branche Haupt- und Nebenerwerb ø 1998-2007 HAUPTERWERB	*NEBENERWERB* Land- / Forst-wirtschaft	Bau	Industrie / Handwerk	Dienst-leistungen	*Summe*
Landwirtschaft	46%	3%	8%	42%	*100%*
Energieversorgung	0%	10%	17%	73%	*100%*
Bergbau*	0%	0%	50%	50%	*100%*
Handwerk	11%	4%	23%	62%	*100%*
Baugewerbe	12%	16%	19%	53%	*100%*
Handel	5%	2%	11%	82%	*100%*
Verkehr und Transport	9%	7%	6%	78%	*100%*
Banken, Versicherung	3%	0%	3%	93%	*100%*
Dienstleistungen	3%	1%	5%	91%	*100%*

in Relaton zu Anteil an Mehrfachbeschäftigung ø 1998-2007

	Land- / Forst-wirtschaft	Bau	Industrie / Handwerk	Dienst-leistungen	*Summe*
Landwirtschaft	0,7%	0,0%	0,1%	0,6%	
Energieversorgung	0,0%	0,1%	0,1%	0,6%	
Bergbau*	0,0%	0,0%	0,0%	0,0%	
Handwerk	1,6%	0,5%	3,4%	9,0%	
Baugewerbe	1,1%	1,6%	1,9%	5,0%	*100%*
Handel	0,6%	0,3%	1,2%	9,2%	
Verkehr und Transport	0,3%	0,3%	0,2%	3,2%	
Banken, Versicherung	0,1%	0,0%	0,2%	4,0%	
Dienstleistungen	1,7%	0,6%	2,7%	49,0%	

Tabelle 19: Branchenverteilung des Haupt- und Nebenerwerbs von Mehrfachbeschäftigten im Detail – 1998 bis 2007

Quelle: Eigene Berechnung, SOEP Welle v32.1, gewichtet. Differenzen zu 100% rundungsbedingt. Grundgesamtheit: Einfach- und mehrfachbeschäftigte Arbeiter, Angestellte, Selbstständige und Beamte zwischen 18 und 65 Jahren.

*Die Angaben zur Branche „Bergbau" beziehen sich nur auf die Jahre 1999 und 2004, da in den übrigen Jahren kein Mehrfachbeschäftigter in dieser tätig war.

Eine Verteilung der Einfach- und Mehrfachbeschäftigten anhand des in der Haupt- und Nebentätigkeit ausgeübten Berufes kann Tabelle 20 entnommen werden. Die von Mehrfachbeschäftigten im Zeitraum 1995 bis 2014 am häufigsten ausgeübten Berufshauptgruppen waren „Techniker“, „Wissenschaftler“ sowie in geringerem Maße „Handwerker“ und Bürokräfte / kaufmännische Angestellte“.

Beruf (Hauptgruppen ISCO88) - Haupterwerb	*Einfachbeschäftigte* Phase I Ø 1995/99	Phase II Ø 2000/03	Phase III Ø 2004/14	Gesamt Ø 1995-2014	*Mehrfachbeschäftigte* Phase I Ø 1995/99	Phase II Ø 2000/03	Phase III Ø 2004/14	Gesamt Ø 1995-2014
Führungskräfte	6%	7%	6%	6%	6%	5%	4%	5%
Wissenschaftler	15%	15%	18%	16%	20%	24%	23%	21%
Techniker	22%	22%	23%	22%	22%	26%	26%	24%
Bürokräfte / kfm.	13%	12%	11%	12%	16%	11%	11%	14%
Angestellte				0%				0%
Dienstleistungsberufe /	10%	11%	12%	11%	8%	9%	11%	9%
Verkäufer				0%				0%
Fachkräfte Ldw./Fischer	1%	1%	1%	1%	2%	2%	1%	2%
Handwerksberufe	18%	16%	14%	16%	16%	12%	10%	14%
Anlagen-/Maschinenbau,	8%	8%	8%	8%	5%	7%	5%	5%
Montierer				0%				0%
Hilfsarbeiter	7%	8%	7%	7%	6%	6%	8%	7%
Summe	100%	100%	100%	100%	100%	100%	100%	100%

Beruf (Hauptgruppen ISCO88) - Nebenerwerb	*Einfachbeschäftigte* Phase I Ø 1995/99	Phase II Ø 2000/03	Phase III Ø 2004/14	Gesamt Ø 1995-2014	*Mehrfachbeschäftigte* Phase I Ø 1995/99	Phase II Ø 2000/03	Phase III Ø 2004/14	Gesamt Ø 1995-2014
Führungskräfte					2%	3%	3%	3%
Wissenschaftler					21%	24%	23%	22%
Techniker					20%	21%	17%	20%
Bürokräfte / kfm.					8%	5%	9%	8%
Angestellte								0
Dienstleistungsberufe /		nicht vorhanden			12%	12%	16%	13%
Verkäufer								0
Fachkräfte Ldw./Fischer					1%	2%	2%	2%
Handwerksberufe					9%	9%	5%	8%
Anlagen-/Maschinenbau,					5%	4%	4%	5%
Montierer								0
Hilfsarbeiter					20%	21%	21%	20%
Summe	0%	0%	0%	0%	100%	100%	100%	100%

Tabelle 20: Berufshauptgruppen des Haupt- und Nebenerwerbs (ISCO88) von Einfach- und Mehrfachbeschäftigten im Vergleich – 1995 bis 2014

Quelle: Eigene Berechnung, SOEP Welle v32.1, gewichtet. Differenzen zu 100% rundungsbedingt.

Grundgesamtheit: Einfach- und mehrfachbeschäftigte Arbeiter, Angestellte, Selbstständige und Beamte zwischen 18 und 65 Jahren.

Verglichen mit der Gruppe der Einfachbeschäftigten waren insbesondere „Wissenschaftler“ und „Techniker“ überrepräsentiert, während die Berufsgruppen „Handwerksberufe“, „Anlagen-, Maschinenbau und Montierer“ und „Dienstleistungsberufe/Verkäufer“ vergleichsweise unterrepräsentiert waren. Sowohl „Führungskräfte“ als auch „Hilfsarbeiter“ waren phasenweise etwas häufiger unter den Einfachbeschäftigten vertreten, die Abweichungen zu den Anteilen der Mehrfachbeschäftigten betrugen jedoch nur wenige Prozentpunkte. Bei Einfach- und Mehrfachbeschäftigten war gleichermaßen zwischen Phase I (1995 bis 1999) und Phase III (2004 bis 2014) ein Anstieg der Anteilswerte in weitgehende identischer Höhe bei den Berufshauptgruppen „Wissenschaftler" (+3Pp) und „Dienstleistungsberufe/Verkäufer" (+2Pp bzw. + 3Pp) zu verzeichnen. Umgekehrt reduzierte sich in diesem Zeitraum der Anteil der „Handwerksberufe" um circa vier Prozentpunkte bei Einfachbeschäftigten und circa sechs Prozentpunkte bei Mehrfachbeschäftigten. Die relative Bedeutung von „Technikern" nahm bei Mehrfachbeschäftigten hingegen mit einem Anstieg von circa vier Prozentpunkten im höheren Maße zu als bei Einfachbeschäftigten (+1Pp), wohingegen die relative Zahl der „Bürokräfte/kfm. Angestellte" einer stärkere Reduktion unterlag (-5Pp zu -2Pp).

Im Nebenerwerb dominierten im Untersuchungszeitraum 1995 bis 2014 bei Mehrfachbeschäftigten ebenfalls die Berufsgruppen „Wissenschaftler", „Techniker" sowie „Dienstleistungsberufe / Verkäufer". Abweichend zum Haupterwerb übte jedoch circa jeder fünfte (20–21%) Mehrfachbeschäftigte eine Nebenerwerbstätigkeit als „Hilfsarbeitskraft" aus. Ähnlich wie in der Haupterwerbstätigkeit sank die relative Zahl von nebenberuflich in der Berufshauptgruppe „Handwerksberufe" Tätigen zwischen Phase I und III um circa vier Prozentpunkte. Der Anteil der Berufshauptgruppe „Dienstleistungsberufe/Verkäufer" stieg in diesem Zeitraum im Nebenerwerb ähnlich dem bei Hauptbeschäftigungen um vier Prozentpunkte. Mit einem Anteil zwischen 12% und 16% aller Mehrfachbeschäftigten kam dieser Berufshauptgruppe als Nebenbeschäftigung allerdings eine größere prozentuale Bedeutung zu denn als Hauptbeschäftigung. Im Gegensatz zu den Entwicklungen in der Haupttätigkeit reduzierte sich die Bedeutung der nebenberuflichen „Techniker" um drei Prozentpunkte. Die übrigen Berufshauptgruppen, u.a. „Hilfsarbeiter" und „Wissenschaftler" wiesen über den Gesamtuntersuchungszeitraum hingegen weitgehend konstante Anteilswerte auf. Die Kombinationen der Berufshauptgruppe von Haupt- und Nebenerwerb sind in Tabelle 21 als Anteile des jeweiligen Hauptberufes der Mehrfachbeschäftigten dargestellt. Auf eine gesonderte Differenzierung der Ergebnisse anhand der drei Phasen zur gesetzlichen Lage der nebenberuflichen geringfügigen Beschäftigung wird aufgrund des mit geringen Fallzahlen verbundenen Risikos möglicher Stichprobenfehler verzichtet.[469] Nachfolgend

469 Eine separat durchgeführte – in dieser Arbeit jedoch nicht ausgewiesene – Analyse anhand der drei Phasen stimmt im Wesentlichen mit den Befunden über den

werden daher nur die Durchschnittswerte für den Gesamtuntersuchungszeitraum 1995 bis 2014 ausgewiesen. Hierbei werden bei einigen Berufsgruppen höhere Anteile sichtbar, bei denen Haupt- und Nebenerwerb im identischen Beruf ausgeübt wurden. Die größten Übereinstimmungen bestanden bei den Berufshauptgruppen „Hilfsarbeitskräfte“ (60%), „Wissenschaftler“ (54%), „Handwerksberufe“ (32%), „Dienstleistungsberufe/ Verkäufern“ (31%) sowie „Techniker“ (29%).

Beruf (Hauptgruppe ISCO88) - ø 1995 bis 2014

	NEBENERWERB									
HAUPTERWERB	[1]	[2]	[3]	[4]	[5]	[6]	[7]	[8]	[9]	Summe
[1] Führungskräfte	8%	41%	21%	6%	7%	0%	3%	1%	13%	100%
[2] Wissenschaftler	5%	54%	22%	4%	6%	1%	2%	2%	4%	100%
[3] Techniker	2%	20%	29%	11%	17%	1%	3%	3%	13%	100%
[4] Bürokräfte / kfm. Angestellte	2%	12%	15%	23%	18%	3%	2%	5%	21%	100%
[5] Dienstleistungsberufe / Verkäufer	1%	10%	14%	7%	31%	1%	4%	4%	29%	100%
[6] Fachkräfte Ldw./Fischer	2%	4%	8%	8%	4%	19%	0%	20%	36%	100%
[7] Handwerksberufe	2%	5%	9%	2%	10%	5%	32%	6%	29%	100%
[8] Anlagen-/Maschinenbau, Montierer	2%	3%	8%	3%	13%	3%	12%	11%	46%	100%
[9] Hilfsarbeiter	1%	2%	7%	4%	10%	3%	8%	3%	60%	100%

Anteil an ø Zahl Mehrfachbeschäftigter 1995 bis 2014

	[1]	[2]	[3]	[4]	[5]	[6]	[7]	[8]	[9]	Summe
[1] Führungskräfte	0,3%	1,8%	1,0%	0,2%	0,4%	0,0%	0,1%	0,1%	0,7%	
[2] Wissenschaftler	1,1%	12,1%	5,0%	0,9%	1,4%	0,2%	0,5%	0,4%	0,8%	
[3] Techniker	0,6%	5,0%	7,3%	2,8%	4,3%	0,4%	0,9%	0,7%	3,4%	
[4] Bürokräfte / kfm. Angestellte	0,2%	1,5%	1,9%	2,8%	2,3%	0,4%	0,2%	0,6%	2,6%	
[5] Dienstleistungsberufe / Verkäufer	0,1%	1,1%	1,4%	0,7%	3,0%	0,1%	0,4%	0,3%	2,9%	100%
[6] Fachkräfte Ldw./Fischer	0,0%	0,0%	0,1%	0,1%	0,1%	0,3%	0,0%	0,3%	0,6%	
[7] Handwerksberufe	0,2%	0,6%	1,0%	0,3%	1,2%	0,5%	3,8%	0,8%	3,4%	
[8] Anlagen-/Maschinenbau, Montierer	0,1%	0,2%	0,4%	0,1%	0,6%	0,2%	0,6%	0,5%	2,3%	
[9] Hilfsarbeiter	0,1%	0,1%	0,5%	0,3%	0,7%	0,2%	0,5%	0,2%	4,2%	

Tabelle 21: Übereinstimmungsmatrix der Berufshauptgruppen (ISCO88) des Haupt- und Nebenerwerbs von Mehrfachbeschäftigten – 1995 bis 2014

Quelle: Eigene Berechnung, SOEP Welle v32.1, gewichtet. Differenzen zu 100% rundungsbedingt.

Grundgesamtheit: mehrfachbeschäftigte Arbeiter, Angestellte, Selbstständige und Beamte zwischen 18 und 65 Jahren.

Gesamtzeitraum überein. Ebenso führt der Einbezug des Jahres 2015 zu keinen wesentlichen Änderungen. Zur vereinheitlichen Darstellung mit den anderen Auswertungen wird dieses Jahr daher nicht in die Auswertung einbezogen.

Bei Kombinationen von Berufen verschiedener Berufshauptgruppen zeigten sich vorrangig „Führungskräfte“ mit nebenberuflicher Tätigkeit als „Wissenschaftler“ mit 41% von hoher relativer Verbreitung sowie diverse Gruppen mit nebenberuflichen Tätigkeiten als „Hilfsarbeiter“. Zu diesen zählten insbesondere hauptberufliche „Anlagen-/Maschinenbauer, Montierer“ (46%), „Fachkräfte der Landwirtschaft/Fischerei“ (36%), „Handwerksberufe“ (29%) sowie „Dienstleistungsberufe/Verkäufer“ (29%). Die Bedeutung dieser Berufskombinationen muss jedoch in Relation zu ihrem quantitativen Gewicht, gemessen an der Zahl aller Mehrfachbeschäftigungsverhältnisse, gesehen werden. Beispielsweise stellten hauptberufliche Führungskräfte durchschnittlich nur circa 5% der Mehrfachbeschäftigten dar, wodurch sich die quantitative Bedeutung der Form „Führungskraft mit nebenberuflichem „Wissenschaftsberuf“ auf circa 1,8% der durchschnittlichen Zahl der Mehrfachbeschäftigten im Zeitraum 1995 bis 2014 reduziert. Die Berufskombinationen mit der höchsten quantitativen Bedeutung bestanden aus gleichzeitig haupt- und nebenerwerbstätigen „Wissenschaftlern“ (12,1%) sowie „Technikern“ (7,3%). Des Weiteren waren jeweils circa 5% der mehrfachbeschäftigten hauptberuflichen „Techniker“ nebenberuflich in den Berufsgruppen „Dienstleistungsberufe/Verkäufer“ und „Wissenschaftler tätig. Ebenfalls circa 5% der Mehrfachbeschäftigten gingen umgekehrt neben einer hauptberuflichen Anstellung als „Wissenschaftler“ einem Nebenberuf als „Techniker“ nach. Die höchsten Anteile in Kombination mit nebenberuflicher Hilfstätigkeit fanden sich bei bereits hauptberuflichen „Hilfsarbeitern“ (4%) sowie „Handwerksberufen“ (3,5%) und „Technikern” (3,4%). Die übrigen Berufskombinationen waren hingegen von eher quantitativ geringerer Bedeutung.

6.4. Dauer von Mehrfachbeschäftigung

Der Aufbau des Sozio-oekonomischen Panels als Längsschnitts-Studie mit Panel-Design ermöglicht es individuelle Berufskarrieren über einen längeren Zeitraum nachzuzeichnen und somit neben der Identifikation von Mehrfachbeschäftigung auch deren Beschäftigungsstatus in den folgenden Jahren zu bestimmen. Mittels einer Verbleibsanalyse lässt dies zu, die durchschnittliche Dauer von Mehrfachbeschäftigungsverhältnissen zu beziffern, um daraus Rückschlüsse auf die Stabilität und mögliche finanzielle Notwendigkeit dieser Tätigkeiten ziehen zu können. Um einen Vergleich der Ergebnisse nach Vorjahres- und Vormonatsdaten zu ermöglichen, wird ein einheitlicher Untersuchungszeitraum gewählt, der sich damit auf Personen beschränkt, die zwischen den Jahren 1995 und 2014 in mindestens einem Jahr einer

Mehrfachbeschäftigung nachgingen.[470] Der Verbleib dieser Personen in den darauffolgenden Jahren ist in Abbildung 25 separat nach Vormonats- und Vorjahresdatenoperationalisierung des Beschäftigungsstatus dargestellt, die jedoch zu weitgehend übereinstimmenden Befunden führen. In der Verbleibsanalyse wird unterschieden, ob eine Personen im Folgejahr weiterhin mehrfachbeschäftigt ist oder aus der Stichprobe ausscheiden musste, entweder aufgrund der Aufgabe mindestens einer Beschäftigung oder wegen fehlender Angaben zum Beschäftigungsstatus in der Folgewelle. Zusätzlich findet eine Unterteilung der Fälle bei Ausscheiden aufgrund fehlender Werte statt, in jene, die tatsächlich nicht an der Folgebefragung teilnahmen bzw. keine gültigen Angaben zum Beschäftigungsstatus machten, und Fälle, die aufgrund einer Rechtszensierung der Daten durch die Begrenzung auf das letztmalige Beobachtungsjahr 2014 keine Angaben tätigen konnten.

Im Untersuchungszeitraum gingen insgesamt 14.233 (VM) bzw. 12.685 (VJ) Personen einer Mehrfachbeschäftigung von mindestens einjähriger Dauer nach. Die Verbleibsanalyse des Beschäftigungsstatus dieser Personen macht eine hohe Fluktuation in den unmittelbar folgenden Jahren deutlich, insofern als bereits im unmittelbar anschließenden Jahr (t+1) lediglich 45% (VM) bzw. 44% (VJ) der Personen weiterhin als Mehrfachbeschäftigte identifiziert werden können. Mehr als jeder Dritte (33% VM / 36% VJ) gab dieser Analyse zufolge im Jahr nach einer festgestellten Mehrfachbeschäftigung die Zweitbeschäftigung auf und ging nur noch einer einzigen Erwerbstätigkeit nach. Der umgekehrte Fall einer Aufgabe des Haupterwerbs zu Gunsten einer ausschließlichen Nebenerwerbstätigkeit war hingegen mit Maximalwerten von circa 2% bis 4% aller Mehrfachbeschäftigten über den Gesamtuntersuchungszeitraum vergleichsweise die Ausnahme. Gleiches galt für die gleichzeitige Aufgabe beider Tätigkeiten, d.h. der Wechsel in die Erwerbslosigkeit, welcher nicht mehr als 4% (VM) bzw. 3% (VJ) aller Mehrfachbeschäftigungen betraf.

470 Dieser Zeitraum ergibt sich aus der Beschränkung durch die erst ab dem Jahr 1995 vorliegenden Befragungsdaten nach Vormonatsdaten sowie der durch Verwendung der SOEP Version v.32.1 begrenzten Vorjahreswerte auf das Jahr 2015 (Bezugsjahr 2014). Vgl. Kapitel 4.2.2 und Kapitel 4.2.3.

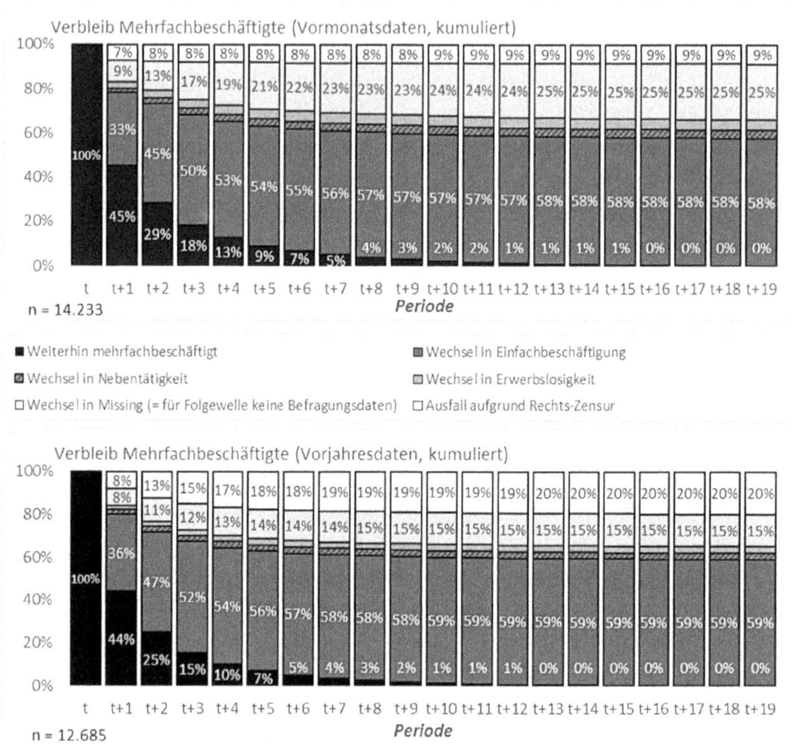

ABBILDUNG 25: VERBLEIBSANALYSE VON ZWISCHEN 1995 UND 2014 AUSGEÜBTEN MEHRFACHBESCHÄFTIGUNGSVERHÄLTNISSEN (VORMONATS- UND VORJAHRESDATEN) IN DEN FOLGEJAHREN

Quelle: Eigene Berechnung, SOEP Welle v32.1, ungewichtet. Vorjahresdaten um ein Jahr zeitversetzt. Grundgesamtheit: mehrfachbeschäftigte Arbeiter, Angestellte, Selbstständige und Beamte zwischen 18 und 65 Jahren.

Von quantitativ höherer Bedeutung sind dagegen Fälle, die aufgrund fehlender Befragungsdaten zum Beschäftigungsstatus (= Wechsel in „*missing*") zum Ausscheiden aus der Stichprobe führen. Fehlende Angaben, z.B. aufgrund allgemeiner Panel-Attrition oder bewusster Antwortverweigerung, führen dazu, dass fast jedes zehnte Mehrfachbeschäftigungsverhältnis bereits im Folgejahr aus der Analyse ausgeschlossen werden musste. Die Stichprobe wurde darüber hinaus durch die Rechtszensierung der Daten, aufgrund des letztmaligen Bezugsjahres

2014, um weitere 7% (VM) bzw. 8% (VJ) reduziert.[471] In den darauffolgenden Jahren kann ein fortdauernd hoher prozentualer Anteil von Abwanderung in anderweitige Beschäftigungstypen festgestellt werden. Zwei Jahre nach Ausübung einer Mehrfachbeschäftigung (t+2) ging lediglich circa jeder Vierte (VM 29%, VJ: 25%) weiterhin einer Zweitbeschäftigung nach. Nur etwa jede zehnte (VM 13%, VJ 10%) Person in der Stichprobe war mindestens fünf Jahre (t+4) durchgängig mehrfachbeschäftigt und weniger als 5% länger als zehn Jahre (t+9). Die durchschnittliche Dauer von durchgängiger Mehrfachbeschäftigung betrug damit nach Vormonatsdaten circa 2,4 Jahre und nach Vorjahresdaten nur etwa 2,2 Jahre. Umgekehrt überstieg der kumulierte Anteil der Personen, die die Mehrfachbeschäftigung zu Gunsten einer Einfachbeschäftigung verlies, bereits nach drei Jahren (t+3) den Wert von 50% der Ausgangsstichprobe und erreichte bis zum Ende des Untersuchungszeitraums einen Wert von annähernd 60% der Personen. Der Wechsel in die Nebentätigkeit oder die Erwerbslosigkeit verharrt hingegen auch über einen längeren Zeitraum betrachtet, mit Maximalwerten von bis zu 5% der Stichprobe, auf einem geringen Niveau. Die Durchführung der Analyse auf Basis der Vormonats- sowie Vorjahresdaten führt über den Gesamtanalysezeitraum gleichermaßen zu einem Verlust etwa eines Drittels (34% VM / 35% VJ) der Ausgangsstichprobe aufgrund fehlender Werte. Während sich nach Vorjahresdaten dieser Wert annähernd gleichmäßig auf die beiden unterschiedenen Kategorien verteilte, wies die Stichprobenreduktion aufgrund der Rechtszensierung nach Vormonatsdaten mit circa 9% – im Vergleich zu 25% Stichprobenreduktion durch fehlende Beschäftigungsangaben – ein geringes Ausmaß auf.

Um diesem vergleichsweise hohen Anteil an Ausfällen durch fehlende Angaben zu entgegnen, kann eine Längsschnittsgewichtung der ungewichteten SOEP-Daten durchgeführt werden. Bei dieser wird die für repräsentative Aussagen zur Gesamtpopulation verwendete Querschnittsgewichtung um einen Faktor zur individuellen Bleibewahrscheinlichkeit in der Stichprobe ergänzt.[472] Das Ziel dieses Vorgehens ist es neben der Reduktion von Verzerrungen der Ergebnisse durch eine nicht-repräsentative Stichprobenziehung zusätzlich der mit

471 Obwohl nach Vormonatsdaten mit der verwendeten SOEP Version Angaben für das Folgejahr 2015 vorliegen, werden diese zur Harmonisierung mit den Angaben nach Vorjahresdaten in der vorliegenden Untersuchung als fehlende Fälle aufgrund Rechtszensierung klassifiziert. Ohne dieses Vorgehen ergäbe sich etwas höhere Werte insbesondere für die Kategorien Mehrfach- und Einfachbeschäftigt.

472 Für eine detaillierte Beschreibung der Längsschnittsgewichtung mit Daten des SOEP vgl. etwa Kroh (2010 und 2009); Pischner (2007); Haisken-DeNew/Frick (2005).

einer Längsschnittsuntersuchung einhergehenden sinkenden Stichprobe durch Panel-Attrition zu begegnen. Die Auswirkungen dieses Verfahrens auf die Dauer von Mehrfachbeschäftigungen kann Abbildung 26 entnommen werden, in der die Ergebnisse der vorherigen ungewichteten Verbleibsanalyse mittels einer Längsschnittsgewichtung ergänzt wurden. Um einen besseren Vergleich mit den Resultaten der ungewichteten Auswertungen zu ermöglichen, wird in dieser nur der Anteil der in Mehrfachbeschäftigung verbliebenen Personen dargestellt, d.h. der Wechsel in andere Erwerbsformen wird ausgeblendet.

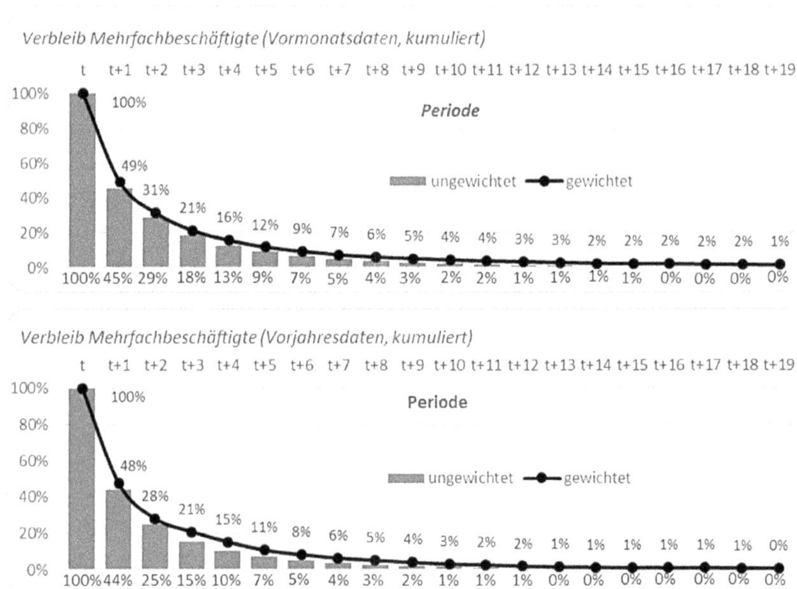

Abbildung 26: Verbleibsanalyse von zwischen den Jahren 1995 und 2014 ausgeübten Mehrfachbeschäftigungen (Vormonats- und Vorjahresdaten) in den Folgejahren – Vergleich gewichtete und ungewichtete Stichprobe

Quelle: Eigene Berechnung, SOEP Welle v32.1, ungewichtet/gewichtet. Vorjahresdaten um ein Jahr zeitversetzt. Grundgesamtheit: mehrfachbeschäftigte Arbeiter, Angestellte, Selbstständige und Beamte zwischen 18 und 65 Jahren.

Hierbei wird ersichtlich, dass sich die Längsschnittsgewichtung gleichermaßen auf die Resultate auf Basis der beiden verschiedenen Operationalisierungskonzepte von Mehrfachbeschäftigung auswirkt. Der Anteil der im ersten Folgejahr (t+1) weiterhin mehrfachbeschäftigten wird infolge der Längsschnittgewichtung um jeweils vier Prozentpunkte nach oben korrigiert und umfasste damit circa 49% (VM) bzw. 48% (VJ) der Gesamtstichprobe. Über die Gesamtperiode betrachtet führt die Gewichtung der Auswertungen zwar zu einem durchschnittlichen Anstieg der Anteile der Personen, die auch im Folgejahr in Mehrfachbeschäftigung bleiben um jeweils circa zwei Prozentpunkte nach Vormonats und Vorjahresdaten. In absoluten Zahlen ausgedrückt hat dies jedoch nur eine Erhöhung der durchschnittlichen Dauer von Mehrfachbeschäftigungsverhältnissen im Nachkommastellenbereich zur Folge. Auf eine Nachkomma-Stelle gerundet führt daher auch die gewichtete Analyse zu einer Durchschnittsdauer auf Basis der Vormonatsdaten von circa 2,4 Jahren und auf Basis der Vorjahresdaten von circa 2,2 Jahren.

Die Resultate dieser Berechnungen können insgesamt als Indiz für ein gewisses Maß an Stabilität von Mehrfachbeschäftigungsverhältnissen angeführt werden. Annähernd jeder zweite Mehrfachbeschäftigte war auch im Folgejahr weiterhin nebenerwerbstätig und beinahe jeder Dritte darüber hinaus auch im darauffolgenden Jahr (t+2). Die Ergebnisse stimmen damit mit einer Untersuchung des britischen Arbeitsmarktes überein, deren Autoren den Verbleib von mehr als der Hälfte der Personen in zwei konsekutiven Jahren in Mehrfachbeschäftigung als Gegenargument anführen, dass eine Zweitbeschäftigung überwiegend eine temporäre Maßnahme gegen die Fluktuation der Arbeitsnachfrage darstellt.[473]

473 Vgl. Böheim/Taylor (2004:13).

7. Armutsgefährdung, atypische Beschäftigung und Mehrfachbeschäftigung – Bivariate Untersuchung

Die in Kapitel 3.3 vorläufig formulierten Arbeitshypothesen haben verdeutlicht, dass der Zusammenhang zwischen Armutsgefährdung und Mehrfachbeschäftigung theoretisch nicht eindeutig zu bestimmten ist. Eine finanzielle Einkommensnot, gemessen in Form der Betroffenheit von Armutsgefährdung, kann dabei sowohl als Auslöser als auch als Resultat von Mehrfachbeschäftigung aufgefasst werden. Für eine erste Annäherung wird die Frage nach der Kausalität zunächst zurückgestellt und stattdessen mittels bivariater Analysen empirisch untersucht, ob ein genereller Zusammenhang zwischen den beiden Arbeitsmarktphänomenen belegt werden kann. Die Analyse des Ursache-Wirkungszusammenhangs erfolgt im anschließenden Kapitel 8 anhand geeigneter multivariater Analyse-Modelle.

Die in Kapitel 2 aufgezeigte Heterogenität des Erwerbstyps Mehrfachbeschäftigung legt darüber hinaus eine differenziertere Betrachtungsweise entlang der tatsächlich ausgeübten Beschäftigungskombinationen nahe, um das mit ihnen einhergehende Armutsgefährdungsrisiko angemessen erfassen zu können. Für diese Differenzierung der Beschäftigungsform wird auf die, in der Arbeitsmarktforschung in der andauernden Diskussion um Einkommensarmut trotz Erwerbstätigkeit vielfach verwendeten, Konstrukte Normalarbeit und atypische Beschäftigung zurückgegriffen. Die bisherigen Befunde bestätigen hierzu den weitgehenden Schutz vor Einkommensarmut durch das Normalarbeitsverhältnis,[474] während in zahlreichen Studien ein erhöhtes Armutsrisiko von atypisch Beschäftigten im allgemeinen oder bestimmten Formen atypischer Beschäftigung nachgewiesen wird.[475] Die Rolle, die atypische Arbeitsformen im Zusammenhang von Mehrfachbeschäftigung und Einkommensarmut einnehmen, wurde bislang keiner empirischen Untersuchung unterzogen. Im weiteren Verlauf dieses Kapitels wird daher neben der Frage des in Kapitel 2.3.2 vermuteten generell hohen Zusammenhangs von atypischen Erwerbsformen

474 Vgl. Hellmuth/Urban (2010:27); Wingerter (2009:1087f)

475 Vgl. Goebel/Krause (2016); Goebel et al. (2015); Hellmuth/Urban (2010:27); Wingerter (2009:1087f); Brehmer/Seifert (2008:512f.); Kalina/Weinkopf (2008:463f).

und Mehrfachbeschäftigung zusätzlich empirisch analysiert, inwieweit die Kombination atypischer Beschäftigungsformen als Mehrfachbeschäftigung eine Einkommensarmutsgefährdung begünstigen. Hierzu wird zunächst untersucht, inwieweit die zu Grunde liegende Datenbasis SOEP die Möglichkeit bereitstellt, die verschiedenen Formen von atypischer Arbeit in der Haupt- und Nebenbeschäftigung von Mehrfachbeschäftigten zu differenzieren. Darauf aufbauend wird zunächst die generelle Verbreitung von Normalarbeit und atypischen Erwerbsformen unter Mehrfachbeschäftigten empirisch untersucht und die Veränderung ihrer Anteile über die wechselnden gesetzlichen Rahmenbedingungen zur iNgB nachgezeichnet. Anschließend wird in einer bivariaten Untersuchung für die aus dieser Analyse destillierten empirisch häufigsten Erwerbskombinationen von Mehrfachbeschäftigung die Prävalenz von Einkommensarmutsgefährdung bestimmt, welche die Grundlage für die in Kapitel 8.3 anschließende multivariate Kausalanalyse zur Veränderung der Armutsrisiken bei Wechsel in eine atypische Mehrfachbeschäftigung darstellt.

7.1. Armutsgefährdung und Mehrfachbeschäftigung

Der Zusammenhang zwischen Armutsgefährdung und Mehrfachbeschäftigung ist theoretisch nicht eindeutig, da die finanzielle Not sowohl als Auslöser als auch als Resultat von Mehrfachbeschäftigung aufgefasst werden kann. Für eine erste Annäherung wird die Frage nach der Kausalität zunächst zurückgestellt und stattdessen untersucht, ob ein genereller Zusammenhang zwischen den beiden Erscheinungsformen ersichtlich ist. Hierfür sind in Abbildung 27 die Armutsgefährdungsquoten für Mehrfachbeschäftigte und Personen mit nur einer Erwerbstätigkeit (Einfachbeschäftigte) in Deutschland aufgeführt. Aufgrund der unterschiedlichen Operationalisierungsmöglichkeiten (vgl. Kapitel 4.2 und Kapitel 5.5) werden diese, nach Vorjahres- und Vormonatsdaten unterschieden, getrennt dargestellt. Um einen periodengerechten Vergleich zu ermöglichen, werden die Vorjahresdaten um ein Jahr zeitversetzt, wodurch für das letzte Jahr der verwendeten SOEP Datenversion (v32.1) keine Angaben zum Vorjahreseinkommen vorliegt. Umgekehrt beschränken Datenrestriktionen die Verfügbarkeit nach Vormonatsdaten auf den Zeitraum ab dem Jahr 1995, da vorher die Höhe des Nebeneinkommens nicht erfasst wurde. Insgesamt lässt sich somit der Zusammenhang zwischen Mehrfachbeschäftigung nach Vorjahresdaten von 1992 bis 2014 und nach Vormonatsdaten von 1995 bis ins Jahr 2015 untersuchen. Die Berechnung der Armutsgefährdungsquote ist gegenüber stichprobenbasierten Schwankungen des Median-Einkommens nicht sehr robust, weshalb insbesondere bei kleineren Arbeitsmarktgruppen empfohlen wird Entwicklungen nur anhand längerer Zeiträume zu beurteilen.[476] Nach Auswertungen des Statistischen Bundesamtes beschränkte sich die Mehrfachbeschäftigung im Jahr 2014 auf circa 5% aller Erwerbstätigen, während im gleichen Jahr etwa 8% der Erwerbstätigen als armutsgefährdet galten.[477] Daher ist zu vermuten, dass armutsgefährdete Mehrfachbeschäftigte sehr wahrscheinlich eine kleinere Arbeitsmarktgruppe darstellen. Auf die Ausweisung von Einzeljahreswerten für den Zusammenhang beider Erwerbsgruppen wird daher verzichtet und stattdessen die Entwicklung anhand der Durchschnittswerte der drei Phasen nachgezeichnet werden, die sich aus der Gesetzeslage zur nebenberuflichen geringfügigen Beschäftigung ergeben (vgl. Kapitel 4.2). Neben der Reduzierung von stichprobenbasierten Schwankungen können anhand dieser Darstellung Rückschlüsse auf die Wirkung der veränderten gesetzlichen Rahmenbedingungen gewonnen werden. Die Auswertungen in Abbildung 27 zeigen einen generellen Anstieg der Armutsgefährdungsquote beider Beschäftigungsgruppen auf, der im Einklang mit anderen Auswertungen zur Armutsgefährdungslage von Erwerbstätigen generell steht.[478]

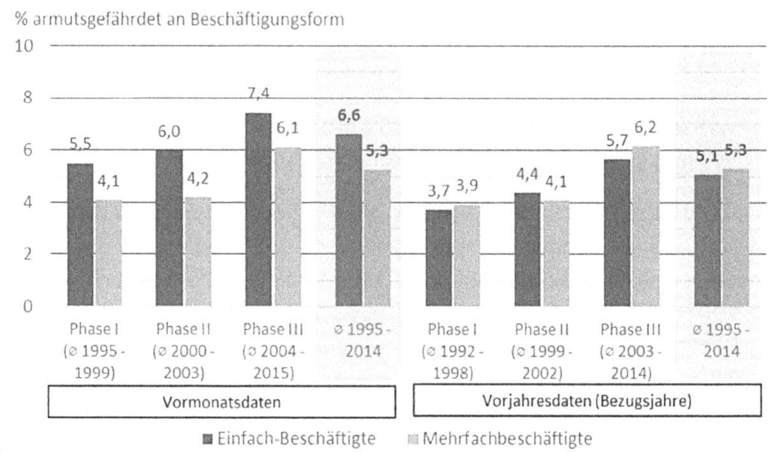

Abbildung 27: Armutsgefährdungsquote von Einfach- und Mehrfachbeschäftigten nach Vormonatseinkommen (1995–2015) und Vorjahreseinkommen (1992–2014)

Quelle: Eigene Berechnung, SOEP Welle v32.1, gewichtet, jahresspezifische gesamtdeutsche Armutsschwelle mod. OECD Skala, inkl. Imputed rent. Grundgesamtheit: mehrfachbeschäftigte Arbeiter, Angestellte, Selbstständige und Beamte zwischen 18 und 65 Jahren.

476 Vgl. Destatis (o.D.e).

477 Vgl. BMAS (o.D.b) – auf Basis des Mikrozensus.

478 Vgl. Rhein (2009).

Nach Vormonatsdaten stieg der Anteil von armutsgefährdeten Personen mit Einfachbeschäftigung zwischen Phase I und Phase III von circa 5,5% auf 7,4%.Im Vergleich dazu nahm der Anteilswert bei zusätzlicher Nebentätigkeit im Durchschnitt von 4,1% auf 6,1% der Mehrfachbeschäftigten zu. Nach Vorjahresdaten ergaben sich für Mehrfachbeschäftigte annähernd die gleichen Werte von 3,9% in Phase I und 6,2% in Phase III, während Einfachbeschäftigte im Vergleich zur alternativen Operationalisierung eine niedrigere Armutsquote zwischen 3,7% (Phase I) und 5,7% (Phase III) aufwiesen. Die Betrachtung der Durchschnittswerte der Gesamtperiode 1995 bis 2014 zeigt, dass die Unterschiede nicht auf die nach Operationalisierungskonzept abweichend zusammengefassten Zeiträume zurückzuführen ist. Bei Berechnung auf Vormonatsbasis unterlagen Mehrfachbeschäftigte demnach im Untersuchungszeitraum einem geringeren Armutsgefährdungsrisiko, während auf Basis der Vorjahreseinkünfte beide Beschäftigungsgruppen annähernd im gleichen Umfang von dieser betroffen waren. Der vermutete Zusammenhang einer generell höheren Konzentration von Armutsgefährdung unter Mehrfachbeschäftigten kann damit nicht bestätigt werden. Die Analyse eines möglichen Zusammenhangs zwischen Einkommensarmut und Mehrfachbeschäftigung bedarf daher einer differenzierteren Betrachtung.

7.2. Mehrfachbeschäftigung, atypische Arbeitsformen und Einkommensarmut

In der bisherigen Betrachtung wurde die Mehrfachbeschäftigung als einheitliches Gesamtphänomen betrachtet, womit jedoch die potenzielle Heterogenität der zu Grunde liegenden Kombinationen verschiedener Beschäftigungsformen vernachlässigt wurde. Der bisherige Befund eines nicht höheren Armutsrisikos von Mehrfachbeschäftigten bedarf daher einer genaueren Differenzierung nach den ausgeübten Erwerbsformen in Haupt- und Nebenerwerb. Die Forschungsliteratur zeigt, dass atypische Beschäftigungsformen einem erhöhten Armutsgefährdungsrisiko unterliegen, da sie vermehrt mit einem niedrigen Lohnniveau oder geringer Arbeitszeit einhergehen.[479] Wie bereits in Kapitel 2.3 theoretisch dargelegt, kann vermutet werden, dass gerade diese Beschäftigungsgruppe in höherem Maße einer Zweitbeschäftigung nachgehen könnten, um ihr Einkommen aufzubessern. In den nächsten Kapiteln soll dafür zunächst der vermutete Zusammenhang zwischen atypischer Arbeit und Mehrfachbeschäftigung empirisch aufgezeigt werden. Die Untersuchung bezieht sich dabei sowohl auf den Haupt- als auch den

---

479 Vgl. Thomsen et al. (2016); Kalina/Weinkopf (2015); Hellmuth/Urban (2010); Wingerter (2009); Brehmer/Seifert (2008); Kalina/Weinkopf (2008).

Nebenerwerb, um die quantitative Bedeutung bestimmter Beschäftigungskombinationen aufzuzeigen. Zur Beurteilung der Notwendigkeit des Nebenerwerbs ist dabei insbesondere von Interesse, ob die gleichzeitige Ausübung mehrerer atypischer Teilzeiterwerbsformen den empirischen Normalfall von Mehrfachbeschäftigung darstellt oder stattdessen vorrangig bestehende Vollzeittätigkeiten um kleinere Beschäftigungsverhältnisse ergänzt werden. Die Feststellung, ob eine Erwerbsform die Kriterien atypischer Arbeit erfüllt, unterliegt anhand der Daten des SOEP jedoch gewissen Einschränkungen. Die erste Einschränkung ist, dass mittels der Einkommensbezüge des Vorjahres neben der Feststellung, ob die Beschäftigungsform in abhängiger, nebenberuflicher oder selbstständiger Arbeit ausgeübt wird, keine weiteren Beschäftigungsmerkmale erfasst werden. Die Verknüpfung von Vorjahresdaten mit Daten der Erhebung des Folgejahres ist zwar prinzipiell möglich, birgt jedoch in Anbetracht der aufgezeigten erheblichen Probleme hinsichtlich der Übereinstimmung zwischen den Operationalisierungskonzepten (vgl. Kapitel 4.4.1) die Gefahr, dass bei einem Großteil der Mehrfachbeschäftigten, vor allem bei Angaben zu dessen Nebenerwerb, mit widersprüchlichen Angaben zu rechnen ist. Die folgenden Auswertungen beschränken sich daher auf die Mehrfachbeschäftigten auf Basis der Operationalisierung anhand der Vormonatseinkommensdaten. Daneben unterscheiden sich die jeweils für den Haupt- und Nebenerwerb vorliegenden Merkmale zu der ausgeübten Beschäftigungsform in erheblichen Maße, weshalb diese zunächst getrennt analysiert und die Erkenntnisse erst danach zusammengeführt werden. In einem weiteren Schritt wird darauf aufbauend untersucht, ob bestimmte Erwerbskombinationen verstärkt mit dem Risiko einhergehen, trotz mehrfacher Einkommensquellen dennoch von Einkommensarmut betroffen zu sein.

7.2.1. Verbreitung atypischer Beschäftigung in der ersten Erwerbstätigkeit von Mehrfachbeschäftigten

Im Folgenden wird zunächst die Frage untersucht, welcher Beschäftigungsform in der Haupterwerbstätigkeit nachgegangen wird. Die Einstufung nach Haupt- und Nebenerwerb beruht dabei auf der Selbsteinstufung der beruflichen Stellung der Befragten, die auf Plausibilität mit anderen Befragungsangaben überprüft wurde.[480] Nach dieser lassen sich die Erwerbstätigen in fünf Gruppen aufteilen: Selbstständige, Beamte, Angestellte, Arbeiter und Auszubildende. Entsprechend der, in der Forschungsliteratur zur atypischen Erwerbsarbeit vorherrschenden Konvention beziehen sich die weiteren Untersuchungen ausschließlich

480 Vgl. SOEP-Group (Hrsg.) (2013:19).

auf abhängig Beschäftigte, d.h. Arbeiter und Angestellte,[481] die im Weiteren auch als Kernerwerbstätige bezeichnet werden.[482] Nicht sozialversicherungspflichtig Beschäftigte (Selbstständige und Beamte) werden dagegen nicht berücksichtigt, da deren Beschäftigungsverhältnisse insbesondere hinsichtlich der Beschäftigungssicherheit deutlich von abhängig Beschäftigten abweichen. Darüber hinaus werden Auszubildende aus der Untersuchung ausgeschlossen, da es sich beim Großteil von Ausbildungsverträgen um befristete Arbeitsverhältnisse handelt, deren Einbezug ein verfälschtes Bild der atypischen Erwerbsarbeit unter Mehrfachbeschäftigten verursachen könnte. Nach der Definition in Kapitel 2.3.1 liegt ein Normalarbeitsverhältnis vor, sofern eine unbefristete Vollzeitbeschäftigung (d.h. 35 und mehr Wochenstunden) außerhalb eines Leiharbeitsverhältnisses ausgeübt wird. Als atypische Beschäftigung werden entsprechend der Definition des Statistischen Bundesamtes sämtliche Beschäftigungen in Form eines Minijobs[483], Leiharbeit, befristeten Arbeitsverhältnissen und Teilzeitarbeit mit maximal 20 Wochenstunden bezeichnet. Dem in der wissenschaftlichen Diskussion vorherrschenden Diskurs über die Einstufung der Teilzeitbeschäftigungen mit einem Umfang zwischen 21 und 34 Wochenstunden als atypische Beschäftigung oder Normalarbeit wird im Folgenden durch eine separate Ausweisung als „reguläre Teilzeitarbeit" Rechnung getragen. Um die tatsächliche Beschäftigungssituation abzubilden erfolgt die Einteilung dabei nach der tatsächlich geleisteten wöchentlichen Arbeitszeit, d.h. inklusive eventuell geleisteter Überstunden, und nicht der vertraglich vereinbarten Arbeitszeit. Sofern Angaben zur korrekten Einstufung im Fragebogen fehlten wurde die Person als *„missing"* deklariert, wodurch etwa 5% der Fälle von Mehrfachbeschäftigung aus der Analyse ausgeschlossen werden mussten. Aufgrund der erst mit dem Jahr 1995 vorliegenden Angabe zum Nebeneinkommensbezug im Vormonat beschränkt sich der Untersuchungszeitraum auf die darauffolgenden Jahre bis einschließlich 2015. Des Weiteren wurde erst im Jahr 2001 in den SOEP-Fragebögen eine Selbsteinstufung der Hauptbeschäftigung in Zeitarbeit und geringfügig entlohnter Beschäftigung aufgenommen. Entsprechend der jeweiligen gültigen Gesetzeslage kann die gB anhand der Variablen Arbeitszeit und Verdienst nachmodelliert werden.[484] Die vor dem Jahr 2001 fehlenden

---

481 Vgl. z.B. Wingerter (2009); Brehmer/Seifert (2008).

482 Die Bezeichnung findet sich auch beispielsweise bei Bührmann (2012).

483 Entsprechend den gesetzlichen Regelungen im Jahr 2001 „630-DM-Job", im Jahr 2002 „325€-Job" und ab 2003 „geringfügig entlohnte Beschäftigung".

484 Dabei gilt für eine geB eine maximale Wochenarbeitszeit von 14 Stunden und ein monatlicher Verdienst von 305 Euro (610 DM) bis ins Jahr 1998 (vgl. Schwarze (1997:409)) bzw. 1999 bis 2000 von 325 Euro (630 DM) (vgl. Rudolph (2003:2)).

Angaben zur Zeitarbeit sollten aufgrund ihres quantitativ geringen Gewichts hingegen, nur zu minimalen Abweichungen der absoluten Zahl atypisch beschäftigter Mehrfachbeschäftigter führen. Nach Veröffentlichungen der Bundesagentur für Arbeit gingen innerhalb des Beobachtungszeitraums dieser Untersuchung zwischen 166.000 Personen (1995)[485] und 949.000[486] (2015) einer Leiharbeit nach. Die Einstufung in Teilzeitarbeit und befristete Beschäftigung erfolgt anhand der im SOEP durchgängig erfassten Angaben zur tatsächlichen Arbeitszeit und Ausgestaltung des Arbeitsvertrages. Auf diesen Angaben aufbauend sind in Abbildung 28 die durchschnittlichen Anteile der atypischen Beschäftigungsformen sowie der regulären Teilzeitarbeit im Haupterwerb an den mehrfachbeschäftigten Kernerwerbstätigen dargestellt. Zur besseren Übersicht und um die Bedeutung einzelner Jahreswerte nicht überzubewerten, werden die Mittelwerte entsprechend den in Abschnitt 4.3 dargelegten Phasen gebildet, in denen sich die gesetzliche Lage zur geringfügigen Nebenbeschäftigung widerspiegelt.

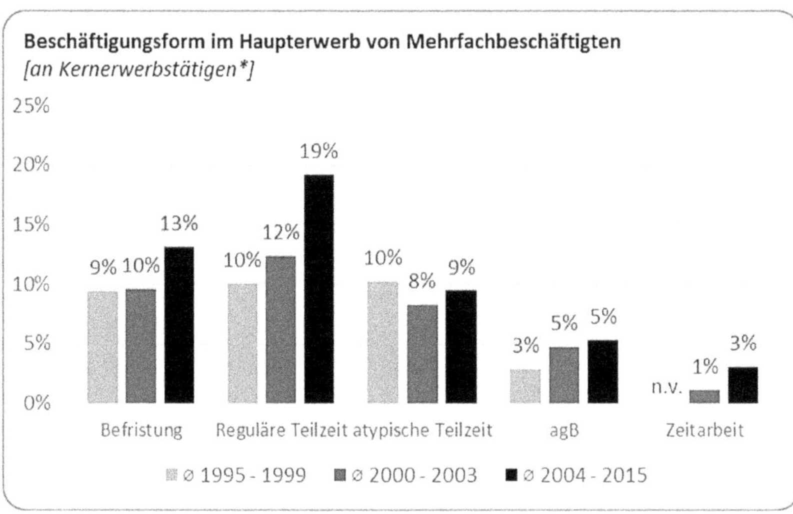

ABBILDUNG 28: JAHRESMITTELWERTE ATYPISCHE ERWERBSFORMEN BEI MEHRFACHBESCHÄFTIGTEN IM HAUPTERWERB (VORMONATSEINKOMMEN)

Quelle: Eigene Berechnungen, SOEP v32.1, gewichtet. Grundgesamtheit: Einfach- und mehrfachbeschäftigte Arbeiter und Angestellte, 18 bis 65 Jahre. Anmerkung: *Kernerwerbstätige = abhängig Beschäftigte, ohne Auszubildende, Selbstständige, Beamte.

485 Vgl. Bundesagentur für Arbeit (Hrsg.) (2013), laut Arbeitnehmerüberlassungs-Statistik.
486 Vgl. Bundesagentur für Arbeit (Hrsg.) (2017d), laut Beschäftigungsstatik (nach Revision).

Neben dem Ausmaß der jeweiligen Erwerbsform lassen sich damit auch Rückschlüsse über die Wirkung der jeweiligen Arbeitsmarktreformen gewinnen. Die eigenen Auswertungen anhand des SOEP lassen keine starke Kongruenz zwischen Mehrfachbeschäftigung und den einzelnen Erwerbsformen erkennen. Insbesondere die Formen Leiharbeit und geringfügige Beschäftigung stellten als Haupterwerbstätigkeit in Verbindung mit Mehrfachbeschäftigung allenfalls eine Randerscheinung dar. Die höchsten festgestellten Übereinstimmungswerte dieser Beschäftigungstypen zeigten sich in der Periode 2004 bis 2015 mit maximal 3% (Leiharbeit) bzw. 5% (agB) aller kernerwerbstätigen Mehrfachbeschäftigten. In quantitativ etwas höherem Maße waren die übrigen untersuchten Beschäftigungsformen als Haupttätigkeit von Mehrfachbeschäftigungsverhältnissen vorhanden. Durchschnittlich übten 8% bis 10% der abhängig-Mehrfachbeschäftigten im Haupterwerb eine atypische Teilzeitbeschäftigung aus. Der Anteil der befristeten Haupttätigkeiten betrug bis ins Jahr 2003 circa 10% und stieg zwischen den Jahren 2004 und 2015 auf etwa 13% an. Der größte Anstieg war bei Mehrfachbeschäftigten mit hauptberuflicher Arbeitszeit zwischen 21 und unter 35 Wochenstunden („reguläre Teilzeitarbeit") zu verzeichnen. Ausgehend von circa 10% (1995 bis 1999) verzeichnete ihr Anteil bis in die Phase III (2004 bis 2015) eine annähernde Verdoppelung auf circa 19% der abhängig Beschäftigten mit Zweiterwerb. Aufgrund von Überschneidungen zwischen den einzelnen Erwerbsformen kann der Gesamtanteil der atypischen Beschäftigungsformen an der abhängigen Mehrfachbeschäftigung nicht mittels einfacher Addition dieser Einzelwerte bestimmt werden. Zu möglichen Doppelzählungen kann es etwa bei Überschneidungen von sowohl Leiharbeit als auch Befristungen mit sämtlichen Teilzeitarbeitsverhältnissen, inklusive der geringfügigen Beschäftigung, kommen. Eine um diese möglichen Doppelungen bereinigte Auswertung findet sich in Abbildung 29. In dieser ist neben der Entwicklung der absoluten Zahl der Mehrfachbeschäftigten, unterschieden nach deren Haupterwerb in Normalarbeitsverhältnis, reguläre Teilzeitarbeit und atypische Beschäftigung (siehe linke Grafik), auch deren Anteil an der kernerwerbstätigen Mehrfachbeschäftigung insgesamt abgebildet (siehe rechte Grafik).

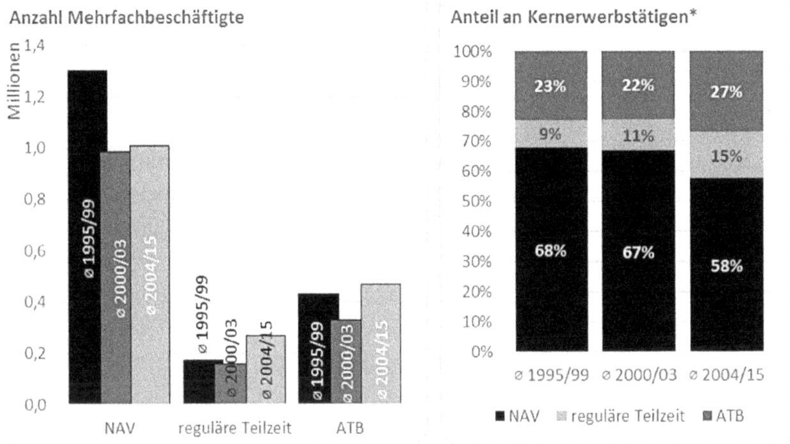

ABBILDUNG 29: JAHRESMITTELWERTE MEHRFACHBESCHÄFTIGTE NACH ERWERBSFORMEN IM HAUPTERWERB (VORMONATSEINKOMMEN)

Quelle Eigene Berechnungen, SOEP v32.1, gewichtet. Grundgesamtheit: Einfach- und mehrfachbeschäftigte Arbeiter und Angestellte, 18 bis 65 Jahre.
Anmerkung: *Kernerwerbstätige = abhängig Beschäftigte ohne Auszubildende, Selbstständige, Beamte. **atypisch Beschäftigte gemäß Definition nach Stat. Bundesamt,

Die graphische Darstellung verdeutlicht, dass in absoluten Zahlen in allen Phasen der Großteil der Mehrfachbeschäftigten in ihrer ersten Erwerbstätigkeit einem Normalarbeitsverhältnis nachging. Gemessen am Anteil aller kernerwerbstätigen Mehrfachbeschäftigten stellte dieser Erwerbstyp damit die empirisch am häufigsten zu beobachtende Beschäftigungskombination dar und könnte als „Normalfall" der Mehrfachbeschäftigung bezeichnet werden. Die Grafik veranschaulicht jedoch auch, dass deren Anteil an allen Mehrfachbeschäftigten über den Zeitverlauf rückläufig war, und sich von circa 68% im Zeitraum 1995 bis 1999 um circa zehn Prozentpunkte in Phase III (2004 bis 2015) reduzierte. Dieser Rückgang der mehrfachbeschäftigten Normalarbeit war den Zuwächsen der atypischen Beschäftigung und der regulären Teilzeitarbeit geschuldet. Mit Hinblick auf die Veränderung der absoluten Zahlen reduzierte sich die Zahl der Mehrfachbeschäftigten mit hauptberuflicher Normalarbeit zunächst gleichermaßen wie die hauptberuflich atypischer Erwerbstätiger mit Wiedereinführung der Sozialversicherungspflicht der nebenberuflichen gB in Phase II um jeweils circa 23% bzw. 22% im Vergleich zur Vorphase I. Die Entwicklung der regulären Teilzeitarbeit blieb von der restriktiveren Gesetzgebung zur Nebenerwerbstätigkeit weitgehend unberührt und reduzierte sich von circa 170.000 Personen in Phase I auf circa 156.000 Personen in Phase II. In Anteilen an der Gesamtzahl betrachtet, blieb die Zusammensetzung der Mehrfachbeschäftigung ohne Selbständige, Beamte und Auszubildende insgesamt nahezu konstant. Die nach den Arbeitsmarktreformen des Jahres 2003 ansteigende Zahl von Mehrfachbeschäftigungsverhältnissen konzentrierte sich ausschließlich auf Erwerbskombinationen außerhalb der hauptberuflichen Normalarbeit. Die Zahl der Nebenerwerbstätigen mit atypischer Hauptbeschäftigung verdoppelte (+44%) sich annähernd zwischen den Phasen II und III auf circa 470.000 Personen. Bei Mehrfachbeschäftigten in hauptberuflich regulärer Teilzeitbeschäftigung kam es in diesem Zeitraum zu einem Anstieg um 72% auf circa 270.000 Personen mit Nebentätigkeit. Trotz des Anstiegs von Beschäftigungsformen außerhalb der klassischen Normalarbeit stellte das Normalarbeitsverhältnis mit etwa 58% damit weiterhin die quantitativ häufigste Haupterwerbsform von Mehrfachbeschäftigung dar. In absoluten Zahlen betrachtet blieb die Mehrfachbeschäftigung mit hauptberuflicher Normalarbeit durch die Hartz-Arbeitsmarktreformen nahezu unangetastet. Wie bei der Diskussion um Normalarbeit und atypische Beschäftigung insgesamt kann dies entgegen der These einer Erosion des Normalarbeitsverhältnisses,[487] (und dessen Ersetzung durch atypische Arbeit) eher als Ausdifferenzierung der Beschäftigungsverhältnisse interpretiert werden.[488] Im Kontext der Fragestellung dieser Dissertation wirft die Konzentration des Beschäftigungsaufbaus von Nebenerwerbstätigkeiten auf überwiegend Beschäftigungsverhältnisse außerhalb der vermeintlich gutentlohnten und abgesicherten Normalarbeit jedoch die sozialpolitische Frage auf, ob gerade diese Beschäftigungsgruppen im höheren Maße den Nebenverdienst als Ausgleich für geringeres Entgelt oder Beschäftigungssicherheit im Haupterwerb nutzen. Die hierfür weitere Differenzierung anhand des Einkommensarmutskonzepts ist Gegenstand des Kapitels 7.3. Hinsichtlich des Ziels dieses Abschnittes ist festzuhalten, dass durchschnittlich zwischen 68% (1995/99) und 58% (2004/15) der Mehrfachbeschäftigten in keinem atypischen Hauptarbeitsverhältnis beschäftigt waren. Bei Einstufung der regulären Teilzeitbeschäftigung als Normalarbeitsverhältnis erhöht sich dieser Anteil auf 77% (1995/99) bzw. 73% (2004/15). Die These, dass eine Mehrfachbeschäftigung generell mit atypischer Arbeit einhergeht, ist demnach nicht empirisch nachzuweisen. Um beurteilen zu können, ob sich atypische Beschäftigung dennoch in höherem Maße auf Mehrfachbeschäftigte konzentriert, ist ein Vergleich mit

---

487 Vgl. Mückenberger (1985) und Dombois (1999).

488 Vgl. Wagner (1998:807), Schäfer (2009:2).

Personen, die nur eine Erwerbstätigkeit (Einfachbeschäftigte) ausüben, vorzunehmen. Abbildung 30 stellt die Differenzen der Anteile verschiedener Beschäftigungsformen zwischen Mehrfachbeschäftigten und Einfachbeschäftigten dar. Ein positiver Wert signalisiert einen höheren Anteil der jeweiligen Beschäftigungsform in der Gruppe der Mehrfacherwerbstätigen, während umgekehrt ein negativer Wert einen höheren Anteil bei Einfachbeschäftigten repräsentiert.

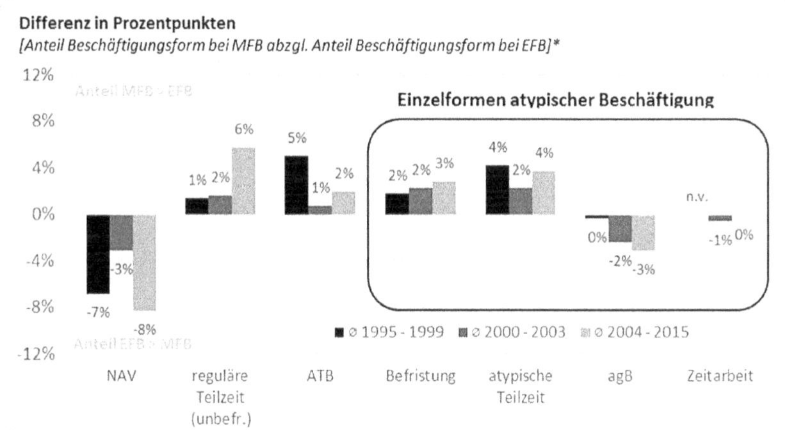

ABBILDUNG 30: VERGLEICH ANTEILE ERWERBSFORMEN AN KERNERWERBSTÄTIGEN – MEHRFACHBESCHÄFTIGTE UND EINFACHBESCHÄFTIGTE (HAUPTERWERBSFORM NACH VORMONATSEINKOMMEN) – MITTELWERTE PHASEN I-III 1995 BIS 2015

Quelle Eigene Berechnungen, SOEP v32.1, gewichtet. Grundgesamtheit: Einfach- und mehrfachbeschäftigte Arbeiter und Angestellte, 18 bis 65 Jahre.

*Erwerbstätige ohne Auszubildende, Selbstständige und Beamte

Hier zeigt sich, dass der Anteil der Beschäftigten in einem Normalarbeitsverhältnis bei Einfachbeschäftigten im Untersuchungszeitraum generell höher war. Abhängig von der betrachteten Periode betrug die negative Differenz zwischen drei bis acht Prozentpunkte. Umgekehrt war der Anteil atypischer Beschäftigter an der jeweiligen Erwerbsform nur in der Periode 1995 bis 1999 bei Mehrfachbeschäftigten mit circa fünf Prozentpunkten signifikant höher, wohingegen für die Folgejahre durchschnittlich nur geringe Abweichungen feststellbar waren. Eine Verordnung der regulären Teilzeitbeschäftigung brächte insbesondere für die Betrachtung der Jahre 2004 bis 2015 eine deutliche Veränderung der Resultate mit sich. Die Zuteilung dieser Beschäftigungen zur Normalarbeit würde aufgrund des deutlich höheren Anteils dieser Gruppe unter den

Mehrfachbeschäftigten in diesem Zeitraum zu einer Reduktion der negativen Differenzen von acht auf lediglich zwei Prozentpunkte führen. Die umgekehrte Einstufung als atypische Beschäftigung hätte hingegen umgekehrt einen größeren Anteil atypischer Beschäftigung unter Mehrfachbeschäftigten zur Folge. Mit Hinblick auf die einzelnen Formen atypischer Arbeit finden sich mit Differenzwerten zwischen zwei bis vier Prozentpunkten leicht höhere Anteile an befristet Beschäftigten und atypischer Teilzeitarbeit bei Mehrfachbeschäftigten. Die geringfügige Beschäftigung war für Personen mit nur einer Erwerbstätigkeit hingegen mit um bis zu drei Prozentpunkten höheren Anteilen über die Phasen zunehmend häufiger die Hauptbeschäftigung. Der Anteil an Leiharbeitsverhältnissen unterschied sich hingegen zwischen den beiden Beschäftigungsgruppen nur geringfügig.

7.2.2. Verbreitung atypischer Beschäftigung in der zweiten Erwerbstätigkeit von Mehrfachbeschäftigten

Die Merkmale des Nebenerwerbs werden im Sozio-oekonomischen Panel nur mit wenigen Fragen erfasst, wodurch nicht die beim Haupterwerb erfolgte Unterscheidung nach der Beschäftigungsform exakt nachgebildet werden kann. Zur Annäherung an die Beschäftigungsform im Nebenerwerb kann nur auf die vorhandenen Merkmale zu Arbeitszeit und Einkommen zurückgegriffen werden, mit denen die Formen Zeitarbeit und Befristung folglich nicht abgebildet werden können. Die übrigen Erwerbsformen, reguläre und atypische Teilzeit sowie die geringfügige Nebenbeschäftigung, können anhand der Arbeitszeit und unter Berücksichtigung der entsprechenden gesetzlichen Lage zur gB näherungsweise nachmodelliert werden. Die Kriterien des Normalarbeitsverhältnisses sind aufgrund der fehlenden Merkmale zu Eigenschaften des Arbeitsvertrages und dem Vorliegen einer Beschäftigung in Leiharbeit nicht vollständig zu erfüllen. Um dennoch dessen Anteil an der Nebenerwerbstätigkeit zu approximieren, wurde stellvertretend ausschließlich das Kriterium Vollzeittätigkeit, im Sinne von 35 und mehr Wochenstunden, verwendet. Eine weitere Einschränkung ergibt sich dadurch, dass für die Nebentätigkeit keine Angaben über die berufliche Stellung vorliegen, so dass nicht wie bei der Haupttätigkeit zwischen abhängig Beschäftigten und anderen Gruppen – wie etwa Auszubildenden und Selbstständigen – differenziert werden kann. Die folgenden Untersuchungen beziehen sich daher statt auf die Kernerwerbstätigen auf die Gesamtzahl der Mehrfachbeschäftigten. Die wöchentliche Arbeitszeit im Nebenerwerb wird im SOEP nicht direkt erhoben, kann aber anhand der verfügbaren Angaben zur durchschnittlichen Anzahl der Tage im Monat und den durchschnittlichen Stunden pro Tag im Nebenerwerb berechnet werden.[489] Im Gegensatz zu den von der SOEP-Group bereitgestellten generierten Daten zu Arbeitszeit im Haupterwerb handelt es sich bei diesen um Roh-Daten, d.h. ohne entsprechende Plausibilisierung auf realistische Angaben. Die Angaben werden daher um Fälle bereinigt mit offensichtlichen Falschangaben, wie beispielsweise bei Angabe von mehr als 24 Stunden Nebentätigkeit pro Tag. Zusätzlich wird entsprechend der Verfahrensweise der SOEP-Group zur Arbeitszeit im Haupterwerb[490] für die nachfolgenden Analysen die Gesamtarbeitszeit auf Plausibilität überprüft und Befragungsergebnisse ausgeschlossen, deren kombinierte wöchentliche Arbeitszeit aus Haupt- und Nebenerwerb 80 Stunden überschreitet.[491] Die hierbei resultierenden Ergebnisse zur Arbeitszeit im Nebenerwerb können Abbildung 31 entnommen werden.

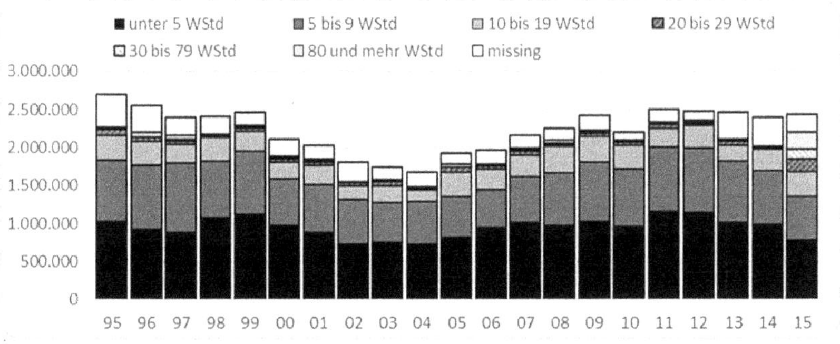

ABBILDUNG 31: ARBEITSZEIT IM NEBENERWERB – 1995 BIS 2015

Quelle Eigene Berechnungen, SOEP v32.1, gewichtet. Bereinigt um Fälle mit Gesamt-Wochenarbeitszeiten über 80 Stunden. Grundgesamtheit: Mehrfachbeschäftigte, 18 bis 65 Jahre, ohne Schüler und Studenten, Zivil- und Wehrdienstleistende, Rentner und Pensionäre.

In Folge der Bereinigung um Fälle von Mehrfachbeschäftigung mit wöchentlicher Gesamtarbeitszeit von mehr als 80 Stunden kommt es zum Ausschluss von

489 Diese wurde berechnet aus dem Produkt aus durchschnittlichen Stunden und Tagen im Nebenerwerb, geteilt durch die Anzahl der Wochen pro Monat (= 12 Monate / 52 Wochen = circa 4,333).

490 Vgl. SOEP Gruppe (Hrsg.) (2013:4).

491 Die wöchentliche Arbeitszeit wird aus den Angaben zu den durchschnittlichen Stunden pro Tag und Tagen im Monat, sowie Monaten im Jahr gebildet. (Vgl. SOEP Group (Hrsg.) (2013:26)).

durchschnittlich circa 34.000 Personen (ca. 1,5% aller Mehrfachbeschäftigten) pro Jahr für den Zeitraum 1995 bis 2015. Das Jahr 2015 stellte hierbei mit einer reduzierten Stichprobe um über 239.000 Personen (ca. 10% aller Mehrfachbeschäftigten 2015) einen Extremwert dar. Die Ursache hierfür ist unklar, verdeutlicht allerdings erneut die Notwendigkeit, bei stichprobenbasierten und für repräsentative Aussagen notwendigerweise einer Hochrechnung unterzogenen Daten, Einzeljahre mit Einschränkung zu betrachten und nicht überzubewerten. Eine quantitativ bedeutsamere Stichprobenreduktion von jährlich circa 222.000 (10%) aller Mehrfachbeschäftigten ergibt sich jedoch aufgrund von fehlenden oder unvollständigen Angaben zu Tagen und Stunden im Nebenerwerb oder der Arbeitszeit im Haupterwerb. Der wöchentliche Stundenumfang des Großteils der Mehrfachbeschäftigten betrug nur wenige Wochenstunden. Bezogen auf die Fälle mit vollständigen und gültigen Angaben, d.h. ohne *„missings"* und mit wöchentlicher Gesamtarbeitszeit bis höchstens 80 Wochenstunden, arbeiteten durchschnittlich circa 83% der Mehrfachbeschäftigten wöchentlich weniger als zehn Stunden zusätzlich im Nebenerwerb. Für annähernd die Hälfte (circa 48% aller gültigen Fälle) umfasste die Arbeitszeit im Nebenerwerb unter fünf Wochenstunden. Nur etwa jeder siebte (circa 14%) Mehrfachbeschäftigte ging seiner Nebentätigkeit zwischen zehn und 19 Wochenstunden nach und nur etwa 3% mehr als 20 Wochenstunden. Aufbauend auf den Angaben zur Arbeitszeit im Nebenerwerb in Kombination mit den Angaben zum Bruttolohn der Nebentätigkeit wird eine Approximation der wahrscheinlichen Nebenerwerbsform vorgenommen. Die anhand dieser Kriterien berechneten Anteile der Erwerbsformen am Nebenerwerb aller Mehrfachbeschäftigten der Jahre 1995 bis 2015 sind in Abbildung 32 veranschaulicht.

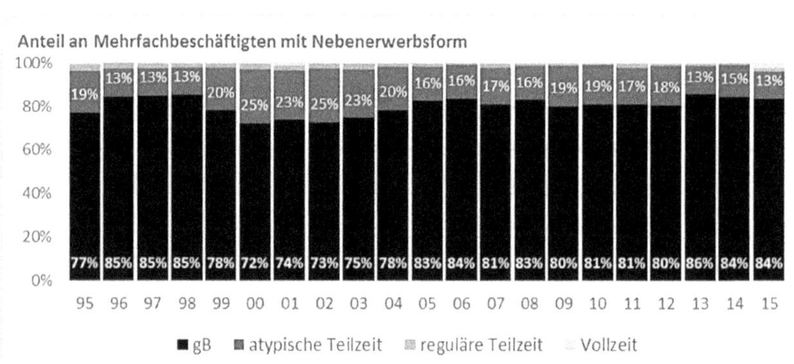

ABBILDUNG 32: ERWERBSFORMEN IM NEBENERWERB – 1995 BIS 2015

Quelle Eigene Berechnungen, SOEP v32.1, gewichtet. Bereinigt um Fälle mit Gesamt-Wochenarbeitszeiten über 80 Stunden. Grundgesamtheit: Mehrfachbeschäftigte, 18 bis 65 Jahre, ohne Schüler und Studenten, Zivil- und Wehrdienstleistende, Rentner und Pensionäre.

Wie bereits der Vergleich mit den Auswertungen der Bundesagentur für Arbeit gezeigt hat (vgl. Kapitel 4.5.2), ist die geringfügige Nebenbeschäftigung als die „typische" Nebenerwerbstätigkeit anzusehen. Die Einführung der Sozialversicherungspflicht im Jahr 1999 brachte eine leichte Reduktion des Anteil dieser Beschäftigungsform von durchschnittlich 82% (1995–99) auf 73% (2000–03) mit sich. Die (Wieder-)Befreiung von Sozialabgaben im Jahr 2003 führte zu einer Kompensation dieser Verluste, so dass in den Jahren 2003 bis 2012 im Mittel erneut 82% aller Nebentätigkeiten in Form eines Minijobs ausgeübt wurden. Eine spiegelbildliche Entwicklung ließ sich bei der atypischen Teilzeitbeschäftigung beobachten, die neben der iNgB als einzige weitere Nebenbeschäftigungsform eine quantitativ hohe Bedeutung aufwies. In Folge restriktiveren Handhabung der nebenberuflichen gB bezüglich der Zuverdienstgrenze stieg diese im Zeitraum 2000 bis 2003 auf durchschnittlich circa 24% aller Nebenbeschäftigten an, kehrte aber in der Folgeperiode (2004–12) mit circa 17% weitgehend auf das Niveau vor der Jahrtausendwende (Phase I: 1995–99) zurück. Nebenerwerbsformen mit einem Umfang von mehr als 20 Stunden pro Woche waren über den gesamten Beobachtungszeitraum in nur geringer Zahl vertreten. Der Anteil der regulären Teilzeitbeschäftigung am Nebenerwerb beschränkte sich über den gesamten Untersuchungszeitraum auf durchschnittlich circa 2%, gegenüber circa 0,3% in Vollzeit beschäftigter Nebenerwerbstätiger. Einerseits kommen hierbei die Auswirkungen der Plausibilitätsprüfung der Wochenarbeitszeit zum Tragen, andererseits spricht die begrenzte verfügbare Arbeitszeit pro Tag gegen die Ausübung dieser Tätigkeiten als Nebenerwerb. Selbst bei Berücksichtigung dieser Fälle und großzügiger Auslegung der Zahl der Vollzeitbeschäftigten und der regulär Teilzeitbeschäftigten als Nährwert für den Anteil des Normalarbeitsverhältnisses zeigen die Auswertungen, dass die atypische Beschäftigung, insbesondere in Form der gB, den Nebenerwerb dominierte. Im Gegensatz zur Hauptbeschäftigung stimmten damit die Erwerbsformen „Mehrfachbeschäftigte" und „atypisch Beschäftigte" im Nebenerwerb beinahe vollständig überein.

7.2.3. Verbreitung atypischer Beschäftigung in Haupt- und Nebenerwerb von Mehrfachbeschäftigten

Die aus den vorherigen Analysen zu Haupt- und Nebenbeschäftigung gewonnenen Erkenntnisse können nun zusammengefügt werden, um ein vollständiges Bild von atypischer Beschäftigung und deren in Mehrfachbeschäftigungsverhältnissen verbreiteten Kombinationen zu gewinnen. Um eine bessere Übersicht zu gewährleisten, sind aufgrund der Vielzahl der Kombinationsmöglichkeiten die zahlenmäßig nur in geringem Umfang auftretenden Kombinationsformen nicht separat ausgewiesen. Dies trifft auf die Kombinationen mit einem Nebenerwerb in Vollzeit, regulärer und atypischer Teilzeit zu, die in der Kategorie „Sonstiges" gruppiert werden, mit Ausnahme der zahlenmäßig leicht bedeutenderen Form von hauptberuflichem NAV und nebenberuflicher atypischer Teilzeitarbeit. Um ein vollständigeres Bild der Mehrfachbeschäftigung zu erhalten, beziehen sich die Analyseergebnisse nicht länger auf die Kernerwerbstätigen, sondern die Gesamtzahl der Mehrfachbeschäftigten im Alter zwischen 18 und 65 Jahren. Für die dabei integrierten Gruppen, Auszubildende, Selbstständige und Beamte, wird auf eine Differenzierung der Nebenerwerbsform aufgrund der geringen Fallzahl und der deutlichen Dominanz der nebenberuflichen gB verzichtet und stattdessen deren Gesamtanteil an der Mehrfachbeschäftigung dargestellt

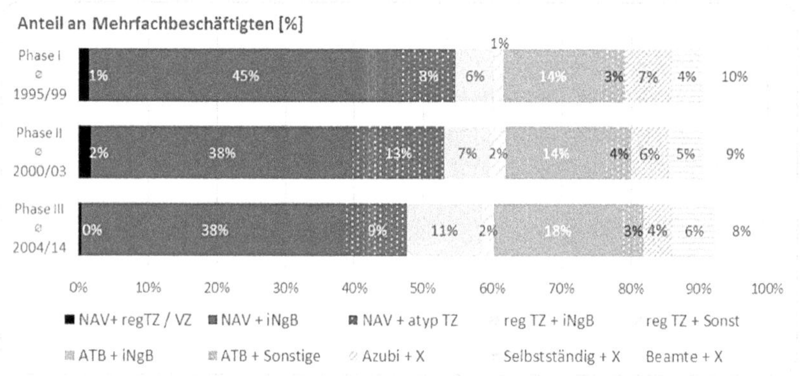

Abbildung 33: Kombination der Haupt- und Nebenerwerbsform kompakt – Mehrfachbeschäftigte 1995 bis 2015 (Vormonatseinkommen)

Quelle Eigene Berechnungen, SOEP v32.1, gewichtet. Bereinigt um Fälle mit Wochenarbeitszeiten > 80 Stunden. Grundgesamtheit: Mehrfachbeschäftigte,18 bis 65 Jahre, ohne Schüler und Studenten, Zivil- und Wehrdienstleistende, Rentner und Pensionäre.

Die in der Abbildung 33 für die Phasen I bis III berechneten durchschnittlichen Anteilswerte der Erwerbskombinationen an allen Mehrfachbeschäftigten bestätigen die Befunde der vorherigen Auswertung. Unabhängig von der Haupterwerbsform konzentrierte sich der Nebenerwerb vorrangig auf die geringfügige Beschäftigung, während Arbeitsverhältnisse über 20-stündigem Wochenumfang zu vernachlässigen waren. Nahezu konstante Anteile an der

Mehrfachbeschäftigung über den Zeitverlauf zeigten sich für die bislang ausgeblendeten Gruppen Auszubildende (4% bis 7%) und Selbstständige (4% bis 6%). Gerade bei Selbstständigen ist dies leicht nachzuvollziehen, da die Reformen zum Nebenerwerb sich ausschließlich auf Kombinationen mit sozialversicherungspflichtiger (Haupt-)Beschäftigung auswirkten und die finanzielle Vorteilhaftigkeit eines Nebenerwerbs von Selbstständig damit nicht veränderten. Der nebenberufliche Minijob unterlag hingegen für Selbstständige stets denselben Regelungen wie für hauptberuflich geringfügig Beschäftigte, d.h. mit arbeitnehmerseitiger Befreiung von der Sozialversicherungspflicht. Für die Anzahl der Selbstständigen insgesamt ist jedoch eingeschränkt anzumerken, dass Selbstständigkeiten im Nebenerwerb aufgrund der Dateneinschränkungen nicht identifiziert werden können. Diese werden fälschlicherweise als abhängige Nebenbeschäftigungen klassifiziert. Bei Beamten reduzierte sich der Anteil an allen Mehrfachbeschäftigten von ursprünglichen 10 % im Zeitraum 1995–1999 auf durchschnittlich 8% in Phase III. Wie Selbstständige sind diese ebenfalls nicht in das System der Sozialversicherung eigebundenen und waren daher nicht von den gesetzlichen Veränderungen zur nebenberuflichen gB betroffen. Der beschriebene Rückgang unterliegt daher anderweitigen Erklärungen, wie zum Beispiel einer möglicherweise geänderten Genehmigungspraxis seitens des öffentlichen Arbeitgebers. Bei dem Großteil der Mehrfachbeschäftigungen handelte es sich um hauptberufliche Normalarbeitsverhältnisse mit ergänzender geringfügiger Beschäftigung. Deren durchschnittlicher Anteil reduzierte sich von 45% aller Mehrfachbeschäftigten im Zeitraum 1995 bis 1999 um etwa 7% Prozentpunkte auf circa 38% in der Folgephase 2000 bis 2003. Hierfür kann einerseits die im April 1999 gesetzlich beschlossene Gleichstellung des Neben- und Haupteinkommens für die Berechnung der Sozialabgaben verantwortlich gemacht werden, als auch andererseits der Wechsel von einer bis dato gültigen flexiblen Zuverdienstgrenze zu Gunsten einer fixe Grenze. Von der vorherigen, mit ansteigendem Gesamteinkommen zunehmenden, abgabenbefreiten Zuverdienstgrenze haben sehr wahrscheinlich gerade die gut verdienenden Vollzeitbeschäftigten profitiert. Die im Gegenzug zwischen Phase I und II zu beobachtende Ausweitung der nebenberuflichen atypischen Teilzeitbeschäftigung neben einem NAV um circa fünf Prozentpunkte, lässt darauf schließen, dass ein Teil der vormaligen geringfügigen Beschäftigungen der restriktiveren Regulierung zum Trotz unter neuer Deklaration fortgeführt wurde. Inwieweit die durch die Sozialversicherungspflicht sinkenden Nettolöhne möglicherweise über eine Ausweitung der Arbeitszeit kompensiert wurden, lässt sich mittels dieser deskriptiven Darstellung nicht bestimmen. Die erneute Deregulierung der nebenberuflichen gB im Jahr 2003 führte zu einem Rückgang dieser Erwerbskombination auf das Niveau der Phase 1995 bis 1999, ohne umgekehrt zu Anstiegen der Mehrfachbeschäftigungen in Normalarbeit und gB im Nebenerwerb zu führen. Stattdessen verzeichneten die von den Auswirkungen vorheriger Reformen nur wenig beeinflussten Kombinationen aus hauptberuflicher regulärer Teilzeitarbeit und hauptberuflicher atypischer Arbeit in Verbindung mit nebenerwerbstätigem Minijob einen Anstieg. Die reguläre Teilzeitbeschäftigung mit zusätzlicher iNgB stieg um circa vier Prozentpunkte im Vergleich zur vorherigen Phase II und erreichte zwischen den Jahren 2004 und 2015 ein Niveau von circa 11% der Mehrfachbeschäftigten. Mit Ausnahme der Kombination mit einem Normalarbeitsverhältnis stellten nicht geringfügige Nebenbeschäftigungen in regulärer Teilzeitarbeit (21 bis 34 Wochenstunden) keinen nennenswerten Anteil an der Mehrfachbeschäftigung dar. Mit Einführung der Sozialversicherungspflicht für gB im Jahre 1999 verdoppelte sich der Anteil der Erwerbskombinationen aus NAV und nicht geringfügigem Nebenerwerb über 20 Wochenstunden („NAV+regTZ/VZ") und regulärer Teilzeitbeschäftigung mit nicht-geringfügigem Nebenerwerb („reg TZ + Sonstige"). Mit einem Anteil von maximal circa 2% der Mehrfachbeschäftigung kam diesen quantitativ aber keine große Bedeutung zu. Gleiches galt für die mit durchschnittlich von 4% der Mehrfachbeschäftigten ausgeübte Kombination aus atypischer Hauptbeschäftigung und nicht-geringfügiger Nebentätigkeit. Eine neben der atypischen Hauptbeschäftigung ausgeübte gB war hingegen mit einem durchschnittlichen Anteil zwischen 14 und 18% aller Mehrfachbeschäftigten über den gesamten Beobachtungszeit betrachtet, nach dem NAV mit iNgB die zahlenmäßig bedeutendste Form von Mehrfachbeschäftigung. Während die Erwerbskombination aus atypischer Hauptbeschäftigung und iNgB von der Einführung der Sozialversicherungspflicht im Jahre 1999 scheinbar nicht betroffen wurde, verzeichnete sie umgekehrt im Zuge der Hartz-Arbeitsmarktreformen einen Anstieg um vier Prozentpunkte. Zwischen den Jahren 2004 und 2015 gehörte demnach fast jeder fünfte (18%) Mehrfachbeschäftigte diesem Erwerbstyp an. Um detaillierter analysieren zu können, auf welche der in der Sammelkategorie „atypische Beschäftigung" subsummierten Beschäftigungsverhältnisse dieser Anstieg zurückzuführen ist, werden in der folgenden Abbildung 34 die Entwicklung der atypischen Hauptbeschäftigung nach den jeweiligen Einzelformen differenziert dargestellt.

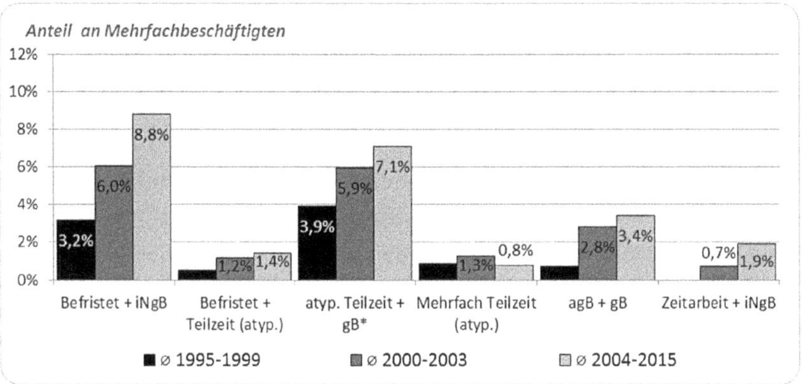

Abbildung 34: Anteil ausgewählte Kombination Haupt- und Nebenerwerbsform an Mehrfachbeschäftigten 1995 bis 2015 (Vormonatseinkommen)

Quelle Eigene Berechnungen, SOEP v32.1, gewichtet. Ausschluss Fälle mit Wochenarbeitszeit>80 Stunden. Grundgesamtheit: Mehrfachbeschäftigte,18 bis 65 Jahre, ohne Schüler und Studenten, Zivil- und Wehrdienstleistende, Rentner und Pensionäre. *inklusive Fälle in denen umgekehrt agB (Haupttätigkeit) und nebenberuflicher atyp. Teilzeit

Dabei wird deutlich, dass sich auch der zuvor festgestellte angestiegene Anteil atypischer Erwerbsformen seit dem Jahr 2003 vorrangig auf Kombinationen mit geringfügiger Nebenbeschäftigung erstreckte. Nebenberufliche Tätigkeiten außerhalb der geringfügigen Beschäftigung waren hingegen generell anteilsmäßig wenig bedeutend. Den größten Anteil an allen abhängigen Mehrfachbeschäftigten sowie die höchsten Zuwachsraten zeigten sich über alle Phasen für die haupterwerbliche Befristung und atypische Teilzeitarbeit vorwiegend in Kombination mit geringfügiger Nebenbeschäftigung. Beispielsweise übten zwischen den Jahren 1995 und 1999 durchschnittlich ca. 3% der Mehrfachbeschäftigten neben einem zeitlich befristeten Arbeitsvertrag im Haupterwerb eine zusätzliche iNgB aus. In Folge des Anstiegs in den Folgeperioden, ging zwischen den Jahren 2004 und 2015 im Durchschnitt etwa jeder elfte (9%) Mehrfachbeschäftigte dieser Erwerbskombination nach. Ähnliches lässt sich für die Ergänzung einer atypischen Teilzeitarbeit um eine geringfügige Nebenbeschäftigung aufzeigen, die nach den Hartz-Reformen durchschnittlich circa 7% der abhängig Mehrfachbeschäftigten umfasste. Die Entwicklung der Erwerbskombinationen mit zwei gleichzeitigen atypischen Teilzeitbeschäftigungen entsprach weitgehend den Ergebnissen für nicht-geringfügige Nebentätigkeit neben einer regulären

Teilzeitbeschäftigung (21 und 35 Wochenstunden). Die parallele Ausübung mehrerer Teilzeittätigkeiten war mit einem durchschnittlichen Anteil von circa 1% der Mehrfachbeschäftigten demnach empirisch zu vernachlässigen, was der höheren Attraktivität der geringfügigen Nebenbeschäftigung sowohl für Arbeitgeber als auch Arbeitnehmer geschuldet sein könnte. Entgegen den Erwartungen verzeichnete auch die gleichzeitige Ausübung mehrerer geringfügig entlohnter Beschäftigungen einen in relativen Zahlen ausgedrückt nennenswerten Anstieg und konnte ihren Anteil an der Gesamtzahl der Mehrfachbeschäftigten fast verdreifachen. Mit maximal circa 3% der abhängigen Mehrfachbeschäftigung entfiel auf diese aber dennoch ein insgesamt vergleichsweise geringer Anteil. Dies kann auf die eingeschränkte Verdienstmöglichkeit dieser Beschäftigungskombination zurückgeführt werden, die bei Überschreiten der Geringfügigkeitsgrenze einer hohen Grenzabgabenbelastung unterliegt. Die Entwicklung von neben einem Leiharbeitsverhältnis ausgeübten Mini-Nebenjobs folgte ebenfalls dem allgemein steigenden Trend atypischer Beschäftigungsverhältnisse, wies jedoch auch aufgrund der eher geringen Zahl von Leiharbeitnehmern nur einen untergeordneten Umfang auf. Zwischen den Jahren 2004 bis 2015 gingen circa 2% der Mehrfachbeschäftigten einer Leiharbeit mit zusätzlicher nebenberuflicher gB nach.

7.3. Prävalenz von Armutsgefährdung unter ausgewählten Formen atypischer Mehrfachbeschäftigung

Aufbauend auf den Auswertungen der vorhergegangen Kapitel wird im nachfolgenden Abschnitt der Zusammenhang zwischen atypischer Mehrfachbeschäftigung und dem Armutsgefährdungsrisiko aufgezeigt. Sowohl bei Mehrfachbeschäftigung als auch Einkommensarmut bei Erwerbstätigen handelt es sich jedoch um vergleichsweise kleine Arbeitsmarkterscheinungen, deren Untersuchung stark von stichprobenbedingten Schwankungen beeinflusst werden kann. Um dennoch eine nach Erwerbskombinationen differenzierte Analyse durchführen zu können, wird, wie bereits in den vorherigen Untersuchungen, statt auf die Auswertung einzelner Erhebungswellen auf Durchschnittswerte über mehrere Jahre hinweg Bezug genommen. Darüber hinaus wird nicht jede der theoretisch möglichen Kombinationsformen in die Analyse einbezogen, sondern stattdessen nur die häufigsten Kombinationsformen untersucht, entsprechend ihres Umfangs in den vorangegangenen Auswertungen. Die Analyse bezieht sich damit ausschließlich auf die folgenden sechs Formen von Mehrfachbeschäftigung:

- Normalarbeitsverhältnis und geringfügige Nebenbeschäftigung (NAV + iNgB)
- Normalarbeitsverhältnis und nicht geringfügige Beschäftigung, d.h. eine weitere Vollzeit-, reguläre oder atypische Teilzeitarbeit (NAV + nicht-gB).
- Reguläre Teilzeitarbeit und weitere Nebenbeschäftigung, d.h. Vollzeit, reguläre oder atypische Teilzeit oder geringfügig entlohnte Beschäftigung (Reguläre Teilzeit + NJ).
- Atypische Erwerbsform (Befristung, atypische Teilzeit, geringfügig entlohnte Beschäftigung oder Zeitarbeit) und weitere Nebenbeschäftigung, d.h. Vollzeit, reguläre oder atypische Teilzeit oder geringfügig entlohnte Beschäftigung (ATB + NJ).
- Selbstständigkeit und weitere Nebenbeschäftigung, d.h. Vollzeit, reguläre oder atypische Teilzeit oder geringfügig entlohnte Beschäftigung (Selbständig + NJ).
- Beamtenverhältnis und weitere Nebenbeschäftigung, d.h. Vollzeit, reguläre oder atypische Teilzeit oder geringfügig entlohnte Beschäftigung (Beamte + NJ).

Der Anteil der armutsgefährdeten Personen unter den Mehrfachbeschäftigten ist für diese Erwerbskombinationen in Abbildung 35 dargestellt. Um eine mögliche Veränderung durch die arbeitsmarktrechtlichen Regelungen aufzuzeigen, werden auch hier neben dem Durchschnitt der Gesamtperiode 1995 bis 2015 die Mittelwerte der drei Phasen aus Kapitel 4.3 ausgewiesen. Insbesondere für die quantitativ kleineren Mehrfachbeschäftigungsformen führen die Auswertungen jedoch in einigen Jahren aufgrund der geringen Stichprobengröße zu deutlich erhöhten Werten, die die durchschnittlichen Armutsquoten der Phasen erheblich verzerren. Um eine konservativere Schätzung der Armutsquoten zu erhalten, wird daher im Fall eines Jahreswertes, der über fünf Prozentpunkte über dem Durchschnittswert des Vor- und Folgejahres[492] liegt, stattdessen die durchschnittliche Armutsquote des Drei-Jahres-Zeitraums verwendet. Um die Auswirkungen dieser Korrektur kenntlich zu machen werden diese neben den Originalwerten in der Abbildung ausgewiesen. Zur Beurteilung des Armutsgefährdungsrisikos einer bestimmten Erwerbskombination wird diese mit dem durchschnittlichen Armutsrisiko aller Mehrfachbeschäftigten verglichen. Auf die Inklusion von Auszubildenden (im Hauptberuf) wird dabei verzichtet, da

492 Da die für die Jahre 1995 und 2015 nur das Folge- bzw. Vorjahr vorliegt, wird nur dieses als Kriterium für eine Korrektur verwendet, sowie durch den Durchschnittswert von Befragungsjahr und Folge- bzw. Vorjahr ersetzt.

diese mit einem mittleren Armutsrisiko von 21% (1995–2015) ein weit überdurchschnittliches Armutsrisiko aufwiesen. Trotz ihres geringen Umfangs von circa 6% aller Mehrfachbeschäftigten würde dadurch die durchschnittliche Armutsgefährdungsquote der Gesamt-Mehrfachbeschäftigung um circa 0,5 Prozentpunkte ansteigen. Das niedrige Einkommen der Auszubildenden ist jedoch vor allem eine vorübergehende Erscheinung und nicht Fokus dieser Arbeit.

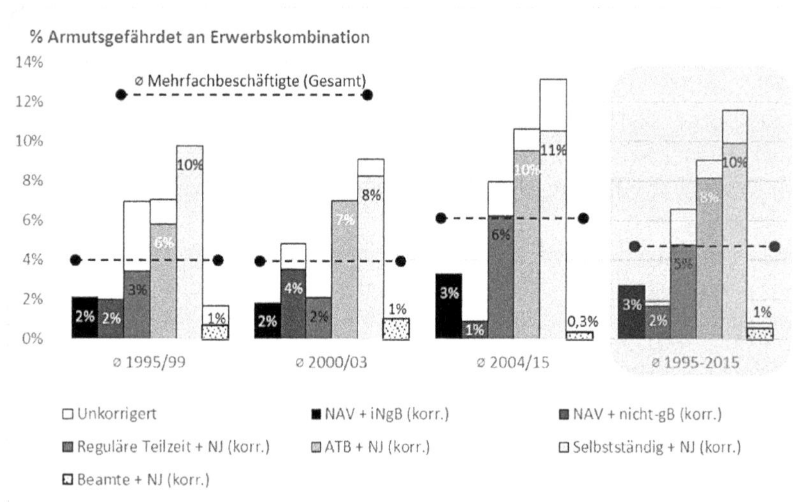

Abbildung 35: Armutsgefährdungsquoten Mehrfachbeschäftigte (Vormonatseinkommen) nach Erwerbskombinationen 1995 bis 2015.

Quelle: Eigene Berechnung, SOEP v32.1, gewichtet, inklusive imputed rent jahresspezifische gesamtdeutsche Armutsschwelle mod. OECD Skala, nur Fälle bei denen Gesamtwochenstunden <= 80, Grundgesamtheit: Mehrfachbeschäftigte Arbeiter, Angestellte, Selbstständige und Beamte zwischen 18 und 65 Jahren.

Die Betrachtung des Durchschnittswertes von 1995 bis 2015 bestätigt, dass mit bestimmten Erwerbskombinationen eine höhere Armutsgefährdung einhergeht. Überdurchschnittlich von Einkommensarmut gefährdet waren vor allem Personen in hauptberuflicher Selbstständigkeit und atypischer Beschäftigung, wohingegen mit regulärer Teilzeitarbeit sowie Normalarbeits- und Beamtenverhältnis eine niedrigere Gefährdung einherging. Diese Befunde zeigten sich über die dargestellten drei Phasen konstant. Die Resultate der Perioden 1995/99 und 2000/03 stimmen weitgehend überein. Die Kombination einer NAV mit einer nicht geringfügigen Beschäftigung (NAV + nicht-gB.) verzeichnete hingegen einen Anstieg der Armutsquote von 2% auf 5%. Bei Anwendung der Korrektur reduziert sich dieser Wert auf 4%, was die Unsicherheit der Resultate dieser verhältnismäßig kleinen Beschäftigungsform aufzeigt. Bei Annahme einer weitgehend unverzerrten Schätzung könnte dies jedoch auf nach der Reform 1999 als sozialversicherungspflichtige Teilzeitbeschäftigung fortgeführte, vormalige geringfügig Nebenbeschäftigte mit – aufgrund der Sozialversicherungspflicht – reduziertem Nettoeinkommen, zurückgeführt werden. Ebenfalls sehr wahrscheinlich aufgrund einzelner Ausreißer-Werten verzerrt ist der Armutsgefährdungsanteil von Teilzeitbeschäftigten mit Wochenarbeitszeit zwischen 21 und 34 Stunden (reguläre Teilzeit). Durch die Korrektur sinkt deren Wert in Phase I (1995/99) von 7% auf 3% der Beschäftigten in dieser Erwerbskombination. Korrekturen im kleineren Umfang ergeben sich für Nebenerwerbstätige Beamte, atypisch Hauptbeschäftigte in Phase I sowie Selbstständige mit Zweitjob in Phase II (2000/03). In der Folgeperiode ab dem Jahr 2004 erhöhte sich die Armutsprävalenz in über alle Erwerbsformen hinweg, mit Ausnahme von nebenerwerbstätigen Beamten und Beschäftigten in Normalarbeit mit Nebenerwerb außerhalb der gB. Der Anstieg bei Normalarbeitsverhältnissen belief sich dabei nur auf einen Prozentpunt, so dass diese Gruppe mit circa 3% weiterhin einem weit unterdurchschnittlichen Armutsrisiko unterlag. Die schon vor den Arbeitsmarktreformen erhöhten Anteile an Armutsgefährdung stiegen in der Periode 2004 bis 2015, wodurch Mehrfachbeschäftigte in hauptberuflicher atypischer Beschäftigung und Selbstständigkeit weiterhin am stärksten von Armutsgefährdung betroffen waren. Trotz einer Nebenbeschäftigung stieg die (unkorrigierte) durchschnittliche Armutsgefährdungsquote atypisch Beschäftigter auf 11% und bei Selbstständigen auf 13%. Eine Korrektur um auffällige Werte reduziert diese Werte auf 10% bei atypisch Mehrfachbeschäftigten und 11% bei Selbstständigen mit Nebenerwerb. Der Anteil armutsgefährdeter Mehrfachbeschäftigter in hauptberuflich regulärer Teilzeit verzeichnete ebenfalls einen Anstieg zwischen Phase II und III. Sofern auf die korrigierten Berechnungsergebnisse Bezug genommen wird entsprach deren Armutsquote mit circa 6% der Erwerbspersonen ungefähr dem durchschnittlichen Anteil aller armutsgefährdeten Mehrfachbeschäftigten im Zeitraum 2003 bis 2015. Ohne die Korrektur wären diese hingegen mit 8% im überdurchschnittlichen Maße von Einkommensarmut betroffen gewesen. Die bisherigen Befunde bestätigen insgesamt die Hypothese einer höheren Armutsgefährdung von atypisch-beschäftigten und selbstständigen Mehrfachbeschäftigten. Die Sammelkategorie atypische Beschäftigung enthält jedoch deutlich unterschiedliche Erwerbsformen, weshalb eine weitere Differenzierung notwendig ist. Im Zuge dessen reduzieren sich allerdings die Fallzahlen und damit die Aussagekraft der gefundenen Erkenntnisse. Neben der im vorherigen Abschnitt erläuterten Korrektur um auffällige Werte wird diesem im Folgenden zusätzlich damit entgegnet, dass von einer phasenweise Auswertung abgesehen und stattdessen nur der Durchschnittswert über den gesamten Beobachtungszeitraum 1995 bis 2015 ausgewertet wird. Darüber hinaus werden nur auf die in den Auswertungen der vorherigen Kapiteln quantitativ am häufigsten identifizierten Erwerbskombinationen detailliert eingegangen. Die Abbildung 36 beschränkt sich daher auf die Darstellung der Anteile Armutsgefährdeter an der jeweiligen Erwerbskombination aus atypischem Haupterwerb und zusätzlicher genereller Nebenbeschäftigung (+NJ), sowie die Subkategorien mit Nebentätigkeiten in atypischer Teilzeitbeschäftigung (+aTz) oder geringfügiger Nebenbeschäftigung (+iNgB).

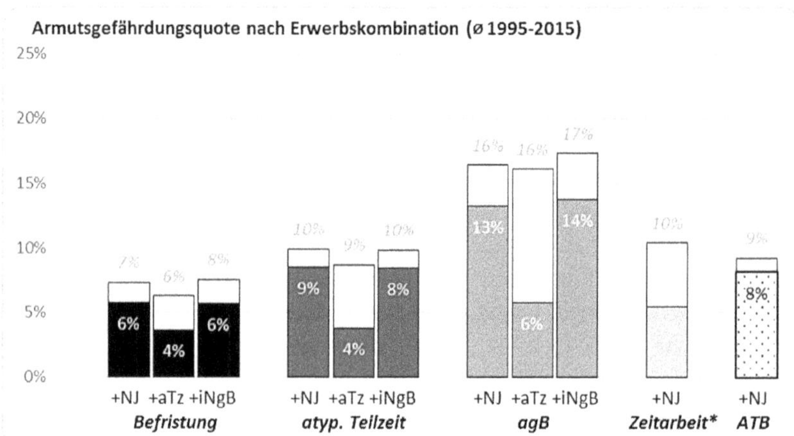

ABBILDUNG 36: ARMUTSGEFÄHRDUNGSQUOTEN MEHRFACHBESCHÄFTIGTE (VORMONATSEINKOMMEN) NACH DETAILLIERTEN ATYPISCHEN ERWERBSKOMBINATIONEN – DURCHSCHNITTSWERTE 1995 BIS 2015.

Quelle: Eigene Berechnung, SOEP Welle v32-1, gewichtet, jahresspezifische gesamtdeutsche Armutsschwelle mod. OECD Skala, nur Fälle bei denen Gesamtwochenstunden <= 80, Grundgesamtheit: Mehrfachbeschäftigte Arbeiter, Angestellte, Selbstständige und Beamte, 18 bis 65 Jahre. *Zeitarbeit (Durchschnittswert 2001 bis 2015).

Für die hauptberufliche Zeitarbeit wurde aufgrund geringer Fallzahlen auf die Differenzierung nach Nebenerwerbsform verzichtet. Im Vergleich zum Durchschnitt aller Mehrfachbeschäftigten wiesen erwartungsgemäß alle der dargestellten Erwerbskombinationen ein erhöhtes Armutsgefährdungsrisiko auf. Für eine weitere Differenzierung wird daher der Durchschnitt aller hauptberuflich atypisch Mehrfachbeschäftigten als Vergleichsmaßstab gewählt. Hierbei werden für die einzelnen Formen atypischer Mehrfachbeschäftigungen deutliche Unterschiede ersichtlich. Mehrfachbeschäftigte mit hauptberuflicher Befristung waren mit durchschnittlich 6% unterdurchschnittlich von Armutsgefährdung betroffen, was wahrscheinlich auf die hohe Zahl von Vollzeitbeschäftigungen mit befristetem Arbeitsvertrag zurückzuführen ist. Die armutsreduzierende Wirkung von längeren Arbeitszeiten lässt sich auch daran belegen, dass mit einer nebenberuflichen atypischen Teilzeitbeschäftigung (im Vergleich zur iNgB) unabhängig von der Beschäftigungsform der Hauptbeschäftigung ein niedrigeres Armutsrisiko zu beobachten war. Aufgrund der Dominanz der geringfügigen Beschäftigung unter den Nebenbeschäftigungen, wirkte sich dies jedoch kaum auf die jeweiligen Durchschnittswerte der Beschäftigungsformen aus. Die Armutsgefährdungsquoten bei nebenberuflicher gB stimmten daher weitgehend mit den Durchschnittswerten überein. Insbesondere bei Nebentätigkeiten außerhalb der geringfügigen Beschäftigung hat eine Korrektur um auffällige Werte einen deutlichen Effekt. Zwar ist aufgrund der gerade bei diesen Formen geringen Fallzahlen eine verzerrte Schätzung sehr wahrscheinlich, inwieweit diese mit den angewandten Korrekturmaßnahmen behoben wird ist jedoch unklar, weshalb die Höhe der tatsächlichen Reduktion des Armutsrisikos mit Vorsicht zu interpretieren ist. In diesem Sinne muss auch das Resultat zur mehrfachbeschäftigten Zeitarbeit gewertet werden, welche vor einer Korrektur einem leicht überdurchschnittlichen, jedoch nach der Korrektur ein unterdurchschnittliches Armutsrisiko. verglichen mit der Gesamtzahl atypisch Mehrfachbeschäftigter, aufwies. Mehrfachbeschäftigte mit hauptberuflicher nicht geringfügiger Teilzeitbeschäftigung bis 20 Wochenstunden (atyp. Teilzeit) waren mit einer durchschnittlichen Armutsquote zwischen 9% (korr.) und 10% (unkorr.) approximativ im durchschnittlichen Maße von Einkommensarmut betroffen. Hingegen wiesen mit durchschnittlich circa 16% bzw. bei Korrektur 13% hauptberuflich geringfügig Beschäftigte trotz zusätzlichen Nebenerwerbs den höchsten Anteil von Armutsgefährdung auf. Aufgrund des durch die Geringfügigkeitsgrenze eingeschränkten Haupteinkommens ist naheliegend, dass mit dieser Erwerbskombination die höchsten Armutsrisiken einhergehen, da alleine durch die gesetzliche Begrenzung des maximalen Einkommens die Armutsschwelle nicht überschritten werden kann.[493] Dass dennoch weniger als jeder fünfte geringfügig

493 Im Jahr 2012 müsste beispielsweise eine alleinlebende Person zur Überschreitung der Armutsschwelle von 914€ bei der Verdienstgrenze der geB von 400€ mit 513€ monatlich mehr als 50% des Gesamteinkommens aus dem Nebenerwerb oder anderen Einkommensquellen bestreiten.

Mehrfachbeschäftigte von Armutsgefährdung betroffen war, lässt auf den moderierender Einfluss von Einkommen aus anderen Quellen, wie z.B. weiterer Haushaltsangehöriger oder der Sozialversicherung schließen. Eine differenzierte Betrachtung der Art des Nebenerwerbs zeigt eine reduzierte Armutsgefährdung bei Nebentätigkeiten in atypischer Teilzeit gegenüber nebenberuflicher geringfügiger Beschäftigung, was wiederum auf die höheren Zuverdienstmöglichkeiten zurückgeführt werden kann. Bei diesen Erwerbskombinationen handelt es sich sehr wahrscheinlich um Nebenselbstständigkeiten, die aufgrund fehlender Angaben zur Beschäftigungsform im Nebenerwerb mittels der Vormonatsdaten nicht identifiziert werden können. Einschränkend ist dabei erneut auf die Unsicherheit insbesondere dieses Befundes hinzuweisen, insofern als sich die Korrektur um auffällige Werte bei der Kombination von hauptberuflicher agB und nebenberuflicher atypischer Teilzeitbeschäftigung mit einer Reduktion um zehn Prozentpunkte am deutlichsten auswirkt.

Zusammenfassend lässt sich feststellen, dass die vorangegangenen bivariaten Untersuchungen insgesamt nur teilweise die These von Einkommensarmut als Folge von Mehrfachbeschäftigung unterstützen. Stattdessen gilt es, zwischen dem reinen Status als „mehrfachbeschäftigt" und den tatsächlich kombinierten Erwerbsformen zu differenzieren. Es hat sich gezeigt, dass insbesondere Erwerbstätige in atypischen und selbstständigen Hauptbeschäftigungen trotz zusätzlichen Nebenverdienstes in höherem Maße von einer Einkommensarmutsgefährdung betroffen sind. Für diese Gruppen ist die Mehrfachbeschäftigung kein Weg aus der Einkommensarmut, da es nicht gelingt die Nachteile der Haupttätigkeit, wie etwa ein zu geringes Arbeitsvolumen oder Lohnniveau, durch den Nebenerwerb zu kompensieren. Darüber hinaus legen die Befunde nahe, dass mit den Arbeitsmarktreformen anfangs des 21. Jahrhunderts die Wahrscheinlichkeit dieser Erwerbskombinationen, von Einkommensarmut betroffen zu sein, zugenommen hat. Die Mehrheit der atypisch Mehrfachbeschäftigen insgesamt, wie auch der untersuchten kombinierten Erwerbstätigkeiten, war jedoch nicht von Einkommensarmut betroffen. Des Weiteren hat sich gezeigt, dass eine Mehrfachbeschäftigung nicht zwangsläufig mit ausschließlich atypischen Erwerbstätigkeiten einherging. Während es sich vermutlich hauptsächlich bei Nebenbeschäftigungen um atypische Beschäftigungsverhältnisse in Form von geringfügiger Beschäftigung handelte, ging der Großteil der Mehrfachbeschäftigten in ihrem Haupterwerb einem Normalarbeitsverhältnis oder einer Teilzeitbeschäftigung mit über 20 Wochenstunden nach. Wie die Erkenntnisse aus der vorhandenen Forschungsliteratur zeigen, unterliegen diese (Haupt-)

erwerbsformen dem geringsten Armutsrisiko,[494] was durch die Aufnahme eines zusätzlichen Nebenerwerbs nur weiter verstärkt werden dürfte. Beide Erkenntnisse zusammengenommen könnten erklären, warum insgesamt keine generell höhere Armutsgefährdungsquote bei Mehrfachbeschäftigten gegenüber Einfachbeschäftigten zu beobachten ist. Abschließend lassen sich die Erkenntnisse dieses Kapitels so zusammenfassen, dass kein generell erhöhtes Armutsrisiko von Mehrfachbeschäftigten besteht, gerade atypische Beschäftigungsformen aber eine höhere Armutsgefährdung trotz Nebentätigkeit aufweisen. Im folgenden Kapitel wird daher untersucht, inwieweit sich mit ökonometrischen Verfahren hierbei eine kausale Wirkungsbeziehung empirisch nachweisen lässt.

494 Vgl. Hellmuth/Urban (2010:27); Wingerter (2009:1087f); Brehmer/Seifert (2008:512f.); Kalina/Weinkopf (2008:463f).

8. Ökonometrische multivariate Untersuchung zur Kausalität zwischen Einkommensarmut und Mehrfachbeschäftigung

Im folgenden Kapitel wird das Ziel verfolgt, die bisherigen bivariaten Untersuchungen zu atypischer Arbeit, Mehrfachbeschäftigung und Einkommensarmut um eine multivariate Betrachtung zu erweitern, um daraus eine kausale Wirkungskette zwischen diesen Arbeitsmarktphänomenen ableiten zu können. Das gebräuchlichste Mittel der Wahl zur Kontrolle unerwünschter Störgrößen stellt in der empirischen Sozialforschung die Regressionsanalyse dar. Deren Aussagekraft hinsichtlich der Feststellung von Kausalitäten unterscheidet sich zwischen den jeweiligen Modellen jedoch hochgradig in Abhängigkeit von den der Schätzung zugrunde liegenden Annahmen. Daher wird nachfolgend zunächst die Möglichkeit, Kausalitäten anhand statistischer Daten und Regressionsmodelle zu bestimmen, diskutiert und daraus die für die Untersuchung der Forschungsfrage adäquateste Methodik bestimmt und deren Anwendung anhand der SOEP-Daten dargelegt. Um der beschriebenen Ambiguität des Zusammenhangs zwischen Mehrfachbeschäftigung und Einkommensarmut gerecht zu werden, wird für beide möglichen Wirkungsrichtungen eine separate Regressionsanalyse durchgeführt. Die in Kapitel 3.3 vorläufig formulierten Arbeitshypothesen werden in diesen Abschnitten explizit als Forschungshypothesen formuliert und deren Operationalisierung anhand der zur Analyse verwendeten Daten des SOEP beschrieben. In Kapitel 8.2 wird untersucht, ob die im vorherigen Kapitel festgestellten höheren Armutsgefährdungsrisiken bestimmter Formen mit atypischer Beschäftigung einhergehender Mehrfachbeschäftigung tatsächlich auf den Wechsel in diese Beschäftigungskombination zurückzuführen ist und nicht durch Drittvariablen, wie etwa den Beruf oder den Haushaltskontext, (schein-)korreliert. Das nachfolgende Kapitel 8.3 widmet sich der umgekehrten Fragestellung, inwiefern das Auftreten von Einkommensarmut einen Auslöser zur Aufnahme einer zusätzlichen Nebenbeschäftigung darstellt. Um aufzuzeigen, ob dieses einen eigenständigen Beitrag zur Forschungslage über die Motive für Mehrfachbeschäftigung bereitstellt, werden in die Regressionsanalyse ebenfalls die bereits in der empirischen Forschung etablierten Determinanten integriert. Darüber hinaus wird die Untersuchung der Beweggründe, die zur Aufnahme einer Zweitbeschäftigung führen um die Analyse des bislang unzureichend erforschten Zusammenhangs hinsichtlich Verschuldung und angestrebter beruflicher Veränderungen erweitert. Abschließenden wird die Robustheit des Zusammenhangs zur Rolle von Einkommensarmut als Auslöser für Mehrfachbeschäftigung einer Sensitivitätsanalyse unterzogen.

8.1. Beschreibung der Methode zur Feststellung von Kausalität mittels Längsschnittsanalysen

Das Ziel jeglicher empirischer sozialwissenschaftlicher Forschung ist die Identifikation von Ursache-Wirkung-Beziehungen, wofür sich im wissenschaftlichen Methodenkasten eine Vielzahl von potentiellen Modellen findet. Als die wissenschaftlichste Methode für einen möglichst sicheren Kausalschluss kann dabei ein vollständig vom Forschenden kontrolliertes Experiment gesehen werden.[495] Die für die Identifikation von Kausalitäten notwendigen Voraussetzungen eines echten Experimentes lassen sich in den Sozialwissenschaften aufgrund der Komplexität und Interdependenz menschlichen Handelns jedoch selten praktikabel erfüllen. Als wesentliche Kriterien eines echten Experiments identifiziert Brüderl (2012:3) die vollständige Randomisierung einer notwendigen Versuchs- und Kontrollgruppe und die kontrollierte Stimulus-Setzung des Forschenden. Die stattdessen in der Sozialforschung bevorzugt eingesetzten Datenerhebungen und Regressionsverfahren berechnen Korrelationen, die nicht mit Kausalitäten gleichzusetzen sind. Mittels der bisherigen bivariaten Betrachtung möglicher Unterschiede in der Armutsgefährdung zwischen Einfach- und Mehrfachbeschäftigten ist daher kein kausaler Rückschluss zu bewerkstelligen. Dies liegt darin begründet, dass es sich hierbei um Querschnittsanalysen handelt, die Zusammenhänge zwischen Variablen zwar aufdecken können, allerdings ohne daraus Rückschlüsse auf Ursache-Wirkungsbeziehungen ableiten zu können.[496] Die Lücke zwischen Korrelation und angenommener Kausalität wird stattdessen durch die zugrunde liegende Theorie überbrückt.[497] Im Gegensatz dazu findet sich in der jüngeren Sozialforschung ein zunehmender Konsens über die Vorteilhaftigkeit von Längsschnittuntersuchungen hinsichtlich der Kausalität. Die Darstellung und Anwendung dieser Methoden ist Gegenstand des folgenden Kapitels.

Vor der Diskussion und Festlegung auf eine bestimmte Methodik ist es unumgänglich, diese in Einklang mit den Anforderungen der Fragestellung

495 Vgl. Brüderl (2012:3).
496 Giesselmann/Windzio (2012:214).
497 Vgl. Brüderl (2012:4).

und der zur Verfügung stehenden Datengrundlage zu bringen.[498] Insbesondere der Forschungsfrage kommt hierbei der Ausgangspunkt sämtlicher Überlegungen zu, an der sich die übrigen Kriterien zu orientieren haben. Die bisher in dieser Arbeit dargelegten Fragestellungen können eher als Arbeitshypothesen aufgefasst werden, in denen lediglich festgehalten wurde, einen möglichen Zusammenhang von Einkommensarmut und Mehrfachbeschäftigung aufzuzeigen. Für die explizite Formulierung der Forschungsfragen ist zunächst zu bestimmen, ob bei diesen eine Querschnitts- oder Längsschnittfragestellung vorliegt, da diese sowohl Unterschiede hinsichtlich der Voraussetzungen in Bezug auf die Daten und anwendbaren Modelle mit sich bringen als auch zu unterschiedlichen Erkenntnisgewinnen führen. Den grundlegendsten Unterschied zwischen diesen stellt deren abweichende methodische Vorgehensweise dar. Während Querschnittsfragestellungen auf Unterschieden zwischen den Befragungsteilnehmern („inter-personeller" Vergleich) beruhen, vergleichen Längsschnittfragestellungen die Veränderungen eines Merkmals innerhalb einer Person über den zeitlichen Verlauf („intra-individueller" Vergleich).[499] Der Zusammenhang zwischen Mehrfachbeschäftigung und Einkommensarmut kann prinzipiell sowohl als Querschnitts- als auch Längsschnittsfrage formuliert werden. So stellt der bisherige Vergleich der Armutsgefährdungsquoten über Erwerbsgruppen hinweg eine Querschnittsbetrachtung dar. Das eigentliche Ziel dieser Untersuchung ist es allerdings, die Gründe für eine Mehrfachbeschäftigung näher zu betrachten, insbesondere in Bezug auf die Frage, ob eine Verschlechterung der finanziellen Situation, ausgedrückt durch die Betroffenheit von Einkommensarmut, die Aufnahme einer Zweitbeschäftigung begünstigt. Damit wird implizit der Fokus auf die Veränderungen innerhalb einer Person gerichtet, was die Notwendigkeit einer Längsschnittsbetrachtung aufzeigt. Eine Längsschnittsuntersuchung setzt jedoch als Datenbasis die Kenntnis der zu untersuchenden Merkmale über mehrere Perioden hinweg voraus. Der Aufbau des SOEP als Panelstudie leistet dies, wodurch sowohl Querschnitts- als auch Längsschnittsregressionmodelle anwendbar sind. Die Paneldaten sind Querschnittsdaten überlegen hinsichtlich der bei Anwendung geeigneter Schätzverfahren verbundenen Möglichkeit zur Identifikation der kausale Reihenfolgen und der Abmilderung des Problems unbeobachteter Heterogenität, welche gerade in den Sozialwissenschaften ein häufig anzutreffendes Problem darstellen.[500] Um dies nachvollziehen zu können, muss etwas ausführlicher auf

498 Vgl. Giesselman/Windzio (2012:212).
499 Vgl. Giesselmann/Windzio (2012:33ff.).
500 Vgl. Brüderl (2010:964).

die Anforderungen für Kausalität und die Vorgehensweise von Querschnitts- und Längsschnittsschätzverfahren eingegangen werden.

Ein nicht zu unterschätzendes Hindernis stellt hierbei die Tatsache dar, dass trotz des allgemeinen Gebrauchs des Begriffs Kausalität zu diesem keine unumstrittene Definition existiert, sondern dieser ein Gegenstand langanhaltender wissenschaftlicher Diskussion ohne abschließenden Konsens ist. Eine ausführliche Auseinandersetzung mit dieser philosophischen Debatte kann im Rahmen dieser Arbeit nicht durchgeführt werden, weshalb stattdessen auf einen eher pragmatischen und anwendungsorientierten Kriterienkatalog von Kausalität zurückgegriffen wird. Demnach ist hierfür über eine (1) bestehende Korrelation hinaus der mögliche (2) Einfluss von weiteren Faktoren zu isolieren sowie sichergestellt werden, dass die (3) Ursache der Wirkung zeitlich vorausgeht.[501] Im Kontext einer Querschnittsbetrachtung lassen sich die beiden letztgenannten Kriterien nur unzureichend erfüllen. So beruht generell die Einschätzung des Einflusses einer Variablen auf eine andere auf dem Vergleich von verschiedenen Zuständen. Beispielsweise weist eine Person eine bestimmte Einkommenssituation auf, wenn diese entweder eine oder alternativ mehrere Beschäftigungen ausübt. In der Querschnittsbetrachtung beziehen sich sämtliche Beobachtungen aber definitionsgemäß auf denselben Zeitpunkt. In der realen Welt kann eine Person zu einem Zeitpunkt jedoch nur einen Zustand annehmen, ist also beispielsweise entweder einfach- oder mehrfachbeschäftigt, weshalb in der Querschnittsanalyse der gemessene faktische Zustand mit einem kontrafaktischen, d.h. geschätzten Zustand verglichen wird. Dies geschieht mittels eines Vergleichs über Personen hinweg, weshalb auch vom „inter-personellen Effekt" oder „*between-effect*" gesprochen werden kann. Dieses Vorgehen bringt die Annahme mit sich, dass sich die Personen hinreichend ähnlich sind und im besten Fall sich nur in der erklärenden Variable unterscheiden. Um diese, in der Realität kaum zu bewerkstelligende, Anforderung zu erfüllen, wird versucht die Unterschiede zwischen den Personen über die Kontrolle weiterer Merkmalen mittels einer Regression möglichst auszuschließen. Selbst im Idealfall können mit dieser Vorgehensweise jedoch nur die mit Variablen darstellbaren Unterschiede, die sogenannte beobachtbare Heterogenität, abgedeckt werden. Die unbeobachtete Heterogenität durch vernachlässigte Prädikatoren oder fehlende Messdaten bleibt hingegen unberücksichtigt und führt dazu, dass „auf Querschnittsdaten beruhende Kausalschlüsse höchst unsicher sind".[502] Ein gefundener Zusammenhang zwischen den Variablen kann demnach zwar prinzipiell festgestellt werden,

501 Vgl. Vaisey et al. (2014:17f); Brüderl (2012:4); Granger (1969).
502 Brüderl (2010:965).

„aber wirklich erklären kann man mit dieser Querschnittsperspektive zunächst wenig".[503] Im Gegensatz dazu fokussieren sich Längsschnittsfragestellungen nicht auf den Vergleich verschiedener Personen, sondern beziehen sich auf den Effekt innerhalb einer Person, auch intraindividuelle Veränderung oder „*within-effect*" genannt. Für echte Längsschnittsuntersuchungen sind daher Panel-Daten notwendig, wodurch für eine Person Messungen der Zustände über verschiedene Zeitpunkte vorliegen. Verändert sich der Zustand der erklärenden Variable über die Zeit, kann ein intertemporaler Vergleich von ein und derselben Person durchgeführt werden, ohne dass man auf den Vergleich zwischen Personen angewiesen wäre.[504] Die Problematik der unbeobachteten Heterogenität begrenzt sich damit auf die sehr wahrscheinlich geringeren Auswirkungen durch intraindividuelle Veränderungen,[505] wohingegen sogenannte zeitkonstante Merkmale (wie Geschlecht oder Nationalität) durch die Längsschnittsmethode implizit kontrolliert werden. Um das mit Längsschnittsanalysen und Panel-Daten verbundene Potential auszuschöpfen, ist die Verwendung von speziell für diese Anwendung entwickelte Verfahren zwingend. Eine Vielzahl der Experten sieht hierfür Fixed-Effects-Regressionsmodelle (FE) als präferierte Modelle an, wohingegen die alternativ häufig bei Paneluntersuchungen anzutreffenden Random-Effects-Modelle (RE) ebenso wie „gepoolte" Regressionsmodelle oder Generalized Estimating Equations—Modelle (GEE) eher kritisch betrachtet werden.[506] Die FE-Modelle beruhen auf einer Transformation des ursprünglichen Datensatzes, in der „die Niveauunterschiede zwischen den Einheiten des Datensatzes eliminiert [eigene Anm.: werden], indem von jeder Merkmalsausprägung der einheiten- bzw. personenspezifische Mittelwert dieses Merkmals subtrahiert wird".[507] Durch die Verwendung der hierbei konstruierten „*demeaned*" bzw. „entmittelten" Variablen[508] lässt sich eine perfekte Kontrolle personenspezifischer Heterogenität erreichen. Diese, in Abgrenzung zu den durch Variablen im Modell kontrollierten Varianz, als unbeobachtete Heterogenität[509] bezeichnete Erscheinung stellt ein fundamentales Problem nicht-experimenteller Sozialforschung dar, deren Abmilderung mittels Paneldaten nicht hoch genug einzuschätzen ist.[510] Stattdessen beruhen im

503 Giesselmann/Windzio (2012:214).
504 Brüderl (2010:965).
505 Vgl. Brüderl (2010:965).
506 Vgl. u.a. Vaisey/Miles (2014); Andreß et al. (2013); Giesselmann/Windzio (2012); Brüderl (2010); Allison (2009).
507 Giesselmann/Windzio (2012:40).
508 Vgl. Giesselmann/Windzio (2012:41).
509 Entweder aufgrund vernachlässigter oder nicht in Variablen messbarer Eigenschaften.
510 Vgl. Brüderl (2010:964).

FE-Modell die gefundenen Zusammenhänge ausschließlich auf Veränderungen der Merkmalsausprägungen innerhalb der Person. Die damit erreichte Kontrolle nicht veränderlicher, d.h. zeitkonstanter Merkmale hat jedoch im Umkehrschluss zur Folge, dass der Effekt dieser Merkmale, wie etwa Geschlechtereffekte, nicht identifiziert werden können.[511] Umgekehrt setzt die FE-Methodik zwingend eine ausreichende Varianz der zu untersuchenden Merkmalsausprägungen voraus, da die Berechnung der Zusammenhangsmaße ausschließlich auf Veränderungen beruht und somit Personen, die über den gesamten Beobachtungszeitraum dieselbe Ausprägung aufweisen, keinen Informationsgewinn beisteuern können und aus der Analyse ausgeschlossen werden.[512] Bei Analysen von kontinuierlichen Variablen, wie etwa dem Einkommen, stellt dies keine bedeutende Einschränkung dar, insofern als zumindest geringe Schwankungen innerhalb des Beobachtungszeitraums anzunehmen sind. Anders ist dies bei Variablen mit nur wenigen Ausprägungen, wie etwa binären Variablen, die kaum Variationen aufweisen. Bei einer Untersuchung dieser kann sich durch die FE-Annahme die Stichprobe deutlich verkleinern und dazu führen, dass die Schätzung unter Umständen auf einer Teilstichprobe beruht, die sehr systematisch von der eigentlichen Stichprobe abweicht. Die Befürworter der FE-Methode treten jedoch der Kritik entgegen, dass es sich hierbei um ein „Wegwerfen" von Informationen handele, da stattdessen eine Konzentration auf die tatsächlich für die Längsschnittsforschungsfrage relevanten Effekte einer Veränderung in Variable x auf Veränderungen in Variable y vorgenommen wird.[513] Generell setzt die Verwendung von FE-Methoden, gerade bei binären Variablen, damit allerdings die Verwendung eines größeren Datensatz über mehrere Beobachtungsjahre voraus, in dem ausreichend Variation sowohl der abhängigen als auch unabhängigen Variablen vorhanden ist.[514] Sofern ein Datensatz nicht über genügend Variation eines Merkmals verfügt, ist dies aber weniger Ausdruck eines methodischen Problems, sondern eher ein Indiz für die mangelnde Relevanz eines Ereignisses und der Forschungsfrage.

Die in dieser Dissertation verwendeten Untersuchungsvariablen „Mehrfachbeschäftigung" und „Armutsgefährdung" mit jeweils nur zwei Ausprägungen

511 Vgl. Brüderl (2010:991).

512 Sofern eine Variable keine Varianz aufweist, handelt es sich bei der Variable um ein zeitkonstantes Merkmal, das wie beschreiben vollständig im Modell kontrolliert wird.

513 Vgl. u.a. Andreß et al (2013:242f); Giesselmann/Windzio (2012:110); Brüderl (2010:975f).

514 Vgl. Brüderl (2005:21).

setzen darüber hinaus die Anwendung von nicht-linearen Schätzmethoden voraus.[515] Die diesen zugrunde liegende Maximum-Likelihood-Methode (ML) weicht jedoch von der in der linearen Regressionsanalyse verbreiteten OLS- bzw. „Kleinst-Quadrate"-Schätzung ab. Im Gegensatz zur OLS-Regression wird nicht nach Parameter-Schätzwerten anhand der minimalen Varianz (bzw. genauer der kleinsten quadrierten Residuensumme) gesucht, sondern im Zuge eines iterativen „*trial-and-error*"-Verfahrens systematisch die optimalen Schätzwerte bestimmt.[516] Unter allen möglichen Wertekombinationen werden die Parameter gesucht, für welche die Wahrscheinlichkeit am größten ist, die empirische Stichprobe erzeugt zu haben.[517] Das ML-Verfahren ist damit in seinem Grundgedanken „intuitiv recht einfach zu verstehen, es erfordert jedoch rechentechnisch einigen Aufwand".[518] Aus Platzgründen wird auf eine genauere Einführung der Funktionsweise des ML-Verfahrens anbei verzichtet.[519] Von den am häufigsten anzutreffenden nicht-linearen Schätzverfahren Probit- und Logit-Regression lässt sich jedoch nur die Letztere für den Panelkontext geeignet in Kombination mit der FE-Transformation anwenden.[520] Formal lässt sich dieses als Erweiterung der für Querschnittsdaten gebräuchlichen logistischen Regression[521] um einen personenspezifischen Fehlerterm $\alpha_{i(FE)}$. beschreiben:[522]

$$P\left(y_{it} = 1 \mid x;\, \alpha_{i(FE)}\right) = \frac{1}{1 + \exp(-(\alpha_{i(FE)} + \beta' x_{it}))}$$

$P(y_{it} = 1) = Auftrittswahrscheinlichkeit$

$y = Abhängige\ Variable$

$i = Personenindex$

$t = Zeitindex$

$x_{it} = Messwerte\ unabhängiger\ Variablen$

$\alpha_{i(FE)} = personenspezifischer, zeitkonstanter\ Fehlerterm$

$\beta\ = Koeffizient$

515 Vgl. Best/Wolf (2010:827ff).
516 Vgl. Mayerl/Urban (2010:3).
517 Vgl. Giesselmann/Windzio (2012:141).
518 Mayerl/Urban (2010:3).
519 Siehe hierzu etwa Giesselmann/Windzio (2010:140ff); Mayerl/Urban (2010:2ff).
520 Vgl. Brüderl (2010:986).
521 Siehe hierzu etwa Best/Wolf:2010:829ff).
522 Vgl. Giesselmann/Windzio (2012:143).

Das Fixed-Effects-Logitmodell weicht dabei insbesondere von seinem linearen Gegenpart (FE-OLS) ab, da statt der Abweichungen vom Mittelwert die Sequenz der vorliegenden Nullen und Einsen[523] ausschlaggebend für die Berechnung der Koeffizienten ist. „Im Fixed Effects Modell der logistischen Regression wird für jede Beobachtung der Beitrag zur Likelihood ‚konditioniert' auf die Summe der Einsen innerhalb eines Subjektes, weshalb man von einem ‚konditionalen Logitmodell' spricht".[524] Wie im linearen Fall wird damit im Prinzip die unbeobachtete Heterogenität kontrolliert, ohne dass die personenspezifischen Fehlerterme $\alpha_{i(FE)}$ in die Gleichung einbezogen werden müssen.[525] Eine weitere Abweichung zu linearen Modellen besteht in der begrenzten Aussagekraft der in der logistischen Regression berechneten Koeffizienten.[526] Bei Logitmodellen handelt es sich um „nicht-lineare Effekte, die nicht in einem einzelnen Koeffizienten ausgedrückt werden können"[527]. Statt Häufigkeiten oder Wahrscheinlichkeiten können, aufgrund der Begrenzung der möglichen Zustände der abhängigen Variablen y auf das Eintreten oder Nicht-Eintreten eines Ereignisses, lediglich die logarithmierten Quotienten der Wahrscheinlichkeit und Gegenwahrscheinlichkeit von y berechnet werden.[528] Diese werden auch als „Log Odds" oder „Logits" bezeichnet und lassen nur eine Interpretation der Effekte bezüglich deren Richtung anhand des Vorzeichens und der statistischen Signifikanz zu.[529] Die Verwendung von anderweitigen Effektziffern etwa in Form von marginalen Effekten oder Odds-Ratios wird in der Literatur kritisch gesehen, da diese nur einen scheinbaren Mehrgewinn bei der Interpretation mit sich bringen.[530] Gegen die Verwendung von marginalen Effekten wird angeführt, dass diese die Nicht-Linearität der Schätzergebnisse vernachlässigen und daher zu verzerrten Schätzergebnissen

---

523 Eine Eins repräsentiert hierbei den Eintritt eines Ereignisses, eine Null dagegen den Nicht-Eintritt bzw. den Eintritt eines Gegenereignisses.

524 Giesselmann/Windzio (2012:143f).

525 Vgl. Giesselmann/Windzio (2012:143).

526 Vgl. Giesselmann/Windzio (2012:137), Brüderl (2010:987f.).

527 Vgl. Best/Wolf (2010:852).

528 Vgl. Giesselmann/Windzio (2012:136).

529 Vgl. Giesselmann/Windzio (2012:137).

530 Vgl. Brüderl (2010); Henning/Best (2010:852f.)

führen.[531] Dagegen führt die Berechnung von Odds-Ratio zwar zu korrekten, aber inhaltlich nur schwer zu deutenden Ergebnisse der Chancenverhältnisse, die zudem die Gefahr mit sich bringen, mit echten Wahrscheinlichkeiten verwechselt und damit überinterpretiert zu werden.[532] Für die Verwendung der Odds-Ratio spricht jedoch, dass sie es ermöglichen, die Koeffizienten bei gleicher Skalierung entweder durch z-Standardisierung oder in Form von Dummy-Variablen zu vergleichen, um damit Rückschlüsse auf die relativen Effektstärken gewinnen zu können.[533] Mit Abbildung 37 soll exemplarisch die Vorgehensweise von Fixed-Effects-Untersuchungen aufgezeigt werden für den Fall, dass sowohl die abhängige als auch die unabhängige Variable nur über zwei Ausprägungen verfügt. Diese stark vereinfachte Darstellung soll ein intuitives Verständnis der Vorgehensweise der FE-Transformation für binäre Variablen ermöglichen.[534] In dem fiktiven Datensatz für die Jahre 1995 bis 2000 sind zwei Personen enthalten, deren finanzielle Situation sich im Jahr 1997 verschlechtert hat, d.h. bei denen ein Wechsel des Status von „nicht-armutsgefährdet" zu „armutsgefährdet" zu verzeichnen war. Person 1 wechselte zusätzlich im Jahr 1997 von einer Einfach- in eine Mehrfachbeschäftigung, wohingegen Person 2 ihren Beschäftigungsstatus nicht änderte. In den darauffolgenden Perioden kam es in einigen Jahren zu Veränderungen bei der Anzahl der Beschäftigungsverhältnisse beider Personen, ohne dass sich dies auf deren finanziellen Situation (d.h. deren Betroffenheit von Armutsgefährdung) auswirkte. Vereinfacht dargestellt kann nun anhand der Betrachtung der Anzahl der Episoden mit Mehrfachbeschäftigung vor und nach dem auslösenden Ereignis (Armutsgefährdung) ein Rückschluss auf die Wahrscheinlichkeit zwischen Einkommensarmut und Mehrfachbeschäftigung getroffen werden.

---

531 Vgl. Best/Wolf (2010:832f); Brüderl (2010:988).

532 Vgl. Best/Wolf (2010:832f); Brüderl (2010:988).

533 Vgl. Giesselmann/Windzio (2012:137).

534 Vgl. für eine ausführlichere und formalere Beschreibung der tatsächlichen Berechnung u.a. Allison (2009); Cameron/Trivedi (2005:781ff) bzw. für eine deutschsprachige Lektüre u.a. Giesselman/Windzio (2012: 143ff); Brüderl (2010:963ff).

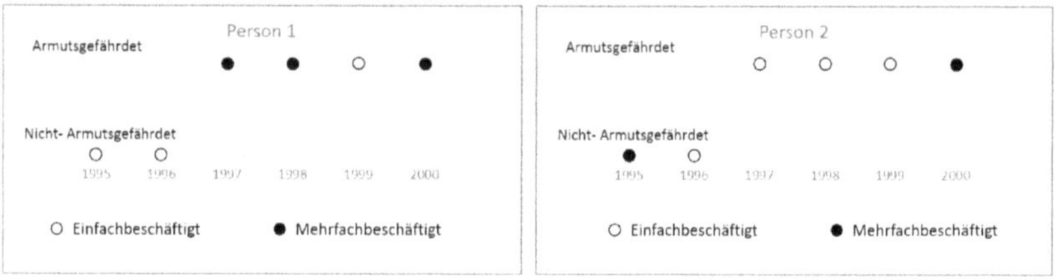

Abbildung 37: Fixed-Effects Logit (Conditional-Fixed-Effects) Modell – Beispiel

Quelle: Eigene Darstellung in Anlehnung an Brüderl (2005:21).

Für Person 1 kann ein klarer Zusammenhang vermutet werden, da mit dem Wechsel in Armut in drei von vier Episoden auch eine Mehrfachbeschäftigung vorliegt, während davor die Person nur einer Erwerbstätigkeit nachging (d.h. in null von zwei Episoden mehrfachbeschäftigt war). Bei Person 2 ist dieser Effekt nicht zu beobachten. Vor dem Auslöser war diese in der Hälfte der Beobachtungsjahre (ein von zwei) nebenerwerbstätig und mit dem Wechsel in Einkommensarmut hat sich die Chance verringert (ein von vier Episoden). Die empirische Häufigkeit der tatsächlichen Sequenzen aller Personen in einem Datensatz entscheidet nun über die Wahrscheinlichkeit zwischen Armutsgefährdung und Mehrfachbeschäftigung sowie deren statistischer Signifikanz. „Jedes Subjekt trägt zur Likelihoodfunktion die Wahrscheinlichkeit bei, dass z.B. bei 2 Ereignissen in 3 Jahren für y genau jene Sequenz von Nullen und Einsen eintritt, die empirisch tatsächlich vorliegt. [...] Allerdings wird die Schätzung mit steigendem T recht aufwendig, da die Anzahl der möglichen Sequenzen zunimmt“[535] Zur eigentlichen Berechnung ist damit der Einsatz von Statistik-Software (wie beispielsweise STATA oder SPSS) unumgänglich.

Abschließend muss noch angemerkt werden, dass trotz der beschriebenen Vorteilhaftigkeit der FE-Methode bezüglich der personenspezifischen Heterogenität diese kein generelles Allheilmittel sämtlicher mit Regressionsanalysen einhergehender Probleme darstellt. Insbesondere sind hierbei drei Einschränkungen hervorzuheben.[536] Zum einen sind FE-Modelle wie beschrieben, nicht

535 Giesselmann/Windzio (2010:149).

536 Vgl. Brüderl (2010:991).

für Querschnittsfragestellungen oder Effekte zeitkonstanter Variablen geeignet. Daneben kann Panel-Attrition zu verzerrten FE-Schätzern führen, falls Personen nicht zufällig aus dem Panel ausscheiden oder im Falle von Endogenität. Letzteres beinhaltet neben Messfehlern und zeitveränderlicher unbeobachteter Heterogenität (z.B. in Form des „*omitted variable bias*" durch Vernachlässigung relevanter Variablen) auch die Existenz von inversen Kausalitätsbeziehungen. Mögliche festgestellte Korrelationen stellen demnach keine echten Kausalitäten darstellen, da nicht ausgeschlossen werden kann, in welche Richtung der Effekt zum Tragen kommt, also das Auftreten von x in Richtung y wirkt oder umgekehrt. Brüderl (2010:992) warnt jedoch davor diese möglichen Probleme durch den Einsatz von komplexeren Modellen zu überhöhen. Stattdessen sollten die Ergebnisse generell mit Vorsicht interpretiert und stets einer inhaltlichen Plausibilisierung unterzogen werden.[537] Bei der Formulierung der Forschungshypothesen in den folgenden Abschnitten wird deshalb auf mögliche Einschränkungen der Regressionsanalyse, gerade im Hinblick auf die Existenz umgekehrter Kausalität eingegangen und Möglichkeiten diskutiert dieser entgegenzuwirken.

Wie den Untersuchungen in Kapitel 4.2 entnommen werden kann, lässt sich eine Mehrfachbeschäftigung auf Basis der SOEP Daten sowohl anhand der Vormonats- als auch der Vorjahreseinkommensbezüge identifizieren.[538] Die jeweiligen Konzepte erfassen jedoch in hohem Maße unterschiedliche Personengruppen.[539] Wie darüber hinaus gezeigt wurde, lässt sich kein abschließendes Urteil fällen welche der Konzeptualisierungen der anderen vorzuziehen ist, also den tatsächlichen Wert darstellt. Um in vollem Umfang die mit den SOEP-Daten bereitgestellten Möglichkeiten ausnutzen zu können, werden die weiteren ökonometrischen Analysen daher auf Basis beider Konzepte durchgeführt und auf mögliche Unterschiede in den Ergebnissen analysiert. Neben einer bislang in der Arbeitsmarktforschung unbeachteten Identifikation von Mehrfachbeschäftigung

537 Vgl Brüderl (2010:992).

538 Die ebenfalls beschriebene Identifikation auf Basis der Selbstauskunft der Befragten wird hierbei ausgeblendet, um nur Mehrfachbeschäftigungen mit vollständigen Einkommensangaben, d.h. mit tatsächlichem Einkommensbezug zu berücksichtigen. Wie in Kapitel 4.4.1 beschrieben, wird zudem mit dem Konzept nach Vormonatseinkommensbezug im überwiegenden Maße die Mehrfachbeschäftigung nach Selbstauskunft abgedeckt, wodurch sich eine separate Berücksichtigung weitgehend erübrigt.

539 Vgl. Kapitel 4.4.1.

auf Basis des Vorjahreseinkommens bietet dieses Vorgehen zusätzlich die Möglichkeit die Forschungsfrage auf die, ebenfalls auf Basis der Vormonats- und Vorjahreseinkommenswerten vorliegende, Feststellung von Einkommensarmut anzuwenden. Dabei ist zu beachten, dass die weiteren für die multivariate Analyse verwendeten Kontrollvariablen einen inhaltlichen Bezug zur jeweiligen aktuellen Befragungswelle aufweisen, während bei Daten mit Vorjahresbezug definitionsgemäß Erhebungs- und Bezugsjahr divergieren. Für eine sinnvolle Interpretation der Ergebnisse werden daher die Variablen mit Vorjahresbezug, d.h. Mehrfachbeschäftigung und Einkommensarmutsgefährdung auf Basis der Vorjahresdaten, um ein Jahr zeitversetzt in die Regression aufgenommen (siehe Tabelle 22).

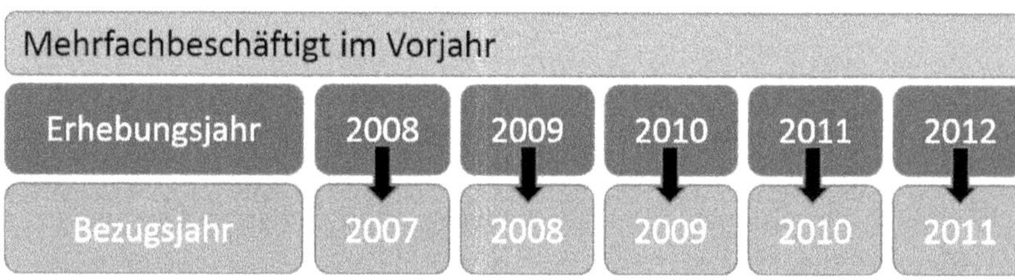

Tabelle 22: Beispiel Transformation Variablen mit Vorjahresbezug
Quelle: Eigene Darstellung.

Ohne diese Transformation kann die empirische Untersuchung zu keinem plausiblen Ergebnis führen, da das vermutete Resultat (abhängige Variable) der vermuteten Ursache (erklärende Variable) zeitlich vorausgehen würde.[540] Dieser Schritt bringt jedoch eine Reduktion des Stichprobenumfangs mit sich, da nur Personenangaben eingehen können mit Teilnahme an zwei konsekutiven Befragungswellen. Inwieweit dies sich auf die Resultate und deren statistische Signifikanz auswirkt, wird in den jeweiligen Regressionsanalysen diskutiert.

540 Statt dem Zusammenhang zwischen Erwerbstatus und Mehrfachbeschäftigung, würde sich beispielsweise das Ergebnis auf die Korrelation zwischen aktuellem Erwerbstatus und Mehrfachbeschäftigung im vergangenen Jahr beziehen.

8.2. Einkommensarmut als Folge von atypischer Mehrfachbeschäftigung

8.2.1. Hypothesenformulierung und Operationalisierung

Die in Abschnitt 7.1 durchgeführten deskriptiven Untersuchungen konnten die Annahme eines generell höheren Armutsgefährdungsrisikos von Mehrfachbeschäftigten gegenüber Einfachbeschäftigten nicht bestätigen. Die differenzierteren Auswertungen in Abschnitt 0 legten jedoch nahe, dass Mehrfachbeschäftigte mit atypischer Hauptbeschäftigung überdurchschnittlich von einer Armutsgefährdungslage betroffen waren. Im Folgenden wird daher untersucht, ob diese bivariate Korrelation auch bei multivariater Kontrolle möglicher Einflussfaktoren Bestand hat. Damit soll untersucht werden, ob ein kausaler Zusammenhang zwischen der Aufnahme bestimmter Formen von Mehrfachbeschäftigung und Armutsgefährdung besteht. Dies stellt einen Beitrag zur Beantwortung der bestehende Forschungslücke bereit, inwieweit die mit einer atypischen Beschäftigung einhergehenden negativen Beschäftigungsmerkmale, wie Lohnabschläge und geringere Wochenarbeitszeiten,[541] durch den zusätzlichen Nebenerwerb kompensiert werden und deren Armutsgefährdungsrisiko beeinflussen. Von entscheidender Bedeutung für die Untersuchung ist dabei die Wahl der Referenzkategorie, d.h. der Erwerbsform vor Aufnahme einer Mehrfachbeschäftigung. Aus theoretischer Betrachtungsweise stellt hier das Normalarbeitsverhältnis als per Definition bestimmter Gegenpart von atypischer Beschäftigung die naheliegende Wahl dar. Diesem kommt nach einer Vielzahl von empirischen Untersuchungen die höchste Schutzwirkung vor Einkommensarmut zu.[542] Mit Wahl des NAV als Referenzkategorie kann damit bestimmt werden, inwieweit die Kombination von mehreren Beschäftigungsverhältnissen als Kompensation der mit atypischer Beschäftigung einhergehenden höheren Armutsgefährdung dient. Explizit ergibt sich aus diesen Überlegungen die folgende Forschungshypothese:

> *Hypothese A1: Ein Wechsel von einem Normalarbeitsverhältnis in eine Mehrfachbeschäftigung mit atypischer Hauptbeschäftigung führt trotz der zusätzlichen Nebentätigkeit zu einem höheren Armutsrisiko.*

---

541 Vgl. Thomsen et al. (2016); Goebel/Krause (2016); Goebel et al. (2015); Kalina/Weinkopf (2015); Hellmuth/Urban (2010:27); Wingerter (2009:1087f); Brehmer/Seifert (2008:512f.); Kalina/Weinkopf (2008:463f).

542 Vgl. u.a. BMAS (Hrsg.) (2017); Thomsen et al. (2016); Wingerter (2009); Andreß/Seek (2007).

Auch aus methodischen Überlegungen, welche die Besonderheiten des gewählten Fixed-Effects-Regressionsmodells berücksichtigten, ist die Wahl des NAV als Referenzkategorie angemessen. Die FE-Methodik ist, wie in Abschnitt 0 dargelegt, für kausalanalytische Untersuchungen hinsichtlich der impliziten Kontrolle zeitkonstanter Faktoren (unbeobachtete Heterogenität) vorteilhaft, führt jedoch dazu, dass nur Fälle mit wechselndem Armutsgefährdungsrisiko in die Untersuchung eingehen. Insofern ist es naheliegend, als Referenzkategorie die Erwerbsform mit dem niedrigsten Armutsgefährdungsrisiko zu wählen, um für alle der untersuchten Erwerbskombinationen signifikante Ergebnisse erzielen zu können. Bei Wahl einer anderweitigen Referenzkategorie ist hingegen ein hoher Fallausschluss aufgrund andauernder Armuts- oder Nicht-Armutsperioden zu erwarten bzw. die Analyse der falschen Fragestellung in Form von Armutsvermeidung durch die Nebenerwerbsaufnahme.

Obgleich die bisherigen Untersuchungen für bestimmte Erwerbskombinationen ein höheres Armutsgefährdungsrisiko zeigten, ist generell anzunehmen, dass die Aufnahme eines zusätzlichen Nebenverdienstes der Wahrscheinlichkeit, von Einkommensarmut betroffen zu sein, entgegenwirkt. Im Vergleich zu einem Wechsel in einfachbeschäftigte atypische Beschäftigung wird daher für Mehrfachbeschäftigungsverhältnisse mit entsprechender atypischer Hauptbeschäftigung eine geringere Betroffenheit von Armutsgefährdung erwartet. Um diesen Effekt aufzuzeigen, wird neben der Aufnahme von Zweitbeschäftigung als Vergleich der Wechsel in ein einfachbeschäftigtes atypisches Beschäftigungsverhältnis aus vorherigem NAV mit ins Modell integriert.

Hypothese A2: Mit Aufnahme einer zusätzlichen Nebenbeschäftigung reduziert sich die erhöhte Armutsgefährdungswahrscheinlichkeit im Vergleich zu einem Wechsel von einem NAV in eine Einfachbeschäftigung mit atypischer Hauptbeschäftigung.

Die Definition von atypischer Beschäftigung, die ausschließlich durch die Abweichung von Merkmalen des Normalarbeitsverhältnisses bestimmt wird, hat zur Folge, dass die einzelnen subsummierten Beschäftigungsformen nicht zwingend überschneidungsfrei sind. Ein Beschäftigungsverhältnis kann daher mehrere atypische Merkmale aufweisen, beispielsweise in Form einer Teilzeitbeschäftigung mit zusätzlich befristetem Arbeitsvertrag. Zu vermuten ist, dass sich der negative Einkommenseffekt bei Vorliegen eines weiteren Merkmals atypischer Beschäftigung verstärkt und das Armutsgefährdungsrisiko zusätzlich erhöht wird. In den folgenden Untersuchungen können jedoch nicht sämtliche möglichen Überschneidungen berücksichtigt werden, da eine Integration der Leiharbeit zu einem Ausschluss der Untersuchungsjahre vor deren erstmaligen Erfassung im SOEP im Jahr 2001 führen würde. Für die quantitativ weitaus bedeutenderen atypischen

Beschäftigungsformen Teilzeitarbeit und geringfügige Beschäftigung kann der Effekt einer zusätzlichen Befristung des Arbeitsverhältnisses untersucht werden.

> *Hypothese A3: Eine zusätzliche Befristung des Arbeitsverhältnisses führt bei einem Wechsel von einem Normalarbeitsverhältnis in eine Mehrfachbeschäftigung mit hauptberuflicher atypischer Teilzeitarbeit oder geringfügiger Beschäftigung zu einem höheren Armutsrisiko als bei Vorliegen nur eines Merkmals atypischer Beschäftigung.*

Um den Nachweis führen zu können, dass ein erhöhtes Armutsrisiko tatsächlich auf die veränderte Erwerbsform zurückzuführen ist, muss der Einfluss weiterer Faktoren durch die Integration geeigneter Kontrollvariablen kontrolliert werden. Um diese zu identifizieren, kann auf die Konstruktion der Armutsgefährdungsvariablen zurückgegriffen werden. Eine Veränderung der Betroffenheit von Armut lässt sich demnach auf die in Abbildung 44 dargestellten hauptsächlichen Einflussfaktoren zurückführen.[543]

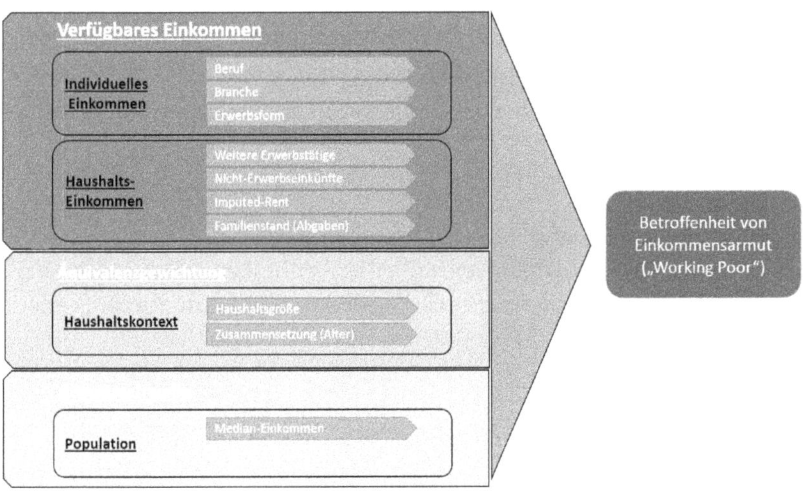

Abbildung 38: Einflussfaktoren Berechnung Einkommensarmut
Quelle Eigene Darstellung.

543 Vgl. hierzu auch die Ausführungen in Kapitel 5.3.1.

Bei diesen handelt es sich um das verfügbare Einkommen des Haushaltes, die durch den Haushaltskontext und die modifizierte OECD-Skala bestimmte Äquivalenzgewichtung sowie der durch den Median der Einkommensverteilung der Gesamtbevölkerung resultierenden Armutsschwelle. Diese werden in der folgenden Regressionsanalyse als Kontrollvariablen aufgenommen. Dabei wird ein stufenweises Vorgehen gewählt, um den Einfluss der Kontrollvariablen zu verdeutlichen. In einem ersten Schritt erfolgt die Untersuchung des Einflusses des Wechsels der Erwerbsform allein bei Kontrolle der in Längsschnittsstudien zwingenden Kontrolle nach Alters- und Periodeneffekten.[544] Methodisch stellt dies eine prinzipielle zusätzliche Implementierung einer Kontrollgruppe dar zum „vorher-nachher" Vergleich des FE-Modells.[545] Die Kontrolle von Periodeneffekten, in Form der Integration von Dummy-Variablen für die Erhebungsjahre, verfolgt das Ziel auszuschließen, dass die Ergebnisse von Korrelationen in einzelnen Erhebungsjahren übermäßig beeinflusst werden. Bei Alterseffekten gilt es zu unterscheiden zwischen dem Einfluss des Älterwerdens auf die Nebentätigkeitswahrscheinlichkeit oder eines möglicherweise durch Zugehörigkeit zu einer bestimmten Generation (Kohorte) verursachten Effekts. Die Kohorte ist eine konstante Variable und wird damit durch die Methodik des FE-Modells implizit kontrolliert, wohingegen die Konzentration von Mehrfachbeschäftigung oder Armutsgefährdung auf bestimmte Lebensphasen ein zeitveränderliches Merkmal darstellt. Um dieses in der Regression zu kontrollieren, müssen aufgrund der zwangsläufigen linearen Beziehung zwischen Erhebungsjahr und Alter Restriktionen eingeführt werden.[546] Daher wird statt eines linearen Altersterms die Zugehörigkeit zu einer der in den deskriptiven Auswertungen verwendeten Alterskategorien[547] mittels Dummy-Variablen verwendet.

In einem zweiten Modell werden, um den Einfluss der weiteren Faktoren neben der Erwerbsform zu isolieren, adäquate Kontrollvariablen ins Modell integriert. Mit der Integration von Dummy-Variablen für Beruf[548] und Branche[549] wird versucht, den Einfluss einer beruflichen Veränderung

544 Vgl. Brüderl (2010:970f.).

545 Vgl. Brüderl (2010:970f.).

546 Vgl. Brüderl (2010:982f.).

547 Vgl. Tabelle 11 in Kapitel 6.1.

548 Berufszugehörigkeit entsprechend SOEP-Codierung basierend auf der ISCO-88 Klassifikation der Berufe (vgl. Grabka:2013:30).

549 Branchenzugehörigkeit entsprechend SOEP-Codierung basierend auf NACE-Klassifikation (vgl. Grabka (2013:32).

auf das Individualeinkommen unabhängig von der Erwerbsform zu kontrollieren. Darüber hinaus wird der wahrscheinlich moderierende Effekt des Haushaltskontexts bereinigt durch eine metrische Variable über die Höhe weiterer Einkommensquellen im Haushalt in Form von Einkünften weiterer Haushaltsmitglieder oder anderweitigen Einkünften außerhalb der Erwerbsarbeit, beispielsweise Zins- oder Kapitaleinkünften.[550] Die Kontrolle der Höhe des weiteren Haushaltseinkommens berücksichtigt ebenfalls den Fall einer zusätzlich aufgenommenen Beschäftigung eines Haushaltsmitglieds, beispielsweise des Ehepartners, welche auch bekannt als *„added-worker effect“*,[551] eine Alternative zur Aufnahme einer zusätzlichen Nebenbeschäftigung der bereits erwerbstätigten Untersuchungsperson darstellt. Zusätzlich findet eine Kontrolle des ebenfalls bei Berechnung des verfügbaren Haushaltseinkommens berücksichtigten fiktiven Einkommensvorteils aus verbilligt überlassenem Mietraum oder selbstgenutztem Wohneigentum (*imputed rent*)[552] statt. Weiterhin dienen die Angaben zum Familienstand stellvertretend als Proxy-Variable zur Isolation der niedrigeren Abgabenbelastung verheirateter Paare durch das Ehegattensplitting. Mittels der Integration des, für die Äquivalenzgewichtung des Haushaltseinkommens gebildeten, Haushaltsgewichtungsfaktors ergibt sich gleichermaßen eine Kontrolle des Einflusses der Haushaltsgröße und -zusammensetzung als auch der durch die modifizierte OECD-Skala unterstellten Kostendegression. Der verwendete relative Armutsbegriff steht in Abhängigkeit zu der Einkommensverteilung der Gesamtpopulation, im Speziellen deren Median-Einkommen. Der Einfluss der Höhe des jahresspezifischen Median-Einkommens wird jedoch bereits durch das Erhebungsjahr (Welle) implizit mit berücksichtigt.[553] Die Resultate

---

550 Dieses ergibt sich auf Basis der Vormonatsdaten aus der Differenz der Selbstauskunft zu monatlichem verfügbarem Haushaltseinkommen und Nettolohn der Haupttätigkeit sowie dem selbst-generierten fiktivem Nettonebeneinkommen (vgl. Kapitel 8.3.3). Bei Berechnung anhand der Vorjahresdaten ergibt sich dieses aus der Differenz des *„post-government-incomes“* abzüglich der selbstberechneten Nettowerte für Haupt- und Nebeneinkommen. Entsprechend der Verfahrensweise in Brüderl (2010:978) wird statt der tatsächlichen Einkommenswerte der natürliche Logarithmus (ln) verwendet.

551 Vgl. etwa Lundberg (1985).

552 Vgl. Kapitel. 5.3.1 .Wie bei der Variablen zu weiteren Einkommensbezügen im Haushalt wird auch hier der natürliche Logarithmus verwendet (ln).

553 Bei der zusätzlichen Aufnahme einer Variablen über das jahresspezifische Median-Einkommen wird dieses aufgrund der Kollinearität zum Erhebungsjahr bei der Berechnung der FE-Regression vom verwendeten Statistikprogramm Stata automatisch ausgeschlossen.

dieses zweiten Modells mit Berücksichtigung der Kontrollvariablen ermöglicht eine Interpretation, inwieweit das individuelle kombinierte Einkommen der Mehrfachbeschäftigung das vorherige Einkommen aus einem NAV unterschreitet und eine höhere Armutsgefährdung zur Folge hat. Die Ursache für dieses möglicherweise niedrigere Einkommen kann in den zwei Bestimmungsfaktoren der Einkommenshöhe, der Arbeitszeit und der Lohnhöhe, gesucht werden. In einem dritten Regressionsmodell wird daher als weitere Kontrollvariable die wöchentliche Gesamtarbeitszeit integriert.[554] Ein fortbestehendes höheres Armutsrisiko bestimmter Erwerbskombinationen von Mehrfachbeschäftigungen kann demnach als Ursache niedrigerer durchschnittlicher Stundenlöhne in Haupt- und Nebenbeschäftigung gegenüber der vormaligen Beschäftigung in einem Normalarbeitsverhältnis interpretiert werden. Die Ergebnisse zeigen darüber hinaus auf, inwieweit die festgestellten durchschnittlich höheren Wochenarbeitszeiten moderierend auf das Armutsgefährdungsrisiko bestimmter Mehrfachbeschäftigungsformen wirken. Entsprechend dem Vorgehen in den vorherigen Abschnitten, beschränkt sich die Untersuchung aus Plausibilitätsgründen und in Übereinstimmung mit dem Vorgehen der SOEP-Group[555] für die Haupttätigkeit, auf Fälle mit Gesamt-Wochenarbeitszeiten von maximal 80 Wochenstunden.

8.2.2. Resultate Fixed-Effects-Logit-Regressionen

Wie erwartet bringt ein Wechsel aus dem NAV in jede andere Einfachbeschäftigungsform ein höheres Armutsrisiko mit sich, mit Ausnahme des Wechsels in ein Beamtenverhältnis. Diese Resultate bestätigen damit die bisherigen Befunde in der Literatur einer mit atypischer Beschäftigung einhergehenden erhöhten Wahrscheinlichkeit einer Einkommensarmutsgefährdung. Diese treten bei Verwendung der monatlichen Einkommensdaten in höherem Maße hervor als bei Bestimmung der Armutsgefährdung mittels der Vorjahreseinkommenswerte. Ursächlich hierfür ist möglicherweise die in Kapitel 7.1 festgestellte allgemein höhere Armutsgefährdungsquote auf Basis der Vormonatsdaten, die wiederum auf die unterschiedliche Präzision der Einkommensangaben, beispielsweise

554 Umgekehrt wäre auch eine Kontrolle der Stundenlöhne möglich, welche jedoch nicht Bestandteil der SOEP-Befragung sind, sondern erst indirekt über die Angaben zu Individualeinkommen und Arbeitszeit generiert werden könnten. Die direkte Kontrolle nach der Arbeitszeit erscheint daher zielführender.

555 Vgl. SOEP Gruppe (2013:4).

hinsichtlich der Berücksichtigung von Transfereinkommen, zurückgeführt werden kann. In höchstem Maße betroffen von Einkommensarmut sind die geringfügige Beschäftigung und die atypische Teilzeitarbeit, wohingegen mit befristeter Vollzeit- oder befristeter regulärer Teilzeittätigkeit ein in geringerem Maße erhöhtes Risiko einhergeht. Mit Vorliegen einer zusätzlichen Befristung als ein weiteres Merkmal atypischer Beschäftigung geht ein additiver Effekt der Armutsgefährdung bei geringfügiger Beschäftigung und atypischer Teilzeitarbeit einher. Die Integration der Kontrollvariablen in den Modellen VM-A2 und VJ-A2 führt zu einem allgemeinen Anstieg des relativen Armutsrisikos, besonders jedoch bei atypischer Teilzeit, geringfügiger Beschäftigung und Auszubildenden, woraus sich der moderierende Einfluss des Haushaltskontextes und dessen zusätzlichen Einkommens ableiten lässt. Das erhöhte Armutsgefährdungsrisiko von Auszubildenden verdeutlicht erneut, dass diese bei Untersuchung des Zusammenhangs von atypischer Arbeit und Einkommensarmut gesondert betrachtet werden müssen, um den generellen Effekt befristeter Arbeitsverhältnisse nicht zu überschätzen.

In Folge der zusätzlichen Kontrolle der Wochenarbeitszeit in den Modellen VM-A3 und VJ-A3 reduzieren sich die Odds-Ratio-Koeffizienten. Die Stärke des Rückgangs verläuft parallel zu der durchschnittlichen Wochenarbeitszeit und fällt demnach gerade für die Beschäftigungen mit der durchschnittlich niedrigsten Arbeitszeit, d.h. der atypischen Teilzeit und gB, am deutlichsten aus. Neben der erwartungsgemäß von diesem Effekt nicht betroffenen befristeten Vollzeittätigkeit werden hierbei zusätzlich die ebenfalls überwiegend mit höheren Arbeitszeiten einhergehenden Beschäftigungen in Selbstständigkeit, Beamtenverhältnis oder einem Ausbildungsverhältnis nur in geringem Maße berührt. Für die unterschiedlichen Formen von Selbstständigkeit ergeben sich nur geringfügig abweichende Befunde in Form eines leicht höheren Armutsgefährdungsrisikos bei Abwesenheit von eigenen Angestellten (Solo-Selbstständige). Die auch bei Integration der Kontrollvariablen bestehende erhöhte Armutsgefährdungswahrscheinlichkeit bestätigt, dass die erhöhte Armutsgefährdung nicht ausschließlich auf den unterschiedlichen Arbeitsumfang zurückzuführen ist. Zwar führt diese verstärkt bei den Beschäftigungsformen mit geringerem Stundenumfang zu einer Reduktion der Odds-Ratio Koeffizienten, beseitigt diese jedoch nicht vollständig. Die weiterhin bestehende erhöhte Wahrscheinlichkeit von Armutsgefährdung deutet auf unterschiedliche Stundenlohnniveaus von geringfügig und atypisch Teilzeitbeschäftigten gegenüber Normalarbeitsverhältnissen hin. Gleiches lässt sich für die je nach Definition als atypische Arbeit klassifizierte reguläre Teilzeitbeschäftigung feststellen, wenn auch mit etwas niedrigeren Koeffizienten. Dies ist im Einklang mit den Erkenntnissen der bestehenden Forschungsliteratur, die unterschiedliche Stundenlöhne als eine der Ursachen höherer Armutsgefährdung von atypisch Beschäftigten identifiziert.[556] Das Vorliegen eines weiteren Merkmals atypischer Beschäftigung in Form einer zusätzlichen Befristung des Arbeitsvertrags verstärkt die Wahrscheinlichkeit einer Armutsgefährdung.

Die Resultate für einen Wechsel aus einem Normalarbeitsverhältnis in eine Mehrfachbeschäftigung weisen weitgehende Übereinstimmungen mit den Ergebnissen für Einfachbeschäftigungen auf. Dies verdeutlicht die begrenzte Bedeutung des Nebenerwerbs für das individuelle Armutsgefährdungsrisiko gegenüber der bedeutenderen Haupttätigkeit. Die zusätzliche Aufnahme einer Nebentätigkeit neben einem Normalarbeits- oder Beamtenverhältnis hat erwartungsgemäß keinen Einfluss auf das Armutsgefährdungsrisiko. Abweichend von den Befunden zur Einfachbeschäftigungen hat das zusätzliche Einkommen zur Folge, dass das Armutsrisiko bei Wechsel in befristete Vollzeittätigkeit mit Nebenerwerb nicht signifikant von dem eines Normalarbeitnehmers abweicht. Trotz zusätzlicher Nebenerwerbstätigkeit hat die Aufnahme der anderweitig betrachteten Mehrfachbeschäftigungsformen demgegenüber einen Anstieg des Armutsrisikos zur Folge, insbesondere bei atypischer Hauptbeschäftigung. Im Gegensatz zu Einfachbeschäftigten kann ein additiver Effekt durch ein weiteren Merkmals atypischer Beschäftigung in Form einer zusätzlichen Befristung des Arbeitsverhältnisses nur bei geringfügig Beschäftigten, nicht jedoch atypisch Teilzeitbeschäftigten festgestellt werden.

Im direkten Vergleich der Odds-Ratio Koeffizienten zwischen Einfach- und Mehrfachbeschäftigten vor Integration der Kontrollvariablen (Modelle VM-A1 und VJ-A1) zeigt sich ein nach Beschäftigungsform differenziertes Muster. Zum überwiegenden Teil lässt sich bei den Beschäftigungsformen mit reduziertem Wochenstundenumfang, d.h. regulärer, atypischer Teilzeit und gB, das erwartete Ergebnis, einer mit zusätzlicher Nebentätigkeit reduzierten Armutsgefährdungswahrscheinlichkeit, feststellen.

556 Vgl. u.a. Goebel/Krause (2016); Goebel et al. (2015); Hellmuth/Urban (2010:27); Wingerter (2009:1087f); Brehmer/Seifert (2008:512f.); Kalina/Weinkopf (2008:463f).

	Wahrscheinlichkeit Armutsgefährdung Y(t)					
Odds-Ratio (SE)	VM-1 FE	VM-2 FE	VM-3 FE	VJ-1 FE	VJ-2 FE	VJ-3 FE
Vollzeit, unbefristet (NAV) –REFERENZ						
- Vollzeit, befristet	1,287***	1,363***	1,362***	1,355***	1,440***	1,429***
	(0,073)	(0,105)	(0,106)	(0,072)	(0,114)	(0,113)
– reguläre TZ, unbefristet	1,973***	3,050***	2,137***	2,061***	2,327***	1,869***
	(0,117)	(0,235)	(0,176)	(0,282)	(0,196)	(0,171)
– reguläre TZ, befristet	2,742***	3,747***	2,704***	2,821***	3,194***	2,613***
	(0,255)	(0,458)	(0,342)	(0,285)	(0,414)	(0,351)
– atyp. TZ, unbefristet	3,172***	5,964***	3,053***	2,755***	2,923***	1,994***
	(0,227)	(0,562)	(0,330)	(0,225)	(0,305)	(0,245)
– atyp. TZ, befristet	4,984***	8,818***	4,630***	2,944***	3,512***	2,455***
	(0,596)	(1,373)	(0,762)	(0,376)	(0,657)	(0,468)
– GeB, unbefristet	4,263***	9,594***	4,424***	3,169***	3,797***	2,431***
	(0,278)	(0,825)	(0,476)	(0,226)	(0,386)	(0,311)
– GeB, befristet	5,963***	12,848***	5,871***	3,706***	4,280***	2,838***
	(0,629)	(1,771)	(0,854)	(0,430)	(0,784)	(0,568)
– Auszubildender	4,508***	10,030***	9,793***	3,785***	6,124***	6,052***
	(0,279)	(0,871)	(0,869)	(0,273)	(0,609)	(0,512)
– Selbstständig mit MA	1,950***	2,637***	2,267***	1,325**	1,386*	1,285†
	(0,156)	(0,307)	(0,276)	(0,133)	(0,169)	(0,165)
– Solo-Selbstständig	2,300***	3,561***	2,902***	1,463***	1,504**	1,431*
	(0,201)	(0,438)	(0,379)	(0,139)	(0,223)	(0,224)
– Beamter	0,623*	0,657	0,590	0,768	1,077	1,054
	(0,123)	(0,221)	(0,217)	(0,174)	(0,342)	(0,345)
– Vollzeit, unbefristet (NAV) + NET	0,904	0,808	0,948	0,969	0,902	0,950
	(0,091)	(0,138)	(0,168)	(0,119)	(0,133)	(0,147)
– Vollzeit, befristet + NET	0,802	0,739	0,856	1,082	1,098	1,180
	(0,182)	(0,244)	(0,302)	(0,246)	(0,309)	(0,353)
– reguläre TZ, unbefristet + NET	1,604**	2,178***	1,821**	1,639**	1,665**	1,452†
	(0,232)	(0,423)	(0,365)	(0,259)	(0,311)	(0,278)
– reguläre TZ, befristet + NET	2,554***	1,987†	1,598	2,901***	2,703**	2,289*
	(0,606)	(0,713)	(0,593)	(0,730)	(0,934)	(0,811)
– atyp. TZ, unbefristet + NET	3,348***	4,767***	3,087***	2,205***	2,060**	2,289*
	(0,549)	(1,013)	(0,677)	(0,397)	(0,461)	(0,511)
– atyp. TZ, befristet + NET	3,059**	3,993**	2,426	2,217*	1,222	1,586*
	(1,002)	(1,973)	(1,315)	(0,775)	(0,560)	(0,369)
– GeB, unbefristet + NET	3,938***	6,071***	3,710***	2,182***	1,530	1,150
	(0,706)	(1,347)	(0,911)	(0,459)	(0,479)	(0,379)
– GeB, befristet + NET	5,937***	10,552***	6,201***	6,428***	12,086***	9,151**
	(2,055)	(4,805)	(3,032)	(2,529)	(7,469)	(5,552)
– Auszubildender + NET	6,817***	14,172***	15,907***	4,972***	8,455***	9,569***
	(1,058)	(3,073)	(3,590)	(0,878)	(2,018)	(2,391)
– Selbstständig mit MA + NET	2,299***	3,015**	3,160**	2,466**	2,684**	3,118**
	(0,477)	(1,100)	(1,310)	(0,689)	(1,021)	(1,342)
– Solo-Selbstständig + NET	3,046***	4,123***	3,376**	1,378	1,034	1,363
	(0,621)	(1,294)	(1,188)	(0,378)	(0,417)	(0,602)
– Beamter + NET	0,441	0,329	0,336	1,111	1,295	2,120
	(0,221)	(0,409)	(0,434)	(0,580)	(0,905)	(1,490)
Kontrollvariablen						
Alter (D)	X	X	X	X	X	X
Welle (D)	X	X	X	X	X	X
Beruf (D)		X	X		X	X
Branche (D)		X	X		X	X
Familienstand (D)		X	X		X	X
Weitere Einkommen im HH (ln)		X	X		X	X
Äquiv.-Gewichtungsfaktor		X	X		X	X
Imputed Rent (ln)		X	X		X	X
Wochenarbeitszeit			X			X
Obs / Groups	7.376 / 53.539	5.421 / 36.047	5.312 / 34.927	5.238 / 35.969	3.967 / 27.132	3.889 / 26.304
Log likelihood	-17.461,275	-9.668,981	-9.271,237	-11.751,377	-7.523,617	-7.270,690
LR chi2 (df) = (Prob > chi2)	(47)= 1.608,38 (0,0000)	(72)= 5.530,39 (0,0000)	(73)= 5.544,76 (0,0000)	(46)= 881,21 (0,0000)	(70)= 2.957,77 (0,0000)	(71)= 2.979,72 (0,0000)

Tabelle 23: Armutsgefährdungsrisiko nach Wechsel der Erwerbsform – 1995 bis 2014/15

Quelle: Eigene Berechnung, SOEP Welle v32.1, ungewichtet jahresspezifische gesamtdeutsche Armutsschwelle mod. OECD Skala, inklusive imputed rent

(SE) = Standardfehler, † p<0,1, *p<0,05, **p<0,01, ***p<0,001. Vorjahresdaten: Armutsgefährdung des Vorjahres zeitversetzt (t+1)

Abweichende Befunde mit leicht erhöhtem Armutsrisiko im Falle von Mehrfachbeschäftigung zeigen sich bei befristeter regulärer Teilzeit (VJ-A1), unbefristeter atypischer Teilzeit (VM-A1) und befristeter geringfügiger Beschäftigung (VM-A1). Die Regression anhand der Vorjahresdaten (VJ-A1) zeigt bei Wechsel in eine befristete geringfügige Beschäftigung dagegen ein deutlich erhöhtes Armutsrisiko im Fall einer Nebentätigkeit gegenüber einer Einfachbeschäftigung auf. Die Isolierung des Einflusses der Erwerbsform durch Kontrolle weiterer Einflussfaktoren, wie Branche, Familienstand und weitere Einkommen im Haushalt in den Modellen VM-A2 und VJ-A2 hat sowohl bei Einfachbeschäftigten als auch Mehrfachbeschäftigten einen Anstieg der Odds-Ratio-Koeffizienten zur Folge. Der direkte Vergleich zwischen Einfach- und Mehrfachbeschäftigten bestätigt die erwartete armutsreduzierende Wirkung einer zusätzlichen Nebentätigkeit. Die Integration der Kontrollvariablen führt zu einer Korrektur der Odds-Ratio-Koeffizienten bei den im vorherigen Modell festgestellten Ausnahmen bei atypischer Teilzeit und geringfügiger Beschäftigung nach Vormonatsdaten. Hingegen verstärkt sich auf Basis der Vorjahresdaten der unerwartete Effekt des deutlich höheren Armutsrisikos bei Wechsel von einem NAV in eine befristete geringfügige Beschäftigung bei zusätzlich ausgeübter Nebentätigkeit. Die Ursache für diesen Befund bleibt unklar und ist möglicherweise den Unterschieden zwischen den Operationalisierungen nach Vormonats- und Vorjahresdaten geschuldet. Mit einem Wechsel in ein hauptberufliches Ausbildungsverhältnis oder eine Selbstständigkeit zeigt sich ebenfalls ein höheres Armutsrisiko bei nebenberuflicher Tätigkeit. Dies ist vermutlich das Resultat einer Selbstselektion entsprechend des Lohnniveaus in der Haupttätigkeit, welches dazu führt, dass gering entlohnte Selbstständige und Auszubildende wahrscheinlicher eine zusätzliche Nebentätigkeit aufnehmen. Das heterogene Entlohnungsgefüge unter Selbstständigen und Auszubildenden wird demnach durch die Kontrollvariablen Branche und Beruf nicht ausreichend differenziert erfasst.

Der Einfluss der wöchentlichen Arbeitszeit auf das Armutsrisiko wird bei deren Integration als Kontrollvariable in die Regressionsmodelle (VM-A3 / VJ-A3) in Form der resultierenden Reduktion der Odds-Ratio Koeffizienten – insbesondere bei geringfügig Beschäftigten – ersichtlich. Die Differenzen zwischen Einfach- und Mehrfachbeschäftigung zeigen sich weitgehend robust bei zusätzlicher Berücksichtigung der wöchentlichen Arbeitszeit. Wie bereits im Falle von Einfachbeschäftigung zeigt die Untersuchung, dass die festgestellte erhöhte Wahrscheinlichkeit von Einkommensarmut nicht ausschließlich auf divergierende Wochenarbeiten und den Haushaltskontext zurückgeführt werden kann. Die Ursache für die trotz Integration der verwendeten Kontrollvariablen bestehenden Armutsrisiken ist demnach das Resultat anderweitiger mit der Erwerbsform einhergehender Faktoren, wie beispielsweise eine unterschiedliche Entlohnung oder anderweitige nicht in den Regressionsmodellen erfasster Merkmale. Eine zusätzliche Nebenbeschäftigung resultiert zwar überwiegend in einer Reduktion des Armutsgefährdungsrisikos, allerdings nicht in notwendigem Maße, um die bestehenden Einkommensnachteile der Hauptbeschäftigung im vollen Umfang kompensieren zu können. Trotz zusätzlichen Nebeneinkommens gelingt es daher nicht in gleichem Maße einer Einkommensarmutsgefährdung entgegenzuwirken wie in einem Normalarbeitsverhältnis.

Zusammenfassend bestätigen die Ergebnisse der Regressionsanalysen damit überwiegend die in den Hypothesen A1 bis A3 formulierten Erwartungen. Eine ausführliche Zusammenfassung dieser Ergebnisse im Zusammenhang mit den vorherigen Erkenntnissen zu Mehrfachbeschäftigung und Einkommensarmut sowie mögliche daraus abzuleitende wirtschaftspolitischen Empfehlungen sind Gegenstand des (Abschluss-)Kapitels 9 dieser Arbeit. Um zu klären, ob neben des festgestellten höheren Armutsrisikos aufgrund atypischer Mehrfachbeschäftigung gleichermaßen die umgekehrte Wirkungsbeziehung zwischen diesen Arbeitsmarkterscheinungen belegt werden kann, wird im nachfolgenden Kapitel untersucht inwieweit die Betroffenheit von Einkommensarmut ein eigenständiges Motiv für die Aufnahme einer Mehrfachbeschäftigung darstellt.

8.3. Einkommensarmut als Auslöser für Mehrfachbeschäftigung

Mit der Aufnahme einer weiteren entlohnten Erwerbstätigkeit geht definitionsgemäß eine Verbesserung der Einkommenssituation einher. Die Annahme, dass gerade Personen in schlechter finanzieller Lage daher eher bereit sein dürften, neben der Haupttätigkeit einen Zweiterwerb aufzunehmen erscheint damit augenscheinlich logisch. Bei zusätzlicher Annahme, dass das Konzept der Einkommensarmutsgefährdung einen geeigneten Indikator zur Messung finanzieller Not darstellt, kann eine kausale Beziehung mit der Wahrscheinlichkeit eine Mehrfachbeschäftigung aufzunehmen erwartet werden. Für die praktische Untersuchung dieses Zusammenhanges muss jedoch berücksichtigt werden, dass der Zuverdienst eine unmittelbare Auswirkung auf die Finanzsituation der Betroffenen hat. Von Einkommensarmut Betroffene könnten demzufolge ihre Einkommenssituation durch den Zweitverdienst verbessern, wodurch sich infolgedessen die Armutsgefährdungsquote von Einfach- und Mehrfachbeschäftigten möglicherweise nicht länger unterscheiden. Um den tatsächlichen Zusammenhang sichtbar zu machen, gilt es daher die Auswirkungen des

Nebenverdienstes auszublenden. Dies lässt sich mit der zugrunde liegenden Datenbasis SOEP durch Ausnutzung des Panel-Designs oder unter Zuhilfenahme einer rechnerischen Lösung bewerkstelligen. Zur Durchführung der ersten Möglichkeit wird auf den Umstand zurückgegriffen, dass der Großteil, der in einer Welle des SOEP Befragten, bereits im Vorjahr in der Untersuchungsstichprobe enthalten war. Dem durch die Panel-Attrition bedingten Ausfall einiger Teilnehmer wird durch die Hochrechnungs- bzw. Bleibewahrscheinlichkeitsfaktoren entgegengewirkt und deren Auswirkungen (zumindest in Teilen) korrigiert.[557] Die Abbildung 40 veranschaulicht die Ergebnisse dieser Vorgehensweise. In dieser sind die Anteile der einfachbeschäftigten Personen dargestellt, die im vorherigen Jahr armutsgefährdet waren und daraufhin im folgenden (d.h. aktuellen) Jahr entweder weiterhin nur einer Erwerbstätigkeit nachgingen (blauer Balken) oder aber eine zweite Beschäftigung aufnahmen (roter Balken). Wie bei der Betrachtung kleiner Arbeitsmarktphänomene ratsam, werden hier statt der Einzeljahre die Durchschnittswerte für die Gesamtperiode sowie für den Durchschnitt der in Kapitel 4.3 erläuterten Phasen nach den gesetzlichen Rahmenbedingungen für gB ausgewiesen. Für den überwiegenden Teil der Fälle zeigt sich dabei, dass Personen, die in der Folgeperiode eine Zweitbeschäftigung aufnahmen, häufiger einer Einkommensarmutsgefährdung unterlagen, als Personen die in beiden Wellen einfachbeschäftigt waren. Einzig in Phase I nach Vormonatsdaten zeigte sich ein abweichender Befunden, eines höheren Armutsgefährdungsrisikos der Durchgängig-Einfachbeschäftigten. Nach Vorjahresdatenkonzept (rechte Grafik) überstieg die durchschnittliche Differenz des Gesamtzeitraum 1996 bis 2014 zwischen den Erwerbsgruppen circa 3,6 Prozentpunkten, gegenüber nur 1,6 Prozentpunkten nach Vormonatsdaten. Während die Armutsgefährdungsquote von in beiden Wellen einfachbeschäftigten über die Phasen um circa 1,2 (VM) bis 1,4 (VJ) Prozentpunkte moderat anstieg, verzeichnete das Armutsrisiko vor Aufnahme einer Mehrfachbeschäftigung eine deutlich höhere Dynamik über den Untersuchungszeitraum. Auf Basis des Vormonatseinkommens stieg das Armutsrisiko in zunehmendem Maße über die Phasen an, von ursprünglich 3,4% in Phase I auf circa 9,3% in Phase III. Nach Vorjahresdaten reduzierte sich die Armutsquote von Zweitbeschäftigten zunächst zwischen Phase I und II um circa 0,7 Prozentpunkte auf 6,3% und stieg erst im weiteren Verlauf auf circa 9% in Phase III an. Trotz unterschiedlichen Ergebnissen in Phase I, stimmen beide

557 Zu Hochrechnung und Bleibewahrscheinlichkeit mit Daten des SOEP vgl. etwa Kroh (2010 und 2009); Pischner (2007); Haisken-DeNew/Frick (2005).

Operationalisierungskonzepte darin überein, dass der hauptsächliche Anstieg der Armutsgefährdungsquote (im Jahr vor der Aufnahme einer Mehrfachbeschäftigung) um jeweils circa 3,4 Prozentpunkte nach den Hartz-Arbeitsmarktreformen im Jahr 2003 (Phase III) zu beobachten war.

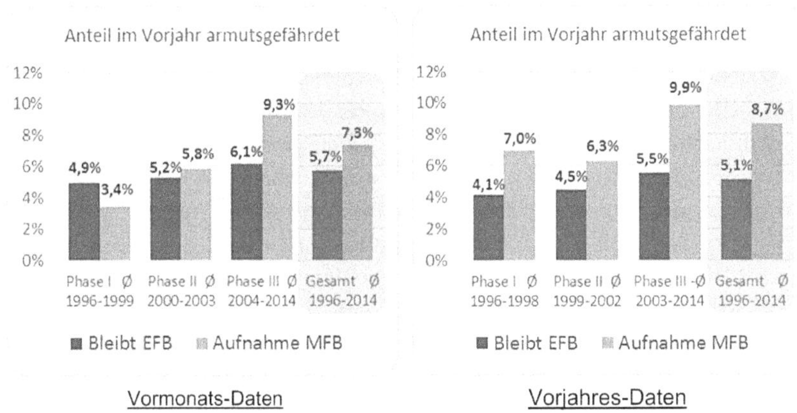

Abbildung 39: Anteil im Vorjahr armutsgefährdeter Einfach- und Mehrfachbeschäftigter (Vormonats- und Vorjahresdaten)

Quelle: Eigene Berechnung, SOEP Welle v32.1, gewichtet, jahresspezifische gesamtdeutsche Armutsschwelle mod. OECD Skala, Vorjahresdaten um ein Jahr versetzt. Grundgesamtheit: mehrfachbeschäftigte Arbeiter, Angestellte, Selbstständige und Beamte zwischen 18 und 65 Jahren.

Eine weitere Möglichkeit, den Effekt der Einkommensarmut auf die Nebentätigkeitswahrscheinlichkeit freizulegen, besteht in der rechnerischen Ausblendung des Nebeneinkommens vom verfügbaren Haushaltseinkommen, auf dessen Basis die Betroffenheit von Einkommensarmutsgefährdung bestimmt wird. Zur Durchführung dieser Berechnung ist die Kenntnis der Höhe des Nettonebeneinkommens notwendig, welches allerdings im Fragebogen des SOEP nicht enthalten ist. Diese kann näherungsweise mittels der im SOEP erfassten Angabe zum Bruttoverdienst im Nebenerwerb und unter Zuhilfenahme von Annahmen bezüglich der Steuer- und Abgabenlast bestimmt werden. Insbesondere von Bedeutung für die Berechnung der Abgabenlast ist dabei die Frage, ob die Nebenerwerbsform sozialversicherungs- und einkommenssteuerpflichtig ist. Hierfür wäre eine genaue Kenntnis der Erwerbsform in Haupt- und Nebenerwerb nötig, die aber weder anhand der Vormonats- noch der Vorjahreskonzeption uneingeschränkt bestimmt werden kann und somit ebenfalls annahmengestützt geschätzt werden muss. Der Einfluss der hierfür getroffenen Annahmen auf die Berechnungsergebnisse ist ebenfalls Gegenstand der im späteren Kapitel durchgeführten Sensitivitätsanalyse. Um Doppel-Ausführungen zu vermeiden, wird an dieser Stelle daher auf eine ausführliche Darlegung der Berechnungsweise des Nettonebeneinkommens verzichtet und stattdessen auf die Ausführungen in Kapitel 8.3.3 sowie im Anhang verwiesen. Die Auswirkungen dieser rechnerischen Korrektur auf die Armutsgefährdungsquote sind in Abhängigkeit von der Höhe des Nettonebeneinkommens in Abbildung 32 dargestellt. Um den Einfluss der Berechnung des Nettonebeneinkommens zu verdeutlichen, wird ein schrittweises Vorgehen gewählt. In diesem wird das verfügbare Haushaltsnettoeinkommen in jedem Schritt um jeweils zusätzliche zehn Prozentpunkte des fiktiven, da selbstberechneten, Nettonebeneinkommens korrigiert. Mit dieser Herangehensweise soll dargelegt werden, in welchem Maße die eigenen Berechnungsergebnisse von den tatsächlichen, aber leider unbekannten realen Nettowerten des Nebeneinkommens abweichen könnten, ohne die Befunde zu verändern. Ohne Korrektur um das Nebeneinkommen zeigt sich das in Kapitel 7.1 gefundene Ergebnis einer weitgehend identischen Armutsgefährdungsquote von Einfach- und Mehrfachbeschäftigten auf Basis der Vormonatsdaten sowie eines niedrigeren Armutsrisikos von Mehrfachbeschäftigten auf Vorjahreseinkommensbasis. Wird das verfügbare Haushaltseinkommen um 10% des fiktiven Nettoverdienstes korrigiert (MFB – 10), steigt die Armutsgefährdungsquote der Mehrfachbeschäftigten um circa 0,1 (VM) bzw. 0,3 (VJ) Prozentpunkte an. Auf Basis des Vormonatseinkommens wären Erwerbstätigen mit einem Nebenerwerb gegenüber Einfachbeschäftigten im Untersuchungszeitraum 1995 bis 2014 erst bei einer Korrektur um 40% des fiktiven Nettonebeneinkommens häufiger von einer Armutsgefährdung betroffen gewesen. Aufgrund der bereits bei vollständiger Berücksichtigung des Nebeneinkommens moderat höheren Armutsgefährdung hätte eine Korrektur in gleicher Höhe nach Vorjahreswerten eine um circa 1,5 Prozentpunkte höhere Armutsgefährdungsquote von Mehrfachbeschäftigten zur Folge gehabt. Die weitere Subtraktion eines Anteils des Nebeneinkommens resultiert in einem zunehmenden Anstieg des Armutsrisikos auf Basis beider Operationalisierungskonzepte. Bei vollständiger Ausblendung des zusätzlichen Nebenverdienstes (MFB – 100) beliefe sich die durchschnittliche Betroffenheit von Einkommensarmut bei Mehrfachbeschäftigten auf circa 9,3% (VJ) bis 10,7% (VM) und damit deutlich über den korrespondierenden Werten für Einfachbeschäftigte.

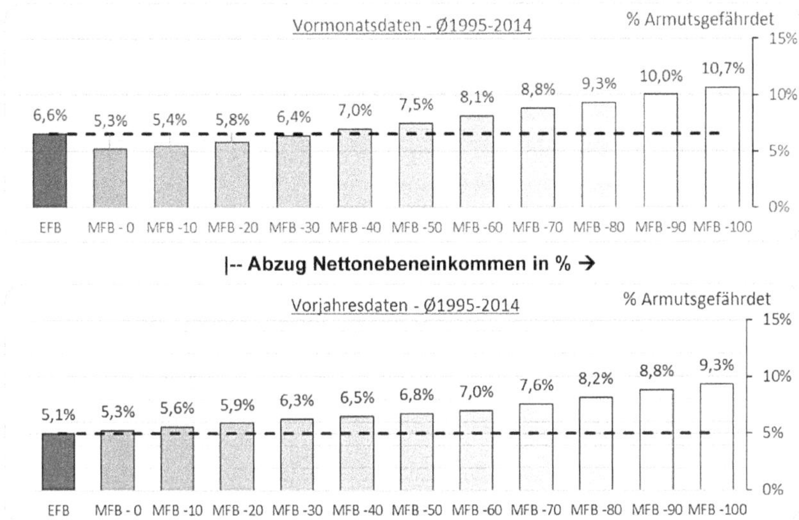

ABBILDUNG 40: ARMUTSGEFÄHRDUNGSQUOTE EINFACH- UND MEHRFACHBESCHÄFTIGTE – INKLUSIVE / EXKLUSIVE NEBENEINKOMMEN – SENSITIVITÄTSANALYSE

Quelle: Eigene Berechnung, SOEP Welle v32.1, gewichtet, jahresspezifische gesamtdeutsche Armutsschwelle mod. OECD Skala, inkl. Imputed rent. Vorjahresdaten um ein Jahr versetzt. Grundgesamtheit: mehrfachbeschäftigte Arbeiter, Angestellte, Selbstständige und Beamte zwischen 18 und 65 Jahren. Die Ausblendung der Nebeneinkommen hat eine Neuberechnung des, der Armutsschwelle zu Grunde liegenden, Median des äquivalenzgewichteten Nettohaushaltseinkommens zur Folge. Trotz definitionsgemäßer Ermangelung eines Nebeneinkommens kommt es damit auch zu leichten Abweichungen der von Armut gefährdeten Einfachbeschäftigten. Aufgrund des nur geringen Anteils der Nebenverdienste am Gesamtvolumen aller Einkünfte sind diese jedoch nur minimal und werden daher nicht ausgewiesen.

Die Auswirkungen, die sich durch Exklusion des Nebeneinkommens auf die Armutsquote ergeben würden, lassen sich durch den Abstand des verfügbaren Äquivalenzeinkommens von Mehrfachbeschäftigten zu der jeweilig jahresspezifischen Armutsschwelle nachvollziehen. Dieser betrug im Jahresdurchschnitt im Zeitraum 1995 bis 2014 für 16% (VJ) bis 22% (VM) der Mehrfachbeschäftigten nach Vormonatsdaten nominal bis zu 400 Euro und für 7% (VJ) bis 8% (VM) sogar weniger als 200 Euro. In Verbindung mit den Erkenntnissen aus Kapitel 7.2.2, demzufolge der Großteil der Nebentätigkeiten in Form von einer geringfügigen Beschäftigung mit einer eingeschränkten Zuverdienstmöglichkeit bis zu

400 Euro bzw. ab dem Jahr 2013 450 Euro[558] ausgeübt wurde, kann vermutet werden, dass dem Nebenerwerb für diese Einkommensgruppen eine entscheidende Rolle bei der Vermeidung von Einkommensarmut zukam.

In Abbildung 41 ist die Sensitivitätsanalyse zusätzlich nach Phasen differenziert dargestellt. Hierbei wird deutlich, dass unabhängig von den Operationalisierungskonzept und Betrachtungsperiode Mehrfachbeschäftigte ohne ihr zusätzliches Nebeneinkommen deutlich höherem Maße von Einkommensarmut betroffen gewesen wären. Die Exklusion des Nebeneinkommens führt auf Basis des vormonatlichen Einkommens in allen Phasen zu einer Verdopplung der Armutsgefährdungsquote. Ein weitgehend übereinstimmender Befund zeigt sich bei alternativem Bezug auf das Vorjahreseinkommen mit einem leicht geringerem Anstieg in den Phasen II und III um den Faktor 1,6 bzw. 1,7. Dieser etwas niedrigere Effekt ist wahrscheinlich auf den geringeren Anteil des Nebeneinkommens am Gesamtjahreseinkommens zurückzuführen, in welches neben Arbeitsverdiensten- u.a. auch Kapital- und Transfereinkommen sowie Leistungen der Sozialversicherung einfließen.[559]

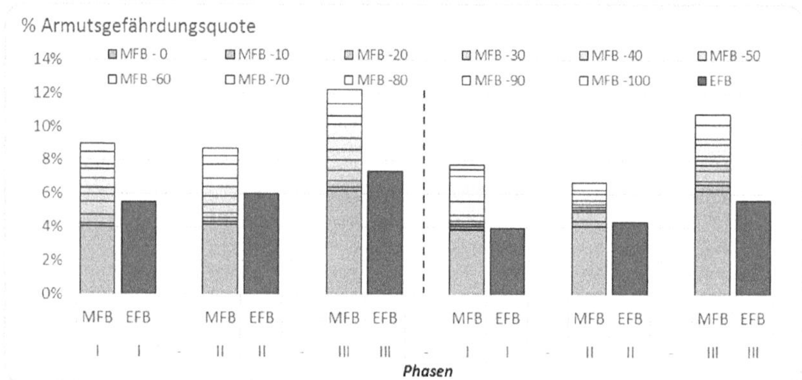

Abbildung 41: Armutsgefährdungsquote einfach- und Mehrfachbeschäftigte – inklusive / Exklusive Nebeneinkommen – Sensitivitätsanalyse nach Phasen

Quelle: Eigene Berechnung, SOEP Welle v32.1, gewichtet, jahresspezifische gesamtdeutsche Armutsschwelle mod. OECD Skala, inkl. Imputed rent. Vorjahresdaten um ein Jahr versetzt. Grundgesamtheit: mehrfachbeschäftigte Arbeiter, Angestellte, Selbstständige und Beamte zwischen 18 und 65 Jahren. Siehe Fußnote 564.

558 Auf den Sonderfall der bis ins Jahr 1999 abhängig vom Hauptverdienst berechneten abgabenfreie Zuverdienstgrenze für die gB (siehe Kapitel 4.3) wird hier zur Vereinfachung der Aussage abgesehen.

559 Vgl. Kapitel 5.5.

In den Jahren vor den Hartz-Arbeitsmarktreformen (Phase I und II) hat die vollständige Subtraktion des generierten Nettonebeneinkommens ein weitgehend ähnliches Ausmaß an Armutsgefährdung unter Mehrfachbeschäftigten zur Folge von circa 7% bis 8% (VJ) bzw. 9% (VM) der Zweitbeschäftigten. Dagegen erhöhte sich das relative Armutsrisiko in der Phase nach den Reformen unabhängig vom verwendeten Einkommenskonzept deutlich, in Folge dessen annähernd jeder achte (11%, VJ) bzw. neunte (12%, VM) Mehrfachbeschäftigte ohne den Nebenerwerb ein Einkommen unter der Armutsschwelle erzielt hätte. Der Befund höherer Armutsgefährdung von Mehrfachbeschäftigten bei Exklusion des generierten Einkommens aus dem Nebenerwerb ist weitgehend robust gegenüber einer möglicherweise vom tatsächlichen Wert abweichenden Berechnung des Nettonebeneinkommens. Mit Ausnahme der Auswertung in Phase II (VM) könnte der tatsächliche Nettowert um bis zu 70% von dem auf Basis der Bruttoangaben generierten Wert abweichen, ohne zu einer Ergebnisänderung zu führen. Vergleichsweise geringer, aber dennoch hinreichend robust ist der Befund für Phase II (VM), nach dem immerhin noch eine Abweichung um 40% dazu führt, dass die Armutsgefährdung von Einfachbeschäftigten ohne die Berücksichtigung von Nebeneinkommen weiterhin ein geringeres Ausmaß aufweist. Die Feststellung, dass Mehrfachbeschäftigte im Vorjahr öfter von Armut betroffen waren oder dies bei rechnerischer Exklusion ihres Zweiteinkommens gewesen wären, stellt jedoch maximalen einen Hinweis, nicht aber einen Beleg für einen Kausalzusammenhang zwischen diesen Arbeitsmarktphänomenen bereit. So kann mittels dieser bivariaten Untersuchung nicht ausgeschlossen werden, dass der gefundene Zusammenhang nicht durch intervenierende Einflussfaktoren, wie etwa Geschlechts-, Alters- oder Periodeneffekte, verursacht wird und somit nur eine Scheinkorrelation darstellt. Vor Durchführung der hierfür notwendigen multivariaten Untersuchung werden im nächsten Kapitel zunächst die im vorherige Verlauf anhand der Forschungslücken vorläufig formulierten Arbeitshypothesen[560] explizit als Forschungshypothesen formuliert und deren Operationalisierung anhand der zur Analyse verwendeten Daten des SOEP beschrieben. Neben der Hauptforschungsfrage, inwiefern das Auftreten von Einkommensarmut als ursächlich für die Aufnahme einer zusätzlichen Nebenbeschäftigung bezeichnet werden kann, wird die Analyse um den bislang unzureichend erforschten Zusammenhangs hinsichtlich Verschuldung und angestrebter beruflicher Veränderungen erweitert auf die Wahrscheinlichkeit mehrfachbeschäftigt zu werden erweitert. Um zu überprüfen, ob diese Motive einen zusätzlichen Beitrag zur Erklärung von

560 Siehe Kapitel 3.3.

Nebenbeschäftigung leisten, werden zusätzlich Variablen zur Messung der bisher in der empirischen Forschung identifizierten finanziellen und nicht-monetären Motiven in die Untersuchung einbezogen. Neben der Reproduktion der bisherigen Forschungserkenntnisse ist das Ziel dieses Vorgehens zu überprüfen, ob sich diese Motive ebenfalls mittels der alternativen – jedoch bislang nicht in der Forschungslage berücksichtigten – Operationalisierung von Mehrfachbeschäftigung mittels der Vorjahreseinkommensdaten (re-)validieren lassen.

8.3.1. Hypothesenformulierung und Operationalisierung

- *Einkommensarmutsgefährdung („objektive" Einkommenssituation)*

Zu Beginn dieser Arbeit wurde aufgezeigt, dass der Wirkungszusammenhang zwischen Mehrfachbeschäftigung und Einkommensarmut nach theoretischer Betrachtung nicht eindeutig bestimmt werden kann. Eine Mehrfachbeschäftigung kann sowohl das Ergebnis als auch der Auslöser von Einkommensarmut darstellen. Die bisherigen Querschnittsuntersuchungen ließen jedoch kein generell erhöhtes Armutsrisiko von Mehrfachbeschäftigten gegenüber Einfachbeschäftigten erkennen. Einkommensarmutsgefährdung ist demnach nicht als unmittelbares Ergebnis der Ausübung von mehreren Erwerbstätigkeiten anzusehen. Die im vorherigen Abschnitt festgestellten erhöhten Armutsquoten im Jahr vor Aufnahme einer Mehrfachbeschäftigung sowie bei Ausblendung des Nebeneinkommens, können jedoch als Hinweis verstanden werden, dass der Nebenerwerb in nicht unerheblichem Maße der Einkommensarmut entgegenwirkt. Inwiefern diesem Hinweis ein kausaler Zusammenhang zwischen Armutsgefährdung als Auslöser für Mehrfachbeschäftigung zu Grunde liegt, kann mittels einer Längsschnittsuntersuchung untersucht werden. Der Hintergrund dieser Überlegung ist, dass die Betroffenheit von Einkommensarmut als (geeigneter) Indikator für eine schlechte finanzielle Einkommenssituation aufgefasst werden kann, wohingegen eine Mehrfachbeschäftigung die Möglichkeit zur Einkommensaufbesserung bereitstellt. Das Vorliegen einer Einkommensarmut kann demnach als Auslöser für die Aufnahme einer zusätzlichen Erwerbstätigkeit angesehen werden. Um diese als Ursache identifizieren zu können muss diese, entsprechend der gewählten pragmatischen Definition von Kausalität, der Wirkung zeitlich vorausgehen, was mittels der Verwendung einer FE-Regression empirisch modelliert wird. Die Forschungshypothesen sind daher nicht als statische Aussagen zu bestimmen im Sinne von „Einkommensgefährdete sind häufiger mehrfachbeschäftigt". Stattdessen müssen diese dynamisch formuliert werden, um auszudrücken, dass der Zusammenhang durch eine (intra-personelle) Veränderung des Einkommensstatus zu Stande kommt und damit die Ursache für den damit einhergehenden Wechsel der Beschäftigungsform (von Einfach- in Mehrfachbeschäftigung)[561] darstellt.

Hypothese B1: Das Absinken des (äquivalenzgewichteten) Einkommens eines Einfachbeschäftigten unter die Einkommensarmutsgrenze hat zur Folge, dass dieser zur Verbesserung der finanziellen Situation eine zusätzliche Nebenerwerbstätigkeit aufnimmt, um somit der Einkommensarmut entgegenzuwirken.

Eine vielfach bei der Verwendung von Panel-Datensätzen übersehene Überlegung besteht mit Hinblick auf die zeitliche Dimension, d.h. wann ein unterstellter Zusammenhang zum Tragen kommen kann. So geht mit der formulierte Forschungshypothese B1 die implizite Annahme eines unmittelbar einsetzenden Effekts der angenommenen Einflussfaktoren auf die Wahrscheinlichkeit eine weitere Nebenerwerbstätigkeit aufzunehmen einher. Obgleich dieses Vorgehen in der gesamten Forschungsliteratur zu den Determinanten für eine Zweitbeschäftigung Anwendung findet, gibt keine dieser Untersuchungen eine explizite Begründung für die Angemessenheit dieser Annahme. Speziell für die Anwendung auf die Untersuchung der Einkommensarmutsgefährdung können hierzu jedoch sowohl theoretische Argumente als auch praktische Probleme bei der empirischen Modellierung der Kausalität angeführt werden. So kommt entgegen der idealtypischen Annahmen des neoklassischen Arbeitsmarktmodells dem Faktor Zeit bei der Suche nach einer weiteren Beschäftigungsmöglichkeit eine relevante Rolle zu. Die Aufnahme einer Nebenbeschäftigung ist mit Such- und Transaktionskosten und damit zeitlichem Aufwand verbunden. Eine mit der Arbeitszeit des Haupterwerbs und den Qualifikationen des Arbeitssuchenden kompatible Zweitbeschäftigung muss erst gefunden sowie ein möglicher Personalauswahlprozess erfolgreich durchlaufen werden. Aus theoretischer Sichtweise mit stärkerem Realitätsbezug ist es daher naheliegender, dass die derzeitige Einkommenssituation erst zeitversetzt zu einer Reaktion des Arbeitsangebotsverhaltens führt. Ein weiteres Problem stellt die uneindeutige Kausalität zwischen Einkommensarmut und Nebeneinkommen dar, welche sich daraus ergibt, dass die gebildete Variable „Armutsgefährdung“ ein Konstrukt darstellt, das im Wesentlichen durch das erzielte Einkommen bestimmt wird.[562] Einerseits

561 Der Wechsel von Einfach- in Mehrfachbeschäftigung wird nachfolgend auch als Aufnahme von Mehrfachbeschäftigung bezeichnet. Tatsächlich könnte diese allerdings auch alternativ aus vorheriger Nebenerwerbstätigkeit im engeren Sinne (vgl. Tabelle 1 in Kapitel 2.1) oder Erwerbslosigkeit erfolgen. Der Fokus dieser Arbeit liegt jedoch auf Einfach- und Mehrfachbeschäftigten, weshalb diese Übergänge in dieser Arbeit nicht untersucht werden können.

562 Vgl. hierzu Kapitel 5.3.1ff.

kann damit Armut als Auslöser für die Notwendigkeit eines weiteren Einkommensverhältnisses gesehen werden, andererseits hat ein weiteres Einkommen Auswirkungen auf die finanzielle Lage und folglich die Wahrscheinlichkeit von Armut betroffen zu sein. Gelingt es einem wesentlichen Teil der Beschäftigten durch das Nebeneinkommen die Armutsschwelle zu überschreiten, könnten sich die Effekte überlagern. Bei einer durchschnittlichen Armutsschwelle zwischen 784 Euro (Vormonat) bis 888 Euro (Vorjahresdaten)[563] kann bereit ein vergleichsweise kleiner Zuverdienst dazu führen, dass die Armutsschwelle überschritten wird. Die in vorherigen Kapiteln bei (rechnerischer) Ausblendung des Nebeneinkommens festgestellten Querschnittsbefunde mit erhöhten Armutsgefährdungsquoten von Mehrfachbeschäftigten können als Indiz für die Existenz dieses Effekts interpretiert werden. Der durch das Zusatzeinkommen resultierende Effekt der „Armutsvermeidung durch Nebenerwerb" ist daher im Idealfall von der Untersuchungshypothese „Armut als Auslöser" zu isolieren. Eine Möglichkeit dies zu gewährleisten besteht in der, wie in der Querschnittsuntersuchung durchgeführten, rechnerischen Isolation der Effekte, was allerdings zu den beschriebenen Problemen hinsichtlich der Genauigkeit der Ergebnisse führt. Eine alternative Vorgehensweise dieser Problematik zu entgegnen ergibt sich durch die Panel-Struktur der zugrundeliegende Datenbasis SOEP. Unter Ausschöpfung des Längsschnittspotenzials des SOEP kann eine (echte) zeitliche Trennung der erklärenden und unabhängigen Variablen modelliert werden. Mittels dieser lässt sich analysieren, inwieweit eine Veränderung im aktuellen Jahr (t) sich auf eine Variable im Folgejahr (t+1) auswirkt. Dies ermöglicht die eindeutige Bestimmung der Wirkungsrichtung des kausalen Zusammenhanges, da die Modellierung zwingend sicherstellt, dass die Ursache der Wirkung zeitlich vorrausgeht. Die praktische Umsetzung dieses Vorgehens geschieht durch die zeitverzögerte Aufnahme der erklärenden Variablen in das Regressionsmodell als sogenannten „*lagged predictor*" bzw. zeitverzögerten Prädikator. Bei Verwendung mehrerer erklärender Variablen bietet es sich jedoch an, stattdessen die abhängige Variable der Folgeperiode (t+1) zeitversetzt in das Modell zu integrieren, um die notwendigen Bearbeitungsschritte zu minimieren und die Forschungshypothese klarer formulieren zu können.[564] Aus diesen Überlegungen

563 Durchschnitt der (nominalen) jahresspezifischen Armutsschwellen im Zeitraum 1995 bis 2014, eigene Berechnungen.

564 Hierbei ergeben sich im Normalfall keine Auswirkungen auf die Ergebnisse. Um dies dennoch auszuschließen wurden die Regressionen auch für die umgekehrte Vorgehensweise durchgeführt, mit wie erwartungsgemäß unveränderten Ergebnissen.

ergibt sich eine entsprechend der zeitlich verzögerten einsetzenden Wirkung modifizierte Version der vorherigen Forschungshypothese.

Hypothese B2: Das Absinken des (äquivalenzgewichteten) Einkommens eines Einfachbeschäftigten unter die Einkommensarmutsgrenze hat zur Folge, dass dieser zur Verbesserung der finanziellen Situation bereit ist eine zusätzliche Nebenerwerbstätigkeit aufzunehmen, dieses aufgrund der mit der Suche verbundenen Transaktionskosten aber erst in der Folgeperiode realisieren kann.

In neueren Forschungsergebnisse wird allerdings gerade bei den für Längsschnittsuntersuchungen hochgradig geeigneten Fixed-Effects-Modellen auf eventuelle Hindernisse bei der Verwendung von zeitverzögerten Prädikatoren hingewiesen. So ist einzelnen Forschungserkenntnissen zu Folge die Validität der Ergebnisse, bei Verwendung von zeitverzögerten Prädikatoren in FE-Regressionen, stark abhängig von den theoretischen Annahmen hinsichtlich des Intervalls bis zum Einsetzen der angenommenen Wirkung.[565] Ein falsch gewähltes Wirkungsintervall kann demnach zu Verzerrungen des statistischen Zusammenhangs führen und im Extremfall dazu führen, dass ein positiver „unmittelbarer" Effekt sich in einen negativen „zeitverzögerten" Effekt verkehrt.[566] Dies betont die Notwendigkeit sich bei Verwendung von zeitverzögerten Prädikatoren in FE-Modellen intensiv mit der Frage nach der Angemessenheit des angenommenen Wirkungsintervalls auseinanderzusetzen. Die Problematik besteht hierbei jedoch darin, dass die Wahl des richtigen Intervalls sich nicht eindeutig anhand mathematischer bzw. statistischer Kriterien bestimmen lässt, sondern allein der theoretischen Argumentation unterliegt.[567] Nach Ansicht von Allison (2015) ist zudem nicht jeder Datensatz geeignet die Richtung der Kausalität eindeutig bestimmen zu können, d.h. zu trennen ob x auf y wirkt oder umgekehrt. Er plädiert daher zur Vorbeugung für eine stärkere Berücksichtigung möglicher Wirkungsintervalle bereits bei der Datenerhebung. Für bereits erhobene Datensätze schlägt er vor testweise sowohl die zeitverzögerte als auch die unmittelbar wirkenden Prädikatoren gleichzeitig in das Modell aufzunehmen und zu beobachten, ob es zu dem beschriebenen Vorzeichenwechsel kommt. Sofern eine stark signifikante Korrelation des unmittelbaren Effekts mit einem schwach signifikanten zeitverzögerten Effekt zusammenfällt, spricht dies gegen die Annahme einer späteren Wirkung, wobei dennoch auch der unmittelbare Effekt kritisch auf die theoretische Plausibilität überprüft werden sollte.[568] Die von Allison (2015)

565 Vgl. Allison (2015); Vaisey/Miles (2014).
566 Vgl. Vaisey/Miles (2014:29f).
567 Vgl. Vaisey/Miles (2014:19).
568 Vgl. Allison (2015).

vorgeschlagene Lösung stellt damit eher einen Anhaltspunkt denn ein eindeutiges statistisches Entscheidungsmittel bereit. Die Frage, ob der Wirkungszeitraum angemessen ist, unterliegt damit weiterhin vorrangig den theoretischen Überlegungen zur Angemessenheit des Wirkungsintervalls. Für den konkreten Fall des Einflusses der Armutsgefährdung auf die Zweitbeschäftigung erscheint eine erst später einsetzende Wirkung angesichts der Existenz von Such- und Transaktionskosten und der möglichen Überlagerung durch den Einkommenseffekt des Nebenerwerbs überzeugender. Dabei darf allerdings nicht vergessen werden, dass das SOEP eine jährliche Befragung darstellt und sich ein „unmittelbarer" Effekt somit in den meisten Fällen über ein Jahr erstreckt. Dies lässt sich an folgendem Beispiel illustrieren: Eine Person ist zum Zeitpunkt der Befragung (t) (z.B. im Februar 2008) weder von Einkommensarmut betroffen noch ging sie neben ihrem Haupterwerb einer Nebentätigkeit nach. Falls ihr Haushaltseinkommen in der gleichen Periode (z.B. ab Mai 2008) beispielsweise aufgrund der Trennung vom bis dato im Haushalt lebenden ebenfalls berufstätigen Partner unter die Armutsschwelle sinkt, kann die Reaktion „Aufnahme eines Nebenerwerbs" bis zur Folgeerhebung im Jahr (t+1) (z.B. März 2009) erfolgen um als unmittelbarer Effekt klassifiziert zu werden (vgl. Abbildung 42).

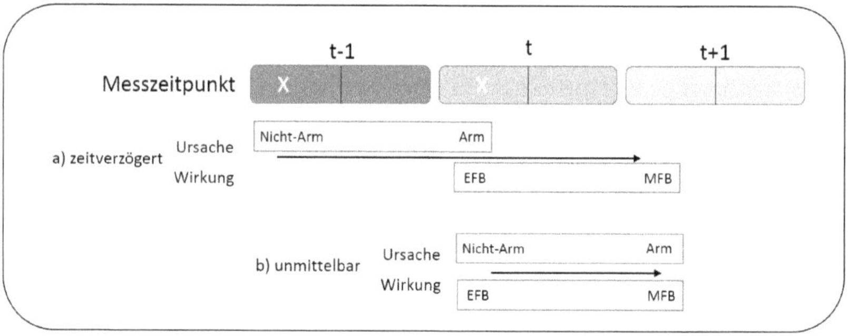

ABBILDUNG 42: SCHEMATISCHE DARSTELLUNG EINES UNMITTELBAREN UND ZEITLICH VERZÖGERT EINTRETENDEN EFFEKTS IN JÄHRLICHEN ERHEBUNGEN.

Ein zeitlich verzögerter Effekt beruht dagegen auf der Veränderung der ursächlichen Variablen zwischen den Perioden (t-1) und (t), im Beispielsfall also der Befragung in den Jahren 2007 und 2008. Das Wirkungsintervall entspricht daher, je nach genauem Zeitpunkt des Interviews, circa zwei Jahren und schließt neben den im Beispiel dargestellten Veränderungen möglicherweise noch weitere Veränderungen der Erwerbs- und Einkommenssituation der Untersuchungsperson ein. Sofern statt des angenommenen verzögerten Wirkungszusammenhangs stattdessen der unmittelbare Effekt das tatsächliche Wirkungsintervall korrekt spezifiziert, wird dadurch ein verfälschtes Schätzergebnis berechnet. Die Beurteilung der Angemessenheit des Wirkungsintervalls ist damit aus theoretischen Gesichtspunkten nicht abschließend zu entscheiden. Die konservative Vorgehensweise besteht daher darin für beide Wirkungsintervalle eigenständige Regressionsanalysen durchzuführen und deren Ergebnisse kritisch zu interpretieren. In Ermangelung geeigneter statistischer Methoden wird darüber hinaus als weiteres Entscheidungsmerkmal, der von Allison (2015) vorgeschlagene Test auf Angemessenheit der Wirkungsintervalle verwendet.

Eine alternative Vorgehensweise die eventuelle Problematik bei Verwendung von zeitverzögerten Schätzern zu umgehen, stellt die rechnerische Subtraktion des Effekts der Einkommenserhöhung durch den Nebenerwerb bereit. Bei korrekter Ausblendung des Einkommenseffekts durch das Nebeneinkommens hat dies zur Folge, dass sich (im Idealfall) nur eine Veränderung der anderweitigen Einkommensbestandteile des äquivalenzgewichteten Haushaltseinkommens, wie beispielsweise das Haupteinkommen, auf die Betroffenheit von Einkommensarmut auswirkt.

Hypothese B3: Das Absinken des (äquivalenzgewichteten) Einkommens eines Einfachbeschäftigten unter die Einkommensarmutsgrenze unter Ausblendung der möglicherweise überlagernden Einkommenserhöhung durch das Nebeneinkommen hat zur Folge, dass dieser zur Verbesserung der finanziellen Situation eine zusätzliche Nebenerwerbstätigkeit aufnimmt, um somit der Einkommensarmut entgegenzuwirken.

Die Überlegungen des korrekt spezifizierten Wirkungsintervalls haben konsequenterweise auch Auswirkungen auf die Formulierung der neben der Einkommensarmut vermuteten weiteren Determinanten für Mehrfachbeschäftigung. Diesem Umstand wird durch die separat durgeführten Regressionsanalysen Rechnung getragen. Um Wiederholungen zu vermeiden, wird im Folgenden auf die Aufstellung jeweils eigenständiger Hypothesen für beide angenommenen Wirkungsintervalle verzichtet und stattdessen stellvertretend nur der unmittelbare Effekt explizit formuliert. Sofern bei einzelnen Variablen die rechnerische Isolation von einer durch das Nebeneinkommen auftretenden inversen Kausalbeziehung angebracht scheint, wird diese dagegen diskutiert und ebenfalls in einer eigenen Hypothese dargestellt.

- *Subjektive Einkommenssituation*

Die Berechnung der Armutsgefährdung beruht auf empirischen Messgrößen und kann daher als eher objektives Maß für die Einkommenssituation einer Person gewertet werden. Speziell die hierbei unterstellten Annahmen für die

Haushaltsgewichtung und die Abhängigkeit von dem Median-Einkommen werfen allerdings die Problematik auf, inwieweit eine Person über die tatsächliche Höhe der Armutsschwelle Kenntnis hat. Neben einem objektiven Bewertungsmaßstab wird daher eine zusätzliche subjektive Komponente der wahrgenommenen Einkommenssituation in die Untersuchung integriert. Dabei wird angenommen, dass die verfügbaren Finanzressourcen auf Haushaltsebene entscheidend für die Bewertung der subjektiven Finanzsituation und die daraus resultierende Aufnahme einer zusätzlichen Nebentätigkeit sind. Entsprechend der Hypothese zur (objektiven) Einkommensarmut ist daher zu vermuten, dass eine Verschlechterung der subjektiv wahrgenommenen Haushaltssituation die Aufnahme einer Nebenbeschäftigung zur Einkommenskompensation begünstigt.

Hypothese B4: Verschlechtert sich die subjektive Bewertung der Finanzsituation des Haushaltes, wird eine zusätzliche Nebenbeschäftigung wahrscheinlicher aufgenommen um diese zu verbessern.

Zur Messung dieses Zusammenhangs wird die Variable „Zufriedenheit mit dem Einkommen des Haushaltes“ verwendet, welche jährlich im SOEP-Fragebogen im Zusammenhang mit einer Item-Batterie zur Bewertung der gegenwärtigen Lebenssituation nach aufgeführten Bereichen erfragt wird. Die Bewertung erfolgt dabei mittels einer 11-stufigen Likert-Skala, in der 0 die absolute Unzufriedenheit und 10 die absolute Zufriedenheit symbolisiert. In der Fragestellung bleibt offen, ob eine Bewertung des Brutto- oder Nettoeinkommens erfolgt oder ob bestimmte Einkommensbestandteile wie beispielsweise Nicht-Erwerbseinkommen in dieser berücksichtigt werden. Die prinzipiell offene Formulierung der Fragestellung lässt jedoch eher darauf schließen, dass Befragte wahrscheinlicher das gesamte ihrem Haushalt zur Verfügung stehende Einkommen als Bewertungsbasis heranziehen.

- *„Hours-Constraints“-Motiv*

In der Vorstellung des neoklassischen Arbeitsmarktmodells ist eine Nebentätigkeit der Ausdruck einer Verletzung der Annahme der vollkommenen Flexibilität von sowohl Arbeitsangebote als auch Arbeitsnachfrage.[569] Um die Restriktionen der Arbeitsnachfrage zu umgehen und ein vom Arbeitnehmer präferiertes Einkommensniveau zu erzielen, wird eine zusätzliche Nebentätigkeit aufgenommen. Eine empirische Bestätigung für dieses als *„hours-constraints“* bezeichnete Motiv für Mehrfachbeschäftigung kann einer Vielzahl nationaler und internationaler

569 Vgl. Shishko/Rostker (1976:299); Perlman (1966:241f).

Studien entnommen werden.[570] Obgleich mit dessen Integration in das Regressionsmodell abgesehen von einer erneuten Bestätigung kein entscheidender Mehrwert für den Forschungsstand zur Mehrfachbeschäftigung vollzogen wird, ist dessen Integration zur Kontrolle möglicher weiterer Einflussfaktoren unumgänglich. Dadurch soll verhindert werden, dass ein möglicher Zusammenhang durch eine Verschlechterung der finanziellen Situation, ausgedrückt durch Einkommensarmut, nicht tatsächlich aufgrund der Arbeitszeitpräferenzen zu Stande kommt. Aufgrund der theoretischen Annahmen des neoklassischen Arbeitsmarktmodells sowie den vorliegender empirischen Befunde wird ein positiver Zusammenhang zwischen der Arbeitszeitpräferenz und der Aufnahme einer Nebenbeschäftigung erwartet. Zu beachten ist dabei allerdings, dass die dem Motiv zu Grunde liegende neoklassische Arbeitsmarkttheorie eine Konstanz der Präferenz hinsichtlich des gewünschten Maßes Arbeit anzubieten unterstellt. Das Arbeitsangebotsverhalten wäre demzufolge ein zeitkonstantes Merkmal, welches in dem, in dieser Dissertation zur Feststellung von Kausalität bevorzugten, FE-Regressionsmodell nicht untersucht werden könnte. Eine realitätsnähere Betrachtung des Arbeitsangebotsverhaltens stellt demgegenüber fest, dass der Arbeitszeitwunsch über verschieden Lebensphasen variieren kann, wofür sich sowohl der politische Wunsch nach Recht auf Teilzeitarbeit mit verbundenem Recht auf Rückkehr in Vollzeitarbeit nach Betreuungsauszeiten anführen lässt als auch die Resultate einzelner ebenfalls auf FE-Regressionen basierender empirischer Untersuchungen.[571] Die Aufnahme des „*hours-constraints*"-Motivs in die Untersuchung drückt daher die Erwartung aus, dass der Wunsch nach Mehrarbeit, aufgrund einer geänderten Arbeitszeitpräferenz die Wahrscheinlichkeit von Nebentätigkeit erhöht.

Hypothese B5: Führt eine Änderung der Arbeitszeitpräferenzen dazu, dass die Wunscharbeitszeit die tatsächliche Wochenarbeitszeit übertrifft, nehmen Personen mit höherer Wahrscheinlichkeit eine Nebentätigkeit auf, um kurzfristig ihr angestrebtes Nutzenniveau zu erreichen.

Umgekehrt sollte nach den modelltheoretischen Vorstellungen des neoklassischen Arbeitsmarktmodells der Wunsch nach Arbeitsreduktion ein Ausdruck dafür sein, dass die Person ihre Freizeit gegenüber zusätzlichem Einkommen

---

570 Vgl. u.a. Schmidt/Voss (2014); Heineck (2009); Panos et al. (2009); Renna (2006); Robinson/Wadsworth (2006) Böheim/Taylor (2004); Smith Conway/Kimmel (1998); Smith Conway/Kimmel (1998); Paxson/Sicherman (1996); Perlman (1966);); Krishnan (1990).

571 Vgl. Schmidt/Voss (2014); Heineck (2009).

präferiert und demnach wenig Interesse an weiterer Beschäftigung habe sollte. Heineck (2009:109) führt hierzu jedoch an, dass auch der Wunsch nach einer Arbeitszeitreduktion sich positiv auf die Wahrscheinlichkeit für eine Nebentätigkeit auswirken könnte. Dies setzt allerdings voraus, dass der Stundenlohn im Nebenerwerb deutlich höher ist als im Haupterwerb, so dass das durch die Reduktion der Arbeitszeit im Haupterwerb niedrigere Nutzenniveau ausgeglichen werden kann. Nach den Vorstellungen des neoklassischen Arbeitsmarktes, mit der Lohnhöhe als einzig ausschlaggebender Variablen sowie rationalem Vorgehen des Arbeitnehmers, müsste bei dieser Konstellation der besser entlohnte Nebenerwerb zum Haupterwerb gemacht werden. Zur Auflösung des Konflikts müssen daher die Annahmen über die Motivation zur Arbeit um weitere nichtmonetäre Motive erweitert werden, so z.B. dass eine komplementäre Beziehung zwischen den Beschäftigungsverhältnissen besteht, die einem Wechsel entgegensteht.

Hypothese B6: Führt der Wunsch nach niedrigerer Arbeitszeit im Haupterwerb zu einer erhöhten Wahrscheinlichkeit auf Nebenerwerbstätigkeit, ist dies ein Hinweis für das Vorliegen nicht monetärer-Motive oder besserer Verdienstmöglichkeiten im Nebenerwerb.

Für die empirische Operationalisierung wird die im SOEP erhobene Angabe zur Wunscharbeitszeit verwendet. Bei dieser wird in der Fragestellung auch berücksichtigt, dass mit der Veränderung der Arbeitszeit auch eine Anpassung des Einkommens zu beachten ist. Daneben enthält das SOEP sowohl Angaben über die vertraglich vereinbarte Arbeitszeit als auch die tatsächliche Arbeitszeit pro Woche, d.h. inklusive eventueller Überstunden. Alle drei Variablen unterliegen der potenziellen Fehlerquelle, dass unklar bleibt, ob die Befragten ihre Angaben auf die Gesamtarbeitszeit aus allen Beschäftigungsverhältnissen beziehen oder sich nur auf die Hauptbeschäftigung beschränken. Aufgrund der Positionierung der Fragen im Fragekomplex zur Hauptbeschäftigung und vor dem Fragekomplex nach eventuellen Nebentätigkeiten, wird an dieser Stelle angenommen, dass diese sich ausschließlich auf die Haupttätigkeit beziehen. Dies entspricht der Vorgehensweise in der vorhandenen Forschungsliteratur.[572] Zur Berechnung der Abweichung von der Wunscharbeitszeit wird die Differenz zwischen tatsächlicher Wochenarbeitszeit und gewünschtem Wochenstundenumfang gewählt. Der tatsächlichen Wochenarbeitszeit wird dabei unterstellt, dass diese besser als die vertraglich vereinbarte Wochenarbeitszeit für die individuelle Bewertung einer möglichen Abweichung zur eigentlich gewünschten Arbeitszeit geeignet ist.

572 Vgl. Schmidt/Voss (2014); Heineck (2009).

- *„heterogeneous-jobs"-Motiv (Zufriedenheit mit Erwerbstätigkeit)*

Wie Erkenntnisse aus der Verhaltensökonomie nahelegen, hat die Ausübung einer Erwerbstätigkeit, neben dem Ziel der Einkommensgenerierung, mit der Qualität der Arbeit auch eine qualitative Einflussdimension auf die persönliche Zufriedenheit.[573] Eine Unzufriedenheit mit dem Arbeitsverhältnis wirkt sich negativ auf die allgemeine Zufriedenheit beziehungsweise das Glücksempfinden aus. Betroffene könnten aber von der Aufgabe bzw. dem Wechsel der Arbeitsstelle durch die damit verbundene materielle Unsicherheit abgehalten werden. Eine kurzfristige Abhilfe hierzu könnte die Aufnahme einer weiteren Beschäftigung darstellen, durch welche die im Hauptjob vernachlässigten Bedürfnisse, wie berufliche Selbstverwirklichung oder Selbstständigkeit, befriedigt werden.

Hypothese B7: Verschlechtert sich die allgemeine Zufriedenheit mit der Haupterwerbstätigkeit wird wahrscheinlicher ein Nebenerwerb als kurzfristige Kompensation aufgenommen. Umgekehrt sollte der Anstieg der Zufriedenheit eine nebenberufliche Tätigkeit unwahrscheinlicher machen.

Wie bereits die Variable zur Zufriedenheit mit dem Haushaltseinkommen, wird jährlich im SOEP-Fragebogen die Zufriedenheit mit der gegenwärtigen Erwerbstätigkeit mittels einer 11-stufigen Likert-Skala erhoben, in der 0 eine absolute Unzufriedenheit und 10 die absolute Zufriedenheit symbolisieren. Die konkrete Fragestellung unterscheidet jedoch nicht zwischen Haupt- und Nebenerwerbstätigkeiten, sondern bezieht sich allgemein auf die Zufriedenheit mit der Arbeit. Sofern die Aufnahme einer Zweitbeschäftigung zu einem generellen Anstieg der Arbeitszufriedenheit führt, könnten speziell bei der Annahme eines unmittelbaren Wirkungszusammenhangs die Schätzergebnisse verfälscht werden und statt des erwarteten negativen Zusammenhangs eine positive Korrelation aufweisen.

- *„hedging"-Motiv*

Dem in der Literatur als *„hedging"*[574] oder alternativ *„job-portfolio"*[575] bezeichneten Motiv für die Aufnahme einer zweiten Erwerbstätigkeit liegt die Annahme zu Grunde, dass eine drohende Arbeitslosigkeit oder allgemeine Unsicherheit über den möglichen Arbeitsplatzverlust durch eine Absicherung über eine Zweitbeschäftigung abgemildert wird. Um diesen Zusammenhang darzustellen, bieten sich mehrere Operationalisierungsvarianten an. Eine Möglichkeit, diese

573 Vgl. z.B. Wagner (2009).
574 Vgl. Bell et al (1997).
575 Vgl. Oaxaca/Renna (2006).

an objektiven Kriterien zu operationalisieren, besteht in dem der Erwerbstätigkeit zugrunde liegenden Kündigungsschutz. Im Gegensatz zu Festanstellungen kann temporären Arbeitsverhältnissen, wie Leiharbeit oder Befristungen ein hohes Maß an Beschäftigungsunsicherheit zugeschrieben werden. Der „*hedging*"-Theorie nach sollten diese daher häufiger eine Absicherung über den Nebenerwerb suchen. Die Leiharbeit wird im Gegensatz zur Befristung des Arbeitsvertrages im SOEP erst ab dem Jahr 2001 erhoben. Die Aufnahme der Variablen Leiharbeit in die Untersuchung hätte daher den Ausschluss sämtlicher Erhebungswellen vor diesem Jahr zur Folge, was zu einer deutlichen Reduktion der Stichprobe führen würde. Demgegenüber stünde aufgrund der geringen Zahl von im SOEP erfassten Leiharbeitsverhältnissen ein nur geringer Mehrwert entgegen, weshalb im Folgenden nur die befristete Beschäftigung analysiert werden kann.

Hypothese B8: Der Wechsel von einer Festanstellung in ein befristetes Arbeitsverhältnis hat eine höhere Beschäftigungsuntersicherheit zur Folge. Zur Absicherung gegen diese erhöht sich die Wahrscheinlichkeit nebenerwerbsstätig zu werden.

Umgekehrt wird eine Befristung von Arbeitgebern vermeintlich als Personalinstrument zur Verlängerung der Probezeit eingesetzt,[576] was dazu führen könnte, dass Betroffene ihre Übernahmewahrscheinlichkeit in eine Festanstellung nicht durch die Aufnahme einer zusätzlichen Beschäftigung gefährden wollen. Als Hindernis ist hier insbesondere eine mögliche Reduktion der Einsatzfähigkeit in Folge der Mehrbelastung durch den Nebenerwerb sowie die arbeitsrechtliche Informationspflicht des Hauptarbeitgebers über Nebentätigkeiten denkbar.[577] Die theoretische Wirkungsrichtung ist damit mit Unklarheit behaftet, was auch daran liegt, dass Arbeitsplatzunsicherheit individuell unterschiedlich bewertet wird und damit eine objektive Feststellung erschwert wird. Als Ergänzung bietet es sich daher an zusätzlich subjektive Messgrößen in das Modell zu integrieren. Das Sozio-oekonomische Panel bietet hierzu die Variablen „Sorge um eigene wirtschaftliche Situation" und „Sorge um Sicherheit des Arbeitsplatzes" an, die auf 3-stufigem ordinalen Skalenniveau („keine/geringe/große Sorgen") gemessen werden und entsprechend der „*hedging*"-Theorie positiv mit Nebentätigkeit korreliert sein sollten.

576 Vgl. Boockmann/Hagen (2005).

577 In bestimmten Konstellationen kann die Nebenerwerbstätigkeit auch vom Hauptarbeitgeber untersagt werden, etwa wenn Arbeitsfähigkeit durch den Nebenerwerb erheblich eingeschränkt wird.

Hypothese B9: Verschlechtert sich die subjektive Wahrnehmung der Arbeitsplatzsicherheit, erhöht sich die Wahrscheinlichkeit einen Nebenerwerb aufzunehmen, um das finanzielle Risiko eines Arbeitsplatzverlustes zu diversifizieren.

Hypothese B10: Verschlechtert sich die subjektive Wahrnehmung der eigenen wirtschaftlichen Situation, erhöht sich die Wahrscheinlichkeit einen Nebenerwerb aufzunehmen, um diese zu verbessern.

Darüber hinaus findet sich in derselben Item-Batterie zur beruflichen Veränderung, die im späteren Teil dieses Kapitels noch detailliert erläutert wird, die subjektive Einschätzung des Risikos auf einen Arbeitsplatzverlust in den kommenden zwei Jahren. Im Gegensatz zur Einschätzung der aktuellen Lage bezieht sich die Einschätzung damit auf die zukünftige Erwartungshaltung der Beschäftigten. Diese könnte zudem aufgrund der differenzierteren Antwortmöglichkeiten einer in Zehn-Prozent-Schritten angegebenen Skala einen höheren Informationsgehalt aufweisen als die Bewertung anhand einer nur drei-stufigen Skala. Mit einer höheren erwarteten subjektiven Arbeitsplatzunsicherheit wird dabei ebenfalls eine höhere Nebentätigkeitswahrscheinlichkeit erwartet.

Hypothese B11: Eine Zunahme des subjektiven Risikos in den kommenden zwei Jahren einen Arbeitsplatzverlust zu erleiden erhöht die Chance nebentätig zu werden.

Die Variable ist jedoch kein jährlicher Bestandteil des SOEP-Fragebogens, sondern wird nur in jedem zweiten Jahr erhoben. Bei unverändertem Einbezug führt dies aufgrund der den Fixed-Effects-Modellen zugrunde liegenden Methodik („*listwise-deletion*") zu einer Beschränkung auch der übrigen Prädikatoren auf diese Jahre und damit zu einem Absinken der Stichprobe. Eine Möglichkeit diesem entgegen zu wirken, besteht in der Imputation fehlender Werte. Auf diese Möglichkeit wird im weiteren Verlauf dieses Kapitels noch detaillierter eigegangen und daher an dieser Stelle nicht näher ausgeführt. Abschließend ist jedoch anzumerken, dass der Wirkungszusammenhang, ähnlich wie bei dem vermeintlich objektiven Kriterium „Befristung", theoretisch nicht eindeutig ist. Neben einer möglichen Absicherung durch einen Nebenerwerb kann die Unsicherheit des Arbeitsplatzes oder der wirtschaftlichen Lage auch dazu führen, dass Personen gehemmt sind, ihre Arbeitsenergie auf eine weitere Tätigkeit zu verteilen und damit Gefahr laufen die Hauptbeschäftigung zu gefährden. Inwieweit welche Überlegung zutrifft, lässt sich nur auf empirischer Ebene abschließend klären.

- *Schulden und Kredite*

Die finanzielle Situation eines Haushaltes wurde in der bisherigen Untersuchung einzig anhand der Stromgröße Einkommen beurteilt, wohingegen die

Bestandgrößen Vermögen und Schulden unberücksichtigt blieben. Zwar ist zu vermuten, dass ein hinlänglicher Zusammenhang zwischen Einkommensgenerierung und der Möglichkeit der Vermögensbildung besteht, für die Frage, ob eine Person auf eine Nebenbeschäftigung angewiesen ist, ist jedoch schon entscheidend, ob diese auf finanzielle Rücklagen und Vermögenswerte zurückgreifen kann. Mit Ausnahme einzelner Sonderbefragungswellen wird im SOEP allerdings die Vermögens- und Schuldensituation der Befragten nicht regelmäßig erhoben. Um dennoch den Einfluss einer Veränderung der Vermögenssituation auf die Wahrscheinlichkeit nebenberuflich tätig zu werden messbar zu machen, muss auf geeignete Stellvertretervariablen zurückgegriffen werden. Für die positive Seite der Vermögensbetrachtung findet sich im SOEP jedoch keine zur Annäherung geeignete Variable, während die Schuldensituation anhand der Existenz von Krediten approximiert werden kann. Sofern Kreditschulden ein geeignetes Mittel zur Beurteilung der finanziellen Situation darstellen, kann umgekehrt auch auf die Rolle von Vermögen geschlossen werden, bei der Annahme, dass erst ein Kredit aufgenommen wird, wenn das vorhandene Vermögen aufgebraucht ist bzw. nicht ausreicht, um eine größere Anschaffung finanzieren zu können. Personen, die zunächst von der Aufnahme einer Nebentätigkeit absehen und stattdessen auf vorhandene Rücklagen zurückgreifen, bleiben damit zunächst unberücksichtigt. Längerfristig betrachtet dürfte ein steter Vermögensschwund jedoch zu Schulden führen und die Aufnahme eines Kredites notwendig machen. Im SOEP werden mit Schulden aufgrund von Hypothek bzw. Bauspardarlehen und Kreditschulden zwei Arten von Schulden unterschieden, die beide im Zusammenhang mit einer Nebentätigkeit gesehen werden können. Prinzipiell ist dabei zur Abtragung der Schulden möglich, dass bislang nicht erwerbstätige Haushaltsmitglieder beruflich aktiv werden („*additional worker effect*")[578] oder bereits beschäftigte Personen die Arbeitszeit in ihrem Hauptberuf ausweiten bzw. eine weitere entlohnte Tätigkeit aufnehmen. Für die Fragestellung dieser Arbeit ist jedoch nur die letztgenannte Möglichkeit von Bedeutung, wobei die Bereitschaft nebenberuflich tätig zu werden als Resultat des vergangenen Ausgabeverhaltens und der daraus folgenden Notwendigkeit einen Kredit aufzunehmen aufgefasst werden kann.

Hypothese B12: Personen in Haushalten, die Kreditschulden aufnehmen müssen, nehmen wahrscheinlicher einen Nebenerwerb auf um ihre Verbindlichkeiten abtragen zu können.

578 Vgl. etwa Lundberg (1985).

Hypothese B13: Personen in Haushalten, die eine Hypothek oder ein Bauspardarlehen aufnehmen müssen, nehmen wahrscheinlicher einen Nebenerwerb auf um ihre Verbindlichkeiten abtragen zu können.

Es lässt sich argumentieren, dass qualitative Unterschiede zwischen den beiden aufgeführten Schuldentypen bestehen, da bei Bauspardarlehen und Hypotheken ein Vermögensgegenstand erworben beziehungsweise als Sicherheit hinterlegt ist, während Kreditschulden eher für Konsumzwecke aufgenommen werden. Die konkrete Fragestellung des SOEP beschränkt die Variable „Hypothek/Bausparschulden“ auf selbstgenutzte Immobilien,[579] was umgekehrt die Ersparnis von Mietzahlungen zur Folge hat. Gemäß den Vorstellungen eines hierzulande eher konservativ geprägten Vorgehens beim Eigenheimerwerb ist zudem anzunehmen, dass dessen Anschaffung entsprechend der Leistungsfähigkeit der aktuellen Einkommenssituation kalkuliert wurde und daher nicht kurzfristig eine Nebenerwerbstätigkeit erforderlich macht. Der Wortlaut der Erhebung von Kreditschulden umfasst einen allgemeineren Bezug auf „größere Anschaffungen und sonstige Ausgaben“[580] (außer dem eigenen Haus/Wohnung). Insofern dieser Kredit nicht aufgenommen wurde um eine Investition zu tätigen, z.B. für eine Immobilie als Kapitalanlage, dürfte der Kreditbetrag überwiegend für Konsumtätigkeiten aufgewendet worden sein. Es wäre daher denkbar, dass der vermutete Zusammenhang ausschließlich oder zumindest deutlicher bei der Existenz von Kreditschulden auftritt. Der Einbezug der Variablen Kreditschulden führt allerdings zu einer Beschränkung der Analyse auf die Erhebungswellen ab dem Jahr 1997, in dem diese erstmalig in den SOEP-Fragebogen integriert wurde. Dies bedeutet für die Analyse nach Vormonatsdaten einen Verlust um zwei (1995 und 1996), nach Vorjahresdaten sogar um fünf Erhebungsjahre (1992 bis 1997). Trotz dieser Einschränkungen spricht für den Einbezug dieser Variablen, dass bislang keine Erkenntnisse zwischen Schulden und Mehrfachbeschäftigung existieren und gerade bei Kreditschulden ein hohes Maß an Erklärungskraft für die finanzielle Notwendigkeit einer zusätzlichen Einkommensquelle angenommen werden kann.[581]

579 Vgl. TNS Infratest Sozialforschung (Hrsg.). (2015b:7).
580 Vgl. TNS Infratest Sozialforschung (Hrsg.) (2015b:9).
581 Um die Auswirkungen der Stichprobenreduktion auf die Befunde der übrigen Variablen zu überprüfen, wurden weitere Regressionenanalysen ohne Einbezug der Kreditschulden-Variablen durchgeführt, die jedoch zu keinen weitreichend Änderungen der Befunde führten.

- *Berufliche Veränderung / Übergang in die Selbstständigkeit*

Neben Veränderungen der Einkommens- und Vermögenssituation kann Mehrfachbeschäftigung auch im Zusammenhang mit beruflichen Veränderungen betrachtet werden. Die Aufnahme eines Nebenerwerbs kann dabei als kurzfristiges Mittel aufgefasst werden, im Hauptberuf vernachlässigte Bedürfnisse zu vermindern. Für die längerfristige Betrachtung ist hier entscheidend, ob dadurch das optimale angestrebte Nutzenniveau erreicht wird, oder die Mehrfachbeschäftigung nur einen Zwischenschritt für eine weitgreifende berufliche Veränderung darstellt. Personen, die sich beruflich verändern wollen, könnten daher wahrscheinlicher nebenerwerbstätig sein. Dies kann entsprechend der im SOEP enthaltenen Variablen differenziert werden in Arbeitsplatzwechsel, beruflicher Neuanfang und Aufnahme einer Selbstständigkeit. Die Nebentätigkeit stellt hierbei eine mit geringerem Risiko behaftete „Testphase" oder alternativ formuliert einen „*stepping stone*" für eine angestrebte berufliche Veränderung bereit.

Hypothese B14: Mit Zunahme der subjektiv eingeschätzten Wahrscheinlichkeit auf einen Arbeitsplatzwechsel erhöht sich die Chance zur Aufnahme eine Nebentätigkeit als Testphase beruflicher Veränderung.

Hypothese B15: Mit Zunahme der subjektiv eingeschätzten Wahrscheinlichkeit auf beruflichen Neuanfang erhöht sich die Chance zur Aufnahme eine Nebentätigkeit als Testphase beruflicher Veränderung.

Hypothese B16: Mit Zunahme der subjektiv eingeschätzten Wahrscheinlichkeit eines Wechsels in eine hauptberufliche Selbstständigkeit erhöht sich die Chance zur Aufnahme eine Nebentätigkeit als Testphase beruflicher Veränderung.

Umgekehrt könnte eine zukünftige, von den Betroffenen zu erwartende Verbesserung des derzeitigen Beschäftigungsverhältnisses, der Aufnahme einer Nebenerwerbstätigkeit im Wege stehen oder diese überflüssig machen. Die Aussicht auf einen beruflicher Aufstieg im bestehenden Arbeitsverhältnis oder eine erwartete Gehaltssteigerung könnten dazu führen, dass auf die Aufnahme eines Nebenerwerbs verzichtet wird, um somit die volle Arbeitsenergie in den Haupterwerb investieren zu können. Zusätzlich könnte der erwartete Einkommensanstieg auch das finanzielle Interesse an einem Nebenerwerb abschwächen. Umgekehrt formuliert ist damit zu erwarten, dass eine geringe Erwartung beruflich aufzusteigen, die Bereitschaft nebenberuflich tätig zu werden erhöhen könnte.

Hypothese B17: Verbessert sich Chance auf eine Gehaltserhöhung im bisherigen Arbeitsverhältnis, wird die Aufnahme eines Nebenerwerbs unwahrscheinlicher

Hypothese B18: Verbessert sich die Chance auf einen beruflichen Aufstieg im bisherigen Arbeitsverhältnis, wird die Aufnahme eines Nebenerwerbs unwahrscheinlicher.

Die Erwartungshaltung zu zukünftigen beruflichen Veränderungen wird im Sozio-oekonomischen Panel anhand Fragen zur individuellen Einschätzung der Wahrscheinlichkeit der aufgeführten beruflichen Veränderungen in den nächsten zwei Jahren gemessen. Die Variablen sind jedoch kein dauernder Bestandteil der Erhebung und weisen durch eine Änderung der Antwort-Vorgaben ab dem Jahr 1999 ein unterschiedliches Skalenniveau auf (siehe Abbildung 43). Bis in das Jahr 1998 wurde die Wahrscheinlichkeit durch vier Antwortmöglichkeiten gemessen. Im Jahr 1999 erfolgte eine Anpassung des Erhebungsinstruments auf eine 11-stufige Likert-Skalierung, mit welcher der Wahrscheinlichkeitswert des Ereigniseintritts von 0% bis 100% gemessen wurde. Die Variablen waren seitdem im zweijährigen Rhythmus im SOEP-Fragebogen enthalten, mit Abweichung einer fehlenden Erhebung im Jahr 2011.

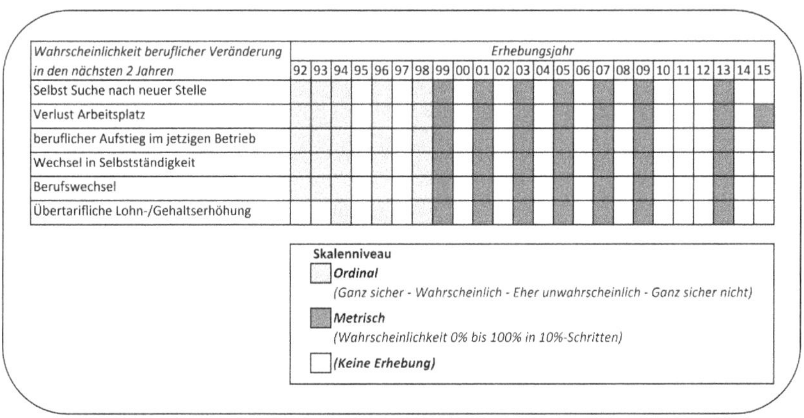

ABBILDUNG 43: ERHEBUNG VARIABLEN ZUR BERUFLICHEN VERÄNDERUNG IN ZWEI JAHREN IM SOEP

Quelle: SOEP-Info (o.D.); eigene Darstellung.

Die Aufnahme dieser Variablen in die Regressionsanalyse würde aufgrund des in den Modellen zu Grunde liegenden zeilenweisen Fallausschlusses („*listwise deletion*") bei fehlenden Daten zu einem Ausschluss sämtlicher Fälle der betroffenen Jahre über alle Variablen hinweg führen. Infolgedessen wäre eine beträchtliche Schrumpfung der Stichprobe zu verzeichnen mit mittelbaren Folgen auf die statistische Aussagekraft der Befunde. Eine Abhilfe kann hierbei ein einfach gestaltetes Imputationsverfahren bieten, welches für die fehlenden Jahre die Werte der vorherigen vorliegenden Erhebungswelle verwendet. Konkret wird dabei beispielsweise die Angabe zur Einschätzung der Wahrscheinlichkeit im Jahr 1999 dupliziert und ersetzt den fehlenden Wert im Erhebungsjahr 2000. Damit wird implizit die Annahme getroffen, dass die Einschätzungen über mehrere Jahre Gültigkeit besitzen. Als Rechtfertigung für diese Vorgehensweise kann die explizite Fragestellung zur Entwicklung der kommenden zwei Jahre gesehen werden.[582] Mittels dieser Vorgehensweise kann eine Analyse für die Jahre 1999 bis 2015, mit einer Erfassungslücke für das Jahr 2012, durchgeführt werden.[583] Um den Einfluss dieses rudimentären Imputationsverfahrens auf die Ergebnisse der übrigen Schätzer zu vermeiden, wird in einem stufenweisen Verfahren in einem ersten Schritt die Regression zunächst ohne Einbezug dieser Variablen geschätzt und erst in einem weiteren Modell integriert. Darüber hinaus werden die sich durch die Imputation ergebenden Befunde auf ihre Robustheit überprüft anhand eines Vergleichs der Ergebnisse bei Exklusion der imputierten Werte und resultierender reduzierter Stichprobe.

- *Sonstige Kontrollvariablen*

Die Variable „Armutsgefährdung“ basiert auf einer umfangreichen Betrachtung der finanziellen Situation, die neben individuellen auch die Einkünfte weitere Haushaltsmitglieder sowie die Haushaltszusammensetzung berücksichtigt. In Abbildung 44 ist eine Übersicht der Hauptfaktoren für die Berechnung dargestellt, welche sich in „Verfügbares Einkommen“, „Haushaltsgewichtung“ und „Armutsschwellwert“ aufteilen lassen. Jeder dieser drei Hauptfaktoren setzt sich dabei wiederum aus weiteren Einflussfaktoren zusammen, deren Darstellung aus Übersichtlichkeitsgründen nur auf eine Auswahl beschränkt ist.[584] Für den Großteil dieser Einflussfaktoren kann angenommen werden, dass diese die Wahrscheinlichkeit eine Mehrfachbeschäftigung aufzunehmen beeinflussen könnten. Die Integration dieser Variablen in ein Modell, in dem der Einfluss der Armutsgefährdung gemessen werden soll, bringt jedoch Probleme mit sich. Zum einen stellt dies eine Verletzung der für die Regression notwendigen Annahme unkorrelierter Prädikatoren dar und zum anderen beeinflusst dieses Vorgehen die Aussagekraft der Hauptforschungsfrage. Beispielsweise führt die

---

582 Die Aufnahme dieser Item-Batterien im Zwei-Jahres-Rhythmus kann ebenso als Indiz gesehen werden, dass diese Einschätzung mit den Erstellern des SOEP-Fragebogens übereinstimmt.

583 Dabei wird die Einschätzung des Jahres 2009 für die beiden Folgejahre (2010 und 2011) verwendet. Da die Fragestellung nur auf die beiden Folgejahre Bezug nimmt, liegt für das Jahr 2012 kein Wert vor.

584 Die vollständige Übersicht kann den Ausführungen in Kapitel 5 entnommen werden.

Aufnahme weiterer Einkommensvariablen, wie etwa das individuelle Nettoeinkommen oder die Berücksichtigung des zusätzlichen Einkommens bislang nicht erwerbstätiger Haushaltsmitglieder („*additional worker effect*")[585], dazu, dass deren Effekt aus der Wirkung der Armutsgefährdung exkludiert wird. Obgleich diese Variablen sehr wahrscheinlich einen Einfluss auf die Wahrscheinlichkeit eine Nebentätigkeit aufzunehmen haben, ist es das Ziel dieser Arbeit den Einfluss, anstatt anhand einzelner Einkommensbestandteile, umfänglich auf Basis der Gesamt-Einkommenssituation zu bestimmen. Um zusätzlich möglichen Verzerrungen der vermuteten Haupteinflussvariablen entgegenzuwirken, erscheint es ratsam von dem Einbezug weiterer Kontrollvariablen abzusehen, die Auswirkungen auf die finanzielle Situation haben könnten. Zu diesen zählen insbesondere Variablen zur Veränderung der Einkommensverhältnisse und beruflichen Situation. Hervorzuheben ist unter diesen auch die Veränderung der Einkommenssituation weiterer Haushaltsmitglieder, beispielsweise in Form der Aufnahme einer Beschäftigung eines bislang nicht erwerbstätigen Ehepartners.

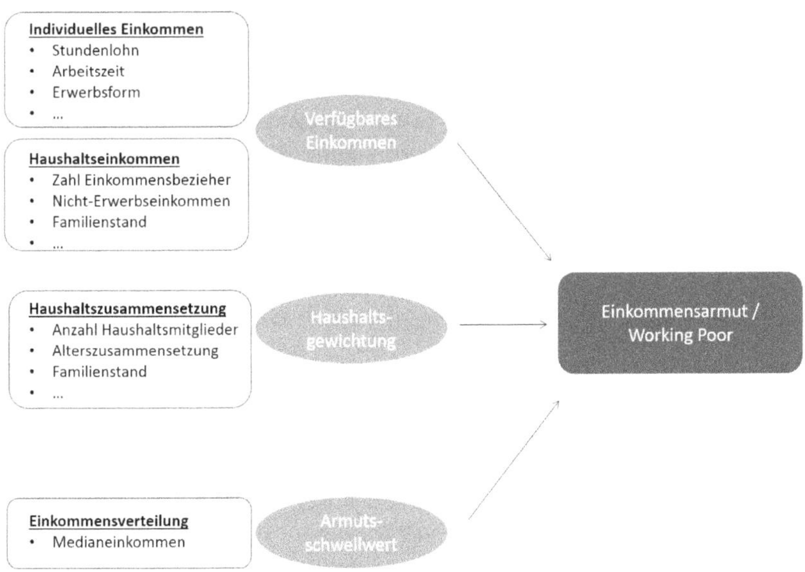

ABBILDUNG 44: EINFLUSSFAKTOREN BERECHNUNG EINKOMMENSARMUT

Quelle Eigene Darstellung.

585 Vgl. etwa Lundberg (1985).

Darüber hinaus empfiehlt sich generell die Integration von Kontrollvariablen nur, insofern diesen ein Beitrag zur Isolierung von möglichen Störgrößen auf die Forschungsfrage zugeschrieben werden kann. Wie in Kapitel 8.1 beschrieben, stellt das FE-Modell dabei durch die Kontrolle zeitunveränderlicher Faktoren bereits eine hohe Kontrolle personenspezifischer Heterogenität bereit. Die weitere Integration von Variablen bringt das Risiko mit sich die Stichprobe weiter zu reduzieren durch den zeilenweisen Fallausschluss bei fehlenden Werten. Hingegen ist es in Längsschnittsstudien unumgänglich nach Alters- und Periodeneffekten zu kontrollieren, wodurch methodisch im Prinzip im vorher-nachher Vergleich des FE-Modells eine Kontrollgruppe implementiert wird, was als beste Methode für die Analyse von Paneldaten bezeichnet werden kann.[586] Um auszuschließen, dass die Ergebnisse von einzelnen Erhebungsjahren übermäßig beeinflusst sind, wird die Erhebungswelle mittels einer Dummy-Variablen kontrolliert. Bei Alterseffekten gilt es zu unterscheiden zwischen dem Einfluss des Älterwerdens auf die Nebentätigkeitswahrscheinlichkeit oder einer möglicherweise durch Zugehörigkeit zu einer bestimmten Generation (Kohorte) verursachten Effekts. Die Kohorte ist eine konstante Variable und wird damit durch die Methodik des FE-Modells implizit kontrolliert, wohingegen die Konzentration von Mehrfachbeschäftigung auf bestimmte Lebensphasen ein zeitveränderliches Merkmal darstellt. Um dieses in der Regression zu kontrollieren müssen aufgrund der zwangsläufigen linearen Beziehung zwischen Erhebungsjahr und Alter Restriktionen eingeführt werden.[587] Daher wird statt eines linearen Altersterms die Zugehörigkeit zu einer bestimmten Alterskategorie mittels Dummy-Variablen verwendet. Darüber hinaus wird neben den zur Feststellung der Motive für Mehrfachbeschäftigung erklärenden Variablen sowie den aufgeführten Kontrollvariablen auf den Einbezug weiterer Faktoren verzichtet.

8.3.2. Resultate Fixed-Effects-Logit-Regressionen

Zur Überprüfung der im vorherigen Kapitel aufgestellten Hypothesen werden Längsschnitts-Regressionsanalysen durchgeführt, deren Ergebnisse Tabelle 24 entnommen werden können. Die Untersuchungen werden jeweils nach Vormonats- (VM) und Vorjahresdaten (VJ) getrennt durchgeführt sowie unter Berücksichtigung verschiedener Wirkungsintervalle. Die Regressionsmodelle VM-B1 und VJ-B1 basieren auf der Annahme eines unmittelbaren, d.h. noch in der gleichen Periode einsetzenden Effektes. Ein erst im Folgejahr einsetzender

586 Vgl. Brüderl (2010:970f.).
587 Vgl. Brüderl (2010:982f.).

Effekt auf die Wahrscheinlichkeit eine Nebenbeschäftigung aufzunehmen wird in den Regressionsanalysen VM-B2 und VJ-B2 modelliert durch die zeitversetzte Aufnahme der abhängigen Variable in das Regressionsmodell.[588] In einem weiteren dritten Regressionsmodell (VM-B3 / VJ-B3) wird erneut ein unmittelbarer Effekt angenommen, jedoch die möglichen Überlagerungseffekte des Nebeneinkommens auf die finanzielle Situation rechnerisch ausgeblendet. Zur besseren Übersichtlichkeit wird nachfolgend die Interpretation der Ergebnisse zeilenweise, d.h. für jede angenommene Einflussvariable für die Aufnahme von Mehrfachbeschäftigung getrennt, vorgenommen.

- *Einkommensarmut („objektive" Armutsgefährdung)*

Bei Beschränkung der Betrachtung auf zunächst die Modelle mit unmittelbarem Effekt weist sowohl der Korrelationskoeffizient (Logit) nach Vormonatsdaten (VM-B1) als auch nach Vorjahresdaten (VJ-B1) ein negatives Vorzeichen für den Zusammenhang zwischen Armutsgefährdung und Mehrfachbeschäftigung auf. Das Ergebnis beruht jedoch nur anhand der Vorjahresdaten auf statistisch signifikantem Niveau ($p<0,001$). In Worten ausgedrückt, reduziert demnach eine Verschlechterung der Einkommenssituation, modelliert durch die Armutsgefährdungslage, die Wahrscheinlichkeit eine weitere (Neben-) Tätigkeit aufzunehmen. Dieser Befund führt damit nicht allein zur Ablehnung der aufgestellten Forschungshypothese B1, sondern steht diametral zu den in der Hypothese formulierten Erwartungen und der zugrunde liegenden theoretischen Annahme, dass finanzielle Not einen Nebenerwerb bedingt. Berücksichtig man jedoch den bei Aufstellung der Hypothese B2 und B3 formulierten Einwand einer gleichzeitig wirkenden inversen Kausalbeziehung, wonach eine Mehrfachbeschäftigung neben dem Ergebnis auch eine Ursache für die Verbesserung der finanziellen Lage sein kann, gewinnt das Ergebnis an Plausibilität. So kann das Ergebnis auch umgekehrt formuliert werden, wodurch mit Überschreiten der Armutsschwelle eine Mehrfachbeschäftigung begünstigt wird. Inhaltlich ergibt dies aber nur Sinn, sofern das zusätzliche Einkommen durch den Nebenerwerb ursächlich für den Einkommensanstieg ist. Zweifellos ist es inhaltlich schlüssig, dass die Aufnahme einer zusätzlichen einkommensstiftenden Tätigkeit der aus Einkommensvariablen

588 Dieser Vorgehensweise wurde gegenüber der Alternative einer Aufnahme der Prädikatoren des Vorjahres (t-1) der Vorzug gegeben, da hierdurch ein geringerer Fallausschluss auftritt und eine größere Stichprobe in die Untersuchung eingeht. Die Ergebnisse bei alternativer Vorgehensweise decken sich erwartungsgemäß mit denen bei Verwendung der abhängigen Variable des Folgejahres, mit Ausnahme einzelner Werte des statistischen Signifikanzniveaus, bedingt durch die höheren Fallzahlen.

generierten Armutsgefährdung entgegenwirkt, allerdings wäre angesichts dieses unmittelbar eingängigen Zusammenhangs mit einem eindeutigeren, signifikanteren Regressionsergebnis zu rechnen. Es liegt daher nahe, dass die beiden Effekte, verkürzt ausgedrückt „Armut als Auslöser" und „Armutsvermeidung durch den Nebenerwerb" gleichzeitig ihre Wirkung zeigen und sich überlagern, wobei der vermeintlich stärkere Effekt der „Armutsvermeidung" überwiegt. Um dennoch die eigentliche Forschungsfrage untersuchen zu können, wird in den Modellen VM-B2 und VJ-B2 daher der Versuch unternommen, die Ursache und die resultierende Wirkung zeitlich voneinander zu trennen, durch die Annahme eines erst um eine Erhebungswelle verzögert einsetzenden Effektes. Nach Vormonatsdaten stellt sich auf diese Weise der erwartete Zusammenhang her, dass bei Verschlechterung der Einkommenssituation die Wahrscheinlichkeit im Folgejahr eine weitere Beschäftigung aufzunehmen steigt. Anhand der Vorjahresdaten kommt es zwar auch zu dem erwarteten Vorzeichenwechsel, der Logit-Koeffizient ist jedoch nur auf schwachem statistischem Signifikanzniveau ($p<0,1$) gültig. Eine Erklärung für dieses Ergebnis könnte die deutliche Reduktion der Stichprobe um 5.547 Beobachtungswerte (19%) gegenüber Modell VJ-B1 sein, wodurch die Fallzahl nach Vorjahresdaten niedriger ausfällt als nach Vormonatsdaten. Allerdings kommt es auch durch Bezug auf die Mehrfachbeschäftigungswahrscheinlichkeit im Folgejahr bei Modell VM-B2 zu einer Reduktion um 7.798 Beobachtungswerte (24%), ohne dass sich dies gleichermaßen im Signifikanzniveau niederschlägt. Die reduzierte Fallzahl erscheint insofern nicht hinreichend als Begründung. Möglicherweise lässt sich der gewünschte Effekt anhand der Vorjahresdaten nicht messen, da Personen ihre Arbeitsmarktbeteiligung eher am monatlichen Einkommen orientieren, als an einem um Sonderzahlungen ergänzten Jahreseinkommen. Unabhängig von der Frage des akzeptablen Signifikanzniveaus entsprechen die gefundenen Logit-Koeffizienten den in der Hypothese B2 formulierten theoretischen Erwartungen. Umgekehrt handelt es sich bei dem Vorzeichenwechsel zwischen den Modellen VM-B1 und VM-B2 bzw. VJ-B1 und VJ-B2 um einen Hinweis auf den bei Verwendung von zeitverzögerten Prädikatoren in FE-Modellen möglichen Verzerrungseffekt.[589] Ein zur Identifikation dieser Problematik durchgeführter Test[590] mit gleichzeitigem Einbezug sowohl der unmittelbaren als auch der zeitverzögerten Prädikatoren legt nahe, dass ein unmittelbarer Wirkungszusammenhang angebrachter erscheint.[591] Dieser Test gibt allerdings nur eine statistische Hilfestellung für die Beurteilung der Angemessenheit des Wirkungsintervalls, während die

589 Vgl. Vaisey/Miles (2014).
590 Vgl. Allison (2015).
591 Das ausführliche Ergebnis dieses Tests kann dem Anhang entnommen werden.

theoretischen Überlegungen stärker zu gewichten sind. Die theoretische Beurteilung muss aber ergebnisoffen bleiben, insofern als zwar praktische Argumente dafür sprechen, dass die Aufnahme einer zweiten Beschäftigung Zeit in Anspruch nimmt, es allerdings unklar ist, ob das einjährige Erhebungsintervall des SOEP diese nicht bereits ausreichend abbildet.[592] Zusammenfassend lässt sich damit festhalten, dass theoretisch die Trennung der Effekte durch ein zeitverzögertes Wirkungsintervall angebracht erscheint, jedoch Zweifel bestehen, ob die empirische Umsetzung mittels der vorliegenden jährlichen Daten gewährleistet werden kann. Dies führt dazu, dass die Frage, ob Hypothese B2 bestätigt werden kann offen bleiben muss. Die Ergebnisse bei angenommenem unmittelbarem Wirkungsintervall zeigen allerdings die Notwendigkeit auf die Verzerrungen durch den Einkommenseffekt des Nebenverdienstes auf die Einkommensarmut zu beseitigen, um nur den tatsächlichen Effekt einer schlechteren Einkommenssituation auf die Nebentätigkeitswahrscheinlichkeit zu erhalten. Um dieses Problem zu lösen, wird daher eine dritte Vorgehensweise angewendet mittels derer die Isolation der Effekte bei gleichzeitiger Beibehaltung des unmittelbaren Wirkungsintervalls gewährleistet werden kann. In den Modellen VM-B3 und VJ-B3 wird das bereits für die Querschnittsbetrachtung in Kapitel 8.3 angeführte, um das Nettonebeneinkommen „bereinigte" Äquivalenzhaushaltseinkommen verwendet. Die Einkommenserhöhung durch die Aufnahme des Nebenerwerbs wird auf diese Weise rechnerisch ausgeblendet und stattdessen betrachtet, ob eine Person ohne ihr Zweiteinkommen von Einkommensarmut betroffen wäre. Anhand dieses „neuen" Armutskonzeptes lässt sich in der Regressionsanalyse der vermutete Zusammenhang erkennen, wonach mit einem Absinken des bedarfsgewichteten Haushaltseinkommens die Wahrscheinlichkeit einen Nebenerwerb aufzunehmen ansteigt. Der Zusammenhang ist sowohl anhand der Vormonatsdaten wie auch der Vorjahresdaten statistisch hochsignifikant ($p<0,001$) und führt somit zur vorläufigen Bestätigung von Hypothese B3. Die in diesen Modellen verwendete „angepasste Armutsgefährdung" basiert jedoch auf zur Berechnung des Nettonebeneinkommens notwendigerweise getroffenen Annahmen. Um aufzuzeigen, inwieweit diese Annahmen das Ergebnis beeinflussen, wird im nachfolgenden Kapitel 8.3.3 eine Sensitivitätsanalyse durchgeführt.

Im vorangegangenen Abschnitt wurde deutlich, dass die Annahme eines erst zeitverzögert einsetzenden Effektes anhand der zu Grunde liegenden Datenbasis nicht zweifelsfrei gewährleistet werden kann und möglicherweise fehleranfällig ist. Die gesamten weiteren Ergebnisse der Modelle VM-B2 und VJ-B2 könnten

592 Vgl. hierzu die Ausführungen in Kapitel 8.3.1.

daher Verzerrungen unterliegen, weshalb für die Auswertung der Ergebnisse zu weiteren Motiven für Mehrfachbeschäftigung diese Modelle ausgespart werden. Stattdessen wird ausschließlich auf die Ergebnisse der Regressionen mit unmittelbarem Wirkungsintervall VM-B1 und VM-B3 (bzw. VJ-B1 und VJ-B3) abgestellt. Diese weisen mit Ausnahme der veränderten Variablen „Armutsgefährdung" weitgehend identische Befunde auf, so dass im Weiteren nur auf abweichende Ergebnisse gesondert eingegangen wird.

- *Zufriedenheit mit dem Haushaltseinkommen („subjektive Armut")*

Eine Verbesserung der subjektiven Bewertung des Haushaltseinkommens geht nach Vorjahresdaten mit einem signifikanten Absinken der Wahrscheinlichkeit nebenerwerbstätig zu werden einher. Umgekehrt formuliert sind demnach gerade Personen, die im Vergleich zum Vorjahr die Einkommenslage ihres Haushaltes negativer einschätzen, eher bereit eine weitere Einkommensquelle aufzusuchen. Die Regression auf Basis der Vormonatsdaten bestätigt dieses Ergebnis, wenngleich auf niedrigerem statistischen Signifikanzniveau ($p<0,1$). Die in Hypothese B4 formulierten Erwartungen können demnach bestätigt werden. Hierbei kann erneut die Frage aufgeworfen werden, ob ein unmittelbares Wirkungsintervall zur Untersuchung angemessen ist, da auch die Bewertung des Haushaltseinkommens durch die inverse Kausalbeziehung bei einer Einkommenserhöhung durch den Nebenerwerb betroffen ist. Eine Einkommenssteigerung durch die Aufnahme eines Nebenerwerbs könnte damit zu größerer Zufriedenheit mit dem Haushaltseinkommen führen und den erwarteten negativen Zusammenhang beeinträchtigen oder sogar neutralisieren. Im Gegensatz zur konstruierten Variable Einkommensarmut lässt die subjektive Einkommensbewertung jedoch keine rechnerische Behelfslösung zu, um die Effekte zu trennen. Die Betrachtung der Modelle mit angenommener zeitverzögerter Wirkung (siehe Modell VM-B2 und VJ-B2) kann hingegen als Indiz für diesen Effekt angeführt werden. Der durchgeführte „Allison-Test legt zusätzlich nahe, den zeitverzögerten Schätzer zu bevorzugen. Wird dieser in Modell VM-B2 anstelle des unmittelbaren Schätzers verwendet, ergibt sich ein signifikanter negativer Zusammenhang (b =-0,048***), bei weitgehend unveränderten übrigen Prädikatoren.[593] Inwieweit dies als Beweisführung ausreicht ist offen, da unklar bleibt, warum die Daten für eine Trennung der Effekte mittels eines zeitverzögerten Wirkungsintervalls an dieser Stelle geeignet sein sollten, während im vorherigen Abschnitt zur Einkommensarmut dies eher fraglich erschien. Eine abschließende, eindeutige Bewertung des angemesseneren Wirkungsintervalls lässt sich damit zwar nicht

593 Ergebnis siehe Anhang.

gewährleisten, alle Erkenntnisse zusammengenommen kann jedoch gefolgert werden, dass die subjektive Bewertung der Einkommenssituation die Aufnahme von Mehrfachbeschäftigung sehr wahrscheinlich negativ beeinflusst.

- *„hours-constraints"-Motiv*

Die durchgeführten Regressionen belegen erneut das *„hours-constraints"*-Motiv, welches in der Literatur häufig als klassischer Antrieb zur Aufnahme einer Nebenbeschäftigung angeführt wird.[594] Sofern eine Person ihre Arbeitszeitpräferenz ändert und eine Ausweitung wünscht, geht dies wahrscheinlicher auch mit der Aufnahme einer Nebentätigkeit einher. Die Nebentätigkeit stellt hierbei ein kurzfristiges Mittel dar zusätzliches Einkommen zu generieren bei Beibehaltung der Hauptbeschäftigung. Hypothese B5 kann somit bestätigt werden. Verändert sich die Arbeitszeitpräferenz hingegen in die entgegengesetzte Richtung, zeigen die Regressionen nach Vormonats- und Vorjahresdaten unterschiedliche Ergebnisse. Eine Operationalisierung von Mehrfachbeschäftigung nach Vorjahresdaten ergibt das theoretisch erwartete Ergebnis, einer mit Wunsch nach Arbeitszeitreduzierung einhergehenden abnehmenden Wahrscheinlichkeit eine weitere Beschäftigung aufzunehmen. Hingegen wird mittels der Vormonatsdaten ein positiver Zusammenhang deutlich, demnach der Wunsch nach Arbeitsreduzierung die Nebentätigkeitswahrscheinlichkeit erhöht. Dieses widersprüchliche Ergebnis kann als Hinweis auf nicht-monetäre Motive gesehen werden mit dem Wunsch die Gesamtarbeitszeit zu reduzieren, aber gleichzeitig nebenerwerbstätig in einem anderen Tätigkeitsfeld aktiv zu werden. Andererseits könnte dieser Befund wiederum aus einer inversen Kausalbeziehung zwischen unabhängiger und erklärender Variablen resultieren. Sofern nämlich mit der Aufnahme einer Mehrfachbeschäftigung auch der Wunsch nach einer Arbeitszeitreduktion einhergeht, aufgrund der insgesamt gestiegenen Gesamtarbeitszeit, wäre ein positiver Zusammenhang zu erwarten. Eine Abhilfe für dieses Problem könnte erneut in der Trennung der Effekte durch die Verwendung zeitversetzter abhängiger und unabhängiger Variable sein. Wird dieses angewendet, ergibt sich in dem Modell VM-B2 der erwartete negative Zusammenhang auf statistisch signifikantem Niveau ($p<0{,}01$). Hingegen führt dieses Vorgehen bei den Vorjahresdaten dazu, dass der Zusammenhang verschwindet, was jedoch auch der reduzierten Stichprobe geschuldet sein könnte. Mit diesem Vorgehen geht allerdings wieder die bereits beschriebene

594 Vgl. u.a. Heineck (2009:107); Robinson/Wadsworth (2006:3); Böheim/Taylor (2004:1); Smith-Conway/Kimmel (1998:136); Paxson/Sicherman (1996:379); Perlman (1966:241f).

Problematik der Beurteilung der Angemessenheit des Wirkungsintervalls einher. Wenngleich aus theoretischer Betrachtung ein negativer Zusammenhang als sinnvoller erscheint, kann mit der zu Grunde liegenden Datenbasis kein abschließendes Ergebnis festgehalten werden, in welcher Form der Wunsch nach Arbeitszeitreduktion sich auf die Nebentätigkeitsaufnahme auswirkt. Die Hypothese B6 kann somit weder eindeutig abgelehnt noch bestätigt werden.

- *„heterogeneous-jobs"-Motiv (Zufriedenheit mit der Erwerbstätigkeit)*

Die stellvertretend für die Überprüfung des *„heterogeneous-jobs"*-Motivs verwendete Variable zur Messung der generellen Zufriedenheit mit der Erwerbssituation schlägt sich in den Vormonats- und Vorjahresmodellen in unterschiedlichem Maße nieder. Wird eine Mehrfachbeschäftigung mittels der Angaben zur Beschäftigungssituation des Vormonats definiert, lässt sich kein signifikanter Einfluss feststellen. Eine Operationalisierung nach Vorjahreswerten fördert dagegen einen negativen Zusammenhang auf hohem statistischem Signifikanzniveau ($p<0{,}001$) zu Tage. Demnach führt eine Zunahme der Arbeitszufriedenheit zu weniger Bereitschaft nebenberuflich tätig zu werden, was umgekehrt wiederum gedeutet werden kann, dass Mehrfachbeschäftigung ein Mittel ist der Unzufriedenheit mit der Erwerbstätigkeit zu begegnen. Die Messung der Arbeitszufriedenheit unterliegt bei genauerer Betrachtung möglicherweise ebenfalls dem Problem von Endogenität (inverse Kausalität), da die Fragestellung nicht konkretisiert, ob nur die Zufriedenheit mit der Hauptbeschäftigung gemeint ist. Aufgrund der allgemeineren Formulierung muss stattdessen davon ausgegangen werden, dass die gesamte Beschäftigungssituation in die Bewertung mit einfließt. Die Aufnahme einer Nebentätigkeit könnte daher, entgegen der in der Hypothese angenommenen Erwartung, sich umgekehrt auf die Erwerbszufriedenheit auswirken. Die Wirkungsrichtung ist dabei allerdings unklar, da einerseits der Nutzen aus der Nebentätigkeit, unabhängig ob finanziell oder nicht-monetär, sich positiv auf die Zufriedenheit auswirken könnte, während andererseits die höhere Arbeitsbelastung durch eine weitere Tätigkeit negative Konsequenzen zur Folge haben könnte. Entscheidend dabei dürfte sein, ob der Nutzen aus dem Nebenerwerb überwiegt, oder dieser vielmehr als zusätzliche Belastung wahrgenommen wird. Der Versuch, die inverse Kausalbeziehung durch einen zeitversetzten Schätzer auszublenden, führt jedoch zu keinem statistisch signifikanten Ergebnis (siehe Modelle VM-B2 bzw. VJ-B2). Dies kann als Hinweis ausgelegt werden, dass ein unmittelbares Wirkungsintervall für die Untersuchung des Zusammenhangs angebrachter erscheint, und demnach mit zunehmender Zufriedenheit die Nebentätigkeitsbereitschaft abnimmt. Auf Basis der Vorjahresdaten kann Hypothese B7 mit den Ergebnissen der Regressionsanalyse bestätigt werden, nicht jedoch bei alternativer Verwendung der Vormonatsdaten.

Fixed-Effects Logit-Regression	Vormonatsdaten			Vorjahresdaten		
	Wahrscheinlichkeit Aufnahme Mehrfachbeschäftigung					
Logits (SE)	VM-1 Y(t)	VM-2 Y(t+1)	VM-3 Y(t) – Adj.	VJ-1 Y(t)	VJ-2 Y(t+1)	VJ-3 Y(t) – Adj.
Armutsgefährdet (Ref.: Nein)	-0,057 (0,077)	0,226* (0,083)	**1,079***** (0,067)	-0,359*** (0,068)	0,183† (0,097)	**0,660***** (0,077)
Zufriedenheit mit Einkommen Haushalt	-0,012 (0,010)	-0,048*** (0,012)	**0,007** (0,010)	-0,039*** (0,011)	-0,028* (0,012)	**-0,030**** (0,011)
Arbeitsvertrag (Ref.: Unbefristet)						
... befristetet	0,268*** (0,057)	-0,031 (0,069)	**0,254***** (0,057)	0,196** (0,061)	-0,031 (0,070)	**0,183**** (0,061)
... kein Vertrag / t.n.z	-0,150† (0,078)	-0.049 (0,087)	**-0,179*** (0,079)	0,152† (0,080)	0,011 (0,086)	**0,120** (0,080)
Eigene Wirtschaftslage (Ref.: Keine Sorgen)						
...Einige Sorgen	0,040 (0,045)	-0,047 (0,050)	**0,464** (0,045)	0,059 (0,048)	-0,012 (0,052)	**0,053** (0,048)
...Große Sorgen	0,035 (0,063)	0,002 (0,071)	**0,188** (0,064)	0,130† (0,068)	-0,055 (0,075)	**0,117** (0,068)
Arbeitsplatzsicherheit (Ref.: Keine Sorgen)						
...Einige Sorgen	-0,009 (0,040)	0,039 (0,046)	**-0,002** (0,040)	0,031 (0,042)	0,010 (0,047)	**0,039** (0,043)
...Große Sorgen	-0,062 (0,064)	0,069 (0,072)	**-0,073** (0,065)	0,051 (0,067)	0,032 (0,075)	**0,063** (0,067)
Zufriedenheit mit Arbeit	-0,004 (0,009)	-0,011 (0,010)	**-0,005** (0,009)	-0,041*** (0,010)	-0,011 (0,011)	**-0,040***** (0,001)
Arbeitszeitwunsch (Ref.: Wunscharbeitszeit)						
... Wunsch Mehrarbeit	0,322*** (0,048)	0,076 (0,056)	**0,293***** (0,050)	0,280*** (0,052)	0,233*** (0,058)	**0,262***** (0,052)
... Wunsch Reduktion	0,096* (0,041)	-0,140** (0,046)	**0,103*** (0,042)	-0,098* (0,044)	0,046 (0,048)	**-0,085*** (0,050)
Haushalt Kreditschulden (Ref.: Nein)	0,188*** (0,038)	0,163*** (0,042)	**0,213***** (0,038)	0,155*** (0,041)	0,066 (0,045)	**0,166***** (0,041)
Haushalt Hypothek (Ref.: Nein)	0,073 (0,049)	-0,002 (0,056)	**0,080** (0,049)	-0,241 (0,052)	0,097† (0,057)	**-0,013** (0,062)
Angestellter (Ref.)						
... Arbeiter	-0,035 (0,067)	-0,032 (0,077)	**-0,038** (0,067)	0,039 (0,072)	0,132 (0,081)	**0,029** (0,0072)
... Selbstständig (mit Mitarbeitern)	-1,182*** (0,127)	-0,544*** (0,133)	**-1,168***** (0,128)	-0,525*** (0,109)	-0,295* (0,118)	**-0,497***** (0,109)
...Solo-Selbstständig	-1,097*** (0,140)	-0,536*** (0,147)	**-1,101***** (0,142)	-0,500*** (0,123)	-0,208 (0,135)	**-0,452***** (0,123)
...Beamter	0,201 (0,172)	0,268 (0,196)	**0,241** (0,173)	-0.484* (0,196)	0,053 (0,207)	**-0,458*** (0,195)
Obs / Groups	32.470 / 3.908	24.672 / 2.961	32.414 / 3.903	28.494 / 3.465	22.947 / 2.807	28.494 / 3.465
Log likelihood	-10.983,43	-8.714,00	-10.824,53	-9.699,77	-7.952,95	-9.671,87
LR chi²(df) (Prob > chi²=)	(39)= 1.035,71 (0,000)	(38)= 267,01 (0,000)	(39)= 1.303,49 (0,000)	(38)= 300,76 (0,000)	(37)= 138,85 (0,000)	(38)=356,58 (0,000)

Tabelle 24: Ökonometrische Untersuchung der Einflussvariablen zur Aufnahme einer Zweitbeschäftigung im aktuellen bzw. im nächsten Jahr

Quelle: Eigene Berechnung, SOEP Welle v32.1, ungewichtet jahresspezifische gesamtdeutsche Armutsschwelle mod. OECD Skala, inklusive imputed rent

(SE) = Standardfehler, † p<0,1, *p<0,05, **p<0,01, ***p<0,001. Weitere Kontrollvariablen Alter (D), Erhebungsjahr (D) (Vormonat 1997 bis 2015 bzw. Vorjahr 1997 bis 2014).Vorjahresdaten: Armutsgefährdung und Mehrfachbeschäftigung des Vorjahres zeitversetzt (t+1). Einfach- und mehrfachbeschäftigte Arbeiter, Angestellte, Selbstständige und Beamte zwischen 18 und 65 Jahren.

- *„hedging"-Motiv*

Für Personen, die von einem unbefristeten in ein befristetes Arbeitsverhältnis wechseln, findet sich ein generell positiver Zusammenhang mit Mehrfachbeschäftigung. Für Arbeitnehmer in anderen Beschäftigungsverhältnissen oder ohne Arbeitsvertrag lässt sich dagegen keine signifikante Korrelation feststellen, was möglicherweise der Heterogenität dieser Gruppe geschuldet ist. Das Ergebnis deutet damit auf die Gültigkeit des *„hedging"*-Motivs (und Hypothese B8) hin, demzufolge die Unsicherheit der Hauptbeschäftigung durch eine weitere Tätigkeit abgesichert wird. Die im Modell enthaltenen zusätzlichen Variablen zur Messung der subjektiv wahrgenommenen Veränderung der Arbeitsplatzsicherheit und der allgemeinen Sorge um die eigene wirtschaftliche Lage stützen diesen Befund jedoch nicht. Die Hypothesen B9 und B10 können demnach nicht bestätigt werden. Die testweise ohne Einbezug der Variable „Befristung" geschätzten Modelle, um mögliche Einflüsse auf die beiden anderen Messgrößen zum *„hedging"*-Motiv auszuschließen, führten zu keinen anderen Ergebnissen. Gerade die Variable „Sorge um die Arbeitsplatzsicherheit" drückt jedoch am besten die Ratio hinter dem *„hedging"*-Motiv aus, während ein Übergang in ein befristetes Arbeitsverhältnis eher auf der Annahme erhöhter Beschäftigungsunsicherheit und damit Verlust des Arbeitsplatzes in der Zukunft basiert. Befristete Beschäftigungen sind jedoch unter anderem auch ein verstärkt eingesetztes Mittel der verlängerten Probezeit, so dass hierbei auch eine berufliche Veränderung der eigentliche Auslöser sein könnte, die eventuell kurzfristig um einen zwischenzeitlichen Nebenerwerb ergänzt wird. Diesem Gedankengang wird im nachfolgenden Modell mit zusätzlichen Messgrößen zur zukünftigen beruflichen Veränderung weiter nachgegangen (siehe Tabelle 25). Statt der derzeitigen Einschätzung zur Beschäftigungsunsicherheit enthält dieses die Frage nach der zukünftig erwarteten Entwicklung der Arbeitsplatzsicherheit. Dabei wird deutlich, dass die zunehmende Erwartung in den kommenden zwei Jahren einen Verlust des Arbeitsplatzes erleiden zu können mit der Wahrscheinlichkeit eine Nebentätigkeit aufzunehmen positiv korreliert. Die Befunde sind allerdings nur nach Vormonatsdaten statistisch signifikant, können daher nur als Hinweis auf die Gültigkeit von Hypothese B11 aufgefasst werden. Die Aufnahme der zusätzlichen Variablen zur beruflichen Veränderung in den kommenden zwei Jahren hat darüber hinaus keine Auswirkungen auf die anderweitigen Indikatoren für das *„hedging"*-Motiv. In Verbindung mit der erhöhten Aufnahmebereitschaft bei Wechsel in ein Arbeitsverhältnis mit befristetem Arbeitsvertrag lassen sich die Ergebnisse so interpretieren, dass weniger die derzeitige Wahrnehmung der Beschäftigungssicherheit ausschlaggebend ist sondern vielmehr die zukünftigen Erwartungen in Bezug auf die Zeit nach Ablauf der im Arbeitsvertrag vereinbarten Beschäftigungsdauer.

- *Hypothek/Bauspardarlehen und Kreditschulden*

Betrachtet man die Proxy-Variablen für die Veränderung der Vermögenssituation, zeigt sich ein uneinheitliches Bild über die verwendeten Variablen hinweg. Die Aufnahme einer Hypothek bzw. eines Bauspardarlehens ist nicht signifikant mit dem Bedarf nach einer zusätzlichen Einkommensquelle korreliert. Nimmt ein Haushalt dagegen anderweitige Kreditschulden auf, erhöht sich die Wahrscheinlichkeit einer zweiten Erwerbsarbeit. Die Resultate der Regressionsanalyse führen demnach zu einer Bestätigung von Hypothese B12, jedoch zur Ablehnung von Hypothese B13. Möglicherweise beruht dies auf der Unterschiedlichkeit der Schuldverhältnisse, da es sich bei der Hypothek um einen höheren Geldbetrag handeln dürfte, dem zudem mit der Immobilie ein Gegenwert entgegensteht. Die Aufnahme einer Hypothek oder eines Bauspardarlehens stellt darüber hinaus im Normalfall eine längerfristige Investitionsentscheidung dar, der eine intensive Einschätzung der bestehenden Einkommens- und Vermögenssituation, auch von Seiten des Kreditgebers, voran gegangen ist. Die bestehenden Einkommensquellen könnten daher zur Bedienung dieses Kredites ausreichen und einen Zweitjob erübrigen. Bei den anderweitigen nicht genauer spezifizierten Kreditschulden ist anzunehmen, dass es sich hierbei vorrangig um Kredite für Konsumzwecke handelt oder zum Zweck einen finanziellen Engpass auszugleichen. Dabei handelt es sich eher um kurzfristige Ausgabeentscheidungen, die nicht zwangsläufig im Einklang mit dem bestehenden Einkommensverhältnis sein müssen und demzufolge durch Aufnahme eines zusätzlichen Nebenerwerbs kompensiert werden.

- *Berufliche Veränderung*

In den weiteren Regressionsmodellen VM-B4 und VJ-B4 wird die Untersuchung um Variablen zu erwarteten beruflichen Veränderungen ergänzt (siehe Tabelle 25). Erwartungsgemäß hat dies nur geringfügige Auswirkungen auf die übrigen Prädikatoren, so dass die bisherigen Ergebnisse weiterhin fortbestehen. Aufgrund der Datenverfügbarkeit zu den Variablen zur beruflichen Veränderung und durch Anwendung des dargelegten Imputationsverfahrens fehlender Werte[595] bezieht sich die Analyse nur noch auf die Jahre 1999 bis 2011. Dies hat eine Reduktion der Stichprobe auf 21.180 (Vormonat) bzw. 18.358 (Vorjahr) Beobachtungen zur Folge. Für den überwiegenden Teil der in diesem Arbeitsschritt zusätzlich integrierten Variablen kann kein signifikanter Einfluss auf die Wahrscheinlichkeit nebenerwerbstätig zu werden, festgestellt werden.

595 Vgl. Kapitel 8.3.1.

Fixed-Effects-Logit Regression Logits (SE)	*Vormonat* *VM-4 „Adjusted“*	*Vorjahr* *VJ-4 „Adjusted“*
Armutsgefährdet (Ref.: Nein)	0,990*** (0,085)	0,607*** (0,102)
Zufriedenheit mit Einkommen Haushalt	0,003 (0,013)	-0,019 (0,014)
Arbeitsvertrag (Ref.: Unbefristet)		
… befristetet	0,193** (0,074)	0,241** (0,079)
… kein Vertrag / t.n.z	-0,240* (0,098)	0,085 (0,098)
Eigene Wirtschaftslage (Ref.: Keine Sorgen)		
…Einige Sorgen	0,018 (0,055)	-0,003 (0,058)
…Große Sorgen	0,012 (0,079)	-0,054 (0,084)
Arbeitsplatzsicherheit (Ref.: Keine Sorgen)		
…Einige Sorgen	-0,029 (0,050)	0,003 (0,053)
…Große Sorgen	-0,178 (0,082)	-0,088 (0,086)
Zufriedenheit mit Arbeit	0,009 (0,012)	-0,039** (0,013
Arbeitszeitwunsch (Ref.: Wunscharbeitszeit)		
… Wunsch Mehrarbeit	0,272*** (0,061)	0,232*** (0,065)
… Wunsch Reduktion	0,130* (0,051)	-0,123* (0,053)
Haushalt Kreditschulden (Ref.: Nein)	0,197*** (0,047)	0,157** (0,050)
Haushalt Hypothek (Ref.: Nein)	0,047 (0,063)	-0,007 (0,069)
Wahrscheinlichkeit in zwei Jahren		
…neue Arbeitsstelle	-0,000 (0,000)	0,001 (0,001)
…Verlust Arbeitsplatz	0,002* (0,001)	0,002 (0,001)
…beruflicher Aufstieg	0,002† (0,001)	0,000 (0,001)
…Wechsel in Selbstständigkeit	0,008*** (0,001)	0,005*** (0,001)
…Wechsel in anderen Beruf	-0,001 (0,001)	0,001 (0,001)
…Übertarifliche Lohnerhöhung	-0,003** (0,001)	-0,002 (0,001)
Obs / Groups	21.180 / 2.684	18.358 / 2.427
Log likelihood	-7.199,75	-6.365,56
LR chi²(df) (Prob > chi²=)	(42)= 830,06 (0,000)	(41)= 260,00 (0,000)

Tabelle 25: Ökonometrische Untersuchung der Einflussvariablen zur Aufnahme einer Zweitbeschäftigung im aktuellen bzw. im nächsten Jahr, inklusive imputierter Werte beruflicher Veränderung

Quelle: Eigene Berechnung, SOEP Welle v32.1, ungewichtet jahresspezifische gesamtdeutsche Armutsschwelle mod. OECD Skala, inklusive imputed rent.

(SE) = Standardfehler, † p<0,1, *p<0,05, **p<0,01, ***p<0,001. Weitere Kontrollvariablen Sorge Wirtschaftslage (D), Sorge Arbeitsplatzsicherheit (D), Alter (D), Erhebungsjahr (D). (Vormonat 1999 bis 2015 bzw. Vorjahr 1999 bis 2014). Vorjahresdaten: Armutsgefährdung und Mehrfachbeschäftigung des Vorjahres zeitversetzt (t+1). Einfach- und mehrfachbeschäftigte Arbeiter, Angestellte, Selbstständige und Beamte zwischen 18 und 65 Jahren.

Bei den einer Nebenerwerbstätigkeit entgegenstehenden positiven Veränderungen in Form einer Lohnerhöhung oder eines beruflichen Aufstiegs kann der erwartete hemmende Einfluss auf die Aufnahme einer Zweitbeschäftigung überwiegend nicht festgestellt werden. Mit zunehmender subjektiver Wahrscheinlichkeit eine übertarifliche Lohnerhöhung zu erhalten weisen die Logit-Koeffizienten zwar den vermuteten negativen Zusammenhang aus, dieser ist jedoch nur nach Vormonatsdaten mit hinlänglicher statistischer Irrtumswahrscheinlichkeit ($p<0,01$) signifikant. Insgesamt kann das Ergebnis damit als Hinweis aufgefasst werden, dass die Hypothese B17 zutrifft und eine erwartete Lohnerhöhung ein Substitut für das Zusatzeinkommen durch einen Nebenerwerb darstellt, und der Bereitschaft eine solche aufzunehmen somit entgegensteht. Die Einschätzung des beruflichen Aufstiegs (Hypothese B18) hat demgegenüber keinen Einfluss auf einen möglichen Nebenerwerb. Für die Vermutung, dass Mehrfachbeschäftigung einen „*stepping stone*" für eine berufliche Veränderung (Hypothese B15) darstellt, lassen sich vereinzelt Hinweise finden. Die generell eher als niedrig zu betrachtenden Koeffizienten sind hierbei wahrscheinlich der Kodierung der Variablen in zehn Stufen geschuldet. Für einen Anstieg der Wahrscheinlichkeit, in zwei Jahren die Stelle zu wechseln oder einen kompletten Neuanfang in einem neuen Beruf zu starten, findet sich kein hinreichend signifikanter Befund für die Nebentätigkeitswahrscheinlichkeit, was zur Ablehnung von Hypothese B14 führt. Wer hingegen mit höherer Wahrscheinlichkeit einschätzt in den nächsten zwei Jahren eine Selbstständigkeit bzw. freiberufliche Tätigkeit aufzunehmen nimmt wahrscheinlicher eine Nebentätigkeit auf. Unabhängig vom verwendeten Einkommenskonzept kann die Hypothese 16 somit bestätigt werden. Demgegenüber steht allerdings die Erkenntnis, dass Personen, die tatsächlich aus dem Angestelltenverhältnis in eine Selbstständigkeit wechseln, unabhängig davon, ob es sich um eine Selbstständigkeit mit oder ohne eigene Angestellte handelt, eine signifikant negative Wahrscheinlichkeit aufweisen, eine Nebenerwerbstätigkeit aufzunehmen. Die mit einer Selbstständigkeit potenziell einhergehende Beschäftigungs- und Einkommensunsicherheit wird also nicht wahrscheinlicher durch einen Zweiterwerb abgesichert. Vermutlich sind gerade Neugründungen zum einen sehr zeitintensiv und ein Wechsel in eine Selbstständigkeit mit hohem persönlichem und finanziellem Investitionsrisiko verbunden, was davon abhält außerhalb dieser Tätigkeiten aktiv zu werden. Eventuell wird die Nebentätigkeit daher genutzt um vor einer Gründung ein finanzielles Polster aufzubauen oder diese stellt in Form von einer Nebenerwerbsgründung einen ersten risikogeminderten Schritt in die Selbstständigkeit dar. Sofern hingegen die Planung in die Realität umgesetzt wird, ist die Aufnahme einer Nebenerwerbstätigkeit hinderlich, da sie die für eine Neugründung notwendige Arbeitskapazität einschränkt.

8.3.3. Sensitivitätsanalyse

Im vorherigen Abschnitt konnte gezeigt werden, dass erst durch eine rechnerische Isolation des Nebeneinkommens der angenommene positive Zusammenhang zwischen Armutsgefährdung und der Wahrscheinlichkeit eine Zweitbeschäftigung aufzunehmen festgestellt werden konnte. Für die Berechnung des Nebeneinkommens mussten jedoch einige Annahmen getroffen werden, da dieses lediglich als Brutto-, jedoch nicht als Nettowert im Fragebogen des SOEP erhoben wird. Insbesondere von Bedeutung für die Berechnung der Abgabenlast ist dabei die Frage nach der Erwerbsform im Nebenerwerb, d.h. ob es sich um eine abhängige oder selbstständige Beschäftigung handelt. Der Fragenkomplex zur Nebenbeschäftigung im Vormonat erlaubt hierzu aber keinerlei Unterscheidung, während mittels der Vorjahreseinkommensangaben eine einfache Einteilung anhand der Einkommensquellen getroffen werden kann. Um dennoch eine Berechnung des Nettoverdienstes im Nebenerwerb durchführen zu können, müssen weitere Annahme getroffen werden, die ausführlicher im Anhang tabellarisch dargestellt sind. Die weitreichendste Annahme ist dabei, dass die geringfügige Nebenbeschäftigung die für Arbeitnehmer und Arbeitgeber attraktivste Form des Nebenerwerbs darstellen sollte. Aus Arbeitnehmersicht spricht hierfür die mit Ausnahme der Jahre 1999 bis 2003,[596] gültige Befreiung von Sozialabgaben und für Arbeitgeber die einfachere Verwaltungsarbeit, da diese Form der Nebentätigkeit unabhängig vom Haupterwerb ausgeübt werden kann. Sofern daher der Nebenerwerb die in Kapitel 4.3 aufgeführten notwendigen Kriterien erfüllt, wird angenommen, dass die Nebentätigkeit in Form einer geringfügigen Beschäftigung ausgeübt wurde. Die damit faktische Gleichsetzung von Brutto- und Nettonebeneinkommen erübrigt weitere Berechnungsschritte. Für nebenberufliche gB im Zeitraum 1999 bis 2003 sowie Nebentätigkeiten in sozialversicherungspflichtiger Beschäftigung oder in Selbstständigkeit sind dagegen weitere Berechnungsschritte notwendig, die in großem Maße der Datenverfügbarkeit nach Vormonats- und Vorjahres-Operationalisierung unterliegen. So kann nach Vormonatsdaten eine nebenberufliche Selbstständigkeit nicht eindeutig bestimmt werden, wodurch sämtliche Erwerbstätigkeiten außerhalb einer gB als sozialversicherungspflichtige Beschäftigungen deklariert werden. Der Nebenverdienst wird zum Haupteinkommen addiert und unterliegt Annahmen gemäß derselben Abgabenbelastung. Diese wird aus dem Verhältnis der vorliegenden Angaben von Netto- zu Bruttolohn der Haupterwerbstätigkeit

596 Vgl. Ausführungen Kapitel 4.4.

berechnet. Für geringfügige Nebenbeschäftigungen im Zeitraum 1999 bis 2003 wird ebenso verfahren, da diese als sozialversicherungsbeschäftigte Arbeitsverhältnisse anzusehen sind. Nach Vorjahresdaten kann hingegen festgestellt werden, ob die Nebentätigkeit in Selbstständigkeit bzw. freiberuflich erfolgte. Für diese wird angenommen, dass keine Abgaben an die Sozialversicherungsträger geleistet werden, das Einkommen hingegen der Steuerpflicht unterliegt. Die Daten des SOEP erhalten zwar eigens auf Simulationen beruhende Werte für die abzuführende Steuerlast, jedoch liegen diese nur auf Haushaltsebene vor. Für die weitere Berechnung wird daher angenommen, dass die Steuerlast des Haushaltes mit der Individuallast übereinstimmt, was gerade bei gemeinsam veranlagten Ehepartnern zutreffend erscheint, bei anderen Haushaltskonstellationen aber von der Realität abweichen kann. Der Bruttolohn aus Nebentätigkeit wird um den Anteil der Steuerbelastung am Haushaltseinkommen vor Steuer und nach Transfers korrigiert, um den fiktiven Nettolohn zu erhalten. Ebenso wird bei abhängigen nicht-geringfügigen Nebenbeschäftigungen verfahren, wobei allerdings zusätzlich die ebenfalls nur auf Haushaltsebene vorliegenden Abgaben zur Sozialversicherung berücksichtigt werden.

Jede dieser getroffenen Annahmen bringt die Gefahr mit sich, dass die darauf beruhenden Berechnungsergebnisse des Nettonebeneinkommens von den tatsächlichen Einkommensverhältnissen abweichen und zu verfälschten Ergebnisse führen können. Zur Überprüfung der Robustheit der Befunde wird daher eine Sensitivitätsanalyse mit verschiedenen Nebeneinkommenswerten durchgeführt. Statt des vollständigen berechneten Nettoeinkommens werden jeweils um zehn Prozentpunkte niedrigere Anteile vom verfügbaren Haushaltseinkommen subtrahiert und anschließend die Bedarfsgewichtung durchgeführt für die Berechnung des Äquivalenz-Nettohaushaltseinkommens. Damit werden die Auswirkungen simuliert die eine höhere Abgabenlast des Nebeneinkommens (und damit ein niedrigeres Nettonebeneinkommen) auf die Resultate der FE-Regressionen (VM-B1 und VJ-B2) hätte.[597] Für jede Berechnung wird zudem eine neue jahresspezifische Armutsschwelle berechnet, da durch die Ausblendung der Nebeneinkommen ebenfalls das Median-Äquivalenznettoeinkommen abnimmt. Aufgrund der insgesamt nur geringen Bedeutung von

597 Die umgekehrte Untersuchung der Sensitivität für eine zu hohe angenommene Abgabenbelastung, d.h. zu niedrige errechnete Werte, erübrigt sich, da der gefundene Zusammenhang bereits anhand der niedrigeren Werte statistisch signifikant nachgewiesen werden kann. Für den Großteil der Nebenbeschäftigungen entspricht der Nettoeinkommenswert aufgrund der gB Annahme ohnehin dem Bruttowert, so dass kaum Veränderungen der Ergebnisse zu erwarten sind.

Zweiteinkommen am Gesamtvolumen sämtlicher Einkommen führt dies jedoch nur zu geringfügigen Abweichungen im Bereich von wenigen Euros im Vergleich zur Armutsschwelle mit Berücksichtigung von Nebeneinkommen. In Abbildung 45 sind die Ergebnisse für die Vormonats- und Vorjahresoperationalisierungskonzepte von Mehrfachbeschäftigung und Armutsgefährdung dargestellt. Der vollständige Abzug des Nettonebeneinkommens (Wert 100) ist dabei identisch mit der vorigen Berechnung der VM-B3 und VJ-B3 in Tabelle 24, wohingegen der Koeffizient ohne Korrektur des Nebeneinkommens (Wert 0) den Werten der Modelle VM-B1 und VJ-B1 entspricht.

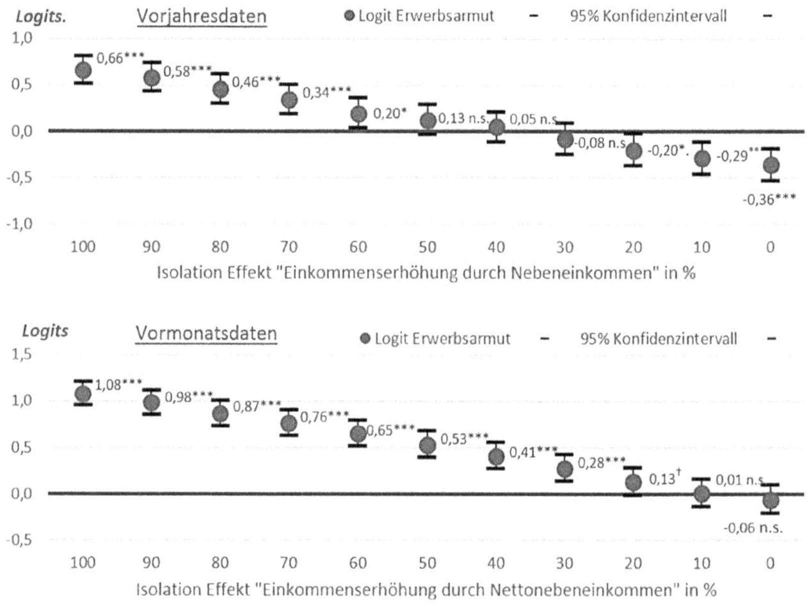

ABBILDUNG 45: SENSITIVITÄTSANALYSE DES EFFEKTS DES NEBENEINKOMMENS AUF DEN ZUSAMMENHANG VON ARMUTSGEFÄHRDUNG UND MEHRFACHBESCHÄFTIGUNG.

Quelle: Eigene Berechnung, SOEP Welle v32.1, ungewichtet jahresspezifische gesamtdeutsche Armutsschwelle mod. OECD Skala, inklusive imputed rent

† p<0,1, *p<0,05, **p<0,01, ***p<0,001. Weitere Kontrollvariablen Arbeitszeitwunsch (D), Befristung (D), Sorgen eigene Wirtschaft (D), Sorgen Arbeitsplatzsicherheit (D), Zufriedenheit mit Arbeit, Zufriedenheit mit Haushaltseinkommen), Haushalt Kreditschulden (D), Haushalt Hypothek/Bauspardarlehen (D), Erwerbsform (D), Alter (D), Erhebungsjahr (Vormonat 1997 bis 2012 bzw. Vorjahr 1997 bis 2011).) Vorjahresdaten: Armutsgefährdung und Mehrfachbeschäftigung des Vorjahres zeitversetzt (t+1). Einfach- und mehrfachbeschäftigte Arbeiter, Angestellte, Selbstständige und Beamte zwischen 18 und 65 Jahren.

Erwartungsgemäß führt die Subtraktion von niedrigeren Anteilen des errechneten Nettonebeneinkommens zu abnehmenden Effektstärken, gemessen in der Größe des Logit-Koeffizienten. Eine Beurteilung der Stärke des Zusammenhangs anhand der Größe der Logit-Koeffizienten über unterschiedliche Modelle hinweg ist in nicht-linearen Regressionsmodellen generell nicht möglich.[598] Stattdessen lassen sich nur die generelle Richtungswirkung anhand des Vorzeichens sowie die statistische Signifikanz beurteilen. Nach Vormonatsdaten führt bis zu einem Wert von 30% des berechneten Nettonebeneinkommens die Längsschnittsanalyse zu einem signifikanten positiven Zusammenhang. Statt eines beispielhaft berechneten Nettoeinkommens im Zweiterwerb von monatlich 100 Euro, führt demnach eine Berechnung bis zu einem Wert von 30 Euro zum gleichen Ergebnis. Das tatsächliche Nettoeinkommen des Nebenerwerbs könnte damit um bis zu 70% von den eigenen berechneten Einkommenswerten abweichen, ohne den wesentlichen Befund zu ändern, dass ein Abgleiten in Einkommensarmut mit einer erhöhten Wahrscheinlichkeit zur Aufnahme von Nebentätigkeit führt. Nach Vorjahresdaten ergibt sich eine weit niedrigere Robustheit der Befunde. Weicht das berechnete Nettonebeneinkommen um mehr als 60% (entspricht einer Subtraktion von 40% des fiktiven Nebeneikommens) von dem tatsächlichen Ergebnis ab, sind die Koeffizienten nicht mehr statistisch signifikant von Null verschieden, was zu einer Ablehnung der Hypothese eines Einflusses von Armutsgefährdung führt. Die Subtraktion von weniger als 30% des Nettonebeneinkommens (Werte 20, 10 und 0) resultiert nach Vorjahresdaten in einem Vorzeichenwechsel des Logit-Koeffizienten auf statistisch signifikantem Niveau ($p<0,05$). Die berechneten Logit-Koeffizienten mittels Vormonatsdaten weisen erst bei vollständiger Integration des fiktiven Nettoeinkommens ein (Wert 0) ebenfalls ein positives Vorzeichen auf, jedoch auf nicht signifikantem Niveau ($p>0,1$). Ab diesen Schwellwerten muss für eine inhaltlich sinnvolle Interpretation eine inverse Kausalität angenommen werden, demzufolge durch die Aufnahme einer zweiten Erwerbstätigkeit einer Einkommensarmut entgegengewirkt wird. Alternativ formuliert überlagert in diesem Fall der Effekt der Einkommenserhöhung durch die Aufnahme des Nebenerwerbs den Zusammenhang zwischen Armutsgefährdung und der Wahrscheinlichkeit nebentätig zu werden.

Zusammenfassend kann als Ergebnis der Sensitivitätsanalyse festgehalten werden, dass anhand beider Konzeptualisierungen von Mehrfachbeschäftigung und Einkommensarmut sich eine gewisse Übereinstimmung der Befunde

598 Vgl. Giesselmann/Windzio (2012:164).

hinsichtlich ihrer Robustheit zeigen lässt. Die deutlich robusteren Ergebnisse nach Vormonatsdaten können dabei möglicherweise darauf zurückgeführt werden, dass die Einkommenswerte auf Monatsbasis einen geringeren zahlenmäßigen Umfang aufweisen und somit vermeintlich schon die Subtraktion von kleineren Werten für das Nebeneinkommen sich statistisch signifikant auswirken. Für die Berechnung mit Werten des Jahreseinkommens sind hingegen etwas größere Abweichungen notwendig.

9. Zusammenfassung der Ergebnisse, Wirtschaftspolitische Empfehlungen und Forschungsausblick

In den folgenden Abschnitten werden die zentralen Ergebnisse der Untersuchungen zusammengefasst und auf ihre Übereinstimmung mit den Erkenntnissen der bisherigen Forschungslage geprüft. Darauf aufbauend wird ausgearbeitet, inwieweit die der Arbeit zu Grunde liegenden Forschungsfragen beantwortet werden konnten, und in welchen Punkten sich weiterer Forschungsbedarf aufgezeigt hat. Wie die Auswertung der bestehenden Forschungsliteratur in Kapitel 3 verdeutlicht hat, lassen sich die Motive zur Aufnahme einer Zweitbeschäftigung in die zwei Hauptkategorien – finanzielle und nicht-monetäre Motive – zusammenfassen. Als Forschungslücken wurden hierbei insbesondere die Fragen eines möglichen Zusammenhangs mit finanzieller Not, atypischer Beschäftigung, der Vermögenssituation und der Rolle von Nebenbeschäftigung als Brücke in die berufliche Selbstständigkeit identifiziert. Zur Überprüfung der Existenz dieser und bereits in der Forschungsliteratur etablierter Motive wurde zunächst die empirische Verbreitung von Mehrfachbeschäftigung in Deutschland anhand des als Datenbasis ausgewählten Sozio-oekonomischen Panels analysiert.

9.1. Messung von Mehrfachbeschäftigung

Die Untersuchung anhand des Sozio-oekonomischen Panels ergab, dass sich das Arbeitsmarktphänomen Mehrfachbeschäftigung mittels dreier Vorgehensweisen identifizieren und quantifizieren lässt. Bei diesen handelt es sich um die Selbstauskunft zur Erwerbssituation der Befragten sowie deren Angaben zu Einkünften aus Haupt- und Nebenerwerbstätigkeit im laufenden Monat oder im vorherigen Jahr. Mittels der von der SOEP-Group bereitgestellten Hochrechnungsfaktoren lässt sich die Stichprobe auf die Gesamtbevölkerung gewichten und somit eine repräsentative Aussage zur Gesamtzahl der Mehrfachbeschäftigten in Deutschland treffen. Dabei hat sich gezeigt, dass die Zahl der Personen mit mehr als einer Erwerbstätigkeit zwischen den drei Konzeptionen nur unwesentlich zu unterschiedlichen Ergebnissen führt. Ebenfalls wurde ein Abgleich der eigenen Berechnungsergebnisse auf Basis des SOEP mit anderweitigen zur Quantifizierung von Mehrfachbeschäftigung geeigneten Datenquellen durchgeführt. Als Wesentliche wurden hier der Mikrozensus, die Beschäftigungsstatistik der Bundesagentur für Arbeit sowie Zahlen der IAB-Arbeitszeitrechnung zur

Berechnung des Arbeitsvolumens für die Volkswirtschaftliche Gesamtrechnung (VGR) identifiziert. Bei oberflächlichem Vergleich der Werte wurde hierbei ersichtlich, dass die eigenen Berechnungen anhand des SOEP die veröffentlichten Angaben des Mikrozensus eher überschätzen, während sie gegenüber den Daten nach IAB-Arbeitszeitrechnung eine Untererfassung nahelegen. Mit Ausnahme weniger Jahre sind die Zahlen zur Teilgruppe der geringfügig Nebenbeschäftigten nach SOEP-Daten mit den revidierten Daten der BA-Beschäftigungsstatistik weitgehend vereinbar. Eine detailliertere Betrachtung der Datenquellen hat jedoch aufgezeigt, dass nicht abschließend festgestellt werden kann, welche Datenquelle die tatsächliche Zahl der Mehrfachbeschäftigten ausweist. So lassen sich bei stichprobenbasierten Erhebungen (SOEP, Mikrozensus, Arbeitszeitvolumenberechnung/VGR) prinzipiell Fehler bei der Erhebung und Gewichtung auf die Gesamtbevölkerung nicht ausschließen. Umgekehrt stellen die auf Angaben zur Sozialversicherung beruhenden Daten der BA nur eine Vollerhebung eines Teilbereiches der Gesamtzahl der Mehrfachbeschäftigungen dar. Ein wesentlicher Gesichtspunkt für die Beantwortung der Fragestellung dieser Dissertation war zudem die Beurteilung, inwiefern eine Datenquelle detaillierte Angaben zur Einkommens- und Haushaltssituation der Befragten über mehrere Jahre bereitstellt. Die breiteste Datenbasis stellt hier neben dem SOEP insbesondere der Mikrozensus des Statistischen Bundesamtes bereit. Während es sich bei dem SOEP um eine echte Panel-Untersuchung handelt, liegen anhand des Mikrozensus nur Beobachtungswerte einer Person über maximal vier Jahre vor. Die für die zur Identifikation von Kausaleffekten angestrebte Längsschnittsanalyse ist damit anhand des SOEP besser zu bewerkstelligen, weshalb dieses als potentiell geeignetste Datenbasis ausgewählt wurde. Dieses Panel-Design erlaubte es zudem, die beiden verwendeten Operationalisierungen von Mehrfachbeschäftigung nach Vormonats- und Vorjahreseinkommensdaten gegenüberzustellen und auf Identität zu überprüfen. Diese Analyse auf Personenebene ließ deutliche Abweichungen zwischen den Konzepten erkennen, so dass die mittlere Übereinstimmung zwischen den maximal verfügbaren Beobachtungsjahren 1995 bis 2014 lediglich 46% betrug. Damit gaben weniger als die Hälfte der Befragungspersonen übereinstimmend an, sowohl bei der monatlichen Befragung als auch der Befragung zum Einkommen des Vorjahres in der Folgeperiode ein Einkommen aus mehr als einer Erwerbsquelle zu beziehen. Eine detailliertere Ergründung für die Entstehung dieses Befundes ergab, dass hierfür insbesondere abweichende Angaben zum Bezug von Nebeneinkommen ursächlich sind, wohingegen die Angaben zum Lohn aus einer Haupterwerbstätigkeit zum überwiegenden Teil identisch sind. Leider konnte nicht festgestellt werden, welche Angaben die tatsächliche Einkommenssituation der Befragten widerspiegelt. Die Operationalisierung von Mehrfachbeschäftigung anhand der Vorjahresdaten stellt in der bisherigen Forschungsliteratur ein Novum dar, da sich bisherige Untersuchungen anhand des SOEP ausschließlich auf die Angaben auf Monatsbasis stützen.[599] Dass diese Möglichkeit in keiner der aufgeführten Untersuchungen dargelegt wurde, ist aber weniger der Vorteilhaftigkeit der Operationalisierungsweise nach Vormonatsdaten geschuldet, als eher dem erstaunlichen Umstand, dass eine Vorjahresoperationalisierung bisher übersehen wurde. Im Gegenteil kann argumentiert werden, dass eine Betrachtung der Vorperiode insbesondere erst nach der Befragung aufgenommene Nebentätigkeiten besser berücksichtigt sowie ebenfalls bei schwankenden Einkommensbezügen genauere Angaben produziert.[600] Umgekehrt steht auf monatlicher Basis mit der Arbeitszeit im Nebenerwerb ein für die Beurteilung der Erwerbsform entscheidendes Merkmal zur Verfügung, wohingegen nach Vorjahresdaten ausschließlich die Einkommenshöhe bekannt ist. Um den potenziellen Vor- und Nachteilen der beiden Konzepte Rechnung zu tragen, wurden die späteren Regressionsanalysen daher anhand beider Konzepte durchgeführt.

9.2. Messung von Armut

Um die Hauptfragestellung dieser Arbeit beantworten zu können, musste neben der Operationalisierung von Mehrfachbeschäftigung ein geeignetes Maß gefunden werden, um finanzielle Not (möglichst) objektiv messen zu können. Hierbei hat sich gezeigt, dass sowohl theoretische als auch empirische Einschränkungen diesem Versuch entgegenstehen, da Armut in einer Wohlstandsgesellschaft stets auch eine Frage von Gerechtigkeitsvorstellungen ist und somit normativen Gesichtspunkten unterliegt. In Kapitel 5 wurden verschiedene Armutsmaße vorgestellt und auf die zur praktischen Operationalisierung notwendigen Mess- und Einflussgrößen sowie die daraus resultierenden Vorzüge und Kritikpunkte der einzelnen Maße eingegangen. Diese Betrachtung verdeutlichte erneut, dass kein unumstrittener Konsens über die Adäquatheit einer Messgröße für Armut besteht. Infolgedessen wurde für die Beantwortung der Forschungsfrage ein pragmatisches Vorgehen gewählt in Form der in der Einkommens- und Sozialforschung weit verbreiteten Maß der relativen Einkommensarmut. Dieses, auf einer Vielzahl von Einkommensgrößen und Annahmen zur Verteilung der

599 Vgl. Schmidt/Voss (2014); Heineck (2009);; Schwarze/Heineck (1999); Schwarze (1997).

600 Eine detailliertere Diskussion der potenziellen Vorteilhaftigkeit der beiden Konzepte kann Kapitel 4.2 entnommen werden.

Ressourcen in einem Haushalt beruhende Konzept, sieht Armut als Folge einer im Vergleich zum Wohlstandniveau der Gesamtgesellschaft zu niedrigen Einkommensausstattung. Streng genommen stellt dieses somit kein Armutsmaß im engeren Sinne dar, sondern ist letztlich ein Maß zur Messung der Einkommensungleichheit in der Gesamtbevölkerung. Aufgrund des Ziels dieser Arbeit den Zusammenhang zwischen Mehrfachbeschäftigung und Armut zu untersuchen, ist allerdings die tatsächliche Höhe von Armut weniger von Bedeutung, sondern vielmehr der Einfluss der relativen Einkommenssituation auf die Wahrscheinlichkeit eine weitere Erwerbstätigkeit aufzunehmen. Für die Verwendung des relativen Einkommensarmutsmaßes sprach neben dessen Verbreitung in der Sozialberichterstattung zusätzlich, dass es auf einem umfassenden Bild der Einkommenssituation basiert und berücksichtigt, dass die Wahrnehmung von Armut in einem Sozialstaat nicht auf einer absoluten Ressourcenausstattung beruht, sondern vielmehr in Relation zur Einkommenssituation der restlichen Gesellschaft erfolgt.[601] Einen weiteren für die empirische Untersuchung entscheidenden Gesichtspunkt stellt die Verfügbarkeit von Messdaten über einen längeren Zeitraum dar sowie die Möglichkeit, diese mit der für die Mehrfachbeschäftigung als am besten erscheinende Datenbasis SOEP abzubilden. Das Konzept der relativen Einkommensarmut lässt sich, identisch zur Operationalisierung von Mehrfachbeschäftigung, mittels der Daten des SOEP sowohl anhand von Angaben zum aktuellen monatlichen Einkommen als auch der Einkommenssituation des Vorjahres bilden. Dabei ergeben sich, wie bereits bei Mehrfachbeschäftigung dargelegt, dieselben Vorzüge und Nachteile des jeweiligen Konzeptes, weshalb auch hier keine Auswahl getroffen werden konnte, welches Konzept dem anderen überlegen ist. Stattdessen wurde, um eine Vermischung der beiden Operationalisierungswege und die daraus resultierenden negativen Folgen für die Stichprobengröße zu vermeiden, der Zusammenhang zwischen Armutsgefährdung und Mehrfachbeschäftigung anhand beider Konzepte in eigenen Regressionsmodellen untersucht.

9.3. Deskriptiver Vergleich Einfach- und Mehrfachbeschäftige

Mit dem Vergleich von Mehrfachbeschäftigten und Einfachbeschäftigten anhand ausgewählter deskriptiver Merkmale wurde in Kapitel 6 die grundlegenden Unterschiede zwischen den beiden Erwerbsgruppen hinsichtlich ihrer

601 Vgl. Förster/Mira d'Ercole (2009:9).

soziökonomischen Situation aufgezeigt. Die Daten ließen insbesondere bei Mehrfachbeschäftigten eine Zunahme der weiblichen Erwerbstätigkeit erkennen. Während eine Mehrfachbeschäftigung bis ins Jahr 2003 überwiegend eine männliche Domäne darstellte,[602] kam es mit der Etablierung der geringfügigen Beschäftigung als Minijob im Jahr 2003 zu einem Anstieg weiblicher Nebenbeschäftigung,[603] wodurch im Zeitraum 2004 bis 2014 im Durchschnitt ein nahezu ausgeglichenes Geschlechterverhältnis zu verzeichnen war. Verglichen mit der Erwerbsbeteiligung bei Einfachbeschäftigten wies die Gruppe der Mehrfachbeschäftigten einen durchschnittlich höheren Frauenanteil an der Beschäftigungsgruppe auf. Die Betrachtung der Durchschnittswerte verdeckt dabei, dass gegen Ende des Untersuchungszeitraums die absolute Zahl weiblicher Erwerbstätiger unter Mehrfachbeschäftigten überwog. Beispielsweise waren im Jahr 2014 sowohl auf Vormonats- als auch Vorjahresdatenbasis 53% der Mehrfachbeschäftigten weiblich, was die Befunde neuerer empirischer Analysen bestätigt.[604] Die Gruppe der Mehrfachbeschäftigten setzte sich im Durchschnitt im höheren Maße aus Erwerbstätigen im mittleren Alter (26 bis 45 Jahre) zusammen, während sich umgekehrt für die Vergleichsgruppe der Einfachbeschäftigten höhere Anteilswerte im Alterssegment 46 bis 65 Jahre aufzeigten. Der Anteil der in Ostdeutschland ansässigen Erwerbspersonen war unter Mehrfachbeschäftigten im Vergleich zu Personen mit einer einzelnen Erwerbstätigkeit unterrepräsentiert und bestätigt damit die Befunde anderer Untersuchungen,[605] welche die höhere Konzentration von Mehrfachbeschäftigungen auf Westdeutschland als Spiegelbild der regionalen Arbeitsmarktlage und der damit verbundenen höheren Beschäftigungsnachfrage sehen.[606]

Die durchschnittliche Haushaltsgröße von Einfach- und Mehrfachbeschäftigten war nahezu identisch und reduzierte sich zwischen den Zeiträumen 1995 bis 1999 und 2004 bis 2014 von durchschnittlich circa 2,8 Personen auf circa 2,5 bzw. 2,6 Personen pro Haushalt. Der durchschnittliche Haushalt von Mehrfachbeschäftigten bestand in leicht höherem Maße aus Ein-Personen-Haushalten oder Paar-Haushalten mit Kindern unter 16 Jahren, während unter Einfachbeschäftigten die Gruppe der Ehe-Paare ohne Kinder in etwas höherem Maße vertreten waren. Der Anteil der Alleinerziehenden war hingegen in beiden

602 Vgl. auch Heineck/Schwarze (2001).
603 Vgl. auch Schupp/Birkner (2004).
604 Vgl. z.B. Klinger/Weber (2017).
605 Vgl. Klinger/Weber (2017); Brenke (2009); Hirschenauer/Wießner (2006).
606 Vgl. Hirschenauer/Wießner (2006:1ff.)

Beschäftigungsgruppen nahezu im identischen Umfang zu verzeichnen. Die Gruppe der Mehrfachbeschäftigten war durchschnittlich weniger häufig verheiratet und gab umgekehrt häufiger einen ledigen Familienstand an, was vermutlich mit der beschriebenen höheren Zahl an jüngeren Erwerbstätigen unter Mehrfachbeschäftigten korrespondiert. Für den Zeitraum 2004 bis ins Jahr 2014 konnte darüber hinaus ein leicht höherer Anteil von Geschiedenen unter Mehrfachbeschäftigten verzeichnet werden.

Verglichen mit Personen ohne Nebenbeschäftigung waren Mehrfachbeschäftigte durchschnittlich häufiger in einem hauptberuflichen Angestellten- oder Beamtenverhältnis und umgekehrt seltener in einer Tätigkeit als Arbeiter beschäftigt. Der Anteil der hauptberuflich Selbstständigen unterschied sich zwischen den Beschäftigungsgruppen hingegen nur geringfügig. In der Nebenbeschäftigung dominierte hingegen die geringfügige Beschäftigung. Circa zwei Drittel der Mehrfachbeschäftigten gingen einer sozialversicherungspflichtigen Hauptbeschäftigung in Verbindung mit nebenberuflicher geringfügiger Beschäftigung nach. Insbesondere an der Entwicklung der Anzahl dieser Beschäftigungsverhältnisse können die Auswirkungen der Arbeitsmarktreformen der Jahre 1999 und 2003 abgelesen werden. Mit Wiedereinführung der Sozialversicherungspflicht verzeichnete diese Beschäftigungskombination einen deutlichen Rückgang und war umgekehrt nach der erneuten Abgabenbefreiung durch die Hartz-Arbeitsmarktreformen überwiegend für den seither zu beobachtenden Anstieg von Mehrfachbeschäftigungsverhältnissen verantwortlich.

Während gleichermaßen über die Hälfte aller Mehrfach- und Einfachbeschäftigen im Zeitraum 1995 bis 2014 über einen mittleren Bildungsabschluss (ISCED-3 und 4) verfügte, wies die Gruppe der Mehrfachbeschäftigten einen höheren Anteil an hochqualifizierte Bildungsabschlüssen (ISCED-6) auf.[607] Dies spiegelte sich auch in der Verteilung auf die ausgeübten Berufe wider, die sich bei Mehrfachbeschäftigten zu jeweils 20% sowohl im Neben- als auch Hauptberuf auf die Berufsgruppen „Wissenschaftler“ und „Techniker“ konzentrierten. Bezogen auf die Gesamtzahl der Mehrfachbeschäftigungsverhältnisse stellten Kombinationen aus diesen beiden Berufsgruppen die größten Anteilswerte dar, wobei etwa jeder achte (12%) Mehrfachbeschäftigte beide Beschäftigungen im Berufsfeld „Wissenschaftler“ nachging. Eine Hauptbeschäftigung als „Hilfsarbeiter“ stellte hingegen mit durchschnittlich nur 7% sowohl der Einfach- als auch Mehrfachbeschäftigten eher die Ausnahme dar, wohingegen im Vergleich zum Haupterwerb Hilfstätigkeiten in der Nebenbeschäftigung mit circa 20% deutlich

607 Vgl. Brenke (2009), Haak (2007).

überrepräsentiert waren. Eine nebenberufliche Hilfstätigkeit wurde insbesondere von hauptberuflich bereits als Hilfskraft beschäftigten ausgeübt, sowie in den Berufshauptgruppen „Anlagen-/Maschinenbau, Montierer“, „Fachkräfte Landwirtschaft/Fischerei“ sowie „Handwerksberufe„ und „Dienstleistungsberufen/Verkäufer“. In Relation zu der durchschnittlichen Zahl der Mehrfachbeschäftigten umfasste jede dieser Gruppen jedoch weniger als 5%.

Mehr als 50% der Mehrfachbeschäftigten verrichteten durchschnittlich im Untersuchungszeitraum 1995 bis 2014 ihre Haupterwerbstätigkeit in der Dienstleistungsbranche und damit in deutlich höherem Maße als Einfachbeschäftige (35 bis 41%). Eine detaillierte Analyse der Dienstleistungsbranche anhand von Unterkategorien führte hingegen nur geringfügige Unterschiede zwischen Einfach- und Mehrfachbeschäftigten zu Tage. Beide Beschäftigungsgruppen waren verstärkt insbesondere im Gesundheitswesen, dem Bildungswesen (inkl. Sportsektor), der öffentlichen Verwaltung sowie im Service-Bereich tätig. Umgekehrt konnten für Einfachbeschäftigte höhere Anteilswerte in den Branchen Handwerk, Baugewerbe und Handel festgestellt werden. Der Nebenerwerb konzentrierte sich in noch höherem Maße auf den Dienstleistungssektor als der Haupterwerb. Im Durchschnitt konnten zwischen 1995 und 2014 über 80% der Nebentätigkeiten diesem Sektor zugeordnet werden. Dies hatte zur Folge, dass durchschnittlich fast die Hälfte der Mehrfachbeschäftigten (48%) ihren beiden Tätigkeiten gleichermaßen in der Dienstleistungsbranche nachging. Eine weitere Konzentration beider Beschäftigungen auf einen Branche konnte nur noch für die Land- und Forstwirtschaft festgestellt werden (circa 47%), die in Relation zur absoluten Zahl der Mehrfachbeschäftigten (<1%) jedoch keine quantitative Bedeutung aufwies.

Der Großteil der Mehrfachbeschäftigten war hauptberuflich in einem Arbeitsverhältnis mit einem wöchentlichen Arbeitsvolumen zwischen 30 bis 49 Stunden tätig. Der Anteil der „klassisch“ Vollzeiterwerbstätigen (40 bis 49 Wstd) war bei Mehrfachbeschäftigten über den Untersuchungszeitraum jedoch rückläufig. Zudem gingen Zweitbeschäftigte häufiger als Einfachbeschäftigte einer Teilzeittätigkeit zwischen 20 bis 29 Wochenstunden nach. Die zusätzliche Arbeitszeit im Nebenerwerb kann hierbei als Ausgleich für geringere Wochenarbeitszeiten angesehen werden. Wird diese zusätzlich berücksichtigt reduziert sich die Zahl der teilzeitbeschäftigten Mehrfachbeschäftigten zu Gunsten Beschäftigungsverhältnissen mit höheren Arbeitszeiten. Insbesondere bei Tätigkeiten über 50 Wochenstunden wiesen Mehrfachbeschäftigte dann höhere Anteilswerte auf.

Die Arbeitszeitpräferenzen unterschieden sich jedoch nach der in der Haupttätigkeit verrichteten Arbeitszeit. Während bei Teilzeitbeschäftigten (bis 29 Wstd) der Wunsch nach Mehrarbeit dominierte, würden Vollzeitbeschäftigte (ab 40 Wstd) gerne die Arbeitszeit im Haupterwerb reduzieren. Im Arbeitszeitsegment von 30 bis 39 Wochenstunden fand sich in etwa gleichen Anteilen der Wunsch nach Mehrarbeit und Arbeitszeitreduktion. Die Höhe der gewünschten Mehrarbeit stieg umgekehrt zu im Hauptberuf verrichteter Arbeitszeit an. Über zwei Drittel der Mehrfachbeschäftigten in Teilzeitarbeit bis 19 Wochenstunden wünschte sich eine Ausweitung der Arbeitszeit, darunter fast jeder zweite im Umfang von fünf bis 15 Wochenstunden und mindestens jeder vierte eine Arbeitsausweitung im noch höheren Maße. Bis zu einem Wochenstundenumfang von 39 Wochenstunden waren Mehrfachbeschäftigte mit ihrer Arbeitszeit überdurchschnittlich zufrieden, insbesondere zwischen 20 bis 29 Wochenstunden, wohingegen mit steigender Arbeitszeit eine durchschnittliche Abnahme der Zufriedenheit sowie der Wunsch nach Arbeitszeitreduktion in zunehmendem Maße festgestellt werden konnte, trotz des damit verbundenen Einkommensausfalls. Während der Wunsch nach Mehrarbeit bei Teilzeitbeschäftigten wahrscheinlicher eher der klassischen Vorstellung von Nebenbeschäftigung als zusätzliche Einkommensmöglichkeit entspricht, können bei Beschäftigten, die trotz präferierter Arbeitsreduktion einer zusätzlichen Nebentätigkeit nachgehen auch nicht finanzielle Motive vermutet werden.

Die Auswertung der individuellen Einkommenssituation anhand des monatlichen Real-Nettoeinkommens[608] aus der Haupttätigkeit führte zu unterschiedlichen Einkommensverteilungen auf Basis der Vorjahres- und Vormonatseinkommensdaten. Neben möglichen Ungenauigkeiten bei der eigenen annahmengestützten Berechnung des Nettovorjahreseinkommens aus den vorhandenen Bruttowerten des SOEP, kann dies wahrscheinlicher auf die durchschnittlich niedrigere Anzahl von Monaten zurückgeführt werden in denen Mehrfachbeschäftigte ein Einkommen erzielten. Insbesondere für die Gruppe der hauptberuflich Selbstständigen und agB konnte hierzu eine abweichende Bezugsdauer festgestellt werden. Auf Basis der nicht diesem Effekt unterliegenden Vormonatsdaten waren mit durchschnittlich 25% bzw. 26% Mehrfach- und Einfachbeschäftigte im gleichen Umfang im untersten Einkommenssegment bis maximal 1.000 Euro verortet. Aufgrund der niedrigeren Einkommensbezugsdauer konnte hier bei alternativer Auswertung mittels der Vorjahresdaten mit 30% der Mehrfachbeschäftigten ein durchschnittlich höherer Anteilswert gegenüber Einfachbeschäftigten (22%) festgestellt werden. Dieser Unterschied zwischen den Erhebungskonzepten zeigte sich ebenfalls bei Beziehern eines

608 In Preisen des Basisjahres 2010, siehe Tabelle 14.

mittleren Nettoeinkommens (1.001 bis 2.000 Euro), jedoch nicht bei Einkommensgruppen über 2.000 Euro. Die jährliche Beschäftigungsdauer (ausgedrückt in Monaten mit Einkommensbezug) divergierte demnach nur bei Einfach- und Mehrfachbeschäftigten mit geringen und mittleren Arbeitseinkommen. Abhängig von der zur Messung verwendeten Einkommensvariable verfügten zwischen 40% (VM) und 45% (VJ) der Mehrfachbeschäftigten über ein mittleres Arbeitseinkommen. Unabhängig vom Operationalisierungskonzept konnte aus der über die Phasen ansteigenden relativen Zahl der Geringverdiener (bis 1.000 Euro) in Verbindung mit einer gleichzeitigen Reduktion des Anteils mittlerer Einkommensbezieher ein Rückgang des durchschnittlichen Real-Einkommens für das untere und mittlere Einkommenssegment gefolgert werden. Die Anteilswerte der höheren Einkommensgruppen wiesen dagegen eine weitgehende Stabilität auf und verzeichneten somit keinen vergleichbaren Realeinkommensverlust. Die speziell nach den Hartz-Arbeitsmarktreformen im Jahr 2003 zu beobachtenden höheren Anteilswerte von Mehrfachbeschäftigten im untersten Einkommenssegment sowie umgekehrt niedrigerer relativer Verortung im mittleren Einkommenssegment legt den Schluss nahe, dass die Haupttätigkeit der Zweitbeschäftigten von der Ausweitung des Niedriglohnsektors und den damit einhergehenden Reallohnverlusten überdurchschnittlich betroffen waren. Neben der veränderten Anreizstruktur der geringfügigen Nebenbeschäftigung hat dies wahrscheinlich ebenfalls die Aufnahme einer zusätzlichen Nebenbeschäftigung befördert. Die Berücksichtigung des Einkommens aus diesen Nebentätigkeiten führt bei Mehrfachbeschäftigten zu einer Verschiebung der Anteilswerte zu Gunsten höherer Einkommenssegmente. Von der Einkommenssteigerung durch den Nebenerwerb profitierten zwar auch höher entlohnte Gruppen, in den unteren Einkommensgruppen hatte dieser jedoch einen stärkeren Einfluss zur Folge, was auf dessen mit zunehmenden Haupteinkommen abnehmenden prozentualen Anteil zurückgeführt werden kann. So betrug das mittlere, preisbereinigte[609] (Median-) Nettoeinkommen des Nebenverdienstes im Untersuchungszeitraum circa 230 bis 241 Euro bzw. bei Verwendung des arithmetischen Mittels durchschnittlich circa 313 bis 317 Euro. Bei Bezug auf das um dieses Nettonebeneinkommen korrigierte monatliche Gesamteinkommen waren Zweitbeschäftigte über den Gesamtzeitraum 1995 bis 2014 durchschnittlich im geringen Maße der Gruppe der Geringverdiener zuzuordnen. Dagegen ging mit dem Einbezug des Nettonebeneinkommens

609 In Preisen des Basisjahres 2010, siehe Tabelle 15.

des Vorjahres eine Angleichung des individuellen Gesamtarbeitseinkommens zwischen den Beschäftigungsgruppen einher, in deren Folge sich der Einkommensnachteil durch eine geringere Bezugsdauer des Haupteinkommens nivellierte. Im mittleren Einkommenssegment war dieser Effekt ebenfalls zu beobachten, wodurch sich der bereits zuvor geringere Anteil von Mehrfachbeschäftigten weiter von dem der Einfachbeschäftigten entfernte. Die Betrachtung des Durchschnittswertes der Gesamtperiode verdeckt jedoch, dass sich die Differenzen der Anteilswerte zwischen den Beschäftigungsgruppen in diesem Einkommenssegment über die Phasen hinweg reduzierten. Die Verschiebung der Einkommensverteilung in Folge des zusätzlichen Nebeneinkommens führte zu höheren Anteilen bei Mehrfachbeschäftigten in höheren Einkommensgruppen als in der Vergleichsgruppe, wodurch circa 25% der Mehrfachbeschäftigten über ein monatliches preisbereinigtes Nettogesamteinkommen zwischen 2.000 und 3.000 Euro und etwa jeder zehnte Mehrfachbeschäftigte ein Einkommen darüber hinaus verfügte.

In Relation zur tatsächlich wöchentlich getätigten Arbeitszeit konnte über alle drei Phasen ein geringfügig höherer durchschnittlicher Real-Stundenlohn (Median) von Mehrfachbeschäftigten festgestellt werden. Der Vergleich der preisbereinigten Stundenlöhne in Haupt- und Nebenbeschäftigung von Mehrfachbeschäftigten zeigte – mit Ausnahme des Zeitraums 2000 bis 2003 – die relative Vorteilhaftigkeit einer Nebenbeschäftigung auf, die mit der Entwicklung der Anzahl der Mehrfachbeschäftigungsverhältnisse koinzidiert. Die Wiedereinführung der Sozialversicherungspflicht für geringfügige Nebenbeschäftigungen in den Jahren 2000 bis 2003 führte zu einem Rückgang des Nettostundenlohns einer Nebentätigkeit und hatte zur Folge, dass der mittlere Real-Stundenlohn (Median) der Hauptbeschäftigung, die der Nebenbeschäftigung überstieg. Die gesunkene finanzielle Vorteilhaftigkeit ging mit einem Rückgang der Nebenbeschäftigungen in diesem Zeitraum einher. Hingegen zeigten die Berechnungen, dass in den übrigen Zeiträumen, 1995 bis 1999 und 2004 bis 2014, der durchschnittliche Verdienst in einer Nebentätigkeit die des Haupterwerbs um circa 2,00 Euro bis 2,20 Euro pro Stunde überstieg und damit als wahrscheinliche Ursache für die höhere Zahl an Nebenbeschäftigung in diesen Zeiträumen herangezogen werden kann.

Die Ergebnisse zur individuellen Einkommenssituation aus Erwerbstätigkeit spiegelten sich in ähnlichem Maße in der finanziellen Situation des Gesamthaushaltes wieder. Die hier ebenfalls abweichenden Befunde anhand der Einkommensbezüge des Vormonats und Vorjahres sind vermutlich der abweichenden Berücksichtigung von Kapital- und Transfereinkommen mittels der Vorjahreswerten geschuldet oder sind das Resultat der in der Berechnung des verfügbaren Vorjahreseinkommens zu Grunde liegenden Simulation der Steuer- und

Abgabenlast.[610] Einfachbeschäftigte lebten demnach basierend auf Berechnung der Vormonatsdaten in geringfügig höherem Maße in Haushalten mit einem maximalen Real-Äquivalenzeinkommen[611] bis 1.000 Euro. Die alternative Verwendung der Vorjahresdaten führte bei beiden Erwerbsgruppen zu einem bedeutend niedrigeren Anteilswert dieser Einkommensgruppe von jeweils lediglich 6%. Demgegenüber ging unabhängig vom verwendeten Einkommenskonzept mit der Ausblendung des (generierten) Nettonebeneinkommens ein Anstieg der Anteilswerte von Mehrfachbeschäftigten in diesem Segment einher. Demnach hätten ohne das Nebeneinkommen durchschnittlich zwischen 11% (VJ) und 20% (VM) der Mehrfachbeschäftigten in einem Haushalt mit geringer finanzieller Ausstattung gelebt, was die hohe finanzielle Bedeutung von Nebentätigkeiten für die Einkommenssituation eines nicht unerheblichen Anteils der Mehrfachbeschäftigten bekräftigt. Eine Mehrfachbeschäftigung wurde jedoch überwiegend von Beschäftigten in Haushalten mit mittlerem, monatlich verfügbarem Äquivalenzeinkommen von 1.001 bis 2.000 Euro ausgeübt. Dieses wurde in dieser Arbeit als mittleres Einkommenssegment bezeichnet, da es den Median-Wert der Einkommensverteilung enthielt.[612] Dieser finanziellen Mittelschicht gehörten bei Verwendung des vormonatlichen Einkommens durchschnittlich im Untersuchungszeitraum 1995 bis 2014 circa 58% der Einfachbeschäftigten und 56% der Mehrfachbeschäftigten an. Bei Berechnung auf Basis der Vorjahresdaten zeigten sich hingegen mit einem Anteilswert von 51% der Einfachbeschäftigten im Vergleich zu lediglich 45% der Mehrfachbeschäftigten größere Unterschiede zwischen den Beschäftigungsgruppen. Ohne das zusätzliche Nebeneinkommen wären die Haushalte von Mehrfachbeschäftigten unabhängig vom verwendeten Einkommenskonzept im geringeren Maße Teil der mittleren Einkommensgruppe gewesen. Über den Beobachtungszeitraum schrumpfte unabhängig vom Operationalisierungskonzept und der Beschäftigungsgruppe die relative Zahl der Haushalte mit mittlerem Einkommen im Beobachtungszeitraum, bei weitgehend stabilem Anteil von Haushalten mit geringer finanzieller Ausstattung. Hingegen konnten Haushalte mit überdurchschnittlicher Finanzausstattung (zwischen 2.000 und 4.000 Euro) leichte Zuwächse verzeichnen. In

610 Eine detaillierte Diskussion der Vormonats- und Vorjahreseinkommensdaten findet sich in Kapitel 5.5.

611 In Preisen des Basisjahres 2010, siehe Tabelle 16.

612 Der Median des äquivalenzgewichteten monatlichen Haushaltsnettoeinkommen in Preisen von 2010 betrug zwischen 1995 und 2014 durchschnittlich 1.593 Euro nach Vorjahresdaten und circa 1.405 Euro nach Vormonatsdaten (eigene Berechnungen auf Basis SOEP v32.1, gewichtet).

Folge des zusätzlichen Nebeneinkommens war der Anteil dieser Haushalte bei Mehrfachbeschäftigten etwas überrepräsentiert.

In einer zusätzlich durchgeführten Verbleibsanalyse wurde untersucht, inwieweit Mehrfachbeschäftigungen dauerhaft ausgeübt werden und damit eine stabile Beschäftigungsform darstellen. Um dem aufgrund von Panel-Attrition und unvollständiger Befragungsangaben hohen Anteil an fehlenden Daten entgegenzuwirken wurde die Verbleibsanalyse mit längsschnittsgewichteten Daten durchgeführt. Dieses Vorgehen ermöglichte neben einer Hochrechnung für repräsentative Werte über die Gesamtpopulation Deutschlands auch die Berücksichtigung der individuellen Bleibewahrscheinlichkeit in der Panel-Befragung. Der Verbleibsanalyse zu Folge waren über die gesamte Beobachtungsperiode 1995 bis 2014 weniger als die Hälfte der Mehrfachbeschäftigten (48%) in zwei aufeinanderfolgenden Jahren weiterhin in zwei Erwerbstätigkeiten beschäftigt und weniger als jeder Dritte (29%) in drei konsekutiven Jahren. Eine Beschäftigungsdauer von fünf Jahren konnte nur für 14% der Mehrfachbeschäftigten festgestellt werden und maximal 5% gingen zehn Jahre lang einer Zweitbeschäftigung nach ohne Wechsel in eine anderweitige Erwerbsform. Die durchschnittliche Beschäftigungsdauer von Mehrfachbeschäftigungsverhältnissen betrug circa 2,3 Jahre. Entsprechend der Interpretation einer vergleichbaren Studie des britischen Arbeitsmarktes kann dieses Resultat im Sinne eines gewissen Maßes an Stabilität gewertet werden, demzufolge eine Zweitbeschäftigung nicht ausschließlich eine temporäre Maßnahme gegen die Fluktuation der Arbeitsnachfrage darstellt.[613]

9.4. Mehrfachbeschäftigung und Einkommensarmut

9.4.1. Atypische Mehrfachbeschäftigung und Einkommensarmut

Eine erste bivariate Betrachtung des Zusammenhangs beider Arbeitsmarktphänomene machte deutlich, dass unabhängig von der Konzeption der Anteil der armutsgefährdeten Personen sowohl bei Einfach- als auch bei Mehrfachbeschäftigten im Zeitverlauf zugenommen hatte. Ein Vergleich der Armutsgefährdungsquoten dieser beiden Beschäftigungsgruppen lässt darüber hinaus folgern, dass kein unmittelbarer Zusammenhang zwischen Mehrfachbeschäftigung und Einkommensarmut vorliegt. So war der Anteil von Personen mit äquivalenzgewichtetem Einkommen unterhalb der Armutsgefährdungsschwelle bei

613 Vgl. Böheim/Taylor (2004:13).

Mehrfachbeschäftigten nicht wie vermutet höher als bei Personen mit nur einer Erwerbstätigkeit. Gegenläufig zu der Vermutung, dass Mehrfachbeschäftigung generell zu höherer Armut führt, wurde eine nahezu durchgängig niedrigere Armutsgefährdungslage festgestellt, was auf eine armutsvermeidende Rolle des Nebeneikommens schließen lässt. Für eine weitere Betrachtung des Zusammenhangs zwischen Mehrfachbeschäftigung und Armut musste daher eine Differenzierung nach Beschäftigungskombinationen vorgenommen werden. Um dies zu gewährleisten; wurde eine Einteilung anhand der in der Arbeitsmarktforschung etablierten Konzepte atypische Beschäftigungsformen und Normalarbeit gewählt, welche bereits in anderen Studien im Zusammenhang mit höherem Risiko auf Armutsgefährdung untersucht wurden.[614] Aufgrund von Dateneinschränkungen musste sich die Betrachtung des Nebenerwerbs auf die Formen Vollzeit, Teilzeit und geringfügige Beschäftigung anhand der Arbeitszeit- und Einkommensangaben beschränken, während im Rahmen des der Hauptbeschäftigung darüber hinaus befristete Tätigkeiten, Leiharbeitsverhältnisse sowie Selbständigkeiten und Beamtenverhältnisse identifiziert werden konnten. Die Analyse zeigte, dass insbesondere Mehrfachbeschäftigungen mit Haupttätigkeiten in atypischer Beschäftigung oder Selbstständigkeit ein erhöhtes Armutsrisiko aufwiesen, wohingegen mit einem hauptberuflichen Normalarbeits-, Beamtenverhältnis und einer Teilzeittätigkeit mit über 20 Wochenstunden ein reduziertes Risiko einherging. Bis ins Jahr 2003 über Beschäftigungsformen waren die Armutsgefährdungsquoten weitgehend stabil, wohingegen es in der Phase nach den Hartz-Arbeitsmarktreformen zu einem generellen Anstieg des Einkommensarmutsrisikos kam. Dieser konzentrierte sich insbesondere auf die bereits überdurchschnittlich betroffenen Mehrfachbeschäftigungsformen in hauptberuflicher atypischer Beschäftigung oder Selbstständigkeit, hatte jedoch auch zur Folge dass der Armutsgefährdungsanteils nicht-atypischen Teilzeitbeschäftigter (reguläre Teilzeit) auf das durchschnittliche Ausmaß aller Mehrfachbeschäftigter anstieg. Mehrfachbeschäftigte in einem Normalarbeits- oder Beamtenverhältnis wiesen hingegen weiterhin ein weit unterdurchschnittliches Einkommensgefährdungsrisiko auf.

Eine detailliertere Betrachtung der in der Sammelkategorie atypische Beschäftigung zusammengefassten Beschäftigungsformen legte nahe, dass Mehrfachbeschäftigte mit einer im Wochenstundenumfang reduzierten Haupttätigkeit (atypische Teilzeit und gB) weit häufiger einkommensarmutsgefährdet waren, als Personen mit einem befristeten Arbeitsvertrag, was auf die besondere Rolle

614 Vgl. u.a. Hellmuth/Urban (2010); Kalina/Weinkopf (2009).

der Arbeitszeit für die Erzielung eines hinreichenden Einkommens deutet. Ebenfalls mit höherem Risiko ein äquivalenzgewichtetes Einkommen unterhalb der Armutsschwelle zu erlangen, gingen mit einer Haupttätigkeit in Leiharbeit einher, zu welcher aufgrund von eingeschränkter Datenverfügbarkeit eine verkürzte Beobachtungsperiode gewählt werden musste. Die zusätzlich durchgeführte Differenzierung der Nebenbeschäftigungsform legte eine armutsreduzierende Wirkung von Nebentätigkeiten außerhalb der geringfügigen Beschäftigung nahe. Aufgrund insgesamt niedriger Fallzahlen und der damit möglicherweise resultierenden Stichprobenfehler bei der Hochrechnung auf die Gesamtbevölkerung sind diese jedoch nur unter Vorbehalt zu interpretieren.

In einer Längsschnittsuntersuchung wurde auf diesen Befunden aufbauend untersucht, ob hierbei eine Kausalbeziehung vorlag, d.h. ob mit Wechsel in eine atypische Mehrfachbeschäftigung trotz Nebentätigkeit ebenfalls eine erhöhte Wahrscheinlichkeit einherging von Einkommensarmut betroffen zu sein. Als Referenzkategorie wurde hierfür das Normalarbeitsverhältnis gewählt, welches empirisch das geringste Armutsgefährdungsrisiko aufweist[615] und zudem den definitorischen Gegenentwurf zur atypischen Beschäftigung darstellt. Die durchgeführten Fixed-Effects-Logit Regressionsmodelle bestätigten erneut den in der Literatur bereits etablierten Zusammenhang eines generell höheren Armutsrisikos bei Wechsel von einem Normalarbeitsverhältnis in eine (einfachbeschäftigte) atypische Beschäftigungsform. Mit den Beschäftigungsformen geringfügige Beschäftigung und atypische Teilzeitarbeit war dabei das höchste Risiko zu verzeichnen, während mit befristeter Vollzeit und Teilzeitarbeit zwischen 21 und 35 Wochenstunden eine Armutsgefährdung weniger begünstigt wurde. Zusätzlich ließ sich ein additiver Effekt auf das Armutsrisiko bei Vorliegen eines zusätzlichen Merkmals atypischer Beschäftigung in Form einer zusätzlichen Befristung des Arbeitsplatzes für Teilzeitbeschäftigung und geringfügige Beschäftigung nachweisen. In einem weiteren Modell wurden weitere Kontrollvariablen in das Modell integriert, um den Effekt der Beschäftigungsform zu isolieren. Hierbei zeigte sich, dass neben Berufs- und Brancheneffekten insbesondere der Haushaltskontexts und die wöchentliche Arbeitszeit Einfluss auf das erhöhte Armutsrisiko von atypisch Beschäftigten ausübten. Die auch bei Integration der Kontrollvariablen fortbestehende höhere Armutsgefährdung atypisch

---

615 Vgl. u.a. BMAS (Hrsg.) (2017); Thomsen et al. (2016); Wingerter (2009); Andreß/Seeck (2007).

Beschäftigter bestätigt den Befund der bestehenden Forschungsliteratur von geringeren Stundenlöhnen dieser Erwerbsformen.[616]

Die für die Forschungsfrage dieser Dissertation bedeutenderen Resultate zeigten die Entwicklung der Armutsgefährdung bei Aufnahme einer Mehrfachbeschäftigung. Ein Vergleich der Odds-Ratio-Koeffizienten von Einfach- und Mehrfachbeschäftigten bestätigte die armutsreduzierende Wirkung einer zusätzlichen Nebentätigkeit. Abgesehen von der Stärke des Zusammenhangs, stimmten diese jedoch weitgehend mit den Befunden für Einfachbeschäftigte überein, woraus sich die begrenzte Bedeutung des Nebenerwerbs für das individuelle Armutsgefährdungsrisiko gegenüber der bedeutenderen Haupttätigkeit ableiten lässt. In der detaillierten Betrachtung der im Sammelbegriff „atypische Arbeit“ subsummierten Beschäftigungsformen zeigten sich Unterschiede je nach Beschäftigungsform. Im Gegensatz zu Einfachbeschäftigten, konnte für befristet Vollzeittätige bei Ausübung einer Nebentätigkeit kein höheres Armutsrisiko als in der vorherigen Normalarbeit nachgewiesen werden. Das zusätzliche Einkommen aus der Nebentätigkeit kompensiert demnach eventuelle Lohnabschläge durch die Befristung des Arbeitsvertrages um ausreichend vor Einkommensarmut zu schützen. Dagegen resultierte die Aufnahme einer Teilzeitbeschäftigung trotz nebenberuflichem Zusatzverdienst in einem erhöhten Armutsrisiko. Wie im Falle von Einfachbeschäftigung war bei Zweittätigen das Risiko für hauptberuflich geringfügig Beschäftigte am höchsten, gefolgt von Teilzeitbeschäftigten bis 20 Wochenstunden (atypische Teilzeit), sowie in geringerem Maße Teilzeitbeschäftigungen mit 21 bis 35 Wochenstunden (reguläre Teilzeit). Die Befunde zeigten sich gegenüber der Integration der Kontrollvariablen robust und können demnach nicht auf mit dem Wechsel in die Erwerbsform einhergehende Veränderungen des Berufs, der Branche oder des Haushaltskontextes sowie der wöchentlichen Arbeitszeit zurückgeführt werden. Die Erklärung für die robuste erhöhte Armutsgefährdung von Mehrfachbeschäftigten mit atypischer Haupttätigkeit ist demnach auf anderweitige, nicht in der Regression kontrollierte Einflussfaktoren zurückzuführen. Aufgrund der bei Anwendung von Fixed-Effects-Regressionsmodellen inhärenten Kontrolle von zeitkonstanten Merkmalen ist die Auswahl weiterer Einflussfaktoren auf den festgestellten „intra-personellen Effekt“ („*within*-Schätzer“) der Erwerbsform, auf zeitveränderliche Merkmale beschränkt. Wie bereits im Falle eines Wechsels in einfachbeschäftigte

616 Vgl. Goebel/Krause (2016); Thomsen et al. (2016); Goebel et al. (2015); Kalina/Weinkopf (2015); Hellmuth/Urban (2010:27); Wingerter (2009); Brehmer/Seifert (2008); Kalina/Weinkopf (2008).

atypische Beschäftigung kann dies auf die niedrigere Stundenentlohnung von atypisch Hauptbeschäftigten gegenüber einer Beschäftigung in einem Normalarbeitsverhältnis zurückgeführt werden.[617] Bei gleicher wöchentlicher Arbeitszeit ermöglicht das zusätzliche Einkommen des Nebenerwerbs nicht in ausreichendem Maße die mit atypischen Beschäftigungsformen einhergehende niedrigere Entlohnung zu kompensieren.

9.4.2. Einkommensarmut als Auslöser für die Aufnahme einer Mehrfachbeschäftigung

Neben der Frage, ob Mehrfachbeschäftigung eine Ursache für Einkommensarmut darstellt, wurde auch der umgekehrte Zusammenhang untersucht, wonach eine Armutsgefährdungslage als Ursache für die Aufnahme einer zweiten Erwerbstätigkeit anzusehen ist. Hinweise für die Gültigkeit dieser These wurden zunächst anhand bivariater Untersuchungen mittels zweier unterschiedlicher Vorgehensweisen gefunden. So erlaubt es der Aufbau des verwendeten SOEP als Panel-Untersuchung einerseits den Einkommensstatus einer Person im Erhebungsjahr vor der Aufnahme einer Mehrfachbeschäftigung zu bestimmten. Hierbei wurde festgestellt, dass die Armutsgefährdungsquote in dieser Gruppe einen höheren Wert aufwies gegenüber Personen die auch im Folgejahr weiterhin nur einer Erwerbstätigkeit nachgingen. Ein weiterer Hinweis zeigte sich bei rechnerischer Subtraktion des Nettonebeneinkommens von dem für die Bestimmung der Armutsgefährdung notwendigen äquivalenzgewichteten verfügbaren Haushaltseinkommens. Durch die Anwendung dieser Rechenoperation konnte gezeigt werden, dass Mehrfachbeschäftigte ohne das zusätzliche Einkommen aus der Nebentätigkeit häufiger von Einkommensarmut betroffen wären als Einfachbeschäftigte. Aufgrund fehlender Angaben zur Höhe des Nettonebeneinkommens wurde dieses annahmengestützt aus den vorhandenen Bruttowerten generiert. Inwieweit eine Subtraktion dieses „fiktiven“ Nettonebeneinkommens zu höheren Armutsgefährdungsquoten der Mehrfachbeschäftigten führt wurde mittels einer Sensitivitätsanalyse untersucht. Dieser zu Folge kann auf Basis des Vormonatseinkommens ab einer Subtraktion von 40% des „fiktiven“ Nettonebeneinkommens ein höheres Armutsgefährdungsrisiko von Mehrfachbeschäftigten gegenüber Einfachbeschäftigten festgestellt werden. Umgekehrt bedeutet dies, dass bis zu einer Überschätzung der generierten Werte des Nettonebeneinkommens um 60% der

617 Vgl. Goebel/Krause (2016); Thomsen et al. (2016); Goebel et al. (2015); Kalina/Weinkopf (2015); Hellmuth/Urban (2010:27); Wingerter (2009); Brehmer/Seifert (2008); Kalina/Weinkopf (2008).

Befund, dass Mehrfachbeschäftigte ohne das zusätzliche Nebeneinkommen stärker von Armut betroffen wären, robust ist. Die Armutsgefährdungsquote von Mehrfachbeschäftigten auf Basis des Vorjahreseinkommens wies bereits ohne Subtraktion des Nebeneinkommens einen um circa 0,3 Prozentpunkte geringfügig höheren Wert aus. Eine weitere rechnerische Exklusion des Nebeneinkommens geht daher stets mit einer weiteren Differenz der Armutsgefährdungsquoten zwischen Einfach- und Mehrfachbeschäftigten einher. Mittels dieser bivariaten Querschnittsbetrachtung konnte jedoch nur Korrelationen konstatiert werden, wohingegen diese über die zugrunde liegende kausale Ursache-Wirkungsbeziehung keine Aussage erlaubte. Eines der geeignetsten Instrumente, um mit Regressionsmodellen kausalanalytische Analysen durchzuführen stellt eine Längsschnittsuntersuchung anhand einer auf intra-individuellen Veränderungen beruhenden Fixed-Effects-Regressionsanalyse dar.[618] Diese wurden sowohl auf Basis der Vormonats- als auch Vorjahresoperationalisierung von Mehrfachbeschäftigung und Einkommensarmut durchgeführt. Mittels dieser konnte der vermutete Zusammenhang, dass Einkommensarmut einen Auslöser für die Aufnahme einer Mehrfachbeschäftigung darstellt jedoch nicht bestätigt werden. Stattdessen zeigte sich der umgekehrte Befund, demnach mit Absinken des äquivalenzgewichteten verfügbaren Haushaltseinkommens unter die Armutsschwelle die Wahrscheinlichkeit der Aufnahme einer zweiten Erwerbstätigkeit reduziert. Als mögliche Ursache für diesen Befund wurde auf die mögliche Existenz einer inversen Kausalbeziehung verwiese. Demnach geht mit Aufnahme eines zusätzlichen Nebenerwerbs ebenfalls eine Verbesserung der Einkommenssituation einher womit der Betroffenheit von Einkommensarmut entgegengewirkt wird. Um diese möglicherweise überlagernde Wirkung der Einkommenserhöhung durch den Nebenerwerb auszuschließen, wurden weitere Modelle mit zeitverzögernd einsetzendem Wirkungszusammenhang durchgeführt. Hierbei zeigte sich jedoch nur anhand der Vormonatsdaten der erwartete positive Zusammenhang zwischen Einkommensarmut und Mehrfachbeschäftigung. Die Angemessenheit der Verwendung von zeitverzögerten Schätzern in Fixed-Effects-Regressionen ist jedoch Gegenstand einer anhaltenden wissenschaftlichen Debatte, ohne bislang abschließendes, befriedigendes Ergebnis. Die erzielten Ergebnisse sind daher mit Vorsicht zu verwenden. Um dennoch der Frage nachgehen zu können, ob Einkommensarmut als Ursache für die Aufnahme einer weiteren Erwerbstätigkeit angesehen werden kann, wurde eine rechnerische Lösung verwendet. In dieser wurde,

618 Vgl. u.a. Vaisey/Miles (2014); Andreß et al. (2013); Giesselmann/Windzio (2012); Brüderl (2010); Allison (2009.

entsprechend dem Vorgehen der bivariaten Untersuchung, die Einkommenserhöhung durch den Nebenerwerb ausgeblendet, womit die fiktive Situation untersucht wird, ob eine Person ohne Berücksichtigung eventueller Nebentätigkeit von Einkommensarmut betroffen wäre. Das entsprechend durchgeführte FE-Regressionsmodell lieferte das in der Hypothese formulierte Ergebnis, demnach mit einer Verschlechterung der Einkommenssituation, gemessen an der Betroffenheit von Einkommensarmut ohne Nebenerwerb, eine erhöhte Wahrscheinlichkeit besteht nebenerwerbstätig zu werden. Umgekehrt formuliert fügt sich dieses Ergebnis damit in die bisherige internationale Forschungslage ein, die basierend auf diversen Einkommensvariablen mit Verbesserung des Einkommensverhältnisses eine abnehmende Wahrscheinlichkeit für Mehrfachbeschäftigung feststellt.[619] Hinsichtlich der neueren Untersuchungen auf Basis des SOEP für den deutschen Arbeitsmarkt liefern die in der vorliegenden Arbeit gefundenen Erkenntnisse eine Bestätigung der Ergebnisse von Heineck (2009), demzufolge mit zunehmendem Einkommen, gemessen an der Höhe des Bruttostundenlohns und des Nicht-Erwerbseinkommens, eine Mehrfachbeschäftigung unwahrscheinlicher wird.[620] Umgekehrt kann das Resultat von Schmidt/Voss (2014), denen zu Folge Personen bei Verbesserung der relativen Einkommensposition wahrscheinlicher eine Mehrfachbeschäftigung aufnehmen, anhand der Befunde dieser Arbeit nicht unterstützt werden.[621] Dies ist überraschend, insofern als die Vorgehensweise der Untersuchung von Schmidt/Voss (2014) mit der vorliegenden Arbeit eine Reihe von methodischen und inhaltlichen Übereinstimmungen aufweisen, und daher ähnliche Ergebnisse zu erwarten wären. Zu den Gemeinsamkeiten zählen neben dem SOEP als verwendete Datenbasis, ein ähnliches statistischen Modell[622] sowie ebenfalls die Verwendung des äquivalenzgewichteten Haushaltsnettoeinkommens – auf welchem die Einkommensarmutsgefährdung beruht – als erklärende

619 Vgl. Panos et al. (2009); Wu et al (2009); Robinson/Wadsworth (2006); Böheim/Taylor (2004) für Großbritannien; Partridge (2002); Kimmel/Smith-Conway (2001); Abdukadir (1992); Krishnan (1990); Shisko/Rostker (1976) für die USA.

620 Vgl. Heineck (2009:115ff.).

621 Vgl. Schmidt/Voss (2014:53f.).

622 Anstelle der in dieser Arbeit verwendeten Fixed-Effects-Logit-Regression verwenden Schmidt/ Voss (2014) ein Hybrid-Modell, welches neben den im FE-Modell ausschließlich berücksichtigten zeitveränderlichen Merkmalen eine Integration von zeitkonstanten Variablen, wie z.B. das Geschlecht, erlaubt (vgl. Giesselmann/Windzio (2012:164)). Für die zeitveränderliche Variable „Einfach- bzw. Mehrfachbeschäftigt“ bringt dieses Vorgehen jedoch keinen Mehrgewinn. Der zusätzlich in dem Modell berechnete Querschnittsschätzer („*between*-Schätzer“) für zeitveränderliche Merkmalen ist bei Vorliegen nicht auszuschließender unbeobachteter Heterogenität sehr

Variable. Eine mögliche Erklärung für die Unterschiede besteht in der Einschränkung der Arbeit von Schmidt/Voss (2014) auf ausschließlich abhängige Nebentätigkeiten bis 400€ Einkommen (Minijobs) sowie auf den auf die Jahre zwischen 2004 und 2011 beschränkten, abweichenden Untersuchungszeitraum. Berücksichtigt man hingegen die Erkenntnisse im Hinblick auf die Existenz möglicher überlagernder Effekte in Folge einer inversen Kausalbeziehung aufgrund des Einkommenserhöhungseffekts des Nebeneinkommens, lassen sich die divergierenden Ergebnisse durchaus vereinbaren. So führten die eigenen durchgeführten Regressionen VM-1 und VJ-1 ohne Korrektur um diesen Effekt ebenfalls zu einem Logit-Koeffizienten mit negativem Vorzeichen, der umgekehrt formuliert mit Verlassen der Einkommensarmut eine höhere Wahrscheinlichkeit zur Aufnahme einer Mehrfachbeschäftigung ausdrückt.[623] Die eigentliche Frage ist daher, ob die Einkommenserhöhung durch den Nebeneffekt einer Korrektur bedarf, oder dies einen unangemessenen Eingriff in die Datenanalyse darstellt. Für den in dieser Untersuchung gewählten Weg diese Korrektur einzusetzen, lassen sich die folgenden Gründe anführen. Zum einen besteht in der theoretischen Überlegung kein Zweifel, dass, unter der Annahme konstanter anderweitiger Einkommensbestandteile, mit Aufnahmeeiner weitere Einkommensquelle das Gesamteinkommen zunimmt. Eine Analyse ohne Berücksichtigung dieses Umstandes gleicht daher fast einer Tautologie, da die Berechnung der Einkommensarmutsgefährdung im Wesentlichen durch die Einkommenshöhe bestimmt wird. Der invers-kausale Effekt der Einkommenserhöhung durch das zusätzliche Nebeneinkommen ist demnach als gegeben anzunehmen, wohingegen unklar ist, inwieweit durch diesen anderweitigen Zusammenhänge, wie der Effekt „Einkommensarmut als Auslöser für eine Nebentätigkeitsaufnahme", überlagert werden. Die durchgeführten ökonometrischen Untersuchungen mit unmittelbaren und verzögerten Prädikatoren legen diese überlagernde Wirkung nahe und lassen sich mit den theoretischen Überlegungen ohne Berücksichtigung des Nebeneinkommens vereinbaren. Zur Nachweisführung einer Kausalität wäre es wünschenswert, den Effekt „Armut als Auslöser für Mehrfachbeschäftigung" durch eine zeitversetzte Verwendung der erklärenden Variable zu isolieren, da damit die Ursache der Wirkung eindeutig vorausgehen würde. Aufgrund des bestehenden Diskurses über die Angemessenheit von Modell und Datenbasis, konnte dies jedoch nicht zweifelsfrei dargelegt werden. Die alternativ gewählte Verfahrensweise einer rechnerischen

wahrscheinlich verzerrt und daher normalerweise nicht von inhaltlichem Interesse (vgl. Brüderl (2009:977)).

623 Vgl. Tabelle 24.

Isolation stellt somit eine Kompromisslösung an diesen Umstand dar. Die tendenziell übereinstimmenden Ergebnisse der Modelle mit zeitversetzten Schätzern (VM-2 / VJ-2) und rechnerisch korrigierten erklärenden Variablen (VM-3 / VJ-3), können als teilweise Bestätigung des gefundenen Zusammenhangs aufgefasst werden.[624] Dabei ist jedoch zu beachten, dass es sich bei der Variablen Armutsgefährdung um einen nicht direkt beobachtbaren Zustand handelt, sondern diese eine auf Annahmen zur Einkommens- und Kostenverteilung eines Haushaltes basierte Konstruktion darstellt. Der rechnerischen Subtraktion des Nebeneinkommens kommt daher eine weit weniger schwerwiegende Bedeutung bei der Frage nach der Gültigkeit der Ergebnisse zu als den zur Berechnung der Armutsschwelle getroffenen Annahmen. Diese wurden bereits in Kapitel 5 detailliert diskutiert, weshalb anbei nur auf einen für die Forschungshypothese dieser Arbeit besonders wichtigen Aspekt eingegangen werden soll. Dieser besteht in der Frage, inwieweit eine genau definierte Armutsschwelle tatsächlich ein geeignetes Maß darstellt, die Motivation zur Aufnahme einer Nebentätigkeit zu begründen. So dürfte deren Höhe nur den wenigsten Personen bekannt sein, und im Extremfall können bereits wenige Euro darüber entscheiden, ob jemand der Einkommensarmutsgefährdung zugerechnet wird. Daraus ergibt sich die Frage, ob der festgestellte Zusammenhang nicht den eigentlichen Effekt darstellt, sondern vielmehr nur einen Teilaspekt eines generellen Zusammenhangs bei Einkommensverschlechterung aufgreift. Um dies zu untersuchen werden nachfolgend die logistischen FE-Regressionen (VM-3 und VJ-3) statt mit der Armutsgefährdung als erklärender Variablen, auf Basis der gesamten relativen Einkommensverteilung erneut durchgeführt. Dabei ist zu berücksichtigen, dass es sich bei der logistischen Regression um ein nichtlineares Modell handelt, in dem der Effekt einer Variablen nicht konstant ist und somit keine Aussagen über lineare Wirkungszusammenhänge möglich sind.[625] Vereinfacht ausgedrückt, kann die Wahrscheinlichkeit eine Mehrfachbeschäftigung aufzunehmen sich zwischen den verschiedenen Ausprägungen der Einkommenssituation unterscheiden, so dass ein einzelner Koeffizient den Zusammenhang nur ungenau abbildet. Eine Möglichkeit dem zu entgegen, besteht darin die Korrelation an verschiedenen Punkten der Einkommensverteilung zu betrachten, wodurch untersucht werden kann welchen Effekt eine Veränderung der Einkommenssituation in Abhängigkeit von der vorherigen Ausgangsituation hat. Die Grundlage bildet hierbei erneut das äquivalenzgewichtete Haushaltsnettoeinkommen entsprechend der getroffenen Annahmen in Kapitel 5.5. Die gewichtete

624 Vgl. Tabelle 24.

625 Vgl. Best/Wolf (2010:839).

Einkommensverteilung der Gesamtstichprobe wird hierzu in fünf gleichgroße Einheiten (Quintile) unterteilt.[626] Damit wird, wie bereits bei dem Konzept der relativen Einkommensarmut, dem Umstand Rechnung getragen, dass weniger die absolute Höhe des Einkommens, sondern vielmehr die gesamtgesellschaftliche Positionierung ausschlaggebend für die eigene Bewertung der Einkommenssituation ist. Anhand des Wechsels der Referenzkategorie kann festgestellt werden, ob sich beispielsweise bei einem Wechsel vom einkommensstärksten fünften Quintil in ein niedrigeres Quintil ein stärkerer Zusammenhang ergibt als etwa bei einem Wechsel vom zweiten ins unterste Quintil. Statt einer absoluten Veränderung der Einkommenssituation wird somit die Auswirkung eines relativen monetären Abstieges gemessen, im Vergleich zu der vorherigen Einkommensposition innerhalb der ebenfalls Veränderungen unterliegenden gesamtgesellschaftlichen Einkommensverhältnisse.

Logit-Koeffizient / Wahrscheinlichkeit Nebentätigkeit aufzunehmen / FE-Logistische Regression

Vormonat	Q1 Referenz	Q1 0.61 ***	Q1 1.06 ***	Q1 1.47 ***	Q1 1.91 ***
	Q2 -0.61 * **	Q2 Referenz	Q2 0.45 ***	Q2 0.86 ***	Q2 1.30 ***
	Q3 -1.06 * **	**Q3 -0.45 *** **	Q3 Referenz	Q3 0.41 ***	Q3 0.85 ***
	Q4 -1.47 * **	**Q4 -0.86 *** **	**Q4 -0.41 *** **	Q4 Referenz	Q4 0.44 ***
	Q5 -1.91 * **	**Q5 -1.30 *** **	**Q5 -0.85 *** **	**Q5 -0.44 *** **	Q5 Referenz
Vorjahr	Q1 Referenz	Q1 0.34 ***	Q1 0.77 ***	Q1 1.14 ***	Q1 1.26 ***
	Q2 -0.34 * **	Q2 Referenz	Q2 0.43 ***	Q2 0.80 ***	Q2 0.92 ***
	Q3 -0.77 * **	**Q3 -0.43 *** **	Q3 Referenz	Q3 0.37 ***	Q3 0.49 ***
	Q4 -1.14 * **	**Q4 -0.80 *** **	**Q4 -0.37 *** **	Q4 Referenz	Q4 0.11 †
	Q5 -1.26 * **	**Q5 -0.92 *** **	**Q5 -0.49 *** **	Q5 -0.11 †	Q5 Referenz

ABBILDUNG 46: EINFLUSS ÄQUIVALENZGEWICHTETES HAUSHALTSEINKOMMEN OHNE NEBENERWERB (IN QUINTILEN) AUF DIE NEBENTÄTIGKEITSWAHRSCHEINLICHKEIT

† p<0,1, *p<0,05, **p<0,01, ***p<0,001.

Q1 bis Q5: Einkommensverteilung äquivalenzgewichtetes Haushaltseinkommen in fünf gleichgroße Quintile. Weitere Kontrollvariablen entsprechend Regression in Tabelle 24.

Lesebeispiel: Mit der Verbesserung der relativen Einkommensposition von Quintil 1 (Referenz) in Quintil 2 geht eine niedrigere Wahrscheinlichkeit (Logit =-0,61***) einher eine Nebentätigkeit aufzunehmen.

Quelle: Eigene Berechnung, SOEP Welle v29, ungewichtet Äquivalenzgewichtung anhand modifizierter OECD Skala, inklusive imputed rent

626 Die in Einteilung in fünf Einkommensgruppen wurde gewählt, da diese der Vorgehensweise bei Schmidt/Voss (2014) entspricht. Eine kleinteiligere Aufteilung, z.B. in Dezile oder Perzentile, ist natürlich ebenfalls möglich, bringt jedoch eine höhere Unübersichtlichkeit der Ergebnisse mit sich.

Die Darstellung in Abbildung 46 macht deutlich, dass mit einem Wechsel in ein höheres Einkommensquintil eine niedrigere Wahrscheinlichkeit einhergeht eine Mehrfachbeschäftigung aufzunehmen. Umgekehrt führt eine Einkommensverschlechterung generell zu einer höheren Bereitschaft nebenerwerbtätig tätig zu werden. Eine Zweitbeschäftigung stellt damit ein Mittel dar, den vorherigen Einkommensstandard zu erhalten, unabhängig von der finanziellen Ausgangssituation. Mit zunehmendem Einkommensrückgang ist ein ansteigender Betrag des Logit-Koeffizienten zu verzeichnen, der folglich bei einem Wechsel in das unterste Einkommensquintil am stärksten ausfällt. Dieser Teil der Einkommensverteilung umfasst die Gesamtzahl der als erwerbsarmutsgefährdet Klassifizierten, entspricht dieser jedoch nicht, da etwa 40% der Erwerbspersonen im untersten Quintil ein Einkommen oberhalb der Armutsschwelle erzielen. Die Verschlechterung der Einkommenssituation bis unter die relative Armutsschwelle stellt somit nur einen Teilaspekt eines generellen Zusammenhangs einer, mit zunehmender Einkommensverschlechterung erhöhten, Aufnahmewahrscheinlichkeit einer Zweitbeschäftigung dar. Die Ergebnisse können somit als Bestätigung des „*financial shock*"-Motivs[627] für den deutschen Arbeitsmarktraum gesehen werden, welches in der bisherigen Forschungsliteratur ausschließlich für den britischen Arbeitsmarkt untersucht wurde. Sofern eine bereits erwerbstätige Person einen Einkommensrückgang zu verzeichnen hat, stellt die Aufnahme einer weiteren Beschäftigung eine naheliegende kurzfristige Abhilfe dar. Inwieweit dies längerfristig in einer tiefergreifende berufliche Veränderungen mündet, etwa in Form der Suche nach einer besser bezahlten Hauptbeschäftigung und damit der Notwendigkeit von Mehrfachbeschäftigung entgegensteht, ist wahrscheinlich abhängig von der eigentlichen Ursache für den Einkommensrückgang. Hierzu ist weiterer Forschungsbedarf nötig, der die Nachhaltigkeit der aufgenommenen Nebenbeschäftigungsverhältnisse detailliert untersucht. Die in der Verbleibsanalyse festgestellte vergleichsweise kurze Beschäftigungsdauer von Mehrfachbeschäftigungsverhältnissen wäre daher speziell auf einen möglichen Zusammenhang mit einem mittelfristigen Wechsel der Hauptbeschäftigung oder allgemein einer Veränderung der Haushaltseinkommenssituation zu analysieren.

627 Vgl. Böheim/Taylor (2004).

9.5. Zufriedenheit mit HH-Einkommen (subjektive Armut) / „hours-constraints" und Kreditschulden

Neben der auf Einkommensangaben beruhenden und damit vermeintlich objektiven Einflussgröße „Einkommensarmut" wurde mit der Beurteilung des Haushaltseinkommens zusätzlich eine subjektive Einflussvariable in die Untersuchung einbezogen. Der verwendete Datensatz SOEP ermöglichte hierbei allerdings keine Beurteilung, inwieweit auch hier ein invers-kausaler Effekt durch das Nebeneinkommen zum Wirken kommt, entsprechend der Argumentation bei objektiver Armutsgefährdung. Mit Bezug auf die übrigen durchgeführten Regressionsanalysen, insbesondere bei Einsatz eines um eine Periode zeitversetzten Prädikators, können die Ergebnisse zusammengenommen jedoch als Bestätigung des vermuteten negativen Zusammenhangs aufgefasst werden. Eine höhere Zufriedenheit mit dem Haushaltseinkommen hat demnach eine reduzierte Aufnahmebereitschaft von einer Nebenerwerbstätigkeit zur Folge. Das Ergebnis steht somit im Konsens mit der vorhandenen Forschungsliteratur für den britischen Arbeitsmarkt[628] sowie für männliche Angestellte und Arbeiter in Deutschland.[629]

Als weiterer, den finanziellen Motivationen anzurechnender Antrieb für eine Nebenbeschäftigung wurde die Gültigkeit des „*hours-constraints*"-Motivs sowie ein möglicher Einfluss der Vermögenssituation untersucht. Die durchgeführten Regressionsanalysen bestätigten erneut das „*hours-constraints*"-Motiv, welches in der Literatur als der klassische Antrieb zur Aufnahme einer Nebenbeschäftigung angeführt wird.[630] Sofern die tatsächliche Arbeitszeit den gewünschten Arbeitsumfang unterschreitet, geht dies wahrscheinlicher mit der Aufnahme einer Nebenbeschäftigung einher. Dies entspricht dem Fall, dass kurzfristig das bestehende Arbeitsverhältnis aufgrund von Restriktionen nicht im gewünschten Maße dem gesteigerten finanziellen Bedarf angepasst werden kann und somit auf eine Nebentätigkeit außerhalb der Hauptbeschäftigung zurückgegriffen wird. Für den umgekehrten Fall einer Überschreitung der Wunscharbeitszeit ergibt sich hingegen ein uneinheitliches Bild, je nach gewähltem Operationalisierungskonzept der Mehrfachbeschäftigung. Der mittels der Vormonatsdaten gefundene positive Zusammenhang steht hierbei in weitgehender Übereinstimmung

---

628 Vgl. Heineck (2009); Wu et al. (2009).

629 Vgl Heineck (2009).

630 Vgl. u.a. Heineck (2009:107); Robinson/Wadsworth (2006:3); Böheim/Taylor (2004:1); Smith-Conway/Kimmel (1998:136); Paxson/Sicherman (1996:379); Perlman (1966:241f).

mit den bisherigen Forschungsergebnissen für den deutschen Arbeitsmarkt,[631] wonach auch eine gewünschte Arbeitsreduktion sich positiv auf die Nebentätigkeitswahrscheinlichkeit auswirkt. Diese beruhen jedoch ebenfalls auf einer Operationalisierung von Mehrfachbeschäftigung mittels der Vormonatsdaten, wohingegen keine Vergleichsstudien für eine Vorjahresoperationalisierung vorliegen. Da sich auf theoretischer Basis keine überzeugende Begründung für die divergierenden Ergebnisse mittels unterschiedlicher Operationalisierungswege ergibt und zudem nicht zu begründen ist, in welcher Form eine Mehrfachbeschäftigung besser gemessen werden kann, wird hierbei auf ein abschließendes Urteil verzichtet. Eine weitere Einschränkung dieser Untersuchung ergibt sich zudem durch die Konzentration auf ausschließliche Wechsel von einer Einfach- in eine Mehrfachbeschäftigung. Hierbei wird unter anderem die Frage vernachlässigt, inwieweit eine anhaltende Abweichung der tatsächlichen von der Wunscharbeitszeit langfristig in einem Wechsel des Hauptberufes mündet, welcher besser den Arbeitszeitwünschen entspricht und möglicherweise zur Aufgabe der Nebenbeschäftigung führt.

Die bisherige Forschungslage über die Motive für Nebentätigkeit aus finanziellen Gründen nahm bislang ausschließlich Bezug auf Messungen der Einkommensverhältnisse. Die Auswirkungen der Vermögenssituation wurden hingegen allenfalls indirekt berücksichtigt, insofern diese zu Einkünften außerhalb der Erwerbstätigkeit, wie z.B. Zinseinnahmen führten.[632] Aufgrund fehlender Daten zur Vermögenssituation konnte auch diese Dissertation hierzu nur eingeschränkt zur Erweiterung des Forschungsstandes beitragen. Als Indikator zur Messung einer Verschlechterung der Vermögenslage wurden die Befragungsdaten über die Aufnahme einer Hypothek/Bauspardarlehen oder sonstiger Kredite verwendet. Die damit verbundene Überlegung bestand darin, dass bei finanziellem Mehrbedarf zunächst auf bestehende Rücklagen zurückgegriffen wird, womit die Aufnahme eines Kredites als ein Anzeichen für den weitgehenden Verbrauch vorhandener Finanzmittel anzusehen ist. Die durchgeführten Analysen förderten hierbei die Unterschiedlichkeit der untersuchten Kreditarten zu Tage. Die Aufnahme einer Hypothek bzw. eines Bauspardarlehens hatte keine nachweisbaren Auswirkungen auf das Arbeitsangebotsverhalten im Nebenerwerb, wohingegen mit Inanspruchnahme anderweitiger Kredite eine signifikante Steigerung der Nebenerwerbstätigkeitsaufnahme verzeichnet werden konnte. Dies wurde darauf zurückgeführt, dass eine Hypothek eher eine langfristige

631 Vgl. Schmidt/Voss (2014); Heineck (2009).
632 Vgl. z.B. Heineck (2009).

Investitionsentscheidung darstellt, während sonstige Kredite möglicherweise überwiegend für Konsumzwecke oder kurzfristige finanzielle Engpässe aufgenommen werden. Die Aufnahme einer Mehrfachbeschäftigung kann demnach als Mittel gesehen werden, kurzfristig die finanzielle Situation zu verbessern, um die zusätzliche Belastung durch die Tilgung und Zinslast von Kreditschulden bewältigen zu können. Für eine umfassendere Analyse des Zusammenhangs zwischen der Vermögenssituation und Nebenerwerbstätigkeit - beispielsweise hinsichtlich der Schuldenhöhe oder des Grundes für die Kreditaufnahme - ist jedoch weiterer Forschungsbedarf auf Basis detaillierterer Vermögensdaten notwendig.

9.6. Nicht-monetäre Motive: „hedging", „heterogeneous -jobs" und Berufliche Veränderungen

Neben den überwiegend aus finanziellen Gründen aufgenommenen Mehrfachbeschäftigungsverhältnissen wurde in dieser Arbeit auch die Existenz weiterer mit nicht-monetären Gründen einhergehende Motivationen für Zweitbeschäftigung untersucht. Da ausschließlich entgeltlich entlohnte Erwerbstätigkeiten untersucht wurden ist diese Bezeichnung nicht exklusiv zu verstehen, sondern drückt vielmehr aus, dass neben einem zweifellos bestehenden Einkommensmotiv mit der Aufnahme einer Mehrfachbeschäftigung eine weitere nicht finanziell begründete Motivation verbunden wird.[633] In der bestehenden Literatur findet sich dieser Gedanke oftmals unter der Bezeichnung „*heterogeneous -jobs*"-Motiv wieder. Allerdings besteht zu diesem Motiv keine allgemeingültige Definition, so dass unklar bleibt, inwiefern anderweitige in der Literatur zu findende Motive mit nicht-monetärem Nutzen als Teilaspekt dieses übergeordneten Sammelbegriffes zu verstehen sind oder eigenständige Motive darstellen. Zu diesen zählt etwa die berufliche oder persönliche Verwirklichung in einem nebenberuflichen Ehrenamt oder in einer unternehmerischer Nebenerwerbsselbstständigkeit wie auch die Kompensation einzelner Aspekte der Haupttätigkeit durch einen Nebenerwerb, wie beispielsweise zu geringe Beschäftigungssicherheit. Aufgrund dieser theoretischen Unklarheiten wurde in dieser Dissertation ein pragmatischer Ansatz gewählt und einzelne nicht-monetäre Motive, soweit es die Datenbasis zuließ, eigenständig analysiert. Die hierbei nicht erfassten Motivationen wurden unter dem Sammelbegriff des „*heterogeneous-jobs*"*-Motiv* untersucht,

633 Vgl. Kimmel/Smith-Conway (2001:108).

die damit als Residualvariable nicht erfasster Zufriedenheit mit der Arbeitsplatzsituation aufgefasst werden kann. Als eigenständige Motive konnten hierbei das „*hedging*"-Motiv sowie die Rolle der Mehrfachbeschäftigung bei beruflichen Veränderungen wie Arbeitsplatz- und Berufswechsel oder Übergang in die Selbstständigkeit analysiert werden. Aufgrund fehlender Längsschnittsinformationen konnte hingegen die Rolle des Ehrenamtes nicht berücksichtigt werden. Zudem wurde wegen zu geringer Fallzahlen auf eine weitere Differenzierung nach Nebenerwerbstätigen im familiären Eigenbetrieb verzichtet.

Für die Untersuchungen der Gültigkeit des „*hedging*"-Motivs konnten im SOEP mehrere mögliche Indikatorvariablen identifiziert werden, mit welchen sich der in der Theorie ausgedrückte Zusammenhang operationalisieren lässt, ein bestehendes, aber von Beschäftigungsunsicherheit gekennzeichnetes Hauptarbeitsverhältnis durch eine weitere Beschäftigung abzusichern. Die Indikatoren zur Messung der subjektiv empfundenen aktuellen Arbeitsplatzsicherheit sowie der wirtschaftlichen Lage offenbarten keinen Nachweis des vermuteten Zusammenhangs. Hingegen zeigte sich bei einem zukünftig erwarteten Arbeitsplatzverlust eine, wenn auch nur nach Vormonatsdaten signifikant belegbare, höhere Wahrscheinlichkeit nebenberuflich tätig zu werden. Ebenso konnte dieser Zusammenhang bei einem Wechsel von einer Festanstellung in eine Tätigkeit mit befristetem Arbeitsvertrag gezeigt werden. Damit reihen sich diese Erkenntnisse in die bislang vorliegende Forschungsliteratur ein, die ebenfalls mittels Mikrodaten zur wahrgenommenen Beschäftigungsinstabilität oder zum Arbeitsplatzrisiko im Haupterwerb überwiegend keinen Beleg für die Gültigkeit des „*hedging*"-Motivs aufzeigt.[634] Vereinzelte Studien, die hingegen die Art des Arbeitsvertrages als Stellvertretervariable für die Beschäftigungsunsicherheit anführen, bestätigen die höhere Aufnahmewahrscheinlichkeit von Nebentätigkeiten.[635] Bezüglich eines erst zukünftig erwartenden Abnehmens der Beschäftigungssicherheit liegen hingegen keine Vergleichsstudien vor. Zusammengenommen lassen die Ergebnisse damit den Schluss zu, dass die zukünftige Erwartung der Beschäftigungssicherheit einen besseren Indikator darstellt als die aktuelle Wahrnehmung. Dies setzt jedoch voraus, dass eine befristete Anstellung weniger als Ausdruck einer aktuellen Beschäftigungsunsicherheit wahrgenommen wird, sondern eher Einfluss auf die erwartete Arbeitsplatzsituation mit Ablauf der vertraglich vereinbarten Arbeitsdauer hat.

---

634 Vgl. Heineck (2009); Wu et al. (2009); Böheim/Taylor (2004); Bell et al. (1997); Schwarze (1991).

635 Vgl. Dickey et al. (2009); Heineck (2009); Böheim/Taylor (2004).

Zu ähnlich divergierenden Erkenntnissen bei variierendem Zeithorizont gelangt diese Arbeit bei der Frage, inwieweit Nebenerwerbstätigkeit als erster Schritt bzw. „*stepping stone*" in die Selbstständigkeit bezeichnet werden kann. Hierzu liegen bereits positive Erkenntnisse für die Arbeitsmarktregime in Großbritannien, Schweden und den USA vor,[636] während die Bedeutung für die deutsche Existenzgründungslandschaft bislang nicht empirisch untersucht wurde. Als Ergebnis dieser Dissertation lässt sich hierzu festhalten, dass mit einem bereits vollzogenen Wechsel in die Selbstständigkeit, unabhängig ob mit oder ohne eigene Angestellte, die Wahrscheinlichkeit nebenerwerbstätig zu werden negativ beeinflusst wird. Vermutlich liegt dies im ohnehin hohen Zeit- und Ressourcenaufwand begründet, der mit einer Neugründung einhergeht. Stellt der Wechsel in eine Selbstständigkeit hingegen eine zunehmend zu erwartende Option in der näheren Zukunft dar, zeigt sich eine signifikant ($p<0{,}001$) erhöhte Wahrscheinlichkeit einen Zweiterwerb aufzunehmen. Unklar bleibt dabei jedoch, inwiefern dieser Zweiterwerb tatsächlich bereits die spätere Selbstständigkeit darstellt, die hierbei erstmals testweise parallel zur Haupttätigkeit ausgeübt wird, oder dieser nur primär zur Akkumulation von Startkapital für einen späteren Übergang in die Selbstständigkeit genutzt wird. Anderweitige berufliche Veränderungen außerhalb einer Neugründung, wie ein zunehmend als wahrscheinlich eingeschätzter Wechsel der Arbeitsstelle, ein vollständiger beruflicher Neuanfang oder der berufliche Aufstieg innerhalb des Beschäftigungsverhältnisses, können hingegen nicht in Verbindung mit Nebentätigkeitsaufnahmen gesehen werden. Dagegen finden sich bei Verwendung der Vormonatsdaten Hinweise darauf, dass eine Nebentätigkeit als Substitut für ausbleibende Lohnerhöhungen betrachtet werden kann. Je wahrscheinlicher eine Person im bestehenden Arbeitsverhältnis in den kommenden Jahren mit Lohnsteigerungen rechnet, desto weniger sieht sich diese vermutlich gezwungen über die Aufnahme einer Nebentätigkeit eine Einkommenssteigerung zu erzielen.

Die Existenz weiterer nicht-monetärer Motive, die jedoch nicht explizit eigenständig operationalisiert werden konnten, wurde über den Zusammenhang mit der Arbeitszufriedenheit analysiert, die als Nachweis für die Existenz des „*heterogeneous-jobs*"-Motiv angenommen wird. Die Analysen lieferten hierbei Hinweise auf die Existenz dieses Motives, nach dem mit zunehmender Unzufriedenheit mit dem Arbeitsplatz die Aufnahme einer Nebentätigkeit an Wahrscheinlichkeit gewinnt. Der durchgeführte Signifikanztest ergab jedoch

---

636 Vgl. Panos et al. (2009); Dickey et al. (2009) für Großbritannien; Folta et al. (2009) für Schweden; Shisko/Rostker (1976) für die USA.

nur bei Verwendung der Vorjahresoperationalisierung von Mehrfachbeschäftigung ein hochsignifikantes Ergebnis ($p<0{,}001$), während sich nach Vormonatskonzeption zwar ebenfalls ein negativer Logit-Koeffizient zeigte, welcher jedoch nicht in einem hinlänglich akzeptablem Konfidenzintervall enthalten ist. Über die statistische Akzeptanz hinaus stellt sich auch die inhaltlich-methodische Frage, ob die zur Verfügung stehende Messvariable den vermuteten Zusammenhang im gewünschten Maße erfasst. So lässt sich aus der Fragestellung des SOEP-Fragebogens nicht ableiten, ob die Bewertung der Arbeitsplatzzufriedenheit sich ausschließlich auf den Haupterwerb bezieht und nicht eine Beurteilung der gesamten Erwerbssituation, d.h. inklusiver eventueller bezahlter und unbezahlter Nebentätigkeiten, herangezogen wird. Im letzteren Fall hätte diese ein Endogenitäts-Problem zur Folge, insofern nicht auszuschließen ist, dass die Aufnahme einer Nebenbeschäftigung dem Untersuchungszusammenhang entgegenwirkt oder diesen möglicherweise komplett überlagert. Die Anwendung alternativer Vorgehensweisen mittels eines zeitlich vorverlagerten Einflussfaktors (zeitversetzter Prädikator) führte leider zu keinem Ergebnis. Mangels Angaben zur Zufriedenheit mit dem Nebenerwerb konnte auch keine anderweitige Isolation des Untersuchungszusammenhangs vorgenommen werden, wie dies etwa im Fall der Armutsgefährdungsvariablen Anwendung fand. Der gefundene prinzipiell negative Zusammenhang zwischen Arbeitszufriedenheit und Mehrfachbeschäftigung reiht sich in die bestehende Forschungslage ein, in der ebenfalls Korrelationen mit negativem Vorzeichen ausgewiesen werden, jedoch ebenfalls auf nur schwach-signifikantem[637] bis nicht signifikantem statistischen Signifikanzniveau[638].

9.7. Fazit und wirtschaftspolitische Folgerungen

Nebentätigkeiten außerhalb der Hauptbeschäftigung haben in Deutschland einen schwierigen Ruf. Einerseits werden sie oftmals in einem Graubereich am Rande der Schwarzarbeit vermutet[639] und andererseits, je nach Interessenslage, als Ausdruck finanzieller Not[640] oder als unkomplizierter, attraktiver Zuverdienst bezeichnet.[641] Ähnlich wie bei atypischen Beschäftigungen generell verläuft damit die öffentliche Diskussion zur Mehrfachbeschäftigung sehr schemenhaft

637 Vgl. Schwarze (1991:107).
638 Vgl. Heineck (2009).
639 Vgl. Brenke (2009:600); Schwarze (1997:410).
640 Vgl. Zimmermann (2016).
641 Vgl. Schäfer (2018).

entlang der Einteilung in „*good jobs vs. bad jobs*".[642] Die Frage, ob „Mehrfachbeschäftigte freiwillig nach flexiblen Erwerbsformen suchen oder ob sie schlicht der Not gehorchen"[643], kann mittels der Anzahl der Nebenbeschäftigungen nicht beantwortet werden, sondern setzt eine direkte Befragung von Betroffenen zu den Motiven für die Nebenbeschäftigung voraus. Eine pauschale Beurteilung des Phänomens Mehrfachbeschäftigung greift jedoch zwangsläufig zu kurz und ist nicht in der Lage die Komplexität der Praxis abzubilden. So ist die hierdurch suggerierte strikte Trennung der Motive eher unwahrscheinlich, da mit einer Erwerbsarbeit stets auch die Absicht verbunden ist ein (weiteres) Einkommen zu erwirtschaften, wodurch zwangsläufig eine Vermischung der Motivationen existent sein dürfte. In der theoretischen Literatur wird zwar eine Einteilung der Motive in monetäre und nicht finanzielle Motive vorgenommen, diese hat jedoch eher analytischen Charakter zur Kategorisierung der möglichen Gründe für Mehrfachbeschäftigung. Darüber hinaus ist die Feststellung finanzieller Not oder die Frage, ob ein Job nicht ausreicht, in hohem Maße von den darin zu Grunde liegenden Anspruchs- und Gerechtigkeitswahrnehmungen abhängig und weist daher relative und subjektive Merkmale auf. Der Problematik wurde ein Teil dieser Arbeit gewidmet, in welchem sich allerdings nur bestätigte, dass kein Konsens zur „richtigen" Messung von Armut vorherrscht, was wiederum auch auf die Subjektivität und Gerechtigkeitsvorstellungen zurückgeführt werden kann. Eine Armutsanalyse auf Basis von Armutskonzepten entlang eines physischen Existenzminimums ist in Industriegesellschaften aufgrund des hohen Wohlstandsniveaus nicht geeignet und muss daher um soziokulturelle Komponenten ergänzt werden. Der Begriff der Armut ist in diesem Kontext eher ein Indikator für den Lebensstandard, der die Kapazität eines Individuums misst am Wohlstand der Gesellschaft teilzuhaben. Das den Leistungsansprüchen der Sozialhilfe zu Grunde liegende Konzept des soziokulturellen Existenzminimums ist im Falle der Untersuchung von (Mehrfach-) Erwerbstätigkeit allerdings ungeeignet, insofern als der überwiegende Teil der Erwerbsbevölkerung ein Einkommen oberhalb dieser Grenze erzielt bzw. bei geringerem Einkommen Anspruch darauf hat dieses bis zu dieser Grenze aufzustocken. Daher wurde mit dem relativen Einkommensarmutsbegriff auf eine Konzeption von finanzieller Not zurückgegriffen, welche die finanzielle Situation mittels eines weiten Spektrums von Einkommensquellen (inklusive staatlichen Transferleistungen) misst unter gleichzeitiger Berücksichtigung des Haushaltskontextes

642 Vgl. Kalleberg (2011).
643 Vgl. Hirschenauer/Wießner (2006:1).

sowie des relativen Wohlstandsniveaus der Gesellschaft. Die Verwendung dieses Armutsmaßes hat jedoch nur einen vermeintlichen Gewinn an Objektivität zur Folge, da die Festlegung der Armutsgrenze auf Basis der Einkommensverteilung bestimmt wird und damit ebenfalls nicht frei von Gerechtigkeitsvorstellungen ist. Das verwendete relative Einkommenskonzept ist daher eher zur Messung der Einkommensungleichheit geeignet – zumindest in dem Sinne, in welchem der Großteil der Bevölkerung dies wohl definieren würde – als ein tatsächliches Armutsmaß zu sein. Das Ziel dieser Arbeit war es jedoch nicht, die tatsächliche Höhe der Armutsgrenze zu bestimmen, sondern vielmehr die Unterschiede in der finanziellen Ausstattung von Einfach- und Mehrfachbeschäftigten aufzuzeigen, wofür die relative Einkommensarmut ein geeignetes Instrument darstellt. Der unmittelbare Zusammenhang zwischen Einkommensarmut und Mehrfachbeschäftigung wurde bislang nicht für das deutsche Arbeitsmarktregime untersucht. Hierzu konnte in der vorliegenden Arbeit gezeigt werden, dass im untersuchten Zeitraum der Jahre 1995 bis 2014 kein genereller Zusammenhang zwischen diesen Arbeitsmarktphänomenen bestand. Die Gruppe der Mehrfachbeschäftigten war demnach nicht in höherem Maße als Einfachbeschäftigte einer Armutsgefährdungslage ausgesetzt.

Die Anzahl der Beschäftigungen übte allerdings einen Einfluss auf das Risiko von Einkommensarmut gefährdet zu sein aus, insofern als die Nebenbeschäftigung für einen Teil der Beschäftigten der Armutsvermeidung diente. Die festgestellten höheren Anteile von Mehrfachbeschäftigten mit geringem Individualeinkommen aus der Hauptbeschäftigung oder im Haushaltskontext bei Exklusion des Nebeneinkommens werden durch die zusätzliche Einkommensquelle weitgehend kompensiert. Infolgedessen glich sich die finanzielle Situation der Einfach- und Mehrfachbeschäftigten an. Bei Berechnung auf Basis der Einkommensdaten des Vormonats hatte dies sogar eine durchschnittlich niedrigere Armutsgefährdungsquote bei Zweitbeschäftigten zufolge, während die alternative Verwendung des Einkommens im Vorjahr nur geringfügige Unterschiede zwischen den beiden Erwerbsgruppen aufzeigte. Die Bedeutung des Nebeneinkommens zur Reduktion von Einkommensarmut ließ sich unabhängig von Operationalisierungskonzept und Beobachtungsphase zeigen, war jedoch in besonders hohem Maße für den Zeitraum nach den Hartz-Arbeitsmarktreformen im Jahr 2003 festzustellen. Ohne das zusätzliche Nebeneinkommen wäre in dieser Phase für Mehrfachbeschäftigte statt einer Armutsgefährdungsquote von 6% eine etwa doppelt so hohe Quote zu verzeichnen gewesen. Trotz der prinzipiell armutsreduzierenden Wirkung der Nebentätigkeit verdeutlichten die Ergebnisse dieser Arbeit allerdings, dass bestimmte Kombinationsformen auch bei zusätzlichem Nebeneinkommen mit höheren Armutsrisiken verbunden waren, insbesondere die hauptberufliche Teilzeitarbeit und geringfügige Beschäftigung. Das erhöhte Armutsrisiko konnte dabei nicht alleine auf unterschiedliche Wochenarbeitszeiten und Haushaltsmerkmale zurückgeführt werden, sondern beruhte auf anderen (nicht im Modell berücksichtigten) Einflussfaktoren, wie beispielsweise den niedrigeren Stundenlöhnen der Haupttätigkeit. Die Befunde verdeutlichen, dass weniger die Anzahl der Beschäftigungsverhältnisse über die Betroffenheit von Einkommensarmut entscheidet als vielmehr die Charakteristiken des Hauptarbeitsverhältnisses. Demzufolge ist auch die Zunahme der Zweitbeschäftigungen nicht gleichzusetzen mit einem Anstieg der „*working poor*".

Die Untersuchung lieferte darüber hinaus Hinweise, dass die Aufnahme einer zweiten Erwerbstätigkeit dagegen als Reaktion auf eine Armutsgefährdung zu sehen ist. Diese stellt jedoch nur einen Teilaspekt des generellen Zusammenhangs von Mehrfachbeschäftigung als Reaktion auf einen Einkommensrückgang dar und sollte daher nicht auf das Phänomen der „*working poor*" begrenzt interpretiert werden. In gleichem Maße ist die erhöhte Wahrscheinlichkeit, nebenerwerbstätig zu werden, bei Aufnahme von Kreditschulden zu interpretieren. Darüber hinaus lässt sich aus dem hohen Maß an Unzufriedenheit von Mehrfachbeschäftigten mit der wöchentlichen Arbeitszeit ihres Haupterwerbs schließen, dass die Möglichkeiten zur Arbeitszeitanpassung an die individuelle Finanz- und Lebenslage als nicht ausreichend empfunden werden. Die Aufnahme einer zweiten Beschäftigung stellt hingegen kurzfristig eine Möglichkeit bereit, ein zusätzliches Einkommen zu erzielen, ohne die mit dem Wechsel des Arbeitsverhältnisses verbundenen Transaktionskosten aufwenden zu müssen. Wenngleich noch weiterer Forschungsbedarf hinsichtlich der Dauer von Mehrfachbeschäftigungsverhältnissen notwendig ist, legt die festgestellte durchschnittlich geringe Verweildauer in Mehrfachbeschäftigung eher deren temporäre Natur entsprechend der aktuellen Bedarfs- und Lebenssituation nahe als den Aufbau eines dauerhaften Arrangements. In Verbindung mit der generellen Bedeutung des Zweiteinkommens für die finanzielle Situation der Mehrfachbeschäftigten sind diese Befunde bei der Bewertung dieser Beschäftigungsverhältnisse und der daraus resultierenden Formulierung einer Politikempfehlung für die rechtliche Ausgestaltung der Mehrfachbeschäftigung zu berücksichtigen.

Insbesondere von Bedeutung ist dabei die Ausgestaltung der gesetzlichen Rahmenbedingungen zur nebenberuflich geringfügigen Beschäftigung, da diese mit einem durchschnittlichen Anteil von circa 80% die dominierende Form der Nebenerwerbstätigkeit ist und somit den Hauptansatzpunkt für eine Veränderung der Anzahl von Nebenbeschäftigungen darstellt. Die prinzipielle Möglichkeit einer Regulierung der Anzahl dieser Tätigkeiten durch die Arbeitsmarktpolitik kann durch die Entwicklung der Zahl der Mehrfachbeschäftigten nach den Reformen der Jahre 1999 und 2003 belegt werden. So wurde der finanzielle Anreiz dieser Beschäftigungsform in gegenläufigem Maße durch die Aufhebung und spätere Wiedereinführung der Sozialabgabenfreiheit beeinflusst. Eine „bunte Allianz von Akteuren“[644] hat seitdem gefordert, die im Jahr 2003 (erneut) beschlossene weitgehende Befreiung dieser Tätigkeiten von sowohl Steuern als auch Sozialabgaben wieder abzuschaffen. Die einzelnen Akteure unterscheiden sich zwar teilweise in ihrer generellen Kritik und Bewertung des Phänomens Nebenbeschäftigung, kommen aber übereinstimmend zu dem Befund, dass die derzeitige Abgabenbelastung der iNgB eine ungezielte Subvention gegenüber sozialversicherungspflichtiger Beschäftigung darstellt. Die Ungezieltheit liegt dabei darin begründet, dass das Einkommen des Nebenerwerbs unabhängig von der Grenzsteuerbelastung des Haupterwerbs ist und daher auch Gutverdiener von dieser profitieren können.[645] Die in Folge dieses Steuerprivilegs bestehende Ungleichbehandlung gegenüber den dauerhaften oder temporären Formen der Ausdehnung der Arbeitszeit durch Überstunden oder Arbeitszeitaufstockung ist somit äquivalent zu einer Subventionierung dieser Beschäftigungsform anzusehen.[646]

Diese Kritik ist zweifelsfrei zutreffend, muss jedoch – aufbauend auf den Erkenntnissen dieser Arbeit – relativiert werden. Zur Frage der Ungezieltheit des Steuerprivilegs sind in Tabelle 26 die Erkenntnisse aus Kapitel 6 zur individuellen und haushaltsbezogenen Einkommenssituation nach ausgeübter Nebenbeschäftigungsform differenziert. Hierbei wird einerseits eine abnehmende Nutzung der nebenberuflichen geringfügigen Beschäftigung mit sowohl steigendem Individual- als auch Haushaltseinkommen deutlich. Andererseits zeigt sich auch, dass in Relation zur absoluten Anzahl an allen Mehrfachbeschäftigten insbesondere Personen mit geringem Nettoeinkommen (bis 1.000 Euro, real) sowie mittlerem Einkommen (1.001 bis 2.000 Euro, real) dieser Beschäftigungsform nachgingen. Insbesondere bei Bezug auf das Haushaltseinkommen wurde jedoch deutlich, dass eine Nebenerwerbstätigkeit in Form eines Minijobs sich vorwiegend auf das mittlere Einkommenssegment konzentrierte. Bezieher eines preisbereinigten Nettoeinkommens über 3.000 Euro machten hingegen weit weniger von dieser Nebenerwerbstätigkeitsform Gebrauch, was vermutlich auf

644 Vgl. Bosch/Weinkopf (2016:50). Zu diesen zählen u.a. Walwei (2018); Schäfer (2017); Klinger/Weber (2017); DGB Bundesvorstand (Hrsg.) (2015); Schmidt/Voss (2014); Berthold/Coban (2013); KAB (Hrsg.) (2013); Bäcker/Neuffer (2012); Deutscher Frauenrat (2010); Weinkopf et al. (2009); SVR Wirtschaft (2008); SVR Wirtschaft (2005).

645 Vgl. Klinger/Weber (2017:11).

646 Vgl. IAW (Hrsg.) (2017); Klinger/Weber (2017); Schäfer (2017); Bosch/Weinkopf (2016); SVR Wirtschaft (2008).

die begrenzte Zuverdienstmöglichkeit und deren Relation zum Haupteinkommen zurückgeführt werden kann. Obwohl höheren Einkommensgruppen die Ausübung einer steuerprivilegierten Nebenbeschäftigung prinzipiell offensteht, führte vermutlich eine Selbstselektion dazu, dass vor allem die Mittelschicht häufiger diesem Erwerbstyp nachging. Die Feststellung der ungezielten Subvention ist daher abhängig von der Frage, ob neben Geringverdienern auch die Bezieher eines mittleren Einkommens einer Förderung bedürfen.

		Monatliches Arbeitseinkommen (netto, in Preisen von 2010)				Verfügbares Äquivalenz-Haushaltseinkommen (in Preisen von 2010)			
		Gesamt Ø 2004-2014 (VM) / Ø 2003-2014 (VJ)				Gesamt Ø 2004-2014 (VM) / Ø 2003-2014 (VJ)			
		Vormonat		Vorjahr		Vormonat		Vorjahr	
		Anteil an EK-Klasse	% Ø MFB	Anteil an EK-Klasse	% Ø MFB	Anteil an EK-Klasse	% Ø MFB	Anteil an EK-Klasse	% Ø MFB
bis 1.000€	Nicht-iNgB	13%	4%	16%	5%	10%	1%	12%	1%
	iNgB	87%	26%	84%	28%	90%	10%	88%	6%
über 1.000€ bis 2.000€	Nicht-iNgB	16%	7%	21%	8%	17%	9%	16%	7%
	iNgB	84%	38%	79%	30%	83%	46%	84%	37%
über 2.000€ bis 3.000€	Nicht-iNgB	28%	5%	25%	5%	24%	5%	24%	8%
	iNgB	72%	12%	75%	13%	76%	18%	76%	25%
über 3.000€ bis 4.000€	Nicht-iNgB	42%	2%	38%	2%	37%	2%	36%	4%
	iNgB	58%	3%	62%	4%	63%	4%	64%	6%
über 4.000€ bis 5.000€	Nicht-iNgB	56%	1%	46%	1%	55%	1%	55%	2%
	iNgB	44%	1%	54%	1%	45%	1%	45%	2%
über 5.000€	Nicht-iNgB	63%	1%	73%	1%	55%	1%	56%	2%
	iNgB	37%	0%	27%	0%	45%	0%	44%	1%

Tabelle 26: Einkommensklassen Mehrfachbeschäftigte nach Nebenerwerbsform – 2003/04 bis 2014

Quelle: Eigene Berechnung, SOEP Welle v32.1, gewichtet. Differenzen zu 100% rundungsbedingt. Grundgesamtheit: Einfach- und mehrfachbeschäftigte Arbeiter, Angestellte, Selbstständige und Beamte zwischen 18 und 65 Jahren.

Die Ungleichbehandlung des Einkommens aus Haupt- und Nebenerwerb ist hingegen zweifelsohne gegeben, die Frage der Subventionierung muss aber differenziert nach der steuerlichen und sozialversicherungspflichtigen Behandlung betrachtet werden. So stellt die Befreiung von der Grenzbelastung der Einkommenssteuer des Haupterwerbs eine faktische Subventionierung gegenüber der Mehrarbeit im Haupterwerb dar. Dieser kommt jedoch vor allem bei höheren Einkommensgruppen eine größere Bedeutung zu, wohingegen die hauptsächlich nebenberuflich geringfügig Beschäftigten im unteren und mittleren Einkommenssegment eine niedrigere Grenzsteuerbelastung aufweisen dürften. Inwieweit diese steuerliche Ungleichbehandlung eher eine Subventionierung des Arbeitgebers als ein Steuerprivileg des Arbeitnehmers darstellt, ist abhängig davon, ob ohne die Gleichsetzung von Brutto- und Nettowert des Nebeneinkommens höhere Bruttoarbeitsentgelte durchgesetzt werden könnten. Unabhängig davon ist gerade für geringe und mittlere Einkommensgruppen anzunehmen, dass im Falle einer Gleichbehandlung der Einkünfte aus Haupt- und Nebenerwerb vor allem die vergleichsweise hohe Sozialversicherungsabgabenbelastung das Nettoeinkommen reduzieren würde. Bei der Kritik, dass Einkommen in der iNgB von Sozialabgaben befreit sind, muss berücksichtigt werden, dass ein erhöhter arbeitgeberseitiger Anteil zur Sozialversicherung abgeführt wird und nur eingeschränkt eine Subventionierung des Arbeitnehmeranteils ersichtlich ist. Während etwa die Inanspruchnahme der Leistungen der Kranken- und Pflegeversicherung nicht an die Höhe der gezahlten Beiträge gekoppelt sind und die Befreiung von diesen Abgaben tatsächlich eine Subvention darstellt, ist dies bei Renten- und Arbeitslosenversicherung anders. So tragen im Fall der Rentenversicherung nur der Arbeitgeberanteil sowie eine optionale Aufstockung des arbeitnehmerseitigen Rentenbeitrags zur Erhöhung der Rentenansprüche bei. In die Arbeitslosenversicherung werden bei geringfügigen Beschäftigungen weder Beiträge abgeführt, noch begründet das Einkommen aus diesen einen Anspruch auf die Zahlung von Arbeitslosengeld.

Die Gleichstellung der Einkünfte aus Nebentätigkeit und Haupteinkommen würde sich jedoch unmittelbar in einer höheren Armutsgefährdungsquote von Mehrfachbeschäftigten niederschlagen, da diese eine Senkung des Nettonebeneinkommens zur Folge hätte. Die tatsächlichen Auswirkungen auf die Armutsquote sind dabei abhängig von der Grenzbelastung der Hauptbeschäftigung, können aber näherungsweise mit den Resultaten der Sensitivitätsanalyse in Kapitel 8.3 abgeschätzt werden. Bei einer unterstellten Abgabenquote zwischen 30% und 40%[647] hätte sich die durchschnittliche Armutsquote zwischen den Jahren 2003/04 bis 2014 um circa 1,2 bis 1,6 (VJ) bzw. 1,8 (VM) Prozentpunkte erhöht. Darüber hinaus hätte die Gleichbehandlung von Haupt- und Nebeneinkommen auch für die übrigen Einkommensklassen Auswirkungen, welche exemplarisch in Tabelle 27 für das äquivalenzgewichtete Haushaltseinkommen der Jahre 2003/4 bis 2014 dargestellt sind. Die Gruppe der Haushalte im untersten Einkommenssegment (bis 1.000 Euro) stimmt dabei weitgehend mit dem Anteil der Armutsgefährdeten überein und würde je nach unterstellter Abgabenbelastung um etwa zwei bis drei Prozentpunkte (VM) bzw. ein bis zwei Prozentpunkte (VJ) ansteigen. Die mittlere Einkommensschicht (1.001 bis 2.000 Euro) wäre hingegen nach Vormonatsdaten weitgehend stabil bzw. würde einen Anstieg um ein bis zwei Prozentpunkte erfahren, der auf Zugänge aus höheren Einkommensgruppen zurückgeführt werden kann. Diese konzentrieren sich auf Haushalte mit verfügbarem Real-Einkommen zwischen 2.000 und 4.000 Euro,

647 In Anlehnung an IAQ (Hrsg.) (2017).

deren Anteile bei Mehrfachbeschäftigten sich im Gegenzug um bis zu zwei Prozentpunkte reduzieren würden. Die Anteilswerte von Haushalten mit höherem Einkommen (über 4.000 Euro) blieben hingegen durch die zusätzliche Abgabenbelastung weitgehend unberührt. Die Berechnung ist dabei nur als grober Richtwert zu interpretieren, da neben der Unkenntnis über die Grenzabgabenbelastung der Haupttätigkeit auch das Nettonebeneinkommen von nicht geringfügig Beschäftigten um 30% bzw. 40% korrigiert wurde.

Verfügbares Äquivalenz-Haushaltseinkommen (in Preisen von 2010)		VM Phase III Ø 2004/14	VJ Phase III Ø 2003/14
bis 1.000€	EFB	13%	6%
	MFB	12%	7%
ohne NJ*	*MFB-30*	14%	8%
	MFB-40	15%	9%
über 1.000€	EFB	56%	49%
bis 2.000€	MFB	56%	44%
ohne NJ*	*MFB-30*	56%	45%
	MFB-40	56%	46%
über 2.000€	EFB	22%	30%
bis 3.000€	MFB	23%	32%
ohne NJ*	*MFB-30*	22%	31%
	MFB-40	21%	31%
über 3.000€	EFB	6%	9%
bis 4.000€	MFB	7%	10%
ohne NJ*	*MFB-30*	6%	10%
	MFB-40	6%	9%
über 4.000€	EFB	2%	3%
bis 5.000€	MFB	2%	4%
ohne NJ*	*MFB-30*	2%	3%
	MFB-40	2%	3%
über 5.000€	EFB	1%	2%
	MFB	1%	3%
ohne NJ*	*MFB-30*	1%	3%
	MFB-40	1%	3%

Tabelle 27: Haushaltseinkommen 2003 bis 2014 bei Abschaffung des Steuer- und Abgabenprivilegs

Quelle: Eigene Berechnung, SOEP Welle v32.1, gewichtet. Differenzen zu 100% rundungsbedingt. Grundgesamtheit: Einfach- und mehrfachbeschäftigte Arbeiter, Angestellte, Selbstständige und Beamte zwischen 18 und 65 Jahren.

Um die Effekte der Gleichstellung von Haupt- und Nebenerwerb sozialverträglicher zu gestalten sprechen sich Klinger/Weber (2017) bei Aufhebung des Steuerprivilegs von Nebenjobs im Gegenzug für die Entlastung von niedrigen Verdiensten bei den Sozialabgaben aus. Da diese auch zu sozialer Umverteilung führt, könnte sie alternativ über das Steuersystem organisiert werden. Die Notwendigkeit einer stärker zielgerichteten Entlastung des Haupterwerbs im unteren Einkommenssegment kann durch das in dieser Arbeit trotz Nebenerwerbstätigkeit festgestellte erhöhte Armutsrisiko von atypisch Hauptbeschäftigten bestätigt werden. Offen bleibt bei den Überlegungen von Klinger/Weber (2017) allerdings, ob mit einer Aufwertung des Hauptberufs bei gleichzeitiger Streichung der privilegierten Abgabenbelastung des Nebenerwerbs ein positiver Nettoeffekt entstehen würde. Gleichen sich die Effekte weitgehend aus, ist zu befürchten, dass die finanzielle Situation von niedrigentlohnten Mehrfachbeschäftigten sich in Summe nicht verbessert. Ob dies zudem zwangsläufig mit dem Rückgang von Nebentätigkeiten dieser Gruppen einhergeht, ist fraglich, da nicht zu erwarten ist, dass die Aufwertung der Hauptbeschäftigung diese komplett überflüssig macht. Insbesondere da gerade die Gruppe der Mehrfachbeschäftigten im unteren und mittleren Einkommenssegment im Untersuchungszeitraum die größten Real-Einkommensverluste zu verzeichnen hatte. Eine Gleichbehandlung der Einkommen von Mehrarbeit im Haupt- und Nebenerwerb ist somit unter Gerechtigkeitsaspekten zwar zu befürworten, es ist jedoch fraglich, ob hierdurch die Entscheidung im Haupterwerb mehr zu arbeiten beeinflusst würde.

So ist die Verengung der Motive zur Ausübung einer Zweitbeschäftigung auf die finanzielle Vorteilhaftigkeit nicht geeignet das Phänomen Mehrfachbeschäftigung hinreichend zu beschreiben. Zum einen können hierfür die nach der Reform 1999 weiterhin – wenn auch in geringerer Zahl – ausgeübten Nebenerwerbstätigkeiten angeführt werden. Andererseits legen die Befunde hinsichtlich der gewünschten im Vergleich zur tatsächlichen Wochenarbeitszeit ein hohes Maß an Inflexibilität bei der Arbeitszeitgestaltung des Haupterwerbs nahe. In dieser Untersuchung wurde erneut bestätigt, dass der Wunsch nach Mehrarbeit die Wahrscheinlichkeit einer Nebenbeschäftigung erhöht. Speziell Teilzeitbeschäftigte wünschten sich eine Arbeitszeitausweitung des Haupterwerbs und nutzten den Nebenjob als Ersatz. Allerdings fand sich umgekehrt gerade bei Teilzeitbeschäftigten ein überdurchschnittlich hoher Anteil von Beschäftigten, die trotz Zufriedenheit mit der Arbeitszeit im Haupterwerb dennoch nebenerwerbstätig waren. Für diese Gruppe ließ sich schließen, dass der Nebenerwerb nicht primär ein Ersatz für mangelnde Mehrarbeit im Haupterwerb ist. Wie die weiteren Auswertungen jedoch gezeigt haben, ging der Großteil der Mehrfachbeschäftigten einer Vollzeitbeschäftigung nach und nutzte den

Nebenjob vor allem, um noch darüber hinaus das Arbeitsangebot zu erweitern. Dagegen steht der paradoxe Befund, dass gerade Vollzeitbeschäftigte gleichzeitig überwiegend den Wunsch nach Arbeitszeitreduktion in der Hauptbeschäftigung äußerten (trotz des damit verbundenen Einkommensrückgangs). Hierbei ist sowohl die Existenz von nicht-monetären Motiven für Zweitbeschäftigung zu berücksichtigen als auch zusätzlich die Frage zu stellen, inwieweit Überstunden im Haupterwerb tatsächlich monetär entlohnt werden und nicht alternativ durch Freizeit abgegolten werden oder unberücksichtigt bleiben. Hierzu hat etwa Heineck (2009) gezeigt, dass eine nicht-monetäre Entlohnung von Überstunden eine Nebenerwerbstätigkeit begünstigt. Eine flexiblere Möglichkeit den Arbeitsumfang an die jeweilige Lebenssituation anzupassen, könnte demzufolge zu einem Rückgang des Bedarfs an Zweitbeschäftigungen führen.[648] In diesem Zusammenhang können auch die in dieser Arbeit gefundenen Erkenntnisse einer durchschnittlich eher kurzen Beschäftigungsdauer im Nebenerwerb und die erhöhte Wahrscheinlichkeit, nebentätig zu werden nach der Aufnahme eines Kredites gesehen werden. So kann die durchschnittliche Ausübung einer Zweitbeschäftigung von nur circa 2,3 Jahren als Hinweis angesehen werden, dass diese weniger ein permanentes Instrument ist, sondern eher phasenweise als Reaktion auf einen Einkommensrückgang im Haushalt oder einen Mehrbedarf aufgrund eines Kredites ausgeübt wird.

In der Diskussion um die Frage, ob eine Mehrarbeit im Haupt- oder Nebenerwerb verrichtet wird, bleibt zudem die Rolle von Transaktionskosten weitgehend ausgeblendet. Einerseits kann angeführt werden, dass mit einem Nebenerwerb höhere Transaktionskosten einhergehen als mit Ausweitung der Arbeitszeit im Haupterwerb, da eine mit den Arbeitszeiten kompatible Beschäftigung gefunden werden muss und weitere Transaktionskosten etwa in Form von zusätzlichen Anfahrtszeiten entstehen. Andererseits stellt die Anpassung der Hauptarbeitszeit, z.B. in Folge der Übernahme weiterer Projektarbeiten oder eines notwendigen Wechsels der Abteilung, wahrscheinlich eher eine längerfristige Entscheidung dar, die somit nicht ohne weitere Transaktionskosten reversibel ist. Insbesondere bei bereits Vollzeitbeschäftigten ist darüber hinaus die Einschränkung der Wunscharbeitszeit durch Arbeitsschutzrichtlinien sowie betriebliche oder tarifliche Vereinbarungen zu berücksichtigen. Im Falle eines kurzfristigen oder zeitlich begrenzten finanziellen Mehrbedarfs erscheint eine Zweitbeschäftigung bei einem anderen Arbeitgeber sowohl bei der Aufnahme als auch späteren Aufgabe der Nebentätigkeit mit geringeren Transaktionskosten

648 Vgl. Schwarze/Heineck (1999).

verbunden. Zur Überprüfung des Zusammenhangs der Dauer von Mehrfachbeschäftigung und deren Rolle als temporäre Zuverdienstquelle ist jedoch weiterer Forschungsbedarf notwendig.

Aufgrund der bestehenden Inflexibilität, die Arbeitszeit in gewünschtem Maße in der Hauptbeschäftigung anpassen zu können, ist daher zu erwarten, dass selbst bei Abschaffung des Steuer- und Abgabenprivilegs der Bedarf an Nebenbeschäftigungen nicht verschwindet. Angesichts der Erfahrungen der Arbeitsmarktreform zur geringfügigen Beschäftigung im Jahr 1999 muss jedoch berücksichtigt werden, dass eine auf die iNgB begrenzte Aufhebung der Steuer- und Abgabenbefreiung zwar eine Gerechtigkeitslücke schließen, jedoch die weiteren damit verbundenen Ziele konterkarieren würde. Ohne die gleichzeitige Reform der agB steht zu befürchten, dass – wie in den Jahren nach der Reform 1999 – die nebenberuflichen Tätigkeiten durch ausschließlich geringfügig Beschäftigte substituiert werden.[649] Dies würde dem erklärten Ziel der Schaffung von zusätzlicher sozialversicherungspflichtiger Beschäftigung mit längerer Arbeitszeit entgegenstehen. Dagegen ist zwar eine Reduktion der Anzahl der Nebenbeschäftigungen wahrscheinlich, jedoch in Verbindung mit der beschriebenen höheren Armutsgefährdungsquote bzw. mit einem sinkenden Gesamteinkommen. Allerdings ist es auch fraglich, ob die gleichzeitige Reform der agB und iNgB zwingend die damit verbundenen Hoffnungen auf längere sozialversicherungspflichtige Beschäftigungen erfüllen kann. Die darin zugrunde liegende deterministische Sichtweise ist jedoch in Bezug auf die historische Entwicklung, die geprägt ist von Rationalisierung, Flexibilisierung der Arbeitseinsätze und Abläufe und der Entwicklung weg von betriebsspezifischen zu allgemeinen Qualifikationsanfordernissen an das Humankapital,[650] zu bezweifeln. Im Gegensatz zur der in der Neoklassik unterstellten Abwesenheit von Marktmacht dürfte tatsächlich eine asymmetrische Verhandlungsmachtverteilung zu Gunsten der Arbeitsnachfrage bestehen, und dem Arbeitgeber damit die entscheidendere Rolle für die Zunahme atypischer Erwerbsformen, wie der gB, zukommen.[651] Die betrieblichen Einsatzmotive geringfügiger Beschäftigung als Mittel der Erhöhung der internen temporären Flexibilität[652] zeigt sich auch in der Konzentration auf die Branchen Gastronomie, Gebäudebetreuung/Garten- und Landschaftsbau sowie Einzelhandel, in denen kombiniert fast jeder dritte iNgB tätig

649 Vgl. Schwarze (2001:314).

650 Vgl. Sesselmeier (2007:77).

651 Vgl. Nienhüser (2007:46) Sesselmeier (2007:69).

652 Vgl. Keller/Seifert (2006:237).

war.[653] In diesen Branchen herrscht oftmals geringer Bedarf an zusätzlichen Vollzeitarbeitskräften, da unregelmäßige oder geringe Arbeitsstunden anfallen. Stattdessen dient der Einsatz vielmehr der Abdeckung längerer Öffnungszeiten, der Vermeidung von Überstundenzuschlägen für die Stammkräfte oder der Erzielung einer höheren (Stunden-)Produktivität durch die Synchronisierung des Arbeitseinsatzes und des tatsächlichen Bedarfs.

Die Forderung nach einer Abschaffung des Steuerprivilegs wird darüber hinaus behindert, da neben den Arbeitgebern auch die Arbeitnehmer dem Minijob gegenüber eher positiv eingestellt sind. Obwohl unterstellt werden kann, dass Arbeitgebern ein besonderes Gewicht bei der Erstellung von Arbeitsplätzen zukommt, ist dennoch eine Ausweitung atypischer Arbeit ohne entsprechend verfügbares Arbeitsangebot kaum vorstellbar.[654] So wird „Das Prinzip brutto gleich netto […] als ‚Privileg der kleinen Leute' begriffen und im Einklang mit der Interessenlage der Arbeitgeber verteidigt".[655] Eine Vielzahl von Studien betont zwar, dass es sich dabei nur um eine scheinbare Vorteilhaftigkeit handelt,[656] da dem vermeintlich höheren Nettoeinkommen niedrigere Stundenlöhne und eine Diskriminierung bei sonstigen Leistungen wie Lohnfortzahlungen im Krankheitsfall oder Urlaubsgeld gegenüberstehen. Dies kann sowohl auf die tatsächliche Unwissenheit über die gleichen Rechte von Minijobbern zurückgeführt werden – was allerdings die Existenz von vergleichbaren Vollzeitkräften voraussetzt – als auch auf den gescheuten Aufwand diese Rechte einzuklagen, da ein Minijob nur als Zuverdienst empfunden wird. Die Überführung der iNgB in eine sozialversicherungspflichtige Beschäftigung ist aus Arbeitnehmersicht allerdings in doppeltem Maße unattraktiv, da im Zweifel die Sozialabgaben als weitere Steuer wahrgenommen werden, insofern als die Einbindung in die Sozialversicherungssysteme, insbesondere in die Krankenversicherung, bereits über den Haupterwerb erfolgt ist. Dem niedrigeren Nettoeinkommen würde hingegen nur eine geringfügige Erhöhung der Rentenansprüche gegenüberstehen.[657]

---

653 Eigene Berechnungen basierend auf Bundesagentur für Arbeit, Statistik (Hrsg.) (2018c: Tabelle 5). Durchschnittswert der Jahre 2008 bis 2015.

654 Vgl. Nienhüser (2007) Sesselmeier (2007).

655 Bäcker/Schmitz (2012:20).

656 Vgl. z.B. Bosch/Weinkopf (2016); Weinkopf (2011).

657 Vgl. hierzu Bäcker/Schmitz (2016:32): „Tatsächlich würden in einem Jahr bei einem Verdienst von 450 € im Monat bzw. 5.400 € im Jahr Rentenansprüche von lediglich 4,38 € (Berechnungsbasis 2016: 0,15 Entgeltpunkte, aktueller Rentenwert West) erworben."

Eine gleichsam den Interessen der Arbeitgeber als auch der Arbeitnehmer zuwiderlaufende Reform der geringfügigen Beschäftigung ist „zweifellos ein vermintes Terrain",[658] welche „die Konfliktbereitschaft der Regierung"[659] voraussetzt. Die Frage ist allerdings, wie groß die Bereitschaft hinsichtlich der aktuellen Schwäche der Volksparteien und insbesondere der (gewerkschaftsnahen) Sozialdemokratie ist, gegen zu erwartende Widerstände eine erneute große Arbeitsmarktreform politisch durchzusetzen. Statt mit der Forderung nach erneuter Abschaffung des Abgabenprivilegs weiter den Status-Quo zu zementieren, sollte diese frei nach Otto von Bismarcks Ausspruch „Politik ist die Kunst des Möglichen" zu Gunsten einer politisch wahrscheinlicher realisierbaren Forderung aufgegeben werden. Ratsam erscheint es daher, die bestehende Allianz zwischen Arbeitgeber und Arbeitnehmer aufzubrechen, indem die geringfügige Beschäftigung sowohl in Form der agB als auch iNgB für Arbeitgeber unattraktiver gestaltet wird, für Arbeitnehmer sich jedoch nichts ändert. Hierzu hatte etwa die SPD vorgeschlagen, den Arbeitgeberanteil zur Sozialversicherung auf den vollen Beitragssatz (d.h. 42%) zu erhöhen und zusätzlich eine höhere Pauschalsteuer zwischen 13 und 15% zu erheben.[660] Die bestehende Benachteiligung von Mehrarbeit im Haupterwerb bleibt zwar in diesem Reformkonzept erhalten, höher zu bewerten ist allerdings, dass dadurch die sozialversicherungspflichtige Beschäftigung arbeitgeberseitig attraktiver wird. Die höheren Kosten für den Arbeitgeber begegnen der Kritik, dass der derzeitige Rechtsrahmen der gB eine Subvention darstellt, die „oftmals ganz oder teilweise von Arbeitgebern ‚einkassiert' […] wird." Die Befürchtung, dass die höheren Kosten des Arbeitgebers an die Beschäftigten weitergegeben werden, ist durch den mittlerweile eingeführten Mindestlohn und der Pflicht des Arbeitszeitnachweises fraglich und würde zudem den Anreiz eine Nebentätigkeit aufzunehmen eher senken. Darüber hinaus verdeutlicht dieser Einwand vielmehr die ohnehin bereits bestehende Notwendigkeit, die Einhaltung der derzeit gültigen Rechtslage bezüglich Lohndiskriminierung von Teilzeit- und geringfügig Beschäftigten konsequenter zu kontrollieren und durchzusetzen. Unabhängig davon, ob die Arbeitgeber eher auf sozialversicherungspflichtige Beschäftigung ausweichen oder bereit sind die höheren Kosten für geringfügig Beschäftigte zu tragen, entstehen hierbei Mehreinnahmen der Steuer und Sozialversicherung, welche zur Entlastung der Beiträge von geringen und mittleren Einkommen eingesetzt werden können. Darüber hinaus könnte dem Vorwurf der „ungezielten Subvention ohne

658 Weinkopf (2011:31).
659 Niejahr/Rudzio (2007).
660 Vgl. Weinkopf (2011:26).

Steuerungswirkung“ durch eine in Abhängigkeit vom Haupteinkommen inverse Höhe der Zuverdienstgrenzen begegnet werden. Einerseits würde dies zu einem reduzierten Anreiz der Aufnahme einer gB durch Besserverdiener führen, andererseits aber auch Arbeitgeber dazu motivieren Geringverdiener bei Nebentätigkeiten zu bevorzugen, da diese aufgrund der höheren Zuverdienstgrenze länger eingesetzt werden könnten. Hinsichtlich der gerade im mittleren Einkommenssegment konzentrierten Nachfrage nach Nebentätigkeiten ist zu überlegen, die Zuverdienstgrenzen nicht zu strikt auszulegen, um deren Akzeptanz zu erhöhen. Wie sich die Zahl der Nebenerwerbstätigen durch die höheren Lohnnebenkosten für Arbeitgeber entwickeln würde, ist hinsichtlich des offenbar großen Bedarfs an Beschäftigten mit kurzen, flexiblen Arbeitszeiten prinzipiell offen. Infolge der Entlastung von Beschäftigten mit mittlerem und geringem Haupteinkommen wird jedoch einer stärkeren Betroffenheit von Armutsgefährdung im Falle des Abbaus von Zweitbeschäftigungen entgegengewirkt.

Unabhängig von einer Reform der geringfügigen Beschäftigung muss die Frage gestellt werden, ob die im Zuge der globalen Megatrends wie Digitalisierung und Globalisierung weiter voranschreitende Rationalisierung der Arbeitswelt nicht zu einer Zunahme von speziell auf den Einsatzbedarf angepassten Erwerbstätigkeiten mit kürzeren Arbeitszeiten führen wird. Infolgedessen würde sowohl von Arbeitgeber- als auch Arbeitnehmerseite der Bedarf an Zweitbeschäftigungen zunehmen, weshalb die Rahmenbedingungen über die geringfügige Beschäftigung hinaus reformiert werden müssen. So darf nicht vergessen werden, dass die derzeitige Kombination aus sozialversicherungspflichtiger Hauptbeschäftigung und geringfügiger Nebenbeschäftigung (neben der finanziellen Vorteilhaftigkeit) auch deshalb bevorzugt ausgeübt wird, weil diese durch das vereinfachte Meldeverfahren und die Abgabenpauschalen (unabhängig von dem anderen Arbeitsverhältnis) vergleichsweise unbürokratisch ist. Als Negativbeispiel ist hingegen die Ausübung von mehreren (nicht-geringfügigen) Teilzeitbeschäftigungen anzuführen, insbesondere bei schwankenden Einkommensbezügen, da diese einen hohen Koordinationsaufwand der verschiedenen Arbeitgeber bei der Berechnung der Lohnabgaben mit sich bringen. Neben einer Ausweitung des derzeitigen Modells der geringfügigen Beschäftigung auf sämtliche Zweitbeschäftigungen wäre hier auch über die Möglichkeit von zunächst pauschalisierten Monatsabgaben nachzudenken, die erst quartalsweise oder (halb-)jährlich mittels Erstattungen bzw. Nachforderungen an die tatsächliche Höhe der fälligen Steuern und Sozialabgaben angepasst werden. Das oberste Ziel sollte dabei sein, unabhängig von Anzahl und Einkommenshöhe der Beschäftigungsverhältnisse gleichsam Arbeitnehmern einen Zugang in die Sozialversicherungssysteme zu ermöglichen sowie die Beschäftigungsmodelle für Arbeitgeber möglichst unbürokratisch und attraktiv zu gestalten.

Literaturverzeichnis

Abdukadir, Gulnaz (1992): Liquidity constraints as a cause of moonlighting. In: Applied Economics 24, S. 1307–1310.

Allison, Paul D. (2009): Fixed Effects Regression Models. Thousand Oaks (CA). Sage.

Allison, Paul D. (2015): Getting the Lags Right. Online verfügbar unter http://community.amstat.org/blogs/paul-allison/2015/02/17/getting-the-lags-right, 14.01.2016.

Amuedo-Dorantes, Catalina; Kimmel, Jean (2005): Moonlighting behavior over the business cycle. IZA. Bonn (IZA discussion paper, 1671). Online verfügbar unter http://doku.iab.de/externe/2005/k050720f14.pdf.

Andreß, Hans-Jürgen (1999): Leben in Armut. Analysen der Verhaltensweisen armer Haushalte mit Umfragedaten. VS Verlag für Sozialwissenschaften.

Andreß, Hans-Jürgen; Seeck, Till (2007): Ist das Normalarbeitsverhältnis noch armutsvermeidend? In: Kölner Zeitschrift für Soziologie und Sozialpsychologie, Jg. 59, H. 3, S. 459–492.

Andreß, Hans-Jürgen; Schmidt, Alexander W.; Golsch, Katrin (2013): Applied Panel Data Analysis for Economic and Social Surveys. Heideberg. Springer-Verlag.

Angele, Jürgen; Kott, Kristina; Weinmann, Julia (2008): Kapitel 6 Private Haushalte – Einkommen, Ausgaben, Ausstattung. 6.1 Einnahmen, Ausgaben und Ausstattung privater Haushalte, private Überschuldung. In: Datenreport 2008, Bd. 2008, S. 145–172. Online verfügbar unter http://www.destatis.de/jetspeed/portal/cms/Sites/destatis/Internet/DE/Content/Publikationen/Querschnittsveroeffentlichungen/Datenreport/Downloads/Datenreport2011Kap6,property=file.pdf, 23.12.2012.

Atkinson, Antony B. (1998): Poverty in Europe. Blackwell. Oxford.

Averett, Susan L. (2001): Moonlighting: multiple motives and gender differences. In: Applied Economics, 33, S. 1391–1410.

Bäcker, Gerhard (2007): Was heißt hier ‚geringfügig'?. In: Keller, Berndt; Seifert, Hartmut (Hrsg.): Atypische Beschäftigung. Flexibilisierung und soziale Risiken. Berlin: Ed. Sigma (Forschung aus der Hans-Böckler-Stiftung, 81), S. 107–126.

Becker, Irene; Hauser, Richard (2003): Anatomie der Einkommensverteilung – Ergebnisse der Einkommens- und Verbrauchsstichproben 1969–1998. Forschung aus der Hans-Böckler-Stiftung, Bd. 50. Edition Sigma.

Bäcker, Gerhard; Neuffer, Stefanie (2012): Von der Sonderregelung zur Beschäftigungsnorm: Minijobs im deutschen Sozialstaat. (Aufsätze WSI Mitteilungen 1/2012). Online verfügbar unter https://www.boeckler.de/wsimit_2012_01_baecker.pdf, 23.09.2018.

Bäcker, Gerhard; Schmitz, Jutta (2016): Atypische Beschäftigung in Deutschland. Expertise für die Kommission „Arbeit der Zukunft". Hans Böckler Stiftung. Online unter https://www.boeckler.de/pdf/adz_expertise_baecker_schmitz_atypik.pdf, 10.10.2018.

Berthold, Norbert; Brunner, Alexander (2011): Armut – Was ist das? (Diskussionsbeitrag Nr. 112, Bayerische Julius-Maximilians-Universität Würzburg. Wirtschaftswissenschaftliche Fakultät). Online verfügbar unter https://www.wiwi.uni-wuerzburg.de/fileadmin/12010400/diskussionsbeitraege/DP_112_komplett.pdf, 26.02.2018.

Berthold, Norbert, Coban, Mustafa (2013): Ordnungspolitische Beurteilung geringfügig entlohnter Beschäftigung (Minijobs). Online verfügbar unter http://www.insm.de/insm/dms/insm/text/arbeit/studie-minijobs-prof-berthold-2013/Studie%20Ordnungspolitische%20Beurteilung%20geringf%C3%BCgig%20entlohnter%20Besch%C3%A4ftigung%20%28Minijobs%29.pdf, 23.09.2018.

Best, Henning; Wolf, Christof (2010): Logistische Regression. In: Wolf, Christof; Best, Henning (Hrsg.): Handbuch der sozialwissenschaftlichen Datenanalyse. VS Verlag für Sozialwissenschaften. Wiesbaden, S. 827–854.

Bell, David; Hart, Robert A.; Wright, Robert E. (1997): Multiple Job Holding as a 'Hedge' Against Unemployment. CEPR (CEPR Discussion Paper, 1626).

Bellmann, Lutz; Fischer, Gabriele; Hohendanner Christian (2009): Betriebliche Dynamik und Flexi-bilität auf dem deutschen Arbeitsmarkt. In: Möller, Joachim; Walwei, Ulrich (Hrsg.): Handbuch Arbeitsmarkt 2009. Nürnberg, Bielefeld: Bertelsmann-Verlag, S. 359–403.

Boockmann, Bernhard; Hagen, Tobias (2005): Befristete und andere „atypischev" Beschäftigungs-verhältnisse. Wird der Arbeitsmarkt funktionsfähiger? In: Zeitschrift für Arbeitsmarktforschung, Jg. 38, H. 2/3, S. 305–324.

Boockmann, Bernhard (2006): Chancen trotz befristetem Arbeitsvertrag? Die Wirkungen befristeter Beschäftigung im individuellen Erwerbsverlauf. Düsseldorf. (Arbeitspapier der Hans Böckler Stiftung, 121). Online verfügbar unter http://www.boeckler.de/pdf/p_arbp_121.pdf, zuletzt geprüft am 18.10.2010.

Bosch, Gerhard; Weinkopf, Claudia (2016): Gleichstellung marginaler Beschäftigung. Vorschlag zur Reform der Minijobs. Expertise für den Zweiten Gleichstellungsbericht der Bundesregierung. Online verfügbar unter https://www.gleichstellungsbericht.de/kontext/controllers/document.php/27.8/9/050086.pdf, 23.09.2018.

Bosch, **Gerhard**; **Kalina**, **Thorsten**; **Lehndorff**, **Steffen**; **Wagner**, **Alexandra**; **Weinkopf**, **Claudia** (**2001**): Zur Zukunft der Erwerbsarbeit. Eine Positionsbestimmung auf der Basis einer Analyse kontroverser Debatten. Hans Böckler Stiftung (Arbeitspapier, 43). Online verfügbar unter http://www.boeckler.de/pdf/p_arbp_043.pdf, 24.06.2012.

Bögenholder, **Dieter**; **Fachinger**, **Uwe** (**2007**): Wie viele Berufe haben die Menschen? Analysen auf der Grundlage der Scientific Use Files der Mikrozenzen zur Mehrfachbeschäftigung. Vortrag auf der 5. Nutzerkonferenz „Forschung mit dem Mikrozensus: Analyse zur Sozialstruktur und zum Arbeitsmarkt", 15.–16. November 2007, Mannheim. Online verfügbar unter http://www.gesis.org/fileadmin/upload/institut/wiss_arbeitsbereiche/gml/Veranstaltungen/5.NK_2007/Praes/16_Boegenhold_Fachinger.pdf, 22.05.14.

Bögenhold, **Dieter**; **Fachinger**, **Uwe** (**2012**): Hybridität journalistischer Kommunikationsarbeit: Dienstleister im Mediengeschäft und das Entstehen von Mehrfachbeschäftigungen (Discussion Paper 08/2012). Institut für Gerontologie – Ökonomie und Demographischer Wandel. Online verfügbar unter https://www.uni-vechta.de/gerontologie/fachgebiete/oekonomie-und-demographischer-wandel/discussion-paper/?no_cache=1&download=Discussion_Paper_8_2012_01.pdf&did=29, 26.02.2018.

Böheim, **René**; **Taylor**, **Mark P.** (**2004**): And in the Evening She's a Singer with the Band. Second Jobs, Plight or Pleasure? IZA. Bonn (IZA discussion paper, 2557). Online verfügbar unter http://ftp.iza.org/dp1081.pdf, 03.03.2011.

Brehmer, **Wolfgang**; **Seifert**, **Hartmut** (**2008**): Sind atypische Beschäftigungsverhältnisse prekär? Eine empirische Analyse sozialer Risiken. In: Zeitschrift für ArbeitsmarktForschung, H. 4, S. 510–531.

Brenke, **Karl** (**2007**): Die Erfassung der Erwerbstätigen in Deutschland – ein Vergleich von amtlichen Statistiken und Umfragedaten. Vortrag auf der 5. Nutzerkonferenz „Forschung mit dem Mikrozensus: Analyse zur Sozialstruktur und zum Arbeitsmarkt", 15.–16. November 2007, Mannheim. Online verfügbar unter http://www.gesis.org/fileadmin/upload/institut/wiss_arbeitsbereiche/gml/Veranstaltungen/5.NK_2007/Praes/14_Brenke.pdf, 22.05.14.

Brenke, **Karl** (**2009**): Erwerbstätige mit Nebentätigkeiten in Deutschland und Europa. 76. Aufl. DIW (DIW-Wochenbericht, 35). Online verfügbar unter http://www.diw.de/documents/publikationen/73/diw_01.c.333656.de/09-35-3.pdf, 02.03.2011.

Bruckmeier, **Kerstin**; **Graf**, **Tobias**; **Rudolph**, **Helmut** (**2008**): Working poor. Arm oder bedürftig. Eine Analyse zur Erwerbstätigkeit in der

SGB-II-Grundsicherung mit Verwaltungsdaten. IAB. Nürnberg (IAB-Discussion Paper, 34). Online verfügbar unter http://doku.iab.de/discussionpapers/2008/dp3408.pdf, 12.09.2013.

Bruckmeier, Kerstin; Graf, Tobias; Rudolph, Helmut (2010): Working poor. Arm oder bedürftig. Umfang und Dauer von Erwerbstätigkeit bei Leistungsbezug in der SGB-II-Grundsicherung. In: Wirtschafts- und Sozialstatistisches Archiv. AStA, Jg. 4, H.3, S. 201–222.

Brüderl, Josef (2005): Panel Data Analysis. Veranstaltungsunterlagen März 2005 – Josef Brüderl, University of Mannheim. Online verfügbar unter http://www2.sowi.uni-mannheim.de/lsssm/veranst/Panelanalyse.pdf, 08.03.2016.

Brüderl, Josef (2010): Kausalanalyse mit Paneldaten. In: Wolf, Christof; Best, Henning (Hrsg.): Handbuch der sozialwissenschaftlichen Datenanalyse. VS Verlag für Sozialwissenschaften. Wiesbaden, S. 962–994.

Brüderl, Josef (2012): Übung Kausalanalyse. Korrelation und Kausalität. Folien Übung Kausalanalyse im Wintersemester 2012/2013 Ludwig-Maximilians-Universität München. Online verfügbar unter http://www.ls3.soziologie.uni-muenchen.de/downloads/lehre/lehre_aktuell/wise_2012-13/kausalanalyse/1_korr_kausalitaet.pdf, 12.12.2015.

BMAS **-Bundesministerium für Arbeit und Soziales (Hrsg.) (2011)**: Forschungsprojekt. Wahrnehmung von Armut und Reichtum in Deutschland: Primärerhebung und Sekundäranalyse der repräsentativen Befragung „ARB-Survey 2011". Autoren: Dietrich Engels und Helmut Apel (ISG Institut für Sozialforschung und Gesellschaftspolitik) und Sebastian Götte (aproxima Gesellschaft für Markt- und Sozialforschung Weimar mbH). Stand März 2013. Online verfügbar unter http://www.bmas.de/SharedDocs/Downloads/DE/PDF-Publikationen/a415-2-wahrnehmung-pdf.pdf;jsessionid=7C7723C74FCC9637A43C07CD0308D07B?__blob=publicationFile&v=2, 06.09.2015.

BMAS **-Bundesministerium für Arbeit und Soziales (Hrsg.). (2013)**: Lebenslagen in Deutschland. Der vierte Armuts- und Reichtumsbericht der Bundesregierung. Online verfügbar unter http://www.bmas.de/SharedDocs/Downloads/DE/PDF-Publikationen-DinA4/a334-4-armuts-reichtumsbericht-2013.pdf?__blob=publicationFile, 14.02.2013.

BMAS **-Bundesministerium für Arbeit und Soziales (Hrsg.). (2017)**: Lebenslagen in Deutschland. Der fünfte Armuts- und Reichtumsbericht der Bundesregierung. Online verfügbar unter http://www.armuts-und-reichtumsbericht.de/SharedDocs/Downloads/Berichte/5-arb-langfassung.pdf;jsessionid=D9764570BD9242CD432C2EBD36150846?__blob=publicationFile&v=5, 30.06.2017.

BMAS – Bundesministerium für Arbeit und Soziales (2018): Arbeitslosengeld II / Sozialgeld (Stand 01. Januar 2018). Online verfügbar unter https://www.bmas.de/DE/Themen/Arbeitsmarkt/Grundsicherung/Leistungen-zur-Sicherung-des-Lebensunterhalts/2-teaser-artikelseite-arbeitslosengeld-2-sozialgeld.html, 11.09.2018.

BMAS – Bundesministerium für Arbeit und Soziales (o.D.a): Tabelle A.9 amtl. Einkommensarmutsrisiko. Online verfügbar unter http://www.armuts-und-reichtumsbericht.de/DE/Indikatoren/Armut/Einkommensverteilung-Armut/einkommensverteilung-armut.html, 02.05.2016.

BMAS – Bundesministerium für Arbeit und Soziales (o.D.b): Tabelle A03 In Work Poverty. Online verfügbar unter http://www.armuts-und-reichtumsbericht.de/DE/Indikatoren/Armut/In-Work-Poverty/in-work-poverty.html, 13.06.2018.

BMFSFJ – Bundesministerium für Familie, Senioren, Frauen und Jugend (Hrsg.) (2005): Gender-Datenreport. 1. Datenreport zur Gleichstellung von Frauen und Männern in der Bundesrepublik Deutschland. 2. Fassung. Erstellt durch das Deutsche Jugendinstitut e.V. in Zusammenarbeit mit dem Statistischen Bundesamt unter der Leitung von Waltraud Cornelißen. München. Online verfügbar unter http://www.bmfsfj.de/doku/Publikationen/genderreport/Service/impressum.html, 02.09.2016.

BMFSFJ – Bundesministerium für Familie, Senioren, Frauen und Jugend (Hrsg.) (2010): Hauptbericht des Freiwilligensurveys 2009. Berlin.

BMJV – Bundesministerium der Justiz und für Verbraucherschutz (o.D.a): Verordnung über die Nebentätigkeit der Bundesbeamten, Berufssoldaten und Soldaten auf Zeit (Bundesnebentätigkeitsverordnung – BNV). Online verfügbar unter http://www.gesetze-im-internet.de/bnv/BJNR002990964.html, 08.03.2016.

BMWI – Bundesministerium für Wirtschaft und Energie (o.D.): Existenzgründungsportal des BMWi. Existenzgründungen – Weg in die Selbstständigkeit. Teilzeit- und Kleinstgründungen. Online verfügbar unter http://www.existenzgruender.de/selbstaendigkeit/entscheidung/gruendungsarten/01267/index.php, 14.02.2014.

BMZ – Bundesministerium für wirtschaftliche Zusammenarbeit und Entwicklung (o.D.a): Definition Armut. Online verfügbar unter http://www.bmz.de/de/service/glossar/A/armut.html, 14.03.2013.

Buhmann, Brigitte; Rainwater, Lee; Schmaus, Günther; Smeeding, Timothy M. (1998): Equivalence Scales, Well-being, Inequality and Poverty. In: Review of Income and Wealth, H. 34, S. 115–142.

Bundesagentur für Arbeit, Statistik (Hrsg.) (2007): Mini- und Midijobs in Deutschland. Nürnberg (Bericht der Statistik der Bundesagentur für Arbeit, Mai 2007).

Bundesagentur für Arbeit, Statistik (Hrsg.) (2013): Arbeitsmarkt in Zahlen – Arbeitnehmerüberlassung. Leiharbeitnehmer und Verleihbetriebe – Zeitreihe ab 1973. Online verfügbar unter https://statistik.arbeitsagentur.de/Statistikdaten/Detail/Aktuell/iiia6/aueg-aueg-zr/aueg-zr-d-0-xls.xls, 29.01.2018.

Bundesagentur für Arbeit, Statistik (Hrsg.) (2014a): Beschäftigungsstatistik, Geringfügig entlohnte Beschäftigung nach ausgewählten Merkmalen, (Statistik der Bundesagentur für Arbeit. Datenstand April 2014. Online verfügbar unter http://statistik.arbeitsagentur.de/Navigation/Statistik/Statistik-nach-Themen/Beschaeftigung/Beschaeftigung-Nav.html, 20.05.2014.

Bundesagentur für Arbeit, Statistik (Hrsg.) (2014b): Geringfügig entlohnte Beschäftigte nach Altersgruppen, (Statistik der Bundesagentur für Arbeit – Arbeitsmarkt in Zahlen – Beschäftigungsstatistik). Erstelldatum 1/Juli 2014. Online verfügbar unter https://statistik.arbeitsagentur.de/Statistikdaten/Detail/Aktuell/iiia6/sozbe-zr-geb-alter/zr-geb-alter-d-0-xls.xls, 22.09.2016.

Bundesagentur für Arbeit, Statistik (Hrsg.) (2014c): Arbeitnehmerüberlassung, Leiharbeitnehmer und Verleihbetriebe – Zeitreihe ab 1973. Online verfügbar unter http://statistik.arbeitsagentur.de/Navigation/Statistik/Statistik-nach-Themen/Beschaeftigung/Beschaeftigung-Nav.html, 29.12.2014.

Bundesagentur für Arbeit, Statistik (Hrsg.) (2015): Methodenbericht. Beschäftigungsstatistik Revision 2014. Zweite überarbeitete Fassung. Online verfügbar unter https://statistik.arbeitsagentur.de/Statischer-Content/Grundlagen/Methodenberichte/Beschaeftigungsstatistik/Generische-Publikationen/Methodenbericht-Beschaeftigungsstatistik-Revision-2014.pdf, 21.09.2016.

Bundesagentur für Arbeit, Statistik (Hrsg.) (2016a): Beschäftigungsstatistik, Zeitreihe über sozialversicherungspflichtig Beschäftigte insgesamt und Auszubildende sowie geringfügig Beschäftigte nach ausgewählten Merkmalen. Datenstand März 2016. Online verfügbar unter http://statistik.arbeitsagentur.de/Navigation/Statistik/Statistik-nach-Themen/Beschaeftigung/Beschaeftigung-Nav.html, 29.04.2016.

Bundesagentur für Arbeit, Statistik (Hrsg.) (2016b): Beschäftigungsstatistik Mehrfachbeschäftigung. Nürnberg (Methodenbericht der Statistik der Bundesagentur für Arbeit, Januar 2016).

Bundesagentur für Arbeit, Statistik (Hrsg.) (2016c): Beschäftigungsstatistik, Zeitreihe über sozialversicherungspflichtig Beschäftigte insgesamt und Auszubildende sowie geringfügig Beschäftigte nach ausgewählten Merkmalen.

Datenstand Juni 2016. Online verfügbar unter http://statistik.arbeitsagentur.de/Navigation/Statistik/Statistik-nach-Themen/Beschaeftigung/Beschaeftigung-Nav.html, 21.09.2016.

Bundesagentur für Arbeit, Statistik (Hrsg.) (2017a): Tabellen. Mehrfachbeschäftigung nach Geschlecht. Deutschland (regionale Abgrenzung nach dem Arbeitsort). 2003 bis 2016 (jeweils zum Stichtag 30.06.). Erstellungsdatum 15.12.2017. In Auftrag gegebene Sonderauswertung Zentraler Statistik-Service, Regensburger Straße 104, 90478 Nürnberg.

Bundesagentur für Arbeit, Statistik (Hrsg.) (2017b): Kurzinfo, Monat Dezember 2017. Revision der Beschäftigungsstatistik. Online verfügbar unter https://statistik.arbeitsagentur.de/Statischer-Content/Statistik-nach-Themen/Beschaeftigung/Generische-Publikationen/Info-Revision-2017.pdf, 19.01.2018.

Bundesagentur für Arbeit, Statistik (Hrsg.) (2017c): Grundlagen: Qualitätsbericht Dezember 2017, Version 7.7. Statistik der sozialversicherungspflichtigen und geringfügigen Beschäftigung. Online verfügbar unter https://statistik.arbeitsagentur.de/Statischer-Content/Grundlagen/Qualitaetsberichte/Generische-Publikationen/Qualitaetsbericht-Statistik-Beschaeftigung.pdf, 19.01.2018.

Bundesagentur für Arbeit, Statistik (Hrsg.) (2017d): Tabellen. Leiharbeitnehmer und Verleihbetriebe (Monatszahlen und Jahreszahlen). Deutschland, Länder. Stichtag 31. Dezember 2016. Online verfügbar unter https://statistik.arbeitsagentur.de/Statistikdaten/Detail/201612/iiia6/beschaeftigung-anue-anue/anue-d-0-201612-xlsx.xlsm, 29.01.2018.

Bundesagentur für Arbeit, Statistik (Hrsg.) (2018a): Tabellen. Beschäftigte nach Wirtschaftszweigen (WZ 2008) (Quartalszahlen). Deutschland. Stichtag 30 Juni 2017. Erstellungsdatum 03. Januar 2018. Online verfügbar https://statistik.arbeitsagentur.de/Statistikdaten/Detail/201706/iiia6/beschaeftigung-sozbe-wz-heft/wz-heft-d-0-201706-xlsx.xlsx, 18.01.2018.

Bundesagentur für Arbeit, Statistik (Hrsg.) (2018b): Beschäftigungsstatistik, Zeitreihe über sozialversicherungspflichtig Beschäftigte insgesamt und Auszubildende sowie geringfügig Beschäftigte nach ausgewählten Merkmalen. Datenstand Mai 2018. Online verfügbar unter http://statistik.arbeitsagentur.de/Navigation/Statistik/Statistik-nach-Themen/Beschaeftigung/Beschaeftigung-Nav.html, 13.06.2018.

Bundesagentur für Arbeit, Statistik (Hrsg.) (2018c): Tabellen. Beschäftigte nach Wirtschaftszweigen (WZ 2008) (Zeitreihe Quartalszahlen). Deutschland. Stichtag 30. Dezember 2017. Erstellungsdatum 09. Juli 2018. Online unter https://statistik.arbeitsagentur.de/Statistikdaten/Detail/Aktuell/

iiia6/beschaeftigung-sozbe-wz2008-zeitreihe/wz2008-zeitreihe-d-0-xlsx.xlsx, 10.10.2018.

Bundesagentur für Arbeit; Deutsche Rentenversicherung Bund; Deutsche Rentenversicherung Knappschaft-Bahn-See; GKV-Spitzenverband (Hrsg.) (2014): Richtlinien für die versicherungsrechtliche Beurteilung von geringfügigen Beschäftigungen (Geringfügigkeits-Richtlinien). Stand 12. November 2014. Online verfügbar unter https://www.minijob-zentrale.de/SharedDocs/Downloads/DE/Rundschreiben/01_ag_rundschreiben_versicherung/PDF01_Geringfuegigketisrichtlinien_12112014.pdf?__blob=publicationFile&v=1, 18.01.2018.

Bundesregierung (Hrsg.) (2014): Soziale Gerechtigkeit. Gesetzlicher Mindestlohn. Online verfügbar unter https://www.bundesregierung.de/Content/DE/Artikel/2014/07/2014-07-03-mindestlohn-bundestag.html, 05.09.2018.

bpb – Bundeszentrale für politische Bildung (o.D.): Sozialhilfe. Online verfügbar unter http://www.bpb.de/nachschlagen/lexika/recht-a-z/22895/sozialhilfe, 12.09.2018.

Bührmann, Andrea (2012): Unternehmertum jenseits des Normalunternehmertums: Für eine praxistheoretisch inspirierte Erforschung unternehmerischer Aktivitäten. In Berliner Journal für Soziologie Jg. 22, H. 1, S. 129–156. Online verfügbar unter doi:10.1007/s11609-012-0175-2

Canberra Group (2001): Expert Group on Household Income Statistics: Final Report and Recommendations. Ottawa.

Cameron, A. Colin; Trivedi, Pravin K. (2005): Microeconometrics: Methods and Applications. Cambridge. Cambridge University Press.

Choe, Chung; Oaxaca, Ronald L; Renna, Francesco (2017): Constrained vs. Unconstrained Labor Supply: The Economics of Dual Job Holding (GLO Discussion Paper 139), Global Labor Organization (GLO), Maastricht.

Delmar, Frédéric; Folta, Timothy; Wennberg, Karl (2008): The dynamics of combining self-employment and employment. IFAU. Uppsala (Institute für Labour Market Policy Evaluation. Working Paper, 23). Online verfügbar unter http://doku.iab.de/externe/2009/k090107p13.pdf, 14.02.2014.

Destatis – Statistisches Bundesamt (2015): 5% aller Erwerbstätigen haben mindestens zwei Jobs: (Pressemitteilung Nr. 155 vom 29.04.2015). Online verfügbar unter https://www.destatis.de/DE/PresseService/Presse/Pressemitteilungen/2015/04/PD15_155_132.html, 30.04.16.

Destatis (o.D.a): Der Mikrozensus stellt sich vor. Online verfügbar unter: https://www.destatis.de/DE/ZahlenFakten/GesellschaftStaat/Bevoelkerung/Mikrozensus3.html#erfragt, 22.05.2014.

Destatis (o.D.b): Indikator Qualität der Arbeit. Dimension 3: Arbeitszeit, Ausgleich von Beruf und Privatleben. Online verfügbar unter https://www.destatis.de/DE/ZahlenFakten/Indikatoren/QualitaetArbeit/QualitaetDerArbeit.html?cms_gtp=318944_slot%253D3&https=1, 30.07.2014.

Destatis (o.D.c): Der Mikrozensus stellt sich vor. Was beim Mikrozensus erfragt wird. Online verfügbar unter https://www.destatis.de/DE/ZahlenFakten/GesellschaftStaat/Bevoelkerung/Mikrozensus.html, 02.01.14.

Destatis (o.D.d): Arbeitszeit und Arbeitsvolumen in den Volkswirtschaftlichen Gesamtrechnungen. Online verfügbar unter https://www.destatis.de/DE/ZahlenFakten/GesamtwirtschaftUmwelt/Arbeitsmarkt/Methoden/ArbeitszeitArbeitsvolumen.html, 11.12.2014.

Destatis (o.D.e): Armutsgefährdung in den meisten Bundesländern gestiegen. Pressemitteilung Nr. 315 vom 13.09.2012. Online verfügbar unter https://www.destatis.de/DE/PresseService/Presse/Pressemitteilungen/2012/09/PD12_315_221.html, 11.12.2015.

Destatis (o.D.f): § 7 Mikrozensusgesetz, https://www.destatis.de/DE/ZahlenFakten/GesellschaftStaat/Bevoelkerung/Mikrozensus2.html;jsessionid=69565A194C967443369571E708CF3413.cae1#auskunftspflicht, 02.01.14.

Destatis (o.D.g): Atypische Beschäftigung – Kernerwerbstätige nach Einzelnen Erwerbsformen. Ergebnisse des Mikrozensus. Online verfügbar unter https://www.destatis.de/DE/ZahlenFakten/GesamtwirtschaftUmwelt/Arbeitsmarkt/Erwerbstaetigkeit/TabellenArbeitskraefteerhebung/AtypKernerwerbErwerbsformZR.html, 13.06.18.

Destatis (o.D.h): Einkommens- und Verbrauchsstichprobe (EVS). Online verfügbar unter https://www.destatis.de/DE/ZahlenFakten/GesellschaftStaat/EinkommenKonsumLebensbedingungen/Methoden/Einkommens_Verbrauchsstichprobe.html, 30.08.2014.

Destatis (o.D.i): Was sind Erwerbstätige?. Online verfügbar unter https://www.destatis.de/DE/Publikationen/STATmagazin/Arbeitsmarkt/2009_03/ErwerbstaetigeVGR.html, 10.09.2016.

DGB – Deutscher Gewerkschaftsbund, Bundesvorstand (Hrsg.) (2013): Aufruf für eine Reform der Minijobs. Online verfügbar unter http://www.dgb.de/++co++a8b0eb5c-dce3-11e2-8eb7-00188b4dc422, 23.09.2018.

Deutsche Bundesbank (o.D.): Umtausch von DM im Euro. Online verfügbar unter http://www.bundesbank.de/Redaktion/DE/Standardartikel/Aufgaben/Bargeld/umtausch_von_dem_in_euro.html- auf volle Euro gerundet, 10.09.2016.

Deutscher Frauenrat (**2010**): Minijobs – Wege in die Armut: Kann sich unsere Gesellschaft Minijobs leisten? Positionspapier zur Mitgliederversammlung. Berlin.

Deutsche Rentenversicherung (**o.D.**): Gemeinsame Rechtliche Anweisungen Sozialgesetzbuch SGB IV Erster Abschnitt (§§ 1- 18h) §7 Beschäftigung R2.5.1. Online verfügbar unter http://rvrecht.deutsche-rentenversicherung.de/Raa/Raa.do?f=SGB4_7R2.5.1, 06.09.2018.

Deutsche Rentenversicherung Knappschaft-Bahn-See (**Hrsg.**) (**2018**): Risiken vermeiden – Vorteile nutzen! Melden Sie Minijobs im Privathaushalt an. Stand Januar 2018. Online verfügbar unter https://www.minijob-zentrale.de/SharedDocs/Downloads/DE/Broschueren/privat/01_p_19905_mj_in_phh_.pdf?__blob=publicationFile&v=6, 18.01.2018.

Deutsche Rentenversicherung Knappschaft-Bahn-See (**o.D.**): Minijobzentrale – Häufige Fragen – Darf die Verdienstgrenze von 450 Euro überschritten werden. Online verfügbar unter http://www.minijob-zentrale.de/DE/Service/03_service_rechte_navigation/haeufige_fragen/1_geringfuegig_entlohnte_minijobs/geringfuegig.html?nn=123268, 12.12.2014.

Dickey, **Heather**; **Watson**, **Verity**; **Zangelidis**, **Alexandros** (**2009**)**:** What triggers multiple job holding? An experimental investigation. September. Munich Personal RePEc Archive (MPRA Paper, 17575). Online verfügbar unter mpra.ub.uni-muenchen.de/17575/, zuletzt geprüft am 03.08.2011.

DIW Berlin – Deutsches Institut für Wirtschaftsforschung (**o.D.**): Über uns. Die Survey-Gruppe SOEP. Online verfügbar unter http://www.diw.de/de/diw_02.c.221178.de/ueber_uns.html, 08.03.2016.

DIW Berlin – Deutsches Institut für Wirtschaftsforschung (**o.D.b**): Änderungen am SOEP-Datensatz seit 1995. Datenweitergabe v31 (Welle BE). Online verfügbar unter http://www.diw.de/de/diw_02.c.238122.de/aenderungen_am_datensatz.html, 26.01.2018.

Dombois, **Rainer** (**1999**): Der schwierige Abschied vom Normalarbeitsverhältnis. In: Aus Politik und Zeitgeschichte, H. 37, S. 13–20.

Donges, **Jürgen B.** (**1992**): Deregulierung am Arbeitsmarkt und Beschäftigung. Tübingen: Mohr.

Bertelsmann Stiftung (**Hrsg.**) (**2012**)**:** Geringfügige Beschäftigung: Situation und Gestaltungsoptionen. Online verfügbar unter https://www.bertelsmann-stiftung.de/fileadmin/files/BSt/Presse/imported/downloads/xcms_bst_dms_36551_36555_2.pdf, 23.09.2018.

EAPN – European Anti-Poverty Network (**2014**): Poverty and Inequality in the EU (EAPN Explainer #6, 2014). Online verfügbar unter http://www.eapn.

eu/images/stories/docs/eapn-books/2014-Poverty-Explainer-EN-web.pdf, 10.09.2018.

EC – European Commisision (o.D.): EU social indicators. Online verfügbar unter http://ec.europa.eu/social/main.jsp?catId=756&langId=en, 10.09.2018.

EC – European Commission/Eurostat (o.D.a): Statistics. Browse/Search database. Online verfügbar unter http://epp.eurostat.ec.europa.eu/portal/page/portal/statistics/search_database, 20.05.2014.

EC – European Commission/Eurostat (o.D.b): LFS series – Detailed annual survey results (lfsa). Eurostat Metadata. 3.4. Statistical concepts and definitions. Online verfügbar unter http://epp.eurostat.ec.europa.eu/cache/ITY_SDDS/EN/lfsa_esms.htm, 20.05.2014.

EC – European Commission (o.D.a): Employment, Social Affairs & Inclusion. Online verfügbar unter http://ec.europa.eu/social/main.jsp?catId=756&langId=en, 08.03.2016.

EU/Social Protection Committee Indicators Sub-group (2015): Portfolio of EU Social Indicators for the Monitoring of Progress Towards the EU Objectives for Social Protection and Social Inclusion (2015 Update). Online verfügbar unter http://ec.europa.eu/social/BlobServlet?docId=14239&langId=en, 10.09.2018.

EUROSTAT (Hrsg.) (1990): Poverty in Figures: Europe in the Early 1980s, Study carried out by the Institute of Social Studies Advisory Service (Issas). Luxembourg.

EUROSTAT (Hrsg.) (1998): Domain: ILC – Income and Living Conditions. SPC recommendations on social exclusion and poverty statistics. 31st Meeting of the Statistical Programme Committee 26 & 27 November 1998 (CPS 98/31/2). Luxembourg. Online verfügbar unter http://ec.europa.eu/eurostat/cache/metadata/Annexes/tec00132_esmsip_an2.pdf, 26.02.2018.

EUROSTAT (Hrsg.) (2013): Combating poverty and social exclusion. A statistical portrait of the European Union 2010. (Eurostat Statistical books, 2010 edition).

EUROSTAT (Hrsg.) (2017): Smarter, greener, more inclusive? Indicators to support the Europe 2020 strategy. (Eurostat Statistical books, 2017 edition).

Eurostat (o.D.a): Statistics Explained. Online verfügbar unter http://epp.eurostat.ec.europa.eu/statistics_explained/index.php/Statistics_on_income_and_living_conditions_by_degree_of_urbanisation/de#Auswirkungen_der_Bev.C3.B6lkerungsdichte_auf_die_Lebensbedingungen, 08.03.2016.

Eurostat (o.D.b): Statistics Explained. Glossary: At-risk-of-poverty rate. Online verfügbar unter http://ec.europa.eu/eurostat/statistics-explained/index.php/Glossary:At-risk-of-poverty_rate, 08.03.2016.

Eurostat (o.D.c): Statistics Explained. Employment Statistics. Online verfügbar unter http://ec.europa.eu/eurostat/statistics-explained/index.php/Employment_statistics, 10.09.2016.

Expert Group on Household Income Statistics (2001): The Canberra Group. Final Report and Recommendations. Ottawa. Online verfügbar unter http://www.lisdatacenter.org/wp-content/uploads/canberra_report.pdf, 13.02.2014.

FDZ Forschungsdatenzentrum der Statistischen Landesämter (Hrsg.) (2008): Der Mikrozensus – Erhebungsdesign und Analysemöglichkeiten. Vortrag von Camay Celik und Helga Christians im Rahmen der Veranstaltung „Praxis der Umfrageforschung" Universität zu Köln, 03. Und 10.06.2008. Online verfügbar unter http://eswf.uni-koeln.de/lehre/08/2umfrageforschung/uni-koeln_gesamt_versand.pdf, 20.05.2014.

FDZ Forschungsdatenzentren der Statistischen Ämter des Bundes und der Länder (o.D.): Datenangebot Mikrozensus-Panel. Online verfügbar unter http://www.forschungsdatenzentrum.de/bestand/mikrozensus_panel/index.asp, 01.07.2014.

FDZ-IAB (o.D.): Datenzugang: Gastaufenthalt. Online verfügbar unter http://fdz.iab.de/de/FDZ_Data_Access/FDZ_On-Site_Use.aspx, 21.09.2016.

Felderer, Bernhard; Homburg, Stefan (2005): Makroökonomik und neue Makroökonomik. Berlin u.a.: Springer.

Fertig, Michael; Kluve, Jochen (2006): Alternative Beschäftigungsformen in Deutschland: Effekte der Neuregelung von Zeitarbeit, Minijobs und Midijobs. In: Vierteljahreshefte zur Wirtschaftsforschung DIW Berlin 75 (3), S. 97–117.

Finanzamt Bayern (o.D.): Häufig gestellte Fragen und Antworten. Geringfügige Beschäftigung ("Minijobs"). 13. Was versteht man unter einer kurzfristigen Beschäftigung? Wie ist hier die steuer- und sozialversicherungsrechtliche Handhabung? Online verfügbar unter http://www.finanzamt.bayern.de/Informationen/Steuerinfos/Haeufig_gestellte_Fragen/Geringfuegige_Beschaeftigung/default.php?f=LfSt&d=x#nr10, 18.01.2017.

Folta, Timothy B.; Delmar, Frédéric; Wennberg, Karl (2010): Hybrid Entrepreneurship. In: Management Science Jg. 56, H. 02, S. 253–269.

Foster, James; Greer, Joel; Thorbecke, Erik (1984): A class of decomposablepoverty measures" In: Econometrica. 3 52: 761–766.

Förster, Michael F.; Mira d'Ercole Marco (2009): The OECD Approach to Measuring Income Distribution and Poverty. Strengths, Limits and Statistical Issues. Conference Paper for Joint OECD/University of Maryland International Conference 'Measuring Poverty, Income Inequality, and Social Exclusion: Lessons from Europe' – (16 March 2009). Online verfügbar unter http://www.oecd.org/els/social/ConferenceMarch2009, 14.02.2014.

Frey, **Bruno S.**; **Frey**, **Claudia** (**2010**): Kompaktwissen. Glück; die Sicht der Ökonomie. Zürich/Chur: Rüegger.

Frick, **Joachim R.**; **Grabka**, **Markus** (**2005**): Item-Non-Response on Income Questions in Panel surveys: Incidence, Imputation and the Impact on the Income Distribution. In: *Allgemeines Statistisches Archiv (ASTA)* H. 89, S. 49–61.

Frick, **Joachim R.**; **Jenkins**, **Stephen P.**; **Lillard**, **Dean R.**; **Lipps**, **Oliver**; **Wooden**, **Mark** (**2007**): The Cross-National Equivalent File (CNEF) and its Member Country Household Panel Studies. In: Schmollers Jahrbuch (Journal of Applied Social Science Studies), Jg. 127, H. 4, S. 627–654.

Frick, **Joachim**; **Krell**, **Kristina** (**2009**): Einkommensmessungen in Haushaltspanelstudien für Deutschland: Ein Vergleich von EU-SILC und SOEP. DIW/SOEP: Berlin (SOEPpapers 237).

Gabler Wirtschaftslexikon (**o.D.**): Nebentätigkeit – Definition. Online verfügbar unter http://wirtschaftslexikon.gabler.de/Definition/nebentaetigkeit.html, 12.06.2012.

Gerhardt, **Anke**; **Habenicht**, **Karin**; **Munz**, **Eva** (**2009**): Analysen zur Einkommensarmut mit Datenquellen der amtlichen Statistik. In: Statistische Analysen und Studien NRW, Band 58, Information und Technik Nordrhein-Westfalen (Hrsg.), Düsseldorf. Online verfügbar unter: http://www.it.nrw.de/statistik/analysen/stat_studien/2009/band_58/z089200954.pdf, 09.10.2016.

Gerstorf, **Sandra**; **Schupp**, **Jürgen** (**Hrsg.**) (**2016**): SOEP Wave Report 2015. Berlin: DIW/SOEP. Online verfügbar unter https://www.diw.de/documents/publikationen/73/diw_01.c.535678.de/wave_report_2015.pdf, 20.09.2018.

GESIS – Leibnitz Institut für Sozialwissenschaften (Hrsg.) (**2011**): Handbuch für die Berufsvercodung. SDM (Survey Design and Methodology). Online verfügbar unter http://www.gesis.org/fileadmin/upload/dienstleistung/tools_standards/handbuch_der_berufscodierung_110304.pdf, 17.11.2014.

GESIS – Leibnitz Institut für Sozialwissenschaften (**o.D.**): Unser Angebot. Online verfügbar unter http://www.gesis.org/unser-angebot/daten-analysieren/amtliche-mikrodaten/mikrozensus/mikrozensuspanel/, 02.01.14.

Giesecke, **Johannes** (**2006**): Arbeitsmarktflexibilisierung und soziale Ungleichheit. Sozio-ökonomische Konsequenzen befristeter Beschäftigungsverhältnisse in Deutschland und Großbritannien. 1. Aufl. Wiesbaden: VS Verlag für Sozialwissenschaften.

Giesselmann, **Marco**; **Windzio**, **Michael** (**2012**): Regressionsmodelle zur Analyse von Paneldaten. Wiesbaden. Springer-Verlag.

Grabka, Markus (2013): SOEP 2012 – Codebook for the $PEQUIV File 1984–2012: CNEF Variables with Extended Income Information for the SOEP. DIW/SOEP: Berlin (SOEP Survey Papers 143: Series D).

Goebel, Jan et al (2008): Mikrodaten, Gewichtung und Datenstruktur der Längsschnittstudie Sozio-ökonomisches Panel (SOEP). In: Vierteljahreshefte zur Wirtschaftsforschung, Jg. 77, H. 3, S. 77–109. Online verfügbar unter http://dx.doi.org/10.3790/vjh.77.3.77, 19.08.2014.

Goebel, Jan; Pauer, Bernd (2014): Fachstatistische Anwendungen. Datenschutzkonzept zur Nutzung von SOEPgeo im Forschungsdatenzentrum SOEP am DIW Berlin. In: Zeitschrift für amtliche Statistik Berlin Brandenburg, H. 3, S. 42–47.

Goebel, Jan; Grabka, Markus; Schröder, Carsten (2015): Einkommensungleichheit in Deutschland bleibt weiterhin hoch – junge Alleinlebende und Berufseinsteiger sind zunehmend von Armut bedroht. (DIW Wochenbericht 25), S. 571 - 585. Online verfügbar unter https://www.diw.de/documents/publikationen/73/diw_01.c.508485.de/15-25.pdf, 05.03.2018.

Goebel, Jan; Kraus, Peter (2016): Einkommensentwicklung – Verteilung, Angleichung, Armut und Dynamik. (Kapitel 6.3). In: Statistisches Bundesamt (Destatis); Wissenschaftszentrum Berlin für Sozialforschung (WZB) (Hrsg.): Datenreport 2016. Ein Sozialbericht für die Bundesrepublik Deutschland. Bpb: Bundeszentrale für politische Bildung. Bonn 2016, S. 178–190. Online verfügbar unter https://www.destatis.de/DE/Publikationen/Datenreport/Downloads/Datenreport2016.pdf?__blob=publicationFile, 05.03.2018.

Granger, Clive J. (1969): Investigating Causal Relations by Econometric Models and Cross-spectral Methods. In: Econometria, Jg. 37, H. 3, S. 424–439.

Hagenaars, Aldi. J.; De Vos, Klaas (1988): The Definition and Measurement of Poverty. In: Journal of Human Resources, Jg. 23, H. 2, S. 211–221.

Haisken-DeNew, John P.; Frick, Joachim R. (2005): DTC – Desktop Companion to the German Socio-Economic Panel (SOEP). Online verfügbar unter http://www.diw.de/documents/dokumentenarchiv/17/diw_01.c.38951.de/dtc.409713.pdf, 20.08.2016.

Haak, Caroll (2007): Von Künstlern lernen. Mehrfachbeschäftigung, Bildung und Einkommen auf den Arbeitsmärkten von Künstlern. Berlin (RatSWD working paper, 07). Online verfügbar unter http://www.ratswd.de/download/workingpapers2007/07_07.pdf, 21.09.2011.

Hallaby, Charles N. (2004): Panel Models in Sociological Research. Theory into Practice: In: Annual Review of Sociology, H. 30, S. 507–544).

Heineck, Guido; Schwarze, Johannes (2001): Auswirkungen der Einführung der Sozialversicherungspflicht für geringfügige Beschäftigung – Eine Evaluation des „630;-DM-Job"-Reformgesetzes. In: Mitteilungen aus der Arbeitsmarkt- und Sozialforschung (Sonderdruck), Jg. 34, H. 3, S. 314–327.

Heineck, Guido (2009): The determinants of secondary jobholding in Germany and the UK. In: Zeitschrift für ArbeitsmarktForschung, Jg. 42, H. 2, S. 107–120.

Hellmuth, Leonie; Urban, Dieter (2010): Das Working-Poor Problem in Deutschland. Empirische Analysen zu den Ursachen von Armut trotz Erwerbstätigkeit. Stuttgart (SISS: Schriftenreihe des Instituts für Sozialwissenschaften der Universität Stuttgart, 02). Online verfügbar unter http://www.uni-stuttgart.de/soz/institut/forschung/2010.SISS.2.pdf, 23.12.2011.

Hewel, Brigitte; Neubäumer, Renate (2001): Einführung. Systemunabhängige Grundbegriffe und Grundfragen. In: Renate Neubäumer und Brigitte Hewel (Hrsg.): Volkswirtschaftslehre. Grundlagen der Volkswirtschaftstheorie und Volkswirtschaftspolitik. 3. Aufl. Wiesbaden: Gabler, S. 3–13.

Hirschenauer, Franziska; Wießner, Frank (2006): Mehrfachbeschäftigung. Ein Job ist nicht genug. IAB. Nürnberg (IAB-Kurzbericht, 22). Online verfügbar unter http://doku.iab.de/kurzber/2006/kb2206.pdf, 21.09.2011.

Hoffmann, Edeltraud; Walwei, Ulrich (2002): Wandel der Erwerbsformen: Was steckt hinter den Veränderungen. In: Gerhard Kleinhenz (Hrsg.): IAB-Kompendium Arbeitsmarkt- und Berufsforschung (Beiträge zur Arbeitsmarkt- und Berufsforschung, BeitrAB 250), S. 135–144.

Hohendanner, Christian; Stegmaier, Jens (2012): Geringfügige Beschäftigung in deutschen Betrieben. Umstrittene Minijobs. (IAB-Kurzbericht 24/2012). Online verfügbar unter http://doku.iab.de/kurzber/2012/kb2412.pdf, 23.09.2018.

IAB – Institut für Arbeitsmarkt- und Berufsforschung (Hrsg.) (2017): Arbeitszeitrechnung (FB A2),Presseinformation des Instituts für Arbeitsmarkt- und Berufsforschung vom 12.3.2014. Tabelle zur Entwicklung der Arbeitszeit. Lange Zeitreihe ab 1991. Online verfügbar unter http://doku.iab.de/arbeitsmarktdaten/AZ_Komponenten.xlsx, 24.01.2018.

IAB – Institut für Arbeitsmarkt- und Berufsforschung (o.D.): Das IAB-Betriebspanel. Online verfügbar unter http://www.iab.de/de/erhebungen/iab-betriebspanel.aspx/, 30.08.2014.

IAW – Institut für Angewandte Wirtschaftsforschung (Hrsg.) (2003): Schlussbericht des Projekts „Operationalisierung der Armuts- und Reichtumsmessung". Tübingen. November 2003.

IAW – Institut für Angewandte Wirtschaftsforschung (Hrsg.) (2017): Die fiskalischen Kosten des Minijobs. (Schriftenreihe Institut Arbeit und Wirtschaft 22. April 2017. Universität Bremen. Autor Tobias Peter. Online verfügbar unter http://www.iaw.uni-bremen.de/ccm/cms-service/stream/asset/iaw-Schriftenreihe-22.pdf?asset_id=8045037, 23.09.2018.

IAW/RWI (2010): Abschätzung des Ausmaßes der Schwarzarbeit. Eine Untersuchung im Auftrag des Bundesministeriums für Arbeit und Soziales. Online verfügbar unter http://www.bmas.de/SharedDocs/Downloads/DE/PDF-Publikationen/forschungsbericht-fb399.pdf?__blob=publicationFile, 30.06.2017.

IAQ (2017): Durchschnittliche Abgabenbelastung je Arbeitnehmer 1991 – 2017. Online verfügbar unter http://www.sozialpolitik-aktuell.de/tl_files/sozialpolitik-aktuell/_Politikfelder/Finanzierung/Datensammlung/PDF-Dateien/abbII9.pdf, 03.10.2018.

IHK Kassel (Hrsg.) (2012): Existenzgründung im Nebenerwerb. Online verfügbar unter: http://www.ihk-kassel.de/solva_docs/gruendung_im_nebenerwerb_januar_2012.pdf, 10.04.2012.

Jahn, Elke J. (2005): Was macht den Unterschied? Determinanten der Nachfrage nach Leiharbeit in Deutschland und den Niederlanden. In: Industrielle Beziehungen, Jg. 12, H. 4, S. 393–423.

John J. Heldrich Center for Workforce Development at Rutgers, the State University of New Jersey (1999): Working Hard But Staying Poor. A National Survey of the Working Poor and Unemployed. New Brunswick.

KAB – Katholische Arbeitnehmer-Bewegung Deutschland (2013): Geringfügige Beschäftigung. Beschluss des Bundesausschusses der Katholischen Arbeitnehmer-Bewegung Deutschlands (KAB) im April 2003. Online verfügbar unter https://www.kab.de/fileadmin/user_upload/kab_de/Downloads_pdf/Beschluss_Minijobs_BA_2013-04.pdf, 23.09.2018.

Kalina, Thorsten; Weinkopf, Claudia (2008): Konzentriert sich die steigende Niedriglohnbeschäftigung in Deutschland auf atypisch Beschäftigte? In: *Zeitschrift für ArbeitsmarktForschung* (04), S. 447–469.

Kalina, Thorsten; Weinkopf, Claudia (2009): Niedriglohnbeschäftigung 2007 weiter gestiegen – zunehmende Bedeutung von Niedrigstlöhnen. Hrsg. v. Institut für Arbeit und Qualifikation – Universität Duisburg Essen (IAQ-Report, 05). Online verfügbar unter http://vg05.met.vgwort.de/na/99e6ea3ff9fd4cd0a844506989740cc7?l=http://www.iaq.uni-due.de/iaq-report/2009/report2009-05.pdf, 23.12.2011.

Kalina, Thorsten; Weinkopf, Claudia (2015): Niedriglohnbeschäftigung 2013: Stagnation auf hohem Niveau (IAG-Report Hrsg. von Institut für Arbeit und Qualifikation – Universität Duisburg Essen (IAQ-Report, 03). Online verfügbar unter http://www.iaq.uni-due.de/iaq-report/2015/report2015-03.pdf, 30.06.2017.

Kalleberg, Arne L. (2011): Good jobs, bad jobs. The rise of polarized and precarious employment systems in the United States, 1970s to 2000s. New York: Russell Sage Foundation.

Keller, Berndt; Seifert, Hartmut (2007): Atypische Beschäftigungsverhältnisse: Flexibilität, soziale Sicherheit und Prekarität. In: Berndt Keller und Hartmut Seifert (Hrsg.): Atypische Beschäftigung – Flexibilisierung und soziale Risiken. Berlin: Edition Sigma, S. 11–26.

Kimmel, Jean; Smith-Conway, Karen (2001): Who Moonlights and Why? In: Industrial Relations, Jg. 40, H. 01, S. 89–120.

Klinger, Sabine; Weber, Enzo (2017): Zweitbeschäftigungen in Deutschland. Immer mehr Menschen haben einen Nebenjob. IAB. Nürnberg (IAB-Kurzbericht, 22). Online unter http://doku.iab.de/kurzber/2017/kb2217.pdf, 10.10.2018.

Klocke, Andreas (2000): Methoden der Armutsmessung. Einkommens-, Unterversorgungs-, Deprivations- und Sozialhilfekonzepte im Vergleich. In: Zeitschrift für Soziologie, Jg. 29, H. 4, S. 313–329.

Kommission „Moderne Dienstleistungen am Arbeitsmarkt" (2002): Bericht der Kommission Moderne Dienstleistungen am Arbeitsmarkt. Vorschläge der Kommission zum Abbau der Arbeitslosigkeit und zur Umstrukturierung der Bundesanstalt für Arbeit. Online verfügbar unter http://www.sozialpolitik-aktuell.de/tl_files/sozialpolitik-aktuell/_Politikfelder/Arbeitsmarkt/Dokumente/hartzteil1.pdf, 07.04.2017.

Krishnan, Pramila (1990): The economics of moonlighting. A double self-selection model. In: Review of Economics and Statistics, Jg. 72, H. 2, S. 361–367.

Kroh, Martin (2009): Documentation of Sample Sizes and Panel Attrition in the German Socio-Economic Panel (GSOEP) (1984–2008) (DIW Data Documentation 47). Berlin: DIW.

Kroh, Martin (2010): Gewichtung im SOEP. Workshop zur Nutzung des SOEP im März 2010 (DIW Nutzerschulung). Berlin.

Kvasnicka, Michael; Werwatz, Axel (2003): Lohneffekte der Zeitarbeit. In: Bundesministerium für Wirtschaft und Arbeit (Hrsg.): Bundesarbeitsblatt 2. Berlin: W. Kohlhammer, S. 4–12.

Lohmann, Henning (2001): Äquivalenzskalen und haushaltsspezifisches Armutsrisiko. Bedarfsbemessung auf Basis der Einkommens- und Verbrauchsstichprobe 1993. In: Wirtschaft und Statistik, S. 483–493.

Lohmann, Henning (2007): Armut von Erwerbstätigen in europäischen Wohlfahrtsstaaten. Niedriglöhne, staatliche Transfers und die Rolle der Familie. Wiesbaden: VS Verl. für Sozialwissenschaften.

Lundberg, Shelly J (1985): The Added Worker Effect. In: Journal of Labor Economics, Jg. 3, H. 1, S. 11–37.

Lüttinger, Paul; Riede, Thomas (1997): Der Mikrozensus: amtliche Daten für die Sozialforschung. In: Zentrum für Umfragen, Methoden und Analysen ZUMA Nachrichten Jg. 21, H. 41, S. 19–43. Online verfügbar unter http://www.gesis.org/fileadmin/upload/forschung/publikationen/zeitschriften/zuma_nachrichten/zn_41.pdf, 22.05.2014.

Maslow, Abraham (1943): A Theory of Human Motivation. In: Psychological Review, Jg. 50, H. 4), S. 370–396.

Mayerl, Jochen; Urban, Dieter (2010): Binär-logistische Regressionsanalyse. Grundlagen und Anwendung für Sozialwissenschaftler. Stuttgart (SISS: Schriftenreihe des Instituts für Sozialwissenschaften der Universität Stuttgart, 03). Online verfügbar unter http://www.uni-stuttgart.de/soz/institut/forschung/2010.SISS.3.pdf, 10.13.2016.

McGinnity, Frances; McManus, Patricia (2007): Paying the price for reconciling work and family life: Comparing the wage penalty for women's part-time work in Britain, Germany and the United States. In: Journal of Comparative Policy Analysis: Research and Practice, Jg. 9, H. 2, S. 115–134.

Merz, Joachim; Wolff, Klaus (1986): Eigenarbeit und Erwerbsarbeit in Haupt- und Nebenerwerb. Ergebnisse der Sfb 3 – Nebenerwerbstätigkeitsumfrage. Hrsg. v. J. W. Goethe-Universität Frankfurt und Universität Mannheim. Frankfurt [Main]; Mannheim (Arbeitspapier, 191).

Minijob-Zentrale (2016): Online verfügbar unter https://www.minijob-zentrale.de/DE/0_Home/03_mj_in_privathaushalten/04_minijob/02_verdienstgrenzen/node.html, 21.09.2016.

Minijob-Zentrale (2017a): Mehrere 450-Euro Minijobs. Online verfügbar unter https://www.minijob-zentrale.de/DE/01_minijobs/02_gewerblich/01_grundlagen/01_450_euro_gewerbe/04_mehrere_beschaeftigungen/node.html, 18.01.2018.

Minijob-Zentrale (2017b): Kurzfristige Minijobs. Mehrere Beschäftigungen. Mehrere kurzfristige Minijobs. Online verfügbar unter https://www.minijob-zentrale.de/DE/01_minijobs/02_gewerblich/01_grundlagen/02_kurzfristige_gewerbliche_minijobs/04_mehrere_beschaeftigungen/node.html, 23.01.2018.

Minijob-Zentrale (2017c): Verdienstgrenze bei 450-Euro-Minijobs im Gewerbe. Online verfügbar unter https://www.minijob-zentrale.de/

DE/01_minijobs/02_gewerblich/01_grundlagen/01_450_euro_gewerbe/01_Entgeltgrenze/node.html, 18.01.2018.

Minijob-Zentrale (2018): Die Entwicklung der Abgaben an die Minijob-Zentrale. Eine Übersicht seit dem 1. April 2003 (gewerbliche Minijobs). Online verfügbar unter https://www.minijob-zentrale.de/DE/02_fuer_journalisten/03_entwicklung/node.html;jsessionid=2162E66FA8E36A55CE42E0DE871F6830, 03.10.2018.

Moses, Leon N. (1962): Income, Leisure and Wage Pressure. In: The Economic Journal 72, H. 286, S. 320–334.

Mückenberger, Ulrich (1985): Die Krise des Normalarbeitsverhältnisses. In: Zeitschrift für Sozialreform, H. 7 u. 8, S. 415–435 (Teil 1) und S. 457–475 (Teil 2).

Mückenberger, Ulrich (1989): Der Wandel des Normalarbeitsverhältnisses unter Bedingungen einer„Krise der Normalität". In: Gewerkschaftliche Monatshefte, H. 4, S. 211–223. Online verfügbar unter http://library.fes.de/gmh/main/pdf-files/gmh/1989/1989-04-a-211.pdf, 07.06.2011.

Niehues, Judith; Pimpertz, Jochen (2012): Alterssicherung der Selbstständigen in Deutschland (IW Trends, 03/2012). IW Köln. Online verfügbar unter https://www.iwkoeln.de/fileadmin/publikationen/2012/91223/TR-32012-Niehues-Pimpertz.pdf, 05.03.2018.

Niejahr, Elisabeth; Rudzio, Kolja (2007): Das Tabu der Minijobs. Die Regierung will mehr Gerechtigkeit am Arbeitsmarkt. Aber das kann Wählerstimmen kosten. In: Die ZEIT Nr. 10 vom 1. März 2007.

Nienhüser, Werner (2007): Betriebliche Beschäftigungsstrategien und atypische Arbeitsverhältnisse. Eine Erklärungsskizze aus Sicht einer politischen Personalökonomie. In: Keller, Berndt; Seifert, Hartmut (Hrsg.): Atypische Beschäftigung. Flexibilisierung und soziale Risiken. Berlin: Ed. Sigma (Forschung aus der Hans-Böckler-Stiftung, 81), S. 45–66.

Noll, Heinz-Herbert; Weick, Stefan (2007): Einkommensarmut und Konsumarmut – unterschiedliche Perspektiven und Diagnosen. In ZUMA (Hrsg.) Informationsdienst Soziale Indikatoren (ISI 37,Januar 2007), S. 1–6.

OECD (Hrsg.) (1999): Employment Protection and Labour Market Performance. In: OECD: Employment Outlook. Paris, S. 48–132.

OECD (Hrsg.) (2008): Growing Unequal? Income Distribution and Poverty in OECD Countries. Online verfügbar unter http://dx.doi.org/10.1787/9789264044197-en, 08.05.2014.

OECD (Hrsg.) (2013): OECD Framework for Statistics on the Distribution of Household Income, Consumption and Wealth. OECD Publishing. Online verfügbar unter http://dx.doi.org/10.1787/9789264194830-en, 14.02.2014.

OECD (o.D.): OECDiLibriary. National Accounts at a Glance 2011. Income. 5. Disposable income. Online verfügbar unter http://www.oecd-ilibrary.org/sites/na_glance-2011-en/02/02/index.html;jsessionid=fmw46d9yzgp4.delta?contentType=&itemId=/content/chapter/na_glance-2011-7-en&containerItemId=/content/serial/22200444&accessItemIds=/content/book/na_glance-2011-en&mimeType=text/html, 08.03.2016.

Panos, **Georgios A.**; **Pouliakas**, **Konstantinos**; **Zangelidis**, **Alexandros** (**2009**): The Inter-Related Dynamics of Dual Job Hodlign, Human Capital and Occupational Choice. IZA. Bonn (IZA discussion paper, 4437). Online verfügbar unter http://doku.iab.de/externe/2009/k091012p09.pdf, zuletzt geprüft am 21.09.2011.

Partridge, **Mark** (**2002**): Moonlighting in a High Growth Economy. Evidence from U.S. State-Level Data. In: Growth and Change, Jg. 33, H. 04, S. 424–452.

Paxson, **Christina H.**; **Sicherman**, **Nachum** (**1996**): The Dynamics of Dual Job Holding and Job Mobility. In: Journal of Labor Economics, Jg. 14, H. 03, S. 357–393.

Perlman, **Richard** (**1966**): Observations on overtime and moonlighting. In: Southern Economic Journal, H. 33, S. 237–244.

Piachaud, **David** (**1992**): Wie misst man Armut? In: Leibfried, Stephan; Voges, Wolfgang (Hrsg.), Armut im modernen Wohlfahrtstaat. (Kölner Zeitschrift für Soziologie und Sozialpsychologie- Sonderheft 32), S. 63–87. Opladen: Westdeutscher Verlag.

Pischner, **Rainer** (**2007**): Die Querschnittsgewichtung und die Hochrechnungsfaktoren des Sozio-oekonomischen Panels (SOEP) ab Release 2007 (Welle W): Modifikationen und Aktualisierungen (DIW Data Documentation 22). Berlin: DIW.

Projektgruppe SOEP (o.D.): Documentation HGEN. Household-related status variables and generated variables. Online verfügbar unter http://www.diw.de/documents/dokumentenarchiv/17/60053/hgen.pdf, 13.06.2015.

Promberger, **Markus** (**2006**): Leiharbeit im Betrieb. Strukturen, Kontexte und Handhabung einer atypischen Beschäftigungsform. Abschlussbericht. Herausgegeben von Institut für Arbeits-markt- und Berufsforschung der Bundesagentur für Arbeit und Hans-Böckler-Stiftung. Online verfügbar unter http://www.boeckler.de/pdf_fof/S-2002-418-3-9.pdf, 18.07.2012.

Renna, **Francesco** (**2006**): Moonlighting and Overtime: A Cross-Country Analysis. In: *Journal of Labor Research* (Vol. XXVII, Number 4, Fall 2006).

Renna, **Francesco**; **Oaxaca**, **Ronald L.** (**2006**): The economics of dual holding. A Job Portfolio Modelof Labor Supply. IZA. Bonn (IZA discussion paper,

1915). Online verfügbar unter http://doku.iab.de/externe/2006/k060117f06.pdf, zuletzt geprüft am 21.09.2011.

Rhein (**2009**): „Working poor" in Deutschland und den USA. Arbeit und Armut im transatlantischen Vergleich. (IAB Kurzbericht 1/2009). Online verfügbar unter http://doku.iab.de/kurzber/2009/kb0109.pdf, 05.03.2018.

Robinson, **Helen**; **Wadsworth**, **Jonathan** (**2006**): Impact of the minimum wage on the incidence of second job holding in Britain. IZA. Bonn (IZA discussion paper, 2445). Online verfügbar unter https://www.econstor.eu/dspace/bitstream/10419/33779/1/538340061.pdf, zuletzt geprüft am 03.03.2011.

Rudolph, **Helmut** (**1998**)**:** Mini- und Midijobs. Geringfügige Beschäftigung im neuen Outfit. (IAB Kurzbericht 6): Online verfügbar unter http://doku.iab.de/werkber/1998/wb0998.pdf, 11.10.2018.

Rudolph, **Helmut** (**2003**)**:** „Geringfügige Beschäftigung" mit steigender Tendenz. Erhebungskonzepte, Ergebnisse und Interpretationsprobleme der verfügbaren Datenquellen. (IAB Werkstattbericht 9): Online verfügbar unter http://doku.iab.de/kurzber/2003/kb0603.pdf, 11.10.2018.

Semrau, **Peter**; **Stubig**, **Hans-Jürgen**. (**1999**): Armut im Lichte unterschiedlicher Messkonzepte. In: Allgemeines Statistisches Archiv, Band 83, S. 324–337.

Sesselmeier, **Werner** (**2007**): (De-)Stabilisierung der Arbeitsmarktsegmentation?. In: Keller, Berndt; Seifert, Hartmut (Hrsg.): Atypische Beschäftigung. Flexibilisierung und soziale Risiken. Berlin: Ed. Sigma (Forschung aus der Hans-Böckler-Stiftung, 81), S. 67–82.

Sesselmeier, **Werner**; **Funk**, **Lothar**; **Waas**, **Bernd** (**2010**): Arbeitsmarkttheorien. Eine ökonomisch-juristische Einführung. Heidelberg: Physica.

Schäfer, **Holger** (**2009**): Normalarbeitsverhältnis: Keine aussterbende Gattung. Köln. (iwd 43). Online verfügbar unter http://www.iwkoeln.de/Publikationen/iwd/Archiv/tabid/122/articleid/24022/Default.aspx, 01.07.2010.

Schäfer, **Holger** (**2010**): Sprungbrett oder Sackgasse? – Entwicklung und Strukturen von flexiblen Erwerbsformen in Deutschland. (IW-Trends 01/2010). Online verfügbar unter. http://www.iwkoeln.de/Studien/IWTrends/tabid/148/articleid/24419/Default.aspx, zuletzt ge-prüft am 18.10.2010.

Schäfer, **Holger** (**2017**): Attraktiver Zweitjob. Online verfügbar unter https://www.iwd.de/artikel/attraktiver-zweitjob-374074/, 06.09.2018.

Schäfer, **Holger** (**2018**): Attraktiver Zweitjob. Gastbeitrag in der Fuldaer Zeitung 08.01.2018. Online verfügbar unter https://www.iwkoeln.de/presse/gastbeitraege/beitrag/holger-schaefer-attraktiver-zweitjob.html, 28.02.2018.

Schäfer, **Holger**; **Schmidt**, **Jörg** (**2011**): Der Niedriglohnsektor in Deutschland. Entwicklung, Struktur und individuelle Erwerbsverläufe. IW Köln. Berlin. Online verfügbar unter http://www.iwkoeln.de/Portals/0/

pdf/110823_insm_gutachten_niedriglohnsektor.pdf, zuletzt geprüft am 12.09.2011.

Schäfer, **Holger**; **Seyda**, **Susanne** (**2008**): Individualisierung. Erosion des Normalarbeitsverhältnisses? In: Institut der deutschen Wirtschaft Köln (Hrsg.): Die Zukunft der Arbeit in Deutschland. Megatrends, Reformbedarf und Handlungsoptionen. Köln, S. 145–172.

Schmidt, **Tanja**; **Voss**, **Dorothea** (**2014**): Arbeitsmarkt- und geschlechtsdifferenzielle Einflussfaktoren für die Ausübung einer geringfügigen Nebenbeschäftigung. In: Industrielle Beziehungen Jg. 21, H. 1, S. 36–57.

Schupp, **Jürgen**; **Birkner**, **Elisabeth** (**2004**): Kleine Beschäftigungsverhältnisse: Kein Jobwunder. Dauerhafter Rückgang von Zweitbeschäftigungen. (Wochenbericht des DIW Berlin, 34(71)), S. 487–497.

Schwarze, **Johannes** (**1990**): Nebenerwerbstätigkeit in der Bundesrepublik Deutschland. Umfang und Ursachen von Mehrfachbeschäftigung und Schattenwirtschaft. Frankfurt [Main], , New York: Campus-Verlag.

Schwarze, **Johannes** (**1991**): Determinanten der Mehrfachbeschäftigung. In: Konjunkturpolitik 37, S. 87–113.

Schwarze, **Johannes**; (**1995**): Simulating German Income and social security tax payments using the GSOEP. Cross-national studies in aging. Syacruse University USA. (Programme project paper no. 19).

Schwarze, **Johannes**; (**1997**): Nebenerwerbstätigkeit in Deutschland nimmt zu. Zur Frage der Versicherungspflicht. DIW. Berlin (Wochenbericht des DIW, 22).

Schwarze, **Johannes** (**1998**): Wer trägt die pauschale Lohnsteuer bei geringfügiger Beschäftigung? Eine Analyse der Stundenlöhne erwerbstätiger Frauen. In: Galler, Heinz P.; Wagner, Gert (Hrsg.): Empirische Forschung und wirtschaftspolitische Beratung – Festschrift für Hans-Jürgen Krupp, S. 215–225.

Schwarze, **Johannes**, **Heineck**, **Guido** (**1999**): Rückgang der Nebenerwerbstätigkeit durch Einführung der Sozialversicherungspflicht wird überschätzt. DIW. Berlin (Wochenbericht des DIW 37(66), S. 661–666.

Shishko, **Robert**; **Rostker**, **Bernard** (**1976**): The Economics of Multiple Job Holding. In: American Economic Review Jg. 66, H. 03, S. 298–308.

Sieber, **Ingo** (**2013**): SOEP Samples Overview – 2012 /Wave 29. Online verfügbar unter http://panel.gsoep.de/soepinfo2012/info/soep_samples_size.pdf, 18.11.2014.

Soltwedel, **Rüdiger** (**1986**): Deregulierungspotentiale in der Bundesrepublik. Tübingen: Mohr.

Slesnick, Daniel T (2001): Consumption and Social Welfare. Living standards and their distribution in the United States. Cambridge. Cambridge University Press.

Smeeding, Timothy M; O'Higgins, Michael; Rainwater, Lee (Hrsg.) (1990): Poverty, inequality, and income distribution in comparative perspective: the Luxembourg income study (LIS). Harvester Wheatsheaf. Hemel Hempstead Hertfordshire.

Smith-Conway, Karen; Kimmel, Jean (1998): Male labor supply estimates and the decision to moonlight. In: Labour Economics 05, S. 135–166.

SOEP Group (2013): SOEP 2012 – Documentation of Person-related Status and Generated Variables in PGEN for SOEP.v29. Berlin: DIW/SOEP. (SOEP Survey Papers 149: Series D).

SOEP Group (2014a): SOEP 2012 – Documentation of Person-related Status and Generated Variables in PGEN for SOEP.v29. Berlin: DIW/SOEP. (SOEP Survey Papers 149: Series D).

SOEP Group (2014b): SOEP 2012 – SOEPmonitor Person 1984–2012 (SOEP v29). Berlin: DIW/SOEP. (SOEP Survey Papers 193 – update: Series E).

SOEP Group (2015): SOEP 2013 – SOEPmonitor Individuals 1984–2013 (SOEP v30). Berlin: DIW/SOEP. (SOEP Survey Papers 284: Series E).

SOEP-Info (o.D.): www.soepfinfo. Online verfügbar unter http://panel.gsoep.de/soepinfo2012/, 14.05.2014.

Statistische Ämter des Bundes und der Länder (Hrsg.) (2011): Mikrozensus 2010 und Arbeitskräftestichprobe 2010 der Europäischen Union 2010. Muster-Fragebogen. Online verfügbar unter http://www.gesis.org/missy/fileadmin/missy/erhebung/fragebogen/FB_MZ2010_a.pdf&lnkname=fileadmin/missy/erhebung/fragebogen/FB_MZ2010_a.pdf, 21.05.2014.

Statistische Ämter des Bundes und der Länder (Hrsg.) (2012): Mikrozensus 2011 und Arbeitskräftestichprobe 2011 der Europäischen Union. Muster-Fragebogen. Online verfügbar unter https://www.destatis.de/DE/ZahlenFakten/GesellschaftStaat/Bevoelkerung/MikrozensusFragebogenMuster.pdf?__blob=publicationFile, 14.02.2014.

Statistische Ämter des Bundes und der Länder (o.D.): EU-SILC „Leben in Europa". Datenquellenbeschreibung. Online verfügbar unter http://www.amtliche-sozialberichterstattung.de/pdf/Datenquellenbeschreibung_EU-SILC_090423.pdf, 27.09.2016.

Statistisches Bundesamt (Hrsg.) (2008): Atypische Beschäftigung auf dem deutschen Arbeitsmarkt. Begleitmaterial zum Pressegespräch am 9. September 2008 in Frankfurt am Main. Online verfügbar unter http://www.destatis.de/jetspeed/portal/cms/Sites/destatis/Internet/DE/Presse/

pk/2008/Arbeitsmarkt/Pressebroschuere__Arbeitsmarkt,property=file.pdf, 18.10.2010.

Statistisches Bundesamt (Hrsg.) (2009a): Niedrigeinkommen und Erwerbstätigkeit. Begleitmaterial zum Pressegespräch am 19. August 2009 in Frankfurt am Main. Wiesbaden. Online verfügbar unter http://www.destatis.de/jetspeed/portal/cms/Sites/destatis/Internet/DE/Presse/pk/2009/Erwerbstaetigkeit/begleitheft__Erwerbstaetigkeit,property=file.pdf, 11.01.2012.

Statistisches Bundesamt (Hrsg.) (2009b): Der Mikrozensus im Kontext anderer Arbeitsmarktstatistiken. Ergebnisunterschied und ihre Hintergründe. In: Statistisches Bundesamt (Hrsg.) Wirtschaft und Statistik (06), S. 528–547. Online verfügbar unter https://www.destatis.de/DE/Publikationen/WirtschaftStatistik/Arbeitsmarkt/MikrozensusArbeitsmarktstatistiken.pdf?__blob=publicationFile, 01.07.2014.

Statistisches Bundesamt (Hrsg.) (2011a): Fachserie 1 Reihe 4.1.2. Mikrozensus 2010. Online verfügbar unter https://www.destatis.de/DE/Publikationen/Thematisch/Arbeitsmarkt/Erwerbstaetige/BerufArbeitsbedingungErwerbstaetigen2010412107004.pdf?__blob=publicationFile, 14.02.2014.

Statistisches Bundesamt (Hrsg.) (2011b): Fachserie 15 Reihe 1. Wirtschaftsrechnungen 2009. Laufende Wirtschaftsrechnungen. Einnahmen und Ausgaben privater Haushalte. Online verfügbar unter https://www.destatis.de/DE/Publikationen/Thematisch/EinkommenKonsumLebensbedingungen/LfdWirtschaftsrechnungen/EinnahmenAusgabenprivaterHaushalte2150100097004.pdf?__blob=publicationFile, 14.02.2014.

Statistisches Bundesamt (Hrsg.) (2015): Fachserie 15 Heft 4. Wirtschaftsrechnungen. Einkommens- und Verbrauchsstichprobe 2013. Einnahmen und Ausgaben privater Haushalte 2013. Online verfügbar unter https://www.destatis.de/DE/Publikationen/Thematisch/EinkommenKonsumLebensbedingungen/EinkommenVerbrauch/EVS_EinnahmenAusgabenprivaterHaushalte2152604139004.pdf?__blob=publicationFile, 11.09.2018.

Statistisches Bundesamt (Hrsg.) (2018): Atypische Beschäftigung. Online verfügbar unter https://www.destatis.de/DE/ZahlenFakten/GesamtwirtschaftUmwelt/Arbeitsmarkt/Erwerbstaetigkeit/TabellenArbeitskraefteerhebung/AtypKernerwerbErwerbsformZR.html, 24.08.2018.

Stauder, Johannes; Hüning, Wolfgang (2004): Die Messung von Äquivalenzeinkommen und Armutsquoten auf der Basis des Mikrozensus. In: Statistische Analysen und Studien NRW, Band 13, S. 9–31, Landesamt für

Datenverarbeitung und Statistik Nordrhein-Westfalen (Hrsg.), Düsseldorf. Online verfügbar unter http://www.lds.nrw.de/statistik/analysen/stat_studien/2004/band_13/stauder_huening_13_2004.pdf, 10.09.2016.

Stegmeier, **Jens**; **Gundert**, **Stefanie**; **Tesching**, **Karin**; **Theuer**, **Stefan** (**2015**): Bezahlter Urlaub und Lohnfortzahlung im Krankheitsfall. In der Praxis besteht Nachholbedarf bei Minijobbern. IAB. Nürnberg (IAB-Kurzbericht, 18). Online verfügbar unter http://doku.iab.de/kurzber/2015/kb1815.pdf, 18.01.2018.

Stein, **Ulrike** (**2009**): Zur Entwicklung der Sparquoten der privaten Haushalte – Eine Auswertung von Haushaltsdaten des SOEP. DIW. Berlin (SOEPpapers on Multidisciplinary Panel Data Research 249). Online verfügbar unter http://www.diw.de/documents/publikationen/73/diw_01.c.345190.de/diw_sp0249.pdf, 06.02.2015.

Struck, **Olaf** (**2006**): Flexibilität und Sicherheit. Empirische Befunde, theoretische Konzepte und institutionelle Gestaltung von Beschäftigungsstabilität. 1. Aufl. Wiesbaden: VS Verlag für Sozialwissenschaften.

Sussman, **Deborah** (**1998**): Moonlighting: A growing way of life. Statistics Canada (Perspectives, 24).

SVR Wirtschaft – Sachverständigenrat zur Begutachtung der gesamtwirtschaftlichen Entwicklung (**2002**): Jahresgutachten 2002/03. Zwanzig Punkte für Beschäftigung und Wachstum. Online verfügbar unter https://www.sachverstaendigenrat-wirtschaft.de/fileadmin/dateiablage/download/gutachten/02_ges.pdf, 07.04.2017.

SVR Wirtschaft – Sachverständigenrat zur Begutachtung der gesamtwirtschaftlichen Entwicklung (2005): Jahresgutachten 2005/06. Die Chancen nutzen – Reformen mutig voranbringen. Online verfügbar unter https://www.sachverstaendigenrat-wirtschaft.de/fileadmin/dateiablage/download/gutachten/ga05_ges.pdf, 10.10.2018.

SVR Wirtschaft – Sachverständigenrat zur Begutachtung der gesamtwirtschaftlichen Entwicklung (**2008**): Jahresgutachten 2008/09. Die Finanzkrise meistern – Wachstumskräfte stärken. Online verfügbar unter http://www.sachverstaendigenrat-wirtschaft.de/fileadmin/dateiablage/download/gutachten/ga08_ges.pdf, 23.06.2012.

Thomsen, **Stephan**; **von Haaren-Giebel**, **Friederike**; **John**, **Katrin**; **Thiel**, **Hendrik** (**2016**): Risiken verschiedener atypischer Beschäftigungsformen für die berufliche Entwicklung und das Erwerbseinkommen im Lebensverlauf, Berlin: Bundesministerium für Arbeit und Soziales (Hrsg.)

TNS Infratest Sozialforschung (Hrsg.) (**2007**): Fragebogen SOEP 2007. Online verfügbar unter http://panel.gsoep.de/soepinfo2012/, 14.05.2014.

TNS Infratest Sozialforschung (Hrsg.) (2010): Personen-Fragebogen SOEP 2010. Online verfügbar unter http://panel.gsoep.de/soepinfo2012/, 14.05.2014.

TNS Infratest Sozialforschung (Hrsg.) (2012): SOEP 2007 – Erhebungsinstrumente 2007 (Welle 24) des Sozio-oekonomischen Panels. SOEP Survey Papers 105: Series A. Berlin: DIW/SOEP. Online verfügbar unter https://www.diw.de/documents/publikationen/73/diw_01.c.570544.de/diw_ssp0105.pdf, 20.09.2018.

TNS Infratest Sozialforschung (Hrsg.) (2015a): SOEP 2015 – Erhebungsinstrumente 2015 (Welle 32) des Sozio-oekonomischen Panels: Personenfragebogen, Altstichproben. SOEP Survey Papers 274: Series A. Berlin: DIW/SOEP Online verfügbar unter https://www.diw.de/documents/publikationen/73/diw_01.c.570870.de/diw_ssp0274.pdf, 20.09.2018.

TNS Infratest Sozialforschung (Hrsg.) (2015b): SOEP 2015 – Erhebungsinstrumente 2015 (Welle 32) des Sozio-oekonomischen Panels: Haushaltsfragebogen, Altstichproben. SOEP Survey Papers 275: Series A. Berlin: DIW/SOEP. Online verfügbar unter https://www.diw.de/documents/publikationen/73/diw_01.c.570818.de/diw_ssp0275.pdf, 20.09.2018.

TzBfG – Gesetz über Teilzeitarbeit und befristete Arbeitsverträge. Online verfügbar unter http://www.gesetze-im-internet.de/tzbfg/BJNR196610000.html#BJNR196610000BJNG000100305, 18.07.2012.

Vobruba, **Georg** (**2001**): Alternativen zur Vollbeschäftigung. Frankfurt [Main]: Suhrkamp.

Vaisey, **Stephen**; **Miles**, **Andrew** (**2014**): What You Can – and Can't – Do with Three-Wave Panel-Data. In: press (Sociological Methods and Research). Duke University (Durham). Online verfügbar unter http://www.stephenvaisey.com/documents/vaisey_miles_smr.pdf, 12.12.2015.

Vogel, **Claudia** (**2007**): Flexible Beschäftigung und soziale Ungleichheit – Teilzeitbeschäftigung in Großbritannien und Deutschland im Vergleich. Dissertation. Humboldt-Universität zu Berlin, Berlin. Philosophische Fakultät III. Online verfügbar unter http://edoc.hu-berlin.de/dissertationen/vogel-claudia-2006-12-01/PDF/vogel.pdf, 18.07.2012.

Wagner, **Alexandra** (**2010**): Atypische Beschäftigung. Eine wissenschaftliche Bilanzierung. Ab-schlussbericht. (Forschung der Hans-Böckler-Stiftung). Online verfügbar unter http://www.boeckler.de/pdf_fof/S-2009-327-3-1.pdf, zuletzt geprüft am 18.10.2010.

Wagner, **Gert** (**1998**): Teilzeitbeschäftigung zu Lasten der Vollzeiterwerbstätigkeit? In: DIW (Hrsg.): Wochenbericht 44. Berlin, S. 807–811.

Wagner, Gert (2009): Zufriedenheitsindikatoren – Keine einfachen Zielwerte für die Politik. In: Wirtschaftsdienst 89, S. 796–800.

Wagner, Gert. G.; Frick, Joachim, R.; Schupp, Jürgen (2007): The German Socio-Economic Panel Study (SOEP): Scope, Evolution and Enhancements, in: Schmollers Jahrbuch, Jg. 127, H. 1, S. 139–170.

Walwei, Ulrich (2018): Raus aus der Minijob-Falle! Sieben Ansatzpunkte für Reformen. (IAB-Forum). Online verfügbar unter https://www.iab-forum.de/raus-aus-der-minijob-falle-sieben-ansatzpunkte-fuer-reformen/?pdf=6705, 23.09.2018.

Weinkopf, Claudia (2011): Expertise: Minijobs – politisch-strategische Handlungsoptionen. Erarbeitet im Rahmen des Projektes „Gesellschaftliche Wertschätzung von Dienstleistungen steigern! Dienstleistungsqualität – Arbeitsqualität – Zeitinnovationen". Online verfügbar unter http://www.sozialpolitik-aktuell.de/tl_files/sozialpolitik-aktuell/_Politikfelder/Arbeitsmarkt/Dokumente/Expertise%20Minijobs%20Weinkopf%202011-08-04%20endg.pdf, 23.09.2018.

Weinkopf, Claudia; Hieming, Bettina; Mesaros, Leila (2009): Prekäre Beschäftigung: Expertise für die SPD-Landtagsfraktion NRW. Duisburg: Universität Duisburg-Essen Campus Duisburg, Fak. für Gesellschaftswissenschaften, Institut Arbeit und Qualifikation (IAQ). Online verfügbar unter http://nbn-resolving.de/urn:nbn:de:0168-ssoar-360151, 23.09.2018.

Wingerter, Christian (2009): Der Wandel der Erwerbsformen und seine Bedeutung für die Einkommenssituation Erwerbstätiger. Hrsg. v. Statistisches Bundesamt (11). Online verfügbar unter http://www.destatis.de/jetspeed/portal/cms/Sites/destatis/Internet/DE/Content/Publikationen/Querschnittsveroeffentlichungen/WirtschaftStatistik/Arbeitsmarkt/WandelErwerbsformen,property=file.pdf, 23.12.2012.

Wolf, Elke (2002): Lower wage rates for fewer hours? A simultaneous wage-hour model for Germany. In: Labour Economics, H. 9, S. 643–663.

Wu, Zhongmin; Baimbridge, Mark; Zhu, Yu (2009): Multiple job holding in the United Kingdom. Evidence from the British Household Panel Survey. In: *Applied Economics* 41 (21), S. 2751–2766.

Zaidi, Asghar M.; De Vos, Klaas (2001): Trends in consumption-based poverty and inequality in the European Union during the 1980s. In: *Journal of Population Economics* (*14*), *S.* 367–390.

Zimmermann, Klaus F.; Pierenkemper, Toni (2009): Zum Aufstieg und Niedergang des Normalarbeitsverhältnisses in Deutschland 1800–2010. Ein Forschungsprojekt. In: *Jahrbuch für Wirtschaftsgeschichte* (02), S. 231–242.

Zimmermann, Sabine (2016): Zitat „Für immer mehr Beschäftigte reicht ihr Einkommen aus einem Job nicht aus, und sie müssen sich mit einem Mini-Job etwas dazu verdienen“ In: Süddeutsche Zeitung 28. Juni 2016. Artikel: Immer mehr Beschäftigte haben einen Zweitjob. Online verfügbar unter http://docs.dpaq.de/11036-160629_zweitjobs_svz__3_.pdf.

Anhang

Mehrfachbeschäftigung nach Vormonatswerten				
• Selbsteinstufung von Haupt- und Nebenerwerb • Erwerbsform (abhängig oder selbstständig) im Nebenerwerb unbekannt. Annahme daher, dass geB die einfachste und günstigste Variante ist, und daher bevorzugt gewählt wird, sofern die Kriterien (s.u.) erfüllt sind				
Form NT	**Zeitraum**	**Kriterien**	**Annahmen**	**Berechnung Nettolohn NT**
geB	1995 bis 1999	• jahresspezifische Freigrenzen für Ost- und Westdeutschland und maximale Wochenarbeitszeit	• Arbeitgeber trägt Steuer (wird über Lohnniveau umgewälzt)	= Bruttolohn NT
	2000 bis 2003	• geB voll Abgabenbelastet, daher wie nicht-geB	• Gleiche Abgabenbelastung wie im Haupterwerb	= Bruttolohn NT* (Verhältnis Netto- zu Bruttolohn im HT)
	2004 bis 2015	• 400€ Freigrenze bis 2012 / ab 2013 450€ Freigrenze	• Arbeitgeber trägt Steuer (über Lohnniveau umgewälzt)	= Bruttolohn NT
nicht-geB	1995 bis 2015	• Sofern geB Kriterien nicht erfüllt	• Gleiche Abgabenbelastung wie im Haupterwerb	= Bruttolohn NT* (Verhältnis Netto- zu Bruttolohn im HT)

(*fortgeführt*)

Mehrfachbeschäftigung nach Vorjahresdaten				
• Unterscheidung nach 3 Einkommensgruppen (abhängige Beschäftigung, Nebeneinkommen und Selbstständigkeit) • Eingruppierung in Haupt- und Nebenerwerb nach Einkommenshöhe (Nebenerwerb = kleineres Einkommen) • Nur zweite Beschäftigung berücksichtigt, da sehr geringe Fallzahl mit mehreren Nebentätigkeiten				
Form NT	**Bezugsjahr**	**Kriterien**	**Annahmen**	**Berechnung Nettolohn NT**
geB	1995 bis 1998	• jahresspezifische Freigrenze Ost- und Westdeutschland	• Arbeitgeber trägt Steuer (wird über Lohnniveau umgewälzt)	= Bruttolohn NT
	1999 bis 2002	• geB voll Abgabenbelastet, daher wie nicht-geB	• Individuelle Abgabenlast entspricht der des gesamt Haushaltes • AG trägt Steuer (wird über Lohnniveau umgewälzt)	= Bruttolohn NT* (Anteil Abgaben (Steuern und SV) des Haushaltes am Haushaltseinkommen-vor-Steuern-und nach Transfers)
	2003 bis 2014	• 400€ Freigrenze bis 2012 / ab 2013 450€ Freigrenze	• AG trägt Steuer (wird über Lohnniveau umgewälzt)	= Bruttolohn NT
SvB	1995 bis 2014	• Kriterien für geB treffen nicht zu • Nebenerwerb nicht in Selbstständigkeit	• Individuelle Abgabenlast entspricht der des gesamt Haushaltes	= Bruttolohn NT* (Anteil Abgaben (Steuern und SV) des Haushaltes am Haushaltseinkommen-vor-Steuern-und nach Transfers)
Selbst-ständig-keit	1995 bis 2014	• Nebenerwerb in Selbstständigkeit	• Keine Abgaben für Sozialversicherung, aber Steuerpflicht • Individuelle Steuerlast entspricht der des gesamt Haushaltes	= Bruttolohn NT* (Anteil Steuern des Haushaltes am Haushaltseinkommen-vor-Steuern-und nach Transfers)

Anhang A1: Berechnung fiktives Nettonebeneinkommen

NT = Nebenerwerbstätigkeit

Mehrfachbeschäftigung nach Vorjahresdaten

- Unterscheidung nach 3 Einkommensgruppen (abhängige Beschäftigung, Nebeneinkommen und Selbstständigkeit)
- Eingruppierung in Haupt- und Nebenerwerb nach Einkommenshöhe (Haupterwerb = größtes Einkommen)
- Sofern Einkommen aus „Nebeneinkommen" größte Einkommensart wird unterstellt, dass es sich dabei um eine abhängige Beschäftigung handelt.

Form HT	Bezugsjahr	Kriterien	Annahmen	Berechnung Nettoeinkommen HT
geB	1995 bis 1998	• Haupterwerb nicht in Selbstständigkeit (größtes Einkommen aus abhängiger Beschäftigung) • jahresspezifische Freigrenze Ost- und Westdeutschland	• Arbeitgeber trägt Steuer (wird über Lohnniveau umgewälzt)	= Bruttovorjahreseinkommen HT
	1999 bis 2002	• Haupterwerb nicht in Selbstständigkeit (größtes Einkommen aus abhängiger Beschäftigung) • geB voll Abgabenbelastet, daher wie SvB	• Individuelle Abgabenlast entspricht der des gesamt Haushaltes • AG trägt Steuer (wird über Lohnniveau umgewälzt)	= Bruttovorjahreseinkommen HT* (Anteil Abgaben (Steuern und SV) des Haushaltes am Haushaltseinkommen-vor-Steuern-und nach Transfers)
	2003 bis 2014	• Haupterwerb nicht in Selbstständigkeit (größtes Einkommen aus abhängiger Beschäftigung) • 400€ Freigrenze bis 2012 / ab 2013 450€ Freigrenze	• AG trägt Steuer (wird über Lohnniveau umgewälzt)	= Bruttovorjahreseinkommen HT
SvB	1995 bis 2014	• Haupterwerb nicht in Selbstständigkeit (größtes Einkommen aus abhängiger Beschäftigung außerhalb geB) • Kriterien für geB treffen nicht zu	• Individuelle Abgabenlast entspricht der des gesamt Haushaltes	= Bruttovorjahreseinkommen HT* (Anteil Abgaben (Steuern und SV) des Haushaltes am Haushaltseinkommen-vor-Steuern-und nach Transfers)
Selbst-ständig-keit	1995 bis 2014	• Höchstes Einkommen aus Selbstständigkeit	• Keine Abgaben für Sozialversicherung, aber Steuerpflicht • Individuelle Steuerlast	= Bruttovorjahreseinkommen HT* (Anteil Steuern des Haushaltes am Haushaltseinkommen-vor-

Anhang A2: Berechnung fiktives Nettohaupteinkommen Vorjahr

HT = Haupterwerbstätigkeit

	Alle		VM -1		VM -2		VM -3		VJ -1		VJ -2		VJ -3	
Variablenbezeichnung	Min	Max	Mean	SE	Mean	SE	Mean	SE	Mean	SE	Mean	SE	Mean	SE
Armutsgefährdet (VM) (D)	0	1	0,269	0,443	0,281	0,450	0,282	0,450	-	-	-	-	-	-
Armutsgefährdet (VJ) - Folgejahr (D)	0	1	-	-	-	-	-	-	0,277	0,448	0,264	0,441	0,267	0,442
- Vollzeit, befristet	0	1	0,058	0,234	0,058	0,233	0,059	0,236	0,067	0,251	0,069	0,253	0,070	0,255
– reguläre TZ, unbefristet	0	1	0,083	0,276	0,098	0,297	0,101	0,301	0,087	0,281	0,095	0,293	0,098	0,297
– reguläre TZ, befristet	0	1	0,016	0,124	0,017	0,128	0,017	0,130	0,020	0,139	0,019	0,137	0,020	0,139
– atyp. TZ, unbefristet	0	1	0,043	0,203	0,050	0,218	0,052	0,221	0,049	0,216	0,048	0,214	0,049	0,217
– atyp. TZ, befristet	0	10	0,009	0,095	0,009	0,097	0,010	0,098	0,012	0,107	0,009	0,095	0,009	0,096
– GeB, unbefristet	0	1	0,071	0,257	0,082	0,274	0,084	0,277	0,088	0,284	0,063	0,243	0,064	0,246
– GeB, befristet	0	1	0,012	0,108	0,012	0,110	0,013	0,112	0,014	0,119	0,008	0,090	0,008	0,091
– Auszubildender	0	1	0,066	0,248	0,074	0,262	0,074	0,262	0,072	0,259	0,067	0,250	0,067	0,250
– Selbstständig mit MA	0	1	0,065	0,246	0,060	0,238	0,050	0,218	0,054	0,226	0,053	0,224	0,043	0,203
– Solo-Selbstständig	0	1	0,049	0,216	0,050	0,218	0,044	0,205	0,043	0,202	0,044	0,205	0,039	0,193
– Beamter	0	1	0,022	0,146	0,010	0,099	0,010	0,099	0,014	0,117	0,013	0,111	0,011	0,105
– Vollzeit, unbefristet (NAV) + NET	0	10	0,026	0,159	0,017	0,129	0,016	0,125	0,023	0,150	0,023	0,151	0,023	0,148
– Vollzeit, befristet + NET	0	1	0,004	0,061	0,003	0,054	0,003	0,052	0,005	0,067	0,004	0,066	0,004	0,063
– reguläre TZ, unbefristet + NET	0	1	0,008	0,088	0,007	0,086	0,007	0,085	0,010	0,097	0,010	0,101	0,010	0,100
– reguläre TZ, befristet + NET	0	1	0,002	0,044	0,002	0,042	0,002	0,041	0,003	0,053	0,002	0,049	0,002	0,049
– atyp. TZ, unbefristet + NET	0	1	0,005	0,073	0,006	0,074	0,005	0,073	0,007	0,081	0,007	0,082	0,007	0,082
– atyp. TZ, befristet + NET	0	1	0,001	0,033	0,001	0,030	0,001	0,029	0,002	0,039	0,001	0,036	0,001	0,036
– GeB, unbefristet + NET	0	1	0,004	0,061	0,004	0,064	0,004	0,061	0,004	0,064	0,003	0,054	0,003	0,051
– GeB, befristet + NET	0	1	0,001	0,030	0,001	0,029	0,001	0,028	0,001	0,030	0,001	0,026	0,001	0,025
– Auszubildender + NET	0	1	0,005	0,068	0,005	0,068	0,004	0,066	0,006	0,076	0,006	0,077	0,006	0,076
– Selbstständig mit MA + NET	0	1	0,003	0,059	0,002	0,047	0,002	0,040	0,003	0,053	0,002	0,049	0,002	0,041
– Solo-Selbstständig + NET	0	1	0,003	0,056	0,003	0,052	0,002	0,048	0,003	0,056	0,003	0,052	0,002	0,047
– Beamter + NET	0	1	0,001	0,036	0,001	0,024	0,000	0,021	0,001	0,032	0,001	0,033	0,001	0,030
Alter - 26 bis 35 Jahre	0	1	0,240	0,427	0,233	0,422	0,234	0,423	0,265	0,442	0,262	0,440	0,264	0,441
Alter - 36 bis 45 Jahre	0	1	0,310	0,463	0,312	0,463	0,312	0,463	0,297	0,457	0,311	0,463	0,310	0,462
Alter - 46 bis 55 Jahre	0	1	0,234	0,423	0,231	0,421	0,230	0,421	0,212	0,409	0,216	0,412	0,215	0,411
Alter - 56 bis 65 Jahre	0	1	0,073	0,261	0,072	0,258	0,071	0,256	0,071	0,257	0,067	0,250	0,066	0,249
Jahr 1996 (D)	0	1	0,029	0,168	0,028	0,166	0,027	0,163	0,030	0,169	0,031	0,172	0,030	0,170
Jahr 1997 (D)	0	1	0,030	0,172	0,032	0,176	0,031	0,175	0,031	0,173	0,034	0,182	0,034	0,180
Jahr 1998 (D)	0	1	0,033	0,177	0,034	0,181	0,034	0,180	0,032	0,176	0,036	0,186	0,035	0,184
Jahr 1999 (D)	0	1	0,035	0,184	0,035	0,184	0,035	0,183	0,036	0,187	0,038	0,190	0,037	0,189
Jahr 2000 (D)	0	1	0,050	0,217	0,053	0,224	0,052	0,222	0,050	0,218	0,055	0,227	0,054	0,226
Jahr 2001 (D)	0	1	0,051	0,219	0,051	0,221	0,051	0,220	0,052	0,222	0,055	0,227	0,054	0,226
Jahr 2002 (D)	0	1	0,050	0,218	0,052	0,223	0,052	0,222	0,052	0,222	0,055	0,228	0,055	0,227
Jahr 2003 (D)	0	1	0,049	0,217	0,049	0,215	0,049	0,216	0,053	0,224	0,053	0,224	0,053	0,224
Jahr 2004 (D)	0	1	0,048	0,214	0,051	0,220	0,051	0,220	0,052	0,221	0,054	0,226	0,054	0,225
Jahr 2005 (D)	0	1	0,046	0,210	0,046	0,210	0,046	0,210	0,049	0,215	0,050	0,217	0,049	0,217
Jahr 2006 (D)	0	1	0,048	0,213	0,046	0,210	0,046	0,210	0,051	0,220	0,050	0,218	0,051	0,219
Jahr 2007 (D)	0	1	0,047	0,213	0,050	0,218	0,050	0,218	0,052	0,221	0,055	0,227	0,055	0,227
Jahr 2008 (D)	0	1	0,046	0,211	0,047	0,211	0,047	0,211	0,051	0,221	0,053	0,224	0,053	0,223
Jahr 2009 (D)	0	1	0,045	0,208	0,047	0,213	0,048	0,213	0,048	0,214	0,051	0,220	0,051	0,220
Jahr 2010 (D)	0	1	0,056	0,230	0,042	0,199	0,042	0,200	0,062	0,241	0,045	0,208	0,046	0,209
Jahr 2011 (D)	0	1	0,063	0,243	0,062	0,242	0,063	0,243	0,069	0,254	0,065	0,247	0,066	0,249
Jahr 2012 (D)	0	1	0,062	0,241	0,065	0,246	0,065	0,247	0,069	0,253	0,067	0,250	0,068	0,252
Jahr 2013 (D)	0	1	0,067	0,250	0,071	0,256	0,071	0,257	0,071	0,257	0,069	0,254	0,070	0,255
Jahr 2014 (D)	0	1	0,061	0,239	0,059	0,235	0,060	0,237	0,063	0,242	0,061	0,239	0,062	0,241
Jahr 2015 (D)	0	1	0,055	0,228	0,057	0,232	0,057	0,232	-	-	-	-	-	-

(*fortgeführt*)

Wissenschaftler	0	1	-	-	0,067	0,251	0,067	0,249	-	-	0,076	0,265	0,073	0,259
Techniker	0	1	-	-	0,186	0,389	0,186	0,389	-	-	0,182	0,386	0,183	0,386
Bürokräfte / kfm. Angestellte	0	1	-	-	0,099	0,298	0,100	0,300	-	-	0,102	0,302	0,103	0,304
Dienstleistungsberufe / Verkäufer	0	1	-	-	0,177	0,382	0,179	0,383	-	-	0,180	0,384	0,182	0,386
Fachkräfte Ldw/Fischerei	0	1	-	-	0,027	0,161	0,024	0,153	-	-	0,022	0,146	0,020	0,139
Handwerksberufe	0	1	-	-	0,190	0,392	0,191	0,393	-	-	0,187	0,390	0,189	0,392
Anlagen- und Maschinenbediener / Montierer	0	1	-	-	0,088	0,283	0,089	0,285	-	-	0,093	0,291	0,095	0,293
Hilfsarbeitskräfte	0	1	-	-	0,126	0,332	0,129	0,335	-	-	0,119	0,324	0,122	0,327
Branche - Energieversorgung	0	1	-	-	0,004	0,063	0,004	0,063	-	-	0,004	0,064	0,004	0,063
Branche - Bergbau	0	1	-	-	0,003	0,050	0,003	0,051	-	-	0,002	0,047	0,002	0,047
Branche - Handwerk	0	1	-	-	0,162	0,369	0,164	0,370	-	-	0,163	0,369	0,166	0,372
Branche - Baugewerbe	0	1	-	-	0,123	0,328	0,124	0,329	-	-	0,129	0,335	0,130	0,337
Branche - Handel	0	1	-	-	0,227	0,419	0,226	0,418	-	-	0,221	0,415	0,220	0,414
Branche - Verkehr und Transport	0	1	-	-	0,051	0,220	0,051	0,220	-	-	0,056	0,231	0,056	0,231
Branche - Banken und Versicherung	0	1	-	-	0,017	0,131	0,017	0,130	-	-	0,020	0,140	0,020	0,141
Banken - Dienstleistung	0	1	-	-	0,378	0,485	0,380	0,485	-	-	0,375	0,484	0,373	0,484
Verheiratet, getrennt lebend	0	1	-	-	0,027	0,162	0,027	0,162	-	-	0,034	0,182	0,034	0,181
Ledig	0	1	-	-	0,298	0,458	0,300	0,458	-	-	0,322	0,467	0,323	0,468
Geschieden	0	1	-	-	0,115	0,318	0,115	0,319	-	-	0,136	0,343	0,137	0,344
Verwitwet	0	1	-	-	0,019	0,136	0,019	0,137	-	-	0,017	0,128	0,017	0,128
Verwitwet	0	1	-	-	0,001	0,024	0,001	0,025	-	-	0,000	0,020	0,000	0,020
Sonstige	0	1	-	-	0,000	0,007	0,000	0,008	-	-	-	-	-	-
Äquiv.-Gewichtungsfaktor	0	6,3	-	-	2,019	0,639	2,019	0,641	-	-	1,890	0,644	1,892	0,646
Imputed Rent (ln) (VM)	0	9,85	-	-	6,225	2,031	6,220	2,037	-	-	-	-	-	-
Imputed Rent (ln) - (VJ) Folgejahr	0	12,636	-	-	-	-	-	-	-	-	8,812	1,805	8,812	1,801
weitere Einkommen im HH (ln) (VM)	0	10,334	-	-	2,362	3,580	2,324	3,563	-	-	-	-	-	-
weitere Einkommen im HH (ln) (VJ) - Folgejahr	0	10,191	-	-	-	-	-	-	-	-	2,009	3,391	1,980	3,373
Wochenarbeitszeit	0	80	-	-	-	-	36,354	14,100	-	-	-	-	37,316	13,453
N			53.539		36.047		34.927		35.969		27.132		26.304	

Anhang A3: Deskriptive Statistik zu Tabelle 23

Quelle: Eigene Berechnung, SOEP Welle v32.1, ungewichtet jahresspezifische gesamtdeutsche Armutsschwelle mod. OECD Skala, inklusive imputed rent

Mean = arithmetische Mittel, SE = Standardfehler, Vormonat 1995 bis 2015 bzw. Vorjahr 1995 bis 2014 Vorjahresdaten: Armutsgefährdung und Mehrfachbeschäftigung des Vorjahres zeitversetzt (t+1). Einfach- und mehrfachbeschäftigte Arbeiter, Angestellte, Selbstständige und Beamte zwischen 18 und 65 Jahren.

Variablenbezeichnung	Alle		VM -1		VM -2		VM -3		VJ -1		VJ -2		VJ -3	
	Min	Max	Mean	SE	Mean	SE	Mean	SE	Mean	SE	Mean	SE	Mean	SE
Mehrfachbeschäftigt (D) - Aktuelles Jahr	0	1	0,278	0,448	-	-	0,278	0,448	0,270	0,444	-	-	0,270	0,444
Mehrfachbeschäftigt (D) - Folgejahr	0	1	-	-	0,286	0,452	-	-	-	-	0,279	0,449	-	-
Armutsgefährdet (D)	0	1	0,057	0,231	0,052	0,222	-	-	0,048	0,214	0,045	0,208	-	-
Armutsgefährdet (D) - Ohne Nebeneinkommen	0	1	-	-	-	-	0,070	0,256	-	-	-	-	0,057	0,233
Zufriedenheit mit Einkommen Haushalt	0	10	6,435	2,142	6,434	2,129	6,437	2,141	6,474	2,129	6,457	2,132	6,474	2,129
Arbeitsvertrag - Befristeter Arbeitsvertrag (D)	0	1	0,100	0,300	0,089	0,284	0,100	0,299	0,102	0,303	0,097	0,296	0,102	0,303
Arbeitsvertrag - kein Arbeitsvertrag / t.n.z. (D)	0	1	0,110	0,313	0,117	0,322	0,110	0,312	0,141	0,348	0,149	0,357	0,141	0,348
Eigene Wirtschaftslage- Einige Sorgen (D)	0	1	0,541	0,498	0,547	0,498	0,541	0,498	0,538	0,499	0,542	0,498	0,538	0,499
Eigene Wirtschaftslage- Große Sorgen (D)	0	1	0,195	0,396	0,194	0,395	0,195	0,396	0,196	0,397	0,196	0,397	0,196	0,397
Arbeitsplatzsicherheit - Einige Sorgen (D)	0	1	0,375	0,484	0,384	0,486	0,375	0,484	0,381	0,486	0,387	0,487	0,381	0,486
Arbeitsplatzsicherheit - Große Sorgen (D)	0	1	0,115	0,319	0,114	0,317	0,115	0,319	0,119	0,324	0,118	0,323	0,119	0,324
Zufriedenheit mit Arbeit	0	10	7,039	2,011	7,079	1,975	7,040	2,010	7,060	1,992	7,073	1,978	7,060	1,992
Arbeitszeitwunsch - Wunsch Mehrarbeit	0	1	0,214	0,410	0,209	0,406	0,214	0,410	0,205	0,403	0,199	0,399	0,205	0,403
Arbeitszeitwunsch - Wunsch Reduktion	0	1	0,554	0,497	0,559	0,497	0,554	0,497	0,561	0,496	0,565	0,496	0,561	0,496
Haushalt hat Kreditschulden (D)	0	1	0,357	0,479	0,357	0,479	0,357	0,479	0,345	0,475	0,342	0,474	0,345	0,475
Haushalt hat Hypothekschulden (D)	0	1	0,352	0,478	0,355	0,479	0,352	0,478	0,351	0,477	0,348	0,476	0,351	0,477
Erwerbsform - Arbeiter (D)	0	1	0,249	0,432	0,250	0,433	0,249	0,432	0,229	0,420	0,230	0,421	0,229	0,420
Erwerbsform - Selbstständig mit Mitarbeitern	0	1	0,044	0,206	0,048	0,215	0,044	0,206	0,072	0,259	0,077	0,266	0,072	0,259
Erwerbsform - Selbstständig ohne Mitarbeiter	0	1	0,032	0,177	0,036	0,187	0,032	0,176	0,046	0,209	0,049	0,217	0,046	0,209
Erwerbsform - Beamter	0	1	0,080	0,271	0,085	0,279	0,080	0,271	0,077	0,267	0,077	0,266	0,077	0,267
Alter - 26 bis 35 Jahre	0	1	0,240	0,427	0,236	0,424	0,240	0,427	0,243	0,429	0,242	0,429	0,243	0,429
Alter - 36 bis 45 Jahre	0	1	0,343	0,475	0,353	0,478	0,343	0,475	0,345	0,475	0,348	0,476	0,345	0,475
Alter - 46 bis 55 Jahre	0	1	0,266	0,442	0,268	0,443	0,266	0,442	0,258	0,438	0,258	0,438	0,258	0,438
Alter - 56 bis 65 Jahre	0	1	0,096	0,295	0,094	0,292	0,096	0,294	0,102	0,302	0,100	0,300	0,102	0,302
Jahr 1998 (D)	0	1	0,031	0,174	0,035	0,183	0,031	0,174	0,034	0,182	0,038	0,190	0,034	0,182
Jahr 1999 (D)	0	1	0,036	0,187	0,039	0,195	0,036	0,187	0,039	0,194	0,042	0,200	0,039	0,194
Jahr 2000 (D)	0	1	0,036	0,186	0,038	0,192	0,036	0,186	0,040	0,196	0,043	0,203	0,040	0,196
Jahr 2001 (D)	0	1	0,052	0,221	0,056	0,230	0,052	0,221	0,057	0,232	0,061	0,239	0,057	0,232
Jahr 2002 (D)	0	1	0,056	0,230	0,061	0,240	0,056	0,230	0,062	0,242	0,067	0,251	0,062	0,242
Jahr 2003 (D)	0	1	0,057	0,232	0,063	0,243	0,057	0,232	0,064	0,244	0,069	0,253	0,064	0,244
Jahr 2004 (D)	0	1	0,057	0,232	0,064	0,244	0,057	0,232	0,064	0,244	0,068	0,251	0,064	0,244
Jahr 2005 (D)	0	1	0,058	0,234	0,063	0,242	0,058	0,233	0,063	0,243	0,069	0,253	0,063	0,243
Jahr 2006 (D)	0	1	0,062	0,241	0,068	0,251	0,062	0,241	0,067	0,251	0,072	0,258	0,067	0,251
Jahr 2007 (D)	0	1	0,062	0,240	0,067	0,250	0,061	0,240	0,066	0,248	0,071	0,257	0,066	0,248
Jahr 2008 (D)	0	1	0,060	0,238	0,064	0,245	0,060	0,238	0,064	0,245	0,069	0,253	0,064	0,245
Jahr 2009 (D)	0	1	0,060	0,237	0,061	0,238	0,060	0,237	0,061	0,240	0,066	0,247	0,061	0,240
Jahr 2010 (D)	0	1	0,060	0,238	0,062	0,241	0,060	0,238	0,061	0,240	0,062	0,241	0,061	0,240
Jahr 2011 (D)	0	1	0,062	0,242	0,062	0,242	0,062	0,242	0,062	0,242	0,061	0,240	0,062	0,242
Jahr 2012 (D)	0	1	0,060	0,238	0,061	0,240	0,060	0,238	0,060	0,238	0,060	0,237	0,060	0,238
Jahr 2013 (D)	0	1	0,054	0,225	0,052	0,223	0,053	0,225	0,051	0,221	0,048	0,215	0,051	0,221
Jahr 2014 (D)	0	1	0,056	0,230	0,051	0,221	0,056	0,230	0,050	0,219	-	-	0,050	0,219
Jahr 2015 (D)	0	1	0,051	0,221	-	-	0,051	0,221						
N			32.470		24.672		32.414		28.494		22.947		28.494	

Anhang A4: Deskriptive Statistik zu Tabelle 24

Quelle: Eigene Berechnung, SOEP Welle v32.1, ungewichtet jahresspezifische gesamtdeutsche Armutsschwelle mod. OECD Skala, inklusive imputed rent

Mean = arithmetische Mittel, SE = Standardfehler, Vormonat 1995 bis 2015 bzw. Vorjahr 1995 bis 2014 Vorjahresdaten: Armutsgefährdung und Mehrfachbeschäftigung des Vorjahres zeitversetzt (t+1). Einfach- und mehrfachbeschäftigte Arbeiter, Angestellte, Selbstständige und Beamte zwischen 18 und 65 Jahren.

Fixed-Effects Logit-Regression	*Vormonatsdaten*		*Vorjahresdaten*	
Logits *(SE)*	*VM-1* *Y(t)*	*VM-2* *Y(t+1)*	*VJ-1* *Y(t)*	*VJ-2* *Y(t+1)*
Armutsgefährdet (Ref.=Nein)	-0,204† [illegible]	0,169† [illegible]	-0,411** [illegible]	0,081 [illegible]
Zufriedenheit mit Einkommen Haushalt	-0,011 (0,013)	-0,046*** (0,013)	-0,014 (0,014)	-0,016 (0,014)
Arbeitsvertrag (Ref. Unbefristet)				
… befristetet	0,235** [illegible]	-0,077 [illegible]	0,165† [illegible]	-0,040 [illegible]
… kein Vertrag / t.n.z	-0,148 [illegible]	-0,067 [illegible]	0,025 [illegible]	0,024 [illegible]
Eigene Wirtschaftslage (Ref. Keine Sorgen)				
…Einige Sorgen	-0,016 (0,056)	-0,024 (0,056)	0,058 (0,058)	-0,050 (0,056)
…Große Sorgen	-0,031 (0,080)	0,009 (0,079)	0,135 (0,085)	-0,034 (0,085)
Arbeitsplatzsicherheit				
…Einige Sorgen	0,015 [illegible]	0,053 [illegible]	0,031 [illegible]	0,017 [illegible]
…Große Sorgen	-0,053 [illegible]	0,099 [illegible]	0,037 [illegible]	0,018 [illegible]
Zufriedenheit mit Arbeit	-0,003 (0,012)	-0,006 (0,012)	-0,043** (0,013)	-0,009 (0,013)
Arbeitszeitwunsch (Ref. Wunscharbeitszeit)				
… Wunsch Mehrarbeit	0,366*** [illegible]	0,054 [illegible]	0,257*** [illegible]	0,155* [illegible]
… Wunsch Reduktion	0,109* [illegible]	-0,150** [illegible]	-0,106* [illegible]	-0,092 [illegible]
Haushalt Kreditschulden (Ref. Nein)	0,171*** (0,049)	0,144** (0,047)	0,134** (0,051)	0,075 (0,050)
Haushalt Hypothek (Ref. Nein)	0,129† [illegible]	-0,069 [illegible]	-0,006 [illegible]	0,090 [illegible]
Angestellter (Ref.)				
… Arbeiter	-0,096 (0,088)	-0,086 (0,087)	0,068 (0,093)	0,048 (0,094)
… Selbstständig (mit Mitarbeitern)	-1,548*** (0,192)	0,081 (0,167)	-0,325* (0,148)	-0,127 (0,146)
…Solo-Selbstständig	-1,119*** (0,200)	-0,016 (0,188)	-0,328† (0,171)	-0,012 (0,169)
…Beamter	0,246 (0,250)	0,082 (0,243)	-0,295 (0,269)	0,169 (0,271)
Obs / Groups	21.268 / 2.577		18.711 / 2.344	
Log likelihood	-7.219,01		-6.451,56	
LR chi²(df) (Prob > chi²=)	(59)= 716,28 (0,000)		(58)= 232,45 (0,000)	

Anhang A5a: „Allison-Test" zu Tabelle 24

Quelle: Eigene Berechnung, SOEP Welle v32.1, ungewichtet jahresspezifische gesamtdeutsche Armutsschwelle mod. OECD Skala, inklusive imputed rent

(SE) = Standardfehler, † p<0,1, *p<0,05, **p<0,01, ***p<0,001. Weitere Kontrollvariablen Alter (Dummy), Erhebungsjahr.(Vormonat 1997 bis 2015 bzw. Vorjahr 1997 bis 2014). Vorjahresdaten: Armutsgefährdung und Mehrfachbeschäftigung des Vorjahres zeitversetzt (t+1). Einfach- und mehrfachbeschäftigte Arbeiter, Angestellte, Selbstständige und Beamte zwischen 18 und 65 Jahren.

			VM				VJ			
	Alle		Unmittelbar		Zeitverzögert		Unmittelbar		Zeitverzögert	
Variablenbezeichnung	Min	Max	Mean	SE	Mean	SE	Mean	SE	Mean	SE
Mehrfachbeschäftigt (D)	0	1	0,286	0,452	-	-	0,285	0,452	-	-
Armutsgefährdet (D)	0	1	0,0465	0,2107	0,048	0,215	0,038	0,191	0,039	0,194
Zufriedenheit mit Einkommen Haushalt	0	10	6,4918	2,0833	6,450	2,111	6,544	2,070	6,504	2,101
Arbeitsvertrag - Befristeter Arbeitsvertrag (D)	0	1	0,0764	0,2656	0,0882	0,2836	0,080	0,271	0,090	0,286
Arbeitsvertrag - kein Arbeitsvertrag / t.n.z. (D)	0	1	0,104	0,305	0,1065	0,3084	0,134	0,340	0,135	0,342
Eigene Wirtschaftslage- Einige Sorgen (D)	0	1	0,5479	0,4977	0,546	0,4979	0,541	0,498	0,545	0,498
Eigene Wirtschaftslage- Große Sorgen (D)	0	1	0,1851	0,3884	0,193	0,394	0,185	0,388	0,188	0,390
Arbeitsplatzsicherheit - Einige Sorgen (D)	0	1	0,3828	0,4861	0,3849	0,4866	0,381	0,486	0,387	0,487
Arbeitsplatzsicherheit - Große Sorgen (D)	0	1	0,107	0,310	0,112	0,3153	0,111	0,315	0,113	0,317
Zufriedenheit mit Arbeit	0	10	7,0552	1,961	7,0946	1,9614	7,072	1,949	7,109	1,942
Arbeitszeitwunsch - Wunsch Mehrarbeit	0	1	0,1953	0,3965	0,2042	0,4031	0,185	0,388	0,193	0,395
Arbeitszeitwunsch - Wunsch Reduktion	0	1	0,5712	0,4949	0,5612	0,4963	0,579	0,494	0,570	0,495
Haushalt hat Kreditschulden (D)	0	1	0,361	0,480	0,3612	0,4804	0,345	0,475	0,344	0,475
Haushalt hat Hypothekschulden (D)	0	1	0,37	0,4828	0,359	0,480	0,367	0,482	0,355	0,479
Erwerbsform - Arbeiter (D)	0	1	0,2464	0,4309	0,252	0,4342	0,227	0,419	0,232	0,422
Erwerbsform - Selbstständig mit Mitarbeitern	0	1	0,041	0,1983	0,043	0,202	0,068	0,252	0,069	0,253
Erwerbsform - Selbstständig ohne Mitarbeiter	0	1	0,031	0,175	0,0309	0,173	0,043	0,202	0,042	0,200
Erwerbsform - Beamter	0	1	0,0879	0,2832	0,088	0,283	0,083	0,276	0,083	0,275
Alter - 26 bis 35 Jahre	0	1	0,2213	0,4151	0,2379	0,4258	0,221	0,415	0,239	0,426
Alter - 36 bis 45 Jahre	0	1	0,3542	0,4783	0,361	0,480	0,356	0,479	0,361	0,480
Alter - 46 bis 55 Jahre	0	1	0,287	0,452	0,269	0,4434	0,278	0,448	0,262	0,440
Alter - 56 bis 65 Jahre	0	1	0,1044	0,3058	0,086	0,280	0,113	0,316	0,094	0,292
Jahr 1998 (D)	0	1	-	-	-	-	-	-	-	-
Jahr 1999 (D)	0	1	0,0356	0,1853	-	-	0,039	0,194	-	-
Jahr 2000 (D)	0	1	0,0278	0,1645	-	-	0,030	0,170	-	-
Jahr 2001 (D)	0	1	0,040	0,196	-	-	0,044	0,205	-	-
Jahr 2002 (D)	0	1	0,0569	0,2316	-	-	0,062	0,241	-	-
Jahr 2003 (D)	0	1	0,0626	0,2422	-	-	0,070	0,255	-	-
Jahr 2004 (D)	0	1	0,0642	0,2451	-	-	0,071	0,256	-	-
Jahr 2005 (D)	0	1	0,065	0,246	-	-	0,070	0,254	-	-
Jahr 2006 (D)	0	1	0,0642	0,2452	-	-	0,070	0,255	-	-
Jahr 2007 (D)	0	1	0,0693	0,2539	-	-	0,073	0,261	-	-
Jahr 2008 (D)	0	1	0,0688	0,2532	-	-	0,073	0,261	-	-
Jahr 2009 (D)	0	1	0,066	0,249	-	-	0,070	0,256	-	-
Jahr 2010 (D)	0	1	0,0623	0,2416	-	-	0,066	0,248	-	-
Jahr 2011 (D)	0	1	0,0626	0,2423	-	-	0,062	0,241	-	-
Jahr 2012 (D)	0	1	0,0614	0,2401	-	-	0,062	0,241	-	-
Jahr 2013 (D)	0	1	0,057	0,231	-	-	0,055	0,227	-	-
Jahr 2014 (D)	0	1	0,055	0,228	-	-	0,050	0,218	-	-
Jahr 2015 (D)	0	1	0,0509	0,2197	-	-			-	-
N			21.268				18.711			

Anhang A5b: „Allison-Test" zu Tabelle 24 – Deskriptive Statistik

Quelle: Eigene Berechnung, SOEP Welle v32.1, ungewichtet jahresspezifische gesamtdeutsche Armutsschwelle mod. OECD Skala, inklusive imputed rent

Mean = arithmetische Mittel, SE = Standardfehler, Vormonat 1995 bis 2015 bzw. Vorjahr 1995 bis 2014 Vorjahresdaten: Armutsgefährdung und Mehrfachbeschäftigung des Vorjahres zeitversetzt (t+1). Einfach- und mehrfachbeschäftigte Arbeiter, Angestellte, Selbstständige und Beamte zwischen 18 und 65 Jahren.

Variablenbezeichnung	Alle		VM -4		VJ-4	
	Min	Max	Mean	SE	Mean	SE
Mehrfachbeschäftigt (D) - Aktuelles Jahr	0	1	0,290	0,454	0,292	0,455
Armutsgefährdet (D) - Ohne Nebeneinkommen	0	1	0,063	0,243	0,050	0,218
Zufriedenheit mit Einkommen Haushalt	0	10	6,450	2,110	6,494	2,102
Arbeitsvertrag - Befristeter Arbeitsvertrag (D)	0	1	0,095	0,293	0,097	0,296
Arbeitsvertrag - kein Arbeitsvertrag / t.n.z. (D)	0	1	0,090	0,286	0,109	0,312
Eigene Wirtschaftslage- Einige Sorgen (D)	0	1	0,548	0,498	0,540	0,498
Eigene Wirtschaftslage- Große Sorgen (D)	0	1	0,189	0,392	0,192	0,394
Arbeitsplatzsicherheit - Einige Sorgen (D)	0	1	0,384	0,486	0,384	0,486
Arbeitsplatzsicherheit - Große Sorgen (D)	0	1	0,113	0,317	0,118	0,322
Zufriedenheit mit Arbeit	0	10	7,029	1,985	7,056	1,976
Arbeitszeitwunsch - Wunsch Mehrarbeit	0	1	0,201	0,401	0,194	0,395
Arbeitszeitwunsch - Wunsch Reduktion	0	1	0,562	0,496	0,565	0,496
Haushalt hat Kreditschulden (D)	0	1	0,362	0,481	0,348	0,476
Haushalt hat Hypothekschulden (D)	0	1	0,373	0,484	0,370	0,483
Erwerbsform - Arbeiter (D)	0	1	0,257	0,437	0,237	0,425
Erwerbsform - Selbstständig mit Mitarbeitern	0	1	0,029	0,168	0,049	0,216
Erwerbsform - Selbstständig ohne Mitarbeiter	0	1	0,019	0,135	0,029	0,167
Erwerbsform - Beamter	0	1	0,088	0,284	0,085	0,278
Alter - 26 bis 35 Jahre	0	1	0,236	0,425	0,237	0,425
Alter - 36 bis 45 Jahre	0	1	0,342	0,475	0,345	0,475
Alter - 46 bis 55 Jahre	0	1	0,267	0,442	0,262	0,440
Alter - 56 bis 65 Jahre	0	1	0,100	0,300	0,106	0,308
In zwei Jahren neue Arbeitsstelle	0	100	27,782	32,926	27,550	33,051
In zwei Jahren Verlust Arbeitsplatz	0	100	21,422	25,129	21,784	25,513
In zwei Jahren beruflicher Aufstieg	0	100	20,703	26,521	20,046	26,231
In zwei Jahren Wechsel in Selbstständigkeit	0	100	11,624	23,698	12,778	25,069
In zwei Jahren Wechsel in anderen Beruf	0	100	14,858	24,813	14,690	24,664
In zwei Jahren übertarifliche Lohnerhöhung	0	100	19,191	27,529	19,507	27,815
Jahr 2000 (D)	0	1	0,028	0,166	0,030	0,169
Jahr 2001 (D)	0	1	0,063	0,243	0,067	0,250
Jahr 2002 (D)	0	1	0,058	0,233	0,062	0,241
Jahr 2003 (D)	0	1	0,073	0,261	0,081	0,273
Jahr 2004 (D)	0	1	0,067	0,251	0,075	0,263
Jahr 2005 (D)	0	1	0,076	0,265	0,081	0,273
Jahr 2006 (D)	0	1	0,070	0,254	0,076	0,266
Jahr 2007 (D)	0	1	0,080	0,271	0,085	0,279
Jahr 2008 (D)	0	1	0,074	0,261	0,078	0,268
Jahr 2009 (D)	0	1	0,077	0,266	0,078	0,268
Jahr 2010 (D)	0	1	0,067	0,250	0,069	0,253
Jahr 2011 (D)	0	1	0,062	0,242	0,064	0,244
Jahr 2012 (D)	0	1	0,061	0,239	0,058	0,234
Jahr 2013 (D)	0	1	0,054	0,226	0,051	0,221
Jahr 2014 (D)	0	1	0,049	0,216	-	-
N			21.180		18.358	

Anhang A6: Deskriptive Statistik zu Tabelle 25

Quelle: Eigene Berechnung, SOEP Welle v32.1, ungewichtet jahresspezifische gesamtdeutsche Armutsschwelle mod. OECD Skala, inklusive imputed rent.

(SE) = Standardfehler, † p<0,1, *p<0,05, **p<0,01, ***p<0,001. Weitere Kontrollvariablen Beschäftigungsstatus (D) Alter (D), Erhebungsjahr.(Vormonat 1999 bis 2015 bzw. Vorjahr 1999 bis 2014).. Vorjahresdaten: Armutsgefährdung und Mehrfachbeschäftigung des Vorjahres zeitversetzt (t+1). Einfach- und mehrfachbeschäftigte Arbeiter, Angestellte, Selbstständige und Beamte zwischen 18 und 65 Jahren.

SOZIALÖKONOMISCHE SCHRIFTEN

Herausgegeben von Professor Dr. Dr. h.c. Bert Rürup und
Professor Dr. Werner Sesselmeier

Band 1 Marietta Jass: Erfolgskontrolle des Abwasserabgabengesetzes. Ein Konzept zur Erfassung der Gesetzeswirkungen verbunden mit einer empirischen Untersuchung in der Papierindustrie. 1990.

Band 2 Frank Schulz-Nieswandt: Stationäre Altenpflege und "Pflegenotstand" in der Bundesrepublik Deutschland. 1990.

Band 3 Helmut Böhme, Alois Peressin (Hrsg.): Sozialraum Europa. Die soziale Dimension des Europäischen Binnenmarktes. 1990.

Band 4 Stephan Ruß: Telekommunikation als Standortfaktor für Klein- und Mittelbetriebe. Telekommunikative Entwicklungstendenzen und regionale Wirtschaftspolitik am Beispiel Hessen. 1991.

Band 5 Reinhard Grünewald: Tertiärisierungsdefizite im Industrieland Bundesrepublik Deutschland. Nachweis und politische Konsequenzen. 1992.

Band 6 Bert Rürup, Uwe H. Schneider (Hrsg.): Umwelt und Technik in den Europäischen Gemeinschaften. Teil I: Die grenzüberschreitende Entsorgung von Abfällen. Bearbeitet von: Thomas Kemmler, Thomas Steinbacher. 1993.

Band 7 Mihai Nedelea: Erfordernisse und Möglichkeiten einer wachstumsorientierten Steuerpolitik in Rumänien. Dargestellt am Beispiel der Textil- und Bekleidungsindustrie. 1995.

Band 8 Andreas Schade: Ganzjährige Beschäftigung in der Bauwirtschaft – Eine Wirkungsanalyse. Analyse und Ansätze für eine Reform der Winterbauförderung. 1995.

Band 9 Frank Schulz-Nieswandt: Ökonomik der Transformation als wirtschafts- und gesellschaftspolitisches Problem. Eine Einführung aus wirtschaftsanthropologischer Sicht. 1996.

Band 10 Werner Sesselmeier, Roland Klopfleisch, Martin Setzer: Mehr Beschäftigung durch eine Negative Einkommensteuer. Zur beschäftigungspolitischen Effektivität und Effizienz eines integrierten Steuer- und Transfersystems. 1996.

Band 11 Sylvia Liebler: Der Einfluß der Unabhängigkeit von Notenbanken auf die Stabilität des Geldwertes. 1996.

Band 12 Werner Sesselmeier: Einkommenstransfers als Instrumente der Beschäftigungspolitik. Negative Einkommensteuer und Lohnsubventionen im Lichte moderner Arbeitsmarkttheorien und der Neuen Institutionenökonomik. 1997.

Band 13 Stefan Lorenz: Der Zusammenhang von Arbeitsgestaltung und Erwerbsleben unter besonderer Berücksichtigung der Erwerbstätigkeiten von Frauen und Älteren. 1997.

Band 14 Volker Ehrlich: Arbeitslosigkeit und zweiter Arbeitsmarkt. Theoretische Grundlagen, Probleme und Erfahrungen. 1997.

Band 15 Philipp Hartmann: Grenzen der Versicherbarkeit. Private Arbeitslosenversicherung. 1998.

Band 16 Martin Setzer, Roland Klopfleisch, Werner Sesselmeier: Langzeitarbeitslose und Erster Arbeitsmarkt. Eine kombinierte Strategie zur Erhöhung der Wiederbeschäftigungschancen. 1999.

Band 17 Dorothea Wenzel: Finanzierung des Gesundheitswesens und Interpersonelle Umverteilung. Mikrosimulationsuntersuchung der Einkommenswirkung von Reformvorschlägen zur GKV-Finanzierung. 1999.

Band 18 Ingo Schroeter: Analyse und Bewertung der intergenerativen Verteilungswirkungen einer Substitution des Umlage- durch das Kapitalstocksverfahren zur Rentenfinanzierung. 1999.

Band 19 Roland Klopfleisch: Fiskalische Konsequenzen der Europäischen Währungsunion. Die Veränderung des Seigniorage und dessen Bedeutung für die nationalen EWU-11 Haushalte. 2000.

Band 20 Klaus Heubeck, Bert Rürup: Finanzierung der Altersversorgung des öffentlichen Dienstes. Probleme und Optionen. 2000.

Band 21 Manon Pigeau: Der Einfluß der Arbeitszeit auf die Erwerbsbeteiligung von Frauen. Empirische Befunde, mikroökonomische Modellierung und politische Konsequenzen. 2002.

Band 22 Carsten Müller: Existenzgründungshilfen als Instrument der Struktur- und Beschäftigungspolitik. 2002.

Band 23 Stefan Lewe: Wachstumseffiziente Unternehmensbesteuerung. 2003.

Band 24 Erscheinen unbestimmt.

Band 25 Alexander Meindel: Intergenerative Verteilungswirkung beim Übergang zu einer nachgelagerten Rentenbesteuerung. 2004.

Band 26 Jochen Gunnar Jagob: Das Äquivalenzprinzip in der Alterssicherung. 2004.

Band 27 Tobias Fehr: Recht des außerbörslichen Aktienhandels vor dem Hintergrund des Rechts des börslichen Aktienhandels. Das Kapitalmarktszenario für kapitalmarktaktive Aktiengesellschaften, deren Unternehmensführungen und aktuelle und potentielle Aktionäre und für Wertpapierdienstleister. 2006.

Band 28 Stefan Fetzer: Zur nachhaltigen Finanzierung des gesetzlichen Gesundheitssystems. 2006.

Band 29 Oliver Ehrentraut: Alterung und Altersvorsorge. Das deutsche Drei-Säulen-System der Alterssicherung vor dem Hintergrund des demografischen Wandels. 2006.

Band 30 Martin Debus: Arbeitsmarkteffekte des demografischen Wandels. 2007.

Band 31 Jens Hujer: Regionalökonomische Effekte von Flughäfen. 2008.

Band 32 Zulia Gubaydullina: Nicht-monetäre Inflationsursachen in Russland. Eine empirische Analyse. 2008.

Band 33 Jasmin Häcker: Die Soziale Pflegeversicherung: Eine Generationenbilanz. 2008.

Band 34 Christina Benita Wilke: German Pension Reform. On Road Towards a Sustainable Multi-Pillar System. 2009.

Band 35 Stefan Pfaffenbach: Nachhaltigkeit in der Gesetzlichen Rentenversicherung – Was leistet die kinderzahlabhängige Rente. 2009.

Band 36 Anabell Kohlmeier: Die Ausweitung des Versichertenkreises der Gesetzlichen Rentenversicherung. Bestimmungsgründe und Verteilungswirkungen. 2009.

Band 37 Matthias Heidler: Reformen der gesetzlichen Rentenversicherung: Politisches Risiko und intergenerative Umverteilung. 2009.

Band 38 Anna Rosinus: Vermögensdekonzentration und Mitarbeiterkapitalbeteiligungsgesetz. 2009.

Band 39 Gabriele Somaggio: Start mit Hindernissen. Eine theoretische und empirische Analyse der Ursachen von Arbeitslosigkeit nach der dualen Berufsausbildung. 2009.

Band 40 Johannes Kalusche: Ausmaß und Stärke der automatischen Stabilisatoren in Deutschland vor dem Hintergrund der jüngsten Steuer- und Sozialreformen. 2010.

Band 41 Nicolas Gatzke: Public Private Partnerships und öffentliche Verschuldung. PPP-Modelle im Licht deutscher und europäischer Verschuldungsregeln und ihre Transparenz in den öffentlichen Haushalten. 2010.

Band 42 Olaf Weddige: Measuring Public Pension Liabilities in the European Union. 2011.

Band 43 Christina Boll: Lohneinbußen von Frauen durch geburtsbedingte Erwerbsunterbrechungen. Der Schattenpreis von Kindern und dessen mögliche Auswirkungen auf weibliche Spezialisierungsentscheidungen im Haushaltszusammenhang. Eine quantitative Analyse auf Basis von SOEP-Daten. 2011.

Band 44 Jörg Schoder: Theorie und Empirie der Alterssicherung in Deutschland. Eine Bestandsaufnahme zu den Versorgungswegen des Drei-Schichten-Modells unter Berücksichtigung regionaler Aspekte. 2011.

Band 45 Robert Arnold / Angelika Oelschläger / Jeanine Staber: Sozialversicherungsbeiträge und Steuern von Selbständigen und Arbeitnehmern im Vergleich. Bestandsaufnahme und Reformvorschläge. 2012.

Band 46 Sebastian Hesse: Input und Output der Gesundheitswirtschaft. Eine Stabilitätsanalyse der Gesundheitswirtschaft in Bezug auf die gesamtwirtschaftliche Bedeutung in den Jahren der Finanz- und Wirtschaftskrise. 2013.

Band 47 Dirk Heeger: Quantitative Analyse der ökonomischen Bedeutung eines Unternehmens. Vor dem Hintergrund neuer Herausforderungen der Industriepolitik. 2013.

Band 48 Tobias Ehrhard: Personalbedarfsprognose im Gesundheits- und Pflegewesen. Eine berufs-, einrichtungs- und regionalspezifische Betrachtung für Deutschland. 2014.

Band 49 Tobias Benz: Ausgabenprojektion, Reformszenarien und Rücklagenbildung der Beamtenversorgung in der Bundesrepublik Deutschland. 2015.

Band 50 Sandra Hofmann: Einfluss nicht-marktlicher Tätigkeiten auf den materiellen Wohlstand und die Einkommensverteilung in Deutschland. 2015.

Band 51 Tanja Leicht: Veränderung und Innovativität in der deutschen Kreditwirtschaft. Eine institutionenökonomische Analyse im Kontext der Vereinbarkeit von Beruf und Familie. 2016.

Band 52 Susanne Schneider: HR Policies and Maternal Labor Supply. The Example of Employer-Supported Childcare. 2017.

Band 53 Daniel Christoph Stohr: Die beruflichen Anforderungen der Digitalisierung hinsichtlich formaler, physischer und kompetenzspezifischer Aspekte. Eine Analyse von Stellenanzeigen mittels Methoden des Text Minings und Machine Learnings. 2019.

Band 54 Marco Weber: Mehrfachbeschäftigung in Deutschland - Ein Phänomen relativer Armut? Eine empirische Untersuchung der Determinanten zur Aufnahme einer Zweitbeschäftigung. 2019.

www.peterlang.com

www.ingramcontent.com/pod-product-compliance
Ingram Content Group UK Ltd.
Pitfield, Milton Keynes, MK11 3LW, UK
UKHW022105051026
15623UKWH00003B/692

9 783631 794777